国家社科基金
GUOJIA SHEKE JIJIN HOUQI ZIZHU XIANGMU
后期资助项目

金融分权、金融风险与金融治理

Financial Decentralization,
Financial Risk and Financial Governance

苗文龙　著

社会科学文献出版社
SOCIAL SCIENCES ACADEMIC PRESS (CHINA)

国家社科基金后期资助项目
出版说明

后期资助项目是国家社科基金设立的一类重要项目，旨在鼓励广大社科研究者潜心治学，支持基础研究多出优秀成果。它是经过严格评审，从接近完成的科研成果中遴选立项的。为扩大后期资助项目的影响，更好地推动学术发展，促进成果转化，全国哲学社会科学工作办公室按照"统一设计、统一标识、统一版式、形成系列"的总体要求，组织出版国家社科基金后期资助项目成果。

全国哲学社会科学工作办公室

序

本书画上最后一个句号时，距离2005年动笔计算金融周期，已十八个年头。如今搁笔合本，并无如释重负之感，起笔之日的惶恐情绪变得尤甚。一百年后，谁还会翻阅这本书，哪怕是五十年、十年，谁还会辨析其中观点的真伪？即便是当前，本书会不会浪费读者的芳华时光，会不会白白浪费了国家和人民的钱粮？问题答案的会与否可能取决于本书是否发现了一些经济发展过程中（曾经）的规律或非事实，也可能取决于能否像"炒股圣经"一样给读者带来摸得着的利益……我追求的是第一种，但不敢奢望本书能毫不含糊地阐明某些终极价值。

发现经济规律是经济学家的不懈追求，发现金融规律也是其中应有之义。在2005年早春，受宏观经济学教材和授课老师的启发，我开始探索界定金融周期含义、计算中国金融周期。所写论文受到匿名审稿人质疑，意见是应该称为"金融经济周期"，因为国际英文文献没有"金融周期"（Financial Cycle）一说。所幸的是，初期拙文被《统计与信息论坛》《数量经济技术经济研究》刊发。2008年全球金融危机后，国际英文文献中出现了"Financial Cycle"的研究，国内研究"金融周期"的文献出现爆发式增长。2018年，我初步完成的金融周期方面的专著《中国金融周期与宏观经济政策效应》进一步系统研究了银行经营、金融市场、杠杆率、（系统性）金融风险、政治金融周期等的规律。尽管此书与其他优秀的专著相形见绌，但其仍是早期系统规范研究这一问题的学术著作。

金融周期的计算固然重要，深究金融周期的根本原因则更为重要。金融规则是金融周期规律的深层次原因。发达国家的金融竞争程度高一些，金融周期更多是由市场微观主体规避监管、过度金融创新引起；中国的金融规制多一些，金融周期更多是由金融隐性分权和国家担保救助下各地争夺金融资源及金融越位引起的。发达国家金融周期中的风险损失多由发生违约的金融交易的相关主体来承担；中国金融周期中的风险损失多由国家来承担。市场主体之间和市场主体内部结构中不同利益集团力量的此消彼长可能是金融周期产生的主要根源。因此，市场主体的金融权力结构是解释相关主体行为及其引发的金融周期的有效因素。不必讳言，这深受马克思《资本论》、奥尔森《集体行动的逻辑》《国家的兴衰》《权力与繁荣》以及哈耶克《通往奴役之路》《致命的自负》等著作的启发。同时，作为一名高校研究人员，我显然缺乏金融实务人士在风险敞口数据、大数据处理技术等方面的优势，一味追逐方法的炫目精巧和数据的新颖强大，难免有些自娱自乐的幼稚感。花费数年时间，殚精竭虑、皓首穷经推测计算的风险结果，对金融集团总部或清算中心而言，可能是业务一发生便一目了然。探索规范金融集团和相关市场部门行为的规则，从本源上防控金融风险，可能更有意义。鉴于此，在2014年国家社会科学基金的资助下，我进行了一系列金融分权方面的研究；2018年完成金融分权方面的专著《中国金融分权结构与金融体系发展：基于财政分权下金融风险的视角》。

牵牛要牵牛鼻子，本书将金融分权理论作为研究的起点与主线。这里需要明确的是，本书研究的是"好"事情中不容忽视的"小问题"，解决这些"小问题"有利于下一步把事情办得更好。任何事情都有两面性，"好"事情也有成本和不好的地方，"坏"事情也有收益和好的地方。从经济学角度而言，"好"事情是社会福利大于社会成本的事情。研究"好"事情，可以研究其好的一面，这样可以总结经验、发扬光大；也可以研究其不好的一面，这样可以发现不足、改革前进。"坏"事情是社会福利小于社会成本的事情。研究"坏"事情，可以研究其坏的一面，这样可以规避前车失误、防止重蹈覆辙；但研究其好的一面，就好像是要主张将"坏"事情继续推进、做得更大一样。其实不然，就本书而言，分析的一些问题，只是经济发展过程中不可避免的成本，相对于为人民谋求的幸福，显然要小得多，但是为了达成经济结构升级和长期高质量发展，这些问题不可不谈。

饮水应思源。我在漫漫的求索途中，得到很多专家的指导和帮助。中国社会科学院财经战略研究院何德旭研究员每次收到我的邮件，都及时回复，这些回复使我有更深的领悟、理解，令我的思维更上一层楼。他回复邮件的时间常常是深夜12点前后，这令我汗颜，令我感动，更令我敬佩。西南财经大学中国金融研究中心刘锡良教授在我思考博士学位论文的时候，花费心血、悉心指导，拓宽了我的研究思路，规范了我的学术生涯。中国人民银行张掖市中心支行周潮经济师，酷爱经济学术研究，工于程序编码，不仅在本书的动态随机一般均衡模型的冲击模拟方面提供了大量的技术帮助，而且每次谈文论学都能让我眼界大开、了解方法前沿。中国人民银行西安分行张德进高级经济师长年从事金融监管和信贷政策实务工作，不仅在本书跨境资本流动监管政策规定的梳理和审慎监管政策的改进方面提供了具体资料，而且常常提出耐人寻味的实践问题，令我产生新的科研想法和动力。陕西师范大学国际商学院霍源源副教授、梁锶副教授为本书的顺利完成提供了很多帮助，感谢之意难尽笔端。本书在我被选派为中组部第十批援疆干部、任教昌吉学院数学与数据科学学院的时候完成。昌吉学院为本书的完成提供了独立的思考空间和丰富的经验事实。本书亦可作为援疆成果的一部分。特别是，在本书撰写最为艰难的时候，有幸得到国家社会科学基金后期资助重点项目的支持，八位匿名审稿专家评审意见高屋建瓴，对本书完善裨益良多。感谢本书参考文献列举的所有学者，以及受到其有关成果启发但由于本人疏漏而未列出的学者。

行文求质朴。本书尽力采用连贯性、朴实性的文字描述。但由于前期研究基础材料的特点，并考虑到行文的完整性，本书仍有一些抽象的变量符号。但我相信，从事经济学研究的决策者和高校师生阅读文字和注释后，都能够轻松理解本书的内容及逻辑。

　　相对于气势恢宏的中国经济改革发展故事，相对于浩瀚深邃的学术经典，本书实属沧海一粟。尽管瞻前顾后、反复推敲，但仍可能有不少缺憾。热切期盼各具慧眼的读者对本书的垂青眷顾和批评指正。

苗文龙于西安

2023 年 6 月 16 日

目　　录

第三篇　企业部门：政策依赖、政府-市场金融分权 与金融风险

第七篇　金融治理体系建设简论

第一篇　基础分析

这一部分主要结合经济背景来介绍本书的研究思路、内容架构、基本术语的内涵及相关理论基础。

第一章

导　论

第一节　研究目的与主要问题

一　研究背景与目的

（一）研究背景

中国经济发展取得了举世瞩目的成就，但也面临严峻的高质量发展形势。总结成功经验、查找问题和风险隐患是经济高质量发展的需要。本书侧重于概括中国经济发展中的规律性问题和顽固性风险，而这些不容忽视的问题和风险又常常被现有的经典经济理论忽略。本书所列问题与风险，例如低质重复（过度）投资偏好、经济增长的房产投资依赖、基建投资生命周期较短、低质量经济产品供给过剩等，曾经是推动中国经济增长和产业跃升的重要方式，如今却是阻碍中国经济质量提高的绊脚石。这些问题通过成本转嫁和风险传导，在很大程度上体现为金融体系的风险损失。因此，制造大量非市场需求的低质量项目并引致系统性金融风险肯定不是经济高质量发展的范畴，未能有效筛选高质量投资项目和技术创新企业、受制于僵尸企业的金融投资肯定也不是经济高质量发展的范畴。本书的研究基于金融风险视角，实质上也等同于经济高质量发展的视角。

在目前及今后较长时期，中国经济发展面临不容忽视的三方面风险。一是国际不确定性变得更加复杂。在短短的20多年间，国际上爆发了1998年东南亚金融危机、2008年全球金融危机、2011年欧洲债务危机3次较大范围的金融危机，其间还有"钱荒"、"股灾"、贸易摩擦、新冠疫情等重大风险事件。在2008年全球金融危机后，世界经济不确定性和逆全球化趋势加剧，传统的国际循环在一定程度上被弱化。特别是中美贸易摩擦和新冠疫情的发生，给全球经济发展带来不容忽视的冲击，包括"卡脖子"技术制约、实体产业链断裂、金融市场剧烈波动和宏观经济恶化等。二是国内实体经济发展压力较大。中国在改革开放后的40多年间，创造了世界经济增长奇迹，在国企改革、基础设施飞跃、航空航天、深海深潜、量子科技、巨量计算、卫星通信、产业升级等事关国家命脉和人民福祉的重大领域取得了重要成果。但近年来随着主要矛盾和国际环境的变化，中国经济的增长速度换挡期、结构调整阵痛期、前期刺激政策消化期"三期叠加"阶段尚未完全过去，需求结构和生产函数发生重大变化，生产体系内部循环不畅和供求脱节现象明显，结构转换复杂性增加（刘鹤，2020）。同时，中国经济发展面临需求收缩、供给冲击、预期转弱三重压力；消费和投资恢复迟缓，稳出口难度增大，能源原材料供应仍然偏紧，输入性通胀压力加大（李克强，2022）。三是国内部分风险较高的金融部门可能成为金融风险传染链条的薄弱一环。在经济发展过程中，中国进行了国有银行分设、股份制银行建立、金融市场发展壮大等金融改革，有效解决了国有企业和市场经济发展面临的资金配置、风险管理、信息生产等问题，并及时处理了20世纪90年代初的银行坏账率较高、互联网借贷跑路等大事件。近年来，地方性金融机构迅速扩张，但规范监管力不从心；地方政府隐性债务规模究竟有多大、债务风险究竟有多大仍无准数；金融显性分权与隐性集权交织，造成享受收益与担当风险不对等。在国际金融风险冲击频率加剧、国内实体经济下行压力加大时，部分承担过多风险的金融机构可能成为首先断裂的一环。本书提炼、概括并探讨解决这些经济问题无疑非常有助于未来经济的创新、持续、绿色的高质量发展，也非常有助于总结出新的经济理论和发展模式。

（二）研究目的

本书的研究目的主要有两个。

一是试图系统构建金融分权理论，贡献于宏观经济理论的完善。就如哈耶克（1997）所言，"本书的意图不在于描述出一份有关合乎我们愿望的未来社会秩序的详细方案"，笔者也不具有这样的能力来设想一个非常完善的永恒的金融治理体系，但围绕金融本质探索金融稳健发展的原则是可行且重要的。本书分析框架主要基于凯恩斯理论及新凯恩斯主义理论。借用《就业、利息与货币通论》中开宗明义的话"命名用意，在把作者的想法和结论，与经典学派对于同类问题之想法与结论对照起来"表明本书意图之一：基于国际主流经济理论（及假设）所忽视但又不容忽视的重要经济事实，与宏观经济理论及其最新发展框架相对照，探索系统构建金融分权理论，为中国经济研究和金融研究提供新的系统化理论视角，进而推进宏观经济理论的完善。

二是试图从金融风险规则层面发现金融风险的规律，贡献于中国金融高质量发展和经济高质量发展。当前宏观经济理论的理想性与经济运行的现实性之间存在一定的冲突，尤其是对于一个经济转型国家而言，不仅各种可能的均衡是奢望和短暂的，而且不均衡的成因也错综复杂，直接套用经济理论的结果必然十分糟糕。根据中国具体情况，纳入被忽略的关键变量成为宏观经济理论完善的一个重要方向。所以本书的意图之二在于：努力客观描述曾经大面积存在的经济问题，概括出一些具有启发意义的金融规律，进而为解决中国金融风险管理和经济高质量发展中的实际问题提供参考。

二 主要问题与研究主线

宏观经济理论涉及的主要问题可分为两个方面：一是经济增长；二是经济波动（经济周期）。这两个方面相互影响、有机联系。短期的经济波动及不平衡，在一定条件下可能改变长期的经济增长路径。例如，长期依赖宽松货币政策和扩张财政政策可能会推迟经济结构的调整和创新企业家的大批量出现，从而使经济增长更多地表现为投资推动的粗放式增长，而非高质量的创新型增长。名义上长期的经济增长，在一定条件下可能会酝酿更为严重的经济震荡或经济危机。例如，信奉凯恩斯主义的各国政府竞相推行"量化宽松"的货币政策和赤字财政政策，不断对经济体注入货币，进行重复修路、重复拆建等重复投资，名义上推动了经济增长，但实际上可能只是推迟了经济低迷的时间和跨度，且越是往后推迟，危机的程度越大。

发展到当前阶段，宏观经济理论要解决的是：在一定的可接受的经济波动（经济周期）范围内，科学利用现有资源，实现创新、协调、绿色、开放、共享的经济发展。这一界定实际上涉及了经济增长的动力，创新、经济增长的关系，协调、经济增长的方式和持续性，绿色、经济增长的目的（收入结构问题），共享等方面。实现经济高质量发展则必须解决谁来创新、怎样持续、如何共享等问题。国家权力和私人权利（政府与市场）的相互关系决定了繁荣程度（奥尔森，2005）。因此，解决这些问题的前提在于摸清国民经济体系中各部门的主要经济行为是什么、这些经济行为的主要原因是什么、这些经济行为如何导致了未能实现或未能更好地实现经济高质量增长。根据这些问题的答案来采取政策行动和制定改革方案必然有助于实现经济高质量发展。

因此，本书的研究主线是依次分析国民经济主要部门的经济行为特征、行为原因和行为影响，围绕经济高质量发展的目的，针对不同部门分别讨论其行为边界及职能定位，进而提高金融治理水平。

第二节　经典经济理论及应用含义

现代西方经济学的系统性发展源自亚当·斯密，后经大卫·李嘉图、西斯蒙第、穆勒、萨伊等，逐渐形成了经典的经济学理论体系，即古典经济学。20世纪以后，现代西方经济学历经了"张伯伦革命"、"凯恩斯革命"和"预期革命"三次大的革命，形成了包括微观经济学和宏观经济学的基本理论框架，这个框架被称为新古典经济学，以区别于先前的古典经济学。与经济发展有关的理论主要是宏观经济理论，概括来说包括凯恩斯理论、新凯恩斯主义理论、熊彼特创新理论。

一　凯恩斯理论

凯恩斯理论是宏观经济学的基石，在解决经济疲软、推动经济增长方面曾发挥了毋庸置疑的作用，但这一定位于短期[①]的理论难以长期用于推

[①] 短期的标准主要通过市场价格和工资能否及时调整来界定，在分析的理想模型中，价格刚性为短期，价格调整为长期；后来，凯恩斯主义引入价格黏性，即价格调整具有滞后性。

进中国的技术创新及经济高质量发展。

（一）三大定律与总需求

凯恩斯理论基于"技术、资源与成本三种情况不变"的假设分析认为，总需求不足的原因在于三个方面。

1.消费者商品消费的边际效用递减

随着收入的增加，消费者增加的收入中用于增加消费的部分逐渐减少，这就是边际消费倾向递减规律。消费者边际消费倾向递减规律是消费需求不足的根本原因。

2.资本边际效率递减

资本投资规模的增加引起资本品供给价格的上升，即投资成本的增加，从而使投资的预期利润率下降；同时，资本投资规模的不断增加使产品数量增加，引起产品市场价格下降，进而导致投资预期利润率的下降，这就是资本边际效率递减规律。当资本边际效率递减而资金价格——利率未足够低时，投资需求不足。

3.流动性偏好

随着收入增加，为应付日常交易需要而持有货币的交易动机加强，为预防意外支出而持有货币的预防动机加强，为抓住有利的购买生利资产的机会而持有货币的投机动机加强，三者综合导致了货币需求数量上升和持币偏好，表现出即使牺牲利息收入也要储存货币保持财富的流动偏好心理，甚至引发利率过低时人们宁愿持有货币而不再储蓄的"流动性偏好陷阱"。

三种因素综合在一起，必然导致总需求不足、非自愿失业和小于充分就业的均衡。解决总需求不足的有效措施便是"逆经济风向行事"、实施积极的财政政策。

（二）凯恩斯理论与经济高质量发展

1.对经济高质量发展所必需的技术创新没有分析

凯恩斯理论假定"技术、资源与成本三种情况不变"，并以此为基础推理得出有效需求不足的观点，主张通过政府投资解决有效需求不足问题。但近百年的经济事实表明，技术、资源与成本无一不在迅速地发生变化。凯恩斯理论基本假设与现实的冲突，限制经济主体在传统投资、传统消费和出口之间寻找出路，甚至可以不计成本和资源约束（因为假定这两者不变），引诱市场经济主体陷入一种死循环——"有效需求不足→赤字财政政策、宽松货币政策→传统投资扩张→供给过剩、产能过剩→有效需求进一步不足→加剧赤字财政政策、宽松货币政策→传统投资扩张进一步扩张 →……"。

同时，政府为了刺激需求而进行的投资主要是常规性固定资产和存货的投资，未考虑和分析政府对研发创新的投资会产生怎样的经济效应。后期实证表明，即使政府进行研发投资，其效果也存在争议。有的学者研究认为，政府技术创新补贴对企业私人研发投资具有挤入效应（Diamond，1999；Zhu et al.，2006；Wolff and Reinthaler，2008；Berube and Mohnen，2009；Aschhoff，2009；Czarnitzki et al.，2011a）；有的学者实证得出，政府技术创新补贴对企业私人研发投资具有挤出效应（Mamuneas and Nadiri，1996；Wallsten，2000；Hall and Reenen，2011；Gorg and Strobl，2007；陆国庆等，2014；张杰等，2015）。

2.忽略经济高质量发展的主要内容——投资效率的提升和资源的节约

资本边际效率递减且小于市场资金供给的利率时，本应当进行市场调整，将过剩产能和企业进行出清，凯恩斯理论却主张政府实施赤字财政增加投资，从而造成粗放型重复投资、资本投资效率降低、信用的不断扩张和债务的不断积累，将经济运行中可以通过较小幅度调整就解决的小问题积累和培育成只有通过大幅震荡或长期低迷调整才能解决的大问题，反而加剧了经济发展的曲折性、降低了社会长期福利。

3.未考虑公平机制，不利于共享经济发展

凯恩斯理论主张实施投资扩张政策，但未考虑政府"经济人"行为，刺激有效需求的短期政策往往会被机会主义的政治家或利益集团利用，受益最多的往往是利益集团、强势团体，甚至成为谋取私利的操纵工具，加剧了收入不平等和财富不平衡，而这种结构性失衡反而加剧了一国长期有效需求不足和更大的经济危机风险。

二 新凯恩斯主义理论

(一)理性预期、价格黏性及供给调节

20世纪80年代,以阿克洛夫、耶伦、曼昆、伯南克等为代表的经济学家,在坚持政府干预经济主张的同时,将理性预期、卢卡斯批判、工资及价格黏性、短期非自愿失业等因素纳入宏观经济模型,从而发展出新凯恩斯主义经济学。其主要观点如下。

(1)需求管理政策仍然必要。由于信息不对称性和工资(及价格)黏性,市场经济在短期内会出现非自愿失业和有效需求不足问题。

(2)从长期、供给方面着手来考虑经济政策。新凯恩斯主义强调巩固性的财政政策,认为财政赤字对经济是有害的,它会引起投资的减少(基础效应)和贸易逆差的增加。

(3)不断考虑金融摩擦和异质性因素。在货币政策作用机制方面,不仅要考虑利率,而且要考虑普遍存在的信贷配给机制。特别是在2008年全球金融危机之后,该理论引入金融摩擦因素,并越来越关注对部门异质性的刻画及其对新凯恩斯主义理论分析框架的改进,比较成功地解释和模拟了金融危机冲击及其他不确定性影响。

因此,新凯恩斯主义者既吸收了新古典经济学的一些合理的理论和政策主张,又在吸取20世纪80年代以来一些宏观经济实践经验的基础上发展了国家干预经济的理论。

(二)新凯恩斯主义理论对经济高质量发展的意义

新凯恩斯主义理论在稳定经济运行方面具有重要的政策价值,但对于经济高质量发展而言,仍存在一定的欠缺。

1.技术外生性

第一,新凯恩斯主义理论一般假定技术外生,这对于技术模仿式的经济增长具有重要参考价值,而对于依靠原创技术实现经济高质量发展的国家不太适合,对"卡脖子"核心技术的突破也没有启发意义。Aghion等(2013)通过模型推理论证了那些推动技术水平落后国家经济增长的技术模仿并不能用于推动世界技术前沿国家的经济增长,创造性破坏在世界技术前沿国家发挥了更为重要的作用,而民主有利于提高创新及创造性破

坏，因为创造性破坏的创新想法很可能被政治精英抹杀。第二，现实中技术创新具有极强的内生性。如果将模型中的技术进步变量由外生改为内生，则意味着整个经济模型的求解和推理结论将发生翻天覆地的变化。

2.政府干预程度

新凯恩斯主义理论仍然主张政府对经济运行进行干预，但对干预到什么程度没有给出明确的量化指标，这必然引发政府干预过度和政府失灵问题。同时，这一理论将政府视为一个行动一致、整齐划一的部门。但实际上对于中国、美国、印度等大国而言，政府部门表现为多级结构，不仅不同层级政府的政策目标可能相差较大、政策手段迥然不同、重点决策相去甚远，而且同级政府的不同部门之间也可能存在一定的竞争关系。这些差异可能会导致行动不一致和政策冲突问题，从而使市场经济中出现"九龙治水"的干预局面。这一问题必然影响新凯恩斯主义理论的推理结论和应用价值。

三　熊彼特创新理论

（一）创新理论及创新类型

熊彼特创新理论指出企业创新具有周期性和经济冲击效应。Schumpeter（1912）提出创新理论，主要包括三个层面的内容。一是创造性破坏。企业在追逐（专利、新技术、新产品等）创新的垄断利润的过程中，对生产要素重新组合（创新）从而引致经济体系从一个均衡走向另一个均衡，在这一动态过程中，创新不断地从内部破坏旧的经济结构而代之以一种新的经济结构——创造性破坏。二是创新具有周期性。创新体现为新企业大量出现和企业家大批出现以及旧企业大量退出市场；创新的周期性导致了经济的周期性。三是金融支持机制。银行信贷为企业技术创新提供了支付服务，从而方便了企业家的创新活动；从微观企业创新到经济结构升级，需要金融体系来推动，银行系统信用的扩张及收缩是导致经济活动结构发生重大转变的核心机制。

之后，相关研究主要从两个方面展开。一是不断拓展熊彼特的创新理论，从技术创新的角度解释经济增长，演化为熊彼特增长理论（包括新古典熊彼特增长理论和演化熊彼特增长理论），并经历了早期内生熊彼特增长模型（Romer，1990；Aghion and Howitt，1992）、半内生熊彼特增长模型（Jones，1995；Segerstrom，1998；Strulik，2006）、完全内生熊彼特增长模型（Young，1998；Howitt，1999；Ha and Howitt，2007；严成樑、龚六堂，2009）。二是通过熊彼特创新理论研究技术创新对经济周期的冲击，演化为真实经济周期理论（Kydland and Prescott，1982）。两者的契合点在于，经济低谷时，经济体系能否通过内生创新（包括技术创新）来推动经济复苏繁荣。

因不同类型创新对原来经济状态的冲击影响不同，分为水平创新和垂直创新。水平创新是指通过研发使生产投入品的种类不断增加，这又进一步促进了专业化，进而促进了技术进步和经济增长。垂直创新是指通过研发使产品质量不断提高，质量高的产品逐步将质量低的产品挤出市场，进而推动技术进步。垂直创新框架下的创新是一个创造性破坏的过程，创新成功的企业会将原来的企业排挤出市场，成为新的垄断者（严成樑、龚六堂，2009）。

完全内生熊彼特增长模型（Peretto，1998；Howitt，1999）一般假定经济中包括水平创新和垂直创新两类研发部门，水平创新部门中没有溢出效应，垂直创新部门中存在较强的溢出效应。这一假定还有个关键的潜在假设——大量的创新不一定引发大量企业退出市场。而最近更多的研究表明，当技术发展到一定水平，创造性破坏是必然发生的。如果没有创造性破坏，那么创新将成为空想。

（二）熊彼特创造性破坏对经济高质量发展的意义

熊彼特创造性破坏理论对技术进步、经济高质量发展具有重要的启发意义。但需要关注和理解这一理论成立的条件。

1.金融约束是创造性破坏的重要条件

在金融约束下，银行和金融市场投资者只能对部分企业提供资金，水平创新企业如果挤占其他企业的金融资源，其他靠"借新偿旧"的企业就难以为继，此时水平创新也会出现创造性破坏效应。Schumpeter（1912）提出创新理论时就强调了银行等金融部门对企业创新的筛选作用。King和Levine（1993）对Aghion和Howitt（1992）所构建的新熊彼特增长模型进行拓展，提出金融推动技术创新的三种机制。一是金融机构对企业家所进行的风险性创新活动进行评估和提供融资，进而对技术创新产生筛选作用。二是金融机构评估技术创新所产生的成本随着金融体系发展而逐渐降低，进一步促进技术创新和长期经济增长。三是在消费效用非线性函数假设下，金融体系使创新活动的风险得到分散，从而促进企业的技术创新。金融约束的出现，意味着金融部门必须在创新企业和无创新企业之间做出融资选择，而且只有当金融部门把有限的金融资源配置到创新企业时才能出现破坏式创新。因此，创造性破坏既是技术创新过程中产生的效应，又是技术创新过程发生和持续的条件。

2.意愿宽松式信用货币制度可能弱化创造性破坏理论的潜在条件

金融资源向创新企业倾斜的过程，特别是在经济萧条期，也是金融资源从传统企业流出的过程，对不能偿付债务的企业必然进行清算、强迫退出市场。在熊彼特提出创新理论的金本位时期，金融部门和政策当局受到黄金储备的严格约束，这种金融约束机制作用非常显著。信用货币替代金本位制度后，货币量不受黄金储备限制，政策当局可以根据自身意愿实施宽松的货币政策，扩大货币供给，金融约束程度降低。不能偿付债务的传统企业不仅可以延期债务甚至可以得到更多的融资，而创新企业所得金融资源不仅减少甚至难以获得金融支持——因为创新企业的抵押资产较少、项目风险更高一些。在信用货币经济中，创新理论的条件无形中已经受到严重破坏。

第三节　研究思路与主要内容

一　基本前提

本书主要基于以下两个基本前提。

（一）大面积金融风险的实质是经济低质量的重要表现

综合来看，一定时期内经济发展质量较低的主要表现是普遍性或系统性的金融风险。产生金融风险的直接原因是金融体系功能的缺陷，但根源是经济发展中大量的低质量项目和低质量企业获得了较多的金融资源，从而给金融体系带来了潜在的损失。

理论和实证均表明，一个经济体中企业资本收益率（或融资项目收益率）基本上符合正态分布，均值为其平均收益率，方差为各个企业资本收益率与经济体中企业平均资本收益率的离差平方的均值。不同资本收益率水平上企业数量占企业总数量的比重与资本收益率之间的关系描述为图1-1。

如果企业资本收益率持续低于银行的贷款利率（图1-1所示 R_0），则其资本收益率较低。该企业很可能因无法偿还银行贷款而面临破产。此时的企业为低质量企业，项目为低质量项目。

过多地获得金融资源且难以按照契约偿还债务的低质量企业比例较高时（见图1-1所示阴影部分），不仅对金融机构形成共同冲击，而且可能引发金融风险在金融部门之间和金融市场之间的传染，造成金融体系自身难以消化的风险损失，甚至引发金融危机。

因此，大面积金融风险的实质是在一定时期内经济体系中低质量项目过多地获得金融资源，集中爆发偿还危机，影响了金融体系的稳定运行，是经济低质量发展的重要标志。经济高质量发展必然与系统性金融风险水火不容。本书后面的内容，虽然是为了推进经济高质量发展，但分析的着力点更多地集中在系统性金融风险或关键环节的金融风险上，这样也可以使研究内容的主线更为明确。

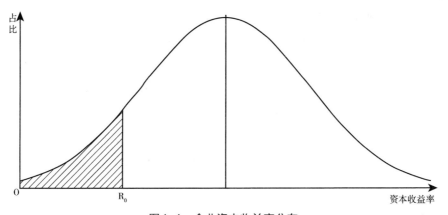

图1-1 企业资本收益率分布

（二）国家金融治理与金融分权的内在统一

1.国家金融治理的含义及实质

金融治理是指，政府、企业、社会公众、金融机构等主体在正式制度（及规则）和非正式制度安排下，采取联合行动，共同管理复杂的金融事务、协调金融利益冲突的过程，这本质上是在经济发展过程中国民经济的政府、企业、个人、金融等部门对金融资源配置权力的动态优化平衡。

由于金融系统及风险的复杂性、动态性，金融治理表现出三个重要特征：①以法律为基准的多种金融制度规范金融行为的过程；②以政府为主导的多元金融主体协调金融交易的过程，包括政府部门、自律组织、企业组织等多元化治理主体；③需要多样化的治理方式，包括强制的方式、引导的方式、政治的方式、经济的方式、文化的方式、自上而下的方式、横向联动的方式、纵向互动的方式等。

2.金融分权的含义及实质

从狭义上讲，金融分权是中央政府与地方政府在金融资源控制权和监管权上的划分制度（何德旭、苗文龙，2016）。从广义上而言，金融分权还包括政府与市场之间就金融资源配置权和控制权进行划定与分配的一系列显性和隐性的制度安排（洪正、胡勇锋，2017）。这一概念只是描述相关金融制度安排的一个现象，介于绝对金融集权和绝对金融分权之间的状态都称为金融分权。

在具体形式上，政府层级之间金融分权（本书主要指中央政府与地方政府的金融分权，界定为金融分权Ⅰ）包括金融监管权和金融稳定权；政府-市场金融分权（本书界定为金融分权Ⅱ）又分为金融资源配置权和金融公司治理权。其中，金融监管权指对金融机构日常经营审慎监管的权限和对系统性金融风险监测防范的宏观审慎监管的权限，包括市场准入、资本评估、现场检查、逆周期资本附加、系统重要性金融机构的界定及其资本附加的计提监督等。金融稳定权指对金融风险进行处置的权力，实质上与金融资产管理公司准入、金融风险证券化、货币发行等权力紧密联系。金融资源配置权是指政府和市场在金融资源配置中发挥的作用，即金融机构是按照市场化规则自主经营还是按照政府偏好配置资产。金融公司治理权是政府对金融机构董事会、监事会、经理层等公司治理的影响或控制（苗文龙，2018a）。

3.金融治理与金融分权的内在统一

根据金融治理和金融分权的含义及实质，两者具有内在统一性。这种统一性可以归纳为三个方面。

（1）金融治理主体多元化与金融分权的内在统一

国家治理主要为了解决政府失灵和市场失灵问题，主张消除政府全面管理、促进治理多元化。国家治理决定着金融治理的基本模式和特征。国家主权内的国家治理为，政府、公民、社会组织和私人部门在形成公共事务中相互作用，以及公民表达利益、协调分歧和行使政治、经济、社会权利的各种社会制度和过程（吉玛、荣迪内利，2013）。治理体系现代化是一种包括政府、市场和社会公众等多元主体通过协商、对话和互动，达成管理日常事务、调控资源、履行权利的行动共识以缓解冲突或整合利益、实现公共目标、满足人民生活需要的结构、过程、关系、程序和规则的体系性活动（陈进华，2019）。

金融治理主体是多元的，党、政、企、社、民、媒都需要参与到治理当中，各个主体在治理体系中发挥的作用各不相同。"现在我们要实现四个现代化，同样要靠实事求是。不但中央、省委、地委、县委、公社党委，就是一个工厂、一个机关、一个学校、一个商店、一个生产队，也都要实事求是，都要解放思想，开动脑筋想问题、办事情。"（邓小平，1978）由此可见，金融治理需要切实从中国新时代面临的主要矛盾出发，发挥金融机构、企业、居民等部门在市场经济中的功能，提高微观主体的信用意识和金融风险意识，构建金融市场机制有效、微观主体有活力、宏观调控有度的金融体制。金融治理主体多元化意味着金融治理需要中央政府向地方政府进行金融适度分权，需要政府向企业、金融机构等市场主体进行金融适度分权，使多元主体拥有充分的、与其责任和能力对等的金融权力。

（2）金融治理方式多样化与金融分权的内在统一

从国家层面而言，治理是各种公共的或私人的个人及机构管理其共同事务的诸多方式的总和；既包括有权迫使人们服从的正式制度和规则，也包括各种人们同意或以为符合其利益的非正式的制度安排；它是使相互冲突的或不同的利益得以调和并采取联合行动的持续的过程（俞可平，2016）。

金融治理不是简单的金融管理和金融监管，其中也包含着按照法律法规和市场规则约束各方行为的机制和方法，呈现为一系列具体的关于规范政府行为、社会举措、市场行动以及个体表现的制度、规则与程序，是一个涉及经济、政治、文化、社会、生态等诸多方面的整体性运行系统。

在金融治理现代化建设过程中，金融治理涉及政府、市场、社会三个不同部门的互动和协同，从而可能出现强调政府行政管理自上而下的治理、强调市场主导性的自由联动治理、强调社会自主性的社群治理；治理方式不仅有强制的方式，还包括引导的方式。金融治理方式多样化意味着金融治理就需要中央政府向地方政府进行金融适度分权，需要政府向市场进行金融适度分权，使多样治理方式取长补短、有效发挥作用。

（3）金融治理规则规范化与金融分权的内在统一

金融本质上体现的是一种信用契约，信用和契约生效的基础就是法律及其他制度。金融治理的最根本要求和保障是法律法规，需要由单一的行政命令转化为法律准绳。"国家和企业、企业和企业、企业和个人等等之间的关系，也要用法律的形式来确定；它们之间的矛盾，也有不少要通过法律来解决。"（邓小平，1978）"推进国家治理体系和治理能力现代化，就是要适应时代变化，既改革不适应实践发展要求的体制机制、法律法规，又不断构建新的体制机制、法律法规，使各方面制度更加科学、更加完善，实现党、国家、社会各项事务治理制度化、规范化、程序化。"（习近平，2014）因此，金融治理需要法律规范政府的金融调控行为、金融监管行为、金融救助行为、对金融资源配置的干预行为等，规范企业的违约行为、上市融资行为、金融欺诈行为等，规范金融机构的行业准入、规范经营、信息披露、缴纳税款、利润分红等行为。金融治理法治化意味着金融治理需要中央政府向地方政府进行金融适度分权，需要政府向市场进行金融适度分权，使单一的行政命令遵循《宪法》、遵循国家法律和市场规律。

二　主要思路与内容框架

（一）主要思路

本书从基本假设的矫正切入，逐一分析各主要国民经济部门的行为决策及其对金融风险的影响和经济波动效应，从金融治理的角度探索提出经济高质量发展的解决之道。研究思路见图1-2。

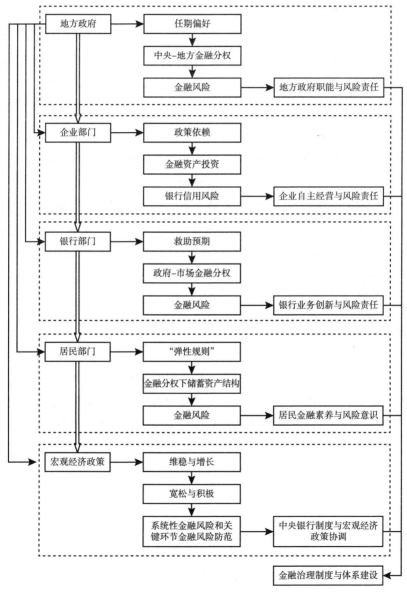

图1-2　研究思路

（二）内容框架

根据研究思路，本书内容包括七篇二十章。

第一篇为"基础分析"，主要分析和概括新中国成立以来的经济增长阶段，以及每个阶段面临的主要经济问题及解决方法，并以此给出金融分权的历史原因和经济逻辑，界定金融分权的内涵及其在一定时期的演化形式，进而概述金融分权演变下地方政府、银行部门、企业部门、居民部门的行为特征及其对不同层面金融风险的影响，为后续篇章的研究提供总的分析架构。这一篇包括第一、二章。

第一章"导论"。论述国有企业发展主线及其对产业升级的主导作用。新中国成立初期，计划经济资源配置方式通过国家资本的有序扩张，有效集中全国的资金和人才，迅速建立起较为齐全的工业体系，实现了全要素生产率的提升和第一阶段的经济高速增长。经过一定时间的发展，经济增长需要解决两个问题，即国有企业效率较低和产业结构升级问题。因此，国家逐步引入市场机制，进行财政分权、金融分权、价格机制等方面的改革，确定建立中国特色社会主义市场经济体制的目标。通过这一系列的改革，国有企业的效率问题在较大程度上得到缓解，国有企业的发展定位和战略地位更加明确。由于国有企业引领产业跃升过度引发的经济效率降低、产业跃升不确定性较高引发的国有企业创新成本过高、国有企业预算软约束及延迟退出引发的资本存量和增量显著降低问题，在经济不确定性加剧时期，国家积极发展多层次金融市场和多元化金融机构，进而通过有序推动民营资本扩张和金融资本结构的进一步优化，使中央国有企业、市场化程度较高的地方国有企业、创新型民营企业不断推动产业升级，有效市场的作用进一步强化。

第二章"基础理论分析"。金融分权制度改革是在改革开放初期为解决国有企业效率和重要产业升级等问题而探索实施的，涉及政府层级之间金融分权、政府-市场金融分权、同级政府部门间金融分权等三个不同的相互交织、相互影响方面。在经济转型期，政府-市场金融分权是总体趋势，同级政府不同部门间金融分权常常围绕这一主线展开，但政府层级之间金融分权（有时连同同级政府部门间金融分权）常常决定着政府-市场金融分权的程度和变动，变动方向与趋势方向可能一致，也可能背离。

第二篇为"地方政府：任期偏好、政府层级之间金融分权与金融风险"，主要分析地方政府任期偏好、中央-地方金融分权及其与金融风险的关系。这一篇包括第三、四、五章。

第三章"地方政府任期偏好"。本书界定地方政府任期偏好是指地方政府在特定任期内对于所选择的经济政策的爱好胜过其他经济政策，是对经济政策优劣性的主观评价或感觉。这一部分通过梳理经验事实，研究归纳地方政府的任期偏好具体体现为，地方政府对任期内辖区经济建设投资扩张的追求。在地方政府任期偏好下，地方经济政策目标与中央经济政策目标可能不一致。

第四章"地方政府金融分权"。改革开放以来，不同时期地方政府的金融竞争行为特征存在差别，对中央-地方金融分权具有质的影响。特别是2008年全球金融危机以来，地方政府推动地方性金融机构膨胀和地方债务扩张的行为，在一定程度上对政府-市场金融分权和金融市场化产生了显著的影响。

第五章"地方政府金融分权与金融风险"。这里，金融风险既包括微观层面的单个银行的信用风险、操作风险等，也包括宏观层面的系统性金融风险。系统性金融风险为某个事件或者宏观冲击对整个金融体系造成负面影响或连续损失的可能性。由于中国是银行主导型金融体系，在双重金融分权交织的情况下，地方政府、企业和商业银行的有限理性行为对中央-地方金融分权的作用是影响金融风险的根本因素。

第三篇为"企业部门：政策依赖、政府-市场金融分权与金融风险"，主要分析企业的政治需求或建立政治联系的需求，从而获得政策优惠，体现出政策依赖行为；进而判断在政府-市场金融分权深化后、企业获得政策优惠时进行资产结构调整与金融风险的关系。这一篇包括第六、七、八章。

第六章"企业政策依赖"。由于各种原因，企业往往有一定的政治需求，或者努力与（地方）政府建立联系，借此获得政策补贴、行政许可垄断、经营便利或政治晋升。在现实中，具有较高行政级别的大型企业的这种需求更容易被满足，而中小型企业需要支付更高的间接成本。企业在一定程度上有了政策（或政治）依赖性。

第七章"企业金融资产投资"。改革开放以来，当政府-市场金融分权与中央-地方金融分权存在冲突时，影子银行业务急剧增加，并对非金融企业[①]金融资产投资具有不容忽视的影响。此时，融资约束较低的部分非金融企业降低生产性资本投资和技术研发投资，提高金融资产投资比例，呈现"脱实向虚"的趋势。实体企业的"脱实向虚"行为通过两种机制影响金融风险大小：一是"脱实向虚"实体企业的合并资产负债表；二是明斯基融资结构突变。

第八章"企业金融资产投资与银行信用风险"。经济体系中不同的非金融企业之间相互投资债权性和股权性金融资产，在一定程度上会推动银行贷款违约概率的上升，不仅体现在债务规模增加的单个企业层面，而且体现在企业整体层面。从企业现金流动态角度分析，随着企业金融资产比例的提高，企业体系中对冲性融资比例降低、投机性融资比例上升，导致银行贷款的违约概率上升和金融不稳定风险上升。

第四篇为"银行部门：救助预期、政府-市场金融分权与金融风险"，侧重分析在各种主要原因下银行救助预期的形成，及其对政府-市场金融分权深化后金融风险资产扩张的影响。这一篇包括第九、十、十一、十二、十三章。

第九章"银行救助预期"。银行等金融机构"太大而不能倒""太关联而不能倒"等因素强化了其救助预期。同时，银行面对地方政府的任期偏好和金融分权行为，理性选择是既要支持地方政府的投资、与其联合提升自身"游说能力"共同对中央政府议价获取救助，又要利用中央政府强化其独立性、有选择地投资地方政府的项目。地方政府为满足任期偏好、获得商业贷款而与商业银行进行联合，推动金融分权的实现。

第十章"银行表内业务、项目筛选与金融风险"。这一部分主要根据双重金融分权下银行的资产负债表建立风险网络动态传染模型，研究计算地方性金融机构、股份制商业银行等主体行为和影子银行扩张对系统性金融风险传染的影响。

第十一章"银行表外业务、信息约束与金融风险"。这一部分主要通过构建模型来分析银行表外业务扩张及风险立体化传染效应。

[①]　如无特别说明，本书中企业金融资产投资均指非金融企业金融资产投资。

第十二章"银行跨境业务、跨境资本流动与金融风险"。银行跨境业务的拓展，提高了国际资本流动的便利，特别是短期投机性资本流动的增加，加大了资本冲击的频率和强度，对主权国家的外汇储备、汇率等产生重要影响，进而影响金融体系的稳定性，加剧本国金融风险。

第十三章"全球金融网络、国际金融风险传染与金融风险"。随着中国11条金融业对外开放措施的实施，银行、投行等金融机构的国际业务比例逐渐提高，国外金融机构不断进入国内金融市场，国内与国际的金融联系日益密切。在此背景下，各国金融市场波动的相关度和影响力必然提高，计算国际金融风险的传染效应有助于本国金融风险防范与管理。

第五篇为"居民部门：'弹性规则'、储蓄资产结构与金融风险"，主要分析居民的文化习俗、圈层意识及由此而来的"弹性规则"，推理双重金融分权深化后"弹性规则"下金融风险的积累和转嫁；结合未来一定时期内的储蓄资产结构变动趋势，研究双重金融分权深化后居民储蓄资产结构变动的经济效应和金融风险效应。这一篇包括第十四、十五章。

第十四章"'弹性规则'、关系经济与金融风险"。差序格局社会中不同的私人关系采用了不同的标准，使经济治理规则具有了一定的弹性。在"弹性规则"下，地方政府、企业、银行等部门在一定程度上具有共同的政治晋升需求和利益契合点，金融分权为不规范经济行为提供了生存空间。地方政府可以将租金转嫁给企业，企业通过与地方政府联合以贷款坏账形式将租金转嫁给银行，银行则与地方政府联合以金融救助形式将风险转嫁给国家。

第十五章"居民储蓄资产结构变动与金融效应"。在较长时期内，中国经济达到稳态之后，随着中国人口老龄化程度提高，家庭持有的流动性金融资产占金融总资产的比重上升、资本性金融资产占金融总资产的比例逐渐下降，从而引起宏观金融结构的变动；中国家庭老龄化引发的金融资产结构调整将冲击产出降低，甚至影响企业创新投资降低，进而导致经济不确定性提高。

第六篇为"宏观经济政策：宽松积极、金融风险与金融分权优化"，主要分析地方政府、企业、银行、居民等部门经济行为及金融分权下，金融稳定政策、宽松货币政策、积极财政政策、国际金融政策对金融风险的防范与化解，并总结金融分权、部门经济行为、金融风险与金融治理的逻辑关系，为第七篇设计金融治理方案奠定基础。这一篇包括第十六、十七、十八章。

第十六章"货币政策：宽松与经济效应"。这里将前面各部门行为及设计的行为函数纳入动态随机一般均衡（DSGE）框架，模拟研究宽松货币政策的金融风险效应以及不同程度金融分权下各部门行为对系统性金融风险的冲击效应。

第十七章"财政政策：政府支出与经济效应"。这里主要分析财政支出结构对经济增长及金融风险等变量的影响，模拟政府经济建设性投资支出和政府技术创新性投资支出的金融经济效应，以及相应的居民投资结构配置对技术创新型企业、技术稳定型企业的资本比重影响。

第十八章"金融分权、部门行为与金融风险的简要概括"。这一章主要对前面相关章节描述的金融分权下经济部门行为对金融风险的影响机制进行简要归纳和概括。

第七篇为"金融治理体系建设简论"，分析依法规范各部门经济行为、进行金融治理体系建设，从而从根本上达到防范系统性金融风险、推动经济高质量发展的目的。这一篇包括第十九、二十章。

第十九章"制度路径与金融治理的本质及特征"。这一章首先分析一国金融制度演化路径中各部门的合作结构，其次分析金融治理的国家治理背景及金融高质量发展背景，进而结合国家治理的精要界定金融治理的概念和特征，并讨论金融治理与国家治理的关系。

第二十章"部门职能定位及边界与金融治理体系建设"。这里从部门职能定位出发，讨论通过规范部门行为实现科学的金融治理；在论述的过程中，内容涉及地方政府、企业、金融机构、监管当局、政策当局等部门。

研究内容框架描述为图1-3。

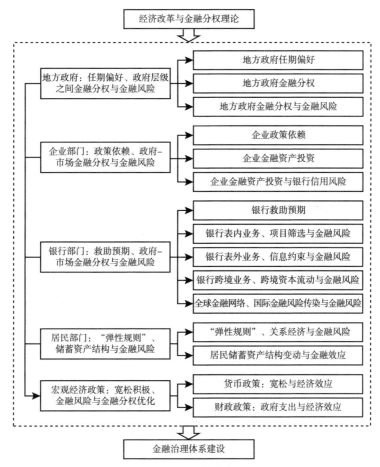

经济改革与金融分权理论

地方政府：任期偏好、政府层级之间金融分权与金融风险
- 地方政府任期偏好
- 地方政府金融分权
- 地方政府金融分权与金融风险

企业部门：政策依赖、政府-市场金融分权与金融风险
- 企业政策依赖
- 企业金融资产投资
- 企业金融资产投资与银行信用风险

银行部门：救助预期、政府-市场金融分权与金融风险
- 银行救助预期
- 银行表内业务、项目筛选与金融风险
- 银行表外业务、信息约束与金融风险
- 银行跨境业务、跨境资本流动与金融风险
- 全球金融网络、国际金融风险传染与金融风险

居民部门："弹性规则"、储蓄资产结构与金融风险
- "弹性规则"、关系经济与金融风险
- 居民储蓄资产结构变动与金融效应

宏观经济政策：宽松积极、金融风险与金融分权优化
- 货币政策：宽松与经济效应
- 财政政策：政府支出与经济效应

金融治理体系建设

图1-3 内容框架

三 基本理论简述

这里首先对之后各部分详细阐述的金融分权、部门行为及金融治理理论做一简要介绍，所用名词在之后章节会加以界定。

（一）地方政府作为区域经营者，表现出明显的任期偏好

在财政分权下，地方政府扮演多重角色，多重角色之间，有的相互融合，有的相互冲突，这为地方政府相机选择提供了便利；地方政府职能主次不够清晰、职能边界模糊，这在一定程度上为地方政府的任期偏好提供了操作空间；地方政府在具体实施经济政策时，常常通过竞争银行贷款资

源、增设地方性商业银行、扩张地方债务、转嫁债务偿还压力、设计土地出让的垄断性价格歧视甚至违规操作等方式，提高辖区经济投资规模和经济增长速度。面对地方政府的任期偏好和金融分权努力，商业银行（分支行）、金融监管部门（分支机构）、中央银行（分支行）的行为选择助推了金融分权的实现。地方政府偏好下的金融分权导致了大量金融风险，主要表现为：在中国经济总量高速增长的时期，大面积存在交易摩擦成本和低质重复项目投资成本转化为金融系统的损失，从而呈现金融分权程度提高时金融风险加剧、金融分权程度降低时金融风险减弱的规律。

（二）企业为了获得政治及经济利益，表现出明显的政策依赖

在地方政府任期偏好和金融分权下，企业不再单纯地进行市场经济经营，而是具有强烈的意愿与地方政府建立政治关联，甚至通过编造资格材料等方式获得政策补贴、税收优惠、要素供给等收益，提升公司价值，获得高管的政治晋升。这些行为对企业主营业务和持续经营能力产生了重要影响，导致企业的政策依赖，助推了企业同质性发展和产能过剩问题。企业获得政府补贴和税收优惠及其他政策便利后，并非专注于主营业务的发展和技术创新，而可能将宽裕的资金更多地投资于房产和金融资产。经济体系中不同的非金融企业之间相互投资债权性和股权性金融资产，这在一定程度上会推动银行贷款违约概率的上升和金融不稳定风险上升。

（三）银行与地方政府和企业联合，产生惯性思维下的救助预期

银行等金融机构既有风险管理功能，又有制造风险的冲动，"太大而不能倒""太关联而不能倒"等因素强化了银行救助预期，在政府为银行大股东的情况下，这种救助预期更为强烈。金融救助预期在一定程度上助推了金融风险的膨胀。商业银行面对地方政府的任期偏好和金融分权行为，很容易识别与地方政府联合的利弊，理性选择就是既要支持地方政府的投资、与其联合提升自身"游说能力"共同对中央政府议价获取救助，又要利用中央政府强化其独立性有选择地投资地方政府的项目。因此，商业银行借助投资银行、影子银行等渠道，实现表内、表外业务创新和扩张，加剧了金融分权，加大了低质项目的融资比例，积累了金融风险。

（四）差序格局社会中不同的私人关系采用了不同的标准，使金融规则具有了弹性

在特定时期的"弹性规则"下，地方政府、企业、银行等部门具有共同的政治晋升需求[①]和利益契合点，为不规范经济行为提供了空间。在一定时期，地方政府可以将租金转嫁给企业，企业通过与地方政府联合以贷款坏账形式将租金转嫁给银行，银行则与地方政府联合以金融救助形式将地方政府租金、企业租金等转嫁给国家。但从国家持续发展角度分析，关系经济推动的经济增长是以有限资源掠夺式投入、对自然环境竞争性破坏为代价来推动的短期行为，使多数公众承担寻租成本、少数群体获取寻租收益、收入差距日益加大，经济发展质量较低。

（五）赶超经济模式下宏观经济政策具有维稳和宽松倾向

国家实施的财政分权模式在激励地方经济发展的同时，也激励地方政府进行投资扩张，国家对商业银行的最后贷款和不良贷款注销等救助担保，诱发了地方政府金融分权行为。在赶超经济模式的确定性政策下，国家救助可能陷入越救助地方金融分权越深化、越救助金融风险越剧烈波动的周期循环。同时，一贯宽松的货币政策提高了资本价格上涨预期，强化了传统企业的救助预期和金融资源获取能力，传统企业获得金融资源后并非用于技术创新和生产投资，而是用于房产和高风险金融资产。金融资源流向不断推动房产投资和金融资产价格上涨，不仅满足了企业需求，同时也满足了居民的投资需求，而支撑居民部门具有强大的房产和金融资产投资需求的基础便是经济迅速发展后较大的居民收入差距和高收入阶层的投资偏好。即使货币政策实现数量型向价格型的转型，这一效应仍不会明显改善。

（六）部门职能与金融治理

①金融治理是指，政府、企业、社会公众、金融机构等主体在正式制度及规则和非正式制度安排下采取联合行动，共同管理复杂的金融事务、协调金融利益冲突的过程。它具有三个基本特征：金融治理是以法律为基

---

① 原因可能在于：经济部门中的个人在总体上受长期沉淀的"学而优则仕"文化的影响，同时，可能受广泛存在的与行政级别挂钩的利益分配方法的影响。

准多种金融制度规则约束金融行为的过程；金融治理是以政府为主导的多元金融主体协调金融行为的过程；金融治理方法、方式的多样化。②改进金融治理的前提是：围绕中国特色社会主义市场经济建设主线，明确地方政府的首要职责是加强和优化地方公共服务，另外是加强市场监管、维护市场秩序、保障公平竞争，行为边界是弥补市场失灵、推动可持续发展、促进共同富裕；地方政府应围绕职责主次增加公共服务支出、降低营利性投资比例。③政府向市场进行适度的金融分权，建立现代金融体系，减少地方政府干预行为，让市场在金融资源配置中起决定性作用；改善资本结构，优化金融公司治理，防止地方政府既当裁判员又当运动员。④由于金融的外部性和公共性，为提高金融监管效率，中央政府向地方政府进行适度金融监管分权时，前提是需要明确地方政府金融监管内容、规范地方政府金融监管行为、提升地方政府金融监管能力。⑤中央政府向地方政府进行适度金融稳定分权，明确地方政府金融风险防范和化解责任、降低地方政府冒险冲动和成本转嫁预期、探索设计财政分权与金融分权相结合的地方金融风险救助责任分担机制。在地方政府职能清晰和风险责任有效承担之前，中央不宜向地方进行过多的金融分权；中央政府统一推进政府向市场的金融分权。

四　学术探索与贡献

（一）系统深化金融分权理论

本书系统探索金融分权理论，对中国特色社会主义经济理论进行具体和细化。本书首先基于规律性经济事实对金融分权形式进行分类，探索设计金融分权的量化指标，对金融分权理论进行系统界定和全面细化；进而基于金融隐性分权的视角，在宏观经济学框架下，研究概括在地方政府金融竞争、融资扩张、地方金融发展过程中，主要国民经济部门的典型行为特征，从部门层面分析金融风险机理及其对经济高质量发展的影响，进而探索通过规范各部门职能和行为，系统建设国家的金融治理体系。

本书概括出，在一段时期内，地方政府具有显著的任期偏好及投资扩张行为，企业具有较强的政策依赖，银行产生了较强的救助预期，社会公众之间具有比较明显的"弹性规则"和圈层关系，这些因素交织在一起，使金融隐性分权与金融风险之间存在密切关系，对经济发展质量和金融发展质量产生重要影响。

（二）系统探索金融治理建设

本书系统探索金融治理建设，对国家治理体系建设进行具体和细化。本书在探索界定金融治理的范畴和特征的基础上，讨论金融治理在国家治理现代化建设中的重要地位和作用，进而分析国民经济各部门在经济高质量发展中的职能定位及其对金融治理体系完善的作用。

本书提出，金融治理是国家治理中至关重要的内容，金融治理既有国家治理建设趋势的要求，也有经济高质量发展的要求，更有防范系统性金融风险的要求，体现了充分发挥政府和市场在金融资源配置中的优势、平衡两者的力量比例、实现经济优化发展的实质。金融治理建设的功能定位是：提高金融发展质量、维护货币稳定金融稳定、推动经济高质量发展。主要包括三个层面的内容：金融治理的目的，金融治理的制度规则，金融治理的体系构建。金融治理体现为：以法律为基准的多种金融制度规则约束金融治理过程，以政府为主导的多元金融主体协调金融治理过程，多样的治理方法方式。

（三）从根本原因层面推进金融风险管理理论

本书在金融分权理论基础上，从地方债务扩张与银行风险螺旋转化、地方性商业银行竞争与银行风险网络动态传染、企业金融资产投资与明斯基融资结构风险突变等角度进行剖析和实证金融分权影响系统性金融风险的作用机理，将金融分权变量纳入DSGE模型模拟金融分权对系统性金融风险的冲击，综合利用非线性面板门限模型、风险网络传染模型、蒙特卡洛模拟等方法，挖掘金融风险的根本原因和直接原因，为金融风险管理及理论完善提供资料。

第二章

基础理论分析

近年来，金融分权这一概念受到较多的关注，并用于解释经济增长、产业升级、金融结构调整、金融风险演化、金融周期等方面的经济现象，但其基本含义仍需要进一步明确和规范，与金融风险、金融治理之间的关系需要进一步梳理和阐述。本章主要给出金融分权的背景、内涵及其在一定时期的演化形式，进而概述金融分权演变下地方政府、银行部门、企业部门、宏观经济政策的行为特征及其对不同层面金融风险的影响。

第一节　经济改革及阶段性特征

本书关注的主要时段是1978~2018年，但由于经济制度的内生性和改革路径的延续性，根据具体分析内容的前后逻辑，本章有必要将1949年新中国成立至1978年改革开放前这一时期的经济制度变革情况做简要描述，其中涉及的影响国家经济持续发展的问题恰恰是改革开放的主要原因。此外，由于金融分权改革的阶段性，本书进一步将研究的侧重点放在1993年明确建设中国特色社会主义市场经济之后；在涉及数据可得性和问题的持续性时，本书分析时段可能又侧重于2008年全球金融危机之后。由于研究问题的阶段性，本书没有采用严格一致的分析口径贯穿始终，可能影响分析的整体性，但在地方政府、银行部门等主导因素方面，以及概括经济部门应对不同阶段主要问题的主要行为特点方面，本书保持了基本的延续性和一致性。

中国始终坚持以公有制为主导的经济运行机制，国有企业在经济中（特别是一些关键性战略行业）占据主导地位，在中国的产业动态跃升中发挥了引领作用（洪正等，2021），^①为中国的经济增长提供了重要动力。国有企业的健康发展也是经济改革的一个重要主线。由于讨论的是国有企业改革发展问题，就需要从其初期建立开始。根据不变价格计算的GDP增长率，中国经济增长过程可简要分为三个阶段：第一阶段（1953~1979年）、第二阶段（1980~2011年）、第三阶段（2012~2021年）。如图2-1所示。初步观察各个阶段，基本上每个阶段的前期经济增长呈波动式上升，后期经济增长呈波动式下降。这意味着，每个阶段在经济发展一段时间后，就面临着影响经济持续增长问题；随着问题解决、经济结构优化和产业升级实现，新的阶段经济增长加速。^②因此，经济增长的不同阶段有着经济运行的不同特征及改革解决的不同问题。

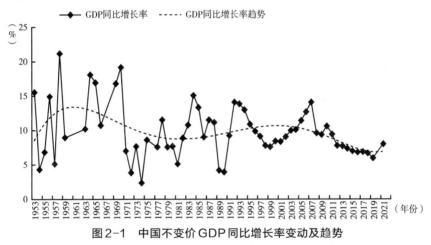

图2-1　中国不变价GDP同比增长率变动及趋势

注：虚线为趋势线；本图删去了天灾造成的经济增长下滑，删除的年份有1960年、1961年、1962年、1976年和2020年。

资料来源：Wind数据库。

---

① 在产业结构变迁过程中，发展中国家能否通过国有企业持续不断地跃升到先导性产业，这些先导性产业的出现遵循工业化进程的不同阶段，如第一次工业革命中的能源、动力、交通基础设施；第二次工业革命（重工业革命）中的钢铁、道路和机械设备等产业；第三次工业革命以原子能、电子计算机、空间技术和生物工程的发明和应用为主要标志的信息技术、新能源技术、新材料技术、生物技术、空间技术和海洋技术等产业。

② 例如，20世纪60、70、80年代的耐用消费品主要是自行车、手表、缝纫机、收音机，20世纪90年代的耐用消费品主要是摩托车、冰箱、洗衣机、电视，21世纪以来耐用消费品主要是家庭汽车、计算机及手机通信设备。相应的制造业结构也从以较初级的机械产品为主发展到以家电、汽车、电子通信设备等高技术含量的产品制造为主。

一 第一阶段：计划经济、国有企业实施资本密集型重工业发展战略与财政金融的大一统模式

（一）重工业优先发展战略与国有企业

新中国成立后，基于中国的特定国情、历史原因和制度"内生"结果，国家对造成经济增长、停滞和衰退的产权结构效率负责，同时为了应对外部竞争者的威胁，中国理性选择推进工业化速度、实施赶超战略（张杰，2011）。工业化的核心是大量资本的积累和形成。直接建立国有企业（或者对既有的非国有企业进行国有化改造），以最大限度地动员和控制经济剩余，将其统一配置到国家战略目标所要求的投资项目和方向上面，成为迅速实现工业化的有效途径。因此，中国实行了国有体制主导下的重工业优先发展战略（林毅夫等，1994），[①]国有企业是重工业优先发展战略"所诱致出来的一种内生性制度安排"（林毅夫等，1997），是国家工业化的充分条件（张杰，2017）。

（二）国有企业运行机制与计划经济

国有企业能够作为国家工业化的充分条件，其隐含着一个重要假定——面对稀缺而廉价的经济资源，国有企业及其代理人本身不会萌生机会主义冲动。这体现在两个方面。一是价格差获利冲动。国有企业代理人按照计划价格获得成本低廉的经济资源后，可能存在谋取计划价格与市场价格之间价格差和生产要素边际报酬率"产业差额"的套利行为，将到手的低廉资源配置到能够给自己带来额外收益的项目。二是"吃大锅饭"行为。经过一定时期的生产热情后，在难以有效监督和计量劳动质量而按照劳动时间计算工作量和收入的情况下，劳动者自身会降低劳动强度、应付劳动时间，从而降低生产效率。对于前者，可以将国有企业由可以主动配置资源的经济组织转变为一个个只能被动接受并完成生产任务的"车间"或者"流水线"，成为一定时期下监督成本最低的制度安排，但对于后者

---

① 1953~1957年第一个五年计划的基本任务是集中主要力量建设苏联帮助设计的以156个大中型建设项目为中心、694个限额以上重点项目组成的工业体系。156个重点建设项目属于重工业项目，搭起了中国当时的工业体系框架。"一五"时期，在基本建设投资中，重工业占85%；在工农业基本建设投资中，重工业占72.9%（国家统计局，1992：第158页）。

仍然效果甚微。针对这一问题及其衍生行为，有必要在主要商品统购统销制度的基础上，①安排"外在于企业"的配套制度来完成国有企业的人、财、物的配置以及产、供、销等活动。因此，设计了国家计划部门负责公共经济的发展规划和重要资源配置决策与监督，并起到综合协调作用；劳动人事部门负责公共经济的劳动资源配置和监督工作；商业和外贸部负责组织公共经济投入产出总的供应与销售；国家财政则主要负责公共经济与资金筹措及运用的相关工作，包括经济核算工作。同时，需要建立十分严格的存款市场准入制度以便集中控制金融资源，在资金的低价格、低利率情况下吸收社会储蓄资源、满足国家工业化建设的必需。国有金融制度便是保证国家工业化得到有效金融支持的最优金融制度安排，是国有企业制度的一个构成要素。

（三）国有企业经营发展与国有金融制度

为了降低国有企业发展重工业所需要的且较为短缺的生产要素的成本，国家设计了大一统的国有金融制度，为国有企业配置资金资源。新中国成立初期，国家基于中国人民银行对中国银行、交通银行、新华信托储蓄银行、中国实业银行、中国通商银行等机构进行整合，使中国人民银行成为国家金融产权的唯一代表，成为既发行货币又办理具体金融业务的特殊金融组织（张杰，2011）。此时，国有企业所需的原材料、燃料、辅助材料、低值易耗品、基本建设投资、固定资产更新、技术改造基金、零星固定资产购置费等，全部通过财政拨款解决，国有企业生产所需的流动资金由财政部门按定额拨付，季节性和临时性的定额外流动资金由国有金融制度解决，生产资料由国家计划供应，产品由国家调拨，企业利润和折旧全部上缴国家（林毅夫等，1994）。国家财政直接向国有企业提供的资金占国家财政支出的比重长期为30%以上。国有企业所需资金则主要通过国家财政拨款或者银行贷款解决，其信贷资金也主要来

---

① 新中国成立后，先后成立了中央财经委员会和国家计划委员会，统一领导全国财经工作。实行粮、棉、油等重要农副产品和纱、布、煤炭的统购统销制度。1953年开始，在全国范围内对重要物资实行统一分配的制度，把各种物资分为统配物资、部管物资和三类物资进行管理。1953~1957年统配物资和部管物资由227种增加到532种，占工业总产值的比重提高到60%；其中，由国家计委直接分配的工业品由112种增加到231种，部管物资由115种增加到301种（汪海波，1994：第405、407页）。

源于国家财政。

建立国家可以控制的国有银行体系，对监督国有企业的套取价差冲动和部分"吃大锅饭"行为以及吸纳集中社会金融资源，都具有积极意义。从交易成本约束视角，起初国有银行体系的监督功能远胜于金融功能。从表面上看，这只是建立了一个"转账流程"，把国家拨付给国有企业的专用资金从银行流过并加以记录。但从经济本质分析，国有企业代理人的机会主义空间因现金交易量的减少而被大大压缩。此时，国有金融不仅动员储蓄、成为国有企业资金供给部门、解决了国有企业融资问题，而且便于国家监督国有企业的生产过程和把经济剩余全部贡献于工业化。通过计划经济和国有金融制度安排，同时自上而下实施严格的低利率政策、低汇率政策、低工资政策、能源原材料低价格政策、农产品和其他生活必需品及服务低价格政策（胡书东，2001），并辅以票证方法解决供给短缺问题，助推国有企业顺利实施资本密集型重工业优先的发展战略。

在这一阶段，计划经济资源配置方式通过国家生产资本的有序扩张，有效集中全国的资金和人才，迅速建立起较为齐全的工业体系；国有企业在自力更生、谋求创新发展的基础上，积极学习和引进国际先进技术，在有效实施国有资本扩张的同时，实现全要素生产率的提升，进而实现第一阶段经济的高速增长。

二 第二阶段：转型经济、生产资本及国有金融资本扩张与国有企业产业转移及跃升战略

经过一定时间的发展，中国迅速建立了门类比较齐全的工业体系，经济得以快速增长。同时，经济如果继续增长则需要解决两个迫在眉睫的问题：一是国有企业内部管理、委托代理、政企不分等引发的效率较低问题（刘瑞明、石磊，2010；杨汝岱，2015）；二是资源价格确定、产业结构升级和经济持续增长问题。这一时期，国家逐步引入市场机制，确定建立中国特色社会主义市场经济体制的改革目标，不仅具有一般市场经济的共性，又有中国的显著特征——使市场在社会主义国家宏观调控下对资源配置起基础性作用，从而实现从计划经济向社会主义市场经济的转型。在从计划经济向社会主义市场经济转型的过程中，国家经历了双轨制时期，进行了一系列重大改革，大规模下放经济管理权限，显著影响了各国民经济部门的决策函数。

（一）探索财政分权改革

为了提高预算选择对"地方"需求和偏好的敏感性、达到借助地方力量推动经济发展的目的，国家将部分财政权力和责任下放给地方政府，由此探索出一个人事集权与行政和财政分权相结合的国家治理模式。财政分权不仅包括中央直接管理的企业下放给地方管理以及相应的财权下放，而且包括公共投资权的下放和投资资源的下放。地方政府将支配更多的投资资源，拥有更多的权力自主选择投资项目和投资规模。因此，财政分权包括了财政收入分权和财政支出分权两个方面。尽管实现了财政分权，但地方政府仍是中央政府的"子机构"，在地方政府的运转资金难以为继时，中央政府仍会进行"父爱式"的平衡和救助。中央政府的税收分权和隐性救助担保，既增强了地方政府的信心，也调动了地方政府投资的积极性。表2-1简要概括了新中国成立以来的财政分权改革，基本上体现了分权的趋势。这意味着，分析中国经济增长和风险规律须考虑地方政府行为因素。

表2-1　中国财政分权改革

阶段	改革进程与内容
新中国成立初期到20世纪50年代中期	中央实行全国统一的财政收支管理体制。人、财、物和产、供、销由中央部委统一管理。这一时期体现为财政集权机制
20世纪50年代末到60年代末	除了少数中央直接管理的企业收入，其他财政收入全部划归地方。1958年"大跃进"，计划失控；1959年3月开始，中央又将下放的权力上收。这一时期表现为财政分权机制
20世纪70年代	1971~1973年，中央对地方实行收支包干的体制。1976年重新集中。1977年开始，江苏、四川开始实行包干分成制
20世纪80年代到90年代中期	中央实行"收支划分、分级包干"的财政管理体制，从原来的"大锅饭"过渡到"分灶吃饭"的新体制。除了推行财政包干制以外，中央大规模下放了经济管理权限，"条条为主"逐渐过渡为"块块为主"。其间探索了"利润留成制度""利改税""价格双轨制"等改革

阶段	改革进程与内容
20世纪90年代末	实行分税制改革。划分中央与地方的财政事权和支出责任,同时以税种划分中央和地方的财政收入,税收实行分级管理,成立国家税务总局。这彻底改变了过去所有税收主要依靠地方征税机关征收的做法
21世纪初至2021年	2012年营业税改增值税改革。2016年增值税分享改革,中央和地方的增值税分享比例由"75∶25"调整为"50∶50"。2018年税收征管体制改革,各级国税、地税机构合并,避免税费收入尤其是非税收入的征管受地方政府或部门干预

注:利润留成制度的实验于1978年在四川省的少数企业试行。在此实验中,企业在完成8项经济和技术指标以及产品的销售合同以后,被允许留得超过计划规定利润的15%~20%作为企业的奖励基金和发展基金,并且企业可以在最初两年获得100%的用企业基金投资所获得的利润。到1980年6月,企业利润留成制度的实验被应用到6600个最盈利和最大规模的企业。这些企业完成全部工业产值的70%和全部利润的80%;1981年80%的国营企业实行这个制度。企业在生产决策、如何使用留成利润、产品销售、新产品试制和固定资产扩大等方面有了一定的决策权;单位工人的收入与所实现的劳动生产率相联系;市场对生产开始发挥调节作用;改进了各地方政府对企业的行政性管理。利改税是1984年开始探索的对企业利润征税来代替原来的利润分成制度,给企业更多的自主权,同时由于不同价格体系和企业装备不一,在利润税之外,不得不再加上一个调节税。这一改革,企业在完成计划指标后,可根据市场需求和市场价格决定投入和产出水平,自行销售一部分产品,自行决定所销售的计划外产品的价格,自由使用企业所获得的利润基金,出租或出售企业闲置的固定资产,重新组织内部机构和任命企业中层干部,自行选择企业的工资形式和使用由留利转化的奖励基金,以及与其他部门横向合作(袁志刚,2006)。

(二)金融分权改革博弈

为了提高金融服务实体经济的效率,以1979年3月国务院批准中国银行从中国人民银行分设出来为标志,中国开始进行政府向市场分权的金融改革。此阶段金融制度的分权特征主要表现在:中国人民银行专门行使中央银行职能,中国银行、中国建设银行、中国农业银行和中国工商银行四大国有银行依次从中国人民银行分立并大力发展分支行,国有银行按照市场规则自主经营的权力得到扩大,但国家对总行有人事任命权,地方政府对国有银行当地分支行有人事任命权。国有银行的经营函数成为分析中国经济增长稳态路径不容忽视的因素。在1990年11月、12月,经国务院授权，中国人民银行批准建立上海证券交易所和深圳证券交易所，为国有企业提供了新的融资渠道。在随后的时间里，货币市场、资本市场、外汇市场等金融市场在聚敛资本、配置资源、调节储蓄和投资、生产信息等方面发挥了越来越重要的作用，对居民投资、企业创新、产业升级、经济增长有着不可替代的作用。

（三）市场化改革与国有企业自主定价权

为了提高资源在国有企业之间的配置效率，国家引入市场机制，并探索确定合理的资源价格。从国家集中制订计划价格到市场自主定价，这一时期体现为"双轨制"特征。20世纪80年代中期，国家允许国有企业生产资料属于企业自销的一部分和完成国家计划后的超产部分，在不高于国家牌价的一定幅度内，国有企业有权自定价格，或由供需双方在规定的幅度内协商定价。后期，很快取消了幅度的限定，国有企业可按略低于当地市场价格的价格出售，参与市场调节。①从此，按照市场价格交易不再违法，双轨制价格取得了合法地位。随着非国有经济的发展和国有企业产量的增加，计划调节的比例不断萎缩，市场调节的比重不断增加。1992年邓小平南方谈话之后，市场化改革加速。1993年底，绝大部分工业生产资料市场和消费品市场已完全放开由市场调节，基本上完成了从双轨价格向单一市场价格体制的过渡。1994年，汇率双轨制完成了并轨；国家取消了粮食的牌价供应，粮票制度退出历史舞台。此外，还有外汇市场改革、劳动力市场改革、房改、社会保险改革以及所有制改革等。

（四）民营企业进入市场

党的十二大提出"计划经济为主、市场调节为辅"的经济体制改革目标，党的十二届三中全会通过了《中共中央关于经济体制改革的决定》，指出要突破把计划经济同商品经济对立起来的传统观念，明确认识社会主义计划经济必须自觉依据和运用价值规律，是在公有制基础上的有计划的

---

① 1984年5月20日，国务院出台文件，允许工业生产资料属于企业自销的部分（占计划内产品的2%）和完成国家计划后的超产部分，在不高于国家牌价20%的幅度内，企业有权自定价格，或由供需双方在规定的幅度内协商定价。1985年1月24日，国家物价局和国家物资局正式出台文件：工业生产资料属于企业自销和完成国家计划后超产的部分，取消原定的不高于国家牌价20%的规定。

商品经济。党的十三大确定了社会主义初级阶段理论，将私营经济确立为社会主义公有制的必要补充。这样私营经济有了合法的身份，开始迅速发展。1992年，邓小平同志南方谈话指出，市场经济不等于资本主义，社会主义也有市场，计划和市场都是经济手段。全国掀起了新一轮经济建设，三资企业及民营企业在推动经济发展中发挥了更重要的作用。此时，居民可以自由决策，决定消费和劳动数量、谋取效用最大化，在储蓄达到一定规模后，可以选择创办企业或购买股权债权，从而在基础层面影响了一国金融资产结构和其他经济部门行为的实现程度。[①]随着民营企业规模的增加，其对国家税收和产出都具有越来越重要的影响。

通过这一系列的改革，一方面，国有企业的效率问题在较大程度上得到缓解。市场机制的引入推动国有企业董事会、监事会、经理层等治理结构的完善，同时通过市场和社会公众的监督，减小了国有企业效率损耗。另外，国有银行对国有企业提供融资服务的同时也发挥了监督和咨询作用，督促国有企业效率的提升。另一方面，国有企业的发展定位和战略地位更加明确。市场机制引入的同时引入了民营企业，不仅对国有企业具有竞争作用、有助于提升国有企业生产效率，而且在国有企业尚未涉足的领域提供了产品和服务，降低了国有企业的生产成本。为了发挥优势和减少竞争，国有企业更侧重于投入较高、盈利较低、期限较长的大型创新项目，民营企业更侧重于投入较低、盈利较高、周转较快的成熟项目。国有企业和民营企业的结构改进，推动经济继续增长。

因此，在这一阶段，针对平均分配机制缺陷和国有企业效率损耗，中国探索从计划经济向市场经济转型，中央政府战略性实施财政分权改革和政府向市场的金融适度分权改革，资本类型从较为单纯的国有企业生产资

---

① 2003年10月，党的十六届三中全会通过《中共中央关于完善社会主义市场经济体制若干问题的决定》，提出大力发展国有资本、集体资本和非公有资本等参股的混合所有制经济；放宽市场准入，允许非公有资本进入法律法规未禁入的基础设施、公用事业及其他行业和领域；建立归属清晰、权责明确、保护严格、流转顺畅的现代产权制度等。2005年2月，出台《国务院关于鼓励支持和引导个体私营等非公有制经济发展的若干意见》，提出放宽非公有制经济市场准入，允许非公有资本进入垄断行业、公用事业、社会事业、金融服务业等领域，鼓励其参与国有企业重组。

本逐渐扩张到国有金融资本①，资本形态从单纯的国有资本逐步扩展到集体资本、民营资本、外国资本等多种资本，从单纯的有为政府向有为政府与有效市场有机融合转型。在这一过程中，国有企业表现出异质性：中央国有企业引入新的生产线、有效推动产业升级，地方国有企业因地方政府金融分权行为异质性（向市场适度分权和向市场隐性集权）表现出产业创新的异质性，分别在产业重复扩张与产业创新升级两个方面出现分歧。这一分歧的合力使产业跃升出现了不确定性。

三　第三阶段：中国特色社会主义市场经济、金融主体多元化发展与产业有序升级

经过较长时间的高速经济增长，新的发展问题开始显现。这主要表现在：国有企业引领产业跃升过度引发的经济效率降低、产业跃升不确定性较高引发的国有企业创新成本过高、国有企业预算软约束及延迟退出引发的资本存量和增量显著降低问题（洪正等，2021）。这一阶段的金融改革主要围绕解决这些问题展开。

（一）国有企业创新发展和产业跃升引领成本过高问题与资本市场的多层次发展

高额的资本积累、有效的劳动投入都是推动经济增长的直接动力，但从长期来看，技术的不断革新并选择最优技术转化为现实生产力才是经济发展的原动力，而且劳动效率、资本效率都严重依赖技术水平和创新速度。国有银行支持和监督国有企业，未能解决的一个重要问题是，国有企业拓展创新产业的风险较高，不仅累积了原来经济发展中的产业升级失败

---

① 资本是用来投资的剩余价值，是用来扩大再生产的剩余价值，即用于投资生产获取利润的资产，如资金、固定资产、土地等。实体经济范畴的资本具体形式为商品资本、生产资本和货币资本，货币资本也在用于扩大再生产的企业手中，社会总资本循环表示为 G—W—G′，货币资本 G 进行投资生产并转化为商品资本 W，销售商品后实现利润获得更大的货币经营资本 G′。伴随资本周转形态的发展，独立出商品资本和货币资本。当以货币作为资本进行单独贷放时，就出现了银行，以货币资本变化为生息的借贷资本，在借贷过程中获得借贷利息 ΔG。此时，社会总资本具体形式为借贷资本和产业资本，社会总资本循环表示为 G—G—W—G′—G′。借贷资本的经营者——银行家，运作的资本即为银行资本。随着金融系统的发展，资本周转中货币形态独立存在的时间加长，甚至成为与生产资本既有联系又非完全依赖的资金循环体系。生产资本与金融资本成为既有联系又相互独立的社会资本构成（马克思，2009）。

成本，而且要继续承担改革开放中拓展创新产业的高风险成本。如果继续实施简单的财政补贴或国有银行金融补贴方法，必然造成难以为继的信用膨胀和货币扩张；如果实施宏观经济政策有效控制信用膨胀，则会导致大量国有企业陷入融资困境。这些因素使国家不得不设计新的渠道聚集社会资金、推进资本扩张、保障产业拓展。资本市场发展壮大成为必要，中国资本市场因此具有与银行体系信贷机制同质的"金融支持性质"——支持国有企业的发展（陆一，2008；张杰，2011）。

（二）金融市场迅速有序发展，对金融结构升级和产业创新升级发挥了重要作用

金融制度往往通过金融市场运行规则实现资金时空配置，选择出符合社会经济发展所需要的创新技术。金融制度的风险分散功能和激励约束功能与技术创新程度密切相关，如果前者功能较强，此时人们往往选择较为尖端的技术进行创新，金融体系和技术体系维持在一个水平较高的均衡状态，否则两者都处于水平较低的均衡状态（Tadesse，2002）。Berger 和 Udell（2002）分析得出，市场导向的资本市场相比银行中介导向的金融体系来说更适合高创新、高风险的投资项目，而银行中介导向的金融体系更适合传统型的低风险投资项目。在经济水平较低的初级阶段或社会重建初期，知识储备水平低，技术发展落后，所有项目都是营利性好项目，银行制度的运行成本更低、效率更高；当经济发展到一定阶段、知识储备水平较高、科技发展较快时，项目变得参差不齐，好项目占比非常低，金融市场此时成为推动技术创新有效的金融制度（苗文龙、严复雷，2018）。经验实证表明，在繁荣阶段，金融市场和银行对各行业的技术投入都具有正向推动作用，但金融市场对高密度创新行业技术投入的推动作用更为显著，银行对低密度稳定行业技术投入的推动作用更为显著；在紧缩阶段，金融市场对高密度创新行业技术投入的紧缩效应更为剧烈，银行却对低密度稳定行业的技术投资下行起到缓解作用（苗文龙等，2018）。

在经济不确定性加剧时期，国家积极发展多层次金融市场和多元化金融机构，进而通过有序推动民营资本扩张和金融资本结构的进一步优化，使中央国有企业、市场化程度较高的地方国有企业、创新型民营企业不断推动产业升级，有效市场的作用进一步强化，有为政府的定位进一步明确。同时，市场化程度较低的地方国有企业受一定的金融支持（既有金融本身的风险评估约束，也有国有银行的选择）滞后于市场出清延长了产业生命周期的衰退阶段。

第二节　金融分权下经济部门的行为特征与金融风险

通过简要梳理分析可以发现，金融分权制度是在改革开放过程中围绕解决国有企业效率和重要产业升级等问题而不断探索实施的。因此，本书的考察时段主要确定在改革开放之后。

一　金融分权及其演变

（一）基本内涵

已有文献关于"金融分权"内涵的界定主要有三种。其一，金融分权是指中央与地方在金融准入权、金融控制权、金融监管权、金融配置权和金融稳定权的划分制度。这一界定的出发点是，财政分权背景下地方政府对金融资源的争夺与金融风险的制造，实质上体现为中央与地方在金融资源权限方面的划定（何德旭、苗文龙，2016）。其二，金融分权是指在不同的经济体制下，金融体制安排存在较大的差异，政府对金融资源尤其是信贷资源分配具有一定控制力，政府在这些权力中的地位不同，可笼统称为金融分权。据此，金融分权包括两个相互区别和联系的层面：一是政府和市场在金融资源配置和货币信用创造中的作用边界划分，如利率汇率决定权、信贷分配权等；二是政府不同部门、中央与地方政府在金融资源配置和货币信用创造的作用划分，如信贷分配权、货币发行权、基础货币管理权、货币政策决定权等（傅勇，2016）。其三，金融分权是指"为推动一国经济长期增长，激励地方发展经济，在不同层级政府之间以及政府与市场之间就金融资源配置权和控制权进行划定与分配的一系列显性和隐性的制度安排"，其又可分为两个层次：中央政府向地方政府的分权（金融分权Ⅰ）、政府向民间的分权（金融分权Ⅱ）（洪正、胡勇锋，2017）。

根据金融分权概念可以归纳出，在计划经济向市场经济转轨的过程中，由于具体研究问题的不同，金融分权涉及三个不同的方面。一是政府层级之间金融分权。这主要指中央政府与地方政府在金融资源控制权和监管权上的划分制度。二是政府-市场金融分权。这主要指政府与市场之间就金融资源配置权和控制权进行划定与分配的一系列显性和隐性的制度安排。三是同级政府部门间金融分权。这包括了同级政府部门之间在金融资源控制权、金融资源配置权、金融监管权上的制度安排。三个方面的金融分权相互交织、相互影响。

（二）演变主线与形式

在经济转型期，政府-市场金融分权是总体趋势，同级政府不同部门间金融分权常常围绕这一主线展开，但政府层级之间金融分权（有时连同同级政府部门之间金融分权）常常决定着政府-市场金融分权的程度和变动，变动方向与趋势可能一致，也可能背离。政府层级之间金融分权成为决定金融分权程度的主要因素。为了使研究主线清晰，本书首先重点探讨政府层级之间金融分权演变；另外根据研究需要，进而分析政府-市场金融分权。当然，世界上不存在绝对的金融集权，也不存在绝对的金融分权，这一概念只是描述相关制度安排的一个现象，介于绝对金融集权和绝对金融分权之间的状态都称为金融分权。金融分权程度从绝对集权向绝对分权的变化称为"金融分权深化"，从绝对分权向绝对集权的变化称为"金融集权强化"。

在具体形式上，中央政府与地方政府之间的金融分权包括金融监管权和金融稳定权；政府与市场之间的金融分权又分为金融资源配置权和金融公司治理权；同级政府部门间金融分权则可能涉及金融监管权、金融稳定权、金融资源配置权、金融公司治理权四个方面。金融监管权指对金融机构日常经营审慎监管的权限、对系统性金融风险监测防范的宏观审慎监管的权限以及对金融市场运行规则和秩序监管的权限，包括市场准入、资本评估、现场检查、逆周期资本附加、系统重要性金融机构资本附加等。金融稳定权指对金融风险进行处置的权力，实质上与金融资产管理公司准入、金融资产证券化、货币发行等权力紧密联系。金融资源配置权是指政府和市场在金融资源配置中发挥的作用，金融机构是按照市场化规则自主经营还是按照政府偏好配置资产。金融公司治理权是政府对金融机构董事会、监事会、经理层等公司治理的影响或控制（苗文龙、何德旭，2020）。金融分权形式与内容见表2-2。

表2-2　金融分权形式与内容

分权形式	分权内容	中央政府	地方政府
政府层级之间金融分权	金融监管权	中央政府具有发放银行等金融机构准入许可证的权力；中央政府及派出机构对其发放许可证的银行等金融机构具有监管权	近年来，地方政府成立了金融办和地方金融监管局，对小贷公司、担保公司、地方金融控股集团等具有准入许可权；地方政府对小贷公司、担保公司等（准银行）具有日常审慎监管权
	金融稳定权	中央政府（主要是中央银行和财政部）对银行等金融机构具有广泛的救助权	地方政府一般不参与金融机构救助；党的十九大后对地方金融机构具有一定责任
政府-市场金融分权	金融资源配置权	中央政府对商业银行贷款资源不具有直接配置权，但在经济非常时期能够对其配置进行有效的影响	地方政府对国有股份制银行的贷款不具有直接配置权，但具有间接影响力；对本地城商行、农信社、金融控股集团等地方金融机构的金融资源配置具有一定的影响
	金融公司治理权（特别是高管任命权）	中央政府对国有商业银行和部分全国性股份制银行高管具有人事任命权	地方政府对农信社、城商行、地方金融控股集团、地方金融资产管理公司等地方性金融机构高管具有人事任命权
同级政府不同部门之间金融分权	上述四个方面的分权内容	除日常的"一行两会"金融监管分权外，财政部负责国债、地方债的发行审核，国家发改委对企业债券发行进行审核，债券交易结算须中债登记，等等	除"一行两会"派出机构金融分权外，小贷公司和担保公司的许可和监管由地方金融监管局（办）负责，典当行、融资租赁、商业保理的许可和监管在2018年从商务部（厅）划由银保监会负责，等等

注：阎庆民（2012）认为，地方金融机构是由地方人民政府管理或审批并承担风险处置责任的金融机构；洪正和胡勇锋（2017）将地方金融定义为，在一定行政区域内设立，由地方人民政府管理或审批并承担风险处置责任，主要为当地居民或企业提供金融服务的金融机构和金融市场；本表所述时间截至2021年。

（三）演变阶段

基于政府层级之间金融分权的视角，改革开放以来，金融分权的演变可大致划分为三个阶段。

1.金融分权凸显阶段（1979~1997年）

以1979年3月13日国务院批准中国银行从中国人民银行中分设出来为标志，中国开始进行以金融分权为主的金融改革。此阶段金融制度的分权特征主要表现在：中国人民银行专门行使中央银行职能，中国银行、中国建设银行、中国农业银行和中国工商银行四大国有银行依次从中国人民银行分立并大力发展分支行；特别是，地方政府对国有银行分支行高级管理层具有人事任命权，对本辖区的各类银行都具有较为直接的控制力，可以通过行政手段介入银行系统，获得大量金融资源。并且，这一时期，银行系统的政策性功能较强，导致银行预算软约束问题严重，为地方政府通过行政手段从银行直接获取大量金融资源创造了条件（巴曙松等，2005）。例如，1988年由于产业结构失衡，中央财政与地方财政"分灶吃饭"，地方政府直接干预经济造成投资冲动，强迫银行放款导致投资失控。1992年信贷规模迅速扩大，有来自地方政府部门的外在压力和干预，也有金融制度漏洞造成的混乱，还有金融机构内部管理缺位造成的失控，出现了1993年金融机构的"超规模"贷款（李成，2005）。

2.金融集权强化阶段（1998~2011年）

以1998年中国人民银行成立九大区行、四大国有银行实行垂直化管理为标志，中国的金融集权程度加强，直到2011年。这一阶段中国的金融改革表面上体现为金融集权强化的特征，而地方政府的金融竞争行为调整只是这一背景下干预金融市场分权的应对策略。主要表现在：地方政府不再对国有银行分支行高级管理层具有人事任命权，金融直接配置权和金融直接控制权难以为继，转而利用财政等手段干预金融资源配置，通过财政存款、财政补贴、高管任免奖励等手段诱导金融机构加大对当地经济建设的资金支持，通过行政会议、地方影响力等间接手段达到竞争金融资源（主要是国有银行贷款）的目的，甚至转化为协助、纵容、默许本辖区企业逃废银行贷款来争夺金融资源。

3.金融分权加强阶段（2012~2021年）

这一阶段的代表性事件是：各省（区、市）金融办纷纷从省（区、市）办公厅独立，有的成立地方金融监管局，开始强化当地金融监管功能和金融资源配置话语权；无中央金融监管部门金融许可证、由地方政府自批自营的地方金融控股集团，地方金融资产管理公司，地方融资平台等地方性金融机构纷纷设立并迅速扩张，后期地方政府融资模式从过去的"土地财政+平台贷款"模式向"土地财政+隐性负债"模式转变，通过明股实债的PPP项目融资、政府引导基金和专项建设基金等方式规避对地方融资平台融资功能的限制（徐忠，2018）；具有金融功能的互联网金融涌现，地方金融监管部门监管的小贷公司、担保公司借互联网金融之名扩展金融业务。这些事件意味着地方政府开始全面拥有金融监管权、金融稳定权、金融资源配置权、金融公司治理权。

金融分权阶段划分是在经济改革发展三个阶段的后两个阶段基础上进行的，并且主要以2012年为界进一步分为两个时段。

二 金融分权下经济部门的经济行为特征

尽管本书考察时段为40多年，但其间每次金融分权改革实质上都是在解决不同阶段的主要经济问题，每个阶段的主要经济问题可能有所不同，不同阶段国民经济部门的主要行为可能有所变化。因此，金融分权在具体阶段的表现也有所不同。此时，把握与金融分权变化存在一定关系的经济部门行为特征或者是经过一段时间发展而形成的可能在未来一段时期仍持续存在的行为特征，将更具有经济意义。基于此，主要经济部门的经济行为特征初步归纳如下。

（一）地方政府部门具有追求本地区经济增长的任期偏好

地方政府在不同的时段可能表现出不同的具体行为，但基本上围绕地区经济增长这一目标。例如，在20世纪90年代初采用行政干预方式寻求银行贷款，在1998年国有银行贷款审批集中总行后多默许当地企业逃废银行债务，在2010年又开始发展多种形式的地方融资平台、扩张隐性债务，以及近年来的人才引进战略等。这些行为的主要目的还是推动本地经济增长，或许还有职务晋升、个人利益等自身目的，以及公共设施改善、地方教育提升、公共医疗卫生发展等目的，但其他目的与经济增长具有一定的相容性，经济增长了其他目的都可能实现，经济没有增长（与职务晋升的关联性需要进一步论证）其他目的都很难实现。此外，不同地区的地方政府可能在追求本地区经济增长方面表现出不同力度来，但大部分地区具有经济增长偏好的共性，即使存在小部分地区的地方政府主要立足保持稳定、等待国家财政拨款，但这些地方的经济产值和经济行为对国家的影响很小，在此忽略不计，并不影响分析逻辑和分析结果。地方政府部门的任期经济增长偏好驱动其积极争取全国的金融资源，保障本地区的资本增量。在地方之间竞争过度时，便引发重复投资、项目烂尾、供给过剩等问题，进而加剧辖区企业的违约风险和风险传染，引发金融体系风险。对此在第二篇地方政府部门的有关章节将进行详细分析。

（二）企业部门具有一定的政策依赖倾向

企业部门的政策依赖倾向可以从国有企业和民营企业两个方面具体分析。①国有企业虽然从计划经济改革后逐渐推进政企分开、自主经营、自负盈亏，但由于产权制度安排和人事管理制度安排，与国家和地方政府天然具有一定的联系。这些联系进一步延伸为包括财政经济建设项目的实施、优惠性产业政策的认定、土地及金融等资源的支持等多种形式，以及项目施工审批、监督、环保及其他无形的无法在书面上明确的又有巨大影响甚至决定项目成败的内容。同时，国有企业在"利润留成""利改税"等一系列改革后，对政府的意义仍显而易见：一是提供重组的财政收入来源；二是解决本地区劳动力就业等社会稳定问题；三是提升本地区经济发展水平，显示该地区政府的政绩（胡书东，2001）。天然的联系与国有企业的经济意义强化了政府对国有企业的"父爱主义"，也强化了国有企业的政策依赖。②民营企业的出现和发展严重依赖国家企业政策和产业政策，也同样表现出政策依赖性。改革开放的目的之一就是通过引入市场机制发展民营企业、提高市场活力、解决国有企业效率问题。民营企业也像国有企业一样同样对政府具有重要的财政收入和辖区经济发展意义。因此，改革开放以来，各地方政府都努力提供各种优惠政策，通过建设经济技术开发区、高新技术开发区、绿色产业生态区等方式，吸引外地资本进入本地区投资设厂，兴办实业、金融创新，其中不乏民营企业。除了在辖区发生严重的财政入不敷出时挤压借用资金，地方政府对民营企业也具有一定程度的"父爱主义"。民营企业正是在享受优惠的产业、土地、税收等政策便利环境下迅速发展起来的，而且由于后续的经营成本降低和业务拓展便利，逐渐形成和延续了这种政策依赖行为。对此将在第六章进行详细分析。

无论是国有企业还是民营企业，无论获得了多大程度上的政策支持，最后都体现在资产结构、负债结构、资本结构等方面。政府向市场金融分权后，企业可以自主决定包括金融资产在内的各种资产投资比重。生产性资产（如存货、固定资产等）与金融资产（如债权、股权等）的比重结构反映了实体生产性企业的经营特征及持续性特征。企业配置金融资产，既可能具有提高资产收益的投资性作用和解决日常生产经营的资金需求作用，还可能有参股、控股其他实体企业进而改进企业的产业布局、降低生产成本、实施战略扩张或产业转型的作用，但金融资产配置比例过高或在短期内急剧上升时，就会挤压当前的主营业务。如果实体企业普遍在短期内提高金融资产配置比例，必然对实体经济的稳定运行形成剧烈的负向冲击。特别是，企业在获得国家财政的转移补贴或建设投资资金时，将其配置于过多的金融资产，必然进一步挖空了实体产业生产资本投资的来源，降低了积极宏观经济政策在经济萧条期的提升作用，加剧了实体经济风险与金融风险的交互传染和恶化。对此将在第七章进行分析。

此外，研发投入是企业长期发展的重要条件，如果金融资产投资过高，必然降低当前的研发投入、延缓或降低企业的技术创新，从根源上长期恶化企业经营能力。已有文献对具体阶段主要经济问题的分析程度也有所不同。为避免研究重复（也没有能力对各个主要方面进行研究），本书主要抓取和金融分权密切相关的企业金融资产投资行为进行分析，并对其直接影响的企业创新投资行为进行了简单延伸，但主要问题还是政府向市场金融分权下企业的金融行为及其对金融风险的影响。对此将在第八章进行详细分析。

（三）银行部门具有救助预期

中国的金融体系是以银行为主导的金融体系，其中银行部门以国有银行为主。银行部门的经营行为总体上有救助预期的影响。这里主要从三个方面进行初步分析。一是银行的产权性质。从经济转型期到中国特色社会主义市场经济时期，中国的银行部门经过了业务范围、贷款权限、人事任命、股份制等方面的系列改革，但从第一大股东或主要股东身份分析，无论是六大国有商业银行，还是12家股份制商业银行，还是各地的城市商业银行和农村商业银行，基本上是政府或政府部门。近年来发展的村镇商业银行的大股东一般是国有商业银行或股份制商业银行，民营银行规模仍然较小。银行部门的产权性质使其在经营困难时，政府有必要进行救助。二是银行风险的缘由和甄别。银行部门的发展与国有企业和地方经济发展具有密切关系，甚至是后者的配套安排。无论是国有大型商业银行，还是股份制商业银行和地方性商业银行，无论从经营成本角度考量，还是从政治意义角度权衡，支持国有企业是必然的使命。国有企业的改革成本、产业跃升过度风险、产业升级不确定性风险、投资重复和产出过剩风险等不同阶段的风险，将转嫁和分担给银行部门。此类风险是银行部门不得不承担的政策性风险，也是银行部门获得垄断性银行牌照和超额行政许可收益的一个成本。但在改革发展过程中，银行部门把自主决策、投资失败的风险损失混合于政策性风险之中，归咎于政府的政策。周小川（2012）分析，"金融机构自己没有审慎经营，还是因为承担了政策性、半政策性或者体制性的任务？这很难做出明确的区分。即使到了党的十四届三中全会时，工、农、中、建几大专业银行还不能够真正自负盈亏，还有很多计划色彩以及行政干预，一些不良资产、呆账坏账实际上与计划经济及其体制转轨有关。因此金融机构有问题很难说清楚究竟应该由谁来承担责任，如果不救也是不负责任的，所以还是倾向于要救"。因此，国家在大多情况下承担了全部风险损失，而这必然强化商业银行救助预期。三是国家数次有求必应的救助。在银行不良贷款风险居高不下的时期，国家多通过再贷款、注资、购买不良资产等方式，帮助银行渡过难关。这些政策强化了银行部门的救助预期。对此将在第九章进行详细分析。

银行部门的救助预期在一定程度上影响了银行风险行为和金融体系风险变化。银行在满足国有企业、地方政府、区域经济发展等金融需求而拓展业务的过程中，具有一定的冒险冲动。从不同阶段的演化简要概括，这表现在如下方面。一是违规贷款。从中国银行保险监督管理委员会公布的执法检查结果分析，大多数银行涉及违规贷款这一问题。对此将在第十章进行详细分析。二是表外业务。为了规避监管，银行部门积极发展监管较为宽松或几乎是监管空白的表外业务和影子银行业务，加剧了金融风险。对此将在第十一章进行详细分析。三是银行跨境业务的迅速发展和国际风险冲击威胁的加剧。在金融全球化背景下，其他国家的经济衰退和金融萧条常常通过货币市场、股票市场、外汇市场、跨境资金流动和心理预期等渠道传染到国内。对此将在第十二、十三章进行详细分析。

（四）居民部门的"弹性规则"与储蓄资产结构调整

金融分权下，居民部门可以根据储蓄自主选择金融资产类型、规模和结构，从而对金融分权下企业部门、银行部门、地方政府部门的金融行为实现有着基础性影响作用。影响居民部门金融资产配置结构的因素体现在两个层面。一是长期潜在层面。从长期来看，在传统文化等非正规制度影响下形成的差序格局仍对居民经济行为具有潜在作用。因此，本书简要分析了居民部门行为规则对金融分权下各部门金融风险传染的影响。二是今后一段时期的重要层面。在今后一段时期，居民消费习惯和储蓄结构的变化影响着金融资产配置结构的调整，可能引发资本性金融资产比例和创新型企业资本比例的下降。因此，在金融分权通过金融市场为居民提供了更多的金融资产投资选择的同时，居民资产储蓄行为也影响着金融分权下地方政府、企业、银行等部门相关经济行为的实现程度。基于此，本书在第五篇的第十四、十五章详细分析居民部门金融资产结构配置的变化及其对金融风险和经济波动的影响。

（五）宏观经济政策的宽容支持、金融风险化解与金融分权的实现

宏观经济政策具有宽松支持的倾向。宏观经济政策包括财政政策、货币政策、产业政策、就业政策等。其中，财政政策和货币政策是宏观经济治理的主要政策，与财政分权和金融分权存在密切关联。这表现在两个递进的方面。

1. 财政和金融两种资源配置手段的相互转化是财政分权与金融分权作用关系的具体体现

地方政府对财政金融资源的控制力和对地方经济利益最大化的追求，导致财政分权必然通过市场资金联系影响金融分权。财政分权和金融分权在不同阶段的组合，实质上体现了资源配置中财政手段与金融手段的相互转化。其一，地方财政手段向金融手段的转嫁。这表现在：部分地方政府通过扶持地方性金融机构以及影响其信贷资源分配、扩张隐性债务获取金融资源，配置到本地财政项目；部分地方政府通过财政存款、财政补贴等财政手段和高管任免奖励、提供更多政治资源等政治方法激励金融机构加大对当地经济建设的资金支持。其二，地方金融手段向国家财政手段的转化。这体现在地方性金融风险向国家财政救助转嫁。由于金融体系的资金网络和资产负债网络联系，多个地方积累的区域性金融风险很容易演化为系统性金融风险，为了维护金融稳定，往往通过国家财政救助方式化解，实现从地方金融手段向国家财政手段的间接转移。

2.财政风险与金融风险的相互传染是财政分权与金融分权作用关系的直接结果

①地方财政风险向金融风险的传染。部分地方政府通过多种渠道争取金融资源，各种不规范金融竞争行为导致金融风险多样化、复杂化，出现地方隐性债务过高、企业高杠杆率、非金融企业"脱实向虚"等风险，并通过地方债务风险向金融部门风险的螺旋转化（熊琛、金昊，2018）、非金融企业金融投资对股价崩盘的风险冲击（彭俞超等，2018）、影子银行及高杠杆率企业与商业银行风险传染网络等途径，进一步加剧系统性金融风险。重大金融风险最终靠中央银行救助或财政注资救助。②金融风险向财政风险的传染。地方财政风险向金融风险转化后，区域性金融风险或关键环节金融风险在一定程度上加剧，当其影响到金融体系的功能发挥或重大金融改革的推进时，将进一步转嫁为中央财政负担。一是金融风险借助财政资金得以消除。例如，据不完全统计，1998~2008年，金融注资一项累计达4万多亿元；2015年，为缓解地方政府偿债压力，财政部发行首批1万亿元置换地方存量债务的地方政府债券。①二是金融风险向财政风险传染，降低财政收入、增加政府债务压力、提高杠杆率和加大财政风险。因

---

① 同年，财政部、中国人民银行、银监会联合发文，将地方债券纳入中央国库现金管理和试点地区地方国库现金管理的抵（质）押品范围，纳入中国人民银行常备借贷便利、中期借贷便利、抵押补充贷款的抵（质）押品范围，从而增加地方政府信用，使商业银行愿意继续购买或持有地方政府债券。

此，在财政收入分权下，财政风险与金融风险相互转化实质是地方财政支出风险向国家金融风险传染、国家金融风险向中央财政支出转化（何德旭、苗文龙，2021）。

财政政策与货币政策在各个环节影响各主要经济部门的经济行为及其对金融风险的影响，并在最终金融风险化解环节决定着金融分权的实现程度。基于这些经济关系，本书主要分析财政政策和货币政策的宽松支持行为及其在部门行为影响下对金融风险形成的作用。财政政策的宽松支持主要表现在两个方面。一是在多数时期，财政政策为积极型。二是在金融救助最后环节，财政资金宽松支持。特别是，当地方政府具有较严格的任期偏好时，常常大幅提高经济建设投资支出的比例，在短期内实现经济增长率的提高，居民根据地方政府给出的经济信号，结合创新企业的资本利润率处于较低水平，会减少投资创新企业，进一步减少了企业技术创新的外源资金，从长期的经济基础层面弱化发展动力。对此将在第十六章进行详细分析。货币政策的宽松支持主要表现在两个方面。一是在多数时期，货币政策多为扩张型，从中美两国广义货币与 GDP 比例的变化可见端倪（见图 2-2）。二是在银行及其他金融机构发生流动性困难时期，货币政策的最后贷款人条件较为宽松。对此将在第十七章进行详细分析。

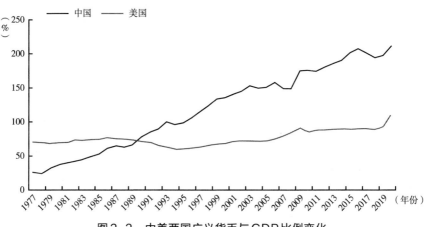

图2-2 中美两国广义货币与GDP比例变化

三　不同程度金融分权下金融风险化解及金融救助

大面积的金融风险往往导致金融体系功能中断或金融危机，甚至进一步诱发经济危机。在本书关注的40多年时间里，国际上发生了美国20世纪80年代的银行倒闭潮、2007年的次贷危机、拉丁美洲债务危机、欧洲债务危机等重大事件，中国却未发生金融危机，或者说是未引起金融体系服务功能中断。这里有必要对不同程度金融分权下金融风险化解方法做一个简单的比较，为金融适度分权下的金融治理设计提供依据。

（一）不同程度金融分权的一个简单比较：以中、美为例

1.政府层级之间的金融分权

（1）中国

根据金融法律法规对相关部门职能分工的界定，中国的金融监管体系可概括为图2-3。

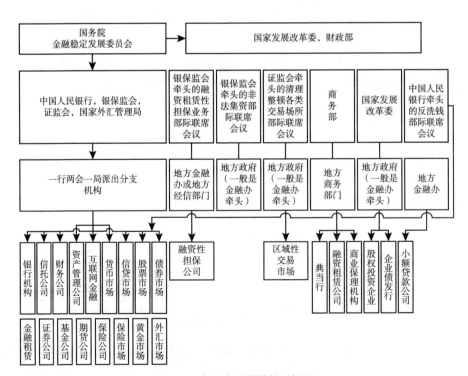

图2-3　中国金融监管体系概况

注：本图所述时间截至2021年。

（2）美国

美国对金融中介机构的监管由联邦和各州机构共同负责。从联邦级别来看，有三个机构对商业银行的监管负主要责任，一个机构对储蓄和贷款机构负责，一个机构对信贷组织负责。其他联邦机构也会对这些金融机构所有或部分活动进行管理，如司法部、证券交易委员会、联邦商业委员会、住房和城市发展部。

通货监理署（国民银行的管理者）根据1863年《国民银行法案》（The National Bank Act）成立，归属于财政部，通货总监由美国总统任命，并要得到参议院的批准。通货监理署主要负责颁发国民银行许可证、批准国民银行在州法律允许的地方设立分支机构的申请、评价国民银行的银行兼并申请、向对其他类型银行兼并及银行持股公司收购负有监管职责的部门提供建议、宣布国民银行破产、制定和执行国民银行运作的规则以及检查国民银行。

联邦储备系统根据1913年《联邦储备法案》（The Federal Reserve Act）建立。联邦储备系统的基本监管职责在于对持有州许可证的成员银行的监管。联邦存款保险公司（Federal Deposit Insurance Corporation，FDIC）主要对商业银行和吸收存款银行提供存款保险，以防止单个银行的倒闭波及其他银行，注意力主要集中在非联储系统成员的州立受保银行。

储蓄监管办公室根据1989年《金融机构改革、恢复和加强法案》（Financial Institution Reform，Recovery，and Enforcement Act，FIRREA）成立，是储蓄和贷款机构的管理者，也负责给联邦金融组织颁发经营许可证，对它们进行检查，宣布它们的破产。

全国信用社管理局于1970年成立，向持有联邦许可证的信用社颁发执照并管理、监督这些组织。

美国联邦级别的银行监管部门如表2-3所示。

表2-3　美国联邦级别的银行监管部门

	通货监理署	联邦储备系统	联邦存款保险公司	全国信用社管理局	储蓄监管办公室
起源	1863年《国民银行法案》	1913年《联邦储备法案》	1933年《银行业法案》	1934年《联邦信用协会法案》	1989年《金融机构改革、恢复和加强法案》
从属机构	财政部下属局	政府的独立机构，美国的中央银行	政府中独立机构，银行和储蓄机构存款的保险者	政府中独立机构，信用协会的保险者和管理者	财政部下属局
组织	首脑——通货总监，全国6个地方性下属机构	7名委员会监管者，由总统任命；12家自主的联邦储备银行，由委员会监督	由5名董事组成的委员会，包括货币审计长，储蓄机构监管局局长，其他3名由总统任命的董事；12家地方机构	3名由总统任命的董事组成的委员会；6家地方机构	总执行董事长，总部在华盛顿特区；全国均有地方机构
资金来源	国会拨款	收入来自政府债券的利息收入，对金融机构的贷款利息收入；为金融机构提供服务的服务费；对财政部的利润（约占收入的90%）	对被保险银行和储蓄机构的评估；投资取得的收入	对被保险信用协会的评价，靠投资取得的收入	国会拨款
检查职责	由联邦发给许可证的（国民）银行	由各州发给许可证的联邦储备系统成员银行，银行持股公司	持有非储备系统的特有州许可证的被保险银行，持有州许可证的被保险储蓄机构，持有州许可证的被保险国外银行分支机构	由联邦颁发许可证的信用协会，由州发给许可证受联邦保障的信用协会	由联邦颁发许可证的存款组织
颁发许可证职责	国民银行	无	无	联邦信用协会	联邦存款组织

资料来源：考夫曼（2001）。

（3）中美比较

根据中美两国金融管理体系安排，可对其金融监管权、金融稳定权方面的政府层级之间金融分权情况做出如下比较（见表2-4）。

表2-4　中美政府层级之间金融分权的比较

层面	内容	美国	中国
国家	金融监管权	联邦储备系统具有发放银行准入许可证的权力 通货监理署、联邦储备系统、联邦存款保险公司、全国信用社管理局、储蓄监管办公室等国家金融监管部门对持有联邦许可证和州许可证的银行都具有监管权	中央政府具有发放银行等金融机构准入许可证的权力 中央政府对其发放许可证的银行机构具有监管权
	金融稳定权	国家对发生危机并满足一定条件的银行等金融机构进行最后贷款	中央政府对银行机构具有广泛的救助性
地方	金融监管权	州政府具有发放银行准入许可证的权力 州政府对持有非储备系统的特有州许可证的银行、持有州许可证的储蓄机构、持有州许可证的国外银行分支机构，具有日常审慎监管权	地方政府不具有发放金融许可证的权力，近年来成立了金融办和地方金融监管局，对小贷公司、担保公司等特定非金融机构具有发放准入许可证的权力 地方政府对小贷公司、担保公司等特定非金融机构具有日常审慎监管权
	金融稳定权	州政府一般不参与	地方政府一般不参与金融机构救助

注：现实中，我国对金融机构（特别是银行类金融机构）具有风险处置责任、履行最后贷款人等金融稳定职责的几乎只有中央银行（中国人民银行），在比较慈爱的货币救助政策和各城商行全国经营扩张背景下，地方政府实际上并不承担金融风险和处置责任，也未有法律明确规定地方政府对地方金融风险的承担责任，而且缺乏具体处置手段。党的十八大以来，国家多次会议强调地方对辖区金融风险的责任，但除地方性金融资产管理公司外，仍缺少必要的手段。

2.政府与市场之间的金融分权

（1）中国

改革开放以来，中国金融分权可以简单分为三个阶段：1979~1997年，金融分权凸显阶段；1998~2011年，金融集权强化阶段；2012~2021年，金融分权加强阶段，总体上仍是金融显性集权隐性分权。尽管中国的政府层级之间的金融分权经历了由集权到分权再到显性集权隐性分权等过程，但政府与市场之间总体上体现为金融分权趋势（见表2-5）。

表2-5　中国金融机制的集权-分权改革

时间	改革内容	政府层级之间的金融分权	政府与市场之间的金融分权
20世纪70年代	1967年，中国人民银行总行和财政部合署办公。1971年，开始将省（区、市）及以下银行机构与财政分开恢复原来系统。1977年，中国人民银行总行与财政部分开，实行垂直领导	总体上体现为金融集权	总体上体现为金融集权
20世纪80年代到90年代中期	成立中、农、工、建四大银行，分支行高管的任命权掌握在地方政府手中。1986年后，成立了一批总行设置在地方的全国性股份制商业银行，人事任命权也主要掌握在地方政府手中	总体上体现为金融显性集权隐性分权	开始表现出金融分权趋势
20世纪90年代末	1997年，对中央银行和四大银行实行垂直管理，中央将商业银行的资金融通权基本上收到中国人民银行总行，由总行集中办理再贷款业务。专门成立金融工委垂直领导。1998年，中国人民银行撤销省级分行，设置9大区行	金融集权强化，但总体上体现为金融显性集权隐性分权	金融分权进一步深化
21世纪后	城市商业银行、村镇银行、小贷公司、担保公司、典当行、融资租赁公司等地方性金融机构获得快速发展；同时，地方政府搭建地方融资平台，通过发行债券、商业银行购买、间接从银行获取资金。体现为金融显性集权隐性分权机制，地方分权倾向更为显著	金融分权强化，总体上体现为金融显性集权隐性分权	金融分权进一步深化

（2）美国

美国经历了1836年的"北美分叉"①后，金融分权主要体现在政府与市场之间，标志性事件主要是20世纪八九十年代的法律修订。20世纪70年代，美国广泛地认为监管过分限制了金融机构对环境变化的反应能力，不断进行金融监管放松和政府对市场的金融分权。这些环境变化包括：远程通信的进步和信息处理技术的进步使金融机构能轻易且廉价地绕过利率和产品障碍；利率的上升提供了绕过障碍的动力从而对金融机构产生影响；价格和利率波动的加剧。比较具有标志性的政府与市场金融分权的法律是1980年的《存款机构放松管制和货币控制法案》（The Depository Institutions Deregulation and Monetary Control Act）、1982年的《加恩-圣杰曼存款机构法案》（The Garn-St. Germain Depository Institutions Act）和1999年的《金融服务现代化法案》（Financial Services Modernization Act）。《存款机构放松管制和货币控制法案》规定：到1986年4月1日止，逐步结束对所有存款机构的最高存款限制；消除商业银行和储蓄机构的最高利率差异；取消各州对住房抵押贷款的高利限制，除非各州在三年内重新规定最高利率；允许所有存款机构持有个人NOW账户②；等等。《加恩-圣杰曼存款机构法案》允许国民银行拥有产品设计权利、跨州布点权利。《金融服务现代化法案》允许金融机构混业经营，推动了金融集团公司的发展。因此，美国州政府具有充分的金融发展权、金融监管权；美国地方政府不具有直接或间接决定辖区内相应等级金融机构高级管理人员（特别是"一把手"）的任命权；美国不同层级的政府难以通过行政手段对辖区内金融资源配置产生一定的影响力，特别是在政策性项目的配套融资方面。

（3）中美比较

尽管中国政府与市场之间金融分权趋势在深化，但与美国比较，显然具有一些不同之处，可简要概括为表2-6。

---

① 1836年之前，联邦政府有权向银行颁发特许经营牌照并进行监管，银行则拥有设立分支机构的权利。随着1836年美国第二银行经营期限到期，美国经过联邦政府和州政府对银行牌照发放权的长期争执和对宪法的解释（即联邦政府有权铸币并保持币值稳定，但并未授权设立银行），州政府保有甚至强化了发放银行牌照的特权。

② 可转让支付命令活期存款账户。

表2-6　中美政府与市场之间金融分权的比较

层面	内容	美国	中国
国家	金融资源配置权	国家对银行贷款、上市公司等金融资源不具有配置权,银行等金融机构拥有设计产品权利、跨州布点权利	国家对银行贷款不具有直接配置权,对上市公司等金融资源具有配置权
	金融公司治理权	国家对银行等金融机构高管不具有任命权	中央政府对国有商业银行等金融机构高管具有任命权[①]
地方	金融资源配置权	州政府对银行贷款、上市公司等金融资源不具有配置权	地方政府对国有股份制银行的贷款不具有直接配置权,但具有间接影响力;对本地城商行、农信社、金融控股集团的金融资源具有一定的干预权;对上市公司资源不具有配置权
	金融公司治理权	州政府对银行等金融机构高管不具有任命权	地方政府对农信社、城商行、地方金融控股集团、地方金融资产管理公司等地方性金融机构高管具有任命权

3.重要区别

通过上述分析,可以归纳出中国和美国的金融分权制度具有三个重要区别。一是中央政府-地方政府金融分权程度的差别,美国州政府具有充分的金融监管权。二是不同层级政府对银行机构高管的人事任命权。中国不同层级的政府直接拥有或间接决定辖区内相应等级金融机构高级管理人员(特别是"一把手")的任命权。美国政府不具有这一权力。三是不同层级政府对金融资源直接或间接的配置权。改革开放以来,中国金融市场化程度持续加深,但不同层级的政府通过行政手段对辖区内金融资源配置仍具有一定的影响力,特别是在政策性项目的配套融资方面。美国政府不

---

① Pistor(2011)研究我国金融机构高管的人事变动历程发现,并非金融机构的产权结构决定高管人选,政治关联路径反而是导致高管变动的主要因素。在现实中,尽管有些金融机构并非政府控股,但其高管的人事任命权实际上仍然由代表中央的监管部门所控制(洪正、胡勇锋,2017)。

具有这一权力。在银行发生流动性危机时，这些区别影响着国家的金融救助决策。

（二）金融危机救助区别

1.金融危机的标准

金融危机包括货币危机、债务危机、股市危机、银行危机等不同形式，对不同范畴金融危机的判断标准没有达成共识。尽管中国没有发生影响金融体系功能的金融危机，但如果按照国际标准，发生的金融事件可能会引发金融危机。例如，1990年1月，人民币兑美元的平均汇率从3.76贬值为4.72，短期内贬值幅度为25.53%；1994年1月，人民币兑美元的平均汇率从5.81贬值为8.70，短期内贬值幅度为49.74%（见图2-4）；银行坏账率（"一逾两呆"[①]）在1995年为21.4%，[②]2000年末不良贷款率为29.2%，[③]2001年末仍高达25.37%；[④]部分地方的银行坏账率高达40%以上；[⑤]大大高于国际警戒线水平；在2015年7月和2016年1月1日起试行、1月8日暂停的熔断机制期间，沪深两市几乎每天都发生"千股跌停"局面，不亚于2008年雷曼兄弟破产后道琼斯指数的断崖式下跌情况。特别是，20世纪90年代的高银行坏账率，在其他国家可能就会引起大面积银行倒闭。究其原因，是金融救助理念和方法存在差别。

[①] "一逾两呆"指逾期贷款、呆滞贷款、呆账贷款。逾期贷款是指逾期未还的贷款，只要超过一天即为逾期；呆滞贷款是指逾期两年或虽未满两年但经营停止、项目下马的贷款；呆账贷款是指按照财政部有关规定确定已无法收回，需要冲销呆账准备金的贷款。

[②] 数据来源：汪守宏《对我国商业银行当前不良资产有增无减的新思考》，《科技情报开发与经济》2003年第10期，第110页。

[③] 中国人民银行1999年完成国有独资商业银行分行与省会（首府）城市分行的合并工作，全面推行贷款质量五级分类方法，逐步成立金融资产管理公司，大幅降低不良贷款率。1998年之前为银行坏账率，1999年之后为银行不良贷款率。

[④] 数据来源：中国金融学会编《中国金融年鉴（2002）》，中国金融年鉴编辑部，2002，第10页。

[⑤] 例如，1997年末，吉林省全省城市信用社不良贷款率66.54%，亏损面73.9%；全省农村信用社不良贷款率74.72%，亏损面88%（中国金融学会，1998：第764页）。

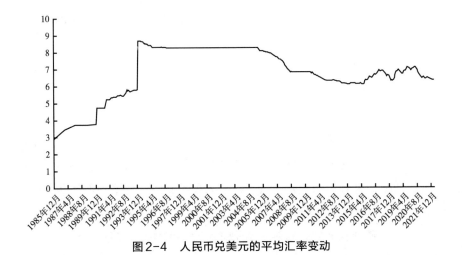

图2-4   人民币兑美元的平均汇率变动

2.金融救助

国家进行金融救助是化解金融危机的重要方法。根据金融分权程度的不同，国家金融救助有两种途径。一种是当国家向地方政府、政府向市场进行了充分的金融分权时，市场在金融资源配置中发挥决定性作用，金融交易的主体享受交易的收益，同时也承担相应的风险。此时，金融风险成本首先由金融交易的直接参与主体承担损失，政府一般并不参与救助，当直接交易主体难以分散和控制金融风险损失时，就会向其他部门进行传染，进而引发金融危机。另一种是当国家向地方政府、政府向市场的金融分权较不充分时，国家和地方政策对金融资源配置常常发挥一定的影响作用，金融部门也承担一定的政策性任务，当金融机构发生流动性困难时，国家多倾向于支持和救助。两者的共同之处在于，金融危机的成本最终会转嫁到社会公众。

西方国家的态度通常是尽量不救，实在不得已才救助。比较具有代表性的实例是美国2008年金融危机时期对有关机构风险的处理。从美国次贷危机不断发展演变到最终爆发全球金融危机之前，美国发生了从最初倾向于不救助到最后决定参与较大力度的救助的转变（见表2-7）。欧洲地区的国家（包括英国、德国、法国、瑞士等）在2008年全球金融危机前后，也改变以往做法，吸取美国的教训，政府对问题机构投入大量资金直至采用国有化方式，进行了较大力度的救助（见表2-8）。经过2008年全球金融危机，各国达成的基本共识是，当问题机构具有"太大或太关联"特征时，其破产风险可能在较大范围内传染，引发危机的蔓延和金融体系服务功能的中断，政府有必要用纳税人的钱进行金融救助。

表2-7 2008年全球金融危机时期美国金融救助案例

时间	问题机构	是否救助	救助方案
2008年3月	贝尔斯登	是	美联储承诺为摩根大通提供300亿美元贷款，由摩根大通收购贝尔斯登
2008年4月	房地美、房利美	是	美国财政部和美联储于9月明确公布了救助计划，于9月7日宣布接管"两房"
2008年9月	雷曼兄弟公司	否	9月20日，布什政府正式向国会提交7000亿美元救助方案，但于9月29日遭众议院否决。股票市场出现了断崖式下跌，道指单日跌幅高达7%，创下历史上最大的单日跌幅
2008年10月	花旗银行、美洲银行	是	贷款担保
2008年10月			①美国参议院通过了政府救助方案，救助方案总额从原来的7000亿美元提高到8500亿美元。②增加了延长减税计划和将银行存款保险上限由目前的10万美元提高到25万美元的条款。③美联储宣布降息50个基点至1.5%，并于12月16日继续将美元基准利率下调至0~0.25%。④其他一系列各种担保和保护措施

注：贝尔斯登（Bear Stearns）是华尔街第五大投资银行；雷曼兄弟公司是6000亿美元左右资产规模、中等偏大的投资银行，达不到"大而不能倒"的标准。

资料来源：周小川（2012）。

表2-8 2008年全球金融危机前后英国金融救助案例

时间	问题机构	是否救助	救助方案
2007年9月	北岩银行	是	2007年9月，北岩银行发生储户挤兑现象。之后，英格兰银行宣布提供紧急贷款，为北岩银行注资129亿英镑；10月初，英国财政部宣布对北岩银行3.5万英镑以内的存款给予全额担保。此后，英国当局还继续对北岩银行实施了一系列救助措施，并最终于2008年初将北岩银行国有化

时间	问题机构	是否救助	救助方案
2008年10月	苏格兰皇家银行、劳埃德银行、巴克莱银行	是	注资39亿英镑，部分国有化

资料来源：周小川（2012）。

　　中国多倾向于救助。经济事实表明，过去一些出问题的金融机构大多数得到了救助，甚至包括一些非法集资也给了补偿。其原因如下。一是金融业是国民经济的命脉行业，金融业出了问题就必须救，否则意味着经济肌体的失灵甚至死亡。二是中国是转轨经济，公有制还占有比较大的成分，金融机构出了问题，难以区分是因为金融机构自己没有审慎经营还是因为承担了政策性、半政策性或者体制性的任务。三是中国改革过程中特别强调社会稳定，金融业涉及千家万户的利益，如果出了问题不救，特别是如果和其他方面的问题纠缠在一起，容易影响社会稳定。即使有一些未实施救助的个案，例如，东南亚金融危机期间的广国投，也是强调要给市场明确的信号——该倒的就让它倒、不能施救，以起到警示作用防止道德风险（周小川，2012）。

四　经济部门行为与金融风险关系的简要描述

　　用于解决企业融资需求、提升企业经营效率、促进产业升级和经济发展的金融分权改革，在协助实现经济较快增长的同时，通过影响经济部门的行为决策诱发了一些金融风险。这些金融风险，既有与西方市场经济国家金融风险的共性，如经济下行时大面积项目失败违约、内部操作损失、金融安全网下的道德风险等；但更有国内的差异性。其差异性表现在：一是经济与金融体制转轨导致了各类金融机构历史包袱沉重，并成为全国潜在金融风险的重要根源之一；二是金融机构在农村地区的垄断性质造成市场竞争下的优胜劣汰机制基本失灵；三是社会诚信状况的不良导致道德风险逃废债务，从实体经济向金融部门累积，并进而转化为财政成本或中央银行基础货币沉淀（周小川，2004）。这些具有一定影响或具有一定普遍性的金融风险虽然在国家的金融稳定制度安排下得以解决，大量银行等国有金融机构在面临经营困难和流动性危机时得到国家救助而未破产，也未引起金融体系服务功能中断和剧烈的经济危机，但在经济高质量增长需要下，进一步提高金融分权制度结构的适度性、界定经济部门职责和分工、建设健全金融治理体系、降低对低质量项目的重复选择、减少无效过剩供给、提高经济运行效率，显得十分必要。

　　根据上述分析，这里给出金融分权改革、经济部门行为、金融风险、金融治理之间关系的简要描述（见图2-5）。本书在第二篇至第六篇分别分析金融分权改革下各经济部门的主要行为及其对金融风险的影响后，再详细描述其传导机制。

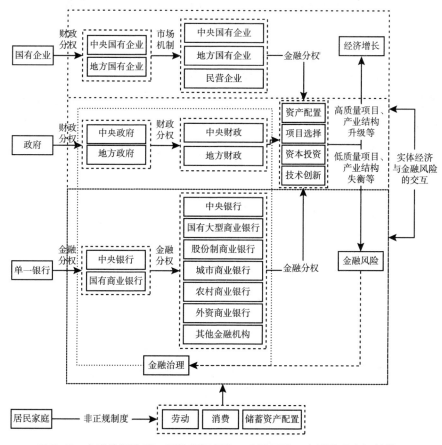

图2-5　金融分权改革、经济部门行为、金融风险、金融治理之间的关系

第三节　金融分权下部门经济行为与金融风险的理论分析

通过上述分析可以发现，（系统性或重大）金融风险可能是金融分权的直接结果。但金融改革又需要一定的金融分权、让市场在金融资源配置中发挥决定性作用。金融分权的这两方面影响，就引申出一个不可回避的问题——金融分权深化为什么加剧了金融风险。鉴于此，本节从宏观经济治理的防风险角度分析市场化改革过程中金融分权的内在逻辑及其对金融风险的影响。

一　金融分权与市场化

（一）政府-市场金融分权与市场化改革具有明显的正向关系

历史演变表明，中国的财政分权较为清晰，中央政府具有市场化改革导向。在此情形下，当中央政府向金融机构及金融市场让渡更多的资源配置权时，政府-市场金融分权深化。从"让市场在资源配置中起基础性作用"到"让市场在资源配置中起决定性作用"，体现了中国市场化改革的实质性变化和向纵深推进。因此，政府-市场金融分权与市场化是正向关系，如图2-6~图2-9中"政府-市场金融分权与市场化"函数线所示。

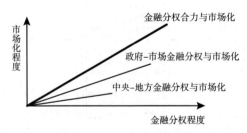

图2-6　中央-地方金融分权、政府-市场金融分权与市场化方向一致

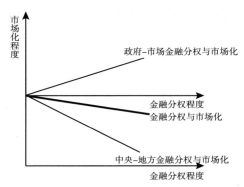

图2-7 中央-地方金融分权、政府-市场金融分权与市场化方向相反

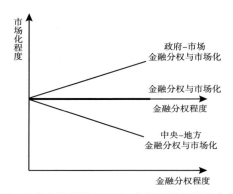

图2-8 中央-地方金融分权和政府-市场金融分权的市场化作用抵消

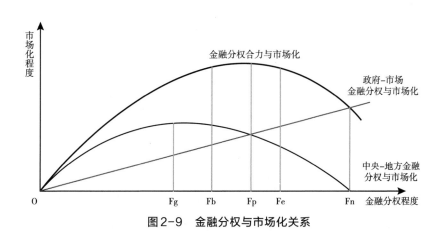

图2-9 金融分权与市场化关系

（二）政府层级之间金融分权可能促进也可能抑制市场化改革

政府层级之间金融分权与市场化改革的关系较为复杂，可初步分为三种情形。

第一，当中央–地方金融分权深化适度时，地方政府拥有了一定的金融监管权、金融稳定权、金融资源配置权和金融公司治理权。地方政府根据中央改革方针政策，积极完善当地金融环境、提高监管能力、利用市场提高金融资源配置效率、提高金融治理水平，进一步落实和推动了金融分权深化，提高了市场在资源配置中的作用和效率。此时，中央–地方金融分权、政府–市场金融分权与市场化方向一致，金融分权合力与市场化方向一致。如图2-6和图2-9中区间［0，Fg］的"金融分权合力与市场化"函数线所示。

第二，当中央–地方金融分权深化过度时，地方政府拥有了非常高的金融监管权、金融稳定权、金融资源配置权和金融公司治理权。地方政府为了本地利益最大化，过度争夺金融资源、干预金融资源配置，反而约束甚至降低了市场对资源的配置作用。此时，中央–地方金融分权开始降低市场在资源配置中的作用，如图2-7和图2-9（Fg之后）"中央–地方金融分权与市场化"函数曲线所示。一个明显的例子就是，地方政府在城市商业银行股权结构中一股独大，行政干预比较显著。经验和研究证明，地方官员出于仕途考虑，会动用自身行政控制力扩张经济规模，此时，城市商业银行成为重要的融资渠道（纪志宏等，2014）；晋升压力会通过增加中长期贷款、增加房地产贷款、提高集中度的途径形成不良贷款（钱先航等，2011）。并且，第一大股东的控股能力越强，银行的不良贷款率越高，第一大股东为地方政府的银行的不良贷款率更高（祝继高等，2012）。因此，中央政府与地方政府之间的金融分权深化和市场化改革在一定程度上存在负向关系。

第三，当"中央–地方金融分权与市场化"函数线相交于"政府–市场金融分权与市场化"函数线时（即图2-9横坐标值Fp），金融分权对市场化的推动作用达到最大值。当"中央–地方金融分权与市场化"函数线迅速下降时，中央政府推动的政府–市场金融分权政策对市场化改革的效果被中央–地方金融分权对市场化抑制的影响耗损完毕，金融分权深化开始降低市场化程度（即图2-9横坐标值Fp之后）。在区间［Fb，Fe］内，许多地方政府的干预行为几乎抵消了中央层面推动的政府-市场金融分权政策效果，此时金融分权与市场化基本不相关；在Fe之后，金融分权与市场化呈显著的负相关关系（见图2-8、图2-9）。

因此，根据中国40多年的改革经验实践，金融分权深化时金融风险加剧、经济发展质量降低的本质原因可能在于：当中央政府与地方政府之间的金融分权深化对市场化改革的负向作用大于政府-市场金融分权深化对市场化改革的正向作用时，金融分权深化综合表现出阻碍市场化改革和社会主义市场经济发展、制约金融功能的有效发挥和金融资源的优化配置作用，进而降低经济发展质量、积累更多的金融风险。

二　金融过度分权与市场化对金融风险的影响

不可忽略的是，金融分权及市场化程度与金融风险及经济质量之间并非简单的单调线性关系。当政府-市场金融分权和金融市场化达到一定程度后，继续深化金融分权与市场化可能会恶化市场竞争，加大金融风险甚至酿成金融危机。

监管当局的外部监管和限制准入的牌照价值达到一定平衡后，才能降低银行的风险（戈登，2011）。银行牌照可视为银行资本的一部分，因为它可以在未来给银行带来垄断利润。特许经营牌照的价值有效地激励了银行所有者回避那些可能损害其牌照的危险行为，极大地促使为私利进行高风险投资活动的银行向维持银行体系稳定的社会目标靠拢。而市场化和自由化进程迅速降低了银行牌照的价值，导致金融竞争加剧。为了应对竞争压力，传统银行要么降低贷款利率，要么进行高风险投资，要么规避金融监管。市场化和自由化降低了银行牌照价值，不仅会导致原来的"垄断利润"减少，银行将资本转向政府监管视野之外的业务并由此催生"影子银行体系"；而且降低了银行体系内部的自我监督激励，并由此产生外溢效应，进一步加重监管当局的监管负担以及对外部监管的依赖（张杰，2017）。因此，随着政府-市场金融分权的深化，初始阶段会提高银行经营效率、降低金融风险；但超过一定限度时，银行竞争过度，金融风险又会加剧；政府过度向市场金融分权，会导致金融风险的加剧和膨胀（苗文龙，2018a）（另见图2-10）。

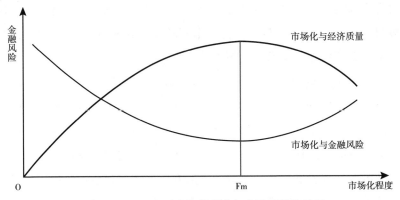

图2-10　金融市场化程度与金融风险的关系

　　由此可见，尽管财政分权意图在于调动地方政府积极性、推进市场化改革、提高资源配置效率，但同时也强化了地方政府在辖区市场上资源配置的权力，政策目标和工具的显著差别使其有更强的意愿和权力来竞争金融资源，从而提高了地方政府（相对于市场）的金融集权，而这往往对市场化改革起负向作用。在一定时期或一定区域，当中央-地方金融分权深化对市场化改革的负向作用大于政府-市场金融分权深化对市场化改革的正向作用时，金融分权深化综合表现出阻碍市场化改革和市场经济发展、制约金融功能的有效发挥和金融资源的优化配置作用，进而积累更多的金融风险、降低经济发展质量。

三　金融分权、市场化与金融风险关系概括

　　根据上述分析，结合实际经验，金融分权、市场化与金融风险之间存在以下关系：在同样程度的中央-地方金融分权条件下，经济发展程度较高的地方，地方政府向市场金融分权程度较高，金融市场化程度相应较高，此时金融运行效率较高一些，但也存在一定程度的金融风险，而且多由微观主体（包括金融公司治理不完善）引起；经济发展较落后的地方，包括西部部分地方和县市级地方，地方政府向市场金融分权程度较低，金融市场化程度相应较低，不仅体现在对地方性金融机构的干预上，而且存在不同形式的对国有银行支行的干预，此时金融运行效率、金融风险状况多和地方政府的行为和项目有关。金融分权、市场化与金融风险之间的关系初步概括为表2-9。

表2-9　金融分权、市场化与金融风险之间的关系

金融分权	市场化	金融风险主因	举例
高	高	多与市场微观主体有关	东部地区
中	中	多与地方政府和市场微观主体相关	中部发展落后地方
低	低	多与地方政府相关	西部落后地区、部分县市级及以下地区

第四节　本章小结

新中国成立以来，经济增长过程可简要分为三个阶段：第一阶段，1953~1979年；第二阶段，1980~2011年；第三阶段，2012年至今。每个阶段在经济发展一段时间后，就面临影响经济持续增长的问题；随着问题的解决、实现经济结构优化和产业升级，新的阶段经济增长加速。因此，经济增长不同的阶段，反映了不同阶段经济运行的不同特征及改革解决的不同问题。第一阶段：计划经济、国有企业实施资本密集型重工业优先发展战略与财政金融的大一统模式。在这一阶段，计划经济资源配置方式通过国家资本的有序扩张，有效集中全国的资金和人才，迅速建立起较为齐全的工业体系，实现了全要素生产率的提升和第一阶段的经济高速增长。第二阶段：经济市场转型、生产资本及国有金融资本扩张与国有企业产业转移及跃升战略。经过一定时间的发展，经济如果继续增长则需要解决两个迫在眉睫的问题，即国有企业效率较低和产业结构升级问题。这一时期，国家逐步引入市场机制，进行财政分权、金融分权、价格机制等方面的改革，确定建立中国特色社会主义市场经济体制的目标。通过这一系列的改革，国有企业的效率问题在较大程度上得到缓解，国有企业的发展定位和战略地位更加明确。第三阶段：社会主义市场经济、金融主体多元化发展与产业有序升级。经过较长时间的高速经济增长，国有企业引领产业跃升过度引发的经济效率降低、产业跃升不确定性较高引发的国有企业创新成本过高、国有企业预算软约束及延迟退出引发的资本存量和增量显著降低问题。在经济不确定性加剧时期，国家积极发展多层次金融市场和多

元化金融机构，进而通过有序推动民营资本扩张和金融资本结构的进一步优化，使中央国有企业、市场化程度较高的地方国有企业、创新型民营企业不断推动产业升级，有效市场的作用进一步强化，有为政府的定位进一步明确。

金融分权制度改革是在改革开放初期为了解决国有企业效率较低和重要产业升级等问题而探索实施的，涉及政府层级之间金融分权、政府-市场金融分权、同级政府部门间金融分权三个不同的相互交织、相互影响方面。在经济转型期，政府-市场金融分权是总体趋势，同级政府不同部门间金融分权常常围绕这一主线展开，但政府层级之间金融分权（有时连同同级政府部门间金融分权）常常决定着政府-市场金融分权的程度和变动，变动方向与趋势可能一致，也可能背离。政府层级之间金融分权成为决定金融分权程度的主要因素。金融分权的演变可大致划分为三个阶段：金融分权凸显阶段（1979~1997年），金融集权强化阶段（1998~2011年），金融分权优化阶段（2012~2021年）。

每次金融分权改革实质上都是在解决不同阶段的主要经济问题，不同阶段的国民经济部门的主要行为可能有所变化，因此，研究金融分权在具体阶段的表现也有所不同。此时，把握与金融分权变化存在一定关系的经济部门的主要特征或者是经过一段时间发展而形成的可能在未来一段时期持续存在的特征，将更具有经济意义。基于此，主要经济部门的经济行为特征初步归纳如下：地方政府部门具有追求本地区经济增长的任期偏好，企业部门具有一定的政策依赖倾向，银行部门具有救助预期，宏观经济政策具有宽容支持特点。居民部门与金融分权改革无直接关系，但金融分权改革下，居民部门可以根据储蓄自主选择金融资产类型、规模和结构，从而对企业部门、银行部门、地方政府部门的金融行为产生基础性影响。分析居民部门需要考虑两个重要因素：一是长期潜在层面，如传统文化等非正规制度影响；二是今后一段时期居民金融资产配置结构的变化趋势。

国家进行金融救助是化解金融危机的重要方法。根据金融分权程度的不同，国家金融救助有两种途径。当国家向地方政府、政府向市场进行了充分的金融分权时，市场在金融资源配置中发挥决定性作用，金融交易的主体享受交易的收益，同时也承担相应的风险。此时，金融风险成本首先由金融交易的直接参与主体承担，政府一般并不参与救助，当直接交易主体难以分散和控制金融风险损失时，就会向其他部门进行传染，进而引发金融危机。当国家向地方政府和政府向市场的金融分权程度较低时，国家和地方政府对金融资源配置常常发挥一定的影响作用，金融部门也承担一定的政策性任务，当金融机构发生流动性困难时，国家多倾向于支持和救助。经过2008年全球金融危机，各国达成的基本共识是，当问题机构具有"太大或太关联"特征时，其破产风险可能在较大范围内传染，引发危机的蔓延和金融体系服务功能的中断，政府有必要用纳税人的钱进行金融救助。

用于解决企业融资需求、提升企业经营效率、促进产业升级和经济发展的金融分权改革，在协助实现经济较快增长的同时，通过影响经济部门的行为决策诱发了一些金融风险。在经济高质量增长需要下，进一步提高金融分权制度结构的适度性、界定经济部门职责和分工、建设健全金融治理体系、降低对低质量项目的重复选择、减少无效过剩供给、提高经济运行效率，显得十分必要。

第二篇 地方政府：任期偏好、政府层级之间金融分权与金融风险

地方政府在中国经济体系运行中扮演了举足轻重的角色，决定着中央政策实际执行的方向、程度及效率，决定着市场化改革的真实进程，在有形或无形中主导着各地企业、银行、居民的行为决策。观察地方政府的任期偏好及其金融分权行为成为本书分析的起点。

第三章

地方政府任期偏好

当前经典的宏观经济理论较少单独考虑地方政府，多将其视为与中央政府几乎没有差别的同一个"政府部门"，其中应有之义便是地方政府的偏好、目标、行为与中央政府别无二致。然而，在现实当中，对于中国这样一个幅员辽阔、地方经济发展水平不均衡的国家，地方政府与中央政府在经济政策的制定及执行方面往往存在一定的出入，甚至在一定时期出现了冲突。这意味着，一个有能力与宏观经济政策制定部门进行博弈的群体出现。这些群体之间看似是分散和竞争，但在与宏观经济政策制定部门的博弈中，可能出现显著的不谋而合的行动一致性，以至于既有的经典模型的解释力大打折扣。本章的重点是分析地方政府的任期偏好及决策函数。

第一节　任期偏好的经济分析

一　任期偏好的界定

严格来讲，具体某个地区的地方政府作为一个单位，其决策和行为不能用"偏好"一词来描述。然而在现实中，由于"一把手负责制"等，地方政府的决策和行为往往体现在其"一把手"的偏好上。一个比较具有说服力且具有规律性的经济事实是：辖区经济发展状况未出现明显变化时，地方经济政策应具有延续性，但由于地方官员变更，地方经济政策具有显著的不连续性。研究证明，新任官员有时会"推倒"或"终止"前任政策规划、提出自己的发展战略及策略，进而造成在新旧官员任期前后地方财政资源的分配、投资的指向出现大幅波动（杨海生等，2015）。一些城市，今天定位的宜居森林城市尚未成形、明天又争取建设成为国际化大都市，今天开发的高新技术园区尚未实现某些技术重大创新、明天又将重点规划为经济开发区，等等。这些规划体现不出政策的连续性和互补性，更多的是一些地方政府不同任期"一把手"的发展偏好与思路。因此，为了更准确地描述这一段时期地方政府的决策与行为特征，本书用具有个人心理色彩的"偏好"一词来描述。如无特定分析环境，本书对于地方政府和其"一把手"也不再做区分。

任期偏好是指地方政府在特定任期内对于所选择的经济政策的爱好胜过其他经济政策，是对经济政策优劣性的主观评价或感觉。任期偏好具有完全性、传递性、非饱和性等特征。即地方政府对于不同的经济政策，都能根据自己的喜好比较出自己认为的"优劣"；对于不同的经济政策A、B、C，地方政府对其"优劣"排序为A>B、B>C，那么就存在A>C；地方政府对于任期内主要的经济发展政策的资金投资规模、政策直接效果（如产出的增长率、税收的增长率等）具有求大性，对于任期内不同的经济发展政策具有求全性。任期偏好可以根据某些客观的经济指标、财务指标进行评估，也可以基于官员心理感受而给出主观判断。现实中，多是地方官员先给出主观判断、再寻找有利于证明其判断的客观经济数据来评估。

二　任期偏好的体现

地方政府的任期偏好具体体现为地方政府对任期内辖区经济建设投资扩张的追求，对辖区非生产性但和民生福利紧密相关的支出的挤出，从而体现出营利性的生产型政府特征。经济建设支出包括范围较广，包括用于国有工业、农业、林业、水利、气象、施工、铁道、交通、邮电、国内商业、对外贸易、城市公用事业等方面的基本建设拨款或贷款、挖潜改造资金、简易建筑费等。地方政府任期偏好的投资项目不仅可以使辖区经济产值取得立竿见影的增长效果，而且可以满足个人的收益，甚至有助于促进个人的政治晋升（周黎安，2007）。例如，地方政府搞好城市重点区域绿化项目后，形象工程的政绩自不必说，该地区地价、房价就会显著飙升，有实权的地方政府部门不但可以增加土地出让收入、保障政府支出，而且一些官员可以以较低成本和优先权利获取该地区的房产，提升自己的财富。

相比之下，地方政府难以偏好提升产品质量、研发新功能产品的技术创新投资，但对高新技术产业园、经济开发区、军民融合示范区、大数据小镇、基金小镇的投资建设乐此不疲，即使空置率较高，仍前赴后继。当然，这些建设投资可能有利于当地产生"筑巢引凤"的效果，但从科技创新效果角度而言，不仅效率较低，而且难以获得直接的投资效果。此外，地方政府对技术创新的投资难以同时满足自身利益。

地方政府难以偏好义务教育、公共卫生和基本医疗、基本社会保障、公共就业服务等公共服务投资，也难以花费心思和精力去完善市场规则、提升执法效率、优化公平竞争等有利于辖区经济长期持续稳定发展的软实力。这些方面的投资难以在地方政府的任期内得到引人注目的改观，亦不会给官员自身带来直接的经济利益，对于政治晋升更难以断言有所帮助。

地方政府兼具代理人和自利者双重角色，既代理执行上级政府指令和履行地方公共事务，也追求自身的政治和经济利益。地方政府作为"代理人"时，尽管地方资源禀赋和发展实力存在差异，但其策略趋同，或是倾向于完成上级政府指令的对上代理，或是倾向于以管理地方公共事务为主的对下代理。地方政府作为"自利者"时，结构化的共识决策、层级化的决策方式、非正式的隐性利益导致了地方政府追求自利（赵静等，2013）。因此，任期偏好是地方政府作为公共事务代理人追求社会利益和作为自利者满足自身政治及经济利益的综合体现。

三　任期偏好的经济解释

不少经典的研究文献认为，地方政府任期偏好的主要原因是官员提拔的贤能体制（姚洋、杨汝岱，2014）和GDP锦标赛晋升机制（周黎安，

2007）。①本书认为，地方政府任期偏好在GDP名义的背后，可能存在以下深层次经济原因。

（一）财政分权及预算软约束

财政分权是在两级或多级政府主体下，依企业行政隶属关系形成财政收入组织方式、控制方式的行政性分权和以分税制为基础的经济性分权（贾康，2013）。财政分权下，财政权力和责任下放给地方政府可以提高预算选择对地方需求和偏好的敏感性，以便达到借助地方政府的力量提高投资效率的目的（Montinola et al.，1995）。由此探索出一个国家的治理模式——人事集权与行政和财政分权相结合的威权主义体制。这种组合既可以保证地方官员的自主性，赋予他们自由发挥的空间，也可以降低分权对中央权威的削弱效应，较好的政治前景、优越的政治资源等则是部分具体表现。

在财政分权中，最直接的首先是税收分权。税收分权限定了地方政府的预算内收入规模。在一段时期，地方财政决算收入比重逐渐降低。尽管实现了税收分权，但地方政府仍是中央政府的"子机构"，在地方政府运转困难时，中央政府仍会进行救助和平衡。中央政府的税收分权和救助担保既增强了地方政府的信心，也调动了地方政府投资扩张的积极性，强化了地方政府竞争性争取国家投资项目、获得更多经济资源的行为。这些因素的合力必然导致地方政府预算软约束和地方财政决算支出比重逐渐上

---

① 当然，这存在一定争议。第一，没有直接证据显示官方文件明确以GDP增长为官员晋升考核指标。不可否认，在经济普遍增长的转型期，两者可能在数量上具有一定的关联性，但也不必讳言，这种做法存在不可忽视的缺陷。其一，以经济增长作为地方官员能力的指标，本身就暗含了结论。无论怎样计算和推证，在一定程度上都存在"经济建设支出比例高=经济增长快=地方官员能力高"，结论必然是能力高的地方官员任期内经济建设支出比例较高，因为经济建设支出比例越高，短期内立竿见影的GDP增长就更快。其二，个人能力是一个极为抽象的概念，地方政府官员的真实能力是否为他自己所了解尚不能确定，其他人更难以观察，因此可能不是因为官员能力差异导致了经济政策的差异及GDP经济业绩的差异，而是经济政策选择的不同导致了GDP经济业绩的差异，从而导致事后估计的个人能力出现差异（姚洋、杨汝岱，2014）。第二，为社会公众所熟悉的官员与任职辖区的经济增长高低并无明显关系。这些官员既有落后地区的任职经历，亦有发达地区的任职经历，而且落后地区的经历常常更为关键，比没有这一经历的其他经历相似的官员，更有优势、更可能获得政治晋升。同时，如果真的是以GDP增长率为晋升的主导因素，那么作为地方官员丰富历练经验的落后地区就不会在长达三十多年的时间一直排名落后。

升。因此，简单从账面数据来看，地方财政决算收支盈余减少，为地方政府增加公众"税负"、寻求资金来源、解决财政压力提供了理由。

图3-1刻画了1952~2018年地方财政决算内支出占国家财政决算内支出的比重变动趋势。显而易见，国家财政决算内支出中地方财政决算内支出的比重从约30%上升到85%左右。这种情形，既彰显出地方政府的经济建设作用日益重要，也表露出地方政府消费、投资等支出的日益增长，并易成为地方政府任期偏好的借口，即地方财政收入难以满足其政策意图和财政支出。此时，地方政府具有打破"税负"稳态的动力。

财政分权不仅包括中央政府直接管理的企业下放给地方政府管理以及相应的财权下放，而且包括公共投资权限的下放和投资资源的下放，地方政府将支配更多的投资资源，选择投资项目和投资规模的自主权扩大。因此，在财政分权下，地方财政决算外支出逐渐增加。图3-2描述了1986~2010年地方财政决算外支出占国家财政决算外支出的比重的变动趋势。显而易见，地方财政决算外支出占国家财政决算外支出的比重也从1992年的56.4%上升为2009年的93.7%；而中央财政决算外支出的比重从1992年的43.6%下降到2009年的6.3%。在这一过程中，地方财政决算外盈余呈波动上升趋势，中央财政决算外盈余呈剧烈波动下降态势。

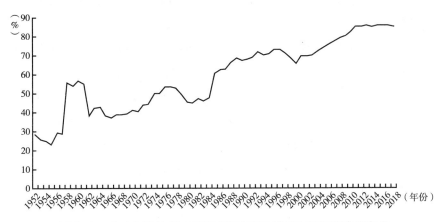

图3-1 地方财政决算内支出占国家财政决算内支出的比重变化

资料来源：中经网统计数据。

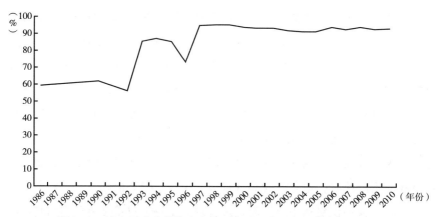

图3-2   地方财政决算外支出占国家财政决算外支出的比重变化

资料来源：中经网统计数据。

（二）多重角色融合

在经济转型时期，现实中的地方政府呈现多重角色。从部门层面而言，这些角色包括如下几个。

一是地方政府担任提供公共服务及调控区域经济的角色。党的十八届三中全会明确，政府的职责和作用主要是"保持宏观经济稳定，加强和优化公共服务，保障公平竞争，加强市场监管，维护市场秩序，推动可持续发展，促进共同富裕，弥补市场失灵"。地方政府的公共服务角色亦在这一范围内。

二是地方政府表现出一定的"企业"角色。地方政府不仅依靠税收分成获得财政收入、按照公共财政职责进行财政支出，而且掌握地方土地资源、能够区别土地用途及定价、获得最大的土地出让收入，并利用地方平台进行项目投资、获得投资收入，从而努力扩大预算外收入；不仅想方设法进行形象宣传、招商引资、承担营销角色，而且进行产业规划、争取国家投资项目、承担生产决策角色。从这个意义上讲，地方政府类似于一种特殊的地域型"企业"[①]，其通过企业角色来实现辖区经济产值增加。

---

① 有的研究认为，在政治锦标赛的框架下，地方政府成为生产型政府，在财政支出方面表现为更偏好于投资生产型的公共品，挤压其他非生产性但和民生福利紧密相关的支出项目（姚洋、杨汝岱，2014）。

三是地方政府表现出一定的个人角色。地方政府的公共服务角色和企业角色是由生活中存在各种需要和压力的具体人来实现的，而履行上述职能、实现上述角色、开展相关投资的基础是地方政府能够正常消费、能够正常运行，其中包含办公支出等单位的费用，包含改善个人生活条件的费用，有时还可能包括部分非规范个人消费的费用。

在经济转型时期，地方政府呈现的多重角色之间具有一定的相互融合性。如地方政府的企业角色与公共服务角色，城市地方政府通过低价出让工业用地、高价出让商住用地来降低企业成本并增加财政收入和公共支出（雷潇雨、龚六堂，2014）。多重角色的融合为地方政府选择任期内的经济建设投资和地方利益提供了便利。这使地方政府以地区 GDP 增长的名义，"守"则满足任期个人收益，"进"则获得一定的政治生涯。

同时，地方政府的公共服务角色与个人角色也存在一定的冲突性，此时公共服务支出与营利性投资支出之间也常常存在一定的冲突。政府营利性动机指政府根据能否给自身带来利益进行经济决策的动机。这里的经济决策既包括公共品及服务的供给，也包括对投资和消费结构的选择。徐忠等（2010）指出，"如果政府执行社会控制者职能，最大化全社会的福利，就有可能提供充足的公共产品和公共服务；然而如果政府在经济决策中具有营利性动机，则会造成公共产品和公共服务不足的问题。与提供文教、科学卫生和社会保障等公共品相比，修建铁路、公路或者建设商业中心、产业基地等经济建设方面投资的外部性更强，能够在短期内吸引外资、促进经济发展、提升政府政绩"。

（三）职责边界模糊

尽管学者在理论上对地方政府的职责及边界进行了界定，但由于地方政府承担多种角色，每个角色的主要职责又不尽统一，此时地方政府的边界似乎在辖区内可以无限延伸。围绕政府的总体职责，地方政府的职责主要体现在三个层面。

第一，加强和优化地方公共服务。这是地方政府的首要职责和存在的基础，是对当地社会发展有重要影响的、直接影响每一个家庭或个人的、当地社会公众普遍最关注的、与当地经济和财政能力匹配的基础性公共服务。例如，义务教育、公共卫生和基本医疗、基本社会保障、公共就业服务等。

　　第二，加强市场监管，维护市场秩序，保障公平竞争。这是地方政府职责的拓展和首要职责履行的保障。地方政府只有依据法律尽职进行市场监管、维护当地公平竞争的市场秩序，才能激活市场活力，保障市场交易主体的利益，从长远上增加地方财政收入，为政府首要职责的履行提供保障。否则，首要职责就成为无源之水。

　　第三，弥补市场失灵，推动可持续发展，促进共同富裕。这是地方政府职责的边界。地方政府的职责不是无限制拓展的，边界在于弥补市场失灵。例如，不完全竞争、外部性、公共物品、不完全信息、收入分配不公平等问题。这一职能是健全市场秩序、促进其长期稳定发展的需要，是地方政府职责拓展的进一步巩固。

　　在现实中，第二个层面（加强市场监管，维护市场秩序，保障公平竞争），可能引发地方政府在执法方面的延伸。一个常见的例子是，社会公众在买房过程中遇到与房产商的纠纷，不是依靠合同去申请仲裁或去法院起诉，而是力争将事情原委反映于地方政府。事实表明，这一做法更有效。再例如第三个层面（弥补市场失灵，推动可持续发展，促进共同富裕），可能给地方政府留下更多的建设投资的借口，而挤压了更基础的公共服务空间。地方政府职能主次不够清晰、职能边界模糊，在一定程度上为地方政府的任期偏好提供了操作空间。

第二节　任期偏好下的地方经济政策

　　经验事实表明，很多地方政府的任期偏好主要是辖区内经济建设投资扩张的偏好。经济建设投资与经济增长较为一致、互为支撑，地方政府的任期偏好因此亦体现为对辖区经济增长的偏好。最为关键的是，经济建设投资带来的经济增长不仅有助于满足地方政府代理上级政府指令和开展地方公共事务，而且有助于追求自身的政治和经济利益。地方政府围绕这一偏好，进行制定任期内辖区经济政策、采取博弈策略、争取中央投资项目等种种理性选择。地方政府的任期偏好在有力推动中国改革开放以来经济增长的同时，也不断引发大面积金融风险甚至系统性金融风险。下面通过构建简单的经济模型推理论证变量之间的影响关系。

一 基本函数

（一）目标函数

地方政府为了满足其任期偏好，其经济政策的目标主要在于推动辖区经济增长。除个别商品价格异常波动外，地方政府不用对辖区通货膨胀过多关注和负责。地方政府首先偏好于更高的经济增长率。假设地方政府辖区内有两类企业，分别为技术创新型企业和技术稳定型企业。技术创新型企业和技术稳定型企业在 $t-1$ 期的产出分别为 $Y_{I_{t-1}}$ 和 $Y_{O_{t-1}}$，辖区产出总量为 $Y_{I_{t-1}} + Y_{O_{t-1}}$，两类企业的产出比重为 $\dfrac{Y_{I_{t-1}}}{Y_{I_{t-1}} + Y_{O_{t-1}}}$、$\dfrac{Y_{O_{t-1}}}{Y_{I_{t-1}} + Y_{O_{t-1}}}$，两类企业 t 期产出增长率为 y_{I_t}、y_{O_t}。辖区经济增长率 y_t 可表示为两类企业产出增长率的加权平均：

$$y_t = \max\left(y_{I_t} \times \frac{Y_{I_{t-1}}}{Y_{I_{t-1}} + Y_{O_{t-1}}} + y_{O_t} \times \frac{Y_{O_{t-1}}}{Y_{I_{t-1}} + Y_{O_{t-1}}}\right) \quad (3\text{-}1)$$

其中，y_{I_t} 为辖区技术创新型企业的产出增长率，y_{O_t} 为辖区技术稳定型企业的产出增长率。

地方产出不能持久高于其潜在产出，地方政府其次偏好于充分就业的产出：

$$\min\left(Y_{I_t} + Y_{O_t} - Y_t^*\right)^2 \quad (3\text{-}2)$$

其中，Y_{I_t} 为辖区创新型企业 t 期的产出，Y_{O_t} 为辖区稳定型企业 t 期的产出，Y_t^* 为辖区潜在产出。

稳定型企业产出函数为 $Y_{O_t} = K_{G_t}^{\alpha_G} K_{O_t}^{\alpha_O} H_{O_t}^{1-\alpha_G-\alpha_O}$。其中，$K_{G_t}$ 为地方政府投资的公共资本，α_G 为地方政府公共资本的产出弹性系数，$0 < \alpha_G < 1$；K_{O_t} 为传统型企业生产资本，α_O 为其资本产出弹性系数，$0 < \alpha_O < 1$；H_{O_t} 为劳动投入，$1-\alpha_G-\alpha_O$ 为劳动产出弹性系数。地方政府的经济建设投资 $G_t = K_{G_{t+1}} - \left(1-\delta_G\right)K_{G_t}$，$\delta_G$ 为资本折旧系数。

创新型企业产出函数 $Y_{I_t} = \left(I_t + \lambda G_t\right)^{q\varphi} K_{G_t}^{\alpha_G} K_{I_t}^{\alpha_I} H_{I_t}^{1-\alpha_G-\alpha_I}$。其中，$I_t$ 为创新型企业的研发投资；地方政府研发投资 $G_t = \lambda G_t$；λ 为地方政府研发投资占地方政府总投资的比重，$0 \leqslant \lambda \leqslant 1$；$\varphi$ 为研发投资的产出弹性，$0 < \varphi < \alpha_G < 1$；$q$ 为研发成功的概率，$0 \leqslant q \leqslant 1$。假设企业研

发投资可以表示为地方政府研发投资的一定比例，$I_t = z\lambda G_t$；$Y_{I_t} = \left[(1 + z)\lambda G_t\right]^{q\varphi} K_{G_t}^{\alpha_G} K_{I_t}^{\alpha_I} H_{I_t}^{1 - \alpha_G - \alpha_I}$。

（二）约束条件

地方政府进行经济建设支出、研发创新支出、地方债券利息支出、偿还地方债券，并取得企业所得税分成、新发行地方债券等收入。地方政府支出等于收入，应满足以下约束条件：

$$G_t + \left(1 + r_{t-1}\right) B_{I_{t-1}} = \left(1 - \lambda_\tau\right) \tau \left(Y_t - L_{t-1} - r_{t-1} L_{t-1} - \delta Ra_{t-1}\right) + B_{I_t} + Ra_t$$

$$(3-3)$$

其中，$(1-\lambda) G_t$ 为政府经济建设支出，λG_t 为政府研发创新支出，$r_{t-1} B_{I_{t-1}}$ 为地方债券利息支出，B_{I_t} 为偿还地方债券本金，Ra_{t-1} 为上期土地租用金，δ 为土地出让金分担比例，Ra_t 为任期内土地出让金收入。这里沿袭了"土地出让金是政府收入的一次性'先付租金'"的观点（中国经济增长前沿课题组，2011）。显然，土地出让金增加可以有效解决地方政府的财政缺口（卢洪友等，2011）。企业获得销售收入 Y_t 后支付银行贷款本息 L_{t-1}、$r_{t-1} L_{t-1}$。所得税率为 τ，地方税收分成比例为 $1 - \lambda_\tau$。新发行地方债券等收入为 B_{I_t}。

二　地方政府投资选择及其对经济增长率的影响

（一）地方政府技术创新投资与经济增长率

求创新型企业产出函数 $Y_{I_t} = \left(I_t + \lambda G_t\right)^{q\varphi} K_{G_t}^{\alpha_G} K_{I_t}^{\alpha_I} H_{I_t}^{1 - \alpha_G - \alpha_I}$ 的对数可以得到：

$$\ln Y_{I_t} = q\varphi \left[\ln\left(1 + z\right) + \ln\lambda\right] + q\varphi \ln G_t + \alpha_G \ln K_{G_t} + \alpha_I \ln K_{I_t} + \left(1 - \alpha_I - \alpha_G\right)\ln H_{I_t}$$

$$(3-4)$$

求式（3-4）中各变量关于时间 t 的导数：

$$\frac{dY_{I_t}}{Y_{I_t}} = q\varphi \frac{dG_t}{G_t} + \alpha_G \frac{dK_{G_t}}{K_{G_t}} + \alpha_I \frac{dK_{I_t}}{K_{I_t}} + \left(1 - \alpha_G - \alpha_I\right) \frac{dH_{I_t}}{H_{I_t}}$$

$$(3-5)$$

根据式（3-5）得到：

$$y_{I_t} = q\varphi g_t + \alpha_G k_{G_t} + \alpha_I k_{I_t} + \left(1 - \alpha_I - \alpha_G\right) h_{I_t}$$

$$(3-6)$$

其中，$y_{I_t} = \dfrac{dY_{I_t}}{Y_{I_t}}$，$g_t = \dfrac{dG_t}{G_t}$，$k_{G_t} = \dfrac{dK_{G_t}}{K_{G_t}}$，$k_{I_t} = \dfrac{dK_{I_t}}{K_{I_t}}$，$h_{I_t} = \dfrac{dH_{I_t}}{H_{I_t}}$。

根据式（3-6）得出：$\dfrac{\partial y_{I_t}}{\partial g_t} = q\varphi > 0$，$\dfrac{\partial y_{I_t}}{\partial k_{G_t}} = \alpha_G > q\varphi > 0$。其经济含义为：地方政府通过技术创新投资来推动经济增长率提高的作用，不仅取决于地方政府研发投资增长率的高低，而且取决于研发投资的创新成功的概率 q 和产出弹性 φ。相对于经济建设投资的产出弹性而言，研发投资的产出弹性更低而且不确定性风险更高。

经验研究表明，政府创新支出对技术创新的推动作用确实存在一定的争议。Diamond（1999）、Wolff 和 Reinthaler（2008）、Czarnitzki 等（2011b）认为，政府技术创新补贴对企业私人研发投资具有挤入互补效应；Mamuneas 和 Nadiri（1996）、Hall 和 Reenen（2011）、Gorg 和 Strobl（2007）实证得出，政府创新支出对私人研发投资具有挤出替代效应。陆国庆等（2014）实证结果显示，政府对战略性新兴产业创新补贴绩效是显著的，创新的外溢效应也是显著的；政府创新补贴对单个企业的产出绩效作用有限。张杰等（2015）以中国数据为基础实证得出，政府的贷款贴息补贴政策对企业的技术创新投资具有挤入互补效应，而无偿资助型的政府创新补贴政策则不能促进企业私人研发投资的提升。苗文龙等（2019）分析认为，政府技术创新支出是企业技术创新支出增加的主要外在推动力，对企业创新具有显著的助推作用，对宏观经济发展具有重要的正向作用，但具体影响效果还取决于企业创新投入和政策方式。相比较而言，当创新型企业技术投入率达到一定界值时，政府对其配套的技术创新支出的效率会更高。所以，地方政府为了实现任期偏好，理性选择是更多地增加经济建设投资，即使会鼓励辖区企业的科技创新，但也热衷于通过建设高新技术园区、高端制造示范区、战略资源创新开发区、硬技术创新基地等方式来推进。

（二）地方政府经济建设投资与经济增长率

求稳定型企业产出函数 $Y_{O_t} = K_{G_t}^{\alpha_G} K_{O_t}^{\alpha_O} H_{O_t}^{1 - \alpha_G - \alpha_O}$ 的对数可以得到：

$$\ln Y_{O_t} = \alpha_G \ln K_{G_t} + \alpha_O \ln K_{O_t} + (1 - \alpha_G - \alpha_O) \ln H_{O_t} \tag{3-7}$$

求式（3-7）中各变量关于时间 t 的导数：

$$\frac{\mathrm{d}Y_{O_t}}{Y_{O_t}} = \alpha_G \frac{\mathrm{d}K_{G_t}}{K_{G_t}} + \alpha_O \frac{\mathrm{d}K_{O_t}}{K_{O_t}} + (1 - \alpha_O - \alpha_G) \frac{\mathrm{d}H_{O_t}}{H_{O_t}} \tag{3-8}$$

根据式（3-8）得到：

$$y_{O_t} = \alpha_G k_{G_t} + \alpha_O k_{O_t} + (1 - \alpha_O - \alpha_G) h_{O_t} \qquad (3-9)$$

其中，$y_{O_t} = \dfrac{\mathrm{d}Y_{O_t}}{Y_{O_t}}$，$k_{G_t} = \dfrac{\mathrm{d}K_{G_t}}{K_{G_t}}$，$k_{O_t} = \dfrac{\mathrm{d}K_{O_t}}{K_{O_t}}$，$h_{O_t} = \dfrac{\mathrm{d}H_{O_t}}{H_{O_t}}$。

根据式（3-9）得出：$\dfrac{\partial y_{O_t}}{\partial k_{G_t}} = \alpha_G > q\varphi > 0$。其经济含义为：地方政府通过经济建设投资来推动经济增长率提高的作用，比研发投资的作用更大更显著。

同时，在地方政府任期前辖区的经济结构比较稳定，产业结构很难在一两个任期内得到明显的改善，即创新型企业产出所占比重 $\dfrac{Y_{I_{t-1}}}{Y_{I_{t-1}} + Y_{O_{t-1}}}$ 和稳定型企业产出所占比重 $\dfrac{Y_{O_{t-1}}}{Y_{I_{t-1}} + Y_{O_{t-1}}}$ 比较稳定，地方政府为确保实现辖区经济增长率最高，理性选择是提高经济建设投资比重 $1 - \lambda$、降低研发创新投资比重 λ。

三　局部均衡

尽管地方政府在任期偏好下会选择辖区经济增长率最大的经济建设投资，但亦会受到一定的经济条件约束。根据式（3-2）、式（3-3）和拉格朗日定理，分别求解关于 L_{t-1}、Ra_{t-1} 得到：

$$\frac{\mathrm{d}G_t}{\mathrm{d}L_{t-1}} = \frac{\lambda_l \tau (1 - \lambda_\tau)(1 + r_{t-1})}{\Omega} < 0 \qquad (3-10)$$

$$\frac{\mathrm{d}G_t}{\mathrm{d}Ra_{t-1}} = \frac{\tau(1 - \lambda_\tau)\delta - 1}{\Omega} > 0 \qquad (3-11)$$

$$\frac{\mathrm{d}G_t}{\mathrm{d}(\Delta B_t)} = -\frac{1}{\Omega} > 0 \qquad (3-12)$$

其中，$\Omega = -\left\{ \lambda_l + \left[\lambda_l(1-\lambda_\tau)\tau + 2(Y_{I_t}+Y_{O_t}-Y_t^*) \right] \right\}\left[\alpha_G \dfrac{Y_{O_t}}{K_{G_t}} + q\varphi \dfrac{Y_{I_t}}{(1+z)\lambda G_t} + \alpha_G \dfrac{Y_{I_t}}{K_{G_t}} \right] < 0$。显然，拉格朗日乘子 $\lambda_l > 0$，$1 - \lambda_\tau > 0$，$\lambda_l(1 - \lambda_\tau)\tau > 0$，$\lambda_l \tau (1 - \lambda_\tau)(1 + r_{t-1}) > 0$；$0 < \tau(1 - \lambda_\tau)\delta < 1$，$(1 - \lambda_\tau)\tau\delta - 1 < 0$。同时，受地方政府偏好影响，$Y_{I_t} + Y_{O_t} > Y_t^*$ 常常成立。因此，$\Omega < 0$。

式（3-10）至式（3-12）的经济含义为：地方政府任期内投资规模与前期辖区银行贷款规模呈反向变动关系，与前期土地价格呈正向变动关系，与任期内地方债务增加规模呈正向变动关系。其经济含义意味着，为促进辖区经济增长、增加辖区经济建设投资，地方政府面临的可行方法是辖区企业减少偿还前期银行贷款、提高本期土地出让价格、扩张任期内地方债务。

四 中央经济政策及地方经济政策博弈下的博弈均衡

从宏观经济治理视角而言，在中央-地方两级政府主体下，中央经济政策与地方经济政策存在较大的差别。一是中央的主要经济政策包括了财政政策和货币政策，地方的主要经济政策主要是财政政策。二是中央经济政策的目标包括了地方经济政策所不关注的币值稳定、金融稳定、国际收支平衡、区域收入平衡等内容。三是中央经济政策的工具包括了地方经济政策所不具备的控制货币供给量、征收铸币税、金融救助等手段。因此，在对地方经济政策策略单独分析的基础上，进一步建立中央经济政策目标函数和地方经济政策目标函数，进而在各自约束条件下求解财政金融行为。

（一）中央经济政策函数

1.目标函数

根据中央财政政策和货币政策，这里尝试设计纳入金融稳定的中央经济政策的目标函数：$\max\left[\mu_Y Y_t - \mu_\pi\left(\pi_t - \pi^*\right)^2 - \mu_S\left(S_t - S^*\right)^2\right]$。其经济含义为，综合求解产出的最大值和有关损失变量的最小值，进而达到社会福利最大。Y_t 为 t 期产出，$\left(\pi_t - \pi^*\right)$ 为 t 期通货膨胀缺口，$\left(S_t - S^*\right)$ 为 t 期系统性金融风险缺口。μ_Y、μ_π、μ_S 分别为产出、通货膨胀缺口、系统性金融风险缺口的权重系数，$0 < \mu_Y < 1$、$0 < \mu_\pi < 1$、$0 < \mu_S < 1$。目标函数的经济事实依据为：在赶超型经济模式下，政府总是偏好于较高的产出，经济增长往往是财政政策和货币政策共有的目标，这里直接将产出作为社会福利的正相关变量；通货膨胀水平 π_t 无论高于还是低于最优通胀率 π^*，对经济平稳增长都是不利的，给社会福利带来负向冲击，这

里引入 $\mu_\pi\left(\pi_t - \pi^*\right)^2$；系统性金融风险 S_t 存在经济最优界值 S^*，[①] 在此附近，既可以防控系统性金融风险造成的损害，又可以支持经济高质量发展。

本章假设政府支出与产出形成函数关系 $Y_t = g\left(G_{c_t} + \sum_{l=1}^{N} G_{l_t} + \sum_{i=1}^{n} I_{i_t} + \sum_{l=1}^{N} I_{l_t}\right) - \bar{G}_{c_t}$。[②] 其中，$g$ 为中央政府支出的弹性系数，通常 $g = \dfrac{1}{1 - \text{边际消费倾向}}$；中央政府支出 G_{c_t} 最小值大于一定时期内保障国家战略项目的必要性支出 $\bar{G}_{c_t}$；G_{l_t} 为地方 l 政府支出，N 为地方政府数量；I_{i_t} 为中央企业 i 在 t 期的投资，n 为中央企业数量，$\sum_{i=1}^{n} I_{i_t}$ 为中央企业总投资；I_{l_t} 为地方 l 企业在 t 期的投资，$\sum_{l=1}^{N} I_{l_t}$ 为地方企业总投资。此时，假设一个地方有一个地方政府、一个代表性企业。

实证研究表明，货币供给增长率和通货膨胀之间的相关系数几乎是唯一确定的，根据货币供给口径的不同，其数值在 0.92~0.96 波动（Weber，1995），本书假设 $\pi_t = \lambda_\pi \Delta M_t$，$\Delta M_t$ 为广义货币供给量的增量，λ_π 为货币供给增加对通货膨胀率的影响系数。

当系统性金融风险 $S_t > S^*$ 时，为实现 $\left(S_t - S^*\right)$ 的最小化，需要采用逆周期超额资本、前瞻性拨备、留存超额资本等常规性的政策工具，甚至对风险较大难以自救的（系统重要性）银行采用更强的政策工具，如购买特定机构的风险资产、注资救助（Bailouts）等，两者通过政策乘数和基础

---

① 系统性金融风险伴随金融属性而生，自始至终在一定程度上存在，如果将系统性金融风险降为绝对的 0，不仅将金融体系束缚致死，而且可能桎梏整个经济体系失去活力；当系统性金融风险低到一定程度时，降低系统性金融风险的边际成本会高于其造成的边际损失，且该边际成本递增、边际损失递减。

② 中央财政支出包括购买性支出和转移性支出，购买性支出分为投资性支出和消费性支出，投资性购买支出和消费性购买支出的产出乘数效应（购买性支出的产出乘数效应）大于转移性支出，由于后者比例较低，这里只考虑购买性支出的产出效应。同时，这里忽略了财政支出的挤出效应，当中央政府支出较少时，随着中央政府支出增加，产出增加速度较高；当中央政府支出增加到一定水平后，继续增加的挤出效应越来越显著，产出增加速度下降。如果设置为对数函数或幂小于 1 的幂函数，推理结果并不影响变量之间影响关系的方向。

货币影响货币供给总量。从而有 $S_t = \lambda_s \Delta M_t$，$\lambda_s$ 为化解系统性金融风险时采用政策工具对货币供给增加的影响系数。

此时，中央经济政策的目标函数转化为：

$$\max \left\{ \mu_Y \left[g \left(G_{c_t} + \sum_{l=1}^N G_{l_t} + \sum_{i=1}^n I_{i_t} + \sum_{l=1}^N I_{l_t} \right) - \bar{G}_{c_t} \right] - \mu_\pi \left(\lambda_\pi \Delta M_t - \pi^* \right)^2 - \mu_s \left(\lambda_s \Delta M_t - S^* \right)^2 \right\}$$

（3-13）

2.政策工具及约束方程

中央政府支出项目包括：G_{c_t}，支付上期债务所欠的利息 $i_{t-1} B_{c_{t-1}}$；在经济转型期，银行贷款坏账增加规模 $\Delta L_{b_t} = L_{b_t} - L_{b_{t-1}}$ 最终被最后贷款人救助和中央财政税收冲销，这也正是财政分权影响金融分权的重要内在联系之一。

中央政府收入项目包括：税收 $T_{c_t} = \tau_{c_t} Y_t$（τ_{c_t} 为所得税税率）、增发货币 $\Delta M_t = M_t - M_{t-1}$、增发国家债券 $\Delta B_{c_t} = B_{c_t} - B_{c_{t-1}}$。$B_{c_t} - B_{c_{t-1}}$ 通过中央银行购买并影响基础货币规模，从而 $B_{c_t} - B_{c_{t-1}} = \dfrac{1}{m} \Delta M_t$，$m$ 为货币乘数。

中央政府预算约束方程初步简化为：

$$G_{c_t} + \Delta L_{b_t} + i_{t-1} B_{c_{t-1}} = \tau_{c_t} \left[g \left(G_{c_t} + \sum_{l=1}^N G_{l_t} + \sum_{i=1}^n I_{i_t} + \sum_{l=1}^N I_{l_t} \right) - \bar{G}_{c_t} \right] + \left(1 + \frac{1}{m} \right) \Delta M_t$$

（3-14）

据此可解出：

$$G_{c_t} = \frac{1}{1 - \tau_{c_t} g} \tau_{c_t} g \sum_{l=1}^N G_{l_t} + \frac{1}{1 - \tau_{c_t} g} \tau_{c_t} g \sum_{i=1}^n I_{i_t} + \frac{1}{1 - \tau_{c_t} g} \tau_{c_t} g \sum_{l=1}^N I_{l_t} - \frac{1}{1 - \tau_{c_t} g} \tau_{c_t} \bar{G}_{c_t} +$$

$$\frac{1}{1 - \tau_{c_t} g} \left(1 + \frac{1}{m} \right) \Delta M_t - \frac{1}{1 - \tau_{c_t} g} \Delta L_{b_t} - \frac{1}{1 - \tau_{c_t} g} i_{t-1} B_{c_{t-1}}$$

（3-15）

3.中央经济政策的决策

将式（3-15）代入中央经济政策的目标函数得到：

$$\max \left\{ \begin{array}{l} \mu_Y \tau_{c_t} g \dfrac{1}{1-\tau_{c_t} g} \tau_{c_t} g \sum_{l=1}^{N} G_{l_t} + \dfrac{1}{1-\tau_{c_t} g} \tau_{c_t} g \sum_{i=1}^{n} I_{i_t} + \dfrac{1}{1-\tau_{c_t} g} \tau_{c_t} g \sum_{l=1}^{N} I_{l_t} - \dfrac{1}{1-\tau_{c_t} g} \tau_{c_t} \bar{G}_{c_t} + \\[2mm] \dfrac{1}{1-\tau_{c_t} g}\left(1+\dfrac{1}{m}\right)\Delta M_t - \dfrac{1}{1-\tau_{c_t} g}\Delta L_{b_t} - \dfrac{1}{1-\tau_{c_t} g} i_{t-1} B_{c_{t-1}} + \mu_Y \tau_{c_t} g \sum_{l=1}^{N} G_{l_t} + \mu_Y \tau_{c_t} g \sum_{i=1}^{n} I_{i_t} + \mu_Y \tau_{c_t} g \sum_{l=1}^{N} I_{l_t} - \mu_Y \tau_{c_t} \bar{G}_{c_t} + \\[2mm] \mu_Y\left(1+\dfrac{1}{m}\right)\Delta M_t - \mu_Y \Delta L_{b_t} - \mu_Y i_{t-1} B_{c_{t-1}} - \mu_Y \bar{G}_t - \mu_\pi\left(\lambda_\pi \Delta M_t - \pi^*\right)^2 - \mu_S\left(\lambda_S \Delta M_t - S^*\right)^2 \end{array} \right\}$$

$$=$$

$$\max \left\{ \begin{array}{l} \dfrac{\mu_Y (\tau_{c_t} g)^2}{1-\tau_{c_t} g} \sum_{l=1}^{N} G_{l_t} + \dfrac{\mu_Y (\tau_{c_t} g)^2}{1-\tau_{c_t} g} \sum_{i=1}^{n} I_{i_t} + \dfrac{\mu_Y (\tau_{c_t} g)^2}{1-\tau_{c_t} g} \sum_{l=1}^{N} I_{l_t} - \dfrac{\mu_Y (\tau_{c_t} g)^2}{1-\tau_{c_t} g} \bar{G}_{c_t} + \\[2mm] \dfrac{\mu_Y \tau_{c_t} g}{1-\tau_{c_t} g}\left(1+\dfrac{1}{m}\right)\Delta M_t - \dfrac{\mu_Y \tau_{c_t} g}{1-\tau_{c_t} g}\Delta L_{bt} - \dfrac{\mu_Y \tau_{c_t} g}{1-\tau_{c_t} g} i_{t-1} B_{c_{t-1}} + \mu_Y \tau_{c_t} g \sum_{l=1}^{N} G_{l_t} + \mu_Y \tau_{c_t} g \sum_{i=1}^{n} I_{i_t} + \mu_Y \tau_{c_t} g \sum_{l=1}^{N} I_{l_t} - \mu_Y \tau_{c_t} \bar{G}_{c_t} + \\[2mm] \mu_Y\left(1+\dfrac{1}{m}\right)\Delta M_t - \mu_Y \Delta L_{b_t} - \mu_Y i_{t-1} B_{c_{t-1}} - \mu_Y \bar{G}_t - \mu_\pi\left(\lambda_\pi \Delta M_t - \pi^*\right)^2 - \mu_S\left(\lambda_S \Delta M_t - S^*\right)^2 \end{array} \right\}$$

$$(3-16)$$

从货币政策调控方式转型来看，近期货币供应量调控仍是主要机制，货币政策仍在一定程度上依靠数量调控手段。因此，求解该函数关于 ΔM_t 的一阶导数并令之为0，得出货币供给增量最优值：

$$\Delta M_t = \frac{\left(\dfrac{\mu_Y}{1-\tau_{c_t} g}\right)\left(1+\dfrac{1}{m}\right) + 2\lambda_\pi \mu_\pi \pi^* + 2\lambda_S \mu_S S^*}{2\mu_S \lambda_S^2 + 2\mu_\pi \lambda_\pi^2} \qquad (3-17)$$

（二）地方经济政策函数

1.目标函数

比较之下，地方经济政策更多关注本辖区的经济增长，而不必过多关注通货膨胀、系统性金融风险（包括本地区域性金融风险）等目标。除个别商品价格异常波动外，通货膨胀的调控一般和中央银行货币政策密切相关，地方政府不用对货币金融扩张效果负责。地方经济政策目标函数为 $\max \mu_Y Y_{l_t}$。假定地方 l 产出 Y_{l_t} 与地方政府支出满足关系式 $Y_{l_t} = G_{l_t} + I_{l_t} - \bar{G}_{l_t}$，$G_{l_t} \geqslant \bar{G}_{l_t}$，$\bar{G}_{l_t}$ 为保持地方政府基本功能正常运转的支出，I_{l_t} 为地方 l 企业在 t 期的投资。代入目标函数得到 $\max \mu_Y\left(G_{l_t} + I_{l_t} - \bar{G}_{l_t}\right)$。

2.政策工具与约束方程

地方政府公共支出一般包括：G_{l_t}（如公共工程支出、公共教育支出、社会保障支出、行政管理费支出等）、地方债券利息支出 $i_{t-1} B_{l_{t-1}}$ 和前期地

方债券还本支出 $B_{l_{t-1}}$。地方政府收入项目主要有税收 $\tau_l Y_l$、地方债券本期发行规模 B_{l_t}。地方政府预算约束方程为 $G_{l_t} + i_{t-1} B_{l_{t-1}} = \tau_l \left(G_{l_t} + I_{l_t} - \bar{G}_{l_t} \right) + \Delta B_{l_t}$。其中，地方债券增加规模 $\Delta B_{l_t} = B_{l_t} - B_{l_{t-1}}$。据此可解出 $G_{l_t} = \dfrac{\tau_l}{1 - \tau_l} I_{l_t} - \dfrac{\tau_l}{1 - \tau_l} \bar{G}_{l_t} + \dfrac{1}{1 - \tau_l} \Delta B_{l_t} - \dfrac{1}{1 - \tau_l} i_{t-1} B_{l_{t-1}}$。

3.地方政府行为与经济决策

在分析地方政府行为与经济决策均衡解之前，需要引入两个金融分权变量——政府债券形式的金融分权 f_{ls_t} 和银行贷款形式的金融分权 f_{lb_t}，f_{ls_t} 为地方 l 政府债券规模增加量占全国政府债券增加量的比例，f_{lb_t} 为地方 l 银行贷款规模占全国银行贷款规模的比例。

银行贷款规模增量 ΔL_{l_t} 与货币供给增量 ΔM_t 存在线性关系，$f_{lb_t} = \dfrac{\Delta L_{l_t}}{\Delta L_t} = \dfrac{\Delta M_{l_t}}{\Delta M_t}$。地方 l 在 t 期的投资 I_{l_t} 与当地银行贷款规模增量 $\Delta L_{l_t} = L_{l_t} - (L_{l_{t-1}} - L_{bl_t})$ 成正比，$L_{bl_{t-1}}$ 为地方 l 在 $t-1$ 期的银行坏账规模，$L_{bl_{t-1}}$ 在 t 期的增加规模为 $\Delta L_{b_t} = \sum\limits_{l=1}^{N} \Delta L_{bl_t} = \sum\limits_{l=1}^{N} \left(L_{bl_t} - L_{bl_{t-1}} \right)$，$L_{bl_t}$ 为地方国有企业的银行贷款的坏账规模。从而存在关系式 $I_{l_t} = f_{lb_t} \Delta M_t$。

由于 $B_{c_t} - B_{c_{t-1}} = \dfrac{1}{m} \Delta M_t$，地方政府债券总规模 $\sum\limits_{l=1}^{N} \Delta B_{l_t}$ 与中央政府债券 ΔB_{c_t} 的比值为 η，$0 < \eta < 1$，所以 $\Delta B_{l_t} = f_{ls_t} \times \left(\sum\limits_{l=1}^{N} \Delta B_{l_t} + \Delta B_{c_t} \right) = f_{ls_t} \times (\eta + 1) \dfrac{1}{m} \Delta M_t$。

根据金融分权情况，地方政府 l 的预算约束方程为 $G_{l_t} = \dfrac{\tau_l}{1 - \tau_l} I_{l_t} - \dfrac{\tau_l}{1 - \tau_l} \bar{G}_{l_t} + \dfrac{1}{1 - \tau_l} f_{ls_t} \times (\eta + 1) \dfrac{1}{m} \Delta M_t - \dfrac{1}{1 - \tau_l} i_{t-1} B_{l_{t-1}}$，代入 $\max \mu_Y \left(G_{l_t} + f_{lb_t} \Delta M_t - \bar{G}_{l_t} \right)$ 得 $\max \left[\dfrac{\mu_Y \tau_l}{1 - \tau_l} f_{lb_t} \Delta M_t + \dfrac{\mu_Y}{1 - \tau_l} f_{ls_t} \times (\eta + 1) \dfrac{1}{m} \Delta M_t + \mu_Y f_{lb_t} \Delta M_t - \mu_Y \dfrac{i_{t-1} B_{l_{t-1}} + \bar{G}_{l_t}}{1 - \tau_l} \right]$。求目标函数关于 f_{lb_t}、f_{ls_t} 的一阶导数得到 $\dfrac{\partial U_{l_t}}{\partial f_{lb_t}} = \dfrac{\mu_Y \Delta M_t}{(1 - \tau_l)} > 0$、$\dfrac{\partial U_{l_t}}{\partial f_{ls_t}} = \dfrac{\mu_Y (\eta + 1)}{(1 - \tau_l)} \dfrac{1}{m} \Delta M_t > 0$。

一阶导数条件的经济含义如下。①在财政分权变量 τ_t 无法改变的情况下，当地方经济规模低于一定水平，税收分享低于维系地方政府支出的必要规模，地方政府通过金融分权（争夺银行贷款和争取地方债券规模）提升了地方产出增长，提升的幅度取决于货币供给量的增长情况 ΔM_t、政府支出的产出系数 μ_Y、地方政府债券比例 η。这也表明，地方政府如果不能采用发行公债方式为其支出融资，就必然想方设法从银行获取贷款，而且辖区内国有银行贷款越多、坏账越多，越有利于缓解辖区金融资源压力。因此，在风险收益不匹配的情况下，地方政府天生具有竞争金融资源、制造金融风险的激励，这些行为引发银行坏账风险和地方债务风险，试图全部转嫁给中央政府（何德旭、苗文龙，2016）。②如果地方政府鼓励辖区企业逃废银行贷款 $L_{bl_{t-1}}$，有利于提升当地银行贷款规模增量 $\Delta L_{l_t} = L_{l_t} -$ $(L_{l_{t-1}} - L_{bl_{t-1}})$ 和 f_{lb}，进而提高辖区产出。如果许多地方纷纷增加辖区银行坏账 $L_{bl_{t-1}}$，则可能发生系统性金融风险，中央银行会提高 $\lambda_S \Delta M_t$ 化解这些坏账，从而提高了 ΔM_t，进而扩大了金融分权对地方产出的增长效应，也加剧了全国通货膨胀的压力。如果某个地方的政府不参与这一规则，不仅减少了分享全国银行资金大蛋糕的机会，而且会承担其他地方行为造成的通货膨胀成本。同理，许多地方纷纷扩大地方债务或延期地方政府债券，其经济效应相似。

综合分析，中央政府和地方政府的经济政策预算约束条件的不同意味着：在中央-地方经济政策目标不一致的情况下，中央政府虽然可以直接影响货币供给量、获得铸币税，但前提是不能造成过高的通货膨胀而影响社会稳定、不能因过高的铸币税率而降低铸币税收总量、不能将过多的国企债务转嫁给银行而影响金融稳定。与之相反，当财政分权下资金资源不足以满足地方政府的区域利益和个人利益时，地方政府具有强烈的货币增长需求，设法竞争金融资源，会通过权力争取更多的银行贷款资源、倒逼货币供给增加和货币量膨胀；会鼓励辖区内企业将更多的债务转嫁给银行，造成银行坏账增加；会通过各种方式竞争全国资金总量盘子中的比重份额，会最大化营利性投资规模。

此外，地方政府和中央政府的经济政策冲突还表现在：中央政府经济政策重在经济持续高质量发展，表现出更强的逆周期性；地方政府经济政策重在推动经济增长，却表现出更强的扩张性。在经济繁荣期，中央政府经济政策意在稳健，地方政府经济政策意在更快增长，这种"一松一紧"的中央政府与地方政府的政策组合使经济政策结构矛盾、政策风向不明、政策效果削弱，从而易导致经济过热、通货膨胀恶化。在经济萧条期，中央政府和地方政府的经济政策意图都是刺激经济增长，但中央财政收入来源具有一定的保障，可以增加基础项目投资额度、扩大财政扶持救助、实施扩张型财政政策，而地方政府税收、地方债券收入都非常有限，只能另谋资金源，可能挤出了民间投资。

五　地方政府债务演化及终极化解

地方政府为解决投资饥渴的"燃眉之急"，不计偿还压力举借债务、寻求更多的资金来源。然而，这种解燃眉之急的方法成为地方政府的长期依赖。地方政府化解其债务的方法主要是求助中央政府，中央政府化解政府债务的方法有征税、减少外汇储备、增发高能货币；增加政府债务的路径主要有政府消费、政府投资、转移支付、支付债务利息。假设政府无限期执政，那么政府债务与收支之间满足等式：

$$\left[DEF_0 + \frac{DEF_0(1+d)}{1+r} + \cdots + \frac{DEF_0(1+d)^n}{(1+r)^n} \right] + \left[B_0 + \frac{B_0(1+b)}{1+r} + \cdots + \frac{B_0(1+b)^n}{(1+r)^n} \right]$$

$$= \left\{ \begin{bmatrix} G_0 + \frac{G_0(1+g)}{1+r} + \cdots + \frac{G_0(1+g)^n}{(1+r)^n} \end{bmatrix} + \\ \begin{bmatrix} RB_0 + \frac{RB_0(1+i)}{1+r} + \cdots + \frac{RB_0(1+i)^n}{(1+r)^n} \end{bmatrix} \right\} - \left\{ \begin{bmatrix} T_0 + \frac{T_0(1+t)}{1+r} + \cdots + \frac{T_0(1+t)^n}{(1+r)^n} \end{bmatrix} + \\ \begin{bmatrix} \Delta M_0 + \frac{\Delta M_0(1+m)}{1+r} + \cdots + \frac{\Delta M_0(1+m)^n}{(1+r)^n} \end{bmatrix} + \\ \begin{bmatrix} \Delta FS_0 + \frac{\Delta FS_0(1+f)}{1+r} + \cdots + \frac{\Delta FS_0(1+f)^n}{(1+r)^n} \end{bmatrix} \right\}$$

$$(3-18)$$

其中，DEF_0 为基期财政赤字，d 为赤字增长率，B_0 为基期政府债务，b 为政府债务增长率，G_0 为基期政府支出，g 为政府支出增长率，RB_0 为基期末政府利息支出，i 为每期政府债务利息的增长率，T_0 为基期政府税收，t 为税收增长率，ΔM_0 为基期政府增发的高能货币，m 为高能货币增长率，ΔFS_0 为基期因偿债导致的外汇储备变动，f 为因偿债外汇储备变动的增长率。

在 $r > d$、$r > b$、$r > g$、$r > i$、$r > t$、$r > m$、$r > f$ 等条件下，根据等比数列求和对等式（3-18）简化求解得出：

$$\frac{DEF_0(1+r)}{r-d} + \frac{B_0(1+r)}{r-b} = \left[\frac{G_0(1+r)}{r-g} + \frac{RB_0(1+r)}{r-i}\right] -$$

$$\left[\frac{T_0(1+r)}{r-t} + \frac{\Delta M_0(1+r)}{r-m} + \frac{\Delta FS_0(1+r)}{r-f}\right] \qquad (3-19)$$

其中，政府债务的现值 $\dfrac{DEF_0(1+r)}{r-d} + \dfrac{B_0(1+r)}{r-b}$ 等于政府支出现值 $\dfrac{G_0(1+r)}{r-g} + \dfrac{RB_0(1+r)}{r-i}$ 减去政府税收现值 $\dfrac{T_0(1+r)}{r-t}$、每期增发高能货币的现值 $\dfrac{\Delta M_0(1+r)}{r-m}$、每期外汇储备抵债的现值 $\dfrac{\Delta FS_0(1+r)}{r-f}$，$r$ 为折现率。

分析等式（3-19）可得出：政府债务化解方法是在长期内增发基础货币，即征收铸币税。持续增发基础货币的结果必然是货币膨胀。因此，当 M/P 不随时间而改变时，铸币税等于通货膨胀税（萨克斯、拉雷恩，2004）。地方政府债务的终极化解之法是倒逼国家增发货币，而地方政府这种终极化解之法的本质是消耗政府的声誉、公信力和稳定性。

第三节　地方政府行为与金融竞争

地方政府为满足其任期偏好，从预算内收入向预算外收入、银行贷款等金融资源进行扩张。根据式（3-10）至式（3-12）及其经济含义，可对现实中地方政府政策行为进一步做如下经济解释。

一　银行资源竞争

由于地方政府任期内投资规模与前期辖区银行贷款规模呈反向变动关系，辖区所欠的前期银行贷款拖欠不还无形中降低了辖区企业对前期银行贷款的偿还压力，也降低了企业的资金成本、提高了企业的本期利润，因此提高了地方政府本期的收入、保障了本期经济投资的资金来源。常见的竞争方式有竞争银行贷款、纵容地方企业逃废贷款及利息、增设地方性商业银行等。

（一）竞争银行贷款

地方政府在任期内利用行政权力，协助辖区企业争取新的银行贷款。方法虽然比较简单和陈旧，但直接有效。1979~1997年，中国人民银行专门行使中央银行职能，中、建、农、工四大国有银行依次从中央银行分立并大力发展分支行，地方政府通过对国有银行分支行高级管理层的人事任命权，直接拥有金融配置权和金融控制权，影响各地金融资源配置。例如，1984年10月下发了"统一计划，划分资金，实贷实存，相互融通"的管理办法，在各银行中引发了争取"信贷规模"而年底增发信贷的竞争行为，使1984年信贷增幅达32.8%（中国人民银行货币政策司，1998）。1988年，由于产业结构失衡，中央财政与地方财政"分灶吃饭"，新的利益机制与传统体制冲突加剧，地方政府直接干预经济造成投资冲动，强迫银行放款导致投资失控。1992年，在邓小平南方谈话鼓舞下，中国信贷规模迅速扩大、经济快速增长；有来自地方政府部门的外在压力和干预，也有金融制度漏洞造成的混乱，还有金融机构内部管理缺位造成的失控，出现了1993年金融机构"超规模"贷款以及违章拆借等严重问题，拆借利率最高达28%（李成，2005）。

（二）设立地方性商业银行

地方政府为获得银行资源，更直接的方法就是成立和控制地方性商业银行。地方政府通过成为城市商业银行和农村商业银行的大股东，拥有对后者高管的人事任命权，进而在地方银行的公司治理和重大项目贷款等事项上具有实质性的影响权力。1994年，在中国人民银行部署下，2194家城市信用社、农村信用社城镇部分和部分地方金融机构，重组改制为城市商业银行。由于法律规定和其他原因，地方政府实际上占据了城市商业银行的控股地位，并对城市商业银行进行直接或间接的行政控制。这种行政控制，使城市商业银行依附于地方政府，逐渐成为地方政府的第二财政，并根据每届地方政府规划的不同重点项目配合贷款。这一结论可以从钱先航等（2011）另外一个角度的实证研究中得到印证。他们认为，地方官员的晋升压力会通过增加中长期贷款、增加房地产贷款、提高贷款集中度等途径形成不良贷款。Micco和Panizza（2006）通过对1995~2002年179个国家的研究发现，在发展中国家，国有银行的业绩要比私有银行差，而且两者的差距在大选年份更加明显。其原因在于,在大选年份,政府利用其控制的银行向为其提供竞选帮助的企业提供更多的低息贷款。

因此,地方政府想方设法从银行获取贷款,而且辖区内国有银行贷款越多、坏账越多,越有利于缓解辖区投资压力。在风险与收益不匹配的情况下,地方政府天生具有竞争金融资源、制造金融风险的激励,并试图将这些行为引发的银行坏账全部转嫁给中央政府。

二 地方债务膨胀

(一)提高地方债务增量

地方政府为了获得任期内经济建设投资所需资金,提高地方债务增量是一个有效方法。在2008年国家经济刺激计划背景下,地方政府顺势使出浑身解数,设计了多种类型的地方债务,初步包括地方债券、有偿还责任的地方融资平台、有一定救助责任的地方融资平台、有担保责任的地方融资平台。据中国经济数据库的归类数据,截至2013年6月1日,来源于银行贷款的地方政府性债务余额为10.1187万亿元;地方债券余额为1.8457万亿元;地方政府有偿还责任融资平台的债务余额为4.0756万亿元;地方政府有一定救助责任融资平台的债务余额为2.0116万亿元;地方政府有担保责任的融资平台债务余额为0.8832万亿元;合计18.9348万亿元。其中,投向农林水利建设的金额为0.5434万亿元,投向市政建设的金额为5.8031万亿元,投向其他支出的金额为1.6818万亿元,投向交通运输的金额为4.0927万亿元。[①]

到2018年12月1日,地方政府有偿还责任融资平台的债务余额为18.3861万亿元;地方政府有一定救助责任融资平台的债务余额为5.5万亿元;地方政府有担保责任的融资平台债务余额为3.1万亿元;仅地方融资平台债务合计26.9861万亿元。此外,截至2018年末,地方政府债务余额为18.3862万亿元,其中一般债务10.9939万亿元,专项债务7.3923万亿元,政府债券18.0711万亿元,非政府债券形式存量政府债务0.3151万亿元。截至2018年末,地方政府债券剩余平均年限4.4年。地方政府官员平

---

① 数据来源:中华人民共和国审计署官方网站。

均任职时间为 3 年（Li and Zhou，2005；王贤彬、徐现祥，2008；陶然等，2010；杨其静、郑楠，2013）。地方政府任期短于债券偿还期，可以将地方债券偿还困难归因于上届政府，也不必过于担心任期内地方债务的偿还问题。

（二）增加国家解决地方债务偿还的压力

当地方债务负担过重时，会增加国家解决问题的压力。地方债券获得中央银行抵押再贷款资格就是在第一批地方债务延期的背景下产生的。2015 年到期的地方债券规模较大，地方政府面临偿还困难。国家设计实施了多种方法帮助地方政府解决这一难题。一是地方政府在中央政府下达的 3.2 万亿元额度内发行置换债券偿还到期存量债务，虽不直接增加投资，但在土地出让收入减少等情况下能够抵顶减收，为地方政府腾出资金加大投资创造了条件。二是中国人民银行将地方债纳入"中央国库现金管理和试点地区地方国库现金管理"的抵（质）押品范围，纳入中国人民银行常备借贷便利（SLF）、中期借贷便利（MLF）、抵押补充贷款（PSL）的抵（质）押品范围，纳入商业银行质押贷款的抵（质）押品范围，并按规定在交易场所开展回购交易。地方政府债与国债和政策性金融债等金融产品一样，获得了抵押品的资格。这意味着中国人民银行可根据经济的迫切形势随时开展相对应特定额度的流动性的投放。三是将地方政府债务分类纳入预算管理，报本级人民代表大会或其常委会审查批准。同时，财政部研究制定了地方政府债务风险评估和预警办法，组织评估各地区政府债务风险，加强对地方政府举债融资行为的监管。这一方法建立了地方债务的长期约束机制，实质上是国家对地方政府金融分权后由于金融风险问题而进行的金融权限上收。

三　土地出让中的问题

由于地方政府任期内投资规模与前期土地价格呈正向变动关系，提高土地出让价格有助于提高地方政府收入和保障投资，但简单地提高土地价格可能提高企业成本、将企业挤出辖区市场。因此，地方政府通过以下差别性土地出让政策解决投资资金问题。

（一）土地出让价格实施垄断性价差

地方政府利用垄断土地供给权力在工业用地市场和居住用地市场分别实施歧视性垄断价格。由于企业用地需求的弹性较高，地方政府把土地低价出让给工业企业、降低辖区企业地租成本、提高企业利润和地方政府税收；由于居住用地需求的刚性较高，把土地高价出让给房地产企业、进一步推动提高房产价格、提高房产企业利润、获得房产税收和房产土地出让金。根据财政部官方网站披露数据，2015年第四季度末，全国105个主要监测城市综合、商业、住宅和工业地价，分别为3633元/米^2、6729元/米^2、5484元/米^{2}和760元/米^2。2014年，工矿仓储用地占土地供应总量的24.2%、房地产用地占24.8%、基础设施等其他用地占51.0%。2015年，工矿仓储用地、房地产用地和基础设施等其他用地分别占土地供应总量的23.4%、22.4%和54.2%。

（二）通过土地出让方式控制出让价格

地方政府根据需要选择土地出让方式，进而左右土地出让价格。事实表明，招标和拍卖的土地出让价格较高，协议和挂牌的土地出让价格较低。地方政府在辖区国有企业比例较高时，多采取协议和挂牌的方式出让土地，进而能够在未来从国有企业投资中获得更多的税收收入。因此，有学者研究认为，土地出让形式背后往往反映了地方政府土地出让的用途。2008年以前，工业用地更多是以协议方式出让，土地成本几乎为零，划拨和协议两种方式出让土地的比例占71%以上。2008年后，为了弥补工业企业获得土地的高成本，地方政府更倾向于以价格较低的挂牌方式将土地出让给工业企业，挂牌出让土地面积占总出让土地面积的比例从2006年的24.4%迅速升高到2008年的75%以上（赵文哲、杨继东，2015）。

（三）本地晋升官员与企业合谋

地方政府根据任期偏好出让土地，其中夹杂了或多或少的个人利益。本地晋升的官员具有更大的合谋可能性。本地晋升的官员在从较低职位晋升为地方政府领导的过程中，得到了地方精英以互惠为条件的、银行约束合同的支持，需要给予地方精英回报（Shleifer and Summers，1988）。地方政府可能通过控制出让信息、出让方式将土地出让给目标地方精英。通过合谋,地方政府在不明显降低土地价格的同时出让更多的土地,拿地企业获得稀缺的土地资源、获得许可垄断利润,地方政府收获财政收入。聂辉华和李翘楚(2013)认为,在中央政府、地方政府和用地企业的博弈中,地方政府受中央政府委托,是本地区土地一级市场上唯一的供给方,主要通过征用农民的土地并出让给需要用地的工业企业和房地产企业以发展辖区经济,从中获得财政收入和晋升优势;中央政府面临经济增长和社会稳定的权衡取舍,必须承担社会稳定的最终成本。

(四) 土地出让过程中部分地方政府存在违规操作

部分地方政府在出让土地过程中通过违规操作获得任期利益。根据财政部官方网站披露的《2015年全国土地出让收支情况》,地方政府出让土地的主要问题包括如下几个。一是土地市场化配置比例偏低,工业用地和基础设施等其他用地存在粗放利用现象;一些地方仍存在减免或变相减免土地出让收入、通过空转等方式虚增土地出让收入和违规安排支出等问题。二是土地违规出让形式多样,在土地征收方面,突出表现为少批多征、未批先征、越权审批等现象,造成土地出让收入流失。三是土地出让收入征收管理不到位,存在少征、缓征、减免和返还土地出让收入的行为;未将土地出让收入及时缴入国库并纳入政府性基金预算管理。

另外值得一提的是,地方政府提高居住用地的垄断价格,一方面可以提高地方政府土地出让金收入;另一方面实质上类似于通过行政许可垄断将土地使用转移给房地产企业,房地产企业在一定程度上垄断了合法房产供给源(当然垄断程度取决于地方政府的许可程度),房地产企业在获得高额利润的同时,地方政府可以获得这一领域的高额税收。因此,即使降低土地出让价格,也未必能降低房价,关键原因在于房地产商获得的行政许可垄断权利。

综上分析可以看出,地方政府为满足任期偏好,在保证地方税收的同时愈来愈依赖预算外收入来满足辖区经济投资,往往通过土地出让、地方债务、银行贷款等途径保障经济建设投资的资金,这些行为进而通过金融资源竞争实现金融分权。

第四节　本章小结

任期偏好是指地方政府在特定任期内对于所选择的经济政策的爱好胜过其他经济政策，是对经济政策优劣性的主观评价或感觉，在一定程度上表现为对任期内辖区经济建设投资扩张的追求。任期偏好是地方政府作为公共事务代理人追求社会利益和作为自利者满足自身政治及经济利益的综合体现。

在财政分权下，地方预算内收入比重的降低为地方政府制定地方经济政策、寻求其他资金来源留下了借口；地方政府扮演多重角色，多重角色之间有的相互融合、有的相互冲突，复杂的多重角色为地方政府选择任期内的经济建设投资和地方利益提供了便利；地方政府职能主次不够清晰、职能边界模糊，这在一定程度上为地方政府的任期偏好提供了操作空间。

地方政府在进行投资项目选择时会偏好经济建设投资项目。相对于经济建设投资的产出弹性而言，研发投资的产出弹性更低而且不确定性风险更高。地方政府通过经济建设投资来推动经济增长率提高的作用，比研发投资的作用更大、更显著。

地方政府经济政策目标主要是任职期间地方经济收益最大化；中央政府经济政策尽管优先追求经济增长但必须兼顾控制通货膨胀。因此，地方政府经济政策与中央政府经济政策的目标具有一定的冲突性。在中央与地方目标不一致的情况下，中央政府虽然可以直接影响货币供给量、获得铸币税，但前提是不能造成过高的通货膨胀而影响社会稳定、不能将过多的国企债务转嫁给银行而影响金融稳定。与之相反，当财政分权下资金资源不足以满足地方政府的区域利益和个人利益时，地方政府则会通过权力争取更多的银行贷款资源、倒逼货币量膨胀。

地方政府在具体实施经济政策时，常常通过竞争银行贷款资源、增设地方性商业银行、扩张地方债务、转嫁债务偿还压力、设计土地出让的垄断性价格歧视甚至违规操作等方式来提高辖区经济投资规模和经济增长速度。

第四章

地方政府金融分权

地方政府任期偏好引致的金融竞争推动中央与地方之间时放时收的金融分权，而伴随这一过程的是政府持续向市场分权、让市场在资源配置上发挥越来越重要的作用（甚至是决定性作用），两者的穿插加大了金融分权的测算难度。这一章围绕本书的主线，主要探讨中央–地方金融分权的测算及经济解释。

第一节 地方金融分权的测度

一 测算指标及评价

地方金融分权是狭义上的金融分权，指中央政府与地方政府在金融资源控制权和监管权上的划分制度（何德旭、苗文龙，2016）。在具体形式上包括金融监管分权和金融稳定分权。

地方金融分权较难刻画。因为要在金融条线管理形式下找出地方政府影响金融资源的数量指标来。这些影响有的是显性的，有的是隐性的，有的是只可意会不可言传的。并且，金融指标较多（如辖区银行贷款、上市公司数量及市值、地方融资平台规模等），各指标也不能简单加总。本章根据何德旭和苗文龙（2021）的研究，首先分别讨论分项指标，根据指标性质对相关指标进行综合考察。

（一）地方性商业银行比例

地方性商业银行主要指地方政府为大股东的商业银行，包括城市商业银行（城市信用社）和农村金融机构（农村商业银行、农村合作银行、农村信用社）。虽然农村合作银行、城市信用社、农村信用社不算严格法律意义上的商业银行，但其经营业务实质类似于商业银行。

1.指标计算

这里有四种计算方法：一是根据地方性商业银行法人机构数量计算；二是根据地方性商业银行资产规模计算；三是根据地方性商业银行贷款数量计算（苗文龙，2019）；四是根据地方性商业银行负债数量计算。后三种方法具有一致性。

$$地方性商业银行机构比例 = \frac{地方性商业银行数量}{全国商业银行总数量}$$

$$地方性商业银行资产比例 = \frac{地方性商业银行资产规模}{全国所有商业银行资产总规模}$$

$$地方性商业银行贷款比例 = \frac{地方性商业银行贷款规模}{全国所有商业银行贷款总规模}$$

$$地方性商业银行负债比例 = \frac{地方性商业银行负债规模}{全国所有商业银行负债总规模}$$

2.指标评价

在银行主导型金融体系中，商业银行对金融资源配置发挥举足轻重的作用。地方政府一般为地方性商业银行的大股东，高管一般由（省级）地方政府任命；地方性商业银行比例可以从机构数量、资产规模、负债规模、贷款规模等方面测算，地方性商业银行的市场份额在一定程度上反映了地方政府的作用空间及其对商业银行贷款规模和投向的影响。这一指标的缺点有两个：一是地方性金融资源形式多样，地方性商业银行只是其中一种；二是地方政府也可能影响大型商业银行、股份制商业银行在其辖区的经营，这一指标难以全面计算地方金融分权情况。

（二）地方性金融机构比例

地方性金融机构包括地方性商业银行和地方政府设立的地方金融控股公司、地方金融资产管理公司、地方小贷公司、地方担保公司等。

1.指标计算

由于计算具体指标时所选择的基本指标不同，可以分为以下6个指标。

$$地方性金融机构数比例 = \frac{地方性金融机构数量}{全国所有金融机构总数量}$$

$$地方性金融机构资产比例 = \frac{地方性金融机构资产规模}{全国所有金融机构资产总规模}$$

$$地方政府许可的金融机构数比例 = \frac{地方政府许可的金融机构数量}{全国所有金融机构总数量}$$

$$地方政府许可的金融机构资产比例 = \frac{地方政府许可的金融机构的资产规模}{全国所有金融机构资产总规模}$$

$$地方政府日常监管的金融机构数比例 = \frac{地方政府日常监管的金融机构数量}{全国所有金融机构总数量}$$

$$地方政府日常监管的金融机构数资产比例 = $$

$$\frac{地方政府日常监管的金融机构资产规模}{全国所有金融机构资产总规模}$$

2.指标评价

这一指标基本上包括了地方政府对辖区有直接影响力的所有金融机构，较地方性商业银行比例指标更为全面。这一指标的缺点在于，未能描述地方政府对其他非地方政府大股东的金融机构的影响程度。

（三）各地方的银行贷款比例

这里主要根据各地方的银行贷款规模占全国的银行贷款规模的比重进行计算（何德旭、苗文龙，2016）。

$$各地方的银行贷款比例 = \frac{某省份银行贷款规模}{全国银行贷款规模}$$

这一指标的优点主要有三个。一是银行贷款仍是银行比重最高的资产种类，用它可以代表银行经营行为。同时，商业银行贷款是企业最主要的债务融资形式，是最主要的金融资源，银行贷款比重可以反映一定的金融分权结构。二是地方政府通过各种会议，试图直接影响的还是各大型银行和全国性股份制银行对本辖区的贷款支持数量。三是在一般情况下各地银行贷款与其他金融指标存在正相关性，银行贷款变动与金融资源总量变动比较一致。其缺点在于，银行贷款比重不完全由地方金融分权影响决定，受各地经济发展水平和结构的影响，受商业银行总行全国经营决策统筹的影响，它既具有集权性因素又具有分权性因素。

（四）地方债务比例

1.指标结算

政府债券主要由商业银行持有，地方政府通过发行债券获得银行资金。因此，地方债务是一种金融分权形式。这一指标根据地方政府债务规模占政府债务总规模的比重计算（马文涛、马草原，2018）。由于债务口径计算方法不同，可以分为两个指标。

$$地方政府债券余额比例 = \frac{年末地方政府债券余额}{年末政府债券余额}$$

$$地方政府债务余额比例 = \frac{年末地方政府债务规模}{年末政府债务总规模}$$

地方政府债券是债券的发行主体和偿还主体都是地方政府的债券。

2.指标评价

地方政府债券的偿还主体一般是地方政府，这一指标能够反映地方政府在债务方面的金融分权状况，且计算方法简单易行。其缺点在于，解释的金融分权内容较为单一，地方政府债务除了地方政府债券外，还包括地方政府有偿还责任的地方融资平台、有一定救助责任的地方融资平台、有担保责任的地方融资平台等。

二　尚需进一步探讨和测算的金融分权

除了上述几个地方金融分权计算指标所描述的金融分权内容外，还有许多现实中存在且具有不容忽视的影响作用的金融分权内容，需要进一步探索测算方法。

（一）地方政府经济会议的压力

各地方召开的半年度或年度经济金融形势会议或金融发展会议的内容常常不仅仅是经济金融形势分析和工作汇报，地方政府还会对金融工作提出要求和指示，特别要强调扩大信贷规模、加快培育上市公司、壮大地方金融业的规模和实力等内容，不仅是保障地方政府重点项目和重点工作的资金需求，而且通过信贷增长率等指标判断各金融部门对地方经济项目的支持程度，甚至成为地方对国家金融监管部门派出机构的考核指标。

此外，从地方召开的有关金融会议中各部门的排序，似乎也能看出一点关于地方政府对金融部门影响力度的端倪。在常见的地方金融经济会议上，金融监管部门和政策性银行、商业性银行必然进行工作汇报，地方金融办或地方金融监管局排名一般在中国人民银行地方分支行、银保监局的前面，而地方金融办或地方金融监管局则几乎排在地方政府部门的最后面。在政治意识非常高的背景下，这种排序不得不引发人们对这方面事实的揣测和思考。

对于这方面的地方金融分权，尚难以用会议纪要、会议文件的数量来进行描述，也不能用地方政府官员对扩大信贷规模等金融工作的指示数量和文件批示数量进行刻画，更不能用会议中部门排名顺序来断然决定和计算，但毫无悬念的是，这其中或多或少间杂了地方政府对金融资源配置的影响和金融分权的味道。

（二）地方政府的其他权力影响

地方政府在任期偏好下有金融竞争的需求，即使不进行直接干预和会议传导，通过对辖区其他资源的控制权力亦能得到金融机构心领神会的配合。首先，在实际操作中，地方政府对领会会议要求深刻、配合程度较高的银行的高管，提供政治晋升的资历和机会。例如，地方政府为其提供当选地方政协委员的便利；为其提供到地方城市担任官员的机会。其次，地方政府掌控着辖区的土地、教育、医疗、水电等资源，对支持地方金融资源配置的银行提供更便利的子女教育机会、职工医疗条件等，对支持力度较低的金融机构提供较差的水电服务等。最后，地方政府具有更多的机会将来成为金融部门的上级领导，金融部门也具有积极支持地方金融竞争的意愿。诸如此类的地方金融分权影响，难以用数量进行测度。

（三）难以区分的情形

在现实中，即使上述指标也存在许多难以区分主次原因、面临计算不准确的问题，给准确测度金融分权带来不容忽略的影响。例如，银行向地方融资平台融资，难以精确计算出究竟是由于地方政府的影响，银行才进行融资还是银行自主开展业务、自愿向地方融资平台融资；银行向地方重点项目贷款而产生损失，究竟是当初银行贷款评估失误所致还是地方政府干预所致。

第二节　地方金融分权的演化及初步判断

地方政府不仅为体制外企业寻求金融支持而推动了分权化的金融发展格局（张杰，2008），而且为支持本地国有企业和任期重点投资项目而进行的金融资源竞争也推动了政府层级之间的金融分权。但在不同的经济阶段，地方金融分权的方向和程度具有明显区别，总体上表现为显性集权隐性分权特征（苗文龙，2018c）。由于政府-市场金融分权的方向较为明确，政府层级之间金融分权成为决定金融分权程度的主要因素，同时为了研究主线的清晰，本节以下内容主要以政府层级之间金融分权演变为标准。

一　地方金融分权演化

早期研究金融分权的文献，根据地方政府干预行为将其划分为直接行政干预、影响银行决策、逃废银行债务三个阶段（钱颖一、Weingast，2008），后期随着金融制度改革，金融分权进一步显示出规律性和阶段性。巴曙松等（2005）将中国国有银行体系的变革大致分为两个阶段。在第一阶段，地方政府对本辖区的各种银行都具有较为直接的控制力，可以通过行政手段介入银行系统，获得大量金融资源，形成大量银行坏账风险。在第二阶段，由于国有银行体系进行了垂直化管理体制的改革，中央政府通过设立中央银行大区行、上收国有商业银行地方分行的信贷审批权等方式，限制了各地分行的贷款权限与可用资金，剥夺了分行贷款发放与资金调拨的自主权，导致地方政府直接从国有银行体系夺取资源的能力下降，逐渐形成了中央金融集权的局面。

殷剑峰（2013）的分析认为，1979年开始的金融分权[①]为地方政府介入金融资源的调配提供了便利，导致金融秩序混乱、金融风险丛生；

[①] 国务院批准"拨改贷"试点和财政拨款制度改为银行信贷制度这两件事，使地方政府有了"套取"银行信贷的动机。以国有专业银行的地方分支"块块"结构、地方政府对地方分支行的人事任免权、地方政府批准设立非银行金融机构以及地方政府单独或者与企业共同组建的证券交易中心和资金拆借市场等事件为标志。

1995年开始建立中央金融管理体制，整顿金融秩序、清理信托公司，控制降低了金融风险；2003年以银监会成立为标志，在中央部委之间的金融分权开始明显[①]，而金融管理部门之间的竞争推动了金融分权，加剧了金融风险。他指出，中国财政分权和金融分权的体制可能导致系统性金融风险，其原因在于，银行信贷资金取代了财政资金，成为地方固定资产投资的主要资金来源，地方政府具有"套取"银行信贷的冲动。

洪正和胡勇锋（2017）将改革开放以来的金融分权演变划分为三个阶段：1978~1993年为第一阶段，这一时期为配合经济领域放权让利的改革发展目标，金融领域打破"大一统"的银行体系，地方金融开始发展，为地方经济发展提供了资金支持，金融开始分权；1994~2001年为第二阶段，因金融风险累积威胁到经济安全，中央上收地方权限，整顿地方金融，强调金融风险的化解与防范，金融重新集权；2002~2016年是第三阶段，金融发展与风险防范并重，金融适度分权。

何德旭和苗文龙（2016）首先将金融分权界定为中央与地方关于金融发展权、金融控制权、金融监管权和金融稳定权的划分制度与安排，进而初步设计了衡量金融分权的主要指标，并实证得出金融分权受财政分权影响显著。在此基础上，苗文龙和何德旭（2018）综合相关研究，将金融分权分为三个阶段：第一阶段1978~1997年，为金融分权地位凸显阶段；第二阶段1998~2011年，为金融集权强化阶段；第三阶段2012~2017年，为金融分权加强阶段。在第一阶段，地方政府对本辖区的各种银行都具有较为直接的控制力，可以通过行政手段介入银行系统，获得大量金融资源。并且，这一时期，银行系统的政策性功能较强，导致银行预算软约束问题严重，为地方政府通过行政手段从地方银行直接获取大量金融资源创造了条件（巴曙松等，2005）。在第二阶段，中央政府通过设立中央银行大区行、进行国有银行体系垂直化管理改革、取消地方分行的放款权、上收地方分行的信贷审批权等方式，限制各地分行的贷

---

① 除"一行三会"的分业经营、分业管理的架构外，其他一些部委也参与到对某个市场（如国家发改委对企业债）、某类金融机构和业务（如商务部对融资租赁）的金融管理中。

款权限与可用资金，化解与防范金融风险，地方政府直接从国有银行体系夺取资源的能力下降，金融重新集权。在第三阶段，地方政府逐渐全面在省级成立地方金融监管局，开始强化地方金融监管功能和金融资源配置话语权；由地方政府自批自营的地方金融控股集团、地方金融资产管理公司、地方融资平台等地方性金融机构纷纷设立并迅速扩张。这些事件意味着地方政府开始全面拥有金融监管权、金融稳定权、金融配置权和金融治理权（见表4-1）。

表4-1　财政金融机制的集权-分权改革

时间	财政集权-分权改革	金融集权-分权改革
新中国成立初期到20世纪50年代中期	中央实行全国统一的财政收支管理体制。人、财、物和产、供、销由中央部委统一管理，体现为财政集权机制	实行单一的、高度集中的"大一统"银行体制。中国人民银行"一统天下"，与财政部保持密切业务联系，体现为金融集权机制
20世纪50年代末到60年代末	除了少数中央直接管理的企业收入，其他财政收入全部划归地方。1958年"大跃进"，计划失控，1959年3月开始，中央又将下放的权力上收。体现为财政分权机制	1958年"大跃进"，银行实行"两放、三统、一包"新体制。在农村，银行机构和人员全部下放给人民公社，与农村信用社合并。1959年6月，下放的营业所收回重归银行管理，与人民公社信用部分开。体现为金融分权机制
20世纪70年代	1971~1973年，中央对地方实行收支包干的体制。1976年又重新集中。1977年开始，江苏、四川开始实行包干分成制。体现为财政分权机制	1967年，中国人民银行总行和财政部合署办公。1971年开始将省（区、市）及以下银行机构与财政分开，恢复原来系统。1977年，中国人民银行总行与财政部分开，实行垂直领导。体现为金融集权机制
20世纪80年代	中央实行"收支划分、分级包干"的财政管理体制，从原来的"大锅饭"过渡到"分灶吃饭"的新体制。除了推行财政包干制，中央大规模下放了经济管理权限，"条条为主"逐渐过渡到"块块为主"。体现为财政分权机制	成立中、农、工、建四大银行，分支行高管的任命权掌握在地方政府手中。1986年后，成立了一批总行设置在地方的全国性股份制商业银行，人事任命权也主要掌握在地方政府手中。体现为金融分权机制

时间	财政集权-分权改革	金融集权-分权改革
20世纪90年代	实行分税制改革。划分中央与地方的事权和支出，同时以税种划分中央和地方的财政收入，税收实行分级管理，成立国税局，这彻底改变了过去所有税收主要依靠地方征税机关征收的做法。体现为财政分权机制	1997年对中央银行和四大银行实行垂直管理，中央将商业银行的资金融通权基本上收到中国人民银行总行，由总行集中办理再贷款业务。专门成立金融工委垂直领导。1998年中国人民银行撤销省级分行，设置九大区行。体现为金融集权强化
21世纪	2012年营业税改增值税。2016年增值税分享改革。这一时期体现为财政分权机制	城市商业银行、村镇银行、小贷公司、担保公司、典当行、融资租赁公司等地方性金融机构获得快速发展；同时，地方政府搭建地方融资平台，通过发行债券、商业银行购买、间接从银行获取资金。体现为金融分权加强，地方分权倾向更为显著

资料来源：根据丁骋骋和傅勇（2012）、苗文龙和何德旭（2018）、傅勇（2016）和近年来税收制度文件整理归纳。

二　地方金融分权与金融风险关系的初步判断

财政分权加强了地方政府的经济决策权和地方利益独立性，地方不仅可以名正言顺地与中央分享财政收入，而且可以兼顾官员晋升，根据地方偏好调整投资结构。由于金融显性集权和货币发行集权，只有在经济较冷、中央实施积极的财政政策和扩张的货币政策时，地方政府的投资扩张才更容易实现。地方政府为了比较自由地进行投资、获取更多的金融资源、实现产出最大化，除了与中央讨价还价争取更多的财政拨款以外，从直接行政干预银行信贷转变到成立地方性商业银行、地方金融控股集团、地方金融资产管理公司，使金融体现出分权特征。随着地方政府支出的显著增加，作为地方性商业银行的典型代表，城商行负债规模占境内银行业金融机构总负债的比例迅速提高（见图4-1）、城商行资产规模占境内银行业金融机构总资产的比例迅速上升（见图4-2），并在一定程度上导致了金融风险的提高。近年来，城市商业银行和农村商业银行的不良贷款率较高（见图4-3）。地方性商业银行负债率提高与地方政府债券发行比例上升（见图4-4）、地方政府债务余额上升（图4-5）、地方性商业银行不良贷款率恶化之间存在显著的相同趋势。其中关键的一环是，国家对经济增长过程中金融风险提供的最终救助，这使地方国有企业、商业银行、地方政府具有软预算约束行为特征，进而通过金融体系放大了这种风险效应，金融分权得以真正实现。

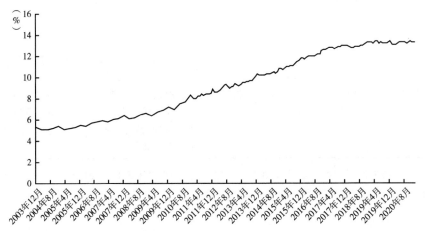

图4-1 城商行负债规模占境内银行业金融机构总负债的比例变化

资料来源：Wind数据库。

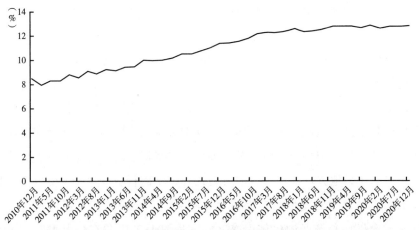

图4-2 城商行资产规模占境内银行业金融机构总资产的比例变化

资料来源：Wind数据库。

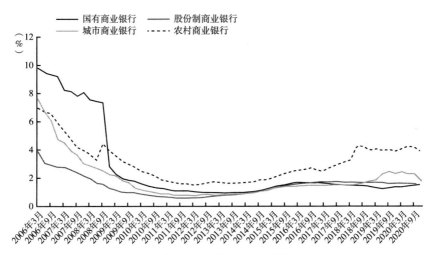

图4-3　不同类型银行不良贷款率变化

资料来源：Wind数据库。

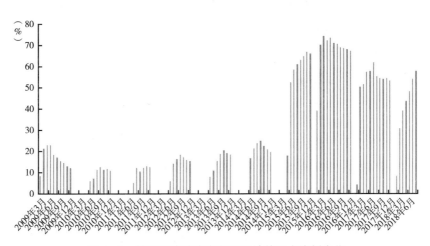

图4-4　地方政府债券发行量累计值所占比例变化

资料来源：Wind数据库。

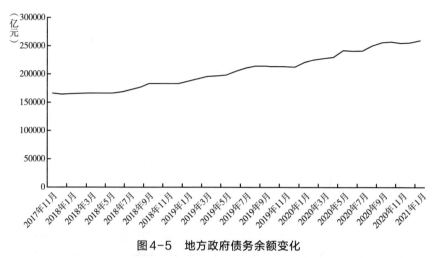

图4-5　地方政府债务余额变化

资料来源：Wind数据库。

第三节　经济解释

地方政府任期偏好下的金融分权与经济发展之间也存在密切关系，这由社会主义市场经济发展需要和金融功能发挥共同决定，在满足一定条件下，金融分权对经济发展会体现出积极的一面。下面先明确政府-市场金融分权的趋势，再讨论政府层级之间金融分权改革。

一　市场化改革需求与金融分权

党的十八届三中全会明确指出，让市场对资源配置起决定性作用。市场化改革及中国特色社会主义经济建设需要金融适度分权。

（一）政府-市场金融分权是适应市场化改革的需要

第一，金融是现代经济的核心，金融市场是市场体系的核心组成部分，政府-市场金融分权改革是市场化改革的核心内容。金融市场是联系商品市场、劳动市场、要素市场、国际市场等市场的纽带，是连接农业、制造业、信息产业、服务业的纽带，为各个市场和产业提供所需的资金支持。市场化改革的内容之一就是金融市场化，包括：以金融机构的董事会、监事会、经理层为基础框架的法人治理结构改革，金融市场的信息披露、交易规则、交易资格、投资者合法权益保护等制度改革，"先贷款后存款、先外币后本币"逐步推进的利率市场化改革，以市场供求为基础、参考"一篮子"货币进行调节与管理的浮动汇率制度改革，经常项目账户自由化改革和资本项目账户自由化改革，等等。如果政府未向市场进行金融分权，那么市场化改革就是残缺不全的。

第二，政府-市场金融分权的进度与科学性，决定着市场化改革的进度和社会主义市场经济的科学性。市场对资源配置发挥决定性作用的重要条件是竞争机制、价格机制、供求机制、风险机制的有效发挥。在提供信贷资金、风险管理等金融服务的过程中，利率作为资金价格，其市场化程度决定着整个市场体系价格的市场化程度；金融资源供求的竞争机制的发挥程度决定着整个市场体系商品、劳动等供求的竞争机制的发挥程度；金融机构的风险管理能力，从根本上影响着整个市场体系的风险管理水平。

因此，政府-市场金融分权有利于市场在资源配置中起决定性作用，有利于政府将有限的行政资源用于优化公共服务、保障公平竞争、加强市场监管、维护市场秩序，从而尽快建设成市场机制有效、微观主体有活力、宏观调控有度的经济体制。

（二）政府层级之间金融分权应遵循市场化改革方向

政府层级之间金融分权加强了地方政府的金融集权，包括金融监管权、金融稳定权、金融配置权和金融治理权等方面。政府层级之间金融监管分权和金融稳定分权，有利于提高地方政府对金融信息的处理效率和地方经济政策制定的科学性、加快社会主义市场经济建设进程；也可能使地方政府干预金融资源的市场化配置、降低金融治理结构的有效性，进而阻碍市场化改革步伐，制约社会主义市场经济发展。当前，市场体系不完善、金融干预过多和监管不到位等问题主要集中在地方层面。因此，政府层级之间金融分权推进经济高质量发展的前提在于地方政府职责范围清晰、行为边界明确并能够真正依法行政。

二　金融功能发挥与金融分权

金融通过提供交易和支付、提供融资机制、实现跨时间和地域的经济资源转移、管理不确定性和风险、协调不同领域分散决策的价格信息、处理不对称信息六大功能（博迪、莫顿，2000），在经济体系资源配置中发挥核心作用。因此，也有学者认为，金融具有风险改善、资源配置、公司治理、动员储蓄及促进交易五大基本功能（Levine，1997）。这些功能的发挥需要金融体系与经济系统匹配、作用机制顺畅，需要加强市场对金融资源配置的决定性作用、减少政府对金融治理的行政干预，从而需要在政府与市场之间进行金融分权。

（一）政府-市场金融分权与金融功能发挥机制

金融对经济发展具有四大机制，不仅体现在规模总量的维度，而且体现在结构优化的维度。

一是通过发挥规模优势降低交易成本、促进储蓄向投资转化的机制（Mckinnon，1977），提高经济增长率。这需要政府向市场进行金融分权，增强金融机构自主经营性，提高经营效率和成本管理能力，从而提高储蓄利用率。

二是通过发挥信息优势筛选优质项目、促进资源有效配置和企业创新的机制（King and Levine，1993；Jian and Xu，2004），提高经济发展质量。这需要政府向市场进行金融分权，让市场上众多的金融机构和投资者对企业家所进行的创新活动进行评估并提供融资，进而对技术创新产生筛选作用和推进作用，促进市场出清和企业优胜劣汰。

三是通过发挥专业优势管理风险、平衡风险的机制，维护经济平稳发展（Gurley and Shaw，1955；博迪、莫顿，2000）。这需要政府向市场进行金融分权，强化金融机构和金融投资者的风险意识、风险识别、风险评估、风险控制等方面的能力，发挥金融市场不同部门主体之间的风险冲销作用和平衡作用，摆脱对国家货币救助的依赖，提升经济体系健康发展的生命力。

四是通过发挥金融创新和金融结构优化机制，推进产业结构优化和经济高质量发展（Morck and Nakamura，1999；林毅夫等，2009；Lin et al.，2013；龚强等，2014）。这亦需要政府向市场进行分权，发挥金融体系的模式创新、技术创新，增强金融体系的活力和韧性，提高不同金融模式对不同产业发展的服务效率。

正如 2017 年全国金融工作会议所明确的，"要完善现代金融企业制度，完善公司法人治理结构，优化股权结构，建立有效的激励约束机制，强化风险内控机制建设，加强外部市场约束"。

（二）政府层级之间金融分权与金融功能发挥机制

政府层级之间的金融分权同样需要遵循市场化改革方向，不断强化政府向市场金融分权的科学程度，切实发挥金融功能、提高金融效率。简要而言，政府层级之间金融适度分权对金融功能发挥的意义：一是通过金融监管权的分权，发挥地方政府信息优势，在风险可控的基础上因地制宜地发展金融机构，提高金融供给与当地经济需求的匹配程度；二是通过金融稳定权的分权，加强地方政府的风险责任，提高地方政府的金融收益与金融责任之间的匹配性，强化地方政府的金融风险意识和风险管理能力。2017 年的全国金融工作会议明确指出，"地方政府要在坚持金融管理主要是中央事权的前提下，按照中央统一规则，强化属地风险处置责任"。

三 金融体系完善与金融分权

（一）多元化金融机构与金融分权

经过 40 多年的改革开放，中国建立了以公有制为主体、多种所有制经济共同发展的基本经济制度，形成了行业齐全、规模不一的企业体系，增强了经济社会发展活力。不同规模的银行对不同规模的企业的信息甄别、风险管理、成本优势存在显著差别（Philip and James，1998；Berger and Udell，2002；李志赟，2002）。相对于规模较小的银行，大银行在甄别软信息（如企业家经营能力）方面不具有比较优势。为了防范信用风险，严格要求企业的抵押品数量并施行严格的违约清算，这种融资特性决定了这类银行很难为中小企业提供有效的金融支持，但能帮助大型企业有效节约信息成本、减少利息支出，即大型银行的融资特性与大型企业的企业特性相互匹配（林毅夫、李永军，2011；张一琳等，2019）。而中小型银行能够显著降低企业投资对现金流的敏感性，有效缓解中小企业融资约束（姚耀军、董钢锋，2014）。因此，多元的市场经济体系需要多元的金融机构体系。为了解决中小企业融资难、融资贵以及三农金融问题，需要政府向市场进行金融分权、发展一定数量的中小型银行等金融机构，同时，中央政府向地方政府进行金融分权、发展一定数量的地方性金融机构。

（二）多层次资本市场与金融分权

为了进一步深化金融体制改革、增强金融服务实体经济的能力，需要提高直接融资比重，促进多层次资本市场健康发展。一是政府向市场的金融分权需进一步深化和规范。围绕经济社会未来发展需求以及具有创新技术和竞争能力的企业融资需求，发展直接融资特别是股权融资。例如，完善中小企业股份转让系统、建设场外交易市场、开展股权众筹融资试点等，积极推进去杠杆、降成本等供给侧结构性改革；通过创业企业境内上市、创业公司创新债券、建立战略新兴板市场等手段，落实创新驱动战略和振兴实体经济的发展要求。二是中央政府向地方政府的金融分权须进一步规范和强化。发展多层次资本市场，不仅要发展全国层面的货币市场、资本市场、期货和金融衍生品市场，还要因地制宜地规范发展区域性股权市场、地方性产权交易市场、地方性债权交易市场（何德旭、苗文龙，2018b）。三是在建设多层次资本市场、进行金融分权的过程中，首先筛选有利于形成核心技术和领先技术的品牌性企业。这在一定程度上意味着部分中小企业"融资难、融资贵"问题将一直存在。四是地方政府必须加强地方金融市场的制度建设和基础设施建设，完善市场运行机制，提高市场联动性和效率。

（三）高效率金融监管与金融分权

进行金融适度分权、推动经济高质量发展所需要完成的每一项重大改革，都离不开金融监管能力的提升和金融监管资源的增加。例如，形成融资功能完备、基础制度扎实、市场监管有效、投资者合法权益得到有效保护的多层次资本市场体系，促进金融机构降低经营成本、清理规范中间业务环节、避免变相抬高实体经济融资成本。而现实中，由于财政预算约束、金融机构数量增加、金融市场类型及规模扩大等，国家的金融监管供给相对于金融监管需要存在短板与不足。因此，一方面需要政府向市场进行金融分权，金融机构集中精力按照市场规则进行自主经营，政府集中监管资源做好金融制度和市场规则、公共设施和基础服务、依法行政和依法监管等主要事情；另一方面需要中央政府向地方政府进行金融分权，在有效指导和监测地方依法监管的基础上分解中央金融监管部门的压力，加强地方政府的责任意识和风险意识。在金融监管方面进行适度的分权，不仅可以解决国家层面的监管资源短缺问题，还可以建设与金融体系相匹配的监管体系、提高监管效率。

第四节 本章小结

狭义的金融分权是中央政府与地方政府在金融资源控制权和监管权上的划分制度。广义的金融分权还包括政府与市场之间就金融资源配置权和控制权进行划定与分配的一系列显性和隐性的制度安排。世界上不存在绝对的金融集权，也不存在绝对的金融分权，这一概念只是描述相关制度安排的现象。

金融分权在具体内容上表现为：中央与地方的金融分权包括金融监管权和金融稳定权；政府与市场的金融分权包括金融资源配置权和金融公司治理权。有的金融分权可用直接的量化指标进行测算；有的金融分权难以用直接的量化指标进行测算，需要进一步研究和探索。

地方政府任期偏好下的金融分权与经济发展之间也存在密切关系，这由社会主义市场经济发展需要和金融功能发挥共同决定，在满足一定条件下，金融分权从市场经济发展、金融功能发挥、金融体系完善等方面对经济发展会体现出积极作用。

第五章

地方政府金融分权与金融风险

地方政府无论在经济较热或较冷时都有投资扩张的偏好,并通过争夺具有一定公共性质的金融资源来实现投资的增长。金融显性集权和货币发行集权只有在经济较冷、中央实施积极的财政政策和扩张的货币政策时,才使地方政府的投资扩张更容易实现。为了比较自由地进行投资、获取更多的金融资源,地方政府从直接行政干预银行信贷转变为成立地方性商业银行,使金融体现出分权特征。地方政府偏好下的金融分权有可能带来金融风险。在中国经济总量高速增长时期,大面积存在交易摩擦成本和低质重复项目投资成本转化为金融系统的损失,从而呈现金融分权程度提高时金融风险加剧、金融分权程度降低时金融风险减弱的规律。

第一节 经验事实

第三章对中国金融分权(中央与地方)的阶段性特征进行了概述,这一节首先考察不同阶段的金融分权与金融风险之间的关系。金融风险内涵广泛,从微观层面讲,它包括商业银行的信用风险、操作风险等,包括证券市场的单个股票的投资风险;从宏观层面讲,它包括2008年全球金融危机后提出的系统性金融风险和证券市场上对所有股票都有冲击影响传统的系统性风险。由于中国仍然是银行主导型金融体系,因此这一章仍以商业银行相关数据为主,观察金融分权与金融风险之间的关系。由于金融分权属于规则制度层面的范畴,其影响必然具有全局性和广泛性,因此在分析的过程中,侧重于系统性金融风险。

一　金融分权凸显阶段与金融风险表现

在金融分权地位凸显的第一阶段（1978~1997年），四大国有银行依次从中央银行分立并大力发展分支行，地方政府通过对国有银行分支行高级管理层的人事任命权，直接拥有金融配置权，控制银行信贷，在推动经济增长的同时，制造了大量的金融风险和不良贷款。GDP情况详见图5-1。

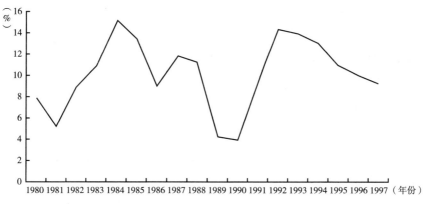

图5-1　1980~1997年GDP增长率变化

资料来源：Wind数据库。

这一时期，金融分权化改革提高了银行机构贷款的自主性和灵活性，推动了经济增长。其间，GDP增长率在4%~15%波动。但在这一过程中，各地直接或间接控制银行信贷，进行金融竞争，制造了大量的金融风险和不良贷款。2001年末，国有独资商业银行不良贷款余额比年初减少907.03亿元，不良贷款占全部贷款比例为25.37%，比年初下降3.81个百分点。[①]周小川（2004）统计推测，国有商业银行的不良贷款中，约有30%的不良贷款是各级政府（包括中央和地方政府干预）所导致；约10%的不良贷款是国内法律环境不到位、法制观念薄弱以及一些地区执法力度较弱所导致；约有10%的不良贷款是政府通过关停并转部分企业进行产业结构调整所导致；约20%的不良贷款是国有银行自身信贷经营不善所造成。"从中可以看出，除了30%的直接行政干预性不良贷款外，还有50%是准政府的国有企业、司法部门和国家经济决策（产业结构调整）部

---

① 数据来源：中国金融学会编《中国金融年鉴（2002）》，中国金融年鉴编辑部，2002，第10页。

门造成的。因此，直接和间接的行政干预造成了80%的国有商业银行不良贷款。"（杨洁，2010）

二 金融集权强化阶段与金融风险控制

金融集权强化阶段为1998~2011年。以1998年中国人民银行成立九大区行、四大国有银行实行垂直化管理为标志，中国金融制度这一时期体现为金融集权强化的改革特征。在这一时期，金融制度的集权倾向表现在：地方政府不再对国有银行分支行高级管理层具有人事任命权，金融直接配置权和金融直接控制权难以为继，只能间接通过行政会议、地方影响力竞争金融资源。

同期，由于东南亚金融危机冲击和国内国有企业经营问题，通货紧缩、经济徘徊和市场需求不足并存，发展经济、扩大就业成为主要矛盾。中央银行从1997年开始连续5年想方设法扩大货币供应量。

同时，基于降低不良资产率的监管要求，商业银行从2002年纷纷采用了扩大新增贷款规模的"对策"来稀释不良贷款率，使2003年货币供应量增幅达32%。地方政府大力发展房地产行业，大量贷款进入房地产项目，房地产价格快速上升。因此，这一时期GDP增长率开始出现回落，从2007年的14.22%回落到10%以下；不良贷款率从18%回落到2%以下。详见图5-2。

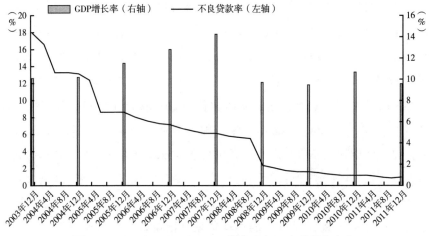

图5-2　2003~2011年GDP增长率与不良贷款率变化

注：1998~2002年不良贷款率无连续的官方统计数据，因此从2003年中国银行业监督管理委员会成立，连续公布官方统计的不良贷款率开始。

资料来源：Wind数据库。

三 金融分权加强阶段与金融风险变化

在金融分权加强的第三阶段，以地方政府批设地方金融控股集团、地方金融资产管理公司、地方融资平台等为标志，地方政府通过多种渠道积极争取金融资源，各种不规范金融竞争行为导致金融风险多样化、复杂化。这一阶段，金融风险主要体现在四个方面。①地方债务（特别是隐性债务）过高，导致地方政府违约风险上升，对持有地方政府债券、地方融资平台贷款的银行部门形成风险传染压力，进而形成地方债务风险与金融部门风险的螺旋转化。②非金融企业金融资产配置比例明显上升，对生产资本投资、技术研发投资等实体产业投资形成挤出效应，从经济基本面降低金融资本的利润，加剧资产泡沫破裂风险，进而通过资本市场资产价格风险及传染效应，导致共同持有企业股权、债权的银行部门资产缩水，发生风险传染效应和共同持有资产损失效应，加剧系统性金融风险。③金融市场的重大风险事件冲击。如2013年的"钱荒"、2016年的"股灾"等。④互联网金融、金融科技等金融模式迅速膨胀引发的金融操作风险、违约风险。从具体运行模式角度分析，包括支付机构风险①、网络贷款风

---

① 支付机构风险主要包括如下内容。第一，信息系统中断和崩溃风险。移动通信网及互联网是互联网支付（网络支付）的重要信息传输工具，而且支付机构系统通过互联网连接客户、特约商户、银行卡组织系统，系统中断风险加剧。第二，急速拓展商户市场、违规扩张风险业务。第三，支付机构前期为了拓展商户，对商户资质把握、商户信息管理不规范，甚至为商户制造假资质、假行业信息，造成客户、产品以及业务操作风险上升，导致商户与持卡人合谋非法套现行为频繁发生，洗钱风险剧增；后期这些商户可能成为支付机构开发的小额贷款、小额担保的对象，造成支付机构的信用风险、担保风险急剧增加。第四，洗钱风险。第五，货币冲击风险。互联网支付机构建立平台和账户，用户之间完全用互联网支付账户进行资金结转时，与用户支付账户金额相对应的在第三方托管的银行货币存款，在互联网支付体系中扮演了"基础货币"的角色，支付机构替代商业银行发挥了货币创造的功能，"基础货币"由现有中央银行决定；如果互联网支付发行平台货币，平台货币与法定货币直接兑换，并在平台内行使支付、信贷、投资等功能时，互联网支付机构在这一体系中同时扮演了中央银行角色（苗文龙，2015）。

险①、股权众筹融资风险②等。其中，地方隐性债务过高、企业高杠杆率、非金融企业"脱实向虚"等风险，通过地方债务风险向金融部门风险的螺旋转化（熊琛、金昊，2018）、非金融企业金融投资对股价崩盘的风

---

① P2P网络借贷的主要风险如下。第一，由借款人引起的风险。P2P网络借贷平台的贷款对象主要集中于无抵押担保的个人或机构，因为其账面可见的偿债能力一般较弱，这类个体不被传统金融服务接受。对于纯信用无担保的标准型模式，当借款个体出现违约情形时，该损失就会由投资人承担。第二，由投资人引发的风险。投资人是P2P网络借贷模式中资金的供给方，一般情况下，投资人将其闲散资金出借给借款人获得利息收益。由于P2P网络借贷获得投资人资格的门槛低、手续简便，洗钱分子充当投资人角色，可以方便利用自己的P2P网络借贷平台的账户和借款人达成借贷合同；网络借贷平台仅在网站首页声明借款者资金使用需保证与借款申报所登记的用途相一致，但实际上网站根本无法对每笔贷款的使用情况进行回访核实或实地查看，只要客户能够按时还款即可，这导致对资金使用情况的监管形同虚设，极易引发洗钱风险。虽然平台上的每笔借款金额有最高额限制，但对投资人总体投资额度没有相应的限制，投资人的资金来源和社会关系不明确。第三，平台风险。信息和资金在P2P网络借贷平台进行交汇，因而导致网贷平台成为风险的高发地带，其风险主要体现在网络技术风险方面。P2P网贷平台普遍忽视网站的维护和升级，轻视网络安全技术风险。考虑到P2P网贷流程中借贷双方的身份、账户、资金等信息都会被网络详细记录下来，当平台服务器被黑客或病毒攻击，个人数据非常容易泄露，有可能给借贷双方经济利益造成巨大伤害。第四，第三方机构风险。国内的P2P网贷平台为了挖掘更多的投资人，通常采取担保的方式增强自身信用，从而有了第三方个人、担保公司或保险公司参与到网贷过程中，但多数担保机构本身就和网贷平台有高度的关联性，从而有可能引发关联风险（苗文龙、严复雷，2018）。

② 股权众筹融资主要存在法律及政策风险、项目管理者风险、定价与退出风险、出资者风险、其他风险等。第一，法律及政策风险。股权众筹融资平台项目一般都未经有关部门依法批准，项目管理者往往以债权或股权等方式进行筹资，筹集资金对象是不确定的社会公众，并且承诺给出资者支付红利，具有向非特定社会公众（超过200人）非法发行股票的法律风险。第二，项目管理者风险。一是隐瞒项目重要信息的风险。项目管理者为了降低商业机密泄密风险、提高项目成功融资概率，在披露中对项目的风险信息有所保留，甚至故意弱化或隐瞒关键性风险，强化预期收益。二是项目失败风险。据国际比较典型的众筹融资平台项目有关数据统计，项目存在较大的失败风险。平台发布的项目中只有20%左右会被出资者选择，前期有出资者选择的项目只有60%左右能达到预定的筹资目标，筹集够资金的项目又有一部分实施失败。三是欺诈风险。第三，定价与退出风险。一是定价难题，主要体现在项目定价方法的有效合理性和行业泡沫两个方面。二是退出难题，投资人在投资某一项目后，面临股权转让渠道受限的问题。第四，出资者风险。一是在"领投-跟投"模式下，跟投人基于天然的信息不对称和投资专业经验不足，主要通过绑定一致行动人，依靠专业领投完成尽职调查和信息核实，而自身对有关风险认识欠缺。二是在缺少政策提示和相关投资经验的情况下，广大出资者投资股权众筹的资金规模超过自身财务承受能力的一定限度，当项目失败时，引发出资者财务困境，或者为了追偿本金采取非法律过激措施，影响社会稳定。第五，其他风险。如平台方运行系统中断或崩溃的技术风险、平台方运作过程中的担保或违约风险、平台方与项目管理者的合谋欺诈风险、平台倒闭风险等（苗文龙、严复雷，2018）。

险冲击（彭俞超等，2018）、影子银行及高杠杆率企业与商业银行风险传染网络等途径，加剧了金融系统性风险。互联网金融等风险虽然在短期内迅速爆发，是政府-市场金融过度分权的一个表现，但对国内主流金融体系不会造成系统性影响，不会导致银行部门金融功能的中断。因此，本书后续篇章主要分析金融分权改革下的前三类金融风险。

地方性商业银行负债规模占银行负债总规模的比例（负债率）迅速提高（见图5-3 A），并在一定程度上导致了金融风险的提高。中央银行对其他金融部门债权[①]与金融风险提高、金融分权深化表现出同向变动关系。这主要体现在地方债务膨胀、地方性商业银行不良贷款率上升等方面。[②]从图5-3 B、图5-3 C、图5-3 D分别可以看出，地方性商业银行负债率提高与地方政府债券发行比例上升、地方性商业银行不良贷款率恶化之间存在显著的相同趋势。其中关键的一环是，国家对经济增长过程中经济风险提供的最终救助，这使地方国有企业、商业银行、地方政府具有软预算约束行为特征，进而通过金融体系放大了这种风险效应。因此，随着财政分权下地方政府金融资源竞争形式变化和国家最终对金融风险的救助，金融风险整体上呈现周期性波动特征。

通过观察上述经济事实可以初步得出：从中央与地方的关系演化来看，1979~1992年的纵向权力调整，在很大程度上延续了行政性分权的做法；1992年之后随着中国发展市场经济目标的逐步确立，政府与企业之间的经济性分权获得推动（何德旭、姜永华，2008）。地方政府行为自主性的增强，使地方政府在财政压力、政绩需求、经济利益驱动下，在组织和管理地方经济的过程中发挥出空前的积极性和主动性，政府投资成为推动经济增长的重要动力，使经济逐渐产生政府投资依赖。在地方政府干预下，银行难以根据市场规则选择贷款项目，而且也愿意选择政府类项目。贷款的政策化、集中化加剧了期限错配等风险。同时，国内信贷市场具有显著的行政垄断特征，

---

① 中央银行对其他金融部门债权主要体现为中央银行对其他存款性公司和对其他金融性公司的再贴现和再贷款等，实质上为最后贷款人贷款。

② 在2017年的全国金融工作会议上，习近平总书记明确提出"要把主动防范化解系统性金融风险放在更加重要的位置"。防范和化解金融风险的具体内容就是"把国有企业降杠杆作为重中之重"，"严控地方政府债务增量，终身问责，倒查责任"，"严格规范金融市场交易行为，强化金融机构防范风险主体责任"。

而这促使银行与地方政府联合，在中央救助充分保障的情况下，无形中增加高风险投资项目（何德旭等，2013）。这些行为的合力形成地方财政风险的金融货币化解依赖、地方金融风险的中央财政化解依赖。

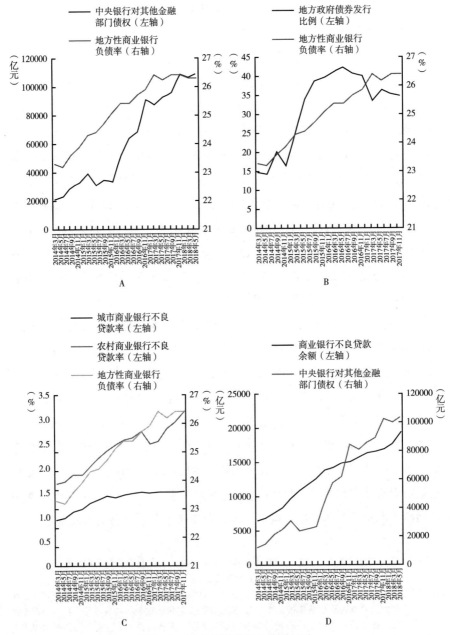

图5-3　地方金融分权与金融风险

第二节 理论分析

这一节通过建立简单的金融分权下商业银行的决策函数，分析金融分权与金融风险之间的逻辑关系。

一 基本模型

国内商业银行的主要收入表现为利息收入（见图5-4），即贷款规模L乘以贷款利率i。贷款利率在一定程度上取决于贷款规模，贷款规模越大，贷款利率越低，因此利率关于贷款规模的导数$i'_L < 0$。银行贷款规模一方面受项目风险变量r影响，$0 \leqslant r \leqslant 1$；另一方面受地方政府干预$g$的影响。[①]$L$与$r$的关系取决于救助政策下银行的风险态度，即风险偏好、风险厌恶或风险中性。

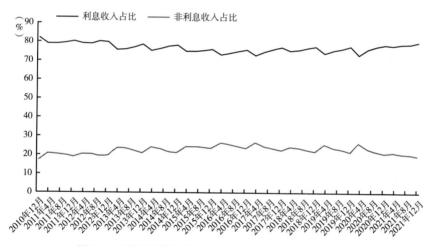

图5-4 商业银行利息收入占比和非利息收入占比变化

注：利息收入指商业银行利差收入；非利息收入指商业银行除利差收入之外的营业收入，主要是中间业务收入和咨询、投资等活动产生的收入。

资料来源：Wind数据库。

---

① 中国经济改革过程中，没有出现过绝对的金融集权。1979年至今，金融分权尽管经历了金融分权凸显、金融集权强化、金融分权加强三个阶段，但地方政府始终在影响商业银行的经营。同时，中央政府的金融监管部门虽然拥有对国内所有银行颁发金融特许证、对国有商业银行高管拥有人事任命权，但很少干预银行的日常经营；而地方政府对商业银行分支行贷款施加影响的实例则非常常见。因此，本章主要研究地方政府的干预行为。

银行风险最后体现为坏账损失。因此，风险对银行的影响可表示为政策救助冲销后的坏账对经营利润的抵消。救助率为 s （救助规模/坏账规模），考虑项目风险的银行收入刻画为 $i\left[L\left(r,\ g\right)\right] \times L\left(r,\ g\right) \times \left[1-r(1-s)\right]$。同时，本章主要考虑地方政府干预程度变量 g 对银行经营的影响关系，不论地方政府干预是否最优都是影响银行经营的重要变量，而且目前难以找到地方政府干预的最优边界，所以未将地方政府最优干预 g^* 引入银行经营函数。地方政府干预对银行经营的影响渠道主要表现为：地方政府直接控股金融机构、行政权力干预金融资源配置、通过地方政府融资平台获取金融资源、发行地方政府债券获取银行分支机构资金等。银行成本 C 和薪酬 W 都主要取决于信贷规模 L。此时，银行机构的经营目标表示为：

$$\max \pi = i\left[L\left(r,\ g\right)\right] \times L\left(r,\ g\right) \times \left[1-r(1-s)\right] - C\left[L\left(r,\ g\right)\right] - W\left[L\left(r,\ g\right)\right]$$

$$(5-1)$$

如果 $r = 0$，则银行贷款没有任何风险，银行最优决策只与地方政府干预程度 g 有关：当 g 达到最优时，银行贷款亦达到最优 L^*。改革开放的经验表明，地方政府干预具有扩张性、短期性、营利性等特征（苗文龙，2012），地方产出和政府个人效用随着地方干预递增而增加。如果 $r = 1$，表明银行贷款全部为坏账，银行收入完全取决于政府救助规模，成本和薪酬变动则取决于地方政府干预影响的贷款规模。在满足 $sL \geqslant C + W$ 的条件下，银行贷款变为另一种形式的政府支出，还要"养活"银行并弥补经营支出。现实中，两种情形都极少出现，本章着重研究 $0 < r < 1$ 的情况。

此外，银行经营还需满足以下条件：

$$i\left[L\left(r,\ g\right)\right] \times L\left(r,\ g\right) \times \left[1-r(1-s)\right] \geqslant W\left[L\left(r,\ g\right)\right] \qquad (5-2)$$

式（5-2）表明，银行贷款收入只要能满足薪酬支出就能经营，当然，会以前期固定成本损耗殆尽为终结期限。

二　政府层级之间的金融分权与商业银行贷款风险

为简化分析，这里研究政府层级之间金融分权时，暂不考虑政府与市场之间的金融分权。此时，商业银行主要考虑地方政府金融权力加强对自身经营利润的影响。求解模型（5-1）关于 g 的导数得出：

$$\frac{\partial \pi}{\partial g} = \left[i'_L L'_g L + i L'_g \right] \left[1 - r(1 - s) \right] - i L (1 - s) r'_g - C'_L L'_g - W'_L L'_g = 0$$

$$(5-3)$$

其中，i'_L 是贷款利率 i 关于贷款规模 L 的导数，L'_g 是贷款规模 L 关于地方政府干预程度 g 的导数，r'_g 是贷款风险 r 关于地方政府干预程度 g 的导数，W'_L 是银行薪酬 W 关于贷款规模 L 的导数，C'_L 是贷款成本 C 关于贷款规模 L 的导数。

根据式（5-3）求解得出：

$$r^* = \frac{i'_L L'_g L + i L'_g - i L(1 - s) r'_g - C'_L L'_g - W'_L L'_g}{\left(i'_L L'_g L + i L'_g \right)(1 - s)} \qquad (5-4)$$

为简化分析，可对式（5-4）进行形式转化。令 $\varepsilon_{i_L} = \frac{i'_L}{i} L$，表示贷款利率关于贷款规模的弹性，即在一定经济状况和金融市场下，银行贷款利率变动对贷款变动的反应程度。它主要衡量了贷款规模对利率的影响。显然，ε_{i_L} 主要由市场资金供求关系外在决定。

$\varepsilon_{L_r} = \frac{L'_r}{L} r$，表示贷款规模关于贷款风险的弹性，即在一定经济环境下，贷款规模变动对贷款项目风险状况变动的反应程度，主要衡量贷款风险对贷款规模的影响。显然，ε_{L_r} 主要由政治影响、救助政策和管理技术决定。

$\varepsilon_{r_g} = \frac{r'_g}{r} g$，表示贷款风险关于地方政府干预的弹性，即银行贷款风险对地方政府干预变动的反应程度，可以衡量地方政府干预对银行贷款风险的影响。

$m = \frac{i - C'_L - W'_L}{i}$，$i$ 表示单位贷款的价格；C'_L 为贷款成本关于贷款规模的导数，表示贷款成本变动占贷款规模变动的比例；W'_L 为银行薪酬关于贷款规模的导数，表示银行薪酬变动占贷款规模变动的比例；$C'_L + W'_L$ 表示银行贷款规模变动后所有与贷款相关的成本变动占贷款变动的比例，即贷款的总边际成本。

根据计算垄断势力程度的勒纳指数（垄断势力程度指标勒纳指数为：

$L = \dfrac{P - MC}{P}$，P 为商品价格，MC 为边际成本），$m = \dfrac{i - (C'_L + W'_L)}{i}$ 可表示贷款市场的垄断程度，反映银行对市场贷款规模和定价能力的影响程度。m 主要由长期经济制度决定。

$\varepsilon_{L_g} = \dfrac{L'_g}{L} g$，表示贷款规模关于地方政府干预的弹性，主要反映地方政府干预强度变动对银行贷款变动的影响。此时，式（5-4）转化为：

$$r^* = \frac{\varepsilon_{i_L} \varepsilon_{L_g} + m \varepsilon_{L_g}}{\left(\varepsilon_{i_L} \varepsilon_{L_g} + \varepsilon_{L_g} + \varepsilon_{r_g}\right) \times (1 - s)} = \frac{\varepsilon_{i_L} \varepsilon_{L_g} + m \varepsilon_{L_g}}{\left(\varepsilon_{i_L} \varepsilon_{L_g} + \varepsilon_{L_g} + 1\right) \varepsilon_{r_g} \times (1 - s)} \quad (5-5)$$

r^* 是商业银行根据地方政府干预水平决定的利润最大化时的风险值。$\varepsilon_{L_g} = \varepsilon_{L_r} \varepsilon_{r_g}$ 的经济含义为地方政府干预的贷款弹性等于地方政府干预的风险弹性与银行贷款的风险弹性的乘积。具体而言，就是地方政府干预波动必然传染到银行贷款波动上，进而引致银行金融风险的振幅加剧，表现为银行坏账率与银行贷款波动率的同幅波动。

（一）中央政府向地方政府深化金融分权时，地方政府干预加强与银行贷款风险

式（5-5）暗含着条件 $\varepsilon_{r_g} \neq 0$、$\varepsilon_{L_r} \neq 0$、$\varepsilon_{L_g} \neq 0$、$\varepsilon_{i_L} \neq 0$ 成立。$\varepsilon_{r_g} \neq 0$ 的经济含义为：地方政府干预变动必然对银行贷款风险产生一定的影响。对于 ε_{L_g}，具有两种可能。一是 $\varepsilon_{L_g} \neq 0$，这表明：地方政府干预变动会对银行信贷规模变动具有一定影响。改革开放的实践经验表明，在金融分权强化的 1978~1997 年，地方政府对国有银行地方分支机构高管具有人事任命权，可直接干预国有银行的贷款规模（李成，2005）。二是 $\varepsilon_{L_g} = 0$，这意味着地方政府干预变化对银行贷款规模没有影响，此时 $r^* = 0$，地方政府干预变化也不会对银行贷款风险产生作用。从实际情况看，$\varepsilon_{L_g} \neq 0$。$\varepsilon_{i_L} \neq 0$ 的经济含义为：银行贷款规模变动会对利率水平变动产生影响。显然，无论是何种经济模式，银行贷款供给变动都会引起贷款利率的变动，只不过在地方政府行政干预比较明显的经济中，利率调整时滞较长。$\varepsilon_{L_r} \neq 0$ 经济含义为：银行贷款规模的波动与其风险水平和坏账率变动具有一定的相关性。四个不等式同时成立则意味着，中央政府向地方政府深化金融分权时，地方政府干预加强必然会引起银行贷款规模的波动，而银行贷款规模的波动对银行风险水平具有显著影响。因此，政府间金融分权会引致银行贷款风险加剧。

（二）中央政府向地方政府深化金融分权后，地方政府的干预加强，银行贷款的反应程度和银行贷款风险均会提高

求解 r^* 关于 ε_{L_g} 的导数，得出 $r^{*'}{}_{\varepsilon_{L_g}} = \dfrac{\varepsilon_{r_g}\left(\varepsilon_{i_L} + m\right)}{\left(\varepsilon_{i_L}\varepsilon_{L_g} + \varepsilon_{L_g} + \varepsilon_{r_g}\right)^2 \times (1 - s)} > 0$。

其经济含义为：银行贷款规模对地方政府干预的反应十分灵敏，即使地方政府干预的细微调整，也会引起银行贷款规模波动率的显著变化。这意味着地方政府干预的加速增加，会使银行贷款规模以更高的加速度增加，并引起银行风险水平的剧烈恶化；反之，如果地方政府的干预加速减少，则会使银行贷款规模以更快的速度降低，并会带来银行风险水平的明显下降。原因在于，地方政府干预加强，为了自身的地方利益，以及地方政府投资项目的政策性和中央救助担保，银行分支机构会积极响应地方政府，引发贷款规模的迅速上升。由此可初步得出：中央政府向地方政府深化金融分权后，地方政府干预加强，银行贷款风险加剧。

三　政府-市场金融分权、金融竞争程度与银行贷款风险

政府-市场金融分权深化后，地方政府干预 g 减少，根据上述分析可知，银行贷款风险会降低。同时，政府-市场金融分权深化会加剧金融竞争，并通过利率机制对银行贷款风险水平产生影响。

为简化分析，本章着重研究政府-市场金融分权达到较为充分程度的情况。此时，地方政府只能遵守国家制定的银行审慎监管规则，而不能通过高管人事任命、行政会议等手段直接或间接干预银行贷款。在这种情况下，可以不用再考虑地方政府干预 g 的变动，而主要考虑金融竞争加剧对商业银行自身经营利润的影响。求解模型（5-1）关于 r 的导数得出：

$$\frac{\partial \pi}{\partial r} = \left[i'_L L'_r L + i L'_r\right]\left[1 - r(1 - s)\right] - iL(1 - s) - C'_L L'_r - W'_L L'_r = 0 \quad (5\text{-}6)$$

求解式（5-6），得出：

$$r^* = \frac{i'_L L'_r L + iL'_r - iL(1-s) - C'_L L'_r - W'_L L'_r}{\left(i'_L L'_r L + iL'_r\right)(1-s)} \tag{5-7}$$

同样，为简化分析可对式（5-7）进行形式转化。令：$\varepsilon_{i_L} = \frac{i'_L}{i}L$，

$\varepsilon_{L_r} = \frac{L'_r}{L}r$，$m = \frac{i - C'_L - W'_L}{i}$，$\varepsilon_{L_g} = \frac{L'_g}{L}g$，各变量经济含义同上。此时，

式（5-7）变化为：

$$r^* = \frac{\varepsilon_{i_L}\varepsilon_{L_r} + m\varepsilon_{L_r}}{\left(\varepsilon_{i_L}\varepsilon_{L_r} + \varepsilon_{L_r} + 1\right) \times (1-s)} \tag{5-8}$$

求解 r^* 关于 ε_{i_L} 的导数，得出 $r^{*'}_{\varepsilon_{i_L}} = \frac{\left(\varepsilon_{L_r} + 1 - m\varepsilon_{L_r}\right)\varepsilon_{L_r}}{\left(\varepsilon_{i_L}\varepsilon_{L_r} + \varepsilon_{L_r} + 1\right)^2 \times (1-s)} > 0$。其

经济含义为：政府向市场金融分权后，金融竞争加剧，银行贷款利率波动
对银行贷款规模变化比较敏感，银行贷款规模增加会引起银行贷款利率以
更高的速度降低。这一方面造成更多的高风险客户获得贷款、增加银行贷
款的信用风险；另一方面，利率收益的降低则增加了银行的经营风险。当
金融竞争超过一定限度，使贷款风险高于利率收益，就会引起贷款风险恶
化。美国次贷危机是这一情况的有力例证。

这里从四个层面进一步分析其原因。

第一，在一定范围内，利率 i 变化与贷款供给 Ls 呈正向关系，随着利
率增加，贷款供给增加；利率 i 变化与贷款需求 Ld 呈反向关系，随着利率
降低，贷款需求增加，且符合边际递减效应。当政府向市场进行较显著的
金融放权后，贷款供给迅速增加，从而引起贷款利率的下降和贷款需求的
增加，如图5-5中A所示。

第二，贷款利率包含了通货膨胀风险、信用风险等因素，随着贷款利
率的下降和贷款规模的扩大，单位贷款所包含的风险逐渐接近或高于贷款
利率水平，引发贷款总量风险的增加，而且符合边际递增规律。因此，在
利率下降接近最优利率值之前，随着利率下降，贷款风险会逐渐降低，但
在超过这一最优值后，随着利率的下降，贷款风险反而会上升。这意味
着，随着政府向市场进行金融分权，金融竞争增加，利率下降，贷款风险
降低；但当政府向市场过度金融分权时，金融竞争会超过最优限度，利率
下降超过最优值，贷款风险反而会上升，如图5-5中B所示。近年来，互

联网金融的过度发展引发了大量的金融风险[1]，就是一个较好的例证。

第三，随着利率下降，贷款需求增加的幅度降低，表现出贷款利率弹性增加，如图5-5中C所示。

第四，综合以上三个方面的分析可知，贷款利率弹性增加与贷款风险呈正向关系，即 $r^{*'}_{\varepsilon_{iL}} = \dfrac{(\varepsilon_{Lr} + 1 - m\varepsilon_{Lr})\varepsilon_{Lr}}{(\varepsilon_{iL}\varepsilon_{Lr} + \varepsilon_{Lr} + 1)^2 \times (1 - s)} > 0$，如图5-5中D所示。这意味着，随着政府向市场的金融分权，当金融分权未达到最优分权、金融竞争未达到充分竞争时，金融分权有利于强化金融竞争、提高金融效率、降低贷款利率、降低金融风险；而当金融分权过度、金融竞争超过一定程度时，银行贷款利率弹性急剧上升，银行信贷规模的任何风吹草动都会引发利率的显著变化；而且贷款利率弹性也反映了利率中的风险状况的变动速度：贷款利率弹性急剧上升必然推动银行贷款风险水平迅速提高。由此得出：政府-市场金融分权深化，地方政府干预减少，一方面，有利于提高利率弹性和资金效率，有利于降低银行贷款风险；但另一方面，如果这一分权超过一定限度，则会导致金融过度竞争，进而会引发剧烈的贷款风险。

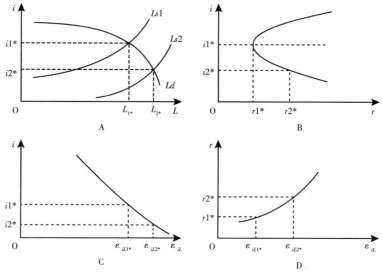

图5-5 贷款利率弹性变化与贷款风险变化关系

---

① 根据网贷之家网站的数据，截至2018年6月30日，正常经营的P2P平台数量为1836家，转型和停业的平台数量为2226家，提现困难、经侦介入、跑路的平台数量为2121家。后两者的数量远大于正常经营的平台数量。

四　经济解释

中央向地方的金融分权深化加剧金融风险的实质性原因究竟是什么呢？解决这一问题对经济发展质量至关重要。下面基于第二章的理论分析，从直接原因方面进行分析。

财政收入分权下，地方政府为了税收、产值等本地利益，当金融分权深化时，金融竞争加剧，过度保护本地企业，并将风险转嫁给国家。同时，地方政府通过金融竞争倒逼中央政府向地方政府进行金融分权。地方金融竞争和政府间金融分权交互作用，周期性引发系统性金融风险。

（一）财政收入分权、金融分权与金融风险

理论和实证研究结论一般认为，财政分权对地方金融风险存在显著的作用。这一作用表现在三个递进的层面。

一是地方财政收入分权清晰与支出边界模糊的矛盾。虽然中央与地方之间的财政收入分权划分明确，但二者财政支出分工界限比较模糊，地方政府职责范畴不清晰，支出结构和支出项目主次不明确，地方政府为了自身利益最大化而不断扩张营利性支出（苗文龙，2012b）。

二是地方政府对财政金融资源的控制力和对地方经济利益最大化的追求，导致财政分权必然通过市场资金联系影响金融分权。在两级或多级政府主体下，以企业行政隶属关系形成财政收入组织方式、控制方式的行政性分权和以分税制为基础的经济性分权（贾康，2013）。由于财政资金有限，地方政府为了解决投资需求而进行金融资源争夺，从行政干预国有银行地方分支行信贷审批，到积极扩张城市商业银行、地方金融控股集团、地方金融资产管理公司等地方性金融机构，再到扩张地方政府融资平台、发行地方隐性债务等，形式上虽有所不同，但本质上一脉相承。

三是由于地方政府与中央政府的经济政策目标存在一定的差异，财政金融行为取向及最优选择也存在明显的差别。地方政府的最优选择是将地方财政风险、地方投资风险转至全国金融体系。中央政府出于稳定发展大局的目的，对系统性金融风险进行救助，反而助长地方政府的转嫁预期和风险行为。因此，政府间的金融显性集权隐性分权、财政收入清晰分权和财政支出边界模糊的组合，导致金融收益与风险责任的不对等和金融风险

的周期性（何德旭、苗文龙，2016）。

（二）地方政府债务、金融竞争与金融风险

地方政府隐性债务扩张是金融竞争的方法之一，当其规模过大时，不仅影响地方政府的清偿能力，还会恶化地方政府债务的金融风险状况。这表现在三个方面。

一是地方政府债务通过金融部门资产负债表效应影响金融风险。地方政府融资模式从过去的"土地财政+平台贷款"向"土地财政+隐性负债"转变，通过明股实债的PPP项目融资、政府引导基金和专项建设基金等方式规避对地方融资平台融资功能的限制，导致地方政府债务风险攀升且高度不透明（徐忠，2018）。由于地方政府债务以各种形式存在于金融部门的资产负债表中，地方债务违约风险上升将直接造成金融部门资产和收益的损失（吴盼文等，2013）。

二是金融部门作为地方政府债券的持有者，在意识到地方政府违约风险上升时，为了减少潜在的违约损失而采取大面积减持的做法，从而影响地方政府债券价值。金融风险上升所引致的一般均衡效应导致金融部门的实际净资产损失；金融部门风险的上升和金融部门资产负债表的衰退进一步向实体经济传导，导致了投资和产出的下降，进而影响地方财政收入（熊琛、金昊，2018）。地方政府不得不通过发行更多新的债券弥补财政赤字，使得地方政府负债上升。

三是地方政府隐性债务可能为影子银行提供了需求的土壤，加剧了系统性金融风险。有学者研究认为，2009~2015年，中国影子银行规模的迅速增加是由收缩性货币政策导致的（Kaiji et al.，2018），但这只是外在政策约束，其根本原因在于，地方政府的迫切融资需求使金融资源通过信托计划、理财产品、银行承兑票据等渠道流向地方融资平台。一个显著例子就是，地方政府债券发行规模更多的省份，其影子银行规模也更大；随着地方融资平台的扩张，影子银行规模急剧上升（Chen et al.，2017）。而影子银行的膨胀，不仅削弱了中央货币政策的经济调控效果，还可能使资金从质量较高的实体制造和创新研发领域流向质量较低的重复性地方建设领域，无形中加剧了金融风险。

（三）地方大型企业、行政保护与金融风险

地方政府为了自身税收利益，对本地企业进行了过度的行政保护，在一定程度上削弱了市场机制、加剧了金融风险。其主要表现在三个方面。

一是市场出清机制失效，僵尸企业挤占金融资源，导致金融风险加剧。由于地方政府在产品质量、媒体报道、融资扶持等方面的过度保护，以及联合大型企业倒逼货币政策宽松化，产品质量较低、负债率较高、经营业绩亏损的僵尸企业获得了较多的金融支持，在很大程度上造成了产能持续过剩、市场难以出清、经济活力降低（何帆、朱鹤，2016）。

二是企业杠杆率高居，加剧信用风险。尽管有学者认为，我国政府债务占GDP的比例并不高，企业部门债务占GDP的比例较高的原因在于地方政府通过各种融资平台借款，形成了较多的企业部门债务，导致企业部门债务高估（周小川，2017）。但问题在于，除了地方国有企业杠杆率较高（见图5-6），地方政府还面临较大的债务偿还压力，利用财政部的置换债券和中央银行抵押再贷款延缓地方政府偿债是比较好的例证。

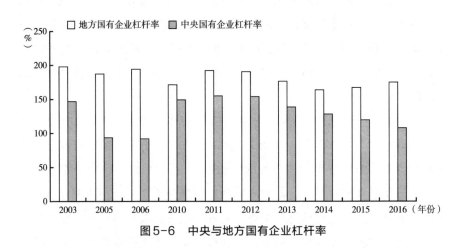

图5-6　中央与地方国有企业杠杆率

三是地方大型非金融企业"脱实向虚"，从根源上降低经济发展质量。较多的大型企业获得充足的资金后并未用于生产投资和技术研发，而是配置了较高比例的金融资产，不仅制约了实体经济的发展、减少了经济体系的利润来源，还增加了金融体系运行的成本和系统性金融风险（彭俞超

等，2018b）、降低了经济发展质量（Bai et al.，2016；Cong and Jacopo，2016）。在地方政府过度追求本地利益的情况下，地方国有企业和融资平台一味扩张资产规模，没有及时补充资本金，过度透支政府信用和转嫁金融风险（徐忠，2018），严重损害中央银行微观独立性（陆磊，2005）、中央银行宏观独立性（苗文龙，2007）和金融体系经营的自主性。

第三节　实证分析

一　金融分权商业银行贷款风险之间的数量关系

（一）金融分权、大股东性质与商业银行分类

根据金融分权演变，在考察的2007~2016年，地方政府金融分权主要体现之一为城市商业银行和农村商业银行的发展。因此，这里从商业银行类型角度研究地方政府金融分权与贷款风险。

商业银行分为大型商业银行（传统上称为国有商业银行）、股份制商业银行、城市商业银行、农村商业银行、外资银行五类。[①] 大型商业银行的第一股东（大股东）可归属于中央政府，城市商业银行和农村商业银行的大股东可归属于地方政府，股份制商业银行的大股东可归属于企业。同时，股份制商业银行不同于大型商业银行的是，后者的"一把手"是由中央政府任命的，而前者的"一把手"大多由董事会选举产生（不排除中央或地方政府可能有一定的间接影响）；股份制商业银行与城市商业银行、农村商业银行的区别是，前者业务范围布局在全国，地方政府的影响相对于该银行的全国资产规模而言较低；而后两者的业务范围布局一般限于省域内或县域内，地方政府的影响相对较大。因此，相比较而言，股份制商业银行受政府的影响较小，可将其作为政府向市场金融分权的实例进行参考；城市商业银行和农村商业银行受地方政府的影响较大，可将其作为中

---

① 根据银监会2011年《商业银行主要监管指标情况表》的指标解释，大型商业银行即工商银行、农业银行、中国银行、建设银行、交通银行。这些商业银行在2003~2009年被称为国有商业银行。股份制商业银行包括中信银行、光大银行、华夏银行、广发银行、平安银行、招商银行、浦发银行、兴业银行、民生银行、恒丰银行、浙商银行、渤海银行。

央政府向地方政府金融分权的实例进行参考。

综上，这里将结合金融分权类型，从以下两个层面设计商业银行分类，以对第三部分的分析进行实证：一是将政府层级之间金融分权界定为中央政府与地方政府的金融分权，此时对应的商业银行分为地方政府为大股东的商业银行与中央政府为大股东的商业银行；二是政府-市场金融分权，将中央和地方视为统一的政府部门。此时对应的商业银行分为政府为大股东的商业银行与企业为大股东的商业银行。其中，中央政府为大股东的国有商业银行主要包括工行、农行、中行、建行、交行、邮政储蓄银行[1]6家；地方政府为大股东的商业银行主要包括城市商业银行和农村商业银行（具体样本由城市商业银行和农村商业银行披露的股权结构信息决定）；企业为大股东的商业银行主要包括招商银行、浦发银行、中信银行、光大银行、华夏银行、民生银行、广发银行、兴业银行、平安银行、恒丰银行、渤海银行等。根据万德数据库的数据，选择在2007~2016年具有连续3年及以上不良贷款率数据的银行[2]，包括中央政府为大股东的商业银行6家、地方政府为大股东的商业银行90家、企业为大股东的商业银行11家。大型商业银行和股份制商业银行的第一大股东及其持股比例数据见表5-1、表5-2。

表5-1　大型商业银行第一大股东及其持股比例

单位：%

名称	第一大股东	占A股比例
工商银行	中央汇金，财政部	45.89，45.74
农业银行	中央汇金	37.15（不限售），2.88（限售）
中国银行	中央汇金	89.42
建设银行	中央汇金	57.11

[1]　根据中国邮政储蓄银行官网介绍，"中国邮政储蓄银行是中国领先的大型零售商业银行……致力于成为最受信赖、最具价值的一流大型零售商业银行"。已全面开展个人业务、公司业务、投资理财等业务。资料来源：http://www.psbc.com/cn/PsbcDemeanour/AboutPSBC/1939.html。

[2]　由于在2007~2016年，各银行不良贷款率数据的时间长度不统一，因此本章选择具有连续3年及以上不良贷款率数据的银行样本。

续表

名称	第一大股东	占A股比例
交通银行	财政部	38.59（A股），13.01（H股）
邮政储蓄银行	邮政集团（财政部为管理部门）	68.92

注：数据时点为2018年7月12日。

资料来源：上市银行数据均来自市场公开披露的财务报告。

表5-2　股份制商业银行第一大股东及其持股比例

单位：%

名称	第一大股东	占A股流通股比例
招商银行	招商局轮船有限公司	15.95
浦发银行	上海国际集团有限公司	19.53
中信银行	中国中信集团有限公司	65.37
中国光大银行	中国光大集团股份公司	29.05
华夏银行	首钢集团有限公司	20.28
中国民生银行	安邦人寿保险股份有限公司	8.02
广发银行	中国人寿保险股份有限公司	48.69（占总资本比例）
兴业银行	福建省财政厅	18.22
平安银行	中国平安保险（集团）股份有限公司	49.56
恒丰银行	烟台蓝天投资控股有限公司	20.61（占总资本比例）
渤海银行	天津泰达投资控股有限公司	25.00（占注册资本比例）

注：数据时点为2018年7月12日。

资料来源：未上市的广发银行、恒丰银行、渤海银行资料来源于其官方网站披露的2017年财务报告；其他上市银行资料来源于其市场公开披露的财务报告。

（二）政府层级之间金融分权对银行贷款风险的作用

1.政府层级之间金融分权的深化扩大了地方政府对金融资源的影响力，地方政府的行为在一定程度上加剧银行贷款风险

地方政府作为地方性商业银行大股东，对商业银行风险具有显著的正向解释作用。结果详见表5-3。中央政府向地方政府的金融分权深化后，地方政府通过成为城市商业银行和农村商业银行的大股东，拥有对后者高

管的人事任命权，进而在地方银行的公司治理和重大项目贷款等事项上具有实质性的干预权力，从而影响地方银行的贷款风险（Micco and Panizza，2006；钱先航等，2011）。地方政府比中央政府对其相应层面的商业银行日常经营的干预更多，乃至过度，从而引发银行贷款风险。

表5-3　非平衡面板数据下大股东性质与不良贷款率 I

	混合效应 PLS	随机效应 PLS	混合效应 PLS	随机效应 PLS	混合效应 PLS	随机效应 PLS
	blr_t	blr_t	blr_t	blr_t	cr_t	cr_t
常数		0.5704** (2.0844)		1.5681** (2.5045)		7.5191*** (10.0674)
blr_{t-1}	0.8312*** (38.3789)	0.8187*** (6.2693)	0.8320*** (38.6737)	0.8209*** (38.6043)	0.4443*** (18.3473)	0.3665*** (15.7757)
fg_t	0.3722*** (6.3928)	0.0982** (2.0305)	0.5740*** (6.8635)	0.0249** (2.0842)	2.7687*** (13.5909)	0.3118 (0.9558)
$y(-1)$			−0.0441*** (−3.3399)	−0.0816*** (−5.7694)	0.1172*** (4.3259)	
r	−0.2087*** (−4.2253)	−0.2062** (−2.2954)	−0.1559*** (−3.0269)	−0.1249** (−1.9981)	0.4429*** (4.7437)	0.2102** (2.4207)
R^2	0.6672	0.6565① 0.6679②	0.6721	0.6705① 0.6757②	0.1677	0.2426① 0.2426②
调整的 R^2	0.6663	0.6557	0.6708	0.6687	0.1641	0.2392
DW检验	1.0856	1.2675 1.0773	1.1103	1.3719 1.1329	1.6649	1.6194 1.6194
截面随机效应		0.1502		0.1662		0.0000
个体随机效应		0.8498		0.8338		1.0000

注：括号内为 t 值，***、**分别表示在1%、5%的水平下显著。①表示加权统计（Weighted Statistics）下对应的检验值；②表示非加权统计（Unweighted Statistics）下对应的检验值。被解释变量为资本充足率 cr_t 时，自回归解释变量为 cr_{t-1}。观察值为

744个。为了描述金融分权程度，这里设计了序数定性变量——金融分权 fg。当考察政府层级之间金融分权对银行贷款风险的影响时，中央政府为大股东的商业银行对应的金融分权 fg 取值为1，地方政府为大股东的商业银行对应的金融分权 fg 取值为2。当考察政府与市场之间金融分权对银行贷款风险的影响时，政府为大股东的商业银行对应的金融分权 fg 取值为1，企业为大股东的商业银行对应的金融分权 fg 取值为3。参考银保监会的披露信息，这里选用银行不良贷款率表示银行贷款风险，即不良贷款余额/各项贷款余额×100%。此外，本章引入资本充足率，作为银行风险的补充描述：在同样的不良贷款率下，资本充足率越高，银行风险越小。资本充足率=资本净额/〔信用风险加权资产+市场风险加权资产+操作风险加权资产+资本底线调整（仅适用内部评级法的银行）〕×100%。blr_t 代表单个商业银行的不良贷款率，blr_{t-l} 表示滞后 l 期的 blr_t，fg_{t-j} 表示 t 期及 $t-j$ 期的政府层级之间金融分权程度值，x_{t-z} 表示 t 期及 $t-z$ 期的控制变量，β_{1l}、β_{2j}、β_{3z} 分别代表各对应解释变量的解释系数，ε_t 为扰动项。控制变量主要有经济增长率 y 和利率 i。经济增长率 y 用来表示商业银行经营环境的变化，在具体取值时，分为两种情形。一是跨省（区、市）经营的商业银行（包括国有商业银行、全国股份制商业银行和部分城商行），经济增长率变量 y 取值为相应时期全国的名义GDP增长率。二是非跨省（区、市）经营的商业银行（包括大多数城商行和所有的农商行），经济增长率变量 y 取值为相应时期商业银行所在省份的名义GDP增长率。利率 i 用来表示货币政策环境的变化，具体指标为1年期存款利率。

资料来源：除定性变量——大股东性质，是根据商业银行第一股东的单位属性赋值外，其他变量取值来自万德数据库的行业统计数据、各省份经济数据、宏观经济数据以及银保监会官网披露的统计数据（年度数据），观察时段为2007~2016年。

2. 经济环境和货币政策环境是影响商业银行贷款风险的显著因素

首先，将全国GDP增长率和各省份产出增长率作为控制变量引入计量模型，分析经济环境对不同性质商业银行的解释作用。分析结果显示，经济增长率滞后1期对商业银行不良贷款率的解释系数为负，并且至少在5%的水平下显著。其经济含义为：全国GDP增长率和省份产出增长率提高后，分别会抑制或降低全国股份制商业银行和城商行、农商行的不良贷款率。其次，将1年期存款利率作为控制变量引入计量模型，分析货币政策对不同性质商业银行的解释作用。分析结果显示，利率政策对所有商业银行的贷款风险都有显著的影响作用，并且解释系数为负。这意味着，中央银行实施提高1年期存款利率的紧缩型货币政策后，银根收紧，货币供给量降低，各类商业银行有更大利差空间选择预期收益较高、风险较低的优质贷款项目，有利于降低贷款风险。最后，这里将资本充足率作为商业银行贷款风险的缓冲指标，检验商业银行大股东性质对商业银行资本充足率的影响。结果表明，商业银行大股东性质变量对资本充足率的解释系数为正，并且在1%的水平下显著。其经济含义为：中央政府向地方政府的金融分权深化后，地方政府对城商行和农商行的影响力增加，后者面对贷款风险的增加，只能想方设法提高资本充足率。

（三）政府与市场之间的金融分权对银行贷款风险的解释

1.政府-市场金融分权的深化扩大了商业银行的自主经营性，在一定程度上加剧了银行的冒险冲动

政府向市场的金融分权深化后，商业银行的经营自主权提升，金融竞争程度提高，无形中增加了银行的冒险冲动（详见表5-4）。两个方面的经验事实可对此提供进一步论证。一是股份制商业银行不良贷款率由四类银行中的较低水平上升为较高水平。四类商业银行不良贷款率数据显示，2017年3月至2018年9月，股份制商业银行不良贷款率超过了国有商业银行和城市商业银行的不良贷款率，仅低于农村商业银行（见图5-7）。二是股份制商业银行因违规竞争被处罚的事件屡见不鲜。银保监会披露的银行业行政处罚公开数据（初步统计）显示，截至2018年5月31日，股份制商业银行及其分支机构被行政处罚达600余次，其中至少70%的违规案例涉及贷款业务。

表5-4　非平衡面板数据下大股东性质与不良贷款率Ⅱ

	混合效应 PLS Ⅰ	随机效应 PLS Ⅱ	混合效应 PLS Ⅲ	随机效应 PLS Ⅳ
	blr_t	blr_t	cr_t	cr_t
常数		0.9051*** (3.3716)		8.6320*** (23.6877)
blr_{t-1}	1.0833*** (49.6329)	1.0455*** (47.9229)	0.7860*** (48.7727)	0.3764*** (17.9769)
fm_t	0.5396*** (6.0798)	0.3977*** (2.8750)	0.4606*** (3.2933)	−0.5904*** (−5.2867)
y	−0.0406*** (−2.9842)	−0.1112*** (−6.4859)		
r	−0.2104*** (−3.4683)	−0.1326* (−1.7850)	0.9913*** (10.2549)	0.1831** (2.3284)

续表

	混合效应 PLS Ⅰ	随机效应 PLS Ⅱ	混合效应 PLS Ⅲ	随机效应 PLS Ⅳ
	blr_t	blr_t	cr_t	cr_t
R^2	0.7328	0.7347 0.7353	−0.1480	0.2948 0.2948
调整的 R^2	0.7319	0.7335	−0.1509	
DW 检验	1.0154	1.2644[1] 1.0268[2]	1.8472	1.6357[1] 1.6357[2]
截面随机效应		0.1686		0.0000
个体随机效应		0.8314		1.0000

注：括号内为 t 值，***、**、*分别表示在1%、5%、10%的水平下显著。①表示加权统计（Weighted Statistics）下对应的检验值；②表示非加权统计（Unweighted Statistics）下对应的检验值。被解释变量为资本充足率 cr_t 时，自回归解释变量为 cr_{t-1}。解释变量为 cr_t 的混合效应 PLS Ⅲ 栏估计缺少常数项，因此估计结果的 R 和调整的 R 出现负值。其他说明同表5-3。

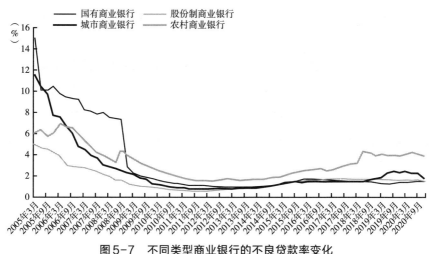

图5-7　不同类型商业银行的不良贷款率变化

资料来源：Wind 数据库。

这一实证结论表面上看不同于已有的文献，但结合起来做进一步的分析就能发现，这里的结论与相关不同结论的研究文献共同完整地反映了这一问题的全貌。已有的相关文献多认为政府股权比例较高的银行业绩较差、效率较低、较不稳定。例如，La Porta 等（2002）的分析发现，1970 年的银行体系中政府股权高的国家在之后的发展中经济发展较为缓慢、生产力较低、金融体系更不稳定。Levine（2003）认为，政府股权占比较高时，政府同时成了银行的所有者和监管者，会产生严重的利益冲突，政府持有银行的股权会降低银行的效率。Berger 等（2005）对 20 世纪 90 年代阿根廷的数据进行的分析也发现，国有银行的业绩更差。这些实证结论的原因可能在于，这些文献的数据基于的是较高的政府股权比例、政府不当干预过度、银行竞争尚不充分；而且，这些文献也并没有进一步研究：是否政府影响力越低、金融竞争程度越高，金融效率就会越高，金融风险也会越小。因此，这一问题的全貌可能是，随着政府与市场金融分权的深化，初始阶段会提高银行经营效率、降低金融风险；但超过一定限度时，银行竞争过度，金融风险又会加剧——政府过度向市场金融分权，会导致金融风险的加剧和膨胀。

2.经济环境和货币政策环境对商业银行贷款风险的影响及作用与上文相同

全国 GDP 增长率和省份产出增长率提高后，分别会抑制或降低全国股份制商业银行和城商行、农商行的不良贷款率。不同于政府层级之间金融分权的检验结果，经济增长率变动对股份制商业银行当期的贷款风险就有显著的解释作用。这意味着，股份制商业银行及其贷款风险对经济环境变化更加敏感。

二　地方政府金融分权与金融周期——以美国为例

上文主要以中国为研究对象，这里分析市场经济发达国家——美国政府层级之间金融分权与金融风险和金融周期的关系。

（一）金融周期计算

马尔可夫区制转移模型能够实现时间序列的结构性突然变向机制间转换，通过捕捉时间序列数据生成过程中的离散变化，刻画周期变量在不同阶段下的波动特征以及各阶段之间的转换（Hamilton，1989；Ramchand and Susmel，1998；Nakajima et al.，2011）。因此，这里首先采用马尔可夫区制转移模型计算金融风险的周期性规律。

分析美国倒闭和救助商业银行数量的双区制马尔可夫转移概率周期（见图5-8）可以证明以下三个认识。

一是美国倒闭和救助商业银行数量周期经历了三个阶段（见图5-8 A），其中，在1981~1986年，倒闭和救助商业银行数量周期的波峰恰恰与美国放松金融管制实施金融分权的《存款机构放松监管和货币控制法案》和《加恩-圣杰曼存款机构法案》颁布时间相一致（与上文经验事实的分析结论一致）。

二是美国倒闭和救助的非联储成员的商业银行数量周期波动更为剧烈（见图5-8 B），大约经历了三次显著的波峰，分别为1929年美国经济大萧条、1982~1986年美国政府向市场的金融大分权和2009~2011年的金融危机，而2009~2011年金融危机的导火索正是2007年的次贷危机，后者与格林斯潘一味宽松的政策导向不无关系（巴特拉，2006）。

三是州政府特许准入的商业银行具有更高的经营不稳定性和风险性。州政府准入的非联储成员的倒闭和救助商业银行数量（见图5-8 C）与州政府准入的联储成员的倒闭和救助商业银行数量（见图5-8 D）的周期波动特征较为相似，包括波峰时间、波长等；所不同的是前者的振幅更大（意味着倒闭和救助的商业银行数量更多、金融风险更高）、更不稳定（多了经济大萧条时的倒闭高峰）。州特许准入的倒闭和救助商业银行数量周期与全美特许准入的倒闭和救助商业银行数量周期相比较，后者金融风险的波动周期明显弱于前者，并且在风险高峰时间振幅（倒闭和救助的数量）也明显低于前者。利用HP滤波法对美国倒闭和救助商业银行数量进行周期分析，可以得出相似的结果（见图5-9）。

综合这三个认识可进一步得出，美国政府层级之间的金融分权（州政府准入商业银行的权力和数量）和政府与市场之间的金融分权都在一定程度上助推了金融风险的加剧。

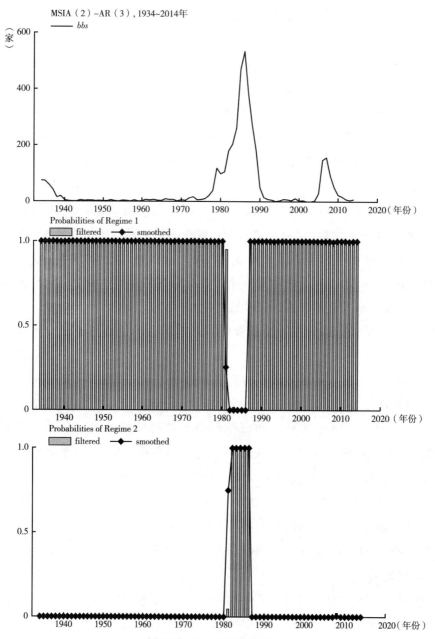

A.倒闭和救助的商业银行数量周期

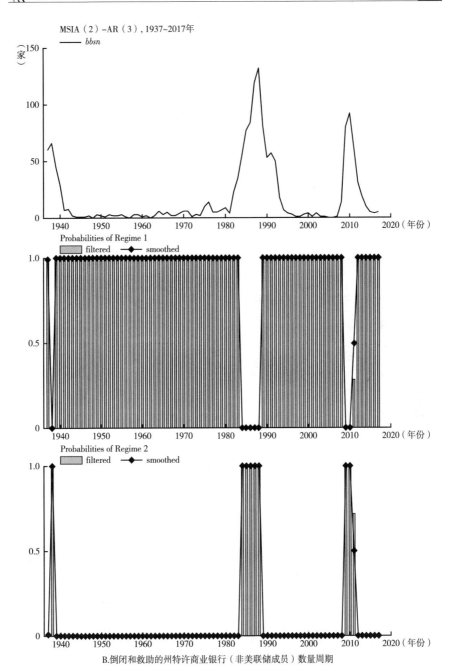

B.倒闭和救助的州特许商业银行（非美联储成员）数量周期

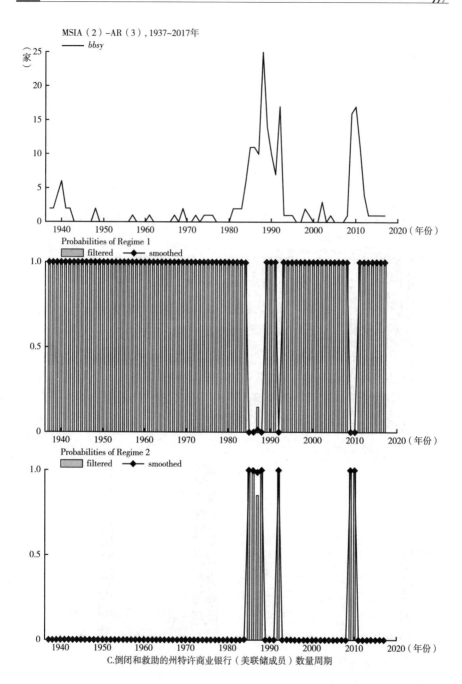

C.倒闭和救助的州特许商业银行（美联储成员）数量周期

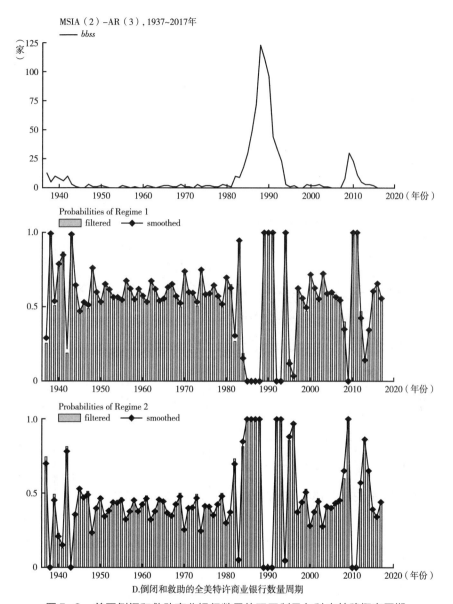

图5-8 美国倒闭和救助商业银行数量的双区制马尔科夫转移概率周期

注：MSIA（2）-AR（3）表示截距值随区制变化的2种状态的马尔可夫3阶自回归转移概率模型；bbs代表美国倒闭和救助的商业银行数量，bbss代表美国倒闭和救助的全美特许商业银行数量，bbsy代表美国倒闭和救助的州特许商业银行（美联储成员）数量，bbsn代表美国倒闭和救助的州特许商业银行（非美联储成员）数量；Probabilities of Regime 1表示1个区制的概率；Probabilities of Regime 2表示2个区制的概率；filtered表示过滤后变量；smoothed表示平滑后变量。

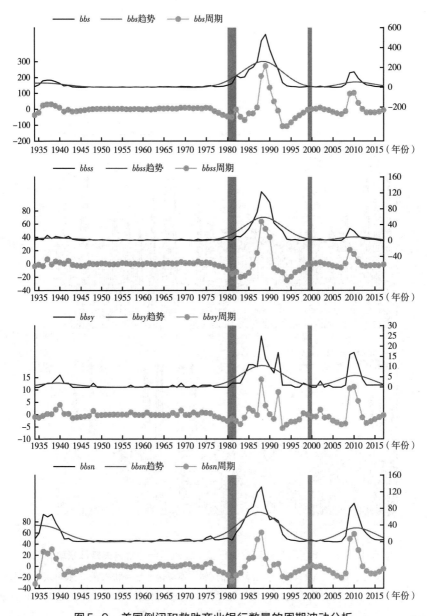

图 5-9　美国倒闭和救助商业银行数量的周期波动分析

注：*bbs*、*bbss*、*bbsy*、*bbsn* 含义同图 5-8；纵轴单位为家。HP 滤波（lambda=100）。

（二）州政府金融分权下的金融风险特征

美国允许州政府拥有商业银行特许准入权后，美国的州特许商业银行的经营状况和风险状况在很大程度上决定着美国金融风险变化，美国的州特许商业银行倒闭和救助数量变动能够反映美国金融风险周期。这可以从两个方面的经验数据进行佐证。

一是州政府特许准入的商业银行倒闭和救助数量占美国倒闭和救助商业银行的总数量的比重显著高于倒闭和救助的全美商业银行所占比重。观察图 5-10 可以发现：在金融运行平稳期，州政府特许准入的商业银行倒闭和救助数量占美国所有倒闭和救助的商业银行比例在 60% 波动；在金融风险爆发期或金融危机期，州政府特许准入的商业银行倒闭和救助的银行比例迅速上升到 80% 甚至 90% 以上，如 1934~1937 年、1982~1988 年、2008 年等。

二是非联储成员的州政府特许准入的商业银行倒闭和救助数量占州政府特许准入的商业银行倒闭和救助数量的比重显著高于倒闭和救助的联储成员的州政府特许准入的商业银行所占比重。同样，观察图 5-10 可以发现：州政府特许准入的倒闭和救助商业银行中，非联储成员的银行占相当大的比重。在金融平稳期，这一比例大约为 85%；在金融危机时期，这一比例上升到 95% 以上甚至 100%。

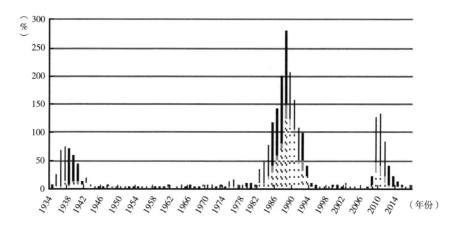

〵 全美特许商业银行　▓ 州政府特许商业银行（美联储成员）■ 州政府特许商业银行（非美联储成员）

图 5-10　1934~2014 年美国倒闭和救助的商业银行结构比例

这一经验数据在一定程度上证明，州政府（地方政府）特许准入的商业银行具有更高的金融风险。可进一步推出，美国的州政府获得商业银行准入权的金融分权变革加剧了金融风险程度，加剧了金融风险周期。这与中国近40年来的政府层级之间金融分权变革与金融风险的关系规律表现得非常一致。因此，可以进一步推出，政府层级之间的金融过度分权会加剧金融风险周期波动。

三 政策含义

第一，金融具有不可忽视的外部性，需要保障中央政府从国家总量上对金融进行控制，否则会引发金融风险资产的急剧膨胀。这体现在，从个体理性的角度分析，在一定的劳动付出或其他成本支出的情况下，个体追求货币数量最大化和金融资源最大化，这种理性行为致使整个社会货币金融的规模趋于无限制的扩张，货币无限制的扩张必然引发恶性通货膨胀，金融资产规模无限制地膨胀必然引发金融泡沫和金融危机，从群体角度分析却是非理性。因此，中央政府宜防止金融过度分权、控制金融资产规模的急剧膨胀。

第二，金融风险内生于金融体系，金融体系具有制造风险的天然属性。随着金融创新速度提升，金融机构不一定是简单的信息生产者，反而更可能成为复杂化信息、有意或无意隐藏信息、扩张金融风险的始作俑者（苗文龙、冯涛，2010）。从这一角度分析，政府不可过度将金融分权于市场，否则市场上的金融机构（或机构高管）会围绕自身利润最大化进行过度的风险投资和扩张，并将风险损失转嫁给国家。

第三，有效控制金融风险的关键是政府与金融市场之间的平衡。考虑制度因素的均衡中，政府是市场中不可或缺的角色，均衡应当是包括政府的市场外均衡，而不仅仅是市场内均衡（张杰，2017）。其原因之一在于政府是市场的前提，那么政府也是金融市场的前提；其原因之二在于政府与市场达到平衡的制度妥协，经济运行中才会较少受到金融危机的频繁侵扰。金融风险的有效解是"货币解"，"货币解"的正解是"信用解"，"信用解"的终极形式是"政府解"。有效控制金融风险的关键是政府与金融市场之间的妥协与平衡，而不是一味地分权给市场。

第四节　本章小结

根据中国金融分权程度，可分为金融分权凸显、金融集权强化、金融分权加强三个阶段，中央与地方之间的金融分权加强时，金融风险加剧。其内在逻辑为：中央政府向地方政府过度金融分权时，地方政府的干预加强，地方政府干预加强必然会引起银行贷款规模的波动，而银行贷款规模的波动对银行风险水平具有显著影响，政府间金融分权会引致银行贷款风险加剧；由于地方政府投资项目的政策性和中央救助担保，银行分支机构会积极响应地方政府，引发贷款规模的迅速上升，并引起银行风险水平的剧烈恶化；政府向市场金融分权后，金融竞争加剧，银行贷款利率波动对银行贷款规模变化比较敏感，银行贷款规模增加会引起银行贷款利率以更高的速度降低，一方面，造成更多的高风险客户获得贷款、增加银行贷款的信用风险；另一方面，利率收益的降低则增加了银行的经营风险。当金融竞争超过一定限度，使贷款风险高于利率收益，就会引起贷款风险恶化。

中央-地方金融分权深化加剧金融风险的直接原因：财政收入分权下，地方政府为了税收、产值等本地利益，当金融分权深化时，金融竞争加剧，过度保护本地企业，并将风险转嫁给国家；地方金融竞争和政府间金融分权交互作用，周期性引发系统性金融风险。中央向地方的金融分权深化加剧金融风险的深层次本质原因为：政府-市场金融分权深化时，政府向金融机构及金融市场让渡更多的资源配置权，与市场化改革是正向关系；中央政府与地方政府间金融分权深化时，地方政府拥有了更大的金融监管权、金融配置权和金融治理权，为了本地利益最大化，过度争夺金融资源、干预资源配置，反而约束甚至降低了市场对资源的配置作用，与市场化改革在一定程度上存在负向关系。

经验事实表明，中央政府向地方政府的金融分权深化后，地方政府通过成为城市商业银行和农村商业银行的大股东，拥有对后者高管的人事任命权，进而在地方银行的公司治理和重大项目贷款等事项上具有实质性的干预权力，从而影响地方银行的贷款风险。政府向市场的金融分权深化后，商业银行的经营自主权提升，金融竞争程度提高，无形中增加了银行的冒险冲动。随着政府与市场金融分权的深化，初始阶段会提高银行经营效率、降低金融风险；但超过一定限度时，银行竞争过度，金融风险又会加剧：政府过度向市场金融分权，会导致金融风险的加剧和膨胀。

美国经验数据在一定程度上证明，州政府（地方政府）特许准入的商业银行具有更高的金融风险。可进一步推出，美国的州政府获得商业银行准入权的金融分权变革加剧了金融风险程度，延长了金融风险周期。这与中国近40年来的政府层级之间金融分权变革与金融风险的关系规律表现得非常一致。因此，可以进一步推出，政府层级之间的金融过度分权会加剧金融风险周期波动。

金融具有不可忽视的外部性，需要保障中央政府从国家总量上对金融进行控制，否则会引发金融风险资产的急剧膨胀；金融风险内生于金融体系，金融体系具有制造风险的天然属性，从这一角度分析，政府不可过度将金融分权于市场，否则市场上的金融机构（或机构高管）会围绕自身利润最大化进行过度的风险投资和扩张，并将风险损失转嫁给国家；有效控制金融风险的关键是政府与金融市场之间的平衡。

第三篇 企业部门：政策依赖、政府-市场金融分权与金融风险

　　企业是中国经济发展的中坚力量。由于各种原因，企业往往有一定的政治需求，或者努力与（地方）政府建立联系，借此获得政策补贴、行政许可垄断、经营便利或政治晋升。只是在现实中，具有行政级别的大型企业的这种需求更容易满足，而中小型企业需要支付更高的成本。毋庸置疑的是，企业在一定程度上有了政策（或政治）依赖性。在政府层级之间金融分权和政府-市场金融分权下，这一特性必然影响企业的投资决策，而且对近年来的企业金融资产投资、研发投资行为等问题都具有一定的解释力。同时考虑到，1993~2007年，企业经营行为的缺陷主要表现为低质重复投资较多；2008~2018年，企业经营行为的主要特征是金融资产比例明显升高，同时伴有一定的低质重复投资，这一时期的企业不仅涵盖的问题更全面一些，与金融分权的关系更密切、影响更直接，而且根据国际经验，这一现象可能随着中国未来金融市场更加强大而持续存在。因此，本篇重点分析企业在政策依赖惯性行为下金融资产投资比例变化及其对金融风险的影响。

第六章

企业政策依赖

在地方政府任期偏好和金融分权下，地方上的企业不再是单纯的市场经济经营行为，具有强烈的意愿与地方政府建立政治关联，利用地方政策支持获得利益。这一行为进而对企业的主营业务造成重要影响。此时，企业看上去是"市场"，但市场背后站着的是地方政府，与地方政府"水乳交融"，形成"政经共同体"（周黎安，2018）。这一章主要概括分析企业政策依赖的经营特征。

第一节　企业政策依赖的经济分析

一　政策依赖的界定

虽然鲜有文献讨论企业的政策依赖，但从下文的讨论中可以看出，已经有一些研究涉及相关范畴。根据研究目的，本书对此进行探索性界定。

从狭义上讲，企业政策依赖是指企业的生产规模、销售收入、盈利能力、偿债能力等经营状况在一定程度上依赖政府补贴、税收优惠等政策支持，否则经营成本会较大幅度上升。此时，企业获得的政府补贴、税收优惠以及节约的潜在成本（如严格执法下的环境污染成本）在企业利润中占据一定比例，甚至成为企业生存必不可少的支撑。

从广义上讲，企业政策依赖是指企业通过建立政治关联、编造资格资料等方式获得政策补贴、税收优惠、要素供给、行政许可垄断等收益，并对自身主营业务和持续经营能力产生重要影响。此时，企业从要素投入到销售获利，几乎每一重要环节都有地方政府不可缺少的支持，甚至包括看似非常具有公益性的基础设施投资。[①]因此，企业政策依赖与经济转型期地方政府的任期偏好、资源控制权力、金融分权竞争等因素存在密切的联系。

二 政策依赖的表现

在经济转型期，由于地方政府对土地、资本等必要的生产要素具有绝对的影响甚至控制的权力，企业有意愿花费一定的精力与成本主动与地方政府建立关系。随着关系密切程度的加深，企业可以通过更便捷的途径获得较市场价格更为廉价的资本、土地等要素。不仅弥补了企业前期建立联系时投入的成本，甚至可以获得经营便利和个人政治晋升等利益，逐渐形成企业的政策依赖性特征。因此，无论是国有企业还是私营企业，无论是大型企业还是小型企业，均在不同程度上表现出政策依赖行为或倾向。本书粗略地概括出如下现实中的典型行为。

（一）搭建政治联系

企业政策依赖特征的基本表现是，企业有意愿且主动与地方政府搭建政治联系并试图获得后期政策便利和潜在收益。关于企业政治关联的定义尚未取得共识，主要体现在对其计量标准存在口径不一的问题。Agrawal和Knoeber（2001）发现，许多在政界和政府部门或私人法律部门有任职经验的企业外部董事，扮演了某种意义上的政治角色，向企业提供有关政府方面的建议，甚至可能直接影响政府部门。Li等（2005）界定，政治关联的首选变量是私营企业主是否为中国共产党员，备选变量是私营企业主是否曾经在政府部门任职或在国有企业担任管理者。Faccio

---

① 生产型政府一方面会加大自身部门的储蓄（投资）倾向；另一方面通过生产性公共品对企业部门形成补贴，从而进一步加大企业部门可支配收入以及企业部门的再投资倾向，最终导致低消费和高储蓄的经济结构。另外，政府通过加大基础设施投资，推进资本密集型行业，使得国民收入结构由居民向企业倾斜（姚洋、杨汝岱，2014）。

和 Parsley（2006）界定，政治关联为企业至少有一位大股东或至少有一位高管是国会成员、部长或与顶级政治家或执政党有密切联系。Fan 等（2007）界定，政治关联为企业 CEO 现在或者曾经在政府机关（中央政府或地方政府）或军队任职。雷光勇等（2009）界定政治关联的替代变量为，在政府或军队任职，或担任各级人大代表、政协委员为背景的董事长或总经理。因此，概括来讲，企业政治关联一般指企业与政府部门或拥有政治权力的个人之间形成的非正式、特殊的政企关系，表现为企业高层管理人员（董事长、CEO、董事）及大股东拥有在政府部门任职的经历，或者通过公益事业及人际关系网络建立的与政府的关系等。

经验研究证明，政治关联可以帮助企业获得有利的监管环境和纳税条件（Faccio，2004），以及优惠的银行贷款和特许经营权等资源（Khwaja and Mian，2005），进而有助于公司价值的提升（Roberts，1990；Johnson and Mitten，2003；曾萍、邓腾智，2012）。政治关联还可以帮助企业获得税收优惠、政策补贴、股票发行权等，以及通过股权性质与股权结构的安排影响公司治理机制的运行（雷光勇等，2009）。

政治关联通过股权结构影响公司治理进而影响公司价值，不仅影响企业内部治理机制，而且通过影响外部审计、信息披露等市场监督机制，降低信息对称性、弱化对内部人的监督、阻塞信号传递（Menon and Williams，1994；Baber et al.，1995）。私营企业主的政治关系对公司业绩与价值也会起到积极作用，政治关系对公司业绩与价值的影响主要源于外部制度环境的不健全（Li et al.，2005）。因此，在经济越不发达地区，劣势公司越有可能通过获取政府的各种补贴或优惠贷款来提高公司价值（赫尔曼、施克曼，2002）。

为数不少的企业，或在投资之初，或在经营过程中，高管人员具有政治晋升的意图，并影响企业的主营业务发展。一些地方政府任命的上市公司的董事长和总经理，更多地关注自身仕途，而其仕途与公司的发展不具有高度相关性，他们不愿将主要精力放在研究企业发展战略、改善经营管理、提高经济效益上，而是放在如何博取政府部门的好感上，为此不惜采取操纵会计利润、粉饰会计报表的违法手段（雷光勇等，

2009）。赵志君和金森俊树（2005）将政府因素纳入中国私营部门的发展模型分析认为，利润最大化并不是转轨时期中国私营企业的唯一目标，某些非经济因素也是设定私营企业目标函数的关键变量，如地方政府官员为了晋升可能会运用手中的权力迫使私营企业的产出高于市场均衡水平。私营企业的经营目的也不是单纯的利润最大化，常常期望地方政府"招安"、获得个人政治晋升，这在乡镇一级屡见不鲜。

（二）获得要素供给

对于生产性企业，关键的生产要素包括技术、管理、土地、资本、劳动。在转型期，尽管企业的招聘过程无形中存在子弟优先、裙带关系等问题，但劳动市场的竞争性相对而言较高一些。地方政府对技术创新难以掌控，对资本方面的影响在第一篇已经进行了比较详细的论述，这里不再赘述。因此，接下来主要讨论地方政府在土地、管理两个方面的控制。

1. 土地

土地是企业（特别是生产性企业）的核心生产要素，是地方政府掌握的稀缺资源。在土地市场上，由于地方政府对土地资源的配置具有行政垄断特权，土地市场的交易价格往往被各种行政特权制定的垄断价格替代（鲁利玲，2006）。企业政策依赖的重要体现之一便是因土地行政审批而产生的土地政策依赖。地方政府本地晋升官员更可能与本地企业合谋，进而出让更多的土地（较非本地晋升官员多出让10%的土地）（张莉等，2013）。

2. 管理

一些地方政府委任地方国企的高管人员，特别是地方融资平台的高管，地方政府的财政部门或其他有权部门成为企业运营的实际控制者，工商注册高管则扮演了"影子高管"的角色。这些企业必然对地方政府具有高度的依赖性。

（1）地方政府官员更替对地方国有企业的高管变更和投资具有不容忽视的影响。2006~2012年沪深两市的地方国有企业数据显示，地方政府市委书记更替导致市委直管国有企业高管发生非正常变更的可能性显著增加，这种影响仅显著存在于制造业和房地产业两类企业中；相比来自外地的官员继任，来自本地的官员继任更可能引发企业高管的变更；由地方官员更替引致的企业高管变更会显著降低制造业企业的经营绩效，但会显著提升房地产企业的经营绩效（潘越等，2015）。2009~2013年2394家地方国有上市公司数据显示，地方政府干预对企业战略、合规和资产安全目标的实现有显著的推动作用，但不利于企业经营业绩和财务报告质量的改善，地方政府干预整体上对地方国有企业内部控制有效性具有削弱作用（赵惠芳等，2015）。2005~2014年沪深两市的地方国有企业数据显示，地方国有企业投资决策容易受到地方官员更替与企业高管变更的影响，地方官员更替能够提高地方国有企业的投资及其高管变更的概率（孙自愿等，2018）。

（2）地方政府有时通过同乡关系影响地方国有企业决策，而地方国有企业亦会以此来寻求地方政府的要素支持便利。2004~2014年地方国有企业负责人（董事长和总经理）与地市关键岗位官员（市委书记、市长）的籍贯信息（进而判断两者之间的同乡关系）数据显示，（与市委书记或市长的）同乡关系对地方国有企业政策性负担承担具有正向影响；（与市委书记或市长的）同乡关系对国有企业政策性负担承担的正向影响在地方政府较少干预企业的地区会增强（李维安、孙林，2017）。

（3）地方政府还会通过企业并购等事件干预地方国有企业的管理经营。2001~2005年地方国有上市公司收购非上市公司的事件数据显示，地方政府干预对盈利样本公司的并购绩效有负面影响，而对亏损样本公司的并购绩效有正面影响。这说明，出于自身的政策性负担或政治晋升目的，地方政府会损害或支持当地国有上市公司（潘红波等，2008）。

（三）政策补贴

地方政府为企业提供补贴的目的主要是促进辖区经济发展及其背后可能相关的政治考核、政治晋升（唐清泉、罗党论，2007；Michelson，2007；步丹璐、黄杰，2013），并根据地方经济规划，对圈定的企业提供一定的补贴。企业对政策补贴趋之若鹜，积极向地方政府释放其能够配合地方政府实现其目的的信号，与地方政府结成同盟，甚至通过寻租的方式获得更多政府补贴（Shleifer and Vishney, 1994；Hellman et al., 2003），甚至可能形成双向寻租（Morck et al., 2005）。最大的问题是，企业获得政策补贴却未行政策补贴意愿之事，令政策补贴不仅与初衷大相径庭，而且引发了企业的政策依赖性和其他诸多经济问题。

企业会为争取政府补贴而采取迎合行为和操纵财务状况，而地方政府为了辖区经济增长及背后可能相关的晋升及自身利益，使具有自由裁量权的政策补贴成为服务于这些目的的工具。这些行为不仅影响政策补贴的真实作用，而且可能影响技术创新和进步。中国上市公司2008~2013年相关数据显示：盈利状况较差的企业倾向于通过负向盈余操纵的方式获得政府补贴，弱化了补贴的企业绩效和社会绩效；盈利状况较好的企业倾向于通过寻租的方式获得政府补贴，弱化了补贴的企业绩效，强化了补贴的社会绩效（赵璨等，2015）。中国2007~2014年上市企业与宏观经济数据显示：财政R&D补贴所引致的企业创新投入产出效应有着极强的异质性，政府强烈的补贴意愿有可能面临企业的"迎合"行为，并造成企业融资需求的挤出效应，最终不利于企业的创新研发活动（吴非等，2018）。

地方政府的同质性规划和政策补贴，助推了企业同质性发展和产能过剩问题。Qian和Roland（1998）研究发现，在地方政府的经济增长偏好推动下，国有企业往往进入具有比较优势发展战略的行业或采用具有比较优势发展战略的技术，使其实际资本密集度高于最优资本密集度。地方政府不当干预微观经济，通过投资补贴效应、风险外部效应和成本外部化扭曲企业投资行为，最终导致了产能过剩（江飞涛、曹建海，2009）。其中一个重要证据是，省级党代会召开的当年及之后两年，企业的过剩产能生成和银行贷款显著增加；而企业累积过剩产能越多，地方政府给予补贴越多；同时，地方政府为了自身政治晋升，对辖区企业的过度投资进行了机会主义的干预，弱化了企业出清过剩产能的内在动力，使过剩产能日渐积累（莫小东，2017）。另一个重要证据是，在信息不对称的市场环境下，地方补贴竞争导致的产能过剩率长期大于正常产能过剩率；企业所获补贴越多，行业爆发产能过剩的可能性越高；相比未补贴企业，补贴企业的产能过剩率高出 2%~12%（张亚斌等，2018）。进一步采用 PSM-DID 模型进行实证检验发现：相比补贴前，补贴后企业的产能过剩率将会上升 1%~3%。此外，地方政府普遍扶持共性化的战略性新兴产业。事实表明，地方政府具有显著的扶持弱者行为取向，成为企业政策依赖的重要因素；地方政府补贴行为具有较强的所有制类型偏好，地方的中央国有企业受到补贴的概率、补贴数量及补贴程度显著低于其他所有制（韩超，2014）。

地方政府的其他方面补贴也不同程度强化了干预性和企业的依赖性。例如，在对企业生产效率的影响上，研究表明：国有企业比民营企业有更大的概率获得财政补贴，垄断在一定程度上加剧了这种效应，并进一步阻碍了财政补贴对企业的效率促进；财政补贴对企业绩效的影响会根据产权性质的不同而产生差异，但对不同产权类型的企业都具有显著的负面影响（杨芷晴，2016）。再如，在对环境治理的影响上，Kohn（1991）、Brandt 和 Zhu（2000）指出，政府补贴可能造成要素市场和产品市场的扭曲，使其更容易过度消费和消耗，从而加剧环境污染；甚至减弱污染企业的治理意识（Fredriksson，1998），资源要素由于补贴的存在将流向生产水平较低的企业（Kelly，2008）。实证显示：地方政府补贴并没有显著提升企业环境治理效率；内资企业获得补贴所产生的效率改善的稳定效应要远低于外资企业；在缺乏相应监管的情况下，地方政府补贴很难产生显著的环境治理激励效果（刘相锋、王磊，2019）。

（四）税收减免

地方政府为激励辖区企业迅速发展，普遍采取不同形式的税收减免或税收优惠政策，但这一政策的效果还受到企业与地方政府关系密切程度的影响，并且对企业生产效率的作用令人质疑。1999~2004 年沪深两地上市的民营企业数据显示：公司高管在中央政府或地方政府的任职经历对企业获取税收优惠具有一定的影响，在企业税外负担较重的地区，高管具有政府背景的公司在所得税适用税率和实际所得税率上都要显著低于高管没有政府背景的公司；公司所在地的企业税外负担越重，高管政府背景获取的税收优惠也越多（吴文锋等，2009）。陈运森等（2018）进一步从隐性税收[①]视角研究关系型税收优惠对税收政策有效性的干扰，实证结果显示：具有地方政府政治关系的企业享受了垄断性税收优惠，削弱了税收的宏观调控功能。

地方政府自行灵活进行的税收减免不仅增强了企业的政策依赖性，而且干扰了中央政府宏观调控的效果。研究证明，在政府对企业干预较多的地区，税收征管强度与地方政府（越权审批或无正式批文的）税收优惠或返还力度正相关；税收征管强度较高的地区，企业资本配置效率越高，具体表现为企业投资价值相关性越强，但这一效应随着政府对企业干预的增多而显著减弱（孙刚，2017）。吴联生和李晨（2007）分析提出，地方政府自行制定并实施企业所得税"先征后返"的优惠政策，就是地方政府未能有效执行中央政府税收政策的具体事例。地方政府实施的"先征后返"所得税优惠政策的确干扰了中央政府税收政策宏观调控作用的发挥，中央政府取消该项优惠政策的决定在一定程度上得到了地方政府的执行，并有效地减弱了地方政府实施该项政策所带来的负面影响，恢复了中央政府税收政策的一致性和有效性。

三　政策依赖的测度

企业政策依赖既有容易直观量化的内容，亦有错综复杂难以直接量化的内容。这里从两个方面设计政策依赖的测算方法。

（一）量化指标

1.政府补贴利润比

$$政府补贴利润比 = \frac{政府补贴}{税后净利润}$$

这一指标用企业会计年度获得的政府补贴金额占企业会计年度净利润的比值表示。如果大于等于1，表明企业这一会计年度的净利润全部来自政府补贴。优点：该指标直观且易计算。缺点：反映内容过于狭小，

---

① 隐性税收是一个与显性税收相对的概念。在完全竞争市场中，资本竞相流入享受税收优惠产品的相关市场，导致该产品供给增加、销售价格降低。虽然该产品负担的税收减少，但其税前收益率也降低了，故享受税收优惠的投资以取得较低税前收益率的形式间接支付了税收，即为隐性税收。

不足以全面解释政策依赖。

2.补贴税收利润比

$$补贴税收利润比 = \frac{政府补贴 + 税收优惠}{税后净利润}$$

这一指标用企业会计年度获得的政府补贴与税收优惠的和占企业会计年度净利润的比值表示。如果大于等于1，表明企业这一会计年度的净利润全部来自政府补贴和税收优惠。优点：该指标直观且易计算，并将税收政策支持纳入考察范围。缺点：反映内容仍较少，不足以全面解释政策依赖。

3.土地优惠资产比

$$土地优惠资产比$$
$$= \frac{（土地市场价格 - 企业获得土地价格）× 企业获得土地面积}{企业获得土地时资产规模}$$

这一指标用企业初始投资生产时获得的土地价格优惠占企业资产的比值表示，描述了企业初始资产中来自地方政府政策支持的力度。优点：该指标直观且易计算，考虑了土地作为生产要素对企业经营的支持作用。缺点：需要和政府补贴利润比、补贴税收利润比联合使用。在具体应用时，可在考虑时间价值的前提下，将企业获得土地的差价优惠金额根据企业平均寿命折算到每一年度，得到年度土地优惠金额，此时得到考察内容更为全面的政策支持指标：

$$税补土地利润比 = \frac{税收优惠 + 政府补贴 + 年度土地优惠}{税后利润}$$

毋庸置疑，这一指标仍未能全面描述出政策支持力度和企业政策依赖性。例如，政府提供的优惠贷款、地方政府干预下的银行贷款等。

（二）需要进一步探索量化的指标

此外，还需要进一步探索企业政策依赖的量化指标。例如，也可以测算企业获得产业政策导向的政府补贴后，企业的产出是否提高。如果企业产出未提高，说明尽管企业获得政策补贴，但是未达到政策预期方向和效果；如果企业产出提升，还需要进一步观察企业经营的延续性。再如，编制企业政策依赖指数，利用大数据技术和文本挖掘及搜索引擎获得指数指标的词频，进行计算。下面可以用杠杆率、金融化等经营指标来证明企业获得政策后的行为。

第二节　政策依赖下的企业投资决策

这一节主要简单分析企业具有政策依赖时怎样进行投资决策。

一　基本函数

设某地区企业 i 的生产函数可描述为：

$$Y_{it} = \tau_{it}(k_{Rit}K_{it})^{\alpha_1} + (k_{hit}K_{it})^{\alpha_2} \qquad (6-1)$$

其中：Y_{it} 为产出；τ_{it} 表示包括技术创新效率在内的生产效率；企业总资产为 K_{it}，比例为 k_{Rit} 的资产用于实体经济的物质生产，比例为 k_{hit} 的资产用于房产开发，比例为 $(1 - k_{Rit} - k_{hit})$ 的资产用于投资配置金融资产；用于实体经济生产的资本要素的产出弹性 α_1 和用于房产开发的资本要素的产出弹性 α_2，满足条件 $0.5 < \alpha_1$、$\alpha_2 < 1$。

企业的收入可表示为：

$$\tau_{it}(k_{Rit}K_{it})^{\alpha_1} + (k_{hit}K_{it})^{\alpha_2} + (1 - k_{Rit} - k_{hit})K_{it}R_{sit} \qquad (6-2)$$

同时，"稳增长"确定性政策下地方政府对企业具有一定的补贴支持，地方政府对企业的补贴支持成为一种可预期的收入，而这种政策支持力度与企业资本规模具有一定的正向关系，设政策支持度为 ϕ_{it}。企业存在两类成本：一是债务融资的利息成本 $R_{rt}K_{it}$，利率 R_{rt} 由市场决定；二是生产效率及创新成本 $\nu\tau_{it}^2 K_{it}/2$。

已知房产在产出中所占比重为 $d_{hit} = (k_{hit}K_{it})^{\alpha_2}/Y_{it}$，价格为 P_{hit}；商品在产出中所占比重为 $1 - d_{hit}$，价格为 P_{Rit}；则综合加权平均价格为 $P_{it} = d_{hit}P_{hit} + (1 - d_{hit})P_{Rit}$，企业名义产出为 $P_{Rit}\tau_{it}(k_{Rit}K_{it})^{\alpha_1} + P_{hit}(k_{hit}K_{it})^{\alpha_2}$。

综合分析可得，企业目标函数可定义为：

$$\max_{\tau, K} \pi_{it} = \left\{ \begin{array}{l} P_{Rit}\tau_{it}(k_{Rit})^{\alpha_1} + P_{hit}(k_{hit}K_{it})^{\alpha_2} + \\ (1 - k_{Rit} - k_{hit})K_{it}R_{sit} \end{array} \right\}(1 + \phi_{it}) - R_{rt}K_{it} - \nu\tau_{it}^2 K_{it}/2 \qquad (6-3)$$

因此，企业最优创新效率满足：

$$P_{Rit}(k_{Rit}K_{it})^{\alpha_1}(1+\phi_{it})=\nu\tau_{it} \tag{6-4}$$

企业最优资产配置条件满足：

$$\alpha_1 P_{Rit}\tau_{it}k_{Rit}^{\alpha_1}(K_{it})^{\alpha_1-1}+\alpha_2 P_{hit}k_{hit}^{\alpha_2}(K_{it})^{\alpha_2-1}=\frac{R_{rt}+\nu\tau_{it}^2/2-(1-k_{Rit}-k_{hit})R_{sit}}{1+\phi_{it}}$$

$$\tag{6-5}$$

二　投资选择

（一）政策补贴与技术创新效率

根据最优创新效率和最优资产配置条件，构建技术创新效率τ_{it}关于政策支持度ϕ_{it}的一阶导数得到：$\dfrac{\partial\tau_{it}}{\partial\phi_{it}}=\dfrac{P_{Rit}k_{Rit}}{\nu}\left[\alpha_1 K_{it}^{\alpha_1-1}\dfrac{\partial K_{it}}{\partial\phi_{it}}(1+\phi_{it})+K_{it}^{\alpha_1}\right]$；进而求解总资本$K_{it}$关于政策支持度$\phi_{it}$的一阶导数有：

$$\frac{\partial K_{it}}{\partial\phi_{it}}=-\frac{R_{rt}+\nu\tau_{it}\partial\tau_{it}/\partial\phi_{it}}{\left[\alpha_1(\alpha_1-1)P_{Rit}\tau_{it}k_{Rit}^{\alpha_1}(K_{it})^{\alpha_1-2}+\alpha_2(\alpha_2-1)P_{hit}k_{hit}^{\alpha_2}(K_{it})^{\alpha_2-2}\right](1+\phi_{it})^2}$$

$$\tag{6-6}$$

综合得出：

$$\frac{\partial\tau_{it}}{\partial\phi_{it}}=\frac{P_{Rit}k_{Rit}^{\alpha_1}}{\nu}\left(\frac{A-\alpha_1 K_{it}^{\alpha_1-1}R_{rt}}{\frac{A}{K_{it}}+\frac{P_{Rit}k_{Rit}^{\alpha_1}}{\nu}\alpha_1 K_{it}^{\alpha_1-1}\nu\tau_{it}}\right) \tag{6-7}$$

其中，$A=\left[\alpha_1(\alpha_1-1)P_{Rit}\tau_{it}k_{Rit}^{\alpha_1}(K_{it})^{\alpha_1-1}+\alpha_2(\alpha_2-1)P_{hit}k_{hit}^{\alpha_2}(K_{it})^{\alpha_1+\alpha_2-2}\right](1+\phi_{it})$，显然$A<0$，则$\partial\tau_{it}/\partial\phi_{it}<0$。它的经济意义表明：企业获得政府补贴等政策支持后不一定提高技术创新效率，反而可能降低技术创新效率。同时，政府补贴等政策对企业技术创新效率的作用效果因受到房产价格和金融资产配置比例的影响而表现出非线性关系。

（二）房产价格与技术创新效率

根据最优创新效率和最优资本条件，构建创新效率τ_{it}关于房地产价格P_{hit}的一阶导数得到：$\dfrac{\partial\tau_{it}}{\partial P_{hit}}=\dfrac{1}{\nu}(1+\phi_{it})(k_{Rit}K_{it})^{\alpha_1-1}\left(\alpha_1 k_{Rit}P_{Rit}\dfrac{\partial K_{it}}{\partial P_{hit}}-k_{Rit}K_{it}\right)$；进而求解资本关于房产价格$P_{hit}$的一阶导数有：$\dfrac{\partial K_{it}}{\partial P_{hit}}=\dfrac{\tau_{it}K_{it}}{(\alpha_1-1)P_{Rit}\tau_{it}}$。综合得到：

$$\frac{\partial \tau_{it}}{\partial P_{hit}} = \frac{(1 + \phi_{it})(k_{Rit}K_{it})^{\alpha_1}}{\nu(\alpha_1 - 1)} \tag{6-8}$$

显然，$\alpha_1 - 1 < 0$，$(1 + \phi_{it}) > 0$，因此 $\partial \tau_{it}/\partial P_{hit} < 0$。其经济含义意味着房产价格的上涨对企业技术创新效率的提高是抑制作用，而且这种抑制作用因受到金融资产配置比例的影响而表现出非线性关系。

（三）金融资产配置比例与技术创新效率

已知金融资产配置比例为 $k_{fit} = 1 - k_{Rit} - k_{hit}$，构建技术创新效率 τ_{it} 关于 k_{fit} 的一阶导数得：$\nu\dfrac{\partial \tau_{it}}{\partial k_{hit}} = \alpha_1 P_{Rit}(1 + \phi_{it})k_{Rit}^{\alpha_1 - 1}K_{it}^{\alpha_1 - 1}\left(k_{Rit}\dfrac{\partial K_{it}}{\partial k_{hit}} - K_{it}\right)$，进而求解资本关于金融资产配置比例 k_{fit} 的一阶导数有：

$$\frac{\partial K_{it}}{\partial k_{fit}} = \frac{\alpha_1^2 P_{Rit}\tau_{it}k_{Rit}^{\alpha_1 - 1}K_{it}^{\alpha_1 - 1} + \alpha_2^2 P_{hit}k_{hit}^{\alpha_2 - 1}K_{it}^{\alpha_2 - 1}}{\alpha_1(\alpha_1 - 1)P_{Rit}\tau_{it}k_{Rit}^{\alpha_1}(K_{it})^{\alpha_1 - 2} + \alpha_2(\alpha_2 - 1)P_{hit}k_{hit}^{\alpha_2}(K_{it})^{\alpha_2 - 2}} \tag{6-9}$$

综合得到：

$$\frac{\partial \tau_{it}}{\partial k_{fit}} = \alpha_1 P_{Rit}(1 + \phi_{it})k_{Rit}^{\alpha_1 - 1}K_{it}^{\alpha_1 - 1}\left[\frac{P_{Rit}\tau_{it}k_{Rit}^{\alpha_1} + P_{hit}k_{hit}^{\alpha_2}}{\nu\alpha_1(\alpha_1 - 1)P_{Rit}\tau_{it}k_{Rit}^{\alpha_1} + \nu\alpha_2(\alpha_2 - 1)P_{hit}k_{hit}^{\alpha_2}}\right] \tag{6-10}$$

由式（6-10）可知，$\partial \tau_{it}/\partial k_{fit}$ 的方向取决于金融资产配置比例的大小。当金融资产配置比例比较低甚至到零时，对企业技术创新效率的影响是促进作用；当金融资产配置比例较大时，因为 $0.5 < \alpha_1$、$\alpha_2 < 1$，所以 $\alpha_1 - 1 < 0$、$\alpha_2 - 1 < 0$，则 $\partial \tau_{it}/\partial k_{fit} < 0$，企业技术创新是抑制作用。其经济含义为，企业对金融资产配置比例的调整，对技术创新效率会产生不同的影响效果，即企业金融资产配置比例对技术创新效率的影响关系是非线性的。

三　投资行为

（一）投资金融资产

这里从行业层面对中国非金融企业投资金融资产情况进行观察，计算企业金融资产占总资产的比重，可以看出：尽管不同行业上市公司的金融资产率走势并不相同（见图6-1），但多数行业的企业在增持金融资产。其中，在2008~2017年，行业金融资产率总体上呈现上升趋势的行业有：建筑业，农林牧渔业，租赁和商务服务业，公共管理和社会组织，科学研究、技术

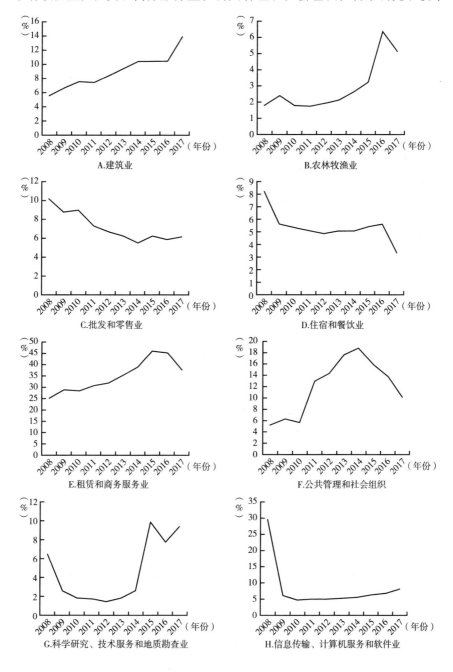

A.建筑业

B.农林牧渔业

C.批发和零售业

D.住宿和餐饮业

E.租赁和商务服务业

F.公共管理和社会组织

G.科学研究、技术服务和地质勘查业

H.信息传输、计算机服务和软件业

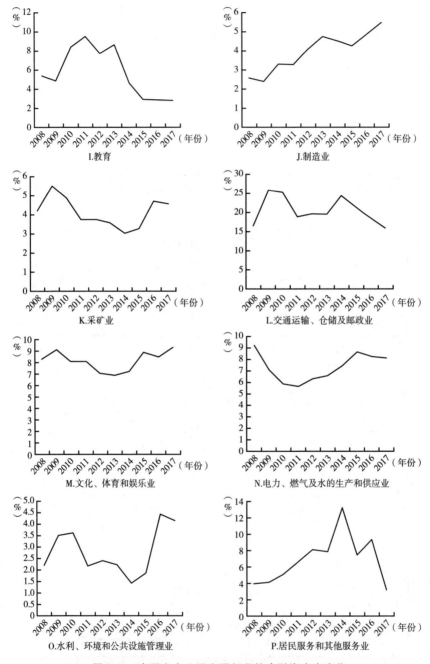

图6-1　中国上市公司主要行业的金融资产率变化

服务和地质勘查业，信息传输、计算机服务和软件业，制造业，电力、燃气及水的生产和供应业，居民服务和其他服务业。对经济发展质量具有决定性影响的是制造业，而恰恰制造业金融资产比例上升趋势最为稳定和持续。其中一个重要原因可能在于：制造业企业规模巨大、国有企业偏多、更容易从银行获得融资，在制造业较为萧条的环境下，将贷款资金转投于金融资产。

（二）投资房地产

当房地产作为理财投资工具时，便有了金融属性，此时房地产可视为金融资产的一部分。数据显示，截至2018年第二季度末，A股有1305家上市公司有投资性房地产，投资规模合计达5951亿元，占两市2947家公司的44%。其中，投资房地产超过100亿元的上市公司有12家，投资金额最高的是中国平安。[1]另有分析称，2018年上半年持有投资性房地产的A股上市公司数量及合计持有金额双双创历史新高，1680家上市公司（仅统计报告期前上市的企业），合计持有投资性房地产首破万亿元，达10477.12亿元。这是A股公司持有投资性房地产连续第9个季度环比增长。[2]

即便在新冠疫情取得初步防控效果、地方政府给中小企业（中小企业若无抵押资产则无法享受）提供贴息政策时，具有相关优惠政策的一线城市的中小企业，经过以下操作，顺利获得贴息贷款并用于购买投资房产：第一步，全款买房；第二步，通过过账抵押形式，用买来的房子抵押拿到七成贷款（无息或低息）。[3]这一优惠政策最终结果实质上是中小企业用三成资金换取了一套住房和七成无息或低息贷款（2%），不仅未将金融资源有效配置到小微企业，而且有意或无意地又在利用房产行业保障地方经济热度。

① 《A股1305家上市公司有投资性房地产 上市公司为何热衷买房？》，《北京青年报》2018年9月20日。
② 陈见南：《1680家上市公司持有投资性房地产过万亿》，《证券时报》2018年9月8日。
③ 《贴息经营贷入楼市？深圳监管急召各银行行长开会》，财新网，2020年4月20日，http://finance.caixin.com/2020-04-20/101544831.html。

第三节　本章小结

在地方政府任期偏好和金融分权下，企业不再是单纯的市场经济经营主体，而是具有强烈的意愿与地方政府建立政治关联，甚至通过编造资格资料等方式获得政策补贴、税收优惠、要素供给等收益，提升公司价值，获得高管的政治晋升，对企业主营业务和持续经营能力产生了重要影响。

地方政府通过委任地方国企的高管人员，成为企业运营的实际控制者，工商注册登记（营业执照上）的高管则扮演了"影子高管"的角色，企业经营决策也随着地方政府官员更替而变动。这些企业必然对地方政府具有高度的依赖性。

地方政府根据地方经济规划，对圈定的企业提供一定的补贴。企业对政策补贴趋之若鹜，操纵财务状况，甚至"以此为生"，最大的问题是企业获得政策补贴却未行政策补贴意愿之事，令政策补贴不仅与初衷大相径庭，而且培育了部分企业政策依赖性，助推了企业同质性发展和产能过剩问题。

地方政府为激励辖区企业迅速发展，普遍采取不同形式的税收减免或税收优惠政策，但这一政策的效果还受到企业与地方政府关系密切程度的影响，并且对企业生产效率的作用令人质疑。

在一定时期内，企业获得政府补贴和税收优惠及其他政策便利后，并非专注于主营业务的发展和技术创新，而可能将宽裕的资金更多地投资于房产和金融资产。

第七章

企业金融资产投资

在20世纪90年代金融市场建立、大面积企业并购重组时，中国的实体企业开始投资金融资产；在2008年全球金融危机后，随着地方政府融资平台的发展，中国非金融企业金融资产投资比例上升趋势明显（见图7-1）；在2019年之后，这一行为在不同程度上得到控制。基于三方面原因，本章有必要从这一视角进行分析。

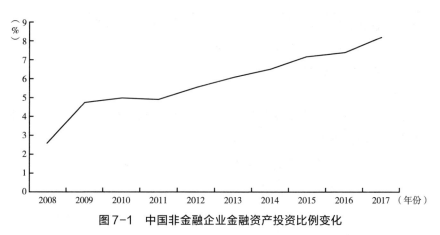

图7-1　中国非金融企业金融资产投资比例变化

资料来源：Wind数据库。

实体企业投资金融资产基于政府向市场金融分权这一条件，并且受政府层级之间金融分权的影响，这一行为将长期存在。分析实体企业金融资产投资行为是研究金融分权下企业部门经济行为的切入点，可以进而研究政府补贴等政策环境下实体企业的生产投资、创新投资等行为，这些因素从根源上影响着金融稳定状况。

随着中国金融市场发展，中国成为金融强国，实体企业不仅可以选择投资当前比例较高的股权、债权、基金等，而且可以更多地利用期货、期权、金融衍生品管理生产经营风险、提高经济效益，在长期内提高金融资产投资比例。根据市场经济较为发达的国家（以美国为例）非金融企业的金融资产投资比例数据变化（见图7-2），这一问题可能将在长期内存在，而且对金融风险具有重要影响。

图7-2　美国非金融企业金融资产投资比例变化

资料来源：Wind数据库。

企业金融资产投资涉及实体行业结构问题和企业结构问题。在企业投资金融资产比例上升过快的2014~2018年，不是所有的实体行业都存在这一问题，有的实体行业金融资产投资比例是在下降的；不是所有类型的企业都提高了金融资产投资比例，有的类型企业（如融资难、融资贵的企业）的金融资产投资比例是在下降的。因此，企业金融资产投资比例增长过快问题虽在全局上得到控制，但部分拥有抵押资产、更容易投资金融资产、更容易过多投资金融资产的实体行业和企业仍需要关注。尽管这一问题看似过去了，但未来仍可能在较大概率上发生。总结这一问题的规律，有利于在防控系统性金融风险的同时，推进实体企业经营效益的提升。

因此，本章分析国内实体企业金融资产投资的经济影响和金融风险冲击时以 2008~2017 年数据为主，但在讨论和预判这一行为的长期规律和经济金融影响时，考察时段进行了必要的延伸。本章基于企业政策依赖性特征，以政府-市场金融分权和政府层级之间金融分权下企业金融资产投资行为为分析切入点，具体研究讨论企业金融资产投资对创新投资、生产投资等方面的影响，进而从实体经济层面分析企业行为与金融风险的逻辑关系。

第一节　界定与测算

一　界定

金融"脱实向虚"的微观表现是企业金融化，即大量非金融企业不断脱离实体经济而涉足金融活动，从而使金融资产在企业资产配置中的比重、金融渠道获利占企业利润的比重表现出不断提高的趋势（张成思、张步昙，2016；彭俞超等，2018a）。其根本问题是，经济金融运行中大量资金滞留于金融层面运作，未能落到实体经济运营，由此引致金融面的"资产荒"与实体面的"资金荒"的矛盾现象（王国刚，2018）。中国的"脱实向虚"与国际上一些发达国家的特征相似，[①]企业配置更高比例的金融资产可以用于应对未来融资约束问题（Chang et al.，2014）、降低企业杠杆率问题（刘贯春等，2018），而且在受体制制约、经济结构中的短板产业未能得到有效提升和补足的情况下，企业可以利用金融机制缺陷主动进行投机性活动（Brown and Petersen，2011）。因此，非金融企业投资金融资产与企业金融化、金融"脱实向虚"为同一问题的不同说法，前者更直接地反映了问题的实质和要点。下文根据语境需要和不同，选择更为合适的说法，不再做具体区分。

[①] Bates 等（2009）研究发现，美国产业资本上市公司资金的配置更加倾向于公司债券、股权以及抵押贷款证券等风险性金融资产；Duchin 等（2017）研究 S & P500 指数中非金融类公司的资产结构，发现这些公司持有的风险金融资产约占他们总体金融资产投资组合价值的 40%、全部资产账面价值的 6%。

二 测算

根据企业金融资产投资的概念，容易给出其测算式：

$$企业金融资产投资比例（率）= \frac{企业投资或配置的金融资产}{企业总资产}$$

(7-1)

对于企业金融资产的口径，不同代表性文献存在一定的差异，衡量指标也有一定的差别。这里主要关注企业资产中配置的与其主体经营关联度较低的投资性金融资产，因此沿用刘珺等（2014）、闫海洲和陈百助（2018）、彭俞超等（2018b）的研究方法，企业金融资产包括企业资产负债表中除现金以外的交易性金融资产、买入返售金融资产、可供出售金融资产、发放贷款及垫款和持有至到期投资等，具体形式如债券、基金、回购、理财、信托、股票、权益、衍生品、投资性房地产等，将企业金融资产与企业总资产相比，得到衡量企业金融资产投资变量的数据，即企业金融资产率。

三 企业金融资产比例变化

近十年来，中国非金融企业的金融资产规模迅速增加（见表7-1），金融资产投资比例明显上升。这既有地方政府任期偏好、房地产价格攀升、金融监管趋严等因素综合作用下的特定阶段性，亦有伴随金融发展的趋势性。观察美国70多年来的非金融企业金融资产投资比例的变化情况，可以看出其明显走高的趋势，从20世纪60年代的20%多上升到21世纪的50%左右（见图7-2）。英国、日本的企业金融资产投资比例从1997年的30%多上升到2017年的40%左右，德国虽然没有显著上升，其企业金融资产投资比例也在30%上下波动（见图7-3）。当然，相比较几乎汇集了全球优秀企业的美国，中国金融市场上发行股票、债券的企业要偏弱一些，企业投资过多的本土企业股权或债券无形中加剧了资金脱离实体经济的"空转"概率和时长。但不可忽视的一个事实是，随着中国未来几十年金融市场的发展，企业金融资产投资比例可能还会提高。

表7-1　中国非金融企业金融资金运用和来源

单位：万亿元，%

	1995年				2007年				2018年			
	运用	占比	来源	占比	运用	占比	来源	占比	运用	占比	来源	占比
资金运用合计	2.8	100.0	—	—	34.0	100.0	—	—	129.5	100.0	—	—
资金来源合计	—	—	7.0	100.0	—	—	56.0	100.0	—	—	183.3	100.0
通货	0.1	2.5	—	—	0.3	0.9	—	—	0.7	0.5	—	—
存款	2.3	83.2	—	—	16.3	47.9	—	—	65.3	50.4	—	—
贷款	—	—	5.5	78.8	0.1	0.3	22.2	39.6	—	—	99.4	54.2
保险准备金	0.0	1.1	—	—	0.2	0.6	—	—	1.1	0.9	—	—
准备金	—	—	—	—	—	—	—	—	—	—	—	—
证券	—	—	0.1	1.1	13.8	40.6	27.1	48.4	21.2	16.4	54.5	29.7
债券	—	—	—	—	—	—	0.8	1.4	0.5	0.4	19.7	10.8
股票	—	—	0.1	1.1	13.8	40.6	26.3	47	20.7	16	34.8	19
特定目的载体	—	—	—	—	0.4	1.2	—	—	16.2	12.5	—	—
中央银行贷款	—	—	—	—	—	—	—	—	—	—	—	—
其他	—	—	—	—	1.1	3.2	—	—	7.9	6.1	7.6	4.2
直接投资	0.1	5.2	1.1	15.6	0.8	2.3	5.2	9.4	13	10.1	19	10.3
其他对外债权债务	0.2	8.0	0.3	4.5	1	3	1.4	2.6	4.1	3.2	2.9	1.6
国际储备资产	—	—	—	—	—	—	—	—	—	—	—	—

注：—表示无数据。

资料来源：易纲（2020b）。

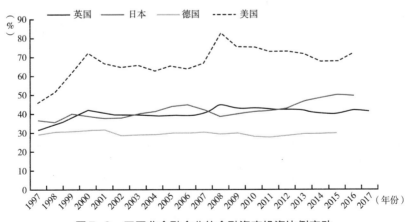

图7-3　四国非金融企业的金融资产投资比例变动

资料来源：Wind数据库。

第二节　模型分析

一　基本原理

为突出分析重点，这里简化如下：市场上有两类企业——企业 T 和企业 I，T 表示稳定型企业，I 包括宏观经济政策控制的不确定性较高的风险企业（苗文龙等，2018），后者如房地产企业、基建企业。风险企业有形资产规模较低，无形资产比重较高，甚至为地方特许资格，风险抵御能力较弱、破产概率较高；稳定型企业有形资产规模较大、无形资产比重较低、技术较为稳定、风险抵御能力较强、破产概率较低。

市场上的商业银行可分为两类——国有大型商业银行和其他商业银行[①]。在数量型货币政策环境下，两类银行在货币创造、货币政策传导中扮演的角色不同，国有大型商业银行对货币政策的执行更严格一些。对于在货币传导机制中扮演不同角色的两类银行而言，数量型货币政策的宽松或紧缩通过资本充足率（CAR）、超额准备金率（ERR）、存贷款比例（LDR）等工具产生了不同影响（见表7-2）。

表7-2　银行监管指标

	资本充足率	超额准备金率	存贷款比例（年末）	存贷款比例（平均）
国有大型商业银行	13.07	1.45	68.06	68.69
其他商业银行	12.16	3.32	73.02	76.68
总体	12.71	1.90	69.15	70.40
SE	4.49	0.46	1.48	1.86
P值	0.85	0.00	0.40	0.27

注：存贷比（平均值）是指每家银行每年的 LDR 平均值。每年的每个比例都按银行资产加权，报告的比例是多年来的简单平均值。SE 代表标准误差。在表的最后两行中报告了国有大型商业银行比例与其他商业银行比例之间差异的标准误差以及相应的 P 值。

资料来源：Kaiji 等（2018）。

[①] 这里指非国有银行，包括股份制商业银行、城市商业银行、农村商业银行等。

在货币政策对风险企业较为严格时，国有大型商业银行对风险企业行业遵守严格的货币政策，并按照存贷比等监管指标将一部分资金贷放给正常借款人——稳定型企业 T。超额准备金率和存贷款比例两个指标值更高的其他商业银行普遍通过购买非银行金融机构或影子银行的资管计划、信托计划、委托贷款等渠道，绕过国家监管，将资金以较高利率投资于风险企业；同时向国有大型商业银行进行同业借款，满足资金来源。非银行金融机构及影子银行按项目发起计划（自主计划或其他商业银行指定）将资金融给风险企业。难以从国有大型商业银行获得贷款的风险企业由此解决融资需求。

国有大型商业银行在资产负债表中体现为守规合法地将资金贷放给风险较低的稳定型企业。稳定型企业有超过自身需求的资金而无较好的投资项目，根据地方政府的调控和引导，通过非银行金融机构或影子银行以较高利率投资于国家特定时期严格限制而地方政府非常偏好和鼓励的风险企业（如严控房价房贷时期的房地产企业），进而稳定型企业实现金融资产投资和金融资产比例上升。当然，在这一过程中，地方政府常常起了引导、协调甚至干预作用。这一机理和过程如图 7-4 所示。"①"分别表示国有大型商业银行、其他商业银行贷款给有抵押资产的稳定型企业 T。"②"分别表示国有大型商业银行通过同业拆借等金融市场途径对其他商业银行提供融资，其他商业银行对风险较高的企业 I 提供融资，其他商业银行通过委托贷款、资管计划、信托计划等对非银行金融机构及影子银行提供融资，进而非银行金融机构及影子银行对风险较高的企业 I 提供融资。"③"表示稳定型企业通过商业票据、债权投资、股权投资、并购重组、非银行金融机构及影子银行等途径对风险较高的企业 I 提供融资，体现为稳定型企业资产负债表中金融资产投资比例上升。

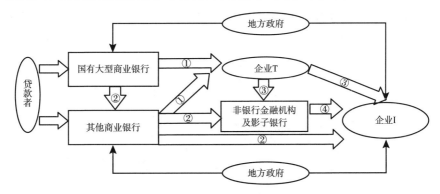

图 7-4　企业金融资产投资经济原理

二 模型

(一) 企业

参考 Gerali 等（2010）、彭俞超等（2018b），两类企业最大化企业消费 C_t^i 的终身预期效用为：

$$E_0 \sum_{t=0}^{\infty} \left\{ \left[\beta^i \left(1 - \sigma^i\right) \right]^t \ln C_t^i \right\} \tag{7-2}$$

其中：$i = T, I$；稳定型企业主观贴现因子 $\beta^T = \beta$，耐心程度比较高；风险企业主观贴现因子 $\beta^I = \beta' < \beta$，耐心程度比较低，并且具有较强的借贷需求。耐心程度反映了企业家对未来收益的偏好程度。企业家越不耐心，企业才能越强，所要求的内含报酬率也越高。σ^i 为企业破产概率，$\sigma^T < \sigma^I$。t 期经济中资本总规模为 K_t，两类企业持有的资本比例为常数 s^i。

企业以工资率 W 雇佣劳动 H_t^i，W 为外生变量，利用存量资本 K_{t-1}^i 和劳动 H_t^i 进行生产，生产函数为：$Y_t = A \left(K_{t-1}^i \right)^{\alpha} \left(H_t^i \right)^{1-\alpha}$。$A$ 为技术水平，α 是资本的产出弹性。企业以资本为抵押向银行借款 L_t^i，并遵从融资约束：

$$r_t^L L_t^i \leqslant m_t^i q K_t^i \tag{7-3}$$

其中，r_t^L 为银行贷款利率，q 为外生变量——资本价格，m_t^i 为企业 i 的抵押率。抵押品越多，获得的银行贷款就越多。企业在生产经营活动外，存在多余资金的企业可以购买非金融机构或影子银行的金融资产，不能从银行获得贷款的企业可以从非金融机构或影子银行获得融资。

银行对企业投资金融资产情况信息掌握不充分。i 类企业持有的影子银行资产为 $b_t^i \in (-\infty, +\infty)$，其投资收益率为 r_t^{sb}。新兴企业在 t 期从非银行金融机构或影子银行借入 b_t^I，到 $t+1$ 期时，σ^I 份额的新兴企业破产倒闭，每个存活的企业归还 $b_t^I r_t^{sb}$，新兴企业总共归还 $b_t^I r_t^{sb} \left(1 - \sigma^I\right)$。投资者 t 期投资 b_t^T 资金，$t+1$ 期有 $1 - \sigma^T$ 的稳定型企业存活并共享新兴企业归还的资金 $b_t^I r_t^{sb} \left(1 - \sigma^I\right)$。假定平均分配，稳定型企业投资影子银行的收益率为 $\dfrac{r_t^{sb} \left(1 - \sigma^I\right)}{1 - \sigma^T}$。两类企业的预算约束为：

$$C_t^T + r_{t-1}^L L_{t-1}^T + w H_t^T + q \left[K_t^T - (1 - \delta) K_{t-1}^T \right] + b_t^T = \frac{r_t^{sb} b_{t-1}^T \left(1 - \sigma^I\right)}{1 - \sigma^T} + L_t^T + Y_t^T$$

$$\tag{7-4}$$

$$C_t^I + r_{t-1}^L L_{t-1}^I + wH_t^I + q\left[K_t^I - (1 - \delta) K_{t-1}^I \right] + b_t^I = r_t^{sb} b_{t-1}^I + L_t^I + Y_t^I \quad (7-5)$$

其中，δ 为资本折旧率。当固定资产的投资收益率低于金融资产时，企业就会增加金融资产投资；否则，卖出金融资产。为了防止庞氏骗局，稳定型企业受到流动性约束：

$$b_t^T \leqslant L_t^T - q\left[K_t^T - (1 - \delta) K_{t-1}^T \right] \quad (7-6)$$

式（7-6）意味着，稳定型企业从银行获得贷款满足其生产要素的交易后，剩余资金投资金融资产。根据预算约束、借贷约束和流动性约束及最大化企业的效用函数，可计算出企业的劳动需求函数、资本需求函数、信贷需求函数和金融资产投资供给或需求函数。市场均衡时，$b_t^T + b_t^I = 0$。非银行金融机构或影子银行的贷款利率 $r_t^{sb} = \left[(1 - \sigma^N) \beta^I \right]^{-1}$。因为 $\beta^I = \beta' < \beta$，所以式（7-6）在稳态下取等号。

（二）银行

借鉴 Iacoviello（2015）、彭俞超等（2020）的设定，银行包括两个部门——信贷部门和坏账处置部门。信贷部门负责吸收存款和发放贷款，而坏账处置部门负责卖出坏账对应的抵押品、收回坏账的本息、将获得的本息按时如数转移给信贷部门。将银行的坏账处理和信贷活动区分开来有利于单独优化银行关于抵押品要求的决策问题，使不同类型企业的抵押率 m_t^i 能够内生决定。坏账处置部门的利润或损失每期以一次性总付的方式转移给信贷部门，银行的消费由信贷部门承担。信贷部门的目标函数为：

$$E_0 \sum_{t=0}^{\infty} \left(\beta_B^t \ln C_t^B \right) \quad (7-7)$$

其中，C_t^B 是银行的消费；$\beta_B^t = \theta\beta$ 是银行的主观贴现因子；$\theta \in (0, 1)$，反映了银行的耐心程度——经营管理的态度。当 θ 越小时，银行家越不耐心，越偏好提高当前的经营利润，因而经营管理态度更积极；而当 θ 较大时，银行的经营管理态度更加消极和保守，对风险的识别动机和管理能力较弱。

银行以外生的存款利率 $r = 1/\beta$ 从家庭吸收存款 d_t，并以贷款利率 r_{t-1}^L 向企业发放贷款 L_t，$L_t = L_t^T + L_t^I$。当企业破产时，银行的信贷部门将这一笔坏账交由坏账处置部门处理。坏账处置部门在市场中卖出抵押资产，帮助信贷部门按期收回本息。设坏账处置部门的利润为 F_t^{Sale}，信贷部门的预算约束为：

$$C_t^B + L_t + rd_{t-1} = d_t + r_{t-1}^L L_{t-1} + F_t^{Sale} \qquad (7-8)$$

信贷部门面临资本充足率要求，存款不能超过总资产的一定比例，$d_t \le vL_t$。在预算约束和资本充足率约束下最大化银行信贷部门的效用，则可得到信贷部门贷款供给函数。抵押率是银行的贷款条件，不同企业的破产概率不同，每期待出售抵押品数量占总抵押品的比重受到企业破产概率和企业分布的影响。

假定交易成本率函数为：$g(x_t) = \omega x_t$，$\omega > 0$。x_t 为待售抵押品规模占总抵押品规模的比例，$x_t \equiv \dfrac{\sum (\sigma^i K_t^i)}{\sum (K_t^i)} = \sum s^i \sigma^i$。因此，交易成本率与待售抵押品规模正相关，与总抵押品规模负相关。坏账处置部门在 t 期得到企业违约信息后，即出售抵押资产 $\sum (\sigma^i q K_t^i)$，在 $t+1$ 期将资金 $\sum (\sigma^i r_t^L L_t^i)$ 返还信贷部门。坏账部门决策函数为：

$$F_t^{Sale} \equiv \max_{K_t^i} E_0 \left[\Lambda_t^B (1 - \omega x_t) \sum_{i=L,\,S} \left(\sigma^i q K_t^i \right) - \Lambda_{t+1}^B \sum_{i=L,\,S} \left(\sigma^i r_t^L L_t^i \right) \right] \quad (7-9)$$

其中，$r_t^L L_t^i = m_t^i q K_t^i$；$\Lambda_t^B = \beta_B^t \lambda_t^B$ 是银行的随机贴现因子，λ_t^B 是银行的边际消费效用、信贷部门预算约束的拉格朗日乘子。

(三) 融资约束

根据坏账处置部门的决策函数的一阶导数，两类企业的抵押率满足：

$$m_t^i = \frac{1}{\beta\theta} \left[1 - 2\omega \sum s^i \sigma^i + \frac{\omega \left(\sum s^i \sigma^i \right)^2}{\sigma^i} \right] \qquad (7-10)$$

计算得出 $\dfrac{\partial m_t^i}{\partial \sigma^i} < 0$。经济含义为：风险越大的企业，银行为之设定的抵押率越低，受到的融资约束越严重。

定义融资约束差异程度为两类企业的抵押率之差 $\Delta m = m^T - m^I$，根据式 (7-10) 得到：

$$\Delta m = \frac{\omega}{\beta\theta} \left(\frac{1}{\sigma^T} - \frac{1}{\sigma^I} \right) \left(\sum s^i \sigma^i \right)^2 \qquad (7-11)$$

这里由 $\sigma^T < \sigma^I$ 知 $\Delta m > 0$，风险企业相对于稳定型企业受到的融资约束程度更严重。当两类企业的抵押品数量相等时，风险企业获得的融资规模小于稳定型企业。

（四）企业金融资产投资与影子银行

在上述融资机理中，稳定型企业是影子银行的投资者，风险企业是影子银行的融资者。稳定型企业金融资产占资本的比例为 $Fin^T \equiv \dfrac{b^T}{K^T}$。结合式（7-3）、式（7-6）、式（7-10）及银行的一阶条件，得到企业金融资产投资率的稳态解：

$$Fin^T = \frac{1}{(1-v) + \theta v}\left[1 - 2\omega \sum s^i \sigma^i + \frac{\omega\left(\sum s^i \sigma^i\right)^2}{\sigma^T}\right] - \delta \qquad (7\text{-}12)$$

根据式（7-12）得到：

$$\frac{\partial Fin^T}{\partial \sigma^T} = \frac{\omega}{(1-v) + \theta v}\left[\left(s^T - \frac{\sum s^i \sigma^i}{\sigma^T}\right)^2 + s^T\left(2 - s^T\right)^2\right] < 0 \qquad (7\text{-}13)$$

式（7-13）表明稳定型企业的风险越小，稳定型企业的金融资产投资率越高。

风险企业从非银行金融机构和影子银行融资的规模与资本的比值为 $Fin^I \equiv \dfrac{b^I}{K^I}$，进而得出：

$$\frac{\partial Fin^I}{\partial \sigma^I} = \frac{2\omega}{(1-v) + \theta v} s^T s^I\left(\frac{\sigma^I}{\sigma^T} - 1\right) > 0 \qquad (7\text{-}14)$$

式（7-14）表明风险企业受结构性紧缩的货币政策限制越严格，所需要的融资就越多，影子银行规模就越大。

在企业金融资产比例急剧上升的情况下，随着企业间影子银行交易规模上升，稳定型企业在分享风险企业收益的同时，也承担了风险企业一部分风险，而这一部分风险最终可能会对银行造成负面影响。充当"实体中介"的稳定型企业，成了国有银行和风险企业之间风险传染的桥梁，当风险企业遭遇未预期的较大的负面冲击时，就可能引发影子银行体系的系统性风险，进而传染到银行体系。

第三节　企业金融资产投资对实体经济的影响：技术创新视角

企业在迎合地方政府任期偏好、追求自身产出及利益的过程中，利用金融规则投资较多的金融资产。这一行为作为企业自主经营、自主决策的结果，政策当局不应直接行政干预、管理或限制企业的投资结构，而应在分析企业金融资产投资对企业持续经营业绩的改善作用、对金融系统的风险影响、对经济体系的冲击等基础上，改进政策规则。企业金融资产投资首先引发企业资产结构的变动，进而导致生产性资产、金融性资产、技术创新性资产的比例变动，从根本上影响企业的创新能力和持续发展能力，并在根源上影响金融体系的利润来源和风险状况。因此，这里首先分析企业金融资产投资对企业的创新能力影响。所用变量说明见表7-3。

表7-3　变量说明

变量符号	变量名称	计算方法	变量含义
tcr_{it}	研发投资规模 $Y1$	企业研发投资取对数	企业研发投资行为
	研发投资比例 $Y2$	企业研发投资/企业资产（%）	企业研发投资行为
	发明专利数量 $Y3$	企业年度发明专利数量取对数	企业技术创新效率
	单位研发投入的发明专利数 $Y4$	（企业年度发明专利数量/企业研发投资规模）取对数	企业技术创新效率
x_{it}	金融资产配置比例	收益性金融资产/非金融企业期末总资产	企业的交易性金融资产、可供出售金融资产、持有至到期投资、衍生金融资产、买入返售金融、长期股权投资、长期应收款、债权投资和其他债权投资、应收利息、以公允价值计量且其变动计入当期损益的金融资产、以公允价值计量且其变动计入综合收益的金融资产、以摊余成本计量的金融资产、其他债券投资、其他权益工具投资和其他非流动金融资产等

变量符号	变量名称	计算方法	变量含义
gs_{it}	政府补贴	企业年度政府补贴/企业期末总资产	政府补贴选用企业年度财务报表中营业外支出明细下政府补贴科目得到
$ct1_{it}$	企业经营规模 lnas	企业期末总资产取对数	企业规模和企业生命周期具有一定的关系，企业生命周期与创新周期存在一定的联系，在此采用企业期末总资产的对数作为衡量指标
	资产收益率 roa	净利润/总资产	企业技术创新投资需求的内源性融资，与企业盈利能力和资产利用效率有关
	行业属性 Industry	根据行业全要素生产率进行序数赋值	为了研究行业因素对企业创新效率的影响，本章结合国家统计局公布的19个行业进行分类，采用索洛残差法来估计每个企业2008~2017年的全要素生产率，并将其按照全要素从高到低排序，作为行业因素的衡量指标
$ct2_{it}$	房产价格增长率 p	全国70个大中城市新建住宅价格增长率	以全国70个大中城市新建住宅价格计算的房产价格增长率作为衡量房产价格走势对企业技术创新效率影响的指标
$ct3_{it}$	企业类型	国有企业和民营企业	根据企业最终控制权的不同，将样本分为国有企业和民营企业，进一步检验在不同所有权企业中，政府补贴率、金融资产配置率对企业技术创新效率的影响的非线性关系是否存在异质性

一 企业金融资产率与技术创新

(一) 企业金融资产率对技术创新的门限效应

非金融企业投资金融资产的行为总体上对其技术创新行为产生门限效应（见表7-4）。这可以从四个方面进行解释。

表7-4 门限效应检验（门限变量FINASSET）（1）

被解释变量	类型	F统计量	P值	门限值
Y1	单门限检验	37.7300	0.8700	无
Y2	单门限检验	20.3600	0.0520	0.6194
	双门限检验	9.6400	0.3800	无
Y3	单门限检验	234.0000	0.0000	21.8556
	双门限检验	111.0500	0.0000	13.2235
	三门限检验	81.3100	1.0000	无
Y4	单门限检验	60.3800	0.0010	13.1346
	双门限检验	21.8100	0.1340	无

注：单门限检验，H——不存在门限值，H——存在一个门限值；双门限检验，H——存在单一门限值，H——存在两个门限值；三门限检验，H——存在两个门限值，H——存在三个门限值。

第一，对于企业研发投资规模而言，企业金融资产投资并未产生抑制或挤出效应，甚至表现出显著的正向解释作用。这与原来的一些研究结论并不相符。Orhangazi（2008）和Demir（2009）实证研究表明金融资产相对配置比例过高，对实体经济投资和经营资产表现为"替代效应"，甚至会出现企业"过度金融化"问题，对企业的研发投入和技术创新效率产生"挤出效应"（Seo et al.，2012；Akkemik and Ozen，2014）。

第二，考虑到实体企业的资产规模时，企业金融资产投资比例的提高对研发投资比例产生了显著的单门限效应。在门限值以下，企业金融资产投资比例的提高对研发投资比例具有显著正向解释作用，企业金融资产投资产生的收益有利于研发投资增加；但在门限值的上方，两者并未表现出显著的数量关系。这意味着，企业金融资产比例提高到一定数值可能引起企业经营实质的变化，偏离原有的主营模式。

第三，如果以实体企业的发明专利数量为被解释变量，企业金融资产投资比例的提高对其产生了显著的双重门限效应。随着门限值的增加，企业金融资产投资比例对发明专利数量的解释系数明显变小，但都在1%的水平下显著。企业金融资产配置比例的增加对实体经济投资表现为"蓄水池效应"（Stulz，2010；胡奕明等，2017），起到了预防储备的作用，在将来面临财务困境带来的冲击时，金融资产的流动性可以维持经营稳定，而这有利于企业的研发投入增加，Aivazian等（2005）的研究更加印证了这一观点。钟腾和汪昌云（2017）得出了企业的资产配置中股票市场更有利于促进企业专利创新的同时，也显著地影响了创新含量较高的发明专利。

第四，如果以单位研发投入产生的发明专利数量为考察对象，企业金融资产投资的单门限效应仍然存在，并且解释系数为正，在5%的水平下显著，只是在不同的门限区间，企业金融资产投资比例对发明专利研发效率的解释系数大小不同。这意味着，中国近年来上市的非金融企业虽然提高了金融资产投资，但账面研发投资规模也在增加，而且发明专利数量、单位投入产生的发明专利数也在增加。企业金融资产投资比例提高并未对研发投资和技术创新产生挤出效应（见表7-5）。

表7-5 企业金融资产投资与技术创新

		Y1	Y2	Y3	Y4
x_{it}	0	0.0045** (2.2100)	80.7331*** (4.1700)	0.0432*** (13.0400)	0.0338*** (6.4200)
	1		0.2772 (0.5900)	0.0223*** (9.6700)	0.0056** (2.3600)
	2			0.0063*** (4.1200)	
roa		−0.0004* (−1.9100)	−0.0398 (−0.8900)	−0.0019*** (−13.7500)	−0.0016*** (−6.9700)
lev		0.0002 (0.6500)	−0.0168 (−0.3200)	−0.0019*** (−11.7600)	−0.0021*** (−8.0400)
lnas		0.9519*** (61.7400)	−6.5149* (−1.8500)	1.2091*** (109.5500)	0.2606*** (14.6400)
indus		0.0002 (0.0900)	−0.7908 (−1.2900)	−0.0028 (−1.4700)	−0.0034 (−1.1000)
常数项		−3.9486*** (−19.7000)	91.4948** (1.9900)	−11.8155*** (−82.7500)	−3.9804*** (−19.68)
R²		0.2566	0.0022	0.5426	0.0325

注：括号内为 t 值，***、**、*分别表示在1%、5%、10%的水平下显著。在单门限模型中，当 $q_{it} \leqslant \gamma$ 时，记为0，当 $q_{it} > \gamma$ 时，记为1。在双重门限模型中，当 $q_{it} \leqslant \gamma_1$ 时，记为0，当 $\gamma_1 < q_{it} \leqslant \gamma_2$ 时，记为1，当 $q_{it} > \gamma_2$ 时，记为2。建立门限模型检验上述分析结论。其基本形式为 $tcr_{it} = \mu + \beta_1 fr_{it} I(q_{it} \leqslant \gamma_1) + \beta_2 fr_{it} I(fr_{it} > \gamma_2) + \beta_3 ct1_{it} + \beta_4 ct2_{it} + \beta_5 ct3_{it} + e_{it}$, $tcr_{it} = \mu + \beta_1 fr_{it} I(q_{it} \leqslant \gamma_1) + \beta_2 fr_{it} I(\gamma_1 < fr_{it} \leqslant \gamma_2) + \beta_3 fr_{it} I(fr_{it} > \gamma_2) + \beta_4 ct1_{it} + \beta_5 ct2_{it} + \beta_6 ct3_{it} + e_{it}$。其中，$tcr_{it}$ 是标量（被解释变量），这里指企业技术创新，本章具体引入研发投资规模、研发投资占资产比例（研发投资/资产）、专利技术数量、专利技术/研发投资4个变量。x_{it} 为核心解释变量，这里指企业金融资产配置比例，具体为企业金融资产占总资产的百分比。q_{it} 是门限变量，这里主要是企业金融资产比例变量。γ 为门限变量对应的门限值，$\gamma_1 < \gamma_2$。$I(\cdot)$ 为示性函数，当满足括号里的条件的时候，示性函数为1，反之为0。参考已有研究，本章加入3类控制变量：$ct1_{it}$、$ct2_{it}$、$ct3_{it}$，分别控制企业经营因素、政府补贴政策因素、房地产市场因素和行业属性因素，具体包括企业资产收益率 roa、企业杠杆率 lev、企业资产规模 as、政府补贴比例 gs、房地产价格波动率 p、行业技术投入率 $indus$ 等。模型估计的具体步骤为如下。①先检验模型是否存在门限效应。通过 Hansen（1999）设计自举法，得到F统计量的渐进分布及其相应似然比检验的P值，若P值表明拒绝原假设（H：模型不存在门限），则表明至少存在一个门限值。②检验模型是否存在两个及两个以上的门限值，重复以上步骤，直到不能拒绝原假设为止，最终确定门限的数量。③得到门限回归的结果。选择的样本为2008~2017年1259家上市公司的年度数据。样本选取的原则是，首先选取在2018年10月15日之前的上市公司，总样本数为3568家，先剔除掉2008~2017年这10年研发投资和专利数据缺失的公司，在之前的基础上，剔除掉金融资产为零的公司，最后保留了1259家上市公司的有效年度数据（平衡面板数据）。

资料来源：Wind资讯和国家统计局官网。

（二）考虑政府补贴时的企业技术创新

政府补贴对企业技术创新行为的影响情况较为复杂。一方面，体现为创新成本降低、知识产权缺位弥补、政府有效筛选等机制导致的促进效应。研究表明，企业获得政府补贴，就意味着政府对其研发项目的一种肯定和支持，进而有助于企业获取研发所需资金，促进技术创新效率。另一方面，尽管政府创新补贴与企业总体投资正相关，但随着政府创新补贴的增加，企业创新自主投资在减少。苗文龙等（2019）在包含企业创新异质性的动态随机一般均衡模型下分析得出，在一定时期内，政府技术创新支出是企业技术创新支出增加的主要外在推动力，对企业创新具有显著的助推作用，对宏观经济及发展具有重要的正向作用，但具体效果还取决于企业创新投入情况。相比较而言，当创新型企业技术投入率达到一定界值时，政府技术创新支出的效率会更高。

这里实证表明：对于企业研发投资规模而言，政府补贴占企业总资产比例的增加具有显著的正向解释作用；而考虑到企业资产规模因素后，政府补贴占企业总资产比例的增加对企业研发投资比例的作用并不显著，对企业发明专利数量的作用也不显著，甚至出现对企业单位研发投资的发明专利产出数量具有负向解释作用。其经济含义在于：在企业金融资产比例较低时，企业获得政府补贴后可能更多地用于金融资产投资和房产投资，未提高研发投资比例；当企业金融资产比例上升到一定水平，金融风险提高，企业的金融资产投资行为具有不稳定性，从而对技术创新投资的影响并不显著（见表7-6）。

表7-6　政府补贴与企业技术创新

		Y1	Y2	Y3	Y4
x_{it}	0	0.0044** (2.1800)	80.7313*** (4.1700)	0.0432*** (13.0200)	0.0340*** (6.4600)
	1		0.2772 (0.5900)	0.0223*** (9.6700)	0.0056** (2.4100)
	2			0.0063*** (4.1200)	
roa		−0.0004* (−1.9300)	−0.0398 (−0.8900)	−0.0019*** (−13.7500)	−0.0016*** (−6.9600)
lev		0.0001 (0.6400)	−0.0168 (−0.3200)	−0.0019*** (−11.7600)	−0.0021*** (−8.0300)
lnas		0.9526*** (61.7900)	−6.5149* (−1.8500)	1.2092*** (109.5300)	0.2600*** (14.6100)
indus		0.0004 (0.1500)	−0.7908 (−1.2900)	−0.0028 (−1.4600)	−0.0035 (−1.1400)
gs_{it}		−3.9586*** (−19.7500)	91.5075** (1.9900)	−11.8168*** (−82.7400)	−3.2683*** (−14.1800)
常数项		8.60e−06** (2.4800)	−0.0000 (−0.0100)	1.11e−06 (0.4500)	−7.43e−06* (−1.8600)
R^2		0.2570	0.0022	0.5426	0.0328

注：同表7-5。

（三）考虑房产价格时的企业技术创新

房产价格增长率提高对企业技术创新总体上表现出负向解释作用。房产价格增长率对企业研发投资规模并未产生显著的作用，但对研发投资占企业资产比例、企业发明专利数量、企业单位研发投资的发明专利数量具有负向解释作用，并且对后两者的解释系数在5%的水平下显著。其经济含义在于：房产价格的持续上涨与预期上涨，使实体企业将必要的生产研发投资资金转移到房产领域，从而影响了研发投资资本比例和创新效率。近十多年来，实体企业纷纷布局房产投资和开发，甚至比主营业务贡献了更高的利润，使企业偏离实体实质；从经济整体上而言，必然影响技术进步。因此，一些代表性文献研究得出，房产价格持续大幅上涨对企业创新具有一定的负向作用（王文春、荣昭，2014；张杰等，2016）（另见表7-7）。

表7-7　房产价格波动与企业技术创新

		$Y1$	$Y2$	$Y3$	$Y4$
x_{it}	0	0.0045**	80.7268***	0.0429***	0.0336***
		(2.2100)	(4.1700)	(12.9300)	(6.3900)
	1		0.2578	0.0221***	0.0054**
			(0.5500)	(9.6000)	(2.3300)
	2			0.0063***	
				(4.0600)	
roa		−0.0004*	−0.0398	−0.0019***	−0.0016***
		(−1.9300)	(−0.8900)	(−13.7500)	(−6.9500)
lev		0.0001	−0.0168	−0.0019***	−0.0021***
		(0.6400)	(−0.3200)	(−11.7600)	(−8.0400)
$lnas$		0.9539***	−6.5149*	1.2069***	0.2563***
		(61.5200)	(−1.8500)	(108.7700)	(14.3200)
$indus$		0.0002	−0.7908	−0.0024	−0.0030
		(0.0700)	(−1.2900)	(−1.2700)	(−0.9600)
gs_{it}		8.64e−06**	−0.0000	1.04e−06	−7.55e−06*
		(2.4900)	(−0.0100)	(0.4200)	(−1.8900)
p		0.0901	−28.9726	−0.1635**	−0.2625**
		(0.8000)	(−1.1300)	(−2.0400)	(−2.0300)
常数项		−3.9804***	91.5075**	−11.7777***	−3.20538***
		(−19.68)	(1.9900)	(−81.7400)	(−13.7900)
R^2		0.2570	0.0022	0.5428	0.0331

注：同表7-5。

二　考虑企业资本类型时的企业金融资产投资与技术创新

(一)国有企业

对于被解释变量为国有企业研发投资规模和企业发明专利数时，企业金融资产配置比例存在单一的门限效应；对于企业研发投资比例，企业金融资产配置比例不存在门限效应；对于单位研发投资产出的发明专利数，企业金融资产配置比例存在双重门限值（见表7-8）。因此，国有企业投资金融资产的行为总体上对其技术创新行为产生了显著门限效应。

表7-8　门限效应检验（门限变量FINASSET）(2)

被解释变量	类型	F统计量	P值	门限值
Y1	单门限检验	59.1600	0.0020	0.0238
	双门限检验	13.2000	0.5550	无
Y2	单门限检验	27.0500	0.1310	无
Y3	单门限检验	23.7600	0.0900	0.0310
	双门限检验	21.4400	0.3170	无
Y4	单门限检验	27.6400	0.0600	0.0238
	双门限检验	25.4900	0.0650	27.8801
	三门限检验	8.4700	0.6480	无

注：同表7-4。

对于研发投资规模而言，国有企业金融资产比例的提高对其产生了显著的单门限效应。当国有企业金融资产比例较低时，其金融资产投资比例增加对研发投资具有显著负向作用。其原因可能在于，国有企业在金融资产比例较低时提高金融资产投资比重，一方面，对研发投资产生"挤出效应"，减少研发投资；另一方面，金融资产投资比例较低，从而产生的投资收益也较少，即使金融资产投资收益全部用于增加研发投资，也仍然小于"挤出效应"。当金融资产投资比例较高时，国有企业投资金融资产的速度降低，同时金融资产投资收益可以反哺研发投资，此时两者呈现正相关关系。此时，政府补贴对国有企业研发投资具有明显的推动作用。

考虑到实体企业的资产规模时，企业金融资产投资比例的提高对研发投资比例无显著的解释作用。

如果以实体企业的发明专利数量为被解释变量，国有企业金融资产投资比例的提高对其产生了显著的单门限效应。在企业金融资产投资比例水平较低时，国有企业金融资产投资比例对发明专利数量的解释系数为负，在1%的水平下显著；随着金融化程度超过门限值后，解释系数不再显著。其经济含义为：国有企业金融资产投资比例较低时，金融资产投资比例增加不仅对研发投资具有显著负向作用，而且降低了发明专利的数量；随着国有企业金融资产投资比例的增加和金融资产投资收益反馈于研发投资，金融资产投资对技术创新的作用变得微弱。此时，政府补贴对国有企业发明专利的解释作用为负，这意味着政府补贴可以明显推动国有企业研发投资数量的增加，但对其研发投资的产出效率作用不足。此外，不可忽略的是，国有企业在国家发展战略和科技攻关方面具有引领作用，如航空航天、深海深潜、卫星通信、航母高铁等，这里只关注了发明专利的数量，而未区分发明专利的影响力；同时，过多的传统型国有企业稀释了中央企业或创新型地方国有企业的发明专利影响（见表7-9）。

表7-9　国有企业金融资产投资比例提高、政府补贴与企业技术创新

		$Y1$	$Y2$	$Y3$	$Y4$
x_{it}	0	-117.3264^{***} (-7.4500)	-0.6386 (-0.4197)	-30.0743^{***} (-4.6200)	85.0445^{***} (5.0215)
	1	0.0241^{***} (5.2300)		0.0107^{***} (3.8800)	0.0128^{*} (1.7561)
	2				-0.0181^{***} (-3.5710)
roa		-0.0014^{***} (-5.0100)	-0.0067 (-0.0722)	-0.0015^{***} (-8.9800)	-0.0001 (-0.2679)
lev		-0.0008^{**} (-2.4100)	0.0010 (0.0091)	-0.0014^{***} (-7.1400)	-0.0005 (-1.4805)
$lnas$		1.3245^{***} (30.0700)	-36.1978^{**} (-2.4861)	1.3799^{***} (52.4000)	0.0533 (1.1247)
$indus$		0.0050 (0.8300)	-0.0001 (-0.0221)	0.0024 (0.6700)	-0.0027 (-0.4200)

续表

	$Y1$	$Y2$	$Y3$	$Y4$
gs_{it}	0.0001***	−88.9165	−8.88e−06*	−0.0000***
	(3.1800)	(−1.1333)	(−1.7800)	(−3.9348)
p	0.0826	−2.1971	−0.4473***	−0.5040**
	(0.3500)	(−1.1068)	(−3.1500)	(−1.9731)
常数项	−9.5729***	532.3213***	−14.7524***	−0.6671
	(−15.9300)	(2.6809)	(−41.0800)	(−1.0318)
R^2	0.2118	0.0024	0.4388	0.0240

注：同表7-5。

（二）民营企业

对于被解释变量为民营企业研发投资规模和企业发明专利数时，企业金融资产配置比例存在单一的门限效应；对于企业研发投资比例，企业金融资产配置比例不存在门限效应；对于单位研发投资产出的发明专利数，企业金融资产配置比例存在双重门限值（见表7-10）。

表7-10　门限效应检验（门限变量FINASSET）（3）

被解释变量	类型	F统计量	P值	门限值
$Y1$	单门限检验	52.5900	0.7360	无
$Y2$	单门限检验	8.1700	0.4940	无
$Y3$	单门限检验	213.4800	0.0000	16.9667
	双门限检验	73.3400	0.0140	4.8434
	三门限检验	74.6100	0.5350	无
$Y4$	单门限检验	60.3800	0.0010	13.1346
	双门限检验	21.8100	0.1340	无

注：同表7-4。

民营企业相对于国有企业，企业金融资产投资比例的提高对研发投资规模作用不显著，但对研发投资占总资产的比例、发明专利数量、单位投入的发明专利产出数量具有显著的正向解释作用；随着金融资产投资比例的上升，这一正向解释作用明显变小，但仍在1%的水平下显著。

政府补贴和房产价格增长率对民营企业技术创新的作用都不显著。其经济含义在于：民营企业的金融资产投资的"蓄水池"效应更加显著，并未阻碍或挤出其研发创新投资，也未降低其创新效率（见表7-11）。

表7-11　民营企业金融资产投资比例提高、政府补贴与企业技术创新

		Y1	Y2	Y3	Y4
x_{it}	0	−0.0012 (−0.5964)	0.0339*** (3.1153)	0.0619*** (11.8874)	0.0905*** (8.4529)
	1			0.0301*** (11.7165)	0.0370*** (8.6471)
	2			0.0069*** (3.7115)	0.0107*** (3.9717)
roa		0.0006* (1.7087)	−0.0033* (−1.7065)	−0.0032*** (−10.7258)	−0.0038*** (−8.6583)
lev		0.0039*** (4.3523)	0.0121** (2.5701)	−0.0091*** (−12.6021)	−0.0130*** (−11.9410)
$lnas$		0.9005*** (58.5652)	−1.2844*** (−15.9402)	1.1366*** (90.7606)	0.2352*** (12.5285)
$indus$		−0.0014 (−0.4992)	−0.0168 (−1.1573)	−0.0069*** (−3.0584)	−0.0061* (−1.8037)
gs_{it}		0.0000 (0.6736)	−0.0000 (−0.0292)	0.0000 (1.1911)	0.0000 (0.4219)
p		0.1066 (0.8999)	−0.5790 (−0.9324)	−0.0352 (−0.3670)	−0.1291 (−0.8976)
常数项		−3.1864*** (−15.6229)	17.9911*** (16.8329)	−10.2739*** (−62.1836)	−2.4951*** (−10.0710)
R^2		0.3260	0.0360	0.5930	0.0800

注：同表7-5。

三　进一步解释

（1）企业金融资产配置率的提高，对技术创新的影响具有复杂的非线性关系。如果企业初始金融资产比例非常低，并且金融资产投资比例的上

升速度较为缓和，与企业整体资本结构优化相协调，当企业金融资产投资的"蓄水池"效应大于替代效应时，企业金融资产投资不仅不会阻碍或抑制其研发投资和创新效率，甚至体现出促进作用（见图7-5 A）。如果企业金融资产比例上升过于迅速，使企业偏离了原来的主营业务模式，当企业金融资产投资的"蓄水池"效应小于替代效应时，必然对企业研发投资和技术创新造成负向冲击；随着金融资产比例的增加，即使考虑金融资产投资收益对研发投资的反哺作用，过多的金融资产对研发投资和技术创新的推动作用变得非常微弱，抑制作用变得开始显著（见图7-5 B）。这意味着非金融企业的金融资产投资对技术创新的影响并不是单一方向的促进或者抑制作用，只有在企业总资本结构优化的前提下以适宜的投资速度将金融资产配置比例稳定在一个合理的范围内，才能促进企业研发投资和技术创新。

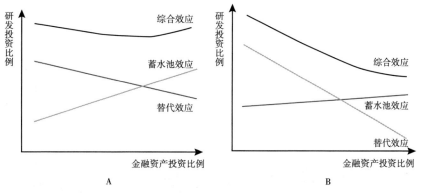

图7-5　企业金融资产投资比例与研发投资比例关系

（2）随着一国金融市场的发展，企业金融资产投资比例将在一定时期内持续上升。如果金融资产优质、金融资产投资速度和比例较为合理，这一趋势不会对企业研发投资和技术创新造成负向影响。以美国为例，在过去的半个世纪，美国非金融企业的金融资产占总资产的投资比例逐渐从20%左右上升到40%左右，在1964~1970年，美国非金融企业研发投资占其资产的比例从2.3%下降到1.5%左右，此后40多年基本稳定在1.5%这一水平。特别是在1980~1992年，两者呈现同步上涨。这表明，美国非金融企业的金融化并未挤出其研发投资和创新。这里必须明确如下三点。一是由于经济发展阶段和国际金融秩序安排，美国企业配置的金融资产来自全球的优质企业，金融资产质量较高。二是美国非金融企业投资的是全球企业，并非国内企业之间相互持有金融资产，前者模式下国内企业可以不断获得国外投资收益增量，后者模式下国内企业相互抵消后就变成了资金空转。三是美国非金融企业金融资产投资比例的变动率与研发投资比例的变动率之间存在较为明显的负向波动关系，即金融资产投资比例的变动率上升、研发投资比例的变动率下降。这意味着，非金融企业金融资产投资比例的调整速度必然影响研发投资比例的增长速度；如果试图保持必要的研发投资比例，须在金融资产投资比例上调后及时调整研发投资比例。这与上文实证分析是一致的（见图7-6、图7-7）。

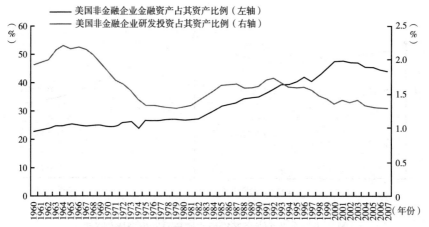

图7-6　美国非金融企业金融资产比例与研发投资比例变化

此外，这一经济现象的政策含义明显不同。美国企业的这些行为，受产权结构等影响，围绕公司价值、风险完全自担。中国国有企业的这些行为，受产权结构等影响，政府会引导银行等金融资源进行支持，而银行风险则往往由国家救助，此时风险多由国家和公众承担。

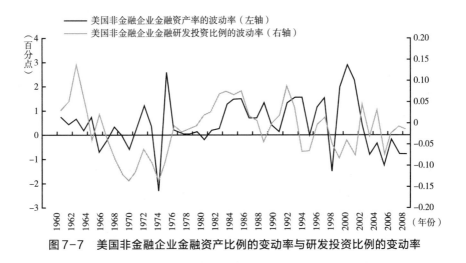

图7-7　美国非金融企业金融资产比例的变动率与研发投资比例的变动率

第四节　本章小结

大量非金融企业不断脱离实体经济而涉足金融活动，从而使金融资产在企业资产配置中的比重、金融渠道获利占企业利润的比重呈现不断提高的趋势。这一现象在短期内体现了地方经济利益与中央经济政策调控冲突时，企业配合地方政府任期偏好进行传统投资、获得短期利益的行为。在2008~2017年，中国非金融企业的金融资产率明显上升。因此，这既有以下原因：在地方政府任期偏好、房地产价格攀升、金融监管趋严等因素综合作用下，抵押品较多的稳定型企业从银行获得充足的资金，并直接或通过购买非银行金融机构及影子银行的资管计划将资金转贷给政策不确定性较高的风险企业；亦有伴随金融发展的趋势性原因。随着中国金融市场的发展，在未来一定时期企业金融资产率可能还会提高。

企业金融资产投资首先对实体经济产生影响，主要体现在对技术创新能力的影响上，进而减弱企业持续经营能力。总体而言，企业进行金融资产投资对技术创新具有较为复杂的非线性影响。如果企业金融资产比例的上升速度急剧增加，企业金融资产投资比例突然大幅提高必然对企业研发投资规模、研发投资比例、发明专利数量、单位研发投入的发明专利数量等产生抑制或挤出效应，表现出显著的负向解释作用；随着这一比例的上升，前者对后者的影响作用迅速变小，甚至不再显著。这意味着，企业金融资产比例提高到一定数值可能引起企业经营实质的变化，偏离原有的主营模式。政府补贴对企业技术创新行为的影响情况较为复杂。在企业金融资产比例较低时，企业获得政府补贴后可能将其部分用于金融资产投资和房产投资，未提高研发投资比例。

随着一国金融市场的发展，企业金融资产投资比例将在一定时期内持续上升。如果金融资产优质、金融资产投资速度和比例较为合理，这一趋势不会对企业研发投资和技术创新造成负向影响。这意味着非金融企业在企业总资本结构优化的前提下以适宜的投资速度将金融资产配置比例稳定在一个合理的范围内，可以促进企业研发投资和技术创新。但如果金融资产投资项目质量较低或资金在金融层面空转，不仅会降低企业高质量发展需要的研发投资，而且会降低实体经济投资，并加剧系统性金融风险的积累。

第八章
企业金融资产投资与银行信用风险

企业金融资产投资比例过高时，首先对实体经济产生显著的负向冲击，体现为企业技术创新能力和持续经营能力的下降。然而，其经济影响的传导并未戛然而止，还将继续对商业银行体系的信用风险产生直接作用，进而可能引发系统性金融风险。这一章重点分析企业金融资产投资对单个银行信用风险和系统性金融风险的影响。

第一节　经济原理

一　基本机制

企业杠杆率持续提高对银行信用风险具有重要影响。在企业金融资产投资比例提升过程中，随着企业金融资产比例的提升，债务性金融资产比例也在提升。这意味着其他企业的杠杆率提高，偿债压力加剧，其他企业的违约风险上升。并且值得强调的是，当这不是个案而是普遍性的经济现象时，必然导致企业体系违约风险的上升和银行体系信用风险的恶化，甚至引发银行之间及其与其他金融机构之间的风险传染和系统性金融风险。

企业整体利润降低减少银行体系利润来源。现代金融制度因资本社会化大生产方式下投资扩大需要而产生发展，借贷利率实质上是生产经营利润的一部分，这已经为经济学者和银行家所论证。当企业将较高比例的资产用于金融投资而非再生产时，企业生产性资产利润占总资产的比例降低，银行体系从生产性企业分获的利息就难以得到保障，甚至面临本金违约风险。"金融与实体经济既有相互依存、相互促进的关系，也有相互竞争、相互排斥的关系。目前，中国金融业既存在服务实体经济效率不高的问题，也存在'攫取'实体经济，即对实体经济发展产生负外部性的问题，具体表现为金融与实体经济利润结构严重失衡。"（赵昌文、朱鸿鸣，2015）

因此，企业金融资产投资在对实体经济体系产生影响的同时，必然对银行体系甚至金融体系产生冲击性风险。

二 违约概率

结合企业"脱实向虚"的资产配置过程，这里构建一个包括持有债权性金融资产的生产企业、持有股权性金融资产的生产企业、向两类企业发放贷款的商业银行等三部门的资产负债表模型和现金流动态模型。持有债权性金融资产的生产企业数量为 M，其中任意一家企业 i 的资产都包括两部分——生产性资产和持有企业 j 的债权性金融资产，[①] 其负债为银行贷款，所有者权益为两类资产减去银行贷款。持有股权性金融资产的生产企业数量为 N，其中任意一家企业 j 的资产为本企业生产性资产和持有企业 i 的股权性金融资产，负债为银行贷款，所有者权益为两类资产减去银行贷款。商业银行数量为 Z，商业银行 b 至少向上述两类企业中的一类企业发放贷款。在此框架下分析企业金融资产投资行为对商业银行风险的影响。

根据巴塞尔协议Ⅲ对违约概率的约定，参考 Hoog（2018）研究，银行贷款规模为 L_t 时，银行面临的违约概率为：

$$PD_t = \max\left\{3 \times 10^{-4},\ 1 - e^{-v(D_t + L_t)/E_t}\right\} \tag{8-1}$$

其中，根据巴塞尔协议的内部评级法，违约概率的最小风险权重为3个基点（0.03%）；v 为贷款企业的资本负债率对违约概率的影响权重，$v > 0$；D_t 为贷款企业的债券债务；E_t 为贷款企业的权益。为突出重点，这里主要分析情形 $PD_t = 1 - e^{-v(D_t + L_t)/E_t}$。

---

① 中国的大型非金融企业存在借款后再放贷的金融中介活动，越来越多的国有企业和上市公司在拿到银行的贷款之后或者有超过正常经营所需的超额资金时，会再次放贷给中小型企业和非上市民营企业，实际上扮演了金融中介角色（Shin 和 Zhao，2013；王永钦等，2015）。

三　企业资产负债表的静态分析

在 t 期末，企业 i 的资产负债表可以表示为：$(1 - \alpha_i)A_{it} + fd_{it} = L_{it} + E_{it}$。其中，债权性金融资产 fd_{it} 占总资产 A_{it} 的比例为 α_i，$0 \leqslant \alpha_i \leqslant 1$，$fd_{it} = \alpha_i A_{it}$，资金主要提供给企业 j；生产性资产规模为 $(1 - \alpha_i)A_{it}$。L_{it} 为企业 i 的银行贷款余额，Z 为向企业 i 发放贷款的银行家数，b 为向企业 i 发放贷款的银行，此时 $L_{it} = \sum_{b=1}^{Z} L_{ibt}$。$E_{it}$ 为企业 i 的所有者权益。此时，银行面临企业 i 的违约概率为：$PD_{it} = 1 - e^{-vL_{it}/E_{it}}$。从直观上分析，企业 i 的银行贷款违约概率 PD_{it} 与其债权性金融资产配置比例 α_i 无直接关系。

企业 j 的资产负债表可以表示为：$(1 - \gamma_j)A_{jt} + fs_{jt} = L_{jt} + fd_{it} + E_{jt}$。其中，购买 i 企业股权的金融资产 fs_{jt} 占总资产 A_{jt} 的比例为 γ_j，$fs_{it} = \gamma A_{jt} = \phi_i E_{it}$，$\phi_i$ 为 j 企业持股 i 的股权比例；生产性资产规模为 $(1 - \gamma_j)A_{jt}$；L_{jt} 为企业 j 的银行贷款余额，Z 为向企业 j 发放贷款的银行家数，$L_{jt} = \sum_{b=1}^{Z} L_{jbt}$。此时，银行面临企业 j 的违约概率为：$PD_{jt} = 1 - e^{-v(\alpha_i A_{it} + L_{jt})/E_{jt}}$。商业银行 b 向持有股权性金融资产的企业发放贷款时，面临的持有股权性金融资产企业的综合违约概率 PD_b_t 为企业 j 违约概率 PD_{jt} 的加权平均：$PD\_b_t = \sum_{j=1}^{M} W_{jt} \times PD_{jt} = \sum_{j=1}^{M} W_{jt} \times \left[1 - e^{-v(\alpha_i A_{it} + L_{jt})/E_{jt}} \right]$，$W_{jt}$ 为企业 j 的贷款占持有股权性金融资产企业总贷款的比例。所有对此类企业发放贷款的商业银行的贷款违约概率为 $PD\_B_t = \sum_{b=1}^{Z} \sum_{j=1}^{M} W_{bt} \times W_{jt} \times \left[1 - e^{-v(\alpha_i A_{it} + L_{jbt})/E_{jt}} \right]$。$W_{bt}$ 为商业银行 b 面临的贷款违约概率的权重，即商业银行 b 的贷款规模占商业银行贷款总规模的比重，据此求解得出：$\partial PD\_B \big/ \partial \alpha_i = v \sum_{b=1}^{Z} \sum_{j=1}^{M} W_{bt} \times W_{jt} \times \dfrac{A_{it}}{E_{jt}} e^{-v(\alpha_i A_{it} + L_{jbt})/E_{jt}} > 0$。因此，商业银行的贷款违约概率 PD_B_t 与单个企业 i 的债权性金融资产配置比例 α 存在直接的正向关系。

企业 i 和企业 j 在 t 期末的合并资产负债表为：$(1 - \alpha_i)A_{it} + (1 - \gamma_j)A_{jt} = L_{it} + L_{jt} + (1 - \phi_i)E_{it} + E_{jt}$，商业银行 b 面临两类企业的违约风险概率为：$PD\_b1_t = 1 - e^{-v(L_{it} + L_{jt})/[(1 - \phi_i)E_{it} + E_{jt}]}$。企业总体的合并资产负债表为：

$\sum_{i=1}^{M}(1-\alpha_i)A_{it}+\sum_{j=1}^{N}(1-\gamma_j)A_{jt}=\sum_{i=1}^{M}L_{it}+\sum_{j=1}^{N}L_{jt}+\sum_{i=1}^{M}(1-\phi_i)E_{it}+\sum_{j=1}^{N}E_{jt}$。商业银行

面临两类企业的违约概率为：$PD\_B1_t=1-e^{-v\left(\sum_{i=1}^{M}L_{it}+\sum_{j=1}^{N}L_{jt}\right)\Big/\left[\sum_{i=1}^{M}(1-\phi_i)E_{it}+\sum_{j=1}^{N}E_{jt}\right]}$。相对于

企业金融资产投资皆为 0 的合并资产负债表：$\sum_{i=1}^{M}A_{it}+\sum_{j=1}^{N}A_{jt}=\sum_{i=1}^{M}L_{it}+\sum_{j=1}^{N}L_{jt}+$

$\sum_{i=1}^{M}E_{it}+\sum_{j=1}^{N}E_{jt}$，商业银行面临两类企业的违约概率为：$PD\_B0_t=1-$

$e^{-v\left(\sum_{i=1}^{M}L_{it}+\sum_{j=1}^{N}L_{jt}\right)\Big/\left(\sum_{i=1}^{M}E_{it}+\sum_{j=1}^{N}E_{jt}\right)}$。由于 $\left[\sum_{i=1}^{M}E_{it}+\sum_{j=1}^{N}E_{jt}\right]>\left[\sum_{i=1}^{M}(1-\phi_i)E_{it}+\sum_{j=1}^{N}E_{jt}\right]$，因此，

$PD\_B1_t>PD\_B0_t$。其经济含义在于：实体企业配置一定比例的债券性金融资产，从整体上提高了银行面临的违约概率。

综合上述分析，可得出命题 1：经济体系中不同的非金融企业之间相互投资债权性和股权性金融资产，在一定程度上会推动银行贷款违约概率的上升，不仅体现在债务规模增加的单个企业层面，而且体现在企业整体层面。

四　结合企业现金流的动态分析

企业 i 通过生产产品和持有债权性金融资产获得收益，并且扣减生产的固定成本和变动成本，在时期 t 末，i 的利润函数为：$\pi_{it}=(1-\alpha_i)\lambda A_{it}+r_{dt}fd_{it}-(C_{it}^{fix}+C_{it}^{var})$。$r_{dt}$ 为债权类金融资产收益率；假定生产收入与生产性资产呈线性比例关系，比例系数为 λ，则生产性资产收益为 $(1-\alpha_i)\lambda A_{it}$。固定成本 $C_{it}^{fix}=\sum_{l=1}^{T^L}\dfrac{P_{i(t-l)}^{inv}I_{i(t-l)}}{T^L}$，即前期 $t-T^L$ 到 $t-1$ 的固定资本支出，$P_{i(t-l)}^{inv}$ 为投资品的价格。变动成本 $C_{it}^{var}=\sum_{l=1}^{T^L}r_{i(t-l)}^b L_{i(t-l)}+W_{it}+\dfrac{P_t^{inv}I_{it}}{T^L}$，即前期 $t-T^L$ 到 t 的贷款利息支出、工资支出和当期的总投资。企业 i 按照上期利润派放股息 $Ds_{it}=d\pi_{i(t-1)}$。在新的生产期 $t+1$ 开始时，企业 i 的支出为：

$E_{i(t+1)}=W_{i(t+1)}+P_{i(t+1)}^{inv}I_{i(t+1)}+\tau\max\{0,\ \pi_{it}\}+d\pi_{it}+\sum_{l=0}^{T^L}\dfrac{L_{i(t-l)}}{T^L}+\sum_{l=0}^{T^L}r_{i(t-l)}^b L_{i(t-l)}$，

通过获得新的银行贷款支付前期的相关费用，此时新的银行贷款数量为：

$$L_{i(t+1)} = W_{i(t+1)} + P^{inv}_{i(t+1)}I_{i(t+1)} + \tau \max\left\{0,\ \pi_{it}\right\} + d\pi_{it} + \sum_{l=0}^{T^L}\frac{L_{i(t-l)}}{T^L} + \sum_{l=0}^{T^L}r^b_{i(t-l)}L_{i(t-l)} -$$

$r_{dt}fd_{it} - \eta_i d_{it}$。其中，$\eta_i$ 为持有债权性金融资产的到期比例。由于 $t+1$ 期的工资、投资与企业生产性资产规模呈正比，在 $W_{i(t+1)} = (1-\alpha_i)\lambda_w A_t$ 和 $P^{inv}_{i(t+1)}I_{i(t+1)} = (1-\alpha_i)\lambda_I A_{it}$ 条件下，企业 i 新的银行贷款规模为：

$$L_{i(t+1)} = (1-\alpha_i)(\lambda_w + \lambda_I)A_{it} + \tau\max\left\{0,\ \pi_{it}\right\} + d\pi_{it} + \sum_{l=0}^{T^L}\frac{L_{i(t-l)}}{T^L} +$$

$$\sum_{l=0}^{T^L}r^b_{i(t-l)}L_{i(t-l)} - r_{dt}fd_{it} - \eta_i fd_{it} \qquad (8-2)$$

企业 j 通过生产产品和持有股权性金融资产获得收益，并且扣减生产的固定成本和变动成本，在时期 t 末，j 的利润函数为：$\pi_{jt} = (1-\gamma_j)\lambda A_{jt} + Ds_{it} - r_{dt}fd_{it} - (C^{fix}_{jt} + C^{var}_{jt})$。其中，生产收入与生产性资产呈线性比例关系，比例系数为 λ，则生产性资产收益为 $(1-\gamma_i)\lambda A_{jt}$。固定成本 $C^{fix}_{jt} = \sum_{l=1}^{T^L}\frac{P^{inv}_{j(t-l)}I_{j(t-l)}}{T^L}$，即前期 $t - T^L$ 到 $t-1$ 的固定资本支出，$P^{inv}_{j(t-l)}$ 为投资品的价格。变动成本 $C^{var}_{jt} = \sum_{l=1}^{T^L}r^b_{j(t-l)}L_{j(t-l)} + W_{jt} + \frac{P^{inv}_t I_{it}}{T^L}$。企业 j 按照过去 n 期利润的移动平均数派放股息 $Ds_{jt} = d\pi_{j(t-1)}$。在新的生产期 $t+1$ 开始时，企业 j 的支出为：$E_{j(t+1)} = W_{j(t+1)} + P^{inv}_{j(t+1)}I_{j(t+1)} - r_{dt}fd_{it} + \tau\max\left\{0,\ \pi_{jt}\right\} + d\pi_{j(t-1)} + \sum_{l=0}^{T^L}\frac{L_{j(t-l)}}{T^L} + \sum_{l=0}^{T^L}r^b_{j(t-l)}L_{j(t-l)}$。仍假定满足 $W_{j(t+1)} = (1-\gamma_j)\lambda_w A_{jt}$ 和 $P^{inv}_{j(t+1)}I_{j(t+1)} = (1-\gamma_j)\lambda_I A_{jt}$ 条件，企业 j 新的银行贷款数量为：

$$L_{j(t+1)} = (1-\gamma_j)(\lambda_w + \lambda_I)A_{jt} + r_{dt}fd_{it} + \eta fd_{it} + \tau\max\left\{0,\ \pi_{jt}\right\} + d\pi_{jt} +$$

$$\sum_{l=0}^{T^L}\frac{L_{j(t-l)}}{T^L} + \sum_{l=0}^{T^L}r^b_{j(t-l)}L_{j(t-l)} \qquad (8-3)$$

根据式（8-3）可知，随着企业 j 股权性金融资产比例 γ_j 的上升并接近于 1 时，企业 j 在 $t+1$ 期的银行贷款主要用于支付前期债务利息（$r_{dt}fd_{it}$）、银行贷款利息 $\left[\sum_{l=0}^{T^L}r^b_{j(t-l)}L_{j(t-l)}\right]$、"借新偿旧" $\left[\sum_{l=0}^{T^L}\frac{L_{j(t-l)}}{T^L}$ 和 $\eta fd_{it}\right]$、派放股息（$d\pi_{jt}$）和缴纳税款 $\tau\max\left\{0,\ \pi_{jt}\right\}$，符合明斯基（2010）界定的投机性融资。

根据式（8-2）和式（8-3）得到企业总体的现金流模型：

$$\sum_{i=1}^{M} L_{i(t+1)} + \sum_{j=1}^{N} L_{j(t+1)} = (\lambda_w + \lambda_I)\left[\sum_{i=1}^{M}(1-\alpha_i)A_{it} + \sum_{j=1}^{N}(1-\gamma_j)A_{jt}\right] + T +$$

$$\sum_{j=1}^{N}\sum_{l=0}^{T^L}\frac{L_{j(t-l)}}{T^L} + \sum_{j=1}^{N}\sum_{l=0}^{T^L}r_{j(t-l)}^{b}L_{j(t-l)} + \sum_{i=1}^{M}\sum_{l=0}^{T^L}\frac{L_{i(t-l)}}{T^L} + \sum_{i=1}^{M}\sum_{l=0}^{T^L}r_{i(t-l)}^{b}L_{i(t-l)} + d\pi$$

$$(8\text{-}4)$$

其中，股息 $d\pi = d\left[\sum_{i=1}^{M}(1-\alpha_i)\lambda A_{it} + \sum_{j=1}^{N}(1-\gamma_j)\lambda A_{jt} - \sum_{i=1}^{M}(C_{it}^{fix}+C_{it}^{var}) + \sum_{j=1}^{N}(C_{jt}^{fix}+C_{jt}^{var})\right]$。

根据式（8-4）可知，随着企业金融资产比例 α_i 和 γ_j 的上升，企业用于生产的对冲性融资规模 $(\lambda_w + \lambda_I)[(1-\alpha_i)A_{it} + (1-\gamma_i)A_{jt}]$ 减少，投机性融资比重上升；当 α_i 和 γ_j 皆接近于 1 时，企业在 $t+1$ 期的银行贷款主要用于支付前期银行贷款利息 $\left[\sum_{j=1}^{N}\sum_{l=0}^{T^L}r_{j(t-l)}^{b}L_{j(t-l)} + \sum_{i=1}^{M}\sum_{l=0}^{T^L}r_{i(t-l)}^{b}L_{i(t-l)}\right]$、派放股息 $(d\pi)$、"借新偿旧" $\left[\sum_{j=1}^{N}\sum_{l=0}^{T^L}\frac{L_{j(t-l)}}{T^L} + \sum_{i=1}^{M}\sum_{l=0}^{T^L}\frac{L_{i(t-l)}}{T^L}\right]$ 和缴纳税款（T），企业整体呈现投机性融资特征。Minsky（1986）分析得出，在以对冲性融资[①]为主的经济中，利率模式使利润能够通过具有激进型的投机性安排来获得，当投机性融资关系被引入以对冲性为主的头寸融资体系中时，随着投机性融资和庞氏融资比重的增加，金融不稳定性加剧。作为其中主要的影响途径之一，投机性融资和庞氏融资比重的增加降低了用于实体经济生产的资产和利润、提高了银行贷款的违约概率。其极限情形便是，所有非金融企业只投资金融资产而不再生产，此时所有企业的银行贷款主要用于偿还利息，即庞氏骗局，当贷款融资流量低于利息偿还流量时，便发生严重的金融危机。

根据上述分析，可归纳出命题 2：随着企业金融资产比例的提高，企

---

① Minsky（1986）将企业融资分为对冲性融资、投机性融资和庞氏融资三种类型。对冲性融资，融资主体及银行期望从资本资产（或者融资合同）中所获得的现金流除了足够满足现在和未来的支付承诺还有剩余，企业需用新的贷款来支付生产流程中的费用（如工资和投资）和融资本息。投机性融资，融资主体及银行期望从运营资本（或者融资合同）中所获得的现金流会少于某段时期特别是短期内的现金支付承诺，但超过了按承诺支付的利息，企业需要新的贷款来支付原来的债务。庞氏融资，需要新的贷款来支付原来的债务和利息。

业体系中对冲性融资比例降低、投机性融资比例上升，导致银行贷款的违约概率上升。

五 银行信贷风险与系统性金融风险

根据 PD_b_t 和内部评级法，这里可以计算出单个银行 h 的损失 L_{ijt}：

$$L_{ijt}\left(z_{ij},\ PD\_b_t,\ LGD_{ij},\ M_{ij},\ S_{ij}\right)=$$

$$\left\{LGD_{ij}\times\left[\sqrt{\frac{1}{1-R\left(PD\_b_t,\ S_{ij}\right)}}N^{-1}\left(PD\_b_t\right)+\sqrt{\frac{R\left(PD\_b_t,\ S_{ij}\right)}{1-R\left(PD\_b_t,\ S_{ij}\right)}}N^{-1}\left(z_{ij}\right)\right]-PD\_b_t\times LGD_{ij}\right\}\times$$

$$\left[1+\left(M_{ij}-2.5\right)\times B\left(PD\_b_t\right)\right]\times\left[1-1.5\times B\left(PD\_b_t\right)\right]^{-1}\times1.06$$

$$(8-5)$$

其中，$R\left(PD\_b_t,\ S_{ij}\right)=0.12\times\dfrac{1-e^{-50\times PD\_b_t}}{1-e^{-50}}+0.24\times\left(1-\dfrac{1-e^{-50\times PD\_b_t}}{1-e^{-50}}\right)-$

$0.04\left(1-\dfrac{S_{ij}-5}{45}\right)$、$B\left(PD\_b_t\right)=\left[0.11852-0.05478\ln\left(PD\_b_t\right)\right]^2$。

其中，LGD_{ij} 为银行 h 的违约损失率、M_{ij} 为期限、S_{ij} 为规模，可根据银行详细信贷数据计算得到。如果单个银行的损失大于它的储备资本，该银行面临破产。破产银行无法清偿它向其他银行借的全部债务，其他银行不得不接受这一破产银行带来的传染风险。这里假设破产银行的债务清偿率为30%。其他银行自身损失加上破产银行为其带来的风险传染损失大于它的风险储备时，也会破产，并将自身破产风险通过银行间债务联系传染给其他剩余的银行，直到再无银行破产。

系统性风险可以用银行系统负债在概率为 p 的水平上的预期短缺 ES 表示。L 描述了整个银行系统在概率 p 上的预期损失，L^h 描述了排除银行 h 后的银行系统的预期损失。L 和 L^h 区别由两部分构成：一是银行 h 独立于银行系统时的单独的损失 L_{ijt}；二是银行 h 的传统风险对银行系统的影响作用 Sys_h。因此：

$$L-L^h=L_{ijt}+Sys_h \qquad (8-6)$$

根据 Huang 等（2013），传染风险 $\sum_h Sys_h$、单独风险 $\sum_h h$ 和系统总风险 L 之间存在以下关系：

$$br_j = Sys_h \times \frac{L - \sum_h L_{ijt}}{\sum_h Sys_h} \tag{8-7}$$

其中，br_j 为重新调整的传染风险部分。"去一法"（LOO）下银行 h 的风险贡献可根据 L^h 和 br_j 计算得出。

根据方程式（8-6）可以得出：企业持续及突然大幅提高金融资产投资比例，不仅可能影响单个银行面临的违约风险损失 L_{ijt}，而且通过银行之间的损失传染效应影响银行系统性风险 Sys_h。对于单个银行面临的风险损失 L_{ijt}，本书用单个银行或各类银行的不良贷款率来描述，对于银行传染效应产生的系统性风险，本书通过 LOO 法计算得出。在此基础上，观察企业金融资产比例对这两方面风险的影响。

第二节　经验证据

一　企业金融资产投资与银行不良贷款

根据巴塞尔协议Ⅰ~Ⅲ，银行风险包括信用风险、操作风险和市场风险。这里主要关注企业金融资产投资行为对银行风险的影响，其中影响关系最为直接和最为密切的首先是银行信用风险。因此，这一节用刻画银行信用风险的指标来描述银行风险。从银行监管部门披露的统计数据看，描述银行信用风险的指标主要是不良贷款指标，即银行贷款五级分类（正常类、关注类、次级类、可疑类和损失类）中次级类、可疑类和损失类贷款之和的规模及其与贷款总规模的比例。这里采用不良贷款率指标，具体包括总体风险指标（商业银行不良贷款率）和分类风险指标（大型商业银行不良贷款率、股份制商业银行不良贷款率、城市商业银行不良贷款率、农村商业银行不良贷款率）。

（一）企业普遍提高金融资产配置比例会影响商业银行不良贷款率水平的上升

从 2008 年开始，中国开始实施大规模的投资计划，但实体经济投资率达到峰值并开始持续下降，A 股非金融上市公司总体金融化水平稳步上升，甚至上升趋势愈发明显（张成思、张步昙，2016）。2008~2017 年

12680个企业-年份观测值实证结果表明（具体变量见表8-1）：平均而言，企业金融资产配置比例提高1个百分点会影响商业银行总体不良贷款率上升0.0008个百分点，影响大型商业银行、股份制商业银行、城市商业银行、农村商业银行的不良贷款率分别上升0.0008个、0.0012个、0.0006个和0.0018个百分点。

表8-1　相关变量的含义与统计特征

变量	变量含义	均值	标准差	Skewness
br	银行风险，商业银行不良贷款率	1.4430	0.4419	2.6445
brd	银行风险，大型商业银行不良贷款率	1.5090	0.5119	4.3114
brg	银行风险，股份制商业银行不良贷款率	1.1230	0.4045	1.6098
brc	银行风险，城市商业银行不良贷款率	1.2550	0.4378	3.5885
brn	银行风险，农村商业银行不良贷款率	2.3590	0.7119	2.6724
fa	企业金融资产投资，投资收益类金融资产（交易性金融资产、买入返售金融资产、可供出售金融资产、发放贷款及垫款和持有至到期投资等）与企业总资产之比	18.1270	823.7827	7101.212
roa	企业资产收益率，当期净利润与期末总资产之比	7.1607	129.0921	3594.660
lev	企业资产负债率，期末总负债与期末总资产之比	44.4992	99.1002	7396.432
as	企业资产总规模，期末总资产的一阶差分	1366288	8274195	427.0545
gs	政府补贴，当期政府发放的资金补贴与企业总资产之比	45.9632	3142.966	7752.558
p	房产价格增长率，全国70个大中城市新建住宅价格增长率	0.0805	0.0932	−0.1216
$indus$	行业技术投入率，当期科技支出（包括用于研究开发、技术改造、科技创新等方面的支出）与本年营业收入之比	12.0699	4.7549	2.4002

注：为了保证样本数据区间长度，本章剔除了2009年之后上市的公司样本、金融类公司样本、ST类上市公司样本和主要变量存在缺失值的样本，并且为了排除极端值的影响对所有连续变量在前后1%的水平上进行了缩尾处理。各类银行的不良贷款率数据来源于中国银行保险监督管理委员会官方网站。最终，本章使用的样本中包含12680个企业-年份观测值。

资料来源：上市公司原始数据来源于Wind数据库和部分公司的年度财务报表。

同时，值得关注的是，上市企业金融资产投资比例上升对股份制商业银行和农村商业银行不良贷款率上升的解释系数更大一些，对城市商业银行不良贷款率上升的解释系数较小一些。其经济原因在于：一是股份制商业银行受政府干预和政策影响都较小一些，相对能更灵活地参与到企业金融资产投资链条中，所受的风险影响亦较大一些；二是政府向市场的金融分权深化后，商业银行的经营自主权提升，金融竞争程度提高，无形中增加了股份制商业银行的冒险冲动（苗文龙，2018a）。农村商业银行则通过同业拆借将闲置资金借给股份制商业银行，并与股份制商业银行风险进行关联；同时，自身在一定程度上直接贷款给企业助推其进行金融资产投资，从而也加大了自身的经营风险。

这可以从三个事实进行证明。一是近年来股份制商业银行不良贷款率由四类银行中的较低水平上升为较高水平。2005年第一季度至2018年第二季度，四类商业银行不良贷款率数据显示：以2013年为界，股份制商业银行不良贷款率超过了国有商业银行和城市商业银行的不良贷款率水平，仅低于农村商业银行。二是股份制商业银行因违规竞争被处罚的事件屡见不鲜。银保监会披露的银行业行政处罚公开数据显示：截至2018年5月31日，股份制商业银行及其分支机构被行政处罚达600余次，其中至少70%的违规案例涉及贷款业务。因此，股份制商业银行甚至是银行业系统性金融风险的主要诱发者（杨子晖、李东承，2018）。三是各地纷纷成立地方金融资产管理公司，对地方性金融机构的不良贷款进行处置，同时也可能降低了城市商业银行的不良贷款率（见表8-2）。

表8-2　企业"脱实向虚"与银行风险

	（1）商业银行 br_t	（2）大型商业银行 brd_t	（3）股份制商业银行 brg_t	（4）城市商业银行 brc_t	（5）农村商业银行 brn_t
brx_{t-1}	1.5564*** (356.1222)	1.4816*** (313.7035)	1.6430*** (293.9254)	1.4170*** (495.5895)	1.6321*** (223.0701)
brx_{t-2}	−0.5284*** (−134.2867)	−0.4781*** (−118.9395)	−0.6240*** (−103.9983)	−0.3044*** (−154.2621)	−0.5756*** (−89.4153)

	（1） 商业银行 br_t	（2） 大型商业银行 brd_t	（3） 股份制商业银行 brg_t	（4） 城市商业银行 brc_t	（5） 农村商业银行 brn_t
fa_t	0.0008*** （5.8312）	0.0008*** （5.3258）	0.0012*** （9.7711）	0.0006*** （6.6423）	0.0018*** （5.9231）
调整的 R^2	0.7988	0.6087	0.9026	0.8604	0.5376
D—W检验	2.0623	1.6083	1.2030	1.3568	3.0158

注：括号内为 t 值，***表示在1%的水平下显著。brx_{t-1}、brx_{t-2} 在第（1）（2）（3）（4）（5）列分别表示 br_t、brd_t、brg_t、brc_t、brn_t 的滞后1期和滞后2期。本章后表同广义矩估计（GMM）解决了扰动项存在异方差或自相关等内生性问题，这里建立 GMM 估计方程如下：$br_{jt} = \beta_0 + \beta_1 fa_{it} + \beta_2 ct1_{it} + \beta_3 ct2_{it} + \beta_4 ct3_{it} + \varepsilon_{it}$。其中，$br_{jt}$ 是银行及各类银行的不良贷款率，fa_{it} 是核心解释变量企业金融资产率。参考已有研究，本章加入3类控制变量：$ct1_{it}$、$ct2_{it}$、$ct3_{it}$，分别控制企业经营因素、政府补贴政策因素、房地产市场因素和行业属性因素，具体包括企业资产收益率 roa、企业杠杆率 lev、企业资产规模 as、政府补贴比例 gs、房地产价格波动率 p、行业技术投入率 $indus$ 等变量。考虑到银行类型与银行经营风险存在较为显著的关系（钱先航等，2011；苗文龙，2018a），本章根据银行监管部门对商业银行划分的类型，分别进行检验分析。模型通过 Hausman 检验控制固定效应或随机效应。

（二）进一步扩展

为了防止遗漏变量问题，接下来纳入其他不同层面的控制变量，对企业金融资产投资与银行风险之间的关系进行稳健性检验。

1.纳入企业经营变量

对上述检验结果可能存在的质疑是，银行风险可能是由企业经营状况不善引起，而不是由企业金融资产投资行为引起。为此，本章引入代表企业盈利能力的指标——资产利润率、代表企业杠杆率的指标——资产负债率、代表企业经营规模的指标——资产规模，检验企业金融资产投资对银行风险的影响，结果见表8-3。可以看出，企业经营变量的引入，不但未削弱核心变量——金融资产率对银行风险的解释作用，反而提高了其解释系数的取值，并仍在1%的水平下显著。企业金融资产投资行为对银行风险的影响与一些企业重要财务指标（如资产负债率 lev_t）的影响大小是相当的。这一结论同彭俞超等（2018a）研究一致，而且反映了对金融风险不同方面的影响。因此，非金融企业部门信用风险可能成为系统性风险的突出来源，并通过股权、债权和担保等财务网络路径进行风险横向传染（吴德胜等，2021），进一步加剧系统性风险。

表8-3 引入企业经营变量后企业"脱实向虚"与银行风险

	（1） 商业银行 br_t	（2） 大型商业银行 brd_t	（3） 股份制商业银行 brg_t	（4） 城市商业银行 brc_t	（5） 农村商业银行 brn_t
br_{t-1}	1.5229*** （339.8488）	1.4368*** （287.7339）	1.6376*** （313.1187）	1.4810*** （545.0476）	1.6057*** （206.7183）
br_{t-2}	−0.5341*** （−139.1611）	−0.4752*** （−121.2125）	−0.6876*** （−117.4755）	−0.4560*** （−211.6440）	−0.5743*** （−89.5843）
fa_t	0.0010*** （7.7989）	0.0011*** （7.3270）	0.0015*** （12.5296）	0.0005*** （7.0325）	0.0020*** （6.5520）
roa_t	0.0004*** （16.0971）	0.0004*** （15.9416）	0.0005*** （25.7677）	0.0002*** （16.9873）	0.0003*** （5.8434）
lev_t	0.0012*** （23.7748）	0.0013*** （23.1646）	0.0016*** （37.9926）	0.0007*** （24.6333）	0.0012*** （9.8232）
as_t	−3.01E−09** （−2.0293）	−3.76E−09** （−2.2705）	−3.55E−09*** （−2.6586）	−2.29E−09*** （−2.6174）	−1.96E−09 （−0.5546）
调整的 R^2	0.8094	0.6283	0.9148	0.9141	0.5419
D-W检验	2.1278	1.6516	1.3621	1.6052	2.9964

2.纳入政府对企业的补贴变量

不同的国家围绕各自的经济目标和市场机制在不同程度上对微观企业实施救助或补贴（IMF，2014），政府对企业的补贴在一定程度上解决了经济"稳增长"需求（朱宁，2016）、国有企业政策性负担缓解（龚强等，2014）、防止系统性及区域性金融风险（许成钢，2016）等问题。但具有争议的是，政府补贴并不能修补市场运行的无效性，反而可能创造更多的无效性（Farhi and Tirole，2012；Chari and Kehoe，2016）。为此，本章引入反映经济政策的政府补贴变量，检验在企业金融资产投资行为趋于显著的情况下，政府补贴能否有利于从企业层面缓解银行风险，结果见表8-4。

表8-4 引入政府补贴变量后企业"脱实向虚"与银行风险

	（1）商业银行 br_t	（2）大型商业银行 brd_t	（3）股份制商业银行 brg_t	（4）城市商业银行 brc_t	（5）农村商业银行 brn_t
br_{t-1}	1.5563*** (355.9898)	1.4814*** (313.5048)	1.6430*** (293.9711)	1.5064*** (582.5284)	1.6317*** (222.9645)
br_{t-2}	−0.5285*** (−134.2946)	−0.4781*** (−118.9416)	−0.6244*** (−104.0144)	−0.4533*** (−204.6578)	−0.5757*** (−89.4372)
fa_t	0.0008*** (5.7972)	0.0008*** (5.2990)	0.0012*** (9.7152)	0.0004*** (4.8094)	0.0018*** (5.8697)
gs_t	0.0004 (1.2164)	0.0003 (0.9379)	0.0005* (1.94306)	0.0002 (1.0915)	0.0014** (1.9867)
调整的 R^2	0.7988	0.6086	0.9026	0.9089	0.5378
D-W检验	2.0622	1.6081	1.2035	1.5352	3.0152

观察表8-4得出：政府补贴并未弱化企业金融资产投资行为，也未弱化企业金融资产投资对银行风险的解释作用，各解释系数仍然在1%的水平下显著，fa_t的解释系数对各类型商业银行风险影响的大小排序也未发生变化，取值范围仍然是 [0.0008，0.0018]。此时，政府对企业的补贴并未从企业层面消除或降低银行的信用风险，甚至与股份制商业银行和农村商业银行的风险呈较为显著（分别在10%和5%的水平下显著）的正向关系。其经济原因可能在于，政府补贴强化了股份制商业银行和农村商业银行对贷款企业的选择，而此类企业享受政府补贴后并未显著提升生产效率甚至降低了生产效率（马文涛、马草原，2018），金融资产投资行为得到强化，投机性贷款融资的风险提升。

3.纳入房地产价格变量

近年来，房地产在中国出现了金融化趋势，一些研究文献甚至将房地产价格归为金融变量（Vonen，2011；Claessens et al.，2012）。毋庸置疑的是，现实中林林总总的信托、理财、基金很多与房地产项目联系，房地产作为企业重要的投资品种，其价格波动必然直接或间接影响到企业金融资产投资行为。本章引入房产价格增长率检验房地产行情变动环境下企业金融资产投资与银行风险的关系，估计结果见表8-5。

表8-5　引入房产价格变量后企业"脱实向虚"与银行风险

	（1） 商业银行 br_t	（2） 大型商业银行 brd_t	（3） 股份制商业银行 brg_t	（4） 城市商业银行 brc_t	（5） 农村商业银行 brn_t
br_{t-1}	1.6870*** （470.8578）	1.6326*** （470.0241）	1.7818*** （307.1539）	1.5596*** （947.2851）	1.8309*** （271.1303）
br_{t-2}	−0.7101*** （−189.6082）	−0.6812*** （−199.7052）	−0.8304*** （−118.5335）	−0.5723*** （−352.0730）	−0.7622*** （−115.7858）
fa_t	0.0005*** （4.9434）	0.0003*** （3.1245）	0.0010*** （9.2283）	0.0001*** （3.1016）	0.0014*** （5.7102）
p_t	−0.3052*** （−22.8266）	−0.3819*** （−28.1662）	−0.0458*** （−3.1487）	0.2010*** （31.7215）	−1.8522*** （−52.3061）
p_{t-1}	1.1364*** （83.0508）	1.4233*** （101.7429）	0.6990*** （48.2169）	0.8146*** （129.7829）	1.4773*** （40.9207）
调整的 R^2	0.8876	0.8215	0.9209	0.9662	0.6861
D−W检验	2.3000	1.5010	1.4213	2.2121	2.2561

观察表8-5可以得出，企业金融资产投资对银行不良贷款率仍然具有显著的正向作用。同时值得关注的是，当期的房产价格上涨率与银行不良贷款率呈负向关系，滞后1期的房产价格上涨率与银行不良贷款率呈正向关系，而且解释系数显著变大。其经济含义为：房产价格上升，有利于降低当期的银行风险；但对未来一段时间的银行风险加剧具有更大的推动作用。其原因在于：企业金融资产投资比例提升后，间接支持了房产价格的迅速上升，在此过程中企业获得金融资产投资收益。显然，企业降低生产性投资而增加金融性投资获得的由房产价格上涨带来的收益要明显小于房

产价格的上涨幅度。无论是房产价格上涨的资本性收益，还是金融资产收益，都来源于企业生产性利润，而企业降低生产性投资必然缩减了整个经济体系的利润，使金融资产价格上涨不具有持续性。从长期来看，企业"脱实向虚"和过度的房产投资会加剧银行风险、推动不良贷款率上升。而且，大量金融资源配置在房地产行业，房产价格波动导致商业银行产生大量坏账，造成金融系统不稳定，极易导致银行资金链条断裂，引发系统性金融危机（何德旭等，2013）。

4.纳入行业创新属性变量

企业所在行业的创新密度与企业经营风险具有密切的关系，从而影响企业的银行贷款违约风险。本章根据Wind数据库划分的24个二级行业及其行业技术投入率数据，按照从小到大顺序对行业的创新属性变量进行序数赋值，进而将其作为各行业相应的上市公司的创新属性，检验结果见表8-6。

表8-6 引入行业技术属性变量后企业"脱实向虚"与银行风险

	（1）商业银行 br_t	（2）大型商业银行 brd_t	（3）股份制商业银行 brg_t	（4）城市商业银行 brc_t	（5）农村商业银行 brn_t
br_{t-1}	1.5207*** (350.7056)	1.4278*** (291.3048)	1.6927*** (347.0635)	1.4749*** (554.3096)	1.5930*** (207.6950)
br_{t-2}	−0.5627*** (−143.4445)	−0.4970*** (−126.8831)	−0.8142*** (−134.3641)	−0.4701*** (−215.7642)	−0.5925*** (−91.7297)
fa_t	0.0007*** (5.6923)	0.0007*** (5.2388)	0.0009*** (8.7479)	0.0004*** (4.7511)	0.0018*** (5.9919)
$indus_t$	0.0079*** (30.8695)	0.0086*** (29.0298)	0.0120*** (59.8257)	0.0047*** (31.6541)	0.0100*** (15.3266)
调整的 R^2	0.8161	0.6386	0.9279	0.9171	0.5480
D-W检验	2.1751	1.6601	1.4776	1.7054	2.9604

观察表8-6可以得出：不同的行业创新并未弱化企业金融资产投资行为，也未弱化企业金融资产投资对银行风险的解释作用，各解释系数仍然

在1%的水平下显著，fa_t的解释系数对各类型商业银行风险影响的大小排序也未发生变化，取值范围是［0.0007，0.0018］。但值得关注的是，企业的行业属性对大型商业银行不良贷款率的解释系数最大。这意味着国有大型商业银行对创新投入较高的企业的贷款力度相对于其他类型银行较大，而此类企业也具有较高的项目失败的风险。同时，从这一角度可以合理推断的是：对于单个企业或银行来说，相对于金融资产投资，技术创新投资的风险较大，而且前者在短期内能够获得较高收益，甚至有政府的担保和救助。在审慎原则下，银行可能更会选择投资金融资产的企业，而不是科技创新的企业。因此，在现实中，银行对企业"脱实向虚"行为的支持并非由于信息不对称，而是银行的贷款规则和偏好选择在一定程度上有意地强化和推动了企业的金融资产投资行为。

根据上述检验，这里将企业金融资产投资变量和有关控制变量全部纳入解释变量进行 GMM 估计，控制随机效应和固定效应后，检验结果见表8-7。观察可知，企业金融资产投资变量和有关控制变量对银行不良贷款率的解释系数的显著性与上文一致，没有发生矛盾性的变动。

表8-7　引入各类控制变量后企业"脱实向虚"与银行风险

	（1） 商业银行 br_t	（2） 大型商业银行 brd_t	（3） 股份制商业银行 brg_t	（4） 城市商业银行 brc_t	（5） 农村商业银行 brn_t
br_{t-1}	1.6233*** （447.5586）	1.5549*** （410.9685）	1.7835*** （379.9625）	1.5354*** （827.5950）	1.7547*** （243.7241）
br_{t-2}	−0.7189*** （−207.4071）	−0.6724*** （−210.1917）	−0.9725*** （−163.2802）	−0.5730*** （−361.9332）	−0.7711*** （−120.5420）
fa_t	0.0007*** （7.3631）	0.0005*** （5.5801）	0.0011*** （12.2944）	0.0002*** （4.9241）	0.0016*** （6.6305）
roa_t	0.0003*** （15.7203）	0.0003*** （14.9250）	0.0004*** （23.5950）	0.0001*** （12.0449）	0.0003*** （6.4563）
lev_t	0.0008*** （22.4420）	0.0008*** （20.6975）	0.0012*** （33.5696）	0.0003*** （16.5216）	0.0010*** （10.4701）
gs_t	8.82E-05 （0.4271）	−6.15E-05 （−0.2920）	0.0002 （1.1663）	−3.67E-05 （−0.3491）	0.0010* （1.7863）

续表

	（1） 商业银行 br_t	（2） 大型商业银行 brd_t	（3） 股份制商业银行 brg_t	（4） 城市商业银行 brc_t	（5） 农村商业银行 brn_t
p_t	−0.4659*** （−36.3393）	−0.5305*** （−40.4559）	−0.3899*** （−31.0984）	0.1466*** （22.4825）	−2.0442*** （−58.6066）
p_{t-1}	1.0069*** （77.9535）	1.2834*** （95.4087）	0.4882*** （40.7794）	0.7746*** （123.2165）	1.3363*** （37.9041）
$indus_t$	0.0070*** （35.7719）	0.0068*** （33.7779）	0.0114*** （61.9117）	0.0018*** （18.4674）	0.0134*** （24.8839）
调整的 R^2	0.9053	0.8462	0.9491	0.9683	0.7078
D−W 检验	2.4248	1.5447	1.3730	2.3507	2.1843

（三）行业层面的稳健性检验

为进一步检验上述分析的稳健性，本章根据 Wind 数据库中上市企业的行业二级分类方法，将上文样本数据整理为 19 个行业的数据。其中，行业金融资产率根据行业内企业金融资产规模占该行业资产总规模的百分比得出，行业政府补贴率根据行业内所有企业得到的政府补贴占该行业资产总规模的百分比得出，行业资产负债率根据单个企业的资产负债率和该企业占所在行业的资产比例权重进行加权平均得出。同样在 GMM 估计下，本章得到行业层面的企业金融资产投资与商业银行贷款风险之间的关系（见表 8-8）。观察表 8-8 可以看出，在行业层面，工具变量系数的符号未发生方向性的变动，工具变量系数的大小也未发生实质性的变化，并且检验结果显著。这进一步证实了上述分析的稳健性。

表 8-8 行业层面的企业"脱实向虚"与银行风险

	（1） 商业银行 br_t	（2） 大型商业银行 brd_t	（3） 股份制商业银行 brg_t	（4） 城市商业银行 brc_t	（5） 农村商业银行 brn_t
br_{t-1}	1.5117*** （51.4506）	1.4143*** （42.3807）	1.7163*** （54.1243）	1.4806*** （87.5962）	1.6733*** （23.8975）
br_{t-2}	−0.6979*** （−28.2334）	−0.6255*** （−26.0221）	−0.9931*** （−25.1779）	−0.5662*** （−46.3315）	−0.7438*** （−13.5732）

	（1） 商业银行 br_t	（2） 大型商业银行 brd_t	（3） 股份制商业银行 brg_t	（4） 城市商业银行 brc_t	（5） 农村商业银行 brn_t
fa_t	0.0012* （1.8149）	0.0011 （1.5191）	0.0011* （1.7211）	0.0004** （1.9663）	0.0013 （0.5817）
lev_t	0.0035*** （8.0939）	0.0035*** （7.3207）	0.0042*** （11.2938）	0.0013*** （5.2959）	0.0053*** （3.6506）
roa_t	0.0098*** （5.5971）	0.0099*** （5.3149）	0.0104*** （6.5108）	0.0038*** （4.0025）	0.0089 （1.5436）
gs_t	0.0292* （1.6683）	0.0415** （2.2719）	0.0428*** （2.6567）	0.0139 （1.4519）	−0.0079 （−0.1403）
p_t	−0.6584*** （−7.0280）	−0.7261*** （−7.3837）	−0.5974*** （−6.9135）	0.0455 （0.8751）	−2.1016*** （−7.0278）
p_{t-1}	0.8150*** （8.5924）	1.0515*** （10.2409）	0.3197*** （3.8832）	0.6948*** （13.9223）	1.2195*** （3.9972）
调整的 R^2	0.9329	0.8861	0.9681	0.9738	0.7025
D-W检验	2.1284	2.2331	2.0336	2.3496	2.0332

二　企业金融资产投资与银行系统性风险

2013年，巴塞尔协议Ⅲ规定商业银行的一级资本充足率从4%提高到5%；引入动态拨备率指标来控制经营风险，原则上不低于2.5%；银行业的杠杆监管标准不低于4%；引入流动性覆盖率和净稳定融资比例指标。并且，中国当年开始实施大规模投资计划，但工业投资率达到顶峰并开始下降。A股非金融上市公司的整体金融化稳步上升。银行数据来自样本银行的资产负债表。样本银行总数为143家，其中包括6家国有商业银行、9家股份制商业银行、73家城市商业银行、33家农村商业银行和22家其他银行。最后，本章中使用的样本包含12680个公司年度观察结果。

（一）所有银行

通过GMM方法估算企业金融资产投资与银行风险之间关系，结果如

表 8-9、表 8-10 和表 8-11 所示。其中，ES 分别在概率水平 99.9%，99.95% 和 99.99% 下进行计算。通过比较这三张表可以得出如下结论。

表 8-9　企业金融资产投资比例提高与银行系统性风险（LOO，99.9%）

	（1）	（2）	（3）	（4）	（5）	（6）	（7）
fa	0.1062***	0.1029***	0.1030***	0.0976***	0.1842***	0.0920***	0.1582***
	(6.3013)	(6.1489)	(6.1547)	(5.7414)	(5.3275)	(5.5982)	(4.5923)
roa		−0.0050	−0.0049	−0.0049	−0.0047	−0.0040	−0.0037
		(−1.4369)	(−1.4249)	(−1.3984)	(−1.3685)	(−1.1355)	(−1.0478)
lev		0.0049	0.0049	0.0051	0.0173**	0.0038	0.0150*
		(0.6967)	(0.6927)	(0.7156)	(2.0077)	(0.5541)	(1.8081)
as		0.0000	0.0000	0.0000	0.0000	0.0000	0.0000
		(1.5750)	(1.5821)	(1.5780)	(1.6404)	(1.5460)	(1.6047)
indus		−0.1559***	−0.1558***	−0.1552***	−0.1568***	−0.1040***	−0.1041***
		(−4.7274)	(−4.7211)	(−4.7045)	(−4.7578)	(−3.1671)	(−3.1722)
gs			0.0217	−0.0453			−0.0604
			(0.4318)	(−0.6996)			(−0.9735)
fa × *gs*				0.0108*			0.0118**
				(1.7906)			(2.0041)
fa × *lev*					−0.0021***		−0.0018**
					(−2.6895)		(−2.4190)
p						−28.6333***	−28.6008***
						(−26.7317)	(−26.7031)
常数项	18.3303***	19.9022***	19.8854***	19.9110***	19.4165***	21.5579***	21.1440***
	(103.3802)	(38.0234)	(37.8454)	(37.8088)	(34.9838)	(41.9634)	(38.6940)
样本量	6295	6295	6295	6295	6295	6295	6295
R^2	0.007	0.011	0.011	0.011	0.012	0.068	0.069

注：根据式（8-6）、式（8-7），可计算出"去一法"下的银行系统性风险；样本数据区间为 2013~2017 年；为了确保样本数据区间长度的统一，这里排除了 2009 年以后上市公司的样本、金融公司的样本、ST 上市公司的样本和主要变量缺失值的样本。

资料来源：上市公司的原始数据来自 Wind 数据库和一些公司的年度财务报表。

表8-10 企业金融资产投资比例提高与银行系统性风险 （LOO，99.95%）

	(1)	(2)	(3)	(4)	(5)	(6)	(7)
fa	0.0078*** (6.5889)	0.0072*** (6.2738)	0.0072*** (6.2782)	0.0070*** (5.9832)	0.0131*** (5.4904)	0.0055*** (5.4753)	0.0097*** (4.6030)
roa		−0.0003 (−1.5795)	−0.0003 (−1.5697)	−0.0003 (−1.5450)	−0.0003 (−1.4994)	−0.0002 (−0.8328)	−0.0001 (−0.7497)
lev		0.0003 (0.6705)	0.0003 (0.6675)	0.0003 (0.6822)	0.0012** (1.9786)	0.0002 (0.3798)	0.0009* (1.6882)
as		0.0000 (1.1792)	0.0000 (1.1851)	0.0000 (1.1824)	0.0000 (1.2570)	0.0000 (1.2154)	0.0000 (1.2786)
indus		−0.0271*** (−11.7028)	−0.0271*** (−11.6952)	−0.0271*** (−11.6838)	−0.0272*** (−11.7382)	−0.0190*** (−9.2054)	−0.0190*** (−9.2165)
gs			0.0011 (0.4140)	−0.0019 (−0.3982)			−0.0044 (−1.2618)
fa × gs				0.0005 (1.1573)			0.0007** (2.0704)
fa × lev					−0.0001*** (−2.7719)		−0.0001** (−2.4850)
p						−4.4774*** (−56.2591)	−4.4754*** (−56.2358)
常数项	2.8632*** (222.6399)	3.1612*** (88.4086)	3.1603*** (88.1280)	3.1615*** (87.9719)	3.1263*** (82.0652)	3.4201*** (107.3731)	3.3948*** (100.3199)
样本量	6295	6295	6295	6295	6295	6295	6295
R²	0.007	0.028	0.028	0.028	0.029	0.301	0.302

表8-11 企业金融资产投资比例提高与银行系统性风险 （LOO，99.99%）

	(1)	(2)	(3)	(4)	(5)	(6)	(7)
fa	0.0008*** (6.3295)	0.0008*** (5.9599)	0.0008*** (5.9615)	0.0007*** (5.5887)	0.0014*** (5.4131)	0.0006*** (5.1524)	0.0011*** (4.4727)
roa		−0.0000 (−1.3179)	−0.0000 (−1.3095)	−0.0000 (−1.2865)	−0.0000 (−1.2416)	−0.0000 (−0.7716)	−0.0000 (−0.6961)
lev		0.0000 (0.8407)	0.0000 (0.8392)	0.0000 (0.8589)	0.0001** (2.1452)	0.0000 (0.6242)	0.0001* (1.8962)
as		0.0000 (1.0692)	0.0000 (1.0721)	0.0000 (1.0684)	0.0000 (1.1507)	0.0000 (1.0495)	0.0000 (1.1143)

	(1)	(2)	(3)	(4)	(5)	(6)	(7)
indus		−0.0034***	−0.0034***	−0.0034***	−0.0034***	−0.0027***	−0.0027***
		(−13.0838)	(−13.0766)	(−13.0618)	(−13.1201)	(−11.1346)	(−11.1449)
gs			0.0001	−0.0004			−0.0006
			(0.1842)	(−0.7559)			(−1.3889)
fa × *gs*				0.0001			0.0001**
				(1.5733)			(2.1912)
fa × *lev*					−0.0000***		−0.0000**
					(−2.8540)		(−2.5219)
p						−0.3838***	−0.3836***
						(−35.2539)	(−35.2355)
常数项	0.2595***	0.2963***	0.2962***	0.2964***	0.2923***	0.3185***	0.3154***
	(180.1631)	(76.5036)	(76.1648)	(76.0113)	(70.5662)	(85.2124)	(79.1502)
样本量	6295	6295	6295	6295	6295	6295	6295
R^2	0.006	0.032	0.032	0.032	0.033	0.193	0.194

第一，企业财务资产比例的解释系数在1%的水平下显著为正。这表明企业金融资产配置比例的普遍增加将影响银行金融系统风险的上升。平均而言，企业金融资产比例增加1%，当概率水平为99.9%时，将使金融风险从0.092%增加到0.1582%；当概率水平为99.95%时，将使金融风险从0.007%增加到0.0131%；当概率水平为99.99%时，将使金融风险从0.0006%增加到0.0014%。

第二，政府补贴并没有削弱企业的金融资产投资行为，也没有削弱企业对金融系统风险的金融资产投资的解释。解释系数在1%的水平下仍然是显著的。结果表明，政府对企业的补贴并未消除或降低金融系统风险，甚至通过企业金融资产比例和政府补贴的交叉影响对金融系统风险产生积极影响。获得政府补贴后，企业无须提高生产效率（马文涛、马草原，2018），反而加强了金融资产投资行为，增加了金融系统风险。因此，政府补贴并不能解决市场运作的无效问题，但可能会造成效率低下。

企业技术创新投资对金融系统风险有负面影响，表明技术创新可以为自身和金融机构带来更多利润，降低金融风险。

（二）国有大型商业银行、股份制商业银行、城市商业银行、农村商业银行的比较

在划分四类银行并估计企业金融资产比例对各类银行风险的影响时，估计结果发生了一些变化。当银行分为四类银行时，企业金融资产比例对金融系统风险的解释系数没有变化，只有系数的价值变大或变小。特别是企业金融资产投资比例提高对股份制商业银行风险的影响大于对城市商业银行风险的影响，对城市商业银行风险的影响大于其他银行。企业技术创新投资对不同类型银行风险的解释系数发生了一些变化，不仅是系数的有价值，而且是系数的符号。政府补助对各类银行的金融系统风险没有显著影响。有关详细信息，参见表8-12~表8-15。从长远来看，企业的技术创新可能为自身和国有大型商业银行带来更多利润，降低国有银行系统风险。

表8-12显示了国有大型商业银行传染风险的系统成分（99.95%）是因变量且企业的金融资产比例和其他变量是自变量时的回归结果。表8-13显示了股份制商业银行传染风险的系统成分（99.95%）是因变量、企业的金融资产比例和其他变量是自变量时的回归结果。表8-14给出了城市商业银行传染风险的系统成分（99.95%）是因变量、企业的金融资产比例和其他变量是自变量时的回归结果。表8-15给出了农村商业银行传染风险的系统成分（99.95%）为因变量、企业金融资产比例和其他变量为自变量时的回归结果。

表8-12　企业金融资产投资比例提高对国有大型商业银行系统性风险的影响（LOO, 99.95%）

	（1）	（2）	（3）	（4）	（5）	（6）	（7）
fa	0.0000***	0.0000***	0.0000***	0.0000***	0.0000***	0.0000***	0.0000***
	(4.3487)	(3.9275)	(3.9333)	(3.8620)	(3.5072)	(2.9074)	(2.9463)
roa		−0.0000*	−0.0000*	−0.0000*	−0.0000*	−0.0000	−0.0000
		(−1.7358)	(−1.7356)	(−1.7377)	(−1.6748)	(−0.3879)	(−0.3267)
lev		0.0000	0.0000	0.0000	0.0000*	0.0000	0.0000
		(0.9231)	(0.9197)	(0.9182)	(1.7252)	(0.7263)	(1.5489)
as		0.0000	0.0000	0.0000	0.0000	0.0000	0.0000
		(0.2828)	(0.2896)	(0.2898)	(0.3479)	(0.2049)	(0.2580)

续表

	（1）	（2）	（3）	（4）	（5）	（6）	（7）
indus		−0.0001***	−0.0001***	−0.0001***	−0.0001***	−0.0000***	−0.0000***
		(−12.5492)	(−12.5405)	(−12.5403)	(−12.5574)	(−14.0507)	(−14.0487)
gs		0.0000	0.0000	0.0000	−0.0000	−0.0000	
		(0.4065)	(0.2698)	(0.3705)	(−0.4404)	(−1.6137)	
fa × *gs*					−0.0000*		−0.0000*
					(−1.8329)		(−1.8553)
fa × *lev*				−0.0000			0.0000**
				(−0.0730)			(2.0665)
p						−0.0217***	−0.0217***
						(−135.8951)	(−135.8897)
常数项	0.0044***	0.0053***	0.0053***	0.0053***	0.0052***	0.0065***	0.0065***
	(113.7424)	(50.5450)	(50.3952)	(50.3339)	(46.7282)	(120.0555)	(112.5673)
样本量	6295	6295	6295	6295	6295	6295	6295
R^2	0.003	0.027	0.027	0.027	0.027	0.765	0.765

表8-13　企业金融资产投资比例提高对股份制商业银行系统性风险的影响
（LOO，99.95%）

	（1）	（2）	（3）	（4）	（5）	（6）	（7）
fa	0.0021***	0.0021***	0.0021***	0.0019***	0.0039***	0.0018***	0.0033***
	(5.4909)	(5.4690)	(5.4771)	(4.9057)	(4.8507)	(4.9291)	(4.0581)
roa		0.0002	0.0001	0.0002	0.0001	0.0001	0.0001
		(1.4643)	(1.4521)	(1.4242)	(1.4021)	(1.2209)	(1.1558)
lev		−0.0002	−0.0002	−0.0002	−0.0005***	−0.0002	−0.0005**
		(−1.5093)	(−1.5057)	(−1.5323)	(−2.7353)	(−1.3803)	(−2.5599)
as		−0.0000	−0.0000	−0.0000	−0.0000*	−0.0000	−0.0000*
		(−1.6150)	(−1.6245)	(−1.6193)	(−1.6854)	(−1.6007)	(−1.6504)
indus		0.0002	0.0002	0.0002	0.0002	−0.0010	−0.0010
		(0.2873)	(0.2796)	(0.2569)	(0.3079)	(−1.4492)	(−1.4486)

续表

	（1）	（2）	（3）	（4）	（5）	（6）	（7）
gs			−0.0007 （−0.4159）	0.0013 （0.7049）	−0.0006 （−0.3848）	−0.0005 （−0.2978）	0.0016 （0.8985）
fa × gs					0.0000*** （2.6337）		0.0000** （2.3586）
fa × lev				−0.0003* （−1.7721）			−0.0003* （−1.9095）
p						0.6482*** （24.0437）	0.6477*** （24.0297）
常数项	0.4970*** （126.3329）	0.5051*** （48.5309）	0.5056*** （48.0365）	0.5049*** （47.7266）	0.5168*** （45.7871）	0.4680*** （44.4228）	0.4771*** （42.2511）
样本量	6295	6295	6295	6295	6295	6295	6295
R²	0.005	0.007	0.007	0.007	0.008	0.065	0.067

表8-14　企业金融资产投资比例提高对城市商业银行系统性风险的影响
（LOO，99.95%）

	（1）	（2）	（3）	（4）	（5）	（6）	（7）
fa	0.0001*** （6.4044）	0.0001*** （6.2843）	0.0001*** （6.2930）	0.0001*** （5.8542）	0.0002*** （5.4803）	0.0001*** （5.5623）	0.0001*** （4.5510）
roa		0.0000* （1.6679）	0.0000* （1.6564）	0.0000 （1.6245）	0.0000 （1.5952）	0.0000 （1.1998）	0.0000 （1.1264）
lev		−0.0000 （−1.0767）	−0.0000 （−1.0719）	−0.0000 （−1.0935）	−0.0000** （−2.3712）	−0.0000 （−0.8797）	−0.0000** （−2.1403）
as		−0.0000 （−1.6287）	−0.0000 （−1.6387）	−0.0000 （−1.6347）	−0.0000* （−1.7040）	−0.0000 （−1.6471）	−0.0000 （−1.6995）

续表

	（1）	（2）	（3）	（4）	（5）	（6）	（7）
indus		0.0001***	0.0001***	0.0001***	0.0001***	0.0000	0.0000
		（3.8035）	（3.7943）	（3.7778）	（3.8268）	（1.0737）	（1.0799）
gs			−0.0000	0.0000	−0.0000	−0.0000	0.0000
			（−0.5568）	（0.4826）	（−0.5148）	（−0.3017）	（0.9326）
fa × *gs*					0.0000***		0.0000**
					（2.7903）		（2.4701）
fa × *lev*				−0.0000			−0.0000**
				（−1.5533）			（−2.0042）
p						0.0387***	0.0387***
						（46.6142）	（46.5994）
常数项	0.0174***	0.0166***	0.0166***	0.0166***	0.0170***	0.0144***	0.0147***
	（124.3318）	（42.2135）	（42.0300）	（41.8397）	（40.4062）	（38.8612）	（37.3309）
样本量	6295	6295	6295	6295	6295	6295	6295
R^2	0.007	0.010	0.010	0.010	0.011	0.178	0.179

表8-15　企业金融资产投资比例提高对农村商业银行系统性风险的影响
（LOO，99.95%）

	（1）	（2）	（3）	（4）	（5）	（6）	（7）
fa	0.0000***	0.0000***	0.0000***	0.0000***	0.0000***	0.0000***	0.0000***
	（4.9047）	（4.4158）	（4.4088）	（4.0318）	（4.1098）	（4.5590）	（4.0717）
roa		0.0000	0.0000	0.0000	0.0000	0.0000	0.0000
		（0.3173）	（0.3315）	（0.3315）	（0.2531）	（0.4012）	（0.3229）
lev		−0.0000	−0.0000	−0.0000	−0.0000	−0.0000	−0.0000
		（−0.2862）	（−0.2899）	（−0.3137）	（−1.4364）	（−0.3208）	（−1.4870）
as		−0.0000	−0.0000	−0.0000	−0.0000	−0.0000	−0.0000
		（−0.6019）	（−0.5946）	（−0.5905）	（−0.6634）	（−0.6076）	（−0.6735）

	（1）	（2）	（3）	（4）	（5）	（6）	（7）
indus		0.0001*** (14.4458)	0.0001*** (14.4471)	0.0001*** (14.4289)	0.0001*** (14.4749)	0.0001*** (14.9350)	0.0001*** (14.9445)
gs		0.0000 (0.4488)	0.0000* (1.6743)	0.0000 (0.4949)	0.0000 (0.4239)	0.0000 (1.5940)
fa × gs					0.0000** (2.2562)		0.0000** (2.2915)
fa × lev				-0.0000** (-2.1761)			-0.0000** (-2.0321)
p						-0.0011*** (-3.6119)	-0.0011*** (-3.6316)
常数项	0.0080*** (217.1878)	0.0068*** (64.8476)	0.0068*** (64.6502)	0.0068*** (64.5494)	0.0069*** (61.7266)	0.0069*** (64.9941)	0.0070*** (61.9585)
样本量	6295	6295	6295	6295	6295	6295	6295
R^2	0.004	0.037	0.037	0.037	0.038	0.039	0.040

（三）稳健性分析

为了准确检验企业金融资产投资与金融风险之间的关系，这里使用 ΔCoVaR 法来估算系统性金融风险。数据包括：每个样本银行的每周五收盘价，每家银行的市场价值，沪深 300 指数（代码：000951.SH）收盘价的波动率，三个月政府债券收益率的周期性变化，从 2013 年到 2017 年的股票收益率（沪深 300 指数收盘价格对数增长率）。这里通过 ΔCoVaR 法计算银行系统性风险，估计企业金融资产投资比例对银行系统性风险的影响，并进一步验证了上述结论（见表 8-16、表 8-17）。表 8-16 显示了传染风险的系统成分（95%）是因变量时的回归结果。表 8-17 显示了传染风险的系统成分（99%）是因变量时的回归结果。分析表 8-16 和表 8-17，发现 ΔCoVaR 结论与 LOO 一致。

表8-16　企业金融资产投资比例提高对银行系统性风险的影响（ΔCoVaR，95%）

	（1）	（2）	（3）	（4）	（5）
fa	0.0036**	0.0041***	0.0041***	0.0043***	0.0063*
	（2.3132）	（2.6329）	（2.6502）	（2.6883）	（1.9433）
roa		−0.0005**	−0.0005**	−0.0005**	−0.0005**
		（−2.3032）	（−2.3240）	（−2.3412）	（−2.2755）
lev		0.0004	0.0004	0.0004	0.0007
		（0.5947）	（0.5847）	（0.5786）	（0.8916）
as		0.0000	0.0000	0.0000	0.0000
		（1.0795）	（1.0978）	（1.0987）	（1.0994）
indus		−0.0277***	−0.0278***	−0.0278***	−0.0277***
		（−9.2636）	（−9.2760）	（−9.2696）	（−9.2559）
gs			0.0048	0.0064	
			（1.5402）	（1.3524）	
fa × *gs*				−0.0003	
				（−0.4978）	
fa × *lev*					−0.0001
					（−0.7358）
常数项	6.2496***	5.9125***	5.9087***	5.9081***	5.8996***
	（372.5888）	（113.1072）	（113.1091）	（113.1263）	（107.1350）
样本量	6295	6295	6295	6295	6295
R^2	0.001	0.014	0.014	0.014	0.014

注：ΔCoVaR方法下银行系统性风险计算方法为，①在置信水平为95%和99%的水平上计算动态在险价值$VaR^i_{95\%,\,t}$和$VaR^i_{99\%,\,t}$。分位数回归方程为：$R^i_t = \alpha^i + \beta^i M_{t-1} + \varepsilon^i_t$和$R^{system}_t = \alpha^{systemli} + \gamma^{systemli} R^i_t + \beta^{systemli} M_{t-1} + \varepsilon^{systemli}_t$。其中，$R_t$代表银行$i$的周收益率，即$R_t = 100 \times \ln(P_t/P_{t-1})$，为上市银行股票的收盘价；在计算银行行业系统性风险时，R^{system}_t采用沪深300指数（代码：000951.SH）收盘价对数增长率表示，银行系统的收益率为所有上市银行的加权平均收益率，权重为每家银行的市值。M代表一系列宏观风险状态变量，具体包括了以下几个状态变量：3月期国债到期收益率的环比变化值、股票市场收益率（沪深300指数收盘价对数增长率）和股票市场波动率（沪深300指数收盘价对数增长率的波动率）。②根据分位数回归，求出相应的系数估计值，代入方程，进而得到银行的在险价值和银行系统的条件在险价值。$VaR^i_t(q) = \alpha^i_q + \beta^i_q M_{t-1}$，$CoVaR^i_t(q) = \alpha^{systemli}_q + \gamma^{systemli}_q VaR^i_t(q) + \beta^{systemli}_q M_{t-1}$。③根据银行$i$处于危机状态下（$q=0.05$，$q=0.01$）与其处于正常状态下（$q=0.5$）银行系统的条件在险价值之差，即可求得银行$i$对系统风险的边际贡献ΔCoVaR。其公式为：$\Delta CoVaR^i_t(q) = CoVaR^i_t(q) - CoVaR^i_t(50\%)$。这样，就可以算出每家上市银行的ΔCoVaR。ΔCoVaR一般为负值，这里取其绝对值。其绝对值越大，代表相应银行的系统风险越大。④得到每家金融机构

系统性风险之后，需要计算银行业的系统性风险的时间序列数据。具体计算公式为

$$\Delta CoVaR_t^{system} = \frac{mv_i}{\sum_{i=1}^{N} mv_i} \Delta CoVaR_t^i(q)。$$ 其中，mv_i 为每个银行 i 的权益市值，N 为总银行

数。$\Delta CoVaR_t^{system}$ 是银行业在 t 时刻的系统性风险。

表8-17　企业金融资产投资比例提高对银行系统性风险的影响（$\Delta CoVaR$，99%）

	（1）	（2）	（3）	（4）	（5）
fa	0.0074** (2.1958)	0.0086** (2.5482)	0.0087** (2.5658)	0.0089*** (2.5945)	0.0131* (1.8827)
roa		−0.0011** (−2.3183)	−0.0011** (−2.3398)	−0.0011** (−2.3549)	−0.0011** (−2.2914)
lev		0.0009 (0.6287)	0.0009 (0.6186)	0.0009 (0.6133)	0.0016 (0.9053)
as		0.0000 (1.1044)	0.0000 (1.1229)	0.0000 (1.1236)	0.0000 (1.1235)
indus		−0.0655*** (−10.1354)	−0.0656*** (−10.1479)	−0.0655*** (−10.1418)	−0.0654*** (−10.1278)
gs			0.0106 (1.5857)	0.0136 (1.3496)	
fa × gs				−0.0005 (−0.4306)	
fa × lev					−0.0001 (−0.7117)
常数项	10.4575*** (288.5491)	9.6631*** (85.7993)	9.6548*** (85.7781)	9.6537*** (85.7868)	9.6361*** (81.1692)
样本量	6295	6295	6295	6295	6295
R²	0.001	0.016	0.016	0.016	0.016

注：同表8-16。

第三节　企业金融资产投资、股票质押与违约风险

企业金融资产投资还会通过其他途径加剧银行贷款风险和金融系统性
风险。例如，上市企业进行股权质押贷款，为了隐藏负面信息而持有金融

资产会提升企业股价崩盘的概率（彭俞超等，2018b），加大了贷款抵押物贬值的风险、降低了公司价值（Anderson and Puleo，2015），从而加剧了银行贷款损失风险。

一　基本机制

企业为了获得银行等金融机构融资，运用拥有的本公司的股票作为质押申请股票质押贷款。股票质押作为一种融资方式，门槛低、便捷迅速，可以在股权不流失的前提下解决融资困难。但这种融资方式的有效运作需要一定的前提条件。一是企业质押股票的价值稳定，甚至预期上涨。否则，股价暴跌、公众抛售、股票崩盘，质押的股票价值不足以清偿贷款，造成违约风险。二是企业未发生制造虚假财务数据、隐瞒重要负面消息的道德风险。否则，当负面信息累积超过阈值后集中释放，就会导致股价崩盘。

现实当中，金融资产投资比例过高的企业在质押其股票时常常不满足这些条件，具体体现在三个方面。

一是企业为了粉饰公司业绩、隐藏主营业务不善的信息，进行金融资产投资，调节企业年度利润。根据《企业会计准则第22号——金融工具确认和计量》的有关规定[①]，在资产升值的情况下，企业可以通过多认定交易性金融资产的方式提升短期利润，而在资产减值的情况下，可以通过多认定可供出售资产的方式规避损失，从而实现粉饰短期业绩和市场表现、隐藏企业前景的坏消息（Jin and Myers，2006；Hutton et al.，2009）。

二是企业为了顺利获得贷款进行金融资产投资，采取虚构公司财务数据的方式提振投资者的信心（Cossin et al.，2003）。企业投资金融资产意味着企业资产价值风险水平上升，再利用其股票进行质押融资时，意味着该企业很可能已经面临比较严重的资金问题。此时，企业财务造假的风险大大增加。

三是在市场、法律制度不够完善的国家和地区中，质押标的的价值容易被高估（Chen et al.，2013），同时质押融资会提升企业的市场风险，使

---

① 对于企业所持有的类金融资产中的交易性金融资产，取得时以成本计量，期末按照公允价值对金融资产进行后续计量，公允价值的变动计入当期损益；而对于可供出售金融资产，取得时按照成本计量，期末按照公允价值计量，公允价值的变动计入所有者权益。

企业股票在市场上面临更大的不确定性，质押人一旦违约，其质押标的将产生巨大的波动使被质押方面临巨额损失。

简要而言，企业金融资产投资比例过高时股权质押行为对银行贷款的风险影响机制见图8-1。

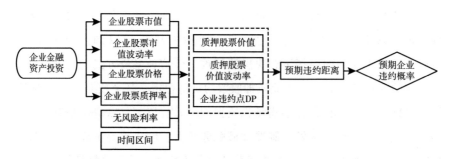

图8-1　企业金融资产投资、股票质押与银行风险的关系

二　数量关系

这里用期权定价模型估算股票质押贷款的价值，进而分析其期权价值变动对银行贷款违约概率的影响。

（一）股票质押贷款的期权价值

假设某时点企业的股票价值为 V，此时该企业将比例为 P 的股票质押给银行，获得金额为 B（$B=V\times P$）的贷款（质押价格）。在质押到期的 T 时刻，如果企业拥有的质押部分的股票价值 V_A 大于 B 及其利息收入 Br，企业就会及时偿还质押贷款本息 $B(1+r)$，贷款银行将顺利收回股票质押贷款本息；如果质押部分股票价值 V_A 小于贷款本息和 $B(1+r)$，企业可能将发生违约，此时，贷款银行清算企业质押部分的股票价值为 V_A。银行的收益方程为：

$$SY_{jigou} = \begin{cases} B(1+r), & V_A > B(1+r) \\ V_A, & V_A < B(1+r) \end{cases} = \min\{B(1+r),\ V_A\} \qquad (8-8)$$

此时，企业股票质押对贷款银行而言，实质类似于期权卖方卖出一份看跌期权。因此，可用期权定价公式来度量上市公司企业股票质押违约风险。

（二）企业质押股票损益

企业质押股票的最终损益取决于当前质押股票的价值（质押股票价值 V_A）与质押股票价格 B 加上其利息支出 Br。其中，在一定时间内 $B(1+r)$ 的值是确定不变的。因此，质押方的收益主要取决于 T 时刻质押股票价值 V_A。如果在 T 时刻企业质押股票价值 V_A 大于其质押股票价格 B（不考虑支付的利息 Br）时，股票质押方能获得偿还债务后的收益为 $V_A - B$，如果质押方的质押股票价值 V_A 小于其质押股票价格 B，则质押方将失去这部分质押的股票。质押方的收益见图8-2。

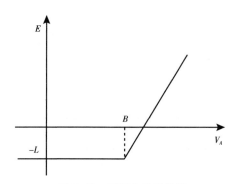

图8-2　质押方收益曲线

资料来源：杨胜麟（2019）。

企业在 T 时刻的收益方程为：

$$SY_{zyf} = \begin{cases} V_A - B, & V_A > B \\ -L, & V_A < B \end{cases} = \max\{-L, \ V_A - B\} \qquad (8\text{-}9)$$

将股票质押业务看作一个以 $T-t$ 为期限，以质押股票市值 E 为标的资产，以质押股票价格 B 为执行价格的欧式看涨期权。根据 Black-Scholes 期权定价模型，可构建以质押股票价值 V_A 和质押股票价值波动率 σ_A 为未知量的函数关系式：

$$\bar{V}_E = f\left(V_A, \ \bar{R}, \ \overline{T-t}, \ \sigma_A\right) \qquad (8\text{-}10)$$

其中，$\bar{R}=Br$。

（三）企业股票质押违约与银行风险

根据企业质押股票价值 V_A 与质押违约点距离可以计算出股票质押业

务与银行贷款风险的数量关系。将质押股票价值转换成一份基于质押股票市值 E 为标的的看涨期权后，股票质押违约风险即可做出以下描述：当质押方质押股票价值 V_A 大于质押股票价格 B 时，质押方会及时偿还质押贷款；当质押股票价值 V_A 小于质押股票价格 B 的平仓线时，股票质押业务产生违约。此时，这个临界点被称为违约点 DP（Default Point），即被质押方在这个点上将面临违约的风险（见图8-3）。

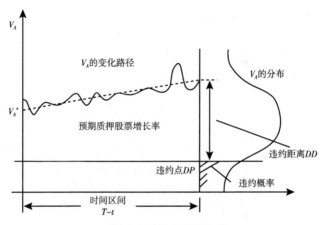

图8-3　违约情况示意

资料来源：杨胜麟（2019）。

1.质押股票价值 V_A 的求解

推导可以得到股票价值 V_A 的方程组（见附录）：

$$\begin{cases} V_A = EN(d_1) - BN(d_2) \\ d_1 = \dfrac{\ln \dfrac{E}{B} + \left(r_f + \dfrac{1}{2}\sigma_A^2\right)(T-t)}{\sigma_A\sqrt{T-t}}, \ d_2 = d_1 - \sigma_A\sqrt{T-t}, \ \sigma_E = N(d_1)\dfrac{V_A}{E}\sigma_A \end{cases}$$

$$(8\text{-}11)$$

2.违约距离 DD 与违约概率的计算

2004年11月2日中国证监会发布的《证券公司股票质押贷款管理办法》（银发〔2004〕256号）规定，在进行股票质押融资时，被质押方需设置一定的担保比例，防止股票价格波动所导致的质押标的下行风险。具体标准为：警戒线（$\dfrac{质押股票价值}{融资金额} \times 100\%$）不低于135%，平仓线（$\dfrac{质押股票价值}{融资金额} \times 100\%$）不低于120%。基于此，这里将该违约点设置为：违约点（DP）＝质押股票价格$B \times 135\%$。

在最后得到股票质押违约率之前，在模型中加入了一个转换指标：违约距离（DD）。违约距离DD描述了银行股票质押贷款风险的变化状况。具体计算方法如下：

$$DD = \frac{E(V_A) - DP}{E(V_A)\sigma_A} \tag{8-12}$$

在将违约距离转换为违约概率的计算过程中，KMV公司采用对市场上的历年违约数据进行统计并转换为违约概率的做法。例如，假设此时市场上违约距离$DD=3$的公司有900家；同时，如果这些企业在之后一年的时间内发生了违约，那么$DD=3$对应的违约概率为30%。如果历史数据短缺，则假定进行质押融资的企业质押股票价值V_A遵从正态分布，可以得到：

$$
\begin{aligned}
EDF &= P\left[V_T < DP_T\right] \\
&= P\left[\ln V_0 + \left(u - \frac{1}{2}\sigma_A^2\right)T + \sigma_A\sqrt{T}\,Z_T \leqslant \ln DP_T\right] \\
&= P\left[Z_T \leqslant -\frac{\ln\left(\dfrac{V_0}{DP_T}\right) + \left(u - \dfrac{1}{2}\sigma_A^2\right)T}{\sigma_A\sqrt{T}}\right] \\
&= N(-d_2)
\end{aligned}
\tag{8-13}
$$

三 进一步解释

（一）企业金融资产投资对银行贷款风险的影响

第一，如上文所述，企业金融资产投资比例过高时会降低和抑制生产性资本，而生产性资本是所有金融资产和银行贷款收益的来源，因而从根源上降低了银行贷款的收益、增加了银行贷款的风险。经济金融化显著降低了企业的实业投资率，并弱化了货币政策提振实体经济的效果；同时，金融资产的风险收益错配也抑制了实业投资，且这种抑制效应随着金融化程度的提升而增强（张成思、张步昙，2016）。在经济运行中，金融并不创造价值，金融运行中的各种费用、金融机构和金融产品投资者的收益均来自实体经济部门创造的价值转移，大量资金滞留于金融部门，既弱化了实体经济创造财富和对应价值的能力，也增加了金融运行的成本，给经济和金融都带来了新的风险（王国刚，2018）。

第二，企业金融资产投资的比例上升增加了社会中的投机性融资比例，无论是银行直接向投机性融资提供资金、还是贷款给低风险企业进而转贷给投机性融资企业，都增加了银行风险。企业进行高比例的金融资产投资，资金流转情况不外乎两种。一是资金经过多次转贷最终流转到具有融资约束的实体企业部门。这种情况相对较为乐观，主要问题在于不仅加大了资金周转环节和长度、产生更多的资金使用成本、阻碍了更多实体企业的发展，而且提高了依赖资金转贷赚取掮客佣金的企业比例和经济中投机性融资的比例、加剧金融不稳定性。二是资金主要在实体部门和金融部门之间进行"空转"、并未进入实体企业的生产投资领域。这种情况更为糟糕，主要问题在于从根本上截断了社会利润来源和发展动力，提高了庞氏融资的比例、加剧金融危机风险。

（二）发达国家企业金融资产投资行为对银行贷款风险的影响

即使是发达国家，实体企业的金融资产投资行为亦对银行贷款风险具有显著影响。本章利用GMM方法初步检验了美国、德国、英国、日本等国家非金融企业金融资产投资率对银行不良贷款率的影响，得出表8-18。观察表8-18得出，发达国家非金融企业的金融资产投资率对本国银行贷款风险的解释系数虽然大小不一，但至少在10%的水平下显著。表8-18的第（2）列还检验了HP滤波法下美国企业金融资产投资率周期成分与倒闭和破产银行数量周期成分的数量关系，解释系数为6.6667，且在5%的水平下显著。这意味着，企业金融资产投资率过高时，不仅对银行贷款风险具有重要影响，严重时甚至可能引发银行破产数量上升。例如，1962~2017年美国银行倒闭和救助数量的波动率与非金融企业金融资产投资率的波动率两者之间存在显著的同向振动关系，特别是在2008年全球金融危机后，银行倒闭和救助数量的波动率和非金融企业金融资产投资率都达到这一阶段的峰值（见图8-4）。

表8-18　部分发达国家企业"脱实向虚"与银行风险

	（1）美国	（2）美国	（3）德国	（4）英国	（5）日本
br_{t-1}	1.2889*** (6.3555)	1.1109*** (12.3785)	1.7065*** (12.8139)	1.3408*** (13.0785)	1.5082*** (7.8935)
br_{t-2}	−0.5724*** (−2.9567)	−0.5364*** (−6.5530)	−0.8401*** (−5.3119)	−0.6646*** (−4.8118)	−0.6021*** (−2.8275)
fa_t	0.0505** (1.9697)	6.6667** (2.3614)	0.0159* (1.7357)	0.0175** (2.2609)	0.1765** (2.2453)
lev_t	−0.0187 (−1.3468)	−0.6120* (−1.8049)	0.1583*** (3.1102)	−0.0078 (−1.3012)	−0.1680** (−2.2604)
调整的 R^2	0.8209	0.6743	0.9452	0.7902	0.9308
D-W 检验	1.8216	1.8659	1.8052	2.3155	1.8995

注：第（2）列被解释变量为HP滤波法下美国银行破产和倒闭银行数量的周期成分，解释变量皆为相应变量的周期成分。

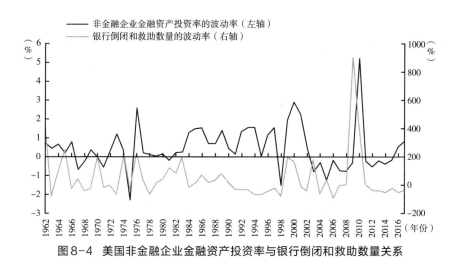

图8-4　美国非金融企业金融资产投资率与银行倒闭和救助数量关系

（三）管理企业"脱实向虚"引发的银行贷款风险要从银行贷款机制创新入手

商业银行可以从贷款资金的源头控制和贷款对象的定位扩展两个方面进行探索。

一是控制金融资产配置率较高的企业的贷款规模。商业银行可将企业的金融资产率作为监测指标之一，在进行实际论证的基础上，根据企业的行业属性、行业类型等因素对企业金融资产率设置不同的阈值，当特定行业、特定资产规模的企业金融资产率达到阈值时，限制对该企业发放新的贷款，从而控制该企业将贷款转贷给存在融资约束的企业。

二是探索创新银行贷款信用风险评估方法，补充客户信息，提高评估的准确度，适度扩大对"脱实向虚"环境下从其他企业或金融机构获得贷款并进行投资生产的企业的融资规模。例如，一些商业银行探索改进供应链金融模式，识别重点行业的重点企业即容易获得传统贷款的企业，进而调查研究与该企业存在密切业务联系的存在融资约束的上下游企业，从信用风险评估的角度搜集和完善这些企业的信息，提高对这些企业风险评估的精度，扩大对这部分企业的贷款规模。

同时，监管部门可在总结国内外供应链金融和银行主导供应链金融运作经验的基础上，鼓励信托及其他金融机构实质性开展相应的供应链金融，发展多种业务模式的供应链金融，以信用级别较高的大企业对其下游客户企业的应收账款债权、商业银行主导的票据收益权和贸易融资、保理公司的保理合同债券等资产为基础设计多种模式的供应链金融，把单个企业的不可控风险转变为供应链企业整体的可控风险。

第四节　本章小结

经济体系中不同的非金融企业之间相互投资债权性和股权性金融资产，在一定程度上会推动银行贷款违约概率的上升，不仅体现在债务规模增加的单个企业层面，而且体现在企业整体层面。从企业现金流动态角度分析，随着企业金融资产比例的提高，企业体系中对冲性融资比例降低、投机性融资比例上升，导致银行贷款的违约概率上升和金融不稳定风险上升。

企业金融资产投资对银行贷款风险的影响与企业杠杆率的影响大小相当，因此企业金融资产投资率问题与企业高杠杆率问题应同等重视。政府对企业的补贴未弱化企业金融资产投资行为，也未弱化这一行为对银行贷款风险的影响；房产价格上升虽然有利于降低当期的银行贷款风险，但会加剧未来一段时间的银行风险；行业创新属性对银行贷款风险具有显著影响，由于金融资产投资的短期收益性，银行可能更会选择投资金融资产的企业，进而强化了企业金融资产投资的行为。

企业金融资产投资还会通过其他途径加剧银行贷款风险和金融系统性风险。例如，上市企业进行股权质押贷款，上市企业为了隐藏负面信息而持有金融资产会提升企业股价崩盘的概率，加大了贷款抵押物贬值的风险、降低了公司价值，从而加剧了银行贷款损失风险。再如，企业金融资产投资增加了社会中的投机性融资比例，无论是银行直接向投机性融资提供资金还是贷款给传统型企业进而转贷给投机性融资企业，都增加了银行贷款风险。

国际上发达国家的企业金融资产投资行为对银行贷款风险亦有不容忽视的影响。美国、德国、英国、日本等国家非金融企业金融资产投资率对银行不良贷款率的影响结果表明，发达国家非金融企业的金融资产投资对本国银行贷款风险的解释系数虽然大小不一，但都非常显著；企业金融资产投资率过高时，不仅对银行贷款风险具有重要影响，严重时甚至可能引发银行破产数量上升。

商业银行管理企业金融资产投资率过高引发的银行贷款风险，可以从贷款资金的源头控制和贷款对象的定位扩展两个方面进行探索：一是控制金融资产配置率较高的企业的贷款规模；二是探索创新银行贷款信用风险评估方法，补充客户信息，提高评估的准确度，适度扩大对"脱实向虚"环境下从其他企业或金融机构贷款进行投资生产的企业的融资规模。

第四篇　银行部门：救助预期、政府-市场金融分权与金融风险

　　银行仍然是中国金融体系的主导力量。尽管有1998年海南发展银行倒闭和1999年广东省国际信托投资公司破产的事件，但总体上，国家金融救助较为全面。当然，"太大而不能倒"或"太关联而不能倒"也是国际金融救助难题。银行的救助预期因此形成，迅速做大也成为银行的首选。这一预期对政府-市场金融分权及政府层级之间金融分权下金融风险的成功解释必不可少。

第九章

银行救助预期

第一节　金融风险二元性及金融救助预期影响

一　风险是金融的内在天然属性

风险与金融与生俱来。金融风险是金融机构或体系面临损失的概率，它体现在金融领域的各个层面和角落。如金融市场风险、金融产品风险、金融机构风险等。无论是单个金融机构的流动性危机，还是问题金融机构对其他金融机构的威胁或对整个金融体系稳健运行的威胁，金融危机最终都表现为信用偿付危机。金融产生的基本条件是货币和信用联系在一起，货币为内容的信用就必然有一定程度违约概率，而这种违约概率就意味着金融风险，尽管金融危机可能并没有发生。

经验事实表明，金融体系往往是金融危机的导火索，而其他主体有时可能只是一个助推因素。万杰和苗文龙（2005）根据操作风险事件案例实证得出，商业银行的内部欺诈风险是占比最高的操作风险。何德旭和郑联盛（2009）研究表明，影子银行主要发展方式，如高杠杆率、过度创新、业务跨界、规避监管等，造成了新的金融风险，对经济体系形成不容忽视的威胁。而且，从2007年美国次贷危机的主要原因来看，也可以得到很好的证实。赫因（2008）分析证明，金融机构不断地创新复杂的金融衍生产品，金融风险从中介转向市场。

投资者面对这些复杂的金融衍生品，难以扮演"理性投资者角色"。因为投资者无法收集到有关产品的所有关键风险信息，无法利用风险信息和知识技能进行准确的定价分析，无法做出理性的价值投资决策。金融体系在自身信息优势和投资者盲从条件下，可以扩展营销攻势，加剧信息不对称，急剧加速金融风险膨胀。苗文龙和冯涛（2010）、刘锡良和苗文龙（2013）进一步论证金融衍生产品可能造成金融风险几何级数式和立体式膨胀。所以，金融风险内生于金融体系，金融体系具有制造风险的天然属性。随着金融创新速度提升，金融机构不一定是简单的信息生产者，反而更可能成为复杂化信息、有意或无意隐藏信息、扩张金融风险的始作俑者。

二　金融具有风险管理功能

金融具有风险管理功能。博迪和莫顿（2000）曾创新概括出金融的六大功能[①]，风险管理是金融的核心功能，否则其他功能都是泡影，控制不了支付风险就无法保障支付功能，控制不了信用风险就无法实现跨时空资源配置功能，控制不了信息风险就无法实现信息管理功能。

在开拓金融业务、创新金融产品时，金融本身的性质就要求金融体系必须具有相应的风险管理功能，金融机构就是通过自身的风险管理优势获取金融利润的。对于金融的风险管理功能，经验证明和研究文献也非常浩瀚。2009年4月，国际掉期与衍生工具协会（ISDA）公布的关于世界500强企业金融衍生工具使用情况的调查结果显示，94%的世界500强企业使用衍生工具来管理和对冲商业和金融风险；97%的德国公司和92%的美国公司使用衍生工具。金融衍生产品自身的特点和设计的初衷是为了分散和转移风险。因此，在美国次贷危机前，最为津津乐道的就是美国的金融衍生产品在分散和管理金融风险方面如何之强大，即使美国引发了全球性金融危机，仍然难以改变金融衍生化步伐。

人们为了论证金融的风险管理功能，引入了信息生产功能，并作为风险管理功能的基础。例如，Leland 和 Pyle（1977）提出的基于道德风险的L-P模型，Ramakrishnan 和 Thakor（1984）构建的信息经纪人联盟模型，Boyd 和 Prescott（1986）设计的基于逆向选择的金融中介模型，等等。博

---

① 分别是跨时间、跨地区的资源配置，风险管理，支付与清算，聚集资源（融资）与分配股份（投资），提供价格信息，解决激励不一致问题。

迪和莫顿（2000）将生产信息视为金融中介赖以生存的六大功能之一，并且是管理投资风险、降低交易成本、转移资产等功能的基础。

因此，让人们欣慰的是，金融具有风险管理的核心功能。金融安全的条件就在于，金融在制造和扩张金融风险的同时，又能够管理和控制金融风险，此时一定区间内的金融风险震荡并不影响金融安全（何德旭，2018）。

三　金融风险二元性的具体体现

这两个看似矛盾的功能属性同时赋予金融身上，显得令人怀疑，但事实证明事物往往同时拥有矛盾的两个方面。风险和风险管理都是金融的天然属性，金融因此具有风险的二元性：一方面在管控风险；另一方面又在制造风险。两者的平衡点就是金融机构的利润最大化，而这个平衡类似于刀刃的平衡。双方力量随着金融经济形势不断变化，金融机构可能不断游离平衡轨道。如果自身能返回均衡就控制了风险；如果依赖外力，就意味着爆发了金融风险。金融风险制造和风险管理双方力量结构的变化体现在微观和宏观两个层面。

一是微观层面，风险发生的必然性。从金融机构个体而言，每个金融机构都在与风险进行交易，每个金融机构都存在一定的金融风险，每个金融机构都会有一定的违约客户，金融风险发生是必然的。从金融机构群体而言，总有金融机构难以解决自身的金融风险而陷入危机。但这样的金融风险不会影响到金融安全，只有大规模的金融机构或一些系统重要性金融机构发生金融风险危机时，才会影响到金融安全。

二是宏观层面，风险发生的周期性。单个金融机构的风险有外来力量化解不用自身承担时，或者经济基本面发生大的动荡时，爆发金融风险的机构比例陡然上升，形成金融危机。国家采取最后贷款、注资、救助等手段维护金融稳定，使金融体系回归稳态。金融风险从形成到膨胀再到破裂再到救助回归稳态，具有显著的周期性。经验证明，这种周期具有显著的重现性（苗文龙，2005，2018d）。债务-通货紧缩理论就提出，信息不对称下的金融市场缺陷导致经济繁荣阶段经济部门的"过度负债"与经济萧条阶段银行的"债务清算"及"困境抛售"，生成信贷周期。更多的文献研究了金融的顺周期性特征，如 Bernanke（1983）、Montagnoli 和 Napolitano（2005）等。这在一定程度上表明，金融具有周期性规律。因此，金融风险周期是必然发生金融风险的微观个体的比例结构变化，是宏观层面的规律（见表9-1）。

表9-1　1778~2013年美国主要金融危机

序号	时间	简况	时间间隔
1	1790年	美国财政部长汉密尔顿金融改革，经济增长危机中证券膨胀，美国第一银行货币扩张，导致股票价格泡沫、信贷市场恐慌	
2	1819~1820年	英国经济危机，导致美国出口下降、农业人口失业、工业产品销售困难、通货紧缩及货币危机，依靠银行信贷进行投机的群体纷纷破产	29
3	1837~1843年	美国领土扩张，蒸汽机、铁路、电报通信等技术发展，引起交通运输革命。在此背景下国民依靠银行贷款大规模投机、炒作土地，只要不进行黄金兑付，银行就无限扩大银行券。土地价格泡沫破灭，美国第二银行解散，货币紧缩，价格萎缩	17
4	1857年	西部金矿的发现推动美国黄金产量5年内增长了80倍左右，支撑了银行货币量的膨胀和铁路的繁荣。这些繁荣引发股市过度投资。以1857年俄亥俄人寿保险与信托公司破产为导火索，大量欺诈行为显现，大部分银行停止兑付黄金	14
5	1877~1878年	南北战争后，美国进入前联邦储备时代，实现农业经济向工业经济的转化。《国民银行法》创造了分层的银行结构，顶层的中心储备银行为了应对过高的资本储备要求，将短期资金投入股市。经济下滑，货币季节性短缺，最著名投机者凯恩·考克斯公司破产，库克银行破产，倒闭事件发生47000多起	20
6	1897年	国民绳索公司破产，股市崩溃，西部和南部银行倒闭，纽约银行对硬币部分中止支付	19
		20世纪前，金融危机平均间隔时间	17
7	1907~1908年	几家大型信托公司暴露问题，第二大信托公司尼克伯克信托公司中止支付，纽约部分银行停止支付，其他地区纷纷效仿。1913年《联邦储备法》颁布，美国进入联邦储备体系时代	10
8	1929~1933年	1929年9月~1932年6月，美国股市暴跌85%；30种工业股票价格从平均365美元下跌到28美元，1933年7月，美国股市价值相当于危机前的1/6；大批银行破产；禁止黄金出口，银行券停止兑换黄金。1933年《银行法》建立联邦存款保险制度，1935年《证券交易法》扩大规范证券交易的信息披露要求	（1918年一战结束）21

序号	时间	简况	时间间隔
9	1960年	二战后建立布雷顿森林货币体系，1960年发生第一次美元危机，国际金融市场抛售美元、抢购黄金	（1945年二战结束）27
10	1968年	二战后发生第二次美元危机，半个多月损失黄金14亿美元，美国迫使英国关闭黄金市场	8
11	1971年	二战后发生第三次美元危机，美元与黄金脱钩，布雷顿森林体系瓦解	3
12	1979~1990年	储蓄贷款协会与银行危机，2912家银行和储蓄贷款协会接受援助，占同期这两类机构总数的14%，倒闭机构资产总额达9236亿美元，占这两类机构总资产的20.5%	8
13	2000年	互联网泡沫崩溃，纳斯达克指数一年跌幅39.3%，近150家网络公司倒闭，362家网络公司价值从11420亿美元下跌到4150亿美元，2000年2月到2002年10月，纳斯达克指数下跌78%	10
14	2007年	2007年3月，美国第二大抵押贷款机构——新世纪金融公司因次贷坏账申请破产；2008年3月，美国第五大投行贝尔斯登公司破产，摩根大通接管；2008年7月，房地美、房利美两大房贷公司陷入困境；2008年9月，雷曼兄弟申请破产保护，美林被迫售予美国银行	7
		20世纪后，金融危机平均间隔时间	12

资料来源：恩格尔曼和高尔曼（2008），冈德森（1994），中国人民银行西安分行（2009）。

四　救助预期下的金融风险

无论是"太大而不能倒"还是"太关联而不能倒"，都大大强化了金融救助预期。官方千方百计改进救助规则，努力在不影响金融稳定运行的情况下令金融风险能够公平分担，相机救助、中央银行接管、官方主导性重组等策略应运而生，但仍无法设计出理想的消除救助预期的制度。

（一）银行的第一大股东

根据中国银行保险监督管理委员会官网对商业银行的分类，6家大型商业银行的第一大股东为财政部、中央汇金，董事长、行长由中组部任命，是中央政府直管商业银行；11家股份制商业银行的第一大股东的第一大股东或继续追溯，都是国务院国资委、财政部、中央汇金或地方国资

委（见表9-2）；城市商业银行和农村商业银行的第一大股东一般是地方
国资委；村镇银行的第一大股东一般都是大型商业银行或股份制商业银
行，追溯下来最终第一大股东也是中央国资委或地方国资委。因此，这些
商业银行归根结底与政府存在密切的经济利益关系。

表9-2　股份制商业银行第一大股东及继续追溯

名称	第一大股东	占A股流通股比例（%）	第一大股东的第一大股东	继续追溯
招商银行	招商局轮船有限公司	15.95	国务院国资委	
浦发银行	上海国际集团有限公司	19.53	上海市国有独资企业	
中信银行	中国中信集团有限公司	65.37	国务院国资委	
中国光大银行	中国光大集团股份公司	29.05	财政部、中央汇金	
华夏银行	首钢集团有限公司	20.28	北京国有资本经管中心	北京市国资委
民生银行	安邦人寿保险股份有限公司	8.02	安邦保险集团	保险保障基金
广发银行	中国人寿保险股份有限公司	48.69（占总资本比例）	国务院国资委	
兴业银行	福建省财政厅	18.22		
平安银行	中国平安保险（集团）股份有限公司	49.56	深圳市投资管理公司	深圳市国资委
恒丰银行	烟台蓝天投资控股有限公司	20.61（占总资本比例）	烟台市国资委	
渤海银行	天津泰达投资控股有限公司	25.00（占注册资本比例）	天津市国资委	

注：数据时点为2018年7月12日。中国平安保险（集团）第一股东是香港中央结
算有限公司（代理人），持股比例为32.72%，但境外法人机构数未能统计到。

资料来源："第一大股东的第一大股东"资料来源于公司官网和绿盾企业征信系
统。未上市的广发银行、恒丰银行、渤海银行资料来源于其官方网站披露的2017年财
务报告；其他上市银行资料来源于其市场公开披露的财务报告。

（二）银行救助预期

由于政府通过股东身份与商业银行建立了不容忽视的利益关系，商业银行

发生经营困难、倒闭等系统性风险时，预期具有直接利益关系的政府不会坐视不理，必然想方设法保全政府（及国有资产）的利益。中央政府作为重要股东的商业银行自不必多言。地方政府作为重要股东的商业银行面临重大金融风险时，密切关联的地方政府或者直接通过地方金融资产管理公司购买处理该商业银行的不良资产，或者联合商业银行通过种种方法或途径求助中央银行或中央政府对该商业银行进行宽容救助，或者在保全地方政府利益及商业银行重要人员利益的情况下进行接管。商业银行与政府的股权联系，无论哪种方法，都强化了商业银行高管的救助预期，而这种救助预期必然影响商业银行经营行为和风险管理。图9-1描述了2006~2019年不同类型商业银行不良贷款率及其变化。

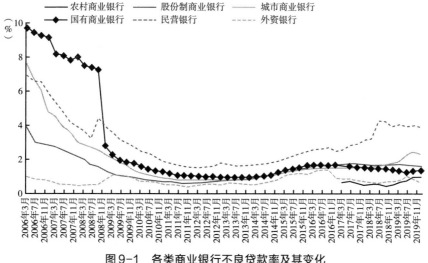

图9-1 各类商业银行不良贷款率及其变化

资料来源：Wind数据库。

第二节 部门博弈与救助预期

这一节主要讨论部门策略与银行救助预期形成机理，分析层面定位于地方政府。由于地方政府行为函数在第二篇进行了详细论述，因此本节模型中部门主要包括商业银行、金融监管部门、中央银行，且商业银行主要指全国性商业银行的地方分行。

一　中央银行微观独立性和中央银行宏观独立性

在模型分析之前，本书延续前期研究，引入中央银行微观独立性和中央银行宏观独立性两个概念。

中央银行的货币政策目标和金融稳定目标等目标的独立性，以及相关货币政策工具和最后贷款人工具等工具的独立性，具体表现在规则、监管、机构和预算的独立性四个维度。由此分析，中央银行独立性既有维护币值稳定和金融稳定、保障宏观经济和金融体系发展的宏观独立性，还有相对于被拯救机构的微观独立性（陆磊，2005）。

现有多数文献谈论的中央银行独立性是中央银行宏观独立性。如中央银行独立性模型、货币危机模型等，中央银行主要在国家宏观层面进行独立性的总量操作。这与中国现实存在一定出入。特别是在政府间接持股国有银行、直接以中央银行票据或再贷款核销农村信用社不良贷款、对证券公司持股或发放再贷款时，由于直接涉及某些特定机构的利益，中央银行不可能在金融稳定操作中独立于各机构的利益，中央银行及货币政策的独立性还涉及是否独立于金融机构（陆磊，2005）。

二　部门决策函数

（一）中央银行决策函数

国际上对中央银行职能的共识至少有两个方面：一是货币稳定，即通货膨胀偏离最优通货膨胀值的波动幅度最小；二是金融稳定，即金融体系不存在剧烈波动，如银行坏账率的剧增、证券市值的巨震。根据这两大职能构造中央银行决策函数：

$$Vc(\Delta mp, \Delta mf) = \lambda 1 \Big[\pi(\Delta mp, \Delta mf) - \bar{\pi} \Big]^2 +$$

$$\lambda 2 \min \Big\{ vc \big[\Delta mf \mid s(sym, co, inde) \big], vn(s) \Big\} \tag{9-1}$$

其 中 ， $\Big[\pi(\Delta mp, \Delta mf) - \bar{\pi} \Big]^2$ 是 货 币 稳 定 目 标 ；$\min \Big\{ vc \big[\Delta mf \mid s(sym, co, inde) \big], vn(s) \Big\}$ 是金融稳定目标；Δmp 是中央银行为稳定货币而增减的货币供给，Δmf 是中央银行为执行金融稳定职能而增减的货币供给；$\pi(\Delta mp, \Delta mf)$ 是实际通货膨胀率；

$vc\big[\Delta mf\,|\,s(sym,\,co,\,inde)\big]$ 是中央银行在一定的监管条件下熨平金融经济波动采取金融救助 s 下的金融波动，sym 表示监管信息充分程度，$0 \leqslant sym \leqslant 1$，取值为 0 时表示信息完全不对称，取值为 1 时表示信息充分，中央银行对商业银行的流动性风险、信用风险、操作风险、市场风险等完全掌握；co 表示不同监管部门的协调合作成本；$inde$ 表示中央银行监管及救助的独立性；$vn(s)$ 是仅凭金融监督制度支付体系自身调节的金融波动。$\lambda 1$ 表示中央银行决策函数中货币稳定的权重，$\lambda 2$ 表示中央银行决策函数中金融稳定的权重。

　　函数模型还满足下列条件：$\dfrac{\partial \pi}{\partial \Delta mp} > 0$，$\dfrac{\partial \pi}{\partial \Delta mf} > 0$，$\dfrac{\partial^2 \pi}{\partial \Delta mp^2} > 0$，$\dfrac{\partial^2 \pi}{\partial \Delta mf^2} > 0$，$v'(\Delta mf) < 0$，$v''(\Delta mf) < 0$。$\dfrac{\partial vc}{\partial s(sym)} > 0$，表明信息越不对称，中央银行监管救助偏误越大、金融风险波动越大。$\dfrac{\partial vc}{\partial s(co)} > 0$，表明不同金融监管部门间协调合作成本越大，中央银行监管救助偏误越大、金融风险波动越大。$\dfrac{\partial vc}{\partial s(inde)} < 0$，表明中央银行独立性越高，中央银行监管救助越客观、金融风险波动越小。

　　当然，中央银行还遵从信息约束：$\Delta mf = f\big[\Delta l,\, v^e_{t+1}\big]$。其中，$\Delta l$ 是中央银行预测 t 期的流动性缺口，即 $\Delta l = \bar{l} - l$，v^e_{t+1} 是中央银行对 $t+1$ 期金融体系波动的预测。若金融稳定的货币投放与流动性缺口线性相关，并且是金融波动预期 v^e_{t+1} 的递增凸函数，那么信息约束函数满足条件：$\dfrac{\partial \Delta mf}{\partial \Delta l} > 0$，$\dfrac{\partial^2 \Delta mf}{\partial \Delta l^2} = 0$，$\dfrac{\partial \Delta mf}{\partial v} > 0$，$\dfrac{\partial^2 \Delta mf}{\partial v^2} > 0$，中央银行的目标求解函数（9-1）的最小值。

（二）金融监管部门决策函数

　　金融监管部门被赋予的职责是防范金融风险、保护投资者合法权益、促进金融业稳定发展。金融监管部门多从日常审慎监管的角度对金融中介的流动性、资本充足率、风险集中等方面进行监督、检查。"尽管次贷危机的根源是信用质量和信用风险，但更应关注环绕在金融市场上空的严重的流动性紧缩问题，即便现在，金融市场也还没有摆脱流动性的阴影。"

（赫因，2008）因此，这里关注重点由巴塞尔协议中风险资本计量监管转变为流动性水平的监控，设计监管部门决策函数为：

$$Vfr(l_i, h_i) = [\int_1^{+\infty} l_i\,(l_{di} \geqslant \bar{l}, h_i)\mathrm{d}i - L^*]^2 \tag{9-2}$$

其中：$l_{di} \geqslant \bar{l}$ 表示，每个商业银行向监管部门报送的流动性 l_{di} 必须满足法定要求 $\bar{l}$，但 l_{di} 不一定等于其实际流动性水平 l_i，实际流动性 l_i 还是监管制度和商业银行隐藏重要信息程度 h_i 的函数。h_i 表示商业银行隐藏重要信息的程度，$0 \leqslant h_i \leqslant 1$，$h_i = 0$ 表示商业银行披露或上报所有重要的风险信息，$h_i = 1$ 表示商业银行隐藏所有的风险信息。所有商业银行流动性的"合力"便决定了金融体系整体的稳定情况。

金融监管部门的目标就是使金融体系的稳定水平最大限度地接近理想状态 L^*，达到金融体系稳定、高效运行的目的，即求解函数（9-2）的最小值。由于 $Vfr(l_i, h_i)$ 与商业银行虚报的流动性 l_{di}、隐藏重要信息程度 h_i 成正比，个体 i 实际流动性水平函数 l_i 与 h_i 成反比，与 fc 成正比，所以函数（9-2）还满足条件：$\dfrac{\partial Vfr}{\partial l_{di}} > 0$，$\dfrac{\partial Vfr}{\partial h_i} > 0$，$\dfrac{\partial l_i}{\partial l_{di}} < 0$，$\dfrac{\partial l_i}{\partial h_i} < 0$，$\dfrac{\partial l_i}{\partial fc} > 0$。

（三）商业银行决策函数

基于利润最大化的商业银行决策函数为：

$$\begin{aligned}
\max\,(r, h_i, l_i, p_iQ) = {} & i_i\big[L_i(r, h_i)\big] \times L_i(r, h_i) \times \big[1 - r(1 - s)\big] + \\
& E_i(h_i, eh_i) + R_i\big[l_d | (fc, \Delta mf),\ ev(p_i)\big] - C_i\big[L_i(r)\big] - \\
& W_i\big[L(r)\big] - \int_1^{+\infty} C_i(l_i)\mathrm{d}i
\end{aligned} \tag{9-3}$$

式（9-3）经济含义为：商业银行的经营收入主要包括利息收入 $i_i\big[L_i(r, h_i)\big] \times L_i(r, h_i) \times \big[1 - r(1 - s)\big]$、隐藏风险信息而获取的隐形收入 $E_i(h_i, eh_i)$、游说监管部门的救助收入 $R_i\big[l_d | (fc, \Delta mf),\ ev(p_i)\big]$，支出主要包括贷款管理成本 $C_i\big[L_i(r)\big]$、员工薪酬支出 $W_i\big[L(r)\big]$ 和分担的金融体系风险救助成本 $\int_1^{+\infty} C_i(l_i)\mathrm{d}i$。

其中，利息收入 $i_i\big[L_i(r, h_i)\big] \times L_i(r, h_i) \times \big[1 - r(1 - s)\big]$ 由利率 $i_i\big[L_i(r, h_i)\big]$、贷款规模 $L_i(r, h_i)$、坏账率 r、最后贷款救助率 s 等因素决

定，h_i 为贷款实际风险水平。银行贷款规模受项目风险变量 r 影响，$0 \leqslant r \leqslant 1$。$L_i$ 与 r 的关系取决于救助政策下商业银行的风险态度，即风险偏好、风险厌恶抑或风险中性。风险最后体现为发生坏账的损失，风险损失对商业银行的影响可表示为政策救助冲销后的坏账对经营利润的抵消。如果 $r = 0$，则银行贷款没有任何风险；如果 $r = 1$，表明银行贷款全部为坏账，银行收入完全取决于中央银行救助规模。现实中，两种情形都极少出现，这里着重研究 $0 < r < 1$ 的情况。

商业银行多有投资高收益、高风险项目的取向。[①]由于监管制度要求投资高风险项目必须有较高的法定流动性，若商业银行隐瞒重要的风险信息，而且预期其他商业银行隐瞒风险信息 eh_i 可行时，必然在获取数目可观的高风险投资收益的同时降低监管资本成本，在此可视为一项收益——隐瞒风险信息收入 $E_i(h_i, eh_i)$。伴随商业银行获取收益 $E_i(h_i, eh_i)$ 的过程，必然不断地积累金融风险。中央银行和金融监管部门虽然知道商业银行从事高风险投资且没有保证相应的流动性资本金，但无法从量上精确计算金融系统的风险究竟有多大，而且出于金融稳定的考虑，对面临破产的商业银行还要提供必要的救助。商业银行便利用有利因素联合地方政府"游说"中央银行。

$R_i\big[l_d\,|\,(fc,\ \Delta mf),\ ev(p_i)\big]$ 便是中央银行维护金融稳定给商业银行 i 所带来的转移收入，$ev(p_i)$ 是基于商业银行 i "游说能力"的预期波动，$\big[l_d\,|\,(fc,\ \Delta mf),\ ev(p_i)\big]$ 是在当前金融监管强度 fc 和中央银行金融稳定"救济" Δmf 下银行机构报告的流动性。

$C_i(l_i)$ 是 i 履行监管要求所付出的经营成本。$\int_1^{+\infty} C_i(l_i)\,\mathrm{d}i$ 是整个银行体系在当前监管制度和中央银行金融稳定政策下的流动性引发的通胀成本，它取决于投机性商业银行假报的流动性 l_{di} 和个数 k，以及商业银行的实际

---

① 例如曾经风靡一时的银行通道业务，商业银行为规避监管，通过券商向商业银行发行的资管产品转移银行资金，再用于购买银行票据，帮助银行完成信托贷款、将相关资产转移到表外。在这个过程中，券商向银行提供通道，收取一定的过桥费用。通道业务的主要形态曾经是银信合作，因为金融监管部门叫停，商业银行转而与证券公司开展银证合作。

流动性 l_i 和个数 n。当多数商业银行向中央银行"虚报军情"而获得救助收入时，会引发货币膨胀，承担相应的挤兑风险成本。$l = l(l_i, l_{di}, k, n)$。并且函数（9-3）满足条件：$f' > 0$，$f'' > 0$，$R'_{pi} > 0$，$R''_{pi} > 0$，$R'l_{di} > 0$，$R''l_{di} > 0$。

那么是否可能存在商业银行 i 和 j 都没有"谎报军情"取得"诈骗收入" $Ri[l_{di} | (l_{di} | \Delta mf), ev(p_i)]$ 的情形呢？如果这一情况成立，那么函数（9-3）则不存在第三项和第五项。但这种均衡很快会被打破。因为，若 i 虚报流动性而获得中央银行维护金融稳定的"救济收入"，j 没有虚报流动性，不但因此失去"救济收入"而且承担 Δmf 可能引发的通胀或挤兑风险，对于 j 来说极不公平，必然产生仿效 i 的动机，以期获得"公平的收入"。因此，在日常经营中商业银行都具有隐瞒风险的激励，在金融危机爆发时商业银行都具有夸大风险、转移包袱、获取救助激励，相应的反应函数必然为函数（9-3）。

三　部门静态均衡

（一）中央银行

在中央银行具有较强独立性条件下，中央银行的决策主要在货币稳定与金融稳定之间进行权衡，选择 Δmf、Δmp 的水平使函数（9-1）取得最优。对函数（9-1）求解关于 Δmf、Δmp 的一阶导数并令之为 0 得出方程组：

$$\begin{cases} \dfrac{\partial Vc}{\partial \Delta mp} = 2\lambda 1 \left[\pi(\Delta mp, \Delta mf) - \bar{\pi} \right] \dfrac{\partial \pi}{\partial \Delta mp} = 0 \\[3mm] \dfrac{\partial Vc}{\partial \Delta mf} = 2\lambda 1 \left[\pi(\Delta mp, \Delta mf) - \bar{\pi} \right] \dfrac{\partial \pi}{\partial \Delta mf} = 0 \qquad if \quad vc(\Delta mf | s) > vn(s) \\[3mm] \dfrac{\partial Vc}{\partial \Delta mf} = 2\lambda 1 \left[\pi(\Delta mp, \Delta mf) - \bar{\pi} \right] \dfrac{\partial \pi}{\partial \Delta mf} + 2vc' = 0 \quad if \quad vc(\Delta mf | s) < vn(s) \end{cases}$$

$$(9-4)$$

这里从三个方面分析方程组（9-4）的经济含义。

（1）如果中央银行采取金融救助和最后贷款 Δmf 时的金融波动 $vc(\Delta mf | s)$ 仍大于无金融救助时的金融波动 $vn(s)$，即 $vc(\Delta mf | s) > vn(s)$，则没有必要进一步关注金融风险，而是直接保障物价波动值达到理想水平

即可，即 $2\lambda 1\left[\pi\left(\Delta mp,\ \Delta mf\right)-\bar{\pi}\right]\dfrac{\partial\pi}{\partial\Delta mf}=0$，进一步得出：

$$\pi^{*}\left(\Delta mp^{*},\ \Delta mf^{*}\right)=\bar{\pi}。$$

在现实当中，造成这种情况的主要原因有三种。一是中央银行独立性不强，宽容救助，反而加大了商业银行风险冲动。二是信息不对称造成实际救助的对象与需要救助的对象完全偏差，得到救助的商业银行进一步提高高风险项目规模，未得到救助贷款的银行经营进一步恶化，直到被接管或爆发金融危机。三是救助贷款时滞过大，在商业银行风险较大、经营困难时未进行救助贷款而是严格监管、约束经营，在商业银行经营过热、风险扩张时反而加大贷款、助推风险冲动。

（2）如果中央银行采取金融救助和最后贷款 Δmf 时的金融风险波动 $vc\left(\Delta mf\mid s\right)$ 小于 $vn(s)$，则中央银行在货币稳定和金融稳定之间取得平衡，从而达到综合最优，即 $2\lambda 1\left[\pi\left(\Delta mp,\ \Delta mf\right)-\bar{\pi}\right]\dfrac{\partial\pi}{\partial\Delta mf}+2vc'=0$，进一步得出 $(\Delta mp^{*},\ \Delta mf^{*})=\pi'\left(\bar{\pi}-\dfrac{vc'\partial\Delta mf}{\lambda 1\partial\pi}\right)$，$\pi'$ 为 $\pi\left(\Delta mp,\ \Delta mf\right)$ 的逆函数，vc' 为 $vc\left[\Delta mf\mid s(sym,\ co,\ inde)\right]$ 关于 Δmf 的导数，中央银行能够将稳定货币与稳定金融两者有机结合，统一于波动最小的目标通货膨胀框架之下，实现货币稳定与金融稳定的两者最优。

值得注意的是，离最优值的偏离程度还取决于几个条件：一是中央银行关于商业银行的日常风险资产规模及构成、风险资本规模及构成、资本充足率计算方法及可信度、信息披露规范等信息非常完美，而且能够核实，这需要金融监管部门对商业银行的信息完美和中央银行与金融监管部门的信息完美同时成立，$sym=0$，此时中央银行风险信息完美；二是 $co=0$，中央银行与金融监管部门的协调成本为0；三是 $inde=1$，即中央银行完全独立。否则，随着中央银行独立性降低、中央银行与金融监管部门之间协调沟通成本的提高、金融监管部门对商业银行的信息不对称程度提高、中央银行与金融监管部门的信息不对称程度提高，中央银行逐渐偏离货币稳定和金融稳定的最优值，严重时反而可能加剧金融风险。

（3）地方政府任期内积极的金融分权努力，不仅使中央银行的微观独立性受损（陆磊，2005），而且通过与商业银行联合、游说中央政府，使中央银行的宏观独立性受损。中央银行面临来自地方政府及其与商业银行联合对独立性的威胁，使稳定政策不但取决于自己的决策，更要考虑地方政府及中央政府的综合决策。地方政府任期偏好的合力，必然倒逼提高经济决策函数中经济增长权重，进而导致较高货币供给增长率 Δm。稳定货币的 Δmp 和稳定金融的 Δmf 顺从于 Δm。

此时，对稳定货币和稳定金融有不同的影响：第一，若 $\Delta mp^* < \Delta m < \Delta mp^* + \Delta mf^*$，货币稳定政策可以得到保证，但金融稳定政策受损，整体上仍不能实现目标通货膨胀；第二，若 $\Delta m > \Delta mp^* + \Delta mf^*$，金融稳定政策得到保证，但货币稳定政策受损，通货膨胀水平高于最优水平；第三，若 $\Delta m > \Delta mp^* + \Delta mf^{**}$，地方政府与商业银行配合使稳定货币、稳定金融的双稳政策严重受损。三种情况都使稳定政策屈服于增长政策。其中，Δmp^* 和 Δmf^* 为中央银行独立较强且无信息约束情况下最优的货币稳定的金融稳定所需货币量；Δmf^{**} 为信息约束、中央银行弱势微观独立下，金融稳定的货币调控均衡解。

（二）监管部门

金融监管部门根据目标决策函数（9-2），求解关于 l_{di}、h_i 的一阶导数并令之为0，取得各商业银行机构及整个银行体系的流动性达到金融稳定最优值 L^*。

$$
\begin{cases}
\dfrac{\partial Vfr}{\partial l_{di}} = 2\left[\displaystyle\int_{1}^{+\infty} l_i\,(l_{di} \geqslant \bar{l},\ h_i)\mathrm{d}i - L^*\right] \dfrac{\partial l_i}{\partial l_{di}} = 0 \\[4mm]
\dfrac{\partial Vfr}{\partial h_i} = 2\left[\displaystyle\int_{1}^{+\infty} l_i\,(l_{di} \geqslant \bar{l},\ h_i)\mathrm{d}i - L^*\right] \dfrac{\partial l_i}{\partial h_i} = 0
\end{cases}
\tag{9-5}
$$

这里从三个方面分析式（9-5）的经济含义。

（1）如果商业银行无法或不隐瞒重要的风险信息，如实上报监管部门，金融监管部门完善信息且依法实施监管，并调控银行体系的流动性达到金融稳定最优值。$l_{di} = l_i$ 且 $\displaystyle\int_{1}^{+\infty} l_i\,\mathrm{d}i = L^*$，即每个商业银行重要信息披露充分，单个银行流动性充分，整体金融体系流动性达到金融稳定最优状态 L^*。

（2）如果商业银行利用信息优势和中央银行的救助预期，此时金融监管部门掌握的金融风险信息必然有所偏差。此时，$l^*_i \leqslant l_{di}$，且 $l^*_i \leqslant \bar{l}$。此时金融中介实际流动性小于其法定流动性，金融整体的流动性必然小于积累大量风险、保证金融稳定所要求的流动性，那么监管机构由此而调控的金融体系稳定情况背离于理论金融稳定最优值，$\int_{1}^{+\infty} l_{di}\, di \neq L^{*}$，并随着个体信息隐藏程度的加深而扩大。而且，金融监管部门不必为监管是否科学造成的金融风险和金融危机负责，也不具有与中央银行分享金融风险信息的激励，而将其视为额外的成本，进一步恶化了信息不对称问题。

（3）结合上文分析，第一种情况很难成立，因为隐瞒风险信息的商业银行可以降低资本成本、提高风险收益、提高获得救助预期，如实披露风险信息的商业银行不会得到任何收益，还要承担隐瞒信息银行的救助成本（包括救助造成的通货膨胀和不救助时爆发的金融危机），理性的银行都会选择隐瞒重要金融风险。这种群体选择必然造成第二种情况成为常态。值得思考的是，据官方公布数据，包商银行在被接管之前，2013年、2015年内蒙古自治区之外的其他省份金融监管部门对其进行了现场检查，而且发现了不少违规事实，并进行了处罚，这些违规事实的相关处罚并未引起包商银行后续经营的改善（见表9-3）。

表9-3　包商银行被现场检查时发现的违法违规事实及相关处罚

被处罚当事人单位名称	主要违法违规事实（案由）	行政处罚依据	行政处罚决定（万元）	做出处罚决定的时间
宁波分行	"互助赢"产品制度问题导致部分限额以上贷款业务未进行受托支付	《银行业监督管理法》第四十六条	20	2015年12月
宁波分行	违规办理票据业务	《金融违法行为处罚办法》第十四条	10	2013年2月
深圳分行	存贷挂钩	《银行业监督管理法》第四十六条	20	2015年12月
成都分行	办理无真实贸易背景票据业务	《银行业监督管理法》第四十六条	40	2015年10月

资料来源：根据中国银行保险监督管理委员会网站整理。

当中央政府对商业银行的风险不得不进行处理和控制时，金融监管部门会实施异常严格的监管力度，对商业银行的违规处罚案例可能是前几年的总和。这实质上恰恰证明了金融监管部门前几年采取了应付性监管。例如，中国银行保险监督管理委员会2013年处罚银行机构50家；2014年处罚银行机构145家；2015处罚银行机构655家；2016年处罚银行机构249家；2017年处罚银行机构884家，几乎是除2015年之外其他数年相应数值的总和。中国人民银行因反洗钱违规问题，2015年对158家违规机构和173名违规从业人员实施了行政处罚；2016年对249家违规机构和483名违规从业人员实施了行政处罚，处罚机构数是2015年的1.58倍，处罚人员数是2015年的2.79倍。2017年，共开展了1708项反洗钱专项执法检查和616项含反洗钱内容的综合执法检查，对违反反洗钱规定的行为按规定予以处罚，罚款金额合计约1.34亿元，"双罚"比例进一步提高。

（三）商业银行

商业银行最优策略是谋取函数（9-3）的最大化，分别求解一阶导数并令之为0得出：

$$\begin{cases} \dfrac{\partial Q}{\partial r} = (1-s) \times \left[L_i \times i_i' Li + i_i \right] - C_i' L_i - W_i' L_i = 0 \\[2mm] \dfrac{\partial Q}{\partial h_i} = (1-s) \times L_i' h_i \left[L_i \times i_i' L_i + i_i \right] + E_i' h_i > 0 \\[2mm] \dfrac{\partial Q}{\partial l_d} = R_i' l_d > 0, \qquad \dfrac{\partial Q}{\partial l_i} = -C_i' l_i < 0 \end{cases} \qquad (9\text{-}6)$$

这里从三个方面分析方程组（9-6）的经济含义。

（1）根据方程组（9-6）得出 $\partial i_i + i_i \partial L_i = \dfrac{(\partial C_i + \partial W_i)}{(1-s,\ fc)L_i}$。其经济含义为：商业银行的最优贷款规模、在政策范围内的贷款利率的最优浮动值不仅与自身的贷款经营成本密切相关，而且取决于中央银行最后贷款救助率s。当中央银行最后贷款条件、金融监管力度均严格时，商业银行贷款利率上浮值和贷款规模增加值均降低，这表明商业银行会规避单纯追求高利率项目和贷款竞争式扩张而引发的违约风险；但如果预期到中央银行最后贷款救助条件宽松甚至无条件必然救助和金融监管力度薄弱对实际金融风险无法核实时，商业银行就会产生追求高利率高风险项目并掩盖实际流动性风险的冲动，在实际风险发生时申请国家救助。

（2）$\dfrac{\partial Q}{\partial h_i} = (1-s) \times L_i' h_i \left[L_i \times i_i' L_i + i_i \right] + E_i' h_i > 0$ 表明，商业银行对

风险信息的掩盖程度越高，越有利于利润收益最大化，这进一步推动了银行向监管部门和中央银行制造信息不对称问题。$\frac{\partial Q}{\partial l_d} = R_i'l_d > 0$ 表明，商业银行向监管部门报告的流动性对于自身获取隐瞒报告收益具有正相关作用。$\frac{\partial Q}{\partial l_i} = -C_i'l_i < 0$ 表明，其他商业银行隐藏流动性风险信息的行为和造成的社会成本是商业银行制造信息不对称问题的外在压力。

（3）存在信息约束时，中央银行和金融监管部门不能完全观察到商业银行经营的风险状况，而商业银行可以把握十足地预期到中央银行救助，商业银行面对地方政府的任期偏好、金融分权行为，很容易识别与地方政府联合的利弊，理性选择就是既要支持地方政府的投资、与其联合提升自身"游说能力"共同对中央政府议价获取救助，又要利用中央政府强化其独立性有选择地投资地方政府的项目。在中国，银行破产问题较国外要复杂得多，这不仅仅是银行破产造成相关联企业融资困境、停产，更在于为数较多的储户存款被"凭空剥夺"后，储户与破产银行员工、关联企业下岗人员已形成联合波动造成社会矛盾激化。中央政府绝不会轻率地让一个国有银行破产。商业银行正是观察到这一点，料定即使有巨额坏账也会有人买单，加强了支持地方政府投资的冲动。加上别的个体可能会联合地方政府"讨价还价"获得"额外收入"，而自己则白白承担整体流动性风险加大的成本，不可避免地产生通过银政联合提升自身"游说能力"夸大风险、获取"诈骗收入"的动机。

由上所述，在复杂的经济决策过程中，地方政府的金融分权是一些部门协调的结果。商业银行易于与地方政府形成联合、提升"游说能力"与中央政府议价，地方政府为满足任期偏好、获得商业贷款与商业银行进行联合，推动金融分权的实现。

四　序列动态博弈

（一）动态博弈中商业银行的长期最优

在地方政府任期偏好和转型期投资扩张型经济发展模式下，商业银行决策者从自利性角度的占优选择是在总行机构授权范围内尽力主动满足地方政府投资偏好。这种选择既"讲了政治"又规避了贷款项目选择失误风险。即使形成坏账,商业银行可以联合当地政府获取政策救助,并且可以将自身经营失误的风险损失一并转嫁给社会。这种策略选择使商业银行得到了业务扩展、当地政府配套便利等利益,使商业银行高管打下人脉关系、增加现实收益和预期收益。

如果从金融系统长期效率与稳定角度分析,商业银行拒绝满足当地政府融资扩张、自主根据项目风险进行贷款审批,这种选择使银行自己承担了经营失误风险,获取最后贷款和政策救助的难度提升,同时管理者个人利益及预期利益都受到影响,商业银行在当地的便利程度降低、业务拓展受限。显然,商业银行的长期占优策略是前者(见图9-2)。

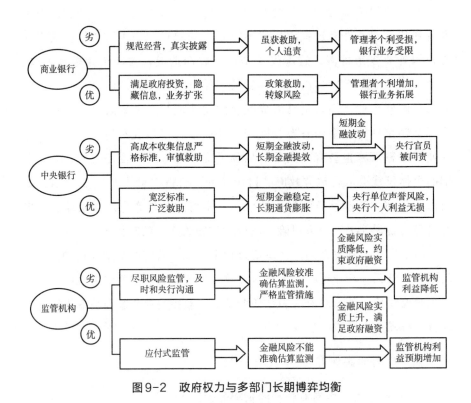

图9-2　政府权力与多部门长期博弈均衡

(二)动态博弈中监管机构的长期最优

金融监管部门面对地方政府的影响,长期内的占优选择是根据法规应付式监管。由于监管规定不可能面面俱到，即使是巴塞尔协议，也主要靠监管当局尽职监管和商业银行的主动防控风险。金融监管部门的占优选择是既可以出色完成法定职责，又可以延缓金融风险爆发，还能够打通人脉关系，而符合这些占优选择的方法就是根据法规应付式监管。金融监管部门的占优选择，对金融风险难以准确估算，无形中助推了系统性金融风险上升，但监管机构现实利益不受损害、潜在收益或预期收益上升。

从国家利益和金融体系效率来讲，金融监管部门应选择尽职监管，不仅依据法规认真进行监管，而且寻找现有监管规定的缺陷、根据风险隐患改进监管方法。这可能会约束或影响当地政府融资需求满足程度，但在一定程度上降低了潜在风险，也降低了监管机构在当地的便利度和预期收益。并且，金融风险与监管机构无直接责任关系，因此也不必为金融风险操劳费心（见图9-2）。

（三）动态博弈中中央银行的长期最优

在商业银行、金融监管等部门的占优选择下，特别是在维护金融稳定的大局下，面对金融风险的积累与传染，中央银行的长期占优选择是宽容救助标准、广泛实施救助。这种占优选择短期内保证了金融稳定，长期却造成了货币膨胀。如果中央银行严格标准、审慎救助，通过法定存款准备金、风险拨备等工具促使商业银行审慎选择项目、主动降低风险，并让商业银行自行承担经营失误风险，一些商业银行必然经营动荡，短期内影响到金融稳定。虽然长期有利于金融效率提升和风险降低，但由于商业银行与当地政府联合游说从上层给中央银行施加压力，中央银行占优选择是宽容救助（苗文龙，2013）。

根据上述分析，面对地方政府的权力和决策，各部门的长期占优选择是满足地方政府偏好、保障部门的现实利益。如果地方政府与中央政府政策发生冲突，中央银行、商业银行、监管部门的选择是既要满足当地政府需求又要执行总部规定，在中央与地方之间寻找平衡。

五　进一步讨论：为什么中央银行独立性成为争论焦点

中央银行独立性是否应当加强、加强到什么程度，经济学界和政府部门（及内部）对于这一问题具有一定争论。从经济理论角度分析，本书认为关键原因有如下两个。

（一）中央银行独立性实质是货币政策独立性，而货币政策独立性涉及社会公众和政府部门的利益冲突

从收入支配权力的角度而言，政府具有通过货币膨胀提高政府收入的偏好，也有提高收入支配、扩大经济投资、提高经济效率的理由，因此具有提高税率、扩大政府收入（占国民收入）比重的意愿或动机。这首先就存在社会公众利益和政府利益分配的冲突问题。其次，收入支配权转移到政府手中，政府不一定用于社会公共利益的投资；即使用于社会公共利益的投资，政府投资效率也不一定高于企业。这一冲突，使货币政策及中央银行不同于重要性可能更大的国防军事及国防部，在后者方面政府与社会公众具有利益一致性。

（二）货币膨胀具有操作便利性

从经济本质而言，货币膨胀引发的通货膨胀税和财政政策提高税率对社会公众的经济利益影响相近，但为什么许多经济理论单单强调加强货币政策独立性或中央银行独立性呢？本书认为关键原因在于货币膨胀对实现政府收入提高的目标更为便利。一是财政政策提高税率一般不能为社会公众接受，必然受到社会的质疑，甚至反复要求提高财政信息透明度，通货膨胀税则潜移默化、甚至习惯成自然。二是财政政策税率调整需要通过税法修订或改革，不仅这一过程较为困难，而且政策时滞较长，通货膨胀税对于政府来说则较为便捷和主动。

第三节　银行救助实例

一　经验事实

第二节分析得出，中央银行宽容救助成为银行的普遍性预期，而地方政府金融分权与任期偏好在中央银行的宽容救助下得到实质性实现。

（一）最后贷款人与宽容救助

（1）最后贷款人贷款对抵押物无明确要求。国际上最后贷款一般要求申请贷款者具备贷款抵押或具备足够的清偿力，如在中国香港为取得LLR援助而与金管局达成回购协议，可接受使用的抵押品须为投资级别证券①；最少维持6%的资本充足率。国内最后贷款常常没有明确的抵押物要求。

（2）最后贷款人贷款利率较低。国际上惩罚性利率是LLR的重要原则之一，一方面检验申请者是否具有清偿力；另一方面检验申请者无法从市场上融资的真实性。如中国香港金管局制定的LLR利率是基础利率加反映市场状况的利率差；美联储LLR利率不得低于基本贴现率加0.5；加拿大中央银行LLR利率不得低于银行存款利率。在一段时期，国内最后贷款利率略低于同业拆借利率，有时相差无几。

（3）最后贷款人贷款期限较长。国家LLR贷款期限一般限制在30天及以内，曾经在相当长的一段时期，国内最后贷款周期在1年以上。

无抵押的信用最后贷款、较低的贷款利率和较长的贷款周期，使最后贷款坏账风险提升。例如，对信用社的最后贷款人贷款，地方政府承诺没有完全落实，地方政府在使用紧急贷款时，承诺"为稳定民心，动员有关部门在信用社开立银行账户，注入救助资金"，但大部分未落实到位，且地方政府有关部门在农村信用社的借款到期不还，形成逾期、呆滞贷款，给农村信用社经营状况造成不利因素，同时也对农村信用社改制的有效性产生了负面影响。

此外，地方政府借款责任落实不到位。按照地方政府向中央专项借款管理规定，地方政府借款理应由省级政府统借统还。但在实际当中，存在由地方统借统还情形，并且未通过地方政府所在地人民银行中心支行发放，而是经商业银行（分散在各家商业银行）直接发放和收回，由于一些地方财力匮乏，部分地方政府对到期贷款难以还本付息。

（二）宽容救助与货币增发

由以上分析可以看出，中央银行即使不掌握风险信息，但维护金融稳定的责任"义不容辞"，只好哪儿出问题救助哪儿，哪儿有漏洞就补哪

① 投资级别证券是指已获得下述认可信贷评级机构给予的最低可接受或以上级别的证券：B3（穆迪投资者服务公司），BBB-（标准普尔公司），BBB+（汤臣百卫），BBB+（R&I）。

儿，而且补得晚不如补得早。在"尽职监管"情况下，金融机构发生流动性困难，国家必然是及时提供救助贷款或接管，否则在一定的经济环境下可能引发系统性的金融危机。而这一结果也早为机构所预料到，尽管姑且称之为"救助博弈"，但其结果几乎是唯一的均衡结果——实施救助。

救助成为金融机构的又一项高概率收益。一旦金融机构自身经营积累的风险有国家救助做保障，金融机构把高风险项目引发的流动性困境不再视为持续经营威胁，而作为一项潜在的高概率收益来对待。

显然，中央银行金融救助缓解了金融风险，却在一定程度上增发了货币，实质上助推了地方政府金融分权的实现。表9-4较为详细地描述了中央银行金融注资情况。

表9-4　1997~2008年金融稳定性救助不完全统计

单位：亿元

编号	时间	金额	目的
1	1997~2001年	1411	以再贷款方式解决被撤销信托公司、城乡信用社等支付个人合法债务和外债的资金缺口
2	1998年	2700	财政部发行特别国债补充四大国有银行的资本金
3	1999年	13939	由四大资产管理公司收购四大国有银行和国开行不良资产
4	2003年	3725	汇金公司以450亿美元外汇储备注资中行和建行
5	2003~2005年	1378	以专项中央银行票据置换农信社不良贷款
6	2004年	1658.5	中行和建行向信达资产管理公司出售2787亿元的可疑类不良贷款，交行向信达资产管理公司出售530.2亿元不良贷款，合计3317多亿元，按照半价向三家银行支付的金额
7	2004年	1795	中行股改核销资产损失1795亿元
8	2004年	1075.5	建行股改核销资产损失1075.5亿元
9	2004年6月	6500	中国人民银行对农发行再贷款6500亿元，已形成挂账
10	2004年	233	地方政府为化解城市商业银行风险投入资金233亿元

续表

编号	时间	金额	目的
11	2005年	2460	工行2460亿元损失类不良贷款被等值剥离给华融资产管理公司，政府负担100%
12	2005年	36	允许交行将超过110亿元的累积亏损抵扣未来盈利，使其减税近36亿元
13	2005年4月	2500	汇金公司以150亿美元外汇储备注资工行，财政部以等值人民币资金注入，折合人民币约2500亿元
14	2005年6月	216	给予建行共计654.99亿元的税前抵减额度，这项优惠政策使其少缴企业所得税216亿元
15	2005年6月	3213	中国人民银行、财政部、银监会共同组织了工行分散在全国的4590亿元可疑类贷款拍卖招标活动，回收率30%，中央银行负担70%，即3213亿元
16	2002~2005年	300	关闭和托管券商，偿还保证金窟窿和个人债务。对鞍山证券、大连证券、新华证券、南方证券、辽宁省证券、闽发证券、汉唐证券、大鹏证券、恒信证券、德恒证券、中富证券等救助合计300亿元
17	2006年	200	中行股改过程中发生并经确认的资产评估净增值，不再征收企业所得税。具体数额未公布，依照建行标准，估算为200亿元
18	2006年	200	工行获得股改的税收减免措施，包括减免资产增值税以及折旧可以获得税前抵扣。具体数额未公布，依照建行标准，估算为200亿元
19	2008年	2600	农行完成股改和上市，财政部、中央汇金各注资1300亿元
合计		46140	

资料来源：根据各行网站及孟艳（2007）调整计算。

二　包商银行接管案例：打破宽松救助的官方努力

2019年5月24日，中国人民银行、中国银行保险监督管理委员会联合发布公告：鉴于包商银行股份有限公司出现严重信用风险，为保护存款人和其他客户合法权益，依照《中华人民共和国中国人民银行法》、《中华人民共和国银行业监督管理法》和《中华人民共和国商业银行法》有关规定，中国银行保险监督管理委员会决定自2019年5月24日起对包商银行实行接管，接管期限一年。包商银行也是继1998年海南发展银行被中国人民银行宣布关闭后第一家被监管机构接管的商业银行。

中国银行保险监督管理委员会新闻发言人就接管包商银行问题答记者问中提出债务处理的原则性方案：①对于接管前的个人储蓄存款，本息由中国人民银行、银保监会和存款保险基金全额保障，各项业务照常办理，不受任何影响；②接管前的对公存款和同业负债，5000万元（含）以下的对公存款和同业负债，本息全额保障；③5000万元以上的对公存款和同业负债，由接管组和债权人平等协商，依法保障。[1]

据《财新周刊》报道，对公债权人先期保障比例不低于80%，同业机构不低于70%，其余部分允许继续保留债权，依法参与后续受偿。[2]进一步来说，在5000万元以上的同业负债至少兑付70%的基础上，5000万元到1亿元的同业负债保障本金；1亿元到20亿元的同业负债，兑付不低于90%本金；20亿元到50亿元的同业负债，兑付不低于80%本金；50亿元以上的同业负债，兑付不低于70%本金。[3]

2020年11月12日，中国银行保险监督管理委员会网站披露《中国银保监会关于包商银行股份有限公司破产的批复》，研究《关于包商银行股份有限公司破产申请事项的请示》（包商接管组〔2020〕26号）后，批复"原则同意包商银行进入破产程序。严格按照有关法律法规要求开展后续工作"。

在国内经济面临一定不确定性且贸易摩擦风险加大的背景下，直接以接管的方式处理包商银行信用风险问题，负债未全额兑付、包商银行进入破产程序等，也有打破刚兑的意味，超出市场预期。

第四节　本章小结

银行等金融机构既有风险管理功能，又有制造风险的冲动。"太大而

---

① 《中国人民银行、中国银行保险监督管理委员会新闻发言人就接管包商银行问题答记者问》，新华社，2019年5月26日。

② 《证监会关注IPO银行涉包商银行业务风险存款保险如何保障同业债权？》，凤凰财经，2020年4月21日。

③ 《包商银行债务方案新进展：同业负债分阶协商》，未央网，2019年5月29日。

不能倒""太关联而不能倒"等因素强化了银行救助预期。在政府为银行大股东的情况下，这种救助预期更为强烈。金融救助预期在一定程度上助推了金融风险的膨胀。

存在信息约束时，中央银行和金融监管部门不能完全观察到商业银行经营的风险状况，而商业银行可以预期到中央银行救助。商业银行面对地方政府的任期偏好、金融分权行为，很容易识别与地方政府联合的利弊，理性选择就是既要支持地方政府的投资、与其联合提升自身"游说能力"共同对中央政府议价获取救助，又要利用中央政府强化其独立性有选择地投资地方政府的项目。地方政府为满足任期偏好、获得商业贷款而与商业银行进行联合，推动金融分权的实现。

第十章

银行表内业务、项目筛选与金融风险

随着 1979 年 3 月 13 日国务院批准中国银行从中国人民银行中分设出来，中国开始进行政府与市场之间以金融分权为主的改革。中国人民银行专门行使中央银行职能，中、建、农、工四大国有银行依次从中央银行分立并大力发展分支行。从目前来看，中国的商业银行表内资产业务主要是贷款（见图 10-1），表内负债业务主要是存款（见图 10-2），贷款业务通过项目选择、期限配置、决策机制等途径影响金融风险。本章主要从商业银行贷款项目筛选的角度，分析政府与市场之间金融分权对金融风险和经济发展质量的影响。

第一节 银行表内业务结构

一 银行资产负债结构

银行资产负债表表内项目主要包括：资产、负债、所有者权益。资产包括现金资产（库存现金、库存金银、存放同业款项、存入中央银行法定存款准备金和备付金以及其他形式的现金资产）、短期资产（短期贷款、拆放同业、应收进出口押汇、应收账款和坏账准备、其他应收款、票据融资、短期投资、代理证券等）、长期贷款（中期流动资金贷款、中长期基本建设贷款、中长期技术改造贷款、中长期科技开发贷款、中长期住房开发贷款和其他中长期贷款）、国际融资转贷款（转贷外国政府贷款、转贷国际金融组织贷款、国家外汇储备贷款、转贷买方

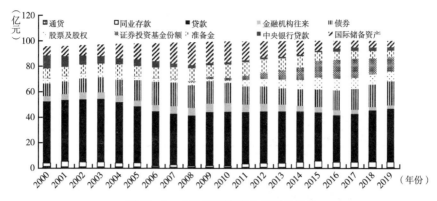

图 10-1　金融部门资产业务结构变化

资料来源：Wind 数据库。

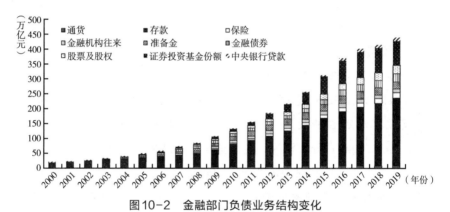

图 10-2　金融部门负债业务结构变化

资料来源：Wind 数据库。

信贷、银团贷款和其他转贷款）、贷款呆账准备等。负债包括：短期负债（短期存款、短期储蓄存款、同业存放款项、联行存放款项、应解汇款、汇出汇款、应付代理证券款项、中央银行借款、同业拆入等）、长期存款、长期储蓄存款。所有者权益包括：资本、资本公积、盈余公积、未分配利润。这里主要关注资产和负债业务，银行资产负债业务可简化为表 10-1。

表10-1　银行资产负债业务构成

资产	负债
现金资产	短期负债
短期资产	
长期贷款	长期存款
国际融资转贷款	长期储蓄存款
贷款呆账准备	

二　银行表内贷款与金融风险

金融发展水平对企业投资项目选择具有重要作用，有时甚至决定项目的质量、风险和成败，决定技术进步和经济增长质量。研究文献主要从金融规模、金融制度、金融结构等角度，分别从微观企业投资、产业投资需求和宏观经济增长等层面对金融与技术的关系进行论证。

（一）项目选择与金融风险

金融制度往往通过金融市场运行规则实现资金时空配置，筛选符合社会经济发展所需要的投资项目，并反过来影响自身的金融风险状况。Schumpeter（1942）分析认为，金融体系在创新中的主要作用在于为生产要素高效重新组合提供必要的资金，银行信贷为企业技术创新提供了支付服务，从而便利了企业家的创新活动。King和Levine（1993）分析认为，金融机构对企业家的创新活动提供评估、筛选和推进作用；同时，金融体系使创新活动的风险得到分散，从而促进企业的技术创新。这也意味着，金融机构投资的项目风险状况反过来决定金融机构的风险状况。

（二）决策机制与贷款风险

金融选择投资项目的制度可简略分为单人决策机制和多人决策机制。对于技术发展成熟稳定行业的投资项目，企业的市场地位基本确定，项目预期收益可预测性较高，贷款决策人具有成形的风险评估经验，单人贷款决策机制可以发挥提高决策效率、加快项目运转的优势。对于创新技术或技术发展前沿行业的投资项目，市场前景可预测性较低，项目预期收益难以准确评估，贷款业界也缺少相关的成形的项目风险评估模型，此时多人贷款决策制度有利于发挥不同贷款人从自身不同优势角度对投资项目进行评价，综合评估项目的可行性，有效控制项目违约风险，也有利于筛选高质量投资项目。Jian 和 Xu（2004）从单一决策和多人决策比较的角度，研究了不同金融决策制度对技术研发的影响，得出多人决策的金融制度能够更有效地管理技术研发的项目风险，具有更高的发展优势。Weinstein 和 Yafeh（1998）、Allen 和 Gale（1999）、龚强等（2014）研究提出，风险相对较低的成熟稳定行业的技术创新更适合以单人决策为主的银行融资，风险较高的前沿性创新行业的技术研发更适合以多人决策为主的金融市场融资。

（三）期限错配与贷款风险

银行资产负债期限错配会引发流动性风险。这可以从两个方面进行解释。一是银行负债期限与银行资产期限的错配。银行负债（存款）期限一般较短，在手机银行和网络银行日益便利的情况下，许多定期存款随时根据存款人需要可转化为活期存款。如果资产贷款项目期限较长，则容易引发项目资金回收周期过长、难以偿付活期存款的流动性风险。二是银行贷款期限和项目资金需求期限的错配。如果资产贷款项目期限较短，而投资项目的资金需求周期一般较长，此时容易引发项目中断失败的风险，从而加剧违约风险的发生。因此，Morck 和 Nakamura（1999）、林毅夫等（2009）、Lin 等（2013）认为，由于创新项目的回报通常具有较大的不确定性，项目进展不顺利导致短期内投资收益率降低或亏损；创新型企业如果通过金融市场融资，短期内股票投资回报率的降低不会导致项目清算或企业破产；创新型企业如果通过银行融资，则必须按期还本付息，必然面临较大的清算和破产风险；前者为技术创新提供了更充分的时间，而后者可能使刚刚开展的优质项目被迫中止。

（四）风险错配与贷款风险

投资项目可分为高风险创新投资项目和低风险传统投资项目。银行是实质性的债权人和债务人（即相对于存款者是债务人，相对于贷款者是债权人），项目违约后，项目失败风险会通过银行传导到存款者身上。银行的存款者一般是风险厌恶型的保守投资者，如果用银行资金满足高风险创新投资项目，此时必然引发风险厌恶型投资者资金与高风险投资项目的风险错配问题。Berger 和 Udell（2002）认为，市场导向的资本市场相比银行中介导向的金融体系来说更适合高创新、高风险的投资项目，而银行导向的金融体系更适合传统型的低风险投资项目。

（五）操作风险

国有产权导致委托-代理关系错位，产生"内部人控制"问题、治理结构缺陷问题，以及内部控制不力导致的对经营管理层监督不足、经营管理层激励不足和激励失当产生的道德风险等问题。巴塞尔委员会定义了操作风险的8个业务线和7种事件类型。[①]经验数据证明，中国的商业银行操作风险存在以下特征。①从业务线来看，操作风险损失事件主要集中在商业银行业务和零售银行业务，这与国际上商业银行的零售业务部门损失事件发生频率最大及损失金额占比最高的情况有所差异，不过这也如实反映了贷款在中国商业银行资产中占比最大的现实情况。②从损失事件类型来看，损失事件主要可以归因于内部欺诈、外部欺诈。③从业务部门和损失事件类型两种因素的组合来看，占到损失事件比例最大的是商业银行业务中的内部欺诈，这与国际上商业银行也存在较大的差异。④从操作风险的成因来看，中国的商业银行操作风险成因主要在银行内部，特别是银行内部人员或内部人员与外部人员相互勾结，所进行的主观的、故意的欺诈行为。这与国际上商业银行操作风险成因存在较大差异（万杰、苗文龙，2005）。

（六）道德风险

国有经济中普遍存在的一个现象是，政府通过财政补贴、贷款支持等方法，解救亏损的国有企业（Kornai，1986）。这些解救措施将带来"预算软约束"问题，造成企业经理的道德风险、银行呆坏账、财政负担等问题。

俞乔和赵昌文（2009）指出，政府主导金融制度下金融机构软预算约束的负面作用主要表现在两个方面。一是软预算约束增加了机构的机会主义行为，冒更高风险追求更大收益、加大产生不良资产的概率；也可能

[①] 8个业务线分别为：公司金融，交易与销售，零售银行业务，商业银行业务，支付与清算，代理服务，资产管理，零售经纪；7种操作风险事件类型分别是：内部欺诈，外部欺诈，就业政策和工作场所安全性，客户、产品以及业务操作，实体资产损失，业务中断和系统失败，执行、交割以及流程管理。

增加银行的消极性，由于金融机构知道政府会事后干预，从而产生对坏项目"复活的投机"（Mitchell，1978）。二是金融机构的软预算约束可能会强化借款者寻租和事后不履约的动机，软预算约束不仅会强化银行自身的道德风险，而且也会强化借款人的道德风险。

施华强和彭兴韵（2003）认为，中国国有银行软预算约束不仅加大了银行的道德风险和机会主义，而且强化了本来就比较严重的国有企业预算软约束，使国有银行的不良资产问题更为严重。施华强（2004）指出，由于国有银行不良资产存在软预算约束特征，国有企业沉没成本及其巨额维持成本具有自我累积特性，地方政府对国有银行存在过度利用的内在冲动，这种内生软预算约束机制共同导致国有银行不良资产存量和流量具有自我积累的内生特征。

在中国，银行破产问题较国外要复杂得多，这不仅仅是银行破产造成相关联企业融资困境、停产，更在于为数极多的小额储户的存款被"凭空剥夺"后，储户与破产银行员工、关联企业下岗人员已形成联合波动造成社会矛盾激化。中央政府绝不会轻率地让一个国有银行破产。银行正是观察到这一点，料定即使有巨额坏账也会有人买单，强化了冒险行为。

第二节 理论分析

这一节通过模型构建和推理，分析金融制度的单人决策机制和多人决策机制分别对创新项目的筛选及风险管理差别。

一 创新项目类型与投资阶段

为简化分析，这里提出如下比较符合现实的简化条件。

假定1：拥有创新项目的个体没有资金支持，创新项目无法投入生产运作。因此，所有创新项目都需要外来资金投入，一旦有资金介入，个体就变成了企业家。其中，项目的劳动投入假定为单位1。

假定2：创新项目有"好""坏"两种类型。好项目的概率为q，坏项目的概率为$(1-q)$。两种类型项目的收益不同，都可以表示为未来利润的现值。好项目的收入表示为$Ag_t \sum_{\tau=t+1}^{\infty} (1+\rho)^{-(\tau-t)} \pi_\tau$。其中，$Ag_t$是创新项目

在时期 $t+1$ 的收入，ρ 为折现率，τ 为创新项目未来终止的时间，π_τ 为项目每期收入的增长率。坏项目的收入表示为 $Ab_t \sum\limits_{\tau=t+1}^{\infty} \left(1+\rho\right)^{-(\tau-t)} \pi_\tau$。好坏项目的成本不同。在时期 t，好项目经过两个阶段投资就可以完成，分别需要投入资金为 I_{1t}、I_{2t}，并且是盈利的。坏项目需要三个阶段投资才能完成，资金投入分别为 I_{1t}、I_{2t}、I_{3t}，投入的 I_{1t}、I_{2t} 为沉没成本，坏项目在阶段 2 结束时，价值为 0。每个阶段投资金额大小表示为 $I_{it} = I_i A_t$。

假定 3：投资分为 4 个阶段。

阶段 0：出资者分析金融制度类型 s、m 做出投资选择。潜在的企业家提出研发项目，尽管企业家披露了很多关于项目的信息，但出资者仍难以准确判断项目好坏，他们的选择是要么接受，要么离开。如果签订投资协议，提出项目的主体就变为企业家，出资者在阶段 Ⅰ 将投入 I_{1t} 资金到项目上。阶段 Ⅰ 不需要花费时间和劳动投入。

阶段 Ⅰ：企业家比较清楚项目的类型，出资者仍不能准确判断项目类型，在阶段 Ⅱ 项目仍然推进，除非企业家主动停止项目，此时需要 I_{2t} 的资金投入和 1 单位劳动。如果企业家停止项目，他将获得较低的个人收益 $b_1 > 0$。

阶段 Ⅱ：所有好的项目都已完成，项目类型不再是非对称信息。对于好的项目，所有出资者和企业家会获得较高的个人收益 b_g。所有坏的项目都没有完成，他们没有任何回报，他们清算的价值为 0。出资者要么继续投资，要么清算项目。如果项目被清算，出资者得到回报为 0，企业家收益 $b_2 < b_1$。如果这些被双方意识到，则会继续投资 I_{3t}。此时，不再需要劳动投入。

阶段 Ⅲ：坏项目都能完成，出资者获得回报，企业家获得比较折中的个人收益，$b_b \in (b_1, b_g)$。

假定 4：不同制度下的经济运行具有不同的制度成本 σ，$\sigma \in [0, 1]$，当具有完善的法律制度及执行体系时，$\sigma = 0$；现实中，一般法律制度及执行都有一定的缺陷，$\sigma > 0$；法律缺陷越多，σ 越高。

二　金融制度与投资决策初步比较

金融制度分为单一集权决策的金融制度（s）和多人分散决策的金融

制度（m）。这两种金融制度的最大区别在于对投资项目的预期判断和投资决策程序。

在制度 s 框架下，对项目好坏的判断由一人决定，选择好项目的概率为 q。在制度 m 框架下，对项目好坏的判断由多人决定，必须 n 个人都选择时项目才能实施。制度 m 的阈值机制保证了必须 n 个人都选择这一项目并且筹资额达到阈值，项目融资才算成功，否则宣告失败，退还前期筹集资金。因此，选择好项目的概率为 $1-(1-q)^n$。随着 n 的增加，选择成功项目的概率加速上升。并且，由 $1-q>(1-q)^n$，推理出 $1-(1-q)^n>q$。

通过对不同金融制度决策机制的初步比较，易得出如下命题。

命题1：多人决策制度选择项目为"好"的概率要高于单人决策的金融制度。

在阶段Ⅱ，金融制度 s 下，出资者将继续对坏项目进行投资；由于预期到这一结果，坏项目的企业家在阶段Ⅰ选择撒谎，并从坏项目中持续获得收益。在金融制度 m 下，出资者在阶段Ⅱ选择对坏项目进行清算。面对阶段Ⅱ坏项目清算时的信用威胁，企业家为避免较重的损失，会在阶段Ⅰ主动终止坏项目。这表明，通过在阶段Ⅱ清算坏项目的承诺，金融制度 m 的分散特征为企业家提供了一种真实、充分披露项目信息的激励。相比之下，金融制度 s 的关键决策者没有做出对坏项目清算的警示，此时企业家将会选择隐藏项目的不利信息（预算软约束）（Jian and Xu，2004）。现实中，僵尸企业的形成和持续存在成为一个较为直观的证明。特别是，"财政存款占当地存款比重越大，企业僵尸化概率越高，并且银行竞争助长了企业僵尸化"（刘冲等，2020）。显然，财政存款比重越大，意味着地方政府对银行信贷分配的影响越大。

命题2：在金融制度 s 下，坏项目会持续得到更多的融资；在金融制度 m 下，坏项目在阶段Ⅰ一般就被清算。

三　金融制度与期望收益的简单比较

如果没有信息约束、技术水平等其他任何条件，在金融制度 s 下，投资的期望收益为：

$$Es = q \left[Ag_t \sum_{\tau=t+1}^{\infty} \left(1+\rho\right)^{-(\tau-t)} \pi_\tau - I_{1t} - I_{2t} \right] + (1-q) \times$$

$$\left[Ab_t \sum_{\tau=t+1}^{\infty} \left(1+\rho\right)^{-(\tau-t)} \pi_\tau - I_{1t} - I_{2t} - I_{3t} \right] \qquad (10\text{-}1)$$

在金融制度 m 下，项目期望收益为：

$$Em = \left[1 - (1-q)^n \right] \left[Ag_t \sum_{\tau=t+1}^{\infty} \left(1+\rho\right)^{-(\tau-t)} \pi_\tau - I_{1t} - I_{2t} \right] + (1-q)^n \times$$

$$\left[Ab_t \sum_{\tau=t+1}^{\infty} \left(1+\rho\right)^{-(\tau-t)} \pi_\tau - I_{1t} - I_{2t} - I_{3t} \right] \qquad (10\text{-}2)$$

当 n 较大时，$(1-q)^n$ 趋向于 0，说明 n 个人都选择坏项目的概率很低，可忽略不计。此时式（10-2）转化为：$Em = \left[Ag_t \sum_{\tau=t+1}^{\infty} \left(1+\rho\right)^{-(\tau-t)} \pi_\tau - I_{1t} - I_{2t} \right]$。此式减式（10-1）得出两种不同的金融制度下相同金额的投资所产生的期望收益的差为：

$$Em - Es = (1-q) \left[Ag_t \sum_{\tau=t+1}^{\infty} \left(1+\rho\right)^{-(\tau-t)} \pi_\tau - I_{1t} - I_{2t} \right] - (1-q) \times$$

$$\left[Ab_t \sum_{\tau=t+1}^{\infty} \left(1+\rho\right)^{-(\tau-t)} \pi_\tau - I_{1t} - I_{2t} - I_{3t} \right]$$

$$= (1-q) \left[(Ag_t - Ab_t) \sum_{\tau=t+1}^{\infty} \left(1+\rho\right)^{-(\tau-t)} \pi_\tau + I_{3t} \right] \qquad (10\text{-}3)$$

由此可知，不同金融制度下相同金额投资的期望收益的差取值存在三种情况。一是 $q=1$，全是好项目，$Em - Es = 0$，s 与 m 并无分别。在每次经济大变革后的初期，百废待兴，绝大多数项目只要投资都会盈利，不会有明显的收益差别，此时金融制度差别对项目选择效率的影响十分微小。二是如果都是坏项目，$Ag_t = 0$，$q=0$，金融制度 m 与 s 的差别是，制度 m 下投资项目在 I 阶段都已经清算，不再有后期收入；制度 s 下项目持续投资，但有可能产生一定的后期收入 $Ab_t \sum_{\tau=t+1}^{\infty} \left(1+\rho\right)^{-(\tau-t)} \pi_\tau$，此时制度的差别在于后期投资与后期收入的大小比较。三是创新项目十分繁多，但真正的好项目占总项目数的比例很低，q 趋近于 0，两种金融制度的期望收益差别趋近于最大值，即好坏项目的收益差加上投资成本。因此，在经济发展初期，金融制度类型的影响不大。

随着经济发展，项目剧增，好坏项目鱼目混珠，有的项目甚至直接就是为了套取贷款或资金，坏项目对好项目的充斥程度加大，q 趋向于 0 这一端，$1-q$ 趋向于 1，m 与 s 的区别开始显著：一是好坏项目的收入差别现值，二是前期投资的不断加大，烂尾项目再融资的急剧攀升。其差别描述为图 10-3。

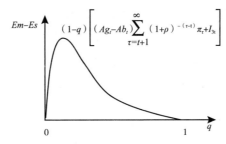

图10-3 不同金融制度下投资期望收益差的变化

由此得出命题 3：社会重建初期，所有项目都是盈利的好项目，此时金融制度类型差别对投资期望收益的影响十分有限；随着经济发展，项目数量攀升和好项目比例下降，金融制度 m 与 s 的投资期望收益差越来越大。

四 金融制度与结构均衡

如果考虑投资者要收集项目质量信号等信息，要对项目进行事前检验，此时必然发生一定的费用。

投资前，项目质量的信号能够收集。收集的信号质量越高，收集成本就越高。信号质量取决于所收集信息正确的概率 θ，$\theta \in \left[\dfrac{1}{2},\ 1\right]$。事前检验成本取决于国内知识储备与国际的差距、正确信号的多少，此时 $\kappa_t = \kappa(a_t,\ \theta)A_t$，$a_t = \dfrac{A_t}{A_{ft}}$ 与经济发展水平相关，A_{ft} 为世界知识储备，A_{ft} 的增长率为 g_f。

为合理简化分析，$\kappa_t = \kappa(a_t, \theta)A_t$ 满足以下假定：$\kappa(a_t, \theta) = \lambda(a_t)\psi(\theta)$，$\psi\left(\dfrac{1}{2}\right) = 0$，$\psi(1) = \infty$，$\psi'(\cdot) > 0$，$\psi''(\cdot) > 0$，$\lambda(0) = 0$，$\lambda'(\cdot) > 0$，$\lambda(\cdot) \leqslant \dfrac{2\bar{q}I_1}{\psi'\left(\dfrac{1}{2}\right)}$。$\psi\left(\dfrac{1}{2}\right) = 0$ 意味着，不用鉴定信息真伪，随机选择正确信息的成本为 0；$\psi(1) = \infty$ 意味着，所收集的信息全部为准确的信息时，花费的成本将接近于无穷；在此区间，事前检验成本随着信息的正确程度上升而单调升，$\psi'(\cdot) > 0$，且升的速度在增加，$\psi''(\cdot) > 0$。当国内知识储备为 0 时，难以鉴定项目好坏，事前检验成本为 0，$\lambda(0) = 0$；随着知识储备增加，项目复杂程度提高，事前检验成本上升，$\lambda'(\cdot) > 0$。

在 0 阶段，接到项目创新方案后，金融者选择优化金融制度和事前监督变量 $\{\zeta, \theta_\zeta\}$，以最大化净现值的期望，ζ 是金融制度变量，$\zeta \in \{m, s\}$，θ_ζ 是在制度 ζ 下前期监督的精确值。

金融制度 s 下，项目投资的期望净现值为 $E_{NPV_s} = \overline{q\theta_s}\left[\delta\sum_{\tau=t+1}^{\infty}\left(1 + \rho\right)^{-(\tau - t)}\pi_t - \overline{C_s}\right]A_t$。其中，$\overline{q\theta_s} = q\theta_s + \bar{q}\overline{\theta_s}$，并且 $\bar{C}_s = \dfrac{\lambda\psi(\theta_s)}{\overline{q\theta_s}} + I_1 + I_2 + \dfrac{\bar{w}}{1 + \rho} + \dfrac{\bar{q}\overline{\theta_s}}{\overline{q\theta_s}}\dfrac{I_3}{1 + \rho}$。金融制度 m 下，项目的期望投资净现值为 $E_{NPV_m} = \left(1 - q\right)^n\theta_m\left[\delta\sum_{\tau=t+1}^{\infty}\left(1 + \rho\right)^{-(\tau - t)}\pi_t - \bar{C}_m\right]A_t$。其中，$\bar{C}_m = \dfrac{\lambda\psi(\theta_m)}{q\theta_m} + \dfrac{q\theta_m + \bar{q}\overline{\theta_m}}{q\theta_m}\left(\sigma F + I_1\right) + I_2 + \dfrac{\bar{w}}{1 + \rho}$。

（一）金融制度均衡

求解和选择 (ζ, θ) 达到最大化的期望净现值：$\max\limits_{\zeta, \theta} E_{NPV} = \max\left\{\max\limits_{\theta_s} E_{NPV_s}, \max\limits_{\theta_m} E_{NPV_m}\right\}$。定义 s 下最小的期望成本为 $\bar{C}_s^* = \min\theta_s\bar{C}_s$，得到 m 下最小的期望成本为 $\bar{C}_m^* = \min\theta_m\bar{C}_m$，均衡的成本为 $\bar{C}^* = \min\left\{\bar{C}_s^*, \bar{C}_m^*\right\}$。

由此得到命题 4：如果是自由进入的金融市场，金融制度均衡时的条件式是最小化了的项目完成的期望资金成本。例如，在制度平衡时，平衡解为 $(\zeta^*, \theta^*) = \arg\min\left\{\min_{\theta_s} \bar{C}_s, \min_{\theta_m} \bar{C}_m\right\}$。金融制度取决于期望资金成本，如果 $\bar{C}_s^* < \bar{C}_m^*$，均衡的金融制度是 s；如果 $\bar{C}_s^* > \bar{C}_m^*$，均衡的金融制度是 m。

（二）不同金融制度的静态决策

分别在金融制度 θ_s^*、θ_m^* 下分析项目选择的静态优化决策。界定两种金融制度下事前检验决策的优化成本为 $K_s^* = \dfrac{\lambda\psi(\theta_s^*)}{q\theta_s^* + \bar{q}\bar{\theta}_s^*}$ 和 $K_m^* = \dfrac{\lambda\psi(\theta_m^*)}{q\theta_m^*}$，可推理得出，$\dfrac{\mathrm{d}\bar{C}_s^*}{\mathrm{d}\sigma} = 0$，$\dfrac{\mathrm{d}\theta_s^*}{\mathrm{d}\sigma} = 0$ 和 $\dfrac{\mathrm{d}K_s^*}{\mathrm{d}\sigma} = 0$；$\lambda > 0$ 时，$\dfrac{\mathrm{d}\bar{C}_m^*}{\mathrm{d}\sigma} > 0$，$\dfrac{\partial\theta_m^*}{\partial\sigma} > 0$，$\dfrac{\mathrm{d}K_m^*}{\mathrm{d}\sigma} > 0$；如果 $\sigma = 0$ 且 $\lambda > 0$，则 $\bar{C}_s^* \geqslant \bar{C}_m^*$。

其经济含义在于，在金融制度 m 下，如果具有较高法律执行等制度成本 σ，投资者会花费更多的事前检验成本并获得更为准确的项目信息，项目的预期资金成本会更高。相比之下，在金融制度 s 下，法律等制度成本 σ 对事前检验没有影响。运用于多人决策金融制度和单人决策金融制度的比较可以得出，如果法律制度成本较高，多人决策金融制度更容易选择准确的项目信息、投资更好的项目。传统的单人决策的金融制度，前期检验成本却不受影响，但随着事前审查的细化和决策程序的增加，法律制度成本有利于提高所选择项目的质量，中国近十年来的银行改革就是很好的例证。如果法律制度成本很低，则 m 金融制度能够在保障项目质量的同时有效降低事前检验成本；传统的银行制度则仍然受较小影响；如果法律制度成本为 0，那么多人选择的金融制度的资金成本恒低于单人决策的投资成本。

（三）金融制度的有效边界

两种金融制度的边界条件为 $\bar{C}_m^* = \bar{C}_s^*$（$\lambda > 0$），其解表示为 $\tilde{\sigma}(\lambda)$。根据命题 4 知道，$\sigma = 0$ 且 $\lambda > 0$，$\bar{C}_s^* \geqslant \bar{C}_m^*$，$\dfrac{\mathrm{d}\bar{C}_m^*}{\mathrm{d}\sigma} > 0$。当 $\sigma \to \infty$ 时，$\bar{C}_m^* \to \infty$。当且仅当 $\sigma > \tilde{\sigma}(\lambda)$ 时，$\bar{C}_s^* < \bar{C}_m^*$。由此得出命题 5：存在一个阈值，$\tilde{\sigma}(\lambda) > 0$，$\sigma > \tilde{\sigma}(\lambda)$ 时选择 m，否则选择 s。曲线 $\tilde{\sigma}(\lambda)$ 将 $[\lambda(a), \sigma]$ 空间分为两个区域：在上面区域，s 较为有优势，在下面区域，m 较有优

势。这显示出金融制度选择由制度成本 σ 和相关发展水平 a 决定。在一定的发展水平 a 或 $\lambda(a)$，当制度成本高于阈值 $\tilde{\sigma}$，均衡状态时选择 s；当制度成本低于 $\tilde{\sigma}$ 时，m 将被选择。

其经济含义在于，在经济水平较低的初级阶段，知识储备水平低，技术发展落后，所有项目都是营利性好项目，个人决策的金融制度 s 的运行成本更低、效率更高，此时应当选择 s；在经济发展到一定阶段，知识储备水平较高、科技发展较快时，项目变得参差不齐，好项目占比非常低，个人不再具备全面收集信息、处理信息的能力，也难以正确选择项目并降低投资成本，此时多人决策的金融制度 m 提高了信息收集能力和信息处理能力，提高了事前检验下选择好项目的准确性，降低了选择坏项目的投资成本，m 将是有效的金融制度。因此，尽管西方发达国家具有完善的资本市场和银行体系，其本质上已经属于多人决策的金融制度 m，但仍然主要由为数不多的决策者决定项目创新技术的投资与否，仍难以满足创新技术的发展速度，决策人数仍不够充分。此时，多人决策金融制度发挥了更多投资决策人的信息调查、信息处理作用，进一步提高了项目选择的准确性，降低了投资预期成本，所以能萌芽并迅速取得突破性发展。

通过上述分析，本章进一步推理，金融制度可以影响技术创新的速度和方向。第一，多人决策的项目，一般经过广大社会出资者检验，更具有创新性，更符合社会需求。没有实用价值或实用价值低的项目很难融资成功。多人决策机制实质上是社会公众对创新项目的筛选。第二，通过传统的融资渠道，一个生产创意或一个技术创新的商业方案很难得到运作资金，多人决策金融制度可以使有价值的技术创新、生产创意尽快得到资金，并尽快投入生产。因此，多人决策金融制度在加快有价值技术创新和转化方面，至少是单人决策金融制度体系的有效补充。值得注意的是，多人决策中的主体资质：必须具备科学决策需要的关键信息；有能力准确处理信息；有独立、平等的话语权。

第三节　银行与金融市场对行业技术投资影响的比较

一　金融周期与项目异质性

（一）金融周期变量

研究金融周期比较常用的一个方法是根据金融变量与宏观经济变量之间关系的密切程度寻找主要金融变量，进而构建金融状况指数。考虑到两个主要原因，这里不再通过构建金融状况指数的途径来研究金融周期，而是直接观察金融市场的核心变量。一是本章研究目的在于观察核心金融变量波动规律及其对各行业经济波动的影响，不同的金融变量在不同行业发挥的作用不同。二是变量选取的多寡不一。例如，English 等（2005）构建的金融状况指数包含了 20 多项指标，Vonen（2011）构建的金融状况指数只包含了 13 项指标，Claessens 等（2012）只用了银行信贷、资产价格和房地产价格 3 个方面的指标。本章根据文献验证效果和实际运行情况选择金融变量，具体如下。

银行信贷方面变量——私人部门信贷／GDP（cre_t）。无论是理论逻辑分析（信贷周期理论），还是我国实际经济运行情况（银行主导型金融体系），还是已有实证结论（陈雨露等，2016；马勇等，2017），银行信贷都是金融的核心因素。考虑到计量检验和估计的数据处理问题，本章采用银行信贷／GDP 的比值形式。

资本市场方面变量——沪市股票价格指数（s_t）。1991 年中国开始发展股票市场，中国金融体系逐渐完善，股票成为企业、个人重要的财富构成部分，并影响到企业和个人的投资、消费等行为，成为标志性的金融变量。由于沪市股票多为大盘股，并且沪深股市波动规律基本一致，本章选择沪市股指作为资本市场的代表性指标。

金融资金价格方面变量——利率（i_t）。利率是金融运行状况的核心指标，是货币政策、金融体系对实体经济产生作用的核心途径。马勇等（2016）选择银行利差作为重要金融变量之一。本章研究侧重点在于观察金融体系内生的运行规律，因此选择市场化程度高的利率——银行间同业拆借利率。中国银行间同业拆借利率包括隔夜同业拆借、7天内同业拆借等8种同业拆借利率。一般文献选择7天同业拆借利率，为同时考虑对市场利率整体影响，本章选择同业拆借加权平均利率。

金融资金价格的国际方面变量——汇率（e_t）。汇率主要反映国际资本流动因素对技术研发创新投资资金及其成本的影响。在此，本章采用人民币名义有效汇率指数。各金融指标和行业技术创新指标的数据统计描述见表10-2。

表10-2　金融变量数据的描述统计

统计量	i_t	e_t	cre_t	s_t
均值	2.6263	99.2659	4.2633	2311.718
最大值	6.9200	127.4000	5.7300	5824.120
最小值	0.9400	83.8200	3.3200	1042.180
标准差	1.0050	10.5595	0.4726	926.4776
偏度	0.9642	0.9152	0.4672	1.2982
峰态	4.4959	3.2299	2.9699	4.8037
J-B检验	47.6515	27.2287	6.9909	79.9589
P值	0.0000	0.0000	0.0303	0.0000

（二）项目异质性

不同行业的项目意味着技术水平的差异。根据行业技术投入率（行业本年技术研发投入/行业本年总产出）可以初步判断行业的差异和不同行业投资项目的异质性（苗文龙等，2018）。行业技术投入率中研发投入包括用于研究开发、技术改造、科技创新等方面的支出，反映了该行业在科技进步方面的投入，在一定程度上可以体现企业的发展潜力。根据《中国工业经济年鉴》、《中国金融年鉴》和Wind数据库，时间区间为2000年1月~2019年12月。各行业技术创新指标的数据统计描述见表10-3。

表10-3 12个行业技术投入率的描述统计

行业	均值	中位数	最大值	最小值	标准差	偏度	峰态	J-B检验	P值	样本数
$comm_t$	3.6125	1.9000	27.8200	-1.3200	4.0740	3.4444	17.5034	2062.44	0.0000	192
car_t	1.8878	2.0050	3.0200	-6.6800	1.4440	-3.7942	18.8699	2475.48	0.0000	192
$medi_t$	1.8437	1.6000	3.7000	-0.1500	1.0904	0.3916	1.7586	17.2368	0.0002	192
$spin_t$	1.0438	0.6650	6.1100	-0.2200	0.9778	2.2290	9.9075	540.6974	0.0000	192
cul_t	0.8873	0.7000	4.3500	0.1200	0.7258	2.1106	8.9169	422.625	0.0000	192
$chem_t$	0.8624	1.1700	2.8000	-9.7600	1.9439	-3.0014	14.2405	1299.06	0.0000	192
$build_t$	0.4501	0.8900	1.9200	-14.1300	2.4222	-4.0200	20.0565	2844.52	0.0000	192
$tran_t$	0.0626	0.3000	0.4200	-3.5000	0.6212	-3.5274	16.7789	1917.01	0.0000	192
ws_t	0.6935	0.4250	8.9300	-0.8400	1.3468	3.8550	19.8944	2758.92	0.0000	192
$food_t$	-0.0063	0.4800	1.6900	-13.2600	2.1147	-4.4169	22.8168	3765.91	0.0000	192
$agri_t$	-0.1439	0.5400	1.9200	-18.0100	2.8725	-4.3662	22.3700	3611.61	0.0000	192
nm_t	-0.0063	0.6250	1.9700	-17.3900	2.8010	-4.3389	22.1886	3548.04	0.0000	192

注：在行业划分上有多种方法，主要采用Wind数据库24个二级行业的划分标准。为了统一数据时段、提高数据结果的可比性，从24个行业中选择纺织业$spin_t$，化学工业$chem_t$，建材工业$build_t$，交通运输、仓储和邮政业$tran_t$，农业$agri_t$，批发零售贸易业ws_t，汽车制造业car_t，食品工业$food_t$，通信设备制造业$comm_t$，文教体育用品制造业cul_t，医药工业$medi_t$，有色金属采矿业nm_t12个。

数据统计结果显示，各行业的技术创新属性、技术创新密度存在明显差异。技术投入率较高的行业是通信设备制造业、汽车制造业、医药工业，较低的行业是农业、食品工业、有色金属采矿业与交通运输、仓储和邮政业，有色金属采矿业上升趋势显著。这与经济运行的实际情况较为相符。从横向角度比较分析，技术投入率较高的行业，技术水平较为前沿、技术更新速度较快；技术投入率较低的行业，技术发展比较成熟、技术创新空间较低。从创新发展的角度，金融制度与体系应提高对技术创新密度高的行业的关注和投资，这样才能起到助推技术创新、优化产业结构、推动经济发展的作用。

二 银行与金融市场周期与行业技术投入周期

（一）周期测算

利用双区制马尔可夫转移模型对一阶差分序列划分出扩张和收缩两种

状态，根据这两种状态的转折点界定银行贷款周期、金融市场周期和行业技术投入周期的峰谷时间点和波谷时间点，进而确定周期长度及频率等特征。银行贷款周期、金融市场周期和行业技术投入周期测算结果见表10-4和表10-5。分析结果可以初步得出如下结论。

表10-4　双区制转移平滑概率金融周期的测度

变量	p_{11}	收缩期	p_{22}	扩张期	变量	p_{11}	收缩期	p_{22}	扩张期
i_t	0.9837	61.3874	0.9688	32.0307	s_t	0.9821	55.7103	0.8467	6.5227
e_t	0.7166	3.5281	0.8245	5.6993	h_t	0.9688	32.0410	0.9665	29.8775
cre_t	0.8942	9.4545	0.6657	2.9914	m_t	0.9143	11.6645	0.0857	1.0938

表10-5　双区制转移平滑概率行业技术投入周期的测度

变量	p_{11}	收缩期	p_{22}	扩张期	变量	p_{11}	收缩期	p_{22}	扩张期
$spin_t$	0.5000	2.0000	0.9944	176.9900	car_t	0.9904	104.1700	0.9758	41.3200
$chem_t$	0.9714	35.0100	0.9833	59.9500	$food_t$	0.9897	97.0900	0.9762	41.9800
$build_t$	0.9806	51.5500	0.9646	28.2500	$comm_t$	0.5038	2.0200	0.5259	2.1100
$tran_t$	0.9740	38.4000	0.9712	34.7300	cul_t	0.9565	23.0000	0.4348	1.7700
$agri_t$	0.5634	2.2900	0.6372	2.7600	$medi_t$	0.9173	12.0900	0.9793	48.2600
ws_t	0.9919	51.4600	0.9852	27.5700	nm_t	0.9811	52.8300	0.1893	1.2300

第一，银行与金融市场周期波长具有明显差别。例如，银行信贷的收缩期有9.4个月、扩张期有2.99个月（这比较符合多数年份第一季度放贷占全年总贷款规模一半的事实），而股票市场的收缩期有55.71个月、扩张期有6.52个月，利率的收缩期有61.38个月、扩张期有32.03个月（利率紧缩下降实质表明低利率宽松货币政策）。这一结果意味着金融体系运行状况存在多种表现不一的衡量指标，而它们在经济发展中又发挥着各自的作用，简单设计成一个综合性金融指标难以准确估算各金融变量的差别性作用。

第二，各行业的技术投入周期具有明显差别，而且多数行业的技术投资的收缩期长于扩张期。前者表现在两个方面。一是各行业技术投入周期波长显著不同，有的长达10年（如汽车制造业），有的只有4.5个月（如通信设备制造业和农业）。二是收缩期与扩张期所占时间比例具有显著差异，有的行业技术投入以扩张期为主（如纺织业、医药工业），有的则以收缩期为主。后者意味着多数行业不具有持续性的技术创新行为，可能由于企业自身短期性倾向，也可能因为研发资金约束。

第三，银行与金融市场周期与行业技术投入周期的异步性，可能引发对不同行业创新发展具有不同的冲击效应。银行与金融市场周期的异步性与行业技术创新周期的异步性夹杂在一起，在一定程度上导致银行与金融市场周期对不同的行业技术创新造成不同的助推或抑制效应。

（二）异步性与关联性

这里采用交叉谱分析法①对变量周期之间的数量关系进行测度。Selover等（2005）、Selover和Jensen（1999）采用交叉谱分析法研究了国际经济周期之间的数量关系，论证了不同国家或地区金融市场和经济周期之间的数量关系，可以刻画线性和非线性震荡系统波长及频率的相互影响。因此，这里在周期测算的基础上，采用交叉谱方法分析银行与金融市场周期和行业技术投入周期之间的数量关系，观察周期之间的关联性、频率领先性等。

为计算银行与金融市场周期之间的相干性和时滞大小，这里须估计三个核心的交叉谱统计量：相干谱、相位谱（可计算出时差）和周期。相干谱可用来确定构成现实经济周期各变量间关联性的强弱程度，反映变量的波动关系及其运行规律，取值 [0, 1]。相位谱用于计算领先指标与同步指标之间的时间差，从而通过领先和滞后关系的测定来预测和推断经济周期可能或应该出现的转折点。周期可用来描述两变量的共振周期。在交叉谱分析法下，基于SPSS软件通过编程来完成，计算银行与金融市场周期和行业技术投入周期之间的数量关系（见表10-6~表10-9）。分析结果可以初步得出如下结论。

---

① 交叉谱模型是度量两个序列之间周期波动关系的频域分析模型，包含相干谱、相位谱和周期三个功能各异的谱项。相干谱用来观察时间序列周期之间在频域上的相关性；相位谱用来考察两个序列周期之间的线性或滞后关系，并测度时差长度；周期主要反映两个序列数据在某一个频率处的分量对自变量的共振周期。交叉谱分析法分析的是序列全周期波动过程，因而能从整体上更好地把握序列周期波动结构关系。

表10-6　银行信贷/GDP与行业技术投入周期的交叉谱分析

变量	周期（月）	一致性	相位	变量	周期（月）	一致性	相位
cre_t与$spin_t$	95	0.2341	0.2197	cre_t与car_t	95	0.2378	-2.6930
cre_t与$chem_t$	95	0.2006	-2.8278	cre_t与$food_t$	95	0.2087	-2.7635
cre_t与$build_t$	95	0.8011	3.1416	cre_t与$comm_t$	95	0.4184	0.3760
cre_t与$tran_t$	95	0.7593	-2.925	cre_t与cul_t	95	0.2973	1.2070
cre_t与$agri_t$	95	0.2227	-2.7763	cre_t与$medi_t$	95	0.4510	0.975
cre_t与ws_t	95	0.2435	0.4117	cre_t与nm_t	95	0.1981	-2.762

表10-7　股票价格指数与行业技术投入周期的交叉谱分析

变量	周期（月）	一致性	相位	变量	周期（月）	一致性	相位
s_t与$spin_t$	95	0.0980	3.141	s_t与car_t	95	0.4719	0.9024
s_t与$chem_t$	95	0.0136	1.0152	s_t与$food_t$	95	0.3317	0.9034
s_t与$build_t$	95	0.3609	0.9166	s_t与$comm_t$	95	0.4142	-2.3052
s_t与$tran_t$	95	0.4097	0.6567	s_t与cul_t	95	0.1572	-0.5335
s_t与$agri_t$	95	0.3291	0.8793	s_t与$medi_t$	95	0.1678	1.7258
s_t与ws_t	95	0.3189	-2.179	s_t与nm_t	95	0.3345	0.9187

表10-8　利率与行业技术投入周期的交叉谱分析

变量	周期（月）	一致性	相位	变量	周期（月）	一致性	相位
i_t与$spin_t$	95	0.8267	1.2464	i_t与car_t	95	0.2723	-2.4707
i_t与$chem_t$	95	0.5780	3.1416	i_t与$food_t$	95	0.2387	-2.3527
i_t与$build_t$	95	0.7125	3.1416	i_t与$comm_t$	95	0.2355	0.6747
i_t与$tran_t$	95	0.2294	-2.2924	i_t与cul_t	95	0.3523	-2.8661
i_t与$agri_t$	95	0.2312	-2.3448	i_t与$medi_t$	95	0.6632	0.0231
i_t与ws_t	95	0.2083	0.8712	i_t与nm_t	95	0.2484	-2.3587

表10-9　汇率与行业技术投入周期的交叉谱分析

变量	周期（月）	一致性	相位	变量	周期（月）	一致性	相位
e_t与$spin_t$	95	0.1566	3.1416	e_t与car_t	95	0.1851	0.6471
e_t与$chem_t$	95	0.1331	0.7616	e_t与$food_t$	95	0.1727	0.5679
e_t与$build_t$	95	0.1919	0.5808	e_t与$comm_t$	95	0.1395	-2.5949
e_t与$tran_t$	95	0.1289	0.4277	e_t与cul_t	95	0.3790	-0.2679
e_t与$agri_t$	95	0.1638	0.5571	e_t与$medi_t$	95	0.1369	0.4650
e_t与ws_t	95	0.1376	-2.4445	e_t与nm_t	95	0.1789	0.5768

第一，银行与金融市场周期和各行业技术投入的共振周期长度相同，初步计算为95个月（7.9年）。这表明金融周期和行业经济周期尽管各自周期长度有所不同，但存在一个接近8年的相同周期，该数值接近于1860年法国经济学家朱格拉提出的一种为期9~10年的经济周期，意味着金融变量和行业技术投入变量都达到这个中周期公倍数的时点，经济体系表现出中周期波动。

第二，银行与金融市场周期和不同创新密度行业的技术投入周期的一致性存在比较明显的差别。其中，银行信贷周期与低密度稳定行业的技术投入周期的一致性高于高密度创新行业，例如，cre_t与低密度稳定行业建材工业$build_t$和交通运输、仓储和邮政业$tran_t$的一致性为0.8011和0.7593，cre_t与高密度创新行业通信设备制造业$comm_t$和汽车制造业car_t的一致性为0.4184和0.2378。金融市场与高密度创新行业的技术投入周期的一致性高于低密度稳定行业，例如，s_t与汽车制造业car_t和通信设备制造业$comm_t$的一致性为0.4719和0.4142，s_t与低密度稳定行业建材工业$build_t$和交通运输、仓储和邮政业$tran_t$的一致性为0.3609和0.4097。同时，银行信贷周期与行业技术投入周期的一致性整体上高于金融市场。经济含义为，当前各行业的技术投入与银行贷款关系更为密切，而只有部分高密度创新行业的技术投入周期与金融市场关系比较密切。这与我国以银行为主的金融结构不无关系。

第三，利率周期与行业技术投入周期的一致性高于汇率，利率周期与低密度稳定行业的技术投入周期的一致性高于高密度创新行业。前者主要与我国近年来实施的汇率制度有关，后者主要与以银行贷款为主的金融工具结构有关。

通过交叉谱密度法计算，可以归纳得出：尽管不同金融变量、不同行业技术投入在周期波动上表现出异步性特征，具有不同的波长和频率，但银行与金融市场周期与行业技术投入周期之间存在显著的数量关联性，表现为周期的一致性和共振性（程度有强有弱）。这意味着银行与金融市场周期对不同行业技术投入周期具有不同的作用，而这种作用可能推动具体行业技术的创新发展，也可能在一定时期抑制这一行业的技术创新。

（三）银行与金融市场周期对行业技术投入周期的解释

在平稳性检验和协整检验的基础上，分别在各行业技术收缩期和扩张期估计金融周期的影响，结果见表10-10和表10-11。

表10-10　收缩期金融周期变量与技术投入波动

	$citr\_com_t$	$citr\_car_t$	$citr\_medi_t$	$citr\_agri_t$	$citr\_build_t$	$citr\_tran_t$
常数	8.1914 (1.5932)	1.1585** (2.4296)	0.9000 (8.8221)	0.4690 (1.0520)	−0.4284 (−0.7088)	−0.4880 (−1.9089)
$Y(-1)$	0.8054*** (0.0000)	0.6065*** (8.2426)		0.1001 (1.5092)	0.2911*** (3.2478)	0.7051*** (12.8741)
$crec_t$	1.9675 (2.4152)	−0.2063* (−1.7993)	0.0014*** (5.2538)	−0.1347 (−1.5249)	−0.0867 (−0.7245)	−0.0765* (−1.9271)
sc_t	−0.0004 (−1.0370)	0.0003*** (5.0671)	0.0012** (2.2178)	0.0002*** (7.5528)	0.0001*** (7.0641)	8.10E−05*** (5.5902)
ic_t	−0.1917 (−0.5867)	−0.0042 (−0.1605)	−9.8816 (−0.5524)	0.0256 (0.9245)	−0.0063 (−0.1911)	−0.0023 (−0.2400)
ec_t	−0.0971** (−2.5001)	0.0011 (0.2205)	−8.0616*** (−5.3433)	−0.0048** (−2.3146)	−0.0115*** (−2.7153)	−8.26E−05 (−0.0734)
hc_t	−0.1119* (−1.9591)	−0.0093* (−1.7761)		0.0106** (2.2019)	0.0052 (1.0042)	0.0046 (1.8299)
R^2	0.9855	0.8823	0.9000	0.7257	0.9187	0.9444
调整的 R^2	0.9823	0.8691	0.8924	0.6821	0.9092	0.9392
F值	310.717	66.4285	22.7315	16.6333	96.8267	182.098
D-W	1.9579	1.5808	1.7314	0.6264	1.5403	1.7027

注：括号内为 t 值，***、**、*分别表示在1%、5%、10%的水平下显著。

表10-11　扩张期金融周期变量与技术投入波动

变量	$citr\_com_t$	$citr\_car_t$	$citr\_medi_t$	$citr\_agri_t$	$citr\_build_t$	$citr\_tran_t$
常数	−0.6047***	0.5150**	0.2909**	0.3995	−0.7483***	0.0187
	(−2.9089)	(2.2143)	(2.0837)	(1.1957)	(−3.386)	(0.0658)
$Y(-1)$	0.9973***	0.8986***	0.9923***	0.8962***	0.8915***	0.7737***
	(82.7203)	(98.9796)	(80.9927)	(163.375)	(163.255)	(10.5092)
$crec_t$	−0.0192	−0.0104	0.0033	0.1259*	0.0477	0.0914**
	(−0.4908)	(−0.1725)	(0.1179)	(1.6348)	(0.7377)	(1.6545)
sc_t	0.00017*	0.0003**	−1.56E−06	−1.24E−05	−8.40E−07	2.86E−05**
	(1.8607)	(2.0425)	(−0.2242)	(−0.7172)	(−0.0611)	(1.9003)
ic_t	−0.0299*	−0.0203	−0.0002	−0.0103	−0.0277*	−0.0168
	(−2.7619)	(−1.1724)	(−0.0382)	(−0.4965)	(−1.8471)	(−0.6806)
ec_t	0.0049***	−0.0015	−0.0021**	−0.0022	0.0062**	−0.0008
	(3.7803)	(−0.6570)	(−2.4035)	(−0.6702)	(2.8936)	(−0.3836)
hc_t	0.0049**	0.0028	−0.0019	0.0083**	0.0141***	0.0015
	(2.4079)	(1.2565)	(−1.3942)	(2.3832)	(5.9678)	(0.6647)
R^2	0.9963	0.9921	0.9961	0.9966	0.9972	0.8611
调整的 R^2	0.9961	0.9916	0.9958	0.9965	0.9970	0.8498
F值	5211.61	2061.32	4735.17	5384.38	5982.62	76.1699
D−W	1.6420	1.7546	1.5347	1.3425	1.3972	2.2591

注：括号内为t值，***、**、*分别表示在1%、5%、10%的水平下显著。

1. 技术投资收缩期中不同金融变量的解释作用与经济结构变化

分析表10-10可以初步得出四个基本事实。一是行业技术投入周期具有明显的惯性。无论是高密度行业还是低密度行业，被解释变量滞后1期的解释系数均较为显著，这表示行业技术投入具有惯性效应。这意味着行业的技术创新需要持续性投资，否则总是具有创新模仿路径依赖，难以突破引领该行业的技术前沿。二是在技术投资的收缩期，金融市场一般对行业技术投入具有显著的抑制性，如高密度行业的汽车制造业，医药工业和低密度行业的农业，建材工业，交通运输、仓储和邮政业。这表明金融市场萧条时，投资者对参考点附近的投资损失具有剧烈的反应，产生群体性抛售，发挥多数人决策的筛选机制，进而影响行业的技术研发投资效率。比较而言，金融市场对高密度创新行业的筛选效应更大一些，对低密度创新行业的筛选效应较弱一些。三是在技术投资的收缩期，银行对创新密度高低不同的行业具有显著不同的效应,对高密度行业的技术投资具有显著的正向降低作用,对低密度行业的技术投资具有显著的反向阻碍作用,即阻止了该行业技术投入下行。四是在技术投资收缩期,汇率贬值提高了产品价格优势但并未助推该行业的技术创新研发。

由于金融市场投资者存在的非对称风险偏好行为 (Kahneman and Tversky, 1979; Barberis et al., 2001),金融市场所主要依赖的多人共同选择控制预期投资损失的机制,在收缩期则可能出现竞争式抛售的羊群效应,引发企业技术投资资金的进一步紧张和恶化,影响其相关行业的技术创新进程。彭俞超 (2015) 基于46个国家在1989~2011年之间的相关数据,实证得出金融结构市场导向与经济增长之间存在倒U型曲线关系,在当前多数国家金融结构的市场导向低于世界"最优水平"条件下,金融结构的市场导向的提升有利于经济增长。银行的非对称风险投资行为则较弱一些,同时在收缩期抑制了低密度创新型企业的经营恶化。因此,综合技术投资收缩期各金融变量的作用效应,可加大对高密度创新行业研发的银行贷款比重,同时引导金融市场投资者对具有核心技术优势企业关注和投资,降低盲从抛售和羊群效应,减缓技术投资在收缩期的下降趋势、缩短下行时间,进而实现产业结构和经济结构优化。中国在新时代背景下,中央银行创新设计的定向降准、再贷款和常备借贷便利等结构性货币政策工具,有利于通过调整金融结构来促进产业结构优化升级 (彭俞超, 2016)。

2.技术投资扩张期中不同金融变量的推动效应与经济结构变化

分析表10-11初步得出以下四个基本事实。一是在各代表性行业的技术投资扩张期,技术投资的惯性效应较收缩期更为明显。二是扩张期内银行贷款对低密度创新行业的助推效应大于对高密度创新行业的助推效应。三是在技术投资扩张期金融市场对前沿发展型的高密度创新行业的助推解释作用大于对低密度创新行业的助推作用。四是汇率并未对行业技术投入产生显著的推动作用。

这在一定程度上说明,银行和金融市场可能对技术创新密度和水平不同的行业具有不同的筛选投资效应。银行对低密度创新的成熟型行业的投资推动作用更为显著,金融市场对高密度创新的前沿型行业的投资推动作用更为显著（龚强等，2014），这一规律随着金融环境的恶化而减弱。在技术投资繁荣阶段，金融市场和银行对技术投资均具有正向推动作用，相比较而言，由于金融市场投资者的非对称风险偏好（Barberis et al.，2001），金融市场对企业技术投资的紧缩效应更为剧烈。

三 银行不良贷款的行业结构

银行贷款的行业结构与行业特征存在密切联系，银行不良贷款结构亦与行业特征存在密切联系。根据中国银行保险监督管理委员会官方网站公布数据，图10-4简单描述了2005~2017年13个行业的银行不良贷款率水平及变化。可以观察出，批发和零售业，农、林、牧、渔业，制造业的银行不良贷款率较高，在2005年，这三个行业的不良贷款率分别为20.45%、18.55%、11.93%；在2017年，这三个行业的不良贷款率分别为4.70%、4.43%、4.20%。相比之下，2017年电力、燃气及水的生产和供应业的不良贷款率为0.50%，信息传输、计算机服务和软件业的不良贷款率为1.10%。

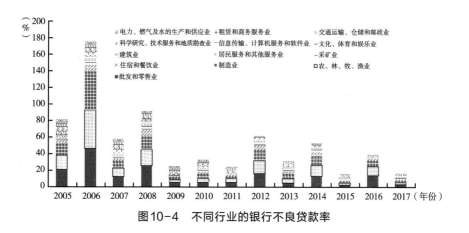

图10-4 不同行业的银行不良贷款率

第四节 本章小结

金融发展水平对企业投资项目选择具有重要作用，有时甚至决定着项目的质量、风险和成败，银行通过贷款项目选择、贷款决策机制、贷款存款期限匹配、贷款期限与项目期限匹配、风险偏好匹配、内部控制与操作风险等方面影响金融风险。

在经济水平较低的初级阶段，知识储备水平低，技术发展落后，所有项目都是营利性好项目，个人决策的金融制度的运行成本更低、效率更高；在经济发展到一定阶段，知识储备水平较高、科技发展较快时，项目变得参差不齐，好项目占比非常低，个人不再具备全面收集信息、处理信息的能力，也难以正确选择项目并降低投资成本，此时多人决策的金融制度提高了信息收集能力和信息处理能力，提高了事前检验下选择好项目的准确性，降低了选择坏项目的投资成本。

如果法律制度成本较高，多人决策金融制度更容易选择准确的项目信息、投资更好的项目。在传统的单人决策的金融制度下，前期检验成本不受影响，但随着事前审查的细化和决策程序的增加，法律制度成本有利于提高所选择项目的质量。如果法律制度成本很低，则多人决策金融制度能够在保障项目质量的同时有效降低事前检验成本。

在技术投资的收缩期，金融市场一般对行业技术投入具有显著的抑制性，银行对创新密度高低不同的行业具有显著不同的效应，对高密度行业的技术投资具有显著的正向降低作用，对低密度行业的技术投资具有显著的反向阻碍作用；扩张期内银行贷款对低密度创新行业的助推效应大于对高密度创新行业的助推效应，金融市场对前沿发展型的高密度创新行业的助推解释作用大于对低密度创新行业的助推作用。

第十一章

银行表外业务、信息约束与金融风险

政府与市场金融分权逐渐深化的主要体现是：商业银行表外业务创新层出不穷，不断复杂化金融衍生品，制造信息不对称，并逐渐成为影响系统性金融风险的新的主要来源。破解金融风险问题的突破点首先在于减少微观层面商业银行决策者的风险行为，其次是阻断风险传染途径，最后是化解风险。本章将遵循这一逻辑，主要从银行表外业务创新的视角研究分析金融衍生品交易和影子银行发展过程中风险膨胀、积累、传递和爆发机制。

第一节 银行表外业务与影子银行发展

一 银行表外业务定义与范畴

表外业务（Off-Balance Sheet Activities，OBS）指商业银行所从事的，按照通行的会计准则不列入资产负债表内，不影响其资产负债总额，但能影响银行当期损益、改变银行资产报酬率的经营活动。

狭义的表外业务指那些未列入资产负债表，但同表内资产业务和负债业务关系密切，并在一定条件下会转为表内资产业务和负债业务的经营活动。通常把这些经营活动称为或有资产和或有负债，它们是有风险的经营活动，应当在会计报表的附注中予以揭示。狭义的表外业务包括：①贷款承诺（可撤销承诺和不可撤销承诺)①；②担保②；③金融衍生工具（如期货、互换、期权、远期合约、利率上下限等)③；④投资银行业务（证券代理、证券包销和分销、黄金交易等）。

广义的表外业务指商业银行从事的所有不在资产负债表内反映的业务，除了狭义的表外业务，还包括结算、代理、咨询等经营活动。按照巴塞尔委员会提出的要求，广义的表外业务可分为两大类：一是或有债权（债务），即狭义的表外业务；二是金融服务类业务，包括信托与咨询服务、支付与结算、代理人服务、与贷款有关的服务（如贷款组织、贷款审批、辛迪加贷款代理等）、进出口服务（如代理行服务、贸易报单、出口保险业务等）。

二　影子银行定义与范畴

影子银行与商业银行表外业务存在密切联系，部分内容存在交叉，甚至常常有经营主体一致的情形。

2008年全球金融危机以来，影子银行成为金融风险研究的热点，但对影子银行的定义和范畴仍具有一定争议。Paul McCulley 在 2007 年提出"在阴影之下运行"（operate in shadow）的游离于正规金融体系之外的具有银行实际功能的影子银行。IMF（2009）开始关注通过发行资产支持证券、抵押贷款支持证券、担保债务凭证和资产支持商业票据调节常规银行信贷的"准银行"（near-bank）。Krugman 在 2009 年界定，影子银行是通过财务杠杆操作，并持有大量证券、债券以及复杂金融工具的非银行金融机构。Paul 在 2010 年界定，影子银行是通过向企业、居民和其他金融机构提供流动性、期限配合和提高杠杆率等服务，在不同程度上替代商业银行核心功能的各种工具、企业和市场。不同机构关于影子银行的定义侧重的视角不同，其范畴也存在明显差别（见表 11-1）。

---

① 承诺业务是指商业银行在未来某一日期按照事先约定的条件向客户提供约定的信用业务，包括贷款承诺等。

② 担保类业务是指商业银行接受客户的委托对第三方承担责任的业务，包括担保（保函）、备用信用证、跟单信用证、承兑等。

③ 金融衍生交易类业务是指商业银行为满足客户保值或自身头寸管理等需要而进行的货币（包括外汇）和利率的远期、掉期、期权等衍生交易业务。

表11-1　影子银行的主要定义

提出者	定义视角	具体定义
金融稳定委员会	风险观（金融稳定和监管）	广义：传统银行系统以外的信用中介系统。狭义：引起期限转换、流动性转换、高杠杆和监管套利之类的系统性金融风险的机构和业务
欧洲中央银行	风险观（金融稳定和监管）	在传统银行体系之外的所有金融中介，从事流动性转换和期限转换相关的业务
美联储	金融中介功能	影子银行系统是一个信用中介体系，这个体系通过资产证券化和抵押中介将资金从储蓄者引导到投资者手中，但是这些业务没有受到政府直接的流动性和信用增强支持
国际货币基金组织	金融中介功能	类似银行的活动：主要是为了减少风险，尤其是交易对手风险。主要形式为证券化和抵押中介
荷兰中央银行	风险观	未受到金融监管的金融中介
德勤会计师事务所	金融中介功能	通过证券化和证券融资机制从事期限和流动性转换的市场融资型信用中介体系。它至少部分存在于传统的银行体系之外，无法受到政府的保险担保和中央银行支持

资料来源：阎庆民和李建华（2014）。

　　一般认为，影子银行可为三个层面：一是商业银行表外理财；二是证券基金公司理财、证券投资基金、保险公司投连险的投资账户、风险投资基金、私募股权基金、住房公积金、小贷公司、票据公司等；三是有组织的民间借贷等融资性机构。

　　影子银行主要具有四个基本特征。①具有期限转换、流动性转换、信用转换、高杠杆等功能，特别是具有期限转换和高杠杆率特征。②不吸收存款，主要依赖批发融资市场支持运行。③游离于银行监管体系之外，缺乏中央银行流动性支持和存款保险等信用支持。④具有内在的脆弱性，并且同商业银行和资本市场存在密切关系。这些特征意味着，影子银行天生具有比商业银行更大金融风险的产生机制。影子银行与传统银行的主要区别见表11-2。

表11-2　　影子银行与传统银行的主要区别

	传统银行	影子银行
储备/预留头寸	由监管者设定最低水平流动性	由双方协定最低水平
	欠缺时可向中央银行借款	不能从中央银行借款
存款保险/抵押	有政府保障	现金、资产抵押证券、贷款等
利率	流动性不足时可提高利率以吸引存款	资金不足时双方协商可提高利率
资产负债表	贷款记于资产负债表	部分证券化的资产可以抵押物的形式记于资产负债表

资料来源：阎庆民和李建华（2014）。

三　影子银行与金融风险

（一）高杠杆率风险

由于几乎不受资本充足率、法定存款准备金率等监管指标的限制，影子银行能够以较低的资本金获取最大化的负债融资，从而扩张投资，运作更大规模的资产项目。资产的恣意扩张和资本的最少投入引发影子银行体系杠杆率暴增，进而导致杠杆率的提高。例如，2007年，摩根大通等五大投行平均的金融杠杆率至少超过30倍，几大主要对冲基金的杠杆率超过50倍，房利美、房地美的杠杆率为62.5倍。影子银行的高杠杆率可能引发金融市场上畸形的竞争性的资产抛售甩卖，这一过程就是去杠杆化过程，但也造成自我强化的资产价格下降，加剧系统性金融风险的积累和爆发（何德旭、郑联盛，2009）。

（二）流动性风险

影子银行经营信用转换、流动性转化和期限转化等业务，必然面临转化不畅引发的流动性风险。这主要体现在两个方面。①影子银行的信用创造提高了货币流通速度，导致货币流量增加和货币流通结构变化。②期限转化必然在一定程度上存在期限错配风险。例如，影子银行的票据融资（短期负债）与长期投资项目（长期资产）的期限错配，一旦金融市场上出现风险冲击，必然提高债务到期而资产未能变现的违约概率，引发流动性风险。

（三）信贷膨胀效应

影子银行同传统银行的金融功能相似，必然经营了相应的业务。传统银行的主要业务和功能之一就是吸收存款、发放贷款、信用创造。现实中，影子银行已经模糊了部分商业银行的功能边界和业务范畴，具有显著的信用创造和信贷膨胀效应。影子银行的重要业务之一就是短期融资投资长期项目，这种结构性投资工具替代了传统银行的借短贷长的资金融通功能。即使同样的规模、同样的功能，由于影子银行不受资本充足率监管约束，不受法定存款准备金率制度约束，其信用创造乘数必然高于传统的商业银行。在影子银行信用创造机制下，整个金融体系的资金周转速度提升，信贷扩张乘数提高。影子银行体系在对家庭和企业提供的信用中介过程中与传统银行展开竞争。在过去的十多年里，影子银行将不透明的具有风险的长期资产转移为具有货币属性的并且看似无风险的短期资产，从而为信用提供了廉价的融资来源。

此外，影子银行开展了商业银行业务，却没有受到相应的金融监管，危机时缺少金融安全制度的支持或救助，必然造成金融风险和安全漏洞，甚至引发系统性的金融风险。例如，影子银行的信息披露不规范，其产品融合了银行产品和资本市场产品双重特征，并且进行不断的金融衍生，产品结构非常复杂，产品价格计算也较为棘手，一般公众很难清楚了解产品的关键风险和定价机理。这不仅加剧了信息不对称风险和投资失误风险，而且在流动性风险爆发时，投资者信心崩溃，导致金融挤兑风险，加剧金融危机。

四　中国银行业表外业务与影子银行的发展

（一）形式变化

2008年全球金融危机后，中国为稳定经济增长实施积极的财政政策和"4万亿"投资计划，在此背景下，地方政府融资平台迅速膨胀，风险急剧聚集。货币政策趋于稳健，对信贷总量、增速节奏和投放结构开始进行评价管理。同时由于金融管制、利率管制、通货膨胀、外汇占款大幅下降等，商业银行把部分类型的资产、负债等业务转移到表外，规避日常审慎监管的贷存比、资本充足率、存款准备金率等指标。

银行与信托公司的"银信合作"业务急剧增长，银证合作、银基合作等也随之扩张，进而银行资金通过这些渠道流向地方融资平台和房地产行业。银行利用理财资金购买信托公司的信托计划，信托计划再以信托贷款方式投向房地产行业和地方政府融资平台。这一时期影子银行业务大多是银行主导，信托、基金、证券、保险主要是通道方，资金大部分投向非标债权（中国银保监会政策研究局统计信息与风险监测部课题组，2020）。商业银行通过表外业务和影子银行业务扩张了贷款渠道、增强了信用创造能力，间接投资了更多的高风险项目，承担了更高的金融风险。中国广义影子银行体系包含的机构和业务见表11-3。

表11-3　中国广义影子银行体系包含的机构和业务

"两会"分业监管、分业经营框架下的机构和业务	各部委和地方政府监管的类金融机构	不受监管的机构和业务	金融市场新型的影子银行业务
银行理财业务 信托理财业务 证券理财业务 基金理财业务 保险理财业务 金融公司业务 第三方支付结算公司保理业务	典当公司 担保公司 融资租赁公司 私募股权公司 小额贷款公司 金融资产交易所	新型网络金融公司 民间融资 第三方理财机构	资产证券化 融券业务和回购业务 货币市场基金

资料来源：阎庆民和李建华（2014）。

监管部门2013年发布的《关于规范商业银行理财业务投资运作有关问题的通知》对银行理财投资非标资产设置了比例限制。影子银行的重心开始转向表内同业业务，具体方式如同业三方回购、同业特定目的载体投资、信托受益权等。

（二）国内特征

国际上影子银行定义的模式主要有三种（见表11-4）。

表11-4　国际上影子银行定义的三种模式

	资金来源模式	金融稳定委员会模式	非核心负债模式
范围	非银行金融机构	非银行金融中介	所有金融机构核心负债外的业务
机构类型举例	货币市场基金 金融租赁 证券化通道 做市商	货币市场基金 贷款公司 证券化通道 做市商 投资基金	非居民存款 证券 贷款 货币市场基金 金融体系内部的证券

资料来源：中国银保监会政策研究局统计信息与风险监测部课题组（2020）。

与国际上其他经济体相比较，中国影子银行具有自身的一些特有特征。

（1）中国影子银行以商业银行为核心，无论是证券还是基金都以商业银行为影子银行业务的基石。其他发达经济体影子银行则多以货币市场基金、共同基金等非银行金融机构为主要载体，资金多来源于金融市场。

（2）中国影子银行业务的利润主要来源于房地产项目和地方融资平台项目，非银行金融机构作为影子银行业务的通道，主要通过收取较高比例的通道费来获得盈利。其他发达经济体的影子银行多通过卖空、做市等方法赚取套利。

（3）中国影子银行大部分是银行贷款的替代，贷款对象信用等级明显低于正常渠道的贷款客户，无形中提升了银行资金的违约风险。其他发达经济体影子银行投资多以标准化资产为主，信用违约风险较低。

这些不同于其他经济体影子银行的特征，实质上从不同角度反映了中国银行体系通过表外业务、业务变形等方式制造、扩大金融风险。

（三）基本概况

中国影子银行迅速发展的重要表现之一是银行理财业务规模的明显扩张。从2007年到2013年，银行理财业务规模从几千亿元扩展到10万亿元；从2014年到2018年，银行理财业务规模从10万亿元扩展到30多万亿元，五年时间增加了20多万亿元（见图11-1）。

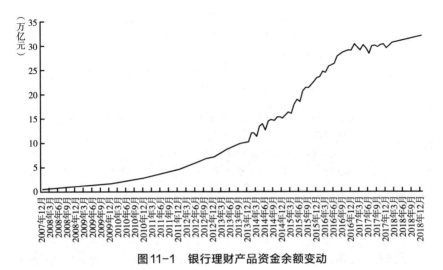

图11-1　银行理财产品资金余额变动

资料来源：Wind数据库。

中国影子银行迅速发展的重要表现之二是小额贷款公司规模的明显扩张。2010年中国小额贷款公司的贷款余额约2000亿元，2014年这一数值迅速增加到近10000亿元，之后几年基本稳定在这一水平（见图11-2）。

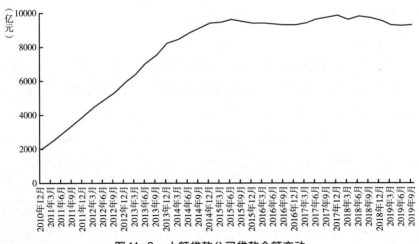

图11-2　小额贷款公司贷款余额变动

资料来源：Wind数据库。

此外，还有许多影子银行范畴的金融业务扩张，如私募股权、股权众筹、网络借贷、第三方理财、货币市场基金等。2019年中国广义影子银行总体情况见表11-5。

表11-5 2019年中国广义影子银行总体情况

单位：万亿元

序号	项目名称	操作形式	本质风险	规模
1	同业特定目的的载体投资	银行购买他行理财产品、信托投资计划、证券投资基金、证券公司资产管理计划、基金管理公司及子公司资产管理计划、保险资产管理产品等特定目的载体（SPV）的投资行为	表内业务表面看是购买各种资管产品，但基本上属"黑箱"操作，基础资产和交易结构十分复杂。经过穿透后大部分是类信贷资产，许多投向资金池产品	
2	银行理财	同业理财 投向非标债权 投向资管部分 其他	在理财业务发展初期，银行以发行保本保收益理财产品为主，产品透明度较低，信息披露不充分，偏离了"受人之托，代客理财"的业务本源	23.4 0.84 1.41 9.16 11.99
3	委托贷款	银行作为受托人，按照委托方确定的贷款对象和利率发放贷款，不承担信用风险，无须计提拨备和资本	银行规避信贷标准的通道，业务完全由银行主导，委托方和贷款对象都由银行确定，银行出具隐性担保或抽屉协议，承担信用风险	11.44
4	资金信托	属于私募资产管理产品，按投资者人数分为单一资金信托和集合资金信托	由于具有"跨界"的独特优势，信托普遍具有多层嵌套结构，容易成为投资者加杠杆、以小搏大的工具，风险传染性强，且容易隐藏和放大	17.94
5	非股票公募基金	向多个投资者募集资金，根据事先确定的投资策略将集合资金进行投资运作，具有类存款的特征	为满足投资者的流动性需求，部分公募基金提供"T+0"赎回提现服务。由于存在严重期限错配，当市场出现压力和波动性加剧时，公募基金特别是开放式公募基金很容易出现份额大量赎回甚至"挤兑"	13.47

续表

序号	项目名称	操作形式	本质风险	规模
6	证券业资管	证券公司、基金管理公司、期货公司以及这些公司的子公司所发行的资产管理产品	通道业务居多	18.23
7	保险资管	债权投资计划、股权投资计划和组合类产品，通过非公开方式发行		2.76
8	非股权私募基金	以非公开方式向合格投资者募集资金的投资基金	部分私募基金登记备案虚假不实，挪用侵占基金财产，与非法集资、P2P等相互关联，出现较大兑付风险。因不受直接监管，部分基金成为影子银行加杠杆的通道	4.0
9	资产证券化	主要包括信贷资产支持证券（信贷ABS）、交易所资产支持专项计划（企业ABS）和资产支持票据（ABN）三类	由于资产证券化信息披露不充分，基础资产参差不齐，还有部分地方交易所发行大量类资产证券化产品，基础资产透明度更低，一旦基础资产劣变，极易产生集中兑付压力，风险隐患突出	3.83
10	网络借贷P2P贷款	专门从事网络借贷信息中介业务活动的平台，按工商企业登记注册。借款人与出借人通过平台直接对接，完成借贷	部分网贷机构逐渐偏离信息中介、信贷撮合等服务定位，违规开展信贷和资金池运作，甚至呈现庞氏骗局的典型特征	0.49
11	融资担保	提供担保	融资租赁业务中大部分为售后回租，其中部分售后回租业务租赁物虚化，名为融资租赁、实为变相发放贷款，其资金投向主要集中于政府基建项目、房地产等领域	2.7
12	融资租赁	租赁资产		2.18
13	小贷公司	贷款余额		0.93
14	商业保理公司	保理余额		0.1

资料来源：中国银保监会政策研究局统计信息与风险监测部课题组（2020）。

第二节　理论分析

这一节主要分析银行表外业务及影子银行业务的金融风险产生机理。

一　基本假设

根据模型设计和分析的需要，本章做出如下假设。

（1）本章分析的银行是指"处在借款人（即资金短缺方）与贷款人（即资金盈余方）之间，为两者提供中介服务的企业。其中，最重要的银行就是各类吸收存款机构——通常被泛称为银行——如商业银行、储蓄银行、信用社等"（多德，2004）。

（2）银行具备理性假设，即在现有的制度框架下，其所有经营行为都是为了追求公司收益最大化，而且能够充分利用所掌握的信息进行最优化决策。

（3）金融市场结构为寡头垄断市场，银行之间的行为博弈均衡决定着银行信息生产、交易的均衡。同业银行规避投资失误和责任追究的最优选择是采用大银行的投资评估模型，在生产相对较少的信息量下，尽量向大银行投资选择靠拢。因此，银行生产的信息具有高度相似性，并且具有质量降低趋势。本章在分析寡头银行行为的基础上，将分析延伸到不具有寡头地位的银行。

（4）银行之间的衍生品交易过程同时也是风险传递的过程。这种传递并非多米诺链条式的，而更可能是立体化的。两者的显著区别在于，链条断裂时修复某一环节即可治理金融危机，而后者必须同时修复多个节点才能使系统恢复正常运行。为了分析方便，本章的分析将从链条传递开始，然后拓展到立体化传染。

（5）存在高风险—高收益和低风险—低收益两类项目，分别以 A_i 和 B_i 表示。项目 A_i 融资的净收益 $R\left(\tilde{\theta}_{A_i}\right)$ 服从均值为 θ_{A_i}、方差为 δ_{A_i} 的正态分布，项目 B_i 融资的净收益 $R\left(\tilde{\theta}_{B_i}\right)$ 服从均值为 θ_{B_i}、方差为 δ_{B_i} 的正态分布。两类项目不相关，即相关系数为0。

（6）银行项目决策者薪酬 S_i 与项目收益成正比 t_i，风险准备 RR_i 与薪酬挂钩，比例为 $t_i{}'$。因此，风险准备 $RR_i = (t_i \times t_i{}')\theta_i$。

（7）由于项目现金流分期流入，收益一般当期可以实现，而风险可能潜伏很多期后才显现，如投资项目或分期贷款。因此，银行多有投资高收益—高风险项目的取向。

二　风险偏好、项目选择与微观审慎监管

（一）单一类型项目与微观金融风险

银行 i 所有贷款或融资全部选择项目 A_i，其预期收益为 θ_{A_i}，风险水平为 δ_{A_i}；全部选择项目 B_i，其预期收益为 θ_{B_i}，风险水平为 δ_{B_i}。

如果在一定的监管制度和经营规则下，银行都选择高收益—高风险的项目 A_i，则整个金融体系的预期收益 θ_A 和风险水平 δ_A 分别为：

$$\theta_A = \sum_{j=0}^{n} \theta_{A_{i+j}} = \underset{n+1}{\underline{\theta_{A_i} + \theta_{A_{i+1}} + \cdots + \theta_{A_{i+j}}}} \tag{11-1}$$

$$\delta_A = \sum_{j=0}^{n} \delta_{A_{i+j}} = \underset{n+1}{\underline{\delta_{A_i} + \delta_{A_{i+1}} + \cdots + \delta_{A_{i+j}}}} \tag{11-2}$$

式中，n 为金融体系中银行的数量。

如果在一定的制度规则下，银行都选择低收益—低风险的项目 B_i，则整个金融体系的预期收益 θ_B 和风险水平 δ_B 分别为：

$$\theta_B = \sum_{j=0}^{n} \theta_{B_{i+j}} = \underset{n+1}{\underline{\theta_{B_i} + \theta_{B_{i+1}} + \cdots + \theta_{B_{i+j}}}} \tag{11-3}$$

$$\delta_B = \sum_{j=0}^{n} \delta_{B_{i+j}} = \underset{n+1}{\underline{\delta_{B_i} + \delta_{B_{i+1}} + \cdots + \delta_{B_{i+j}}}} \tag{11-4}$$

（二）复合类型项目、微观风险与风险准备

现实中，银行不会像上述那样只是选择某一类项目。根据巴塞尔协议，风险越高的资产对应越高的风险权重，要求计提越多的风险资本。银行为保持资本充足而牺牲了本可以营利的资金，成为一种合规成本 Cl_i。对于吸收存款、发放贷款的传统型银行，无论是选择项目 A_i 还是项目 B_i，按照相关风险权重，均可计算出其资本充足水平。为了降低监管资本的相

对和绝对规模，银行选择项目 A_i 或 B_i 都不是最优策略。为规避资本监管带来的合规成本，银行 i 会对两类项目进行组合选择。这样做，一方面可以增加高风险项目的收益；另一方面，则可以增加风险信息的复杂性和资产风险的计量难度，并规避资本监管。假定银行 i 选择两类项目的概率分别为 π_i 和 $1 - \pi_i$，则银行 i 的收益为 $\theta_i = \pi_i \theta_{A_i} + (1 - \pi_i)\theta_{B_i}$，风险水平为 $\delta_i = \pi_i^2 \delta_{A_i} + (1 - \pi_i)^2 \delta_{B_i}$。

在寡头银行 i 的行为导向下，其他银行的最优选择是跟风[①]，即同时选择两种类型的项目融资。所不同的是，两类项目的组合结构可能不一样。此时，整个金融体系的收益水平和风险水平分别为：

$$\theta = \sum_{j=0}^{n} \pi_{i+j} \theta_{A_{i+j}} + \underset{2(n+1)}{\sum_{j=0}^{n}} \left(1 - \pi_{i+j}\right) \theta_{B_{(i+j)}} \qquad (11\text{-}5)$$

$$\delta = \sum_{j=0}^{n} \pi^2{}_{i+j} \delta_{A_{i+j}} + \underset{2(n+1)}{\sum_{j=0}^{n}} \left(1 - \pi_{i+j}\right)^2 \delta_{B_{i+j}} \qquad (11\text{-}6)$$

根据式（11-2）、式（11-4）、式（11-6）可知，银行采取混合贷款策略时，风险信息复杂程度会增加 1 倍，风险信息数据的统计、分析难度都迅速提升，实时监控不再是"轻而易举"的事情。

三　金融衍生、风险传递与宏观审慎监管

（一）链条式传递：金融衍生产品风险膨胀的初步估算

金融衍生品自身的特点和最初设计的初衷确是为了分散和转移风险，但是近些年来，衍生品交易已经从开始的套期保值的避险功能不断向高投机、高风险转变。金融衍生品的"滥用"，拉长了金融交易链条，助长了投机（孙天琦，2008）。商业银行和房贷公司流动性较差的贷款，通过资产证券化转换成债券在市场上发售；投资银行购买这类债券之后，通过进一步"金融创新"和信用评级，再将其进行分割、打包、组合、出售。这

---

① 这源于信息生产的相似性，原因有：一是金融机构评估融资企业采用比较相同的会计准则，即现有国际财务报告准则（IFRS）和公认会计准则（GAAP）；二是金融机构采用比较相同的评估模型；三是金融机构之间的竞争机制、奖惩机制及成绩评比机制，使信息生产具有相似性。

一过程看似安全稳健，其实是风险不断衍生、积累和膨胀的过程。治理银行决策者此类转移和掩盖风险以谋取最大化收益的行为，在实时监测宏观金融风险的同时提取充足的风险准备来有效控制金融体系的风险传染，是维护金融稳定的重要路径。为此，下面将首先分析风险膨胀的机理与过程，其次估算风险发展态势与水平，最后研究金融风险准备的计提与功效。

如果机构 i 经过证券化，衍生出新的金融产品并传递给 $i+1$。伴随这一过程，机构 i 过滤、传递出一部分收益和风险。假设该比例为 r_i，则机构 $i+1$ 获取的收益、新积累的风险分别为：$r_i\left[\pi_i\theta_{A_i} + \left(1 - \pi_i\right)\theta_{B_i}\right]$，$r_i^2\pi_i^2\delta_{A_i} + r_i^2\left(1 - \pi_i\right)^2\delta_{B_i}$。连同自身对两类项目的融资收益与风险，机构 $i+1$ 的累计收益和累积风险分别为：

$$\theta_{i+1} = \pi_{i+1}\theta_{A_{i+1}} + \left(1 - \pi_{i+1}\right)\theta_{B_{i+1}} + r_i\left[\pi_i\theta_{A_i} + \left(1 - \pi_i\right)\theta_{B_i}\right] \quad (11\text{-}7)$$

$$\delta_{i+1} = \pi_{i+1}^2\delta_{A_{i+1}} + \left(1 - \pi_{i+1}\right)^2\delta_{B_{(i+1)}} + r_i^2\pi_i^2\delta_{A_i} + r_i^2\left(1 - \pi_i\right)^2\delta_{B_i} \quad (11\text{-}8)$$

以此类推，如果机构 $i+1$ 再将自身资产进行证券化组合，并传递给机构 $i+2$ 部分收益与风险，设比例为 r_{i+1}，则机构 $i+2$ 获取的收益、新积累的风险分别为：

$$r_{i+1}\pi_{i+1}\theta_{A_{i+1}} + r_{i+1}\left(1 - \pi_{i+1}\right)\theta_{B_{i+1}} + r_ir_{i+1}\left[\pi_i\theta_{A_i} + \left(1 - \pi_i\right)\theta_{B_i}\right] \quad (11\text{-}9)$$

$$r_{i+1}^2\pi_{i+1}^2\delta_{A_{i+1}} + r_{i+1}^2\left(1 - \pi_{i+1}\right)^2\delta_{B_{i+1}} + r_i^2r_{i+1}^2\pi_i^2\delta_{A_i} + r_i^2r_{i+1}^2\left(1 - \pi_i\right)^2\delta_{B_i} \quad (11\text{-}10)$$

连同自身对两类项目的融资收益与风险，机构 $i+2$ 的累计收益和累积风险分别为：

$$\begin{aligned}\theta_{i+2} =\ &\pi_{i+2}\theta_{A_{i+2}} + \left(1 - \pi_{i+2}\right)\theta_{B_{i+2}} + r_{i+1}\pi_{i+1}\theta_{A_{i+1}} \\ &+ r_{(i+1)}\left(1 - \pi_{i+1}\right)\theta_{B_{i+1}} + r_ir_{i+1}\left[\pi_i\theta_{A_i} + \left(1 - \pi_i\right)\theta_{B_i}\right]\end{aligned} \quad (11\text{-}11)$$

$$\begin{aligned}\delta_{i+2} =\ &\pi_{i+2}^2\delta_{A_{i+2}} + \left(1 - \pi_{i+2}\right)^2\delta_{B_{i+2}} + r_{i+1}^2\pi_{i+1}^2\delta_{A_{i+1}} \\ &+ r_{i+1}^2\left(1 - \pi_{i+1}\right)^2\delta_{B_{i+1}} + r_i^2r_{i+1}^2\pi_i^2\delta_{A_i} + r_i^2r_{i+1}^2\left(1 - \pi_i\right)^2\delta_{B_i}\end{aligned} \quad (11\text{-}12)$$

如果金融体系共存在 $n+1$ 个银行，而且单项衍生金融产品并传递，那么机构 $i+n$ 的收益和风险分别为：

$$
\begin{aligned}
\theta_{i+n} =\ & \pi_{i+n}\theta_{A_{i+n}} + \left(1 - \pi_{i+n}\right)\theta_{B_{i+n}} + \\
& r_{i+n-1}\pi_{i+n-1}\theta_{A_{i+n-1}} + r_{i+n-1}\left(1 - \pi_{i+n-1}\right)\theta_{B_{i+n-1}} + \\
& r_{i+n-1}r_{i+n-2}\Big[\pi_{i+n-2}\theta_{A_{i+n-2}} + \left(1 - \pi_{i+n-2}\right)\theta_{B_{i+n-2}}\Big] + \cdots + \\
& \prod_{j=n-1}^{k} r_{i+j}\Big[\pi_{i+j}\theta_{A_{i+j}} + \left(1 - \pi_{i+j}\right)\theta_{B_{i+j}}\Big] + \cdots + \\
& \prod_{j=n-1}^{1} r_{i+j}\Big[\pi_i\theta_{A_i} + (1 - \pi_i)\theta_{B_i}\Big]
\end{aligned}
\tag{11-13}
$$

$$
\begin{aligned}
\delta_{i+n} =\ & \pi_{i+n}{}^2\delta_{A_{i+n}} + \left(1 - \pi_{i+n}\right)^2\delta_{B_{i+n}} + \\
& r^2_{i+n-1}\pi^2_{i+n-1}\delta_{A_{i+n-1}} + r^2_{i+n-1}\left(1 - \pi_{i+n-1}\right)^2\delta_{B_{i+n-1}} + \\
& r^2_{i+n-1}r^2_{i+n-2}\Big[\pi^2_{i+n-2}\delta_{A_{i+n-2}} + \left(1 - \pi_{i+n-2}\right)^2\delta_{B_{i+n-2}}\Big] + \cdots + \\
& \prod_{j=n-1}^{k} r^2_{i+j}\Big[\pi^2_{i+j}\delta_{A_{(i+j)}} + \left(1 - \pi_{i+j}\right)^2\delta_{B_{(i+j)}}\Big] + \cdots + \\
& \prod_{j=n-1}^{1} r^2_{i+j}\Big[\pi_i{}^2\delta_{A_i} + \left(1 - \pi_i\right)^2\delta_{B_i}\Big]
\end{aligned}
\tag{11-14}
$$

根据上述分析，整个金融体系的收益及风险水平分别为：

$$
\begin{aligned}
\theta = \sum_{j=0}^{n}\theta_{i+j} =\ & \pi_{i+n}\theta_{A_{i+n}} + \left(1 - \pi_{i+n}\right)\theta_{B_{i+n}} + \\
& \left(1 + r_{i+n-1}\right)\pi_{i+n-1}\theta_{A_{i+n-1}} + \left(1 + r_{i+n-1}\right)\left(1 - \pi_{i+n-1}\right)\theta_{B_{i+n-1}} + \\
& \left(1 + r_{i+n-1}\right)\left(1 + r_{i+n-2}\right)\Big[\pi_{i+n-2}\theta_{A_{i+n-2}} + \left(1 - \pi_{i+n-2}\right)\theta_{B_{i+n-2}}\Big] + \cdots + \\
& \underbrace{\prod_{j=n-1}^{k}\left(1 + r_{i+j}\right)\Big[\pi_{i+j}\theta_{A_{i+j}} + \left(1 - \pi_{i+j}\right)\theta_{B_{i+j}}\Big] + \cdots + }_{} \\
& \underbrace{\prod_{j=n-1}^{1}\left(1 + r_{i+j}\right)\Big[\pi_i\theta_{A_i} + \left(1 - \pi_i\right)\theta_{B_i}\Big]}_{\frac{1}{2}n(n+1)}
\end{aligned}
\tag{11-15}
$$

$$
\begin{aligned}
\delta = \sum_{j=0}^{n} \delta_{i+j} = {}& \pi_{i+n}^2 \delta_{A_{i+n}} + (1 - \pi_{i+n})^2 \delta_{B_{i+n}} + \\
& (1 + r_{i+n-1}^2)\pi_{i+n-1}^2 \delta_{A_{i+n-1}} + (1 + r_{i+n-1}^2)(1 - \pi_{i+n-1})^2 \delta_{B_{i+n-1}} + \\
& (1 + r_{i+n-1}^2)(1 + r_{i+n-2}^2)[\pi_{i+n-2}^2 \delta_{A_{(i+n-2)}} + (1 - \pi_{i+n-2})^2 \delta_{B_{i+n-2}}] + \cdots + \\
& \underbrace{\prod_{j=n-1}^{k} (1 + r_{i+j}^2)[\pi_{i+j}^2 \delta_{A_{i+j}} + (1 - \pi_{i+j})^2 \delta_{B_{i+j}}] + \cdots + }_{} \\
& \underbrace{\prod_{j=n-1}^{1} (1 + r_{i+j}^2)[\pi_i^2 \delta_{A_i} + (1 - \pi_i)^2 \delta_{B_i}]}_{\frac{1}{2}n(n+1)}
\end{aligned}
$$

$$(11\text{-}16)$$

根据式（11-16），金融体系的风险信息数据的复杂程度为 $n(n+1)/2$，比没有金融衍生品时的风险水平和风险信息数据的复杂程度增长了 n 和 n^2。而且，创造金融衍生品的机构的风险状况会影响到衍生品链条下游各个环节的机构。一旦上游机构面临流动性危机或破产，风险会迅速向下游传导，使链条上的每一个机构都有可能发生危机（正向传染效应）。同样，如果下游机构出现流动性危机或破产，链条上游的机构也会受到影响，衍生品市场的流动性会迅速减弱，而且上游机构可能要求迅速兑现（逆向传染效应）。更为一般的情形是，链条中间最为脆弱的机构环节首先出现危机，然后向两边传染。因此，复杂的金融创新比单一的创新工具对双向交易和流动性更加敏感，信息约束风险更高，从而具有更大的脆弱性。

（二）立体网络传染：银行体系风险积累的级数膨胀

上文只是假定金融衍生风险以单项链条传递，但现实中银行之间的业务往来是立体化网络，此时风险信息的复杂程度较前者又有 n^2 级数速度增长。①假定一个银行使用一种金融衍生产品，而如果银行同时设计了 m 种衍生产品，综合考虑金融衍生产品的数量和传递方式，风险信息复杂程

---

① 如果以节点之间的连线表示风险，链条传递下每增加 1 个金融机构节点增加 1 条连线，风险积累速度为 1，$n+1$ 个成封闭环的金融机构具有 $n+1$ 条连线，总体风险水平增加 $n+$ 1；立体化风险传递下，每增加 1 个金融机构节点增加 $n+1$ 条连线，风险积累速度为 $n+$ 1，$n+1$ 个业务相互联系的金融机构具有 $n(n+1)/2$ 条连线，总体风险水平增加 $n(n+$ 1）/2。

度将会增加 n^2m 数倍，风险水平和风险信息的复杂程度则大幅增加。此外，如果某一环节中断，在链条式传递下，修补一个节点，系统就可以运转；而在网络式传递下，需要修复系统，困难会大幅增加。与此对应，立体网络下金融衍生产品的风险准备计提也必须以 n^2m 数倍增长。

银行在创新衍生品、争夺市场收益的过程中，会有意无意地掩盖风险信息，从而使风险信息更加复杂。与计算微观金融风险、计提微观风险准备相比，计算宏观金融风险更为困难。一是各微观机构风险组合使风险计算更加复杂；二是衍生品传递过程中，上游机构与下游机构相互影响，可能一损俱损、一荣俱荣，机构间的风险链条难以计算；三是银行风险点与机构构成的风险网络状况难以计量。为此，准确计提宏观金融风险准备的前提，首先是微观银行根据资产负债状况及表外资产规模结构，综合估算其风险水平，精确计算、披露自身的风险信息；其次，金融衍生品买卖双方均须准确计量该交易对自身风险的影响，进而实足缴存风险准备；最后，在此基础上，宏观审慎监管部门综合测算银行之间的链条风险和金融网络风险，得出宏观风险准备，并以此预测金融风险走势。

无论金融衍生产品如何创新，各微观机构都应准确估算自身的风险积累状况；而无论微观机构的风险行为如何，都必须为其相应的风险水平计提充足的风险准备资金，即"花钱买风险"。这样，不但可以有效遏制机构决策者的冒险冲动和短期行为，而且可以通过合计微观风险准备得到与整个金融体系风险水平相对应的宏观风险准备，维护金融体系的稳定。

四　进一步解释

上文分析揭示了银行金融创新加剧金融风险的四大效应。

一是单个银行的重大风险在金融体系中被放大的效应。美国次贷危机就是从房地产市场→房地产抵押贷款市场→信用市场→衍生品市场等不断升级的金融创新风险。

二是单个银行金融创新风险引发的传染效应。单个银行发生重大金融风险后可能通过信息渠道扩散和放大引发其他银行的挤兑或脱媒（蝴蝶效应）；可能通过流动性联系导致其他银行发生流动性风险（探戈效应）。

三是风险信息约束导致的银行道德风险加剧。金融创新让投资者认识到了太多的利润机会，产生了过热的非理性。对金融创新的风险定价过低，金融创新的使用就会过度。过度的金融创新和过于复杂的金融产品实际上并没有消除风险，而是隐藏或者转移风险，更多的是一种监管套利行为，可能引发系统性金融风险。

四是银行体系的竞争性金融创新引发系统性金融风险（Minsky，1986；Brunner et al.，2009）。综合近几十年来世界金融的发展历史，每次重大的金融创新之后都尾随着严重的金融危机。二战以来全球金融创新的主要事件见表11-6。制度创新加剧金融风险的案例有：布雷顿森林体系的崩溃、欧共体的联合浮动汇率制度、欧洲主权债务危机；产品创新加剧金融风险的案例有：1987年的美国股市危机、1990年日本股市泡沫、英国巴林银行倒闭、美国长期资本公司风波、中国的中海油事件等；技术创新加剧金融风险的案例有：东亚金融危机、次贷危机（郑联盛，2014）。

表11-6　二战以来全球金融创新的主要事件

时间	创新类型	主要创新产品	意义
20世纪40~50年代	制度创新	布雷顿森林体系：美元直接与黄金挂钩，各国货币则与美元挂钩，并可向美国兑换黄金	美国金融霸权的确立；提供了一个稳定的国际金融秩序，促进战后经济建设
20世纪60~80年代	产品创新	监管规避型：欧洲债券、欧洲美元　风险重置型：外汇期货、外汇远期、货币互换、利率互换和期权	促进金融市场的发展与繁荣，1972年外汇期货的产生，意味着国际金融市场进入衍生品市场的时代，1980年的货币互换和1981年的利率互换的兴起则是衍生品市场膨胀的标志性事件
20世纪90年代	技术创新	电子金融	极大地降低了交易成本；全球金融市场一体化
21世纪	服务创新	结构化金融产品、资产证券化发展、对冲基金、私募股权基金、互联网金融等的兴起	金融资产流动性加强；金融资产的全球配置；市场主体复杂化；金融基础设施信息化

资料来源：郑联盛（2014）。

第三节　政府-市场金融过度分权与金融风险

上文已分析，金融风险具有内生性及自发膨胀性。金融具有风险管理功能，更具有风险创造功能，而且风险创造往往超过了风险管理，防止金融分权过度和保持必要程度上的金融集权对稳定金融、服务实体经济尤为重要。此外，还有货币金融的外部性及政府与市场权力均衡问题。

一　货币金融的外部性与金融风险冲动

金融具有不可忽视的外部性，需要保证中央政府从国家总量上对金融进行控制，否则会引发金融风险资产规模急剧膨胀。这体现在，个体持有货币金融数量增加所得到的效用与社会从货币金融总规模膨胀中得到的效用之间存在一个矛盾，即个体理性与群体非理性的矛盾，而这个矛盾成为金融风险膨胀的内生性根源。

从个体理性的角度分析，在一定的劳动付出或其他成本支出的情况下，个体追求货币数量最大化、金融资源最大化并因此达到个体效用最大化是理性行为。而这种理性行为，致使整个社会货币金融的规模趋于无限制的扩张，货币无限制的扩张必然引发恶性通货膨胀，金融资产规模无限制地膨胀必然引发金融泡沫和金融危机，从群体角度分析个体理性却是非理性。但假如部分个体并未追求在一定成本支出下的货币金融数量最大化，而其他个体追求实现了货币金融规模扩张并引发货币金融总数量泡沫，此时前者还要承担后者引发的通货膨胀成本和金融风险成本，甚至还要承担救助后者引发金融危机的成本。所以，市场中各类利益主体竞相追逐个人理性支配的货币金融欲望需求，导致金融规模大于稳态路径的正向缺口不断扩大。

个体这种货币金融竞争行为不仅局限于商业银行等金融机构的风险扩张和"游说"救助竞争（陆磊，2005），而且体现在"政治关联企业"的银行信贷竞争、上市资源竞争，以及地方政府的货币金融资源竞争。蒋硕杰（1999）提出"货币供给合成谬误"命题，认为以弗里德曼为代表的货币数量理论尽管从微观需求的视角推理宏观货币需求模型，但存在致命缺陷——他们认为"整个社会从货币总供给中得到的总效用，仅仅是各个货币余额持有者从其拥有的财产中，预期可能得到的效用综合"，"一旦满足每个人的货币余额需要，社会福利就会增加"，而现实情况是，如果各个人的真实余额增加……社会货币总量一同增加，会对经济体系产生相当大的不经济影响，这种不经济的形式通常是破坏价格体系的稳定和损害金融市场引导储蓄用于投资的效率。张杰（2017）分析得出，"金融危机是一个有机过程，它起初掩藏了人们介入市场过程之后难以抑制地追逐回报增长的货币冲动，这种冲动会在市场逻辑的自动作用下迅速完成加总，进而凝结成一股异常强劲的金融冲击力量，直扑特定经济体制按照常规风险设防的预算约束机制"。

因此，金融的国家性公共物品属性及由此而来的个体拥有货币金融数量最大化与社会货币金融风险总量膨胀的矛盾，是中央政府防止金融过度分权、保持必要金融集权的基础。这里必要程度的金融集权，既包括中央政府对地方政府的金融集权，又包括政府对市场的金融集权。

二　政府与市场的均衡

考虑制度因素的市场均衡与理想的纯市场均衡大相径庭。考虑制度因素的均衡中，政府是市场中不可或缺的角色，均衡应当是包括政府的市场外均衡，而不仅仅是市场内均衡（张杰，2017）。其原因如下。

一是政府是市场的前提，那么政府也是金融市场的前提。奥尔森（2005）分析认为，政府先于交易（抑或先于市场）而存在，它是交易的外在条件，而不是结果。格雷伯（2012）基于市场演进的历史逻辑提出，尽管自由主义顽固地认为政府和市场的存在是对立的，但是历史上的记录表明，实际情况恰恰相反：无政府的社会，通常也没有市场。国家创造了市场，市场需要国家；离开了彼此，两者都无法维系。

二是政府与市场达到平衡的制度妥协，经济运行中才会较少受到金融危机的频繁侵扰。罗伯茨（2014）认为市场自律命题至少与政府自律命题一样荒唐，并且，一个没有监管的市场可能比一个政府垄断市场的效率更低、风险更高。金融风险的产生、聚集、膨胀、爆发和化解等一系列问题，归根结底是货币问题。梅林（2014）指出，每一场金融危机都表明，"市场流动性主要取决于市场主体获取融资流动性的能力，而融资流动性的最终源泉是中央银行，因为只有中央银行才能通过货币发行为存货提供资金"。而货币是国家信用和国家主权的象征，因此金融风险的有效解是"货币解"，"货币解"的正解是"信用解"，"信用解"的终极形式是"政府解"和"财政解"。

有效控制金融风险的关键是政府与金融市场之间的妥协与平衡，而不是一味地分权给市场。

第四节　本章小结

政府与市场金融分权逐渐深化的主要体现是，商业银行表外业务创新层出不穷，不断复杂化金融衍生品，逐渐成为影响系统性金融风险的新的主要来源。银行表外业务指商业银行所从事的，按照通行的会计准则不列入资产负债表内，不影响其资产负债总额，但能影响银行当期损益、改变银行资产报酬率的经营活动。狭义的表外业务指那些未列入资产负债表，但同表内资产业务和负债业务关系密切，并在一定条件下会转为表内资产业务和负债业务的经营活动。通常把这些经营活动称为或有资产和或有负债，它们是有风险的经营活动，应当在会计报表的附注中予以揭示。

银行在创新衍生品、争夺市场收益的过程中会有意无意地掩盖风险信息，从而使风险信息更加复杂。与计算微观金融风险、计提微观风险准备相比，计算宏观金融风险更为困难。一是各微观机构风险组合使风险计算更加复杂；二是衍生品传递过程中，上游机构与下游机构相互影响，可能一损俱损、一荣俱荣，机构间的风险链条难以计算；三是银行风险点与机构间风险链构成的风险网络的状况难以计量。

宏观审慎监管是在充分掌握金融风险信息的基础上，建立风险评估模型与指标，实时监测跨时间、跨市场、跨行业等系统风险，并结合风险状况，选择性采取宏观审慎监管工具来防范和化解金融体系风险。其有效性取决于两个条件：一是实时监测、精确评估系统风险；二是危机爆发后能拥有准备充足的、能快捷地阻断风险传染的风险处置资金。

　　由于货币金融的外部性与金融风险冲动、金融风险的内生性及自发膨胀性以及在考虑制度因素的市场均衡中政府作用不可或缺，有效控制金融风险的关键是政府与金融市场之间的妥协与平衡，而不是一味地分权给市场。

第十二章
银行跨境业务、跨境资本流动与金融风险

改革开放以来，中国稳步推进资本项目可兑换和人民币国际化，商业银行经营外汇业务和跨境业务的自由度得到提高，个人和企业买卖外汇的权利总体上扩大。随着资本项目可兑换程度的不断提升和人民币国际化程度加深，商业银行及其他金融机构跨境业务规模明显增加，跨境资本流动规模及其对国内金融市场的冲击风险显著增加。本章对中国外汇管理制度的变革进行梳理，结合国际清算银行全球跨境资本流动数据库分析跨境资本流动的主要渠道、主体，判断跨境资本流动规律，设计有效的指标评估跨境资本流动压力及其引致的风险。

第一节　银行跨境业务

近年来，商业银行经营的外汇业务和跨境业务主要包括：①对境外银行部门和非银行部门的人民币存贷款业务、外债业务等；②对境外银行部门和非银行部门的美元、欧元、日元、英镑、瑞士法郎及其他外币的存贷款业务、外债业务等。

其中，对私外汇存款主要是指个人客户往银行开立的外汇账户中存入外币现钞或汇入外汇汇款。银行为个人开立外汇账户，区分境内个人和境外个人，账户按交易性质分为外汇结算账户、外汇储蓄账户、资本项目账户。其中，外汇储蓄账户的收支范围为非经营性外汇收付、本人或与其直系亲属之间同一主题类别的外汇储蓄账户间的资金划转。个人在银行开立

外汇储蓄账户应当出具本人有效身份证件，所开立账户户名应与本人有效身份证件记载姓名一致。

对公外汇存款业务指公司客户往银行开立的外汇账户中存入外币现钞或汇入外汇汇款。根据我国外汇管理相关规定，对公客户可以开立经常项目和资本项目外汇账户，外汇账户可以提供外币活期、定期存款和外币通知存款业务。离岸公司客户可以开立外汇账户。境内机构、驻华机构一般不允许开立外币现钞账户。

结售汇是结汇与售汇的统称，是指银行为客户提供的人民币与美元等可流通货币之间的买卖业务。结汇是指境内所有企事业单位、机关和社会团体或个人取得外汇收入后，按照国家《外汇管理条例》的规定，按照银行挂牌汇率，卖给外汇指定银行。售汇是指境内企事业单位、机关团体和个人按照国家外汇管理条例规定，持有关证件、文件材料等，用人民币到外汇指定银行购买所需外汇。

2019年中国商业银行对外金融资产和负债规模如表12-1所示。

第二节 跨境资本流动特征

本节从资本与金融项目、银行部门跨境信贷两个方面分析中国的跨境资本流动特征。

一 资本与金融项目视角的跨境资本流动分析

国际收支描述了一国/地区居民与非居民之间的经济活动往来。国际收支平衡表中的资本与金融账户记录了资产所有权在不同国家的流动。分析1982年以来中国资本与金融项目及证券账户数据，跨境资本流动表现出如下特征。

（一）跨境资本净流动的规模加大

自1982年以来，中国跨境资本流动呈现明显的阶段性特征（见图12-1）。2001年以前，跨境资本流动的金额较低，一般为几十亿美元以下。2001年（中国加入世贸组织）之后，跨境资本流动规模明显增加，资本与金融账户跨境资本流动基本为净流入状态，净流入高峰在2008年；2016

表12-1　2019年中国银行业对外金融资产和负债规模

单位：亿美元

项目	总量 ①（①=②+③；①=⑩+⑲）	其中：人民币 ②（②=⑪+⑳）	其中：外币 ③（③=④+⑤+⑥+⑦+⑧+⑨；③=⑫+㉑）							对境外银行部门 ⑩（⑩=⑪+⑫）	其中：人民币 ⑪	其中：外币 ⑫（⑫=⑬+⑭+⑮+⑯+⑰+⑱）							对境外非银行部门 ⑲（⑲=⑳+㉑）	其中：人民币 ⑳	其中：外币 ㉑（㉑=㉒+㉓+㉔+㉕+㉖+㉗）						
	①	②	③	美元 ④	欧元 ⑤	日元 ⑥	英镑 ⑦	瑞士法郎 ⑧	其他外币 ⑨	⑩	⑪	⑫	美元 ⑬	欧元 ⑭	日元 ⑮	英镑 ⑯	瑞士法郎 ⑰	其他外币 ⑱	⑲	⑳	㉑	美元 ㉒	欧元 ㉓	日元 ㉔	英镑 ㉕	瑞士法郎 ㉖	其他外币 ㉗
资产	11709	1092	10617	8067	646	95	108	7	1694	5882	357	5525	3835	372	81	40	5	1193	5827	735	5093	4232	275	14	68	2	501
存款和贷款	8321	949	7372	6080	579	74	69	7	563	3951	313	3638	2884	313	71	32	4	333	4370	636	3734	3196	266	3	38	2	230
债券	1630	114	1516	1425	16	11	20	0	43	587	26	561	522	8	0	0	0	31	1043	88	955	903	9	11	20	0	12
其他资产	1759	29	1730	562	51	10	18	1	1088	1344	18	1326	428	50	10	8	1	829	415	11	404	133	0	0	10	0	260
负债	13301	4335	8965	5205	519	141	23	5	3074	5361	2488	2872	2230	301	118	16	0	207	7940	1847	6093	2974	218	22	7	4	2867
存款和贷款	7215	2038	5177	4268	384	135	19	4	366	3452	798	2653	2052	285	118	16	0	182	3763	1240	2523	2216	99	17	3	4	184
债券	2127	1169	958	803	131	5	4	0	15	912	824	88	77	11	0	0	0	0	1215	345	870	726	120	5	4	0	15
其他负债	3959	1128	2831	134	4	1	0	0	2692	997	866	131	102	4	0	0	0	25	2962	263	2700	32	0	0	0	0	2668

注：①国家外汇管理局按照国际清算银行的国际银行业统计（International Banking Statistics，IBS）表式，发布中国银行业对外金融资产和债务头寸量。该项统计与国际货币基金组织的《国际收支和国际投资头寸手册》统计原则一致。银行存款资产指中央银行以外的存款类金融机构。存款类资产指我国银行业存放在境外非居民的存款或对非居民发放的贷款。存贷款负债指我国银行业吸收非居民存款、接受非居民贷款。债券资产指我国银行业持有的非居民发行的债券类投资产品。其他指除存款、贷款和债券外的其他对外金融资产或负债，包括但不限于股权、金融衍生产品、其他股权和债务权等金融工具。境外非居民发行和特别提款权和非金融部门。债。②根据IBS要求，本表境外银行部门含境外关联银行、非关联银行和中央银行。居民投资者持有居民境内外发行的债券。一国对外债券负债统计的是居民投资者持有的债券存量。③根据国际收支统计原则，由于属于居民对居民的投资，因此不构成该国的对外债务负债。在实际操作中，对外债券负债量由非居民投资者在境外市场存量加居民机构在境外发行的债券存量（剔除由居民投资者在境外购买的部分）得到，但由于部分居民投资者难以准确区分境外债券发行人的居民地位，存在将非居民在境外发行的债券申报为居民发行的情况，我国银行业对外债券负债部分项目可能因多剔除而呈现负值。④本表计数采用四舍五入原则。

资料来源：国家外汇管理局官方网站。

年后，资本与金融账户跨境资本流动处于持续净流出状态。证券投资账户跨境资本流动多表现为净流出，特别是在2007~2015年，即使资本与金融账户总体上为净流入。这意味着FDI引发的跨境资本流动中一部分又流出中国投资于外国证券。

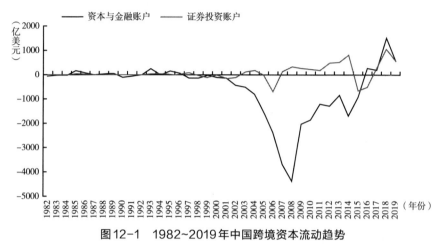

图12-1　1982~2019年中国跨境资本流动趋势

资料来源：国家外汇管理局官方网站。

（二）跨境资本流动结构比例变化显著，各部分波动幅度加大

这主要体现在两个方面。一是资本与金融账户下跨境资本流入流出总规模占跨境资本流动总规模的百分比，在2006年第四季度达考察时段的峰值58.98%后，从2007年第一季度开始出现明显下降，2019年第四季度降到约10%（见图12-2）。二是经常账户下跨境资本流动波动幅度和资本与金融账户跨境资本流动波动幅度从2007年第一季度开始明显加剧。2001年之前经常账户下跨境资本流动总量一阶差分取值为200亿美元左右，2020年第一季度这一数值达到-3500亿美元左右；资本与金融账户跨境资本流动总量一阶差分取值范围从考察时段初期的200亿美元左右扩大到2015年的3700亿美元左右（根据国家外汇管理局披露的中国国际收支平衡表时间序列BPM 6数据计算得到）（见图12-3）。

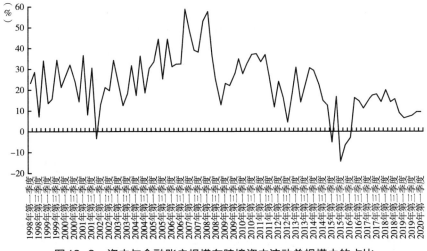

图12-2　资本与金融账户规模在跨境资本流动总规模中的占比

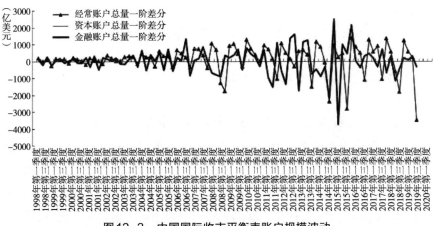

图12-3　中国国际收支平衡表账户规模波动

这两个经济事实意味着：经常账户下跨境资本流动规模较大，是引发跨境资本流动的主要因素；资本与金融账户（特别是金融账户）下跨境资本流动规模所占比例虽然降低，但可能是引发跨境资本流动波动的主要因素。因此，监测经常账户和金融账户是监测跨境资本流动和全球金融风险冲击的重要内容。

（三）银行是跨境资本流动的主渠道

分析私人非金融部门信贷渠道结构数据得出，来自银行的私人非金融部门信贷比重总体上呈下降趋势，但仍然是私人非金融部门信贷跨境资本流动的主要渠道。1986~2001年，银行的私人非金融部门信贷比重几乎为100%；2001年以后，这一数值逐渐下降，2014年12月下降到73.56%。2019年3月，这一数值为80.42%（见图12-4）。

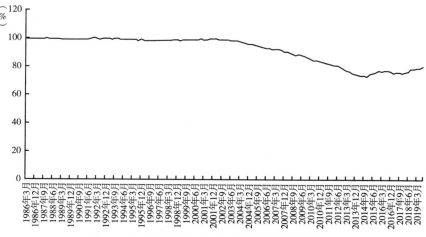

图12-4 私人非金融部门信贷中银行渠道比重

资料来源：国际清算银行（BIS）官方网站。

（四）外币负债呈现多元化趋势

根据表12-1可知：2019年中国银行业对外负债币种呈现多元化；在五大国际货币中，美元仍占主要地位，比重为39.13%；其他外币比重得到提高，比重为23.11%，并且显著高于欧元、日元、英镑等国际货币（见图12-5）。

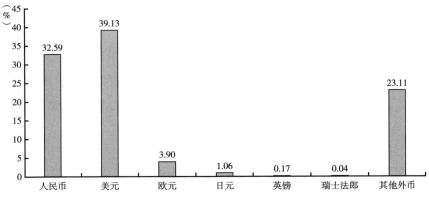

图12-5　2019年中国银行业对外负债币种结构

资料来源：国家外汇管理局官方网站。

二　跨境信贷债权债务视角的跨境资本流动

根据国际清算银行统计的各国跨境信贷敞口数据，计算中国跨境信贷网络结构及变动。

(一)变量、样本与数据

根据国际清算银行网站公布的按照报告银行对手所在地为标准的国际银行部门信贷债权债务敞口数据，分别计算出主要经济体的银行在研究时段对中国居民的债权债务，并以此作为中国债务网络节点变量和债权网络节点变量。

由于统计数据缺漏和本章研究目的，主要样本经济体的选择标准如下。①尽量包括IMF（2020）界定的"具有系统重要性金融部门的经济体"①，将存在较多不完整数据的经济体排除在外。②跨境信贷债权债务达到一定规模。以2020年第二季度为标准，跨境信贷的债权或债务其中1项达到100亿美元，代表在全球跨境信贷网络中具有一定影响。③具体与某一经济体的跨境信贷债权或债务占该国同期跨境信贷总规

---

① 指每5年必须进行一次金融稳定评估规划的"S29经济体"，包括澳大利亚、奥地利、比利时、巴西、加拿大、中国、丹麦、法国、芬兰、德国、中国香港、印度、爱尔兰、意大利、日本、韩国、卢森堡、墨西哥、荷兰、挪威、波兰、俄罗斯、新加坡、西班牙、瑞典、瑞士、土耳其、英国、美国。

模的比例达到1%。④与中国内地存在重要跨境信贷关系。根据这些标准，最后确定25个样本经济体，具体见表12-2。

表12-2 主要样本经济体

序号	经济体	简称	序号	经济体	简称	序号	经济体	简称
1	澳大利亚	AUSt	10	德国	GER	19	荷兰	NET
2	奥地利	AUS	11	希腊	GRE	20	西班牙	SPA
3	比利时	BEL	12	中国香港	HK	21	瑞典	SWE
4	巴西	BRA	13	爱尔兰	IRE	22	瑞士	SWI
5	加拿大	CAN	14	意大利	ITA	23	英国	ENG
6	中国台湾	CHT	15	日本	JAN	24	美国	AME
7	丹麦	DAN	16	韩国	KOR	25	中国澳门	CHNM
8	芬兰	FIN	17	卢森堡	LUX			
9	法国	FRA	18	墨西哥	MEX			

按照报告银行所在地，整理出主要样本经济体2005年第一季度至2020年第二季度的数据。根据这一时段国际金融事件发生情况，细分为两个时段：2005年第一季度至2012年第四季度和2013年第一季度至2020年第二季度。其原因在于：在2005年第一季度至2012年第四季度，2008年发生了全球金融危机，2009年发生了欧洲债务危机，经过宏观审慎监管改进，2012年全球跨境信贷网络结构趋于稳定。在2013年第一季度至2020年第二季度，全球经济结构逐渐发生变化，并且经历了多次大国之间的贸易摩擦等事件，跨境信贷网络与前期相比可能发生了变化。因此，这里分为两个时段来静态比较全球跨境信贷网络结构的变化及其对系统性风险传染的影响。

（二）中国跨境信贷网络的结构及变动

中国跨境信贷网络如图12-6、图12-7所示。分析得出如下结论。

（1）相较2005年第一季度至2012年第四季度，2013年第一季度至2020年第二季度其他经济体对中国的跨境信贷债权结构向均衡化方向发展。前期，中国香港是中国内地主要的跨境信贷债权对手（即中国内地的跨境资金流入主要来源于香港），后期，中国香港的比例明显降低，德国、日本、法国、韩国、英国、美国、澳大利亚、中国台湾、中国澳门等经济体的占比存在一定的上升。这表明，中国大陆资金信贷对手进一步多元化、跨境资金流入进一步平衡化。

（2）相较2005年第一季度至2012年第四季度，2013年第一季度至2020年第二季度其他经济体对中国跨境信贷债务结构多中心化趋势明显。美国和英国对中国跨境信贷债务的比重进一步加大，成为中国跨境信贷资金重要的流向国家。

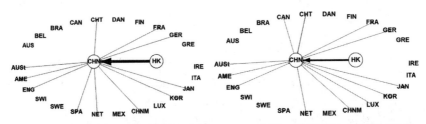

a.2005年第一季度至2012年第四季度　　b.2013年第一季度至2020年第二季度

图12-6　其他经济体对中国跨境信贷债权结构比较

注：线的粗细表示资金流出值权重，箭头表示信贷资金流向，圈大小表示信贷债权规模。

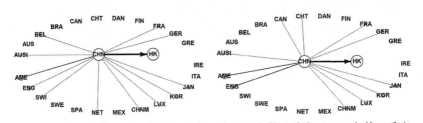

a.2005年第一季度至2012年第四季度　　b.2013年第一季度至2020年第二季度

图12-7　其他经济体对中国跨境信贷债务结构比较

注：线的粗细表示资金流入值权重，箭头表示信贷资金流向，圈大小表示信贷债务规模。这里主要计算全球跨境信贷网络结构，并比较两个时段网络结构的变化。①中国跨境信贷债务网络。根据国际清算银行按报告银行所在地和交易对手部门分类统计的包括银行部门和非银行部门的债权季度数据，计算每一季度其他经济体对中国居民的跨境信贷的债权（这一指标实质上描述了信贷资金从其他国家银行部门流向样本经济体居民，是样本经济体的债务）结构，即中国跨境信贷债务结构。计算式

为：$d_{j \to it} = \dfrac{D_{j \to it}}{\sum\limits_{j=1}^{n} D_{j \to it}}$。其中，$d_{j \to it}$ 为 t 期所在经济体 j 的银行部门对中国居民的跨境信

贷债权占其他所有所在样本经济体（包括 j）的银行部门对中国跨境信贷债权总和的

比重，$D_{j \to it}$ 为 t 期所在经济体 j 的银行部门对中国的跨境信贷债权，$\sum\limits_{j=1}^{n} D_{j \to it}$ 为其他所有所在样本经济体（包括 j）的银行部门对中国跨境信贷债权的总和，n 为国家 i 交易对手国家的数量。根据观察期内中国每期的 $d_{j \to it}$，计算在 2005 年第一季度至 2012 年第四季度和 2013 年第一季度至 2020 年第二季度的债务结构的平均值 $\bar{d}_{j \to iT}$。计算式为：$\bar{d}_{j \to iT} = \dfrac{1}{T} \sum\limits_{t=1}^{T} d_{j \to it}$。其中，$T$ 为观察期的季度个数。根据各观察国两个时段的 $\bar{d}_{j \to iT}$，以中国的跨境信贷债务比例为权重，计算有向 Hubs-Authorities 向量中心，形成包含不同经济体的中国跨境信贷债务同心（Concentric）分区（Partition）有向网络图。②中国跨境信贷债权网络。按照相同思路，根据中国两个时段的 $\bar{d}_{i \to jt}$，以跨境信贷债务比例为权重，计算有向 Hubs-Authorities 向量中心，形成包含不同经济体的中国跨境信贷债权同心分区有向网络图。其中，$\bar{d}_{i \to jt} = \dfrac{1}{T} \sum\limits_{t=1}^{T} d_{i \to jt}$，$d_{i \to jt} = \dfrac{D_{i \to jt}}{\sum\limits_{j=1}^{n} D_{i \to jt}}$，$D_{i \to jt}$

为 t 期所在国家/地区 j 的银行部门对中国的跨境信贷债务（这一指标实质上描述了信贷资金从样本经济体居民流向其他经济体银行部门，是样本经济体的债权），$\sum\limits_{j=1}^{n} D_{i \to jt}$ 为其他所有所在样本经济体（包括 j）的银行部门对中国的跨境信贷债务的总和，$D_{i \to jt}$ 为 t 期所在经济体 j 的银行部门对中国的跨境信贷债务占其他所有所在样本经济体（包括 j）的银行部门对中国的跨境信贷债务总和的比重，$\bar{d}_{i \to jt}$ 为国家 i 在观察期债务结构的平均值，其他符号含义同上。

第三节　跨境资本流动与全球金融风险传染

跨境资本流动一般包括经常账户下跨境资本流动和资本与金融账户下跨境资本流动。前者主要由两国实体经济水平、结构等因素决定，在较长时期内较为平稳。后者主要由金融市场相关因素影响，在短期内可能发生剧烈波动，是跨境资本流动宏观审慎监管的重点内容。本节主要分析资本与金融账户下跨境资本流动对全球金融风险的影响。

一　模型分析

利率平价理论是从金融市场角度分析汇率与利率的关系。在短期内，货币供求数量影响利率，进而影响汇率、股指等资产价格。这里基于利率平价理论、弗里德曼货币需求理论、乔顿货币供给模型等，推理分析不同国家不同金融市场之间的数量关系。

(一) 利率平价理论

利率平价理论分为套补的利率平价和无套补的利率平价。根据实际调查，套补的利率平价被作为指导公式广泛运用于交易之中。实际汇率变动与套补的利率平价间也存在一定的偏离，这一偏离常被认为反映了交易成本、外汇管制以及各种风险等因素。非套补的利率平价涉及预期的汇率变动，作为心理变量，很难获得可信的数据。本章在此给出套补的利率平价理论公式：

$$\frac{f_t - e_t}{e_t} = r_t - r_t^*　\qquad (12-1)$$

其中，f_t 为远期汇率，e_t 为即期汇率，r_t 为本国利率，r_t^* 为对手国利率。

(二) 货币需求

一国国内货币需求表示为：$M_{dt} = ky_t - hr_t$。式中，M_{dt} 表示本国货币需求，主要包括交易性货币需求、预防性货币需求、投机性货币需求。交易性货币需求和预防性货币需求与收入 y_t 正相关，货币需求的收入弹性系数为 k；投机性货币需求与本国利率 r_t 负相关，货币需求的投机弹性系数为 h。

(三) 货币供给

根据乔顿模型，一国货币供给函数表示为：$M_{st} = M_{0t} \times m_t = (C_t + R_t + ER_t) \times \dfrac{1}{fr_t + c_t + er_t + r_T \times T}$。式中，$C_t$ 表示流通中的现金，R_t 表示法定存款准备金金额，M_{0t} 为基础货币，m_t 为货币乘数，ER_t 表示超额准备金金额，fr_t 表示法定存款准备金率，c_t 表示现金漏损率，er_t 表示超额准备金率，r_T 表示定期存款准备金率，T 表示定期存款 D_T 与活期存款 D_d 的比例 D_T/D_d。

(四) 货币供求平衡

布雷顿森林体系崩溃后，各国普遍表现出货币扩张的趋势，货币供给能够满足货币需求量，货币需求等于货币供给：$M_{dt} = M_{st}$，转换得到：

$$r_t = \frac{k}{h} y_t - \frac{C_t + R_t + ER_t}{h \left(fr_t + c_t + er_t + r_T \times T \right)}　\qquad (12-2)$$

同理，得到一国的对手国货币供求平衡式：

$$r_t^* = \frac{k^*}{h^*} y_t^* - \frac{C_t^* + R_t^* + ER_t^*}{h^*\left(fr_t^* + c_t^* + er_t^* + r_T^* \times T^*\right)} \tag{12-3}$$

其中，r_t^*、y_t^*、k^*、h^*、C_t^*、R_t^*、ER_t^*、fr_t^*、c_t^*、er_t^*、r_T^*、T^* 分别表示本国交易对手国的利率、产出、货币需求的收入弹性系数、货币需求的投机弹性系数、流通中的现金、法定存款准备金金额、超额准备金金额、法定存款准备金率、现金漏损率、超额准备金率、定期存款准备金率、定期存款 D_T 与活期存款 D_d 的比例 D_T/D_d。

汇率、利率、产出、货币政策工具等变量之间的关系如下。根据式（12-1）、式（12-2）、式（12-3）得到汇率、利率、产出、货币政策工具等变量之间的关系等式：

$$\frac{f_t - e_t}{e_t} = \left(\frac{k}{h} y_t - \frac{k^*}{h^*} y_t^*\right) +$$

$$\left[\frac{C_t^* + R_t^* + ER_t^*}{h^*\left(fr_t^* + c_t^* + er_t^* + r_T^* \times T^*\right)} - \frac{C_t + R_t + ER_t}{h\left(fr_t + c_t + er_t + r_T \times T\right)}\right] \tag{12-4}$$

观察式（12-4）可知，一国与外国的金融市场之间存在密切联系，国际资金流动使两国通过短期利率、长期利率、股指波动率、汇率等变量对本国的相关变量产生冲击影响。快捷的信息技术、迅速的信息传递为资金在各国金融市场高速流动提供了便利。如果一个或几个大国金融市场发生大幅波动，资金的趋利性使其他国家金融市场也出现或大或小的波动，产生跨国跨市场交互传染效应。

二　金融市场传染机制

一国（特别是大国）金融或经济发生剧烈震荡时，通过实际资本流动引发投资者在全球范围内的投资结构调整，进而引起相关国家金融账户下资本异常流动和利率异常波动，进一步引发金融部门资产负债期限结构错配和流动性风险（Nathan，2018）。具体而言，传染机制又分为货币市场、资本市场、外汇市场、系统重要性银行、金融市场交互传染等途径。

（一）货币市场传染机制

国际货币市场网络的连接原理主要包括利率机制、经济预期机制、货币政策传染机制三个渠道。①利率机制。货币市场传染机制的核心变量是利率。利率是货币市场投资收益高低的直接体现。当汇率比较稳定时，在资本自由流动或部分自由流动条件下，部分国家货币市场利率提高，使其他国家的货币投资收益相对较低，资金必然通过金融账户从低利率国家货币市场流向高利率国家货币市场，迫使其他国家货币市场利率上升。②经济预期机制。因为利率来源于实体经济的利润，如果一国在较长时间内保持较高利率，证明该国的实体经济效益较高，资金必然通过直接投资项目从低利率国家流向经济预期较好的高利率国家。③货币政策传染机制。利率是货币政策的核心工具，经济强国利率的异常变动往往透露出该国政府的行为取向和政策导向的变化，这势必引起其他国家的敏感反应和市场波动。在这些传染机制下，其他国家利率被动上升，导致该国金融机构资产负债期限结构错配，加剧该国国内金融体系的流动性风险和系统性金融风险。

因此，金融风险的货币市场跨国传导机制为：国际金融市场利率波动（货币市场）↑→投资结构调整及跨境信贷债权债务结构调整↑→跨境资本流动↑→资本与金融账户余额变动和国内利率波动↑→国内金融部门资产负债期限结构错配↑→国内金融部门流动性风险↑→金融部门系统性风险↑。货币市场风险传导机制可简要概括为图12-8。

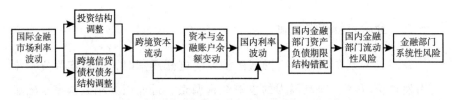

图12-8　金融风险的货币市场跨国传导机制

（二）资本市场传染机制

资本市场（这里主要分析股票市场）可通过投资调整机制传染风险。投资调整机制主要包括投资组合调整和投资收益率调整。在经济金融全球化程度越来越高的情况下，一些大型投资者进行跨国投资组合。一些国家股指的剧烈波动会促使投资者在全球范围内调整投资组合结构、进行风险管理和流动性管理（Francesco et al.，2004）。在股指剧烈波动始发国拥有资产头寸的投资者通常会减少在该国的金融资产、控制金融风险上升、兑现现有的资产收益（Goldfajn and Valde，1997；Kodres and Pritsker，2002）。Connolly和Wang（2002）研究发现，投资者会从股市收益率中提取出未观察到的全球信息从而调整他们的投资决策，最终导致不同股市收益率的相关性。机构投资者全球投资组合结构调整必然引发跨境资本流动，通过金融账户流向低估值的国家，引起该国利率波动及金融部门资产负债期限结构错配，增加该国金融部门的流动性风险和系统性风险。

因此，金融风险的资本市场跨国传导机制为：国际金融市场股指波动（资本市场）↑→全球投资结构调整及跨境信贷债权债务结构调整↑→跨境资本流动和国内股指波动↑→国内利率波动↑→国内金融部门资产负债期限结构错配↑→国内金融部门流动性风险↑→金融部门系统性风险↑。资本市场风险传导机制可简要概括为图12-9。

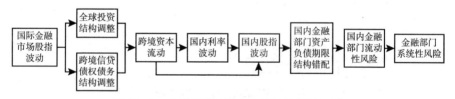

图12-9　金融风险的资本市场跨国传导机制

（三）外汇市场传染机制

当国际金融市场汇率剧烈波动时，通过两类主要途径传染风险。

一是国际金融市场汇率波动加剧导致本国实体经济进出口规模和结构发生不可预期的变动，直接体现在本国实体企业财务状况不确定性上升，实体企业通过掉期交易控制风险，进出口规模及结构的变动和掉期交易规模变动两者共同引发跨境资本流动加剧，进而导致国内金融部门资产负债期限结构错配，加大国内金融部门流动性风险，在金融体系放大机制下，甚至引发金融部门系统性金融风险。这一传染途径可以描述为：国际金融市场汇率波动↑→本国实体经济进出口规模和结构变动↑→本国实体企业财务状况不确定性↑→掉期交易↑→跨境资本流动↑→国内金融部门资产负债期限结构错配↑→国内金融部门流动性风险↑→金融部门系统性金融风险↑。

二是国际金融市场汇率波动加剧导致国际上金融机构投机交易规模迅速增加，直接体现为国际套利交易和套汇交易规模和结构的变化，而这必然会加剧跨境资本流动，加剧国内金融部门资产负债期限结构错配风险，加大国内金融部门流动性风险，在金融体系放大机制下，甚至引发金融部门系统性金融风险。这一传染途径可以描述为：国际金融市场汇率波动↑→跨境实体经济交易规模（国际金融机构投机交易规模）↑→实体企业财务状况不确定性（国际套汇交易和套利交易规模）↑→掉期交易↑→跨境资本流动↑→国内金融部门资产负债期限结构错配↑→国内金融部门流动性风险↑→金融部门系统性金融风险↑。外汇市场风险传导机制可简要概括为图12-10。

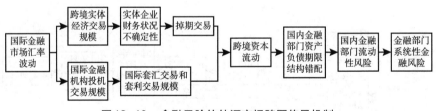

图12-10　金融风险的外汇市场跨国传导机制

（四）金融市场心理波动与情绪传染

一国金融或经济发生剧烈震荡时，直接影响其他国家投资者的市场心理，引发该国金融市场震荡和衰退以及金融部门期限错配和流动性风险。市场心理可简单分为市场情绪、市场预期与羊群效应。

市场情绪对全球金融市场风险传染的影响表现在，股市剧烈波动国家对其他国家产生"唤醒效应"，引发其他国家金融市场重新评估经济基本面（Goldstein，1995），经济基本面不尽如人意或金融脆弱性较大的国家则必然受其感染，社会公众的市场情绪急转低落或增加风险厌恶情绪。

市场预期机制主要是，股市剧烈波动国家引起其他国家投资者对本国股票市场预期收益和增长预期的改变，导致其迅速调整投资行为，加剧股指波动。

羊群效应作用机制表现在，经济实力强大的国家，在世界经济运行中扮演了"领头羊"的角色，该国股指的剧烈波动，令人们不再怀疑事件的真伪性，甚至在不加判断的情况下盲目跟从，产生羊群效应。同时，由于投资者非完全理性，在信息不对称的条件下，他们更容易产生溢出效应、趋同效应、羊群效应等行为特征（何德旭、苗文龙，2015a）。

通过市场心理传染机制，发生金融剧烈震荡的国家将风险隔空传染给其他国家，引发其他国家金融部门资产错配和流动性风险。金融市场风险传染的情绪传导机制可简要描述为图12-11。

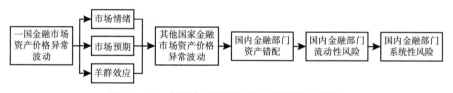

图12-11　金融市场风险传染的情绪传导机制

（五）金融市场交互传染机制

1.一国利率对他国外汇市场的波动传染机制

式（12-4）给出了不同国家汇率和利率之间的数量关系。利率是货币市场上金融工具的风险价格，利率的波动反映出货币市场的风险状况；汇率是外汇市场上不同货币之间的结算价格，汇率的波动反映出外汇市场的风险变化。因此，根据式（12-2）、式（12-4）中利率和汇率的数量关系可以推理得出货币市场和外汇市场的风险传染渠道和传染关系。

（1）汇率与利率及利率政策之间存在显著相关关系。一国汇率与本国及交易对手国的利率体系存在一定的影响关系。根据式（12-2）可知，一国汇率水平取决于本国的利率和对手国的利率，一国远期汇率与本国利率变量成正比，与对手国利率变量成反比。

一国汇率与本国及交易对手国的货币政策存在一定的影响关系。在式（12-4）中，本国法定存款准备金率r_t和交易对手国法定存款准备金率r_t^*对两国汇率及汇率变动存在直接的影响关系，并通过两国中央银行对法定存款支付利率的调整，影响超额存款准备金率er_t和er_t^*，从而间接影响汇率水平。利率是货币政策的核心工具，经济往来关系密切的交易对手国的利率异常变动，往往透露出该国政府的政策导向变化，势必引起其他国家敏感反应和市场波动。

因此，利率是货币市场投资收益高低的直接体现。在汇率比较稳定时，经济实力强大国家的利率提高，使其他国家的货币投资收益相对较低，资金必然从低利率国家流向高利率国家，迫使其他国家利率上升。

（2）不同国家的汇率之间存在一定的关联关系。式（12-2）只列出了一种汇率（设国家1与国家2的货币兑换比例）与两国利率的数量关系。现在出现第三方往来经济体国家3，则三方两两之间的汇率也存在类似式（12-2）的关系。此时可以发现：国家1与国家2的汇率e_t^{1-2}、国家2与国家3的汇率e_t^{2-3}、国家3与国家1的汇率e_t^{3-1}通过这些国家的利率体系建立了一定的相互影响关系。

（3）多国汇率与利率之间形成跨国金融网络。根据上述分析进行类推，可以得到n个国家的n种货币的组合数$C(n, 2) = n(n-1)/2$，即存在$n(n-1)/2$种汇率。每两种汇率之间都存在一定的数量关系，且这种关系受到相关国家利率的直接或间接影响。Macdonald和Nagayasu（2000）利用面板协整等计量方法实证得出，14个工业国家真实汇率与真实利差之间存在显著的协整关系。Jackman等（2013）利用EGARCH-M模型分析得出，利差变动会对其他小国的外汇市场产生显著的非线性关系效应。

因此，在利率政策博弈、金融市场套利、市场预期、外汇储备政策及其他经济政策的影响（见图12-12）下，存在经济往来经济体的汇率与利率之间会形成一定数量关系的网络，相关经济体间形成一定相互影响关系的跨货币市场/外汇市场的金融网络。金融网络某一节点上利率或汇率的异常波动，必然会通过网络传导到其他节点，引发节点经济体金融部门的期限结构风险甚至系统性金融风险。

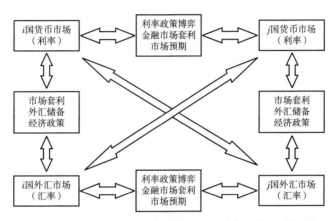

图12-12　存在经济往来经济体之间汇率与利率影响机制

2.一国利率对他国股票市场的波动传染机制

根据式（12-4），当货币需求函数为弗里德曼货币需求函数时，可以推理出货币市场利率与资本市场股指之间的数量关系。经济实力强大国家利率的异常波动通过三种机制影响其他国家的股市波动。一是通过利率渠道引发其他国家利率波动，进而通过其他国家利率对其股票市场产生传染效应。二是通过本国股市渠道引发本国股市波动，进而通过本国股市对其他国家的股市波动产生传染效应。三是通过国际资本流动和市场预期调整直接对其他国家股市波动产生传染效应。同时，由于大国经济基本面之间存在相互联动性，一国宏观经济指标的变动会同时对本国和其他国家上市公司的未来现金流和折现率产生影响，从而影响其他国家的股指波动（McQueen and Roley，1993）。

因此，经济实力强大的国际金融中心国家的利率大幅调整对本国股指波动应具有显著的传染效应。表现为：A国利率波动→（利率溢出、股市溢出）→B国股市波动（见图12-13）。

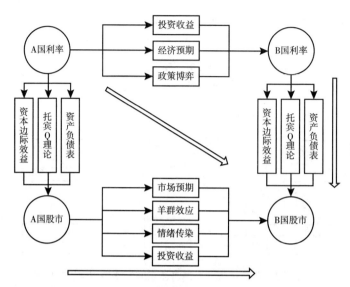

图12-13　利率政策相关性与股票市场波动的溢出

（六）系统重要性银行传染机制

具有更高复杂性的全球系统重要性银行可能更难以解决，对更广泛的金融体系和经济活动造成更大的破坏，BCBS（2013）在 IMF（2009）提交 G20 财长和中央银行行长报告的基础上，设计跨境活跃程度和复杂性两方面的指标，对原来的规模、互联性和可替代性等指标进一步完善，并对系统重要性的五类指标分别给予20%的权重，除规模类别指标外，在每个类别中确定了多个二级指标，每个二级指标在其类别中的权重均相等，根据这一指标体系和权重评估出全球系统重要性银行。FSB 每年对全球系统重要性银行名单进行排名和更新，并提出监管意见。根据研究文献，初步将全球系统重要性银行网络的风险传染途径概括为三个方面。

1.资产负债表渠道

由于经济全球化和投资组合全球化，不同国家系统重要性银行之间相互持有资产和负债（Upper and Worms，2004；Elsinger et al.，2006；Degryse and Nguyen，2007；Haelim et al.，2019）。当一国系统重要性银行资产价格波动率表现出跳跃或异常波动时，持有该银行较大规模资产的其他国家的系统重要性银行可能面临较大的资产损失风险，从而导致系统性风险通过系统重要性银行资产负债表渠道在全球范围内传染、形成风险传染网络。

2.投资组合调整和资本转移渠道

机构投资者在全球范围内进行资产组合投资，持有不同国家的系统重要性银行的资产（McGuire and Tarashev，2006；Soramaki et al.，2007）。当一国系统重要性银行资产价格波动率表现出跳跃或异常波动时，机构投资者必然调减该国系统重要性银行的股权或资产，并进一步调减与其有密切业务往来或资产负债关系的其他国家系统重要性银行的股权或资产，引发其资产价格跳跃或崩盘，从而导致系统性风险通过投资组合调整渠道在全球范围内传染、形成网络。

3.风险事件和投资者情绪传染渠道

金融风险事件信息可以通过互联网在全球范围内较快传播，引发金融市场情绪在全球范围传染（Spelta and Araújo，2012；Minoiu and Reyes，2013）。当一国系统重要性银行资产价格波动率表现出跳跃或异常波动时，其他国家金融市场的公众投资者可能形成对金融资产或股权的悲观预期和消极情绪，投资者必然抛出国内外相关银行的股权或资产，引发系统重要性银行资产价格的跳跃或崩盘，从而导致系统性风险通过投资者情绪在全球范围内传染、形成传染网络。

上述传染途径中，资本流动的传染效应一般更为持久；如果没有跨境资本流动，情绪的传染效应相对短暂，在投资者头脑冷静之后，由本国实体经济状况和金融状况决定的金融市场会很快回归常态。因此，分析跨境资本流动规律、监测跨境资本异常流动、采取有力的政策措施成为促进国际收支平衡和防范全球系统性金融风险的主要途径。

三　传染效应

（一）共振加剧与国际风险传染

在国际风险传染机制下，当各国面临共同冲击时，国家金融市场周期的相关性会加剧国际系统性金融风险，而后者又会进一步加剧金融周期振荡。

1.国际通用的金融监管规则助推了金融周期相干性

国际上通用的金融监管规则是巴塞尔协议。巴塞尔协议Ⅱ改变对商业贷款采用同一权重的做法，要求采用信用评级方法对不同信用等级的贷款给予不同的风险权重。而信贷等级变动与经济周期密切相关，在经济周期衰退期信贷等级下降很快。因此，对信贷评级较为敏感的资本要求增加了资本监管的顺经济周期波动特征。标准法及内部评级法会显著增大最低资本金要求的周期性波动，强化商业银行的周期性行为，最终将会通过资本金渠道加剧宏观经济的周期性波动（苗文龙，2010）。

而且，银行为应对冲击或者为了向市场和监管部门发出满足监管标准的信号，将持有一定的超额资本（Jacques and Nigro，1997）。Segoviano和Lowe（2002）等认为，随信用评级恶化而监管资本要求上升时，银行将主动选择（或市场将要求）在经济状况尚好时持有更多的资本。格林斯潘在2002年也认为新资本协议加强监管部门监管约束将要求银行在经济景气时增加超额资本。将资本要素与信用等级联系的做法可能放大宏观经济波动。尽管巴塞尔协议Ⅲ①要求商业银行必须上调资本金比例，以加强抵御金融风险的能力，但监管的基本方法没有实质性变化，而且监管效果仍需检验。

因此，在经济全球化背景下，国际统一的金融监管规则使金融顺周期性显著，从而加剧了国家之间金融周期的相干性。

2.面临共同冲击时，各国金融周期联动性使各国同时发生系统性金融风险概率大幅提升，同时引起世界范围内的共发性金融风险

系统性风险产生根源主要有二：一是系统重要性金融机构经营失误造成对金融体系的较大冲击，并形成风险传导；二是政策压力或经济环境使金融机构资产结构、经营状况具有同质性，在外来风险冲击下，金融风险迅速在系统内传播、膨胀。因此，在国际范围内，一个重大事件

---

① 由于来自银行的广泛压力，巴塞尔协议Ⅲ在诸多监管指标上有所放松，其影响最大的地方在于大幅度提高了对银行一级资本充足率的要求。巴塞尔协议Ⅲ规定，截至2015年1月，全球各商业银行的一级资本充足率下将从现行的4%上调至6%，由普通股构成的"核心"一级资本占银行风险资产的下限从2%提高至4.5%。另外，各家银行应设立"资本防护缓冲资金"，总额不得低于银行风险资产的2.5%。

发生，往往对各国都产生信息溢出效应，对单个国家金融的冲击效应并未减少，此时事件对世界金融体系的冲击相当于被放大了数倍或数十倍（受感染国家的数目）。

如果受感染各国的金融周期联动，则同一事件冲击可能使它们的金融市场同时面临巨幅震荡，在繁荣期市场可能从此开始逆转运行方向，在萧条期市场可能产生更大跌幅，从而形成世界性金融震荡或冲击（见图12-14）。事件冲击前，A、B、…、N各国金融周期波长、波幅、频率基本相似，事件冲击后，由于金融结构、行为相似性，A、B、…、N各国金融周期发生相似的变动，波幅更高、波长加长（或缩短）。

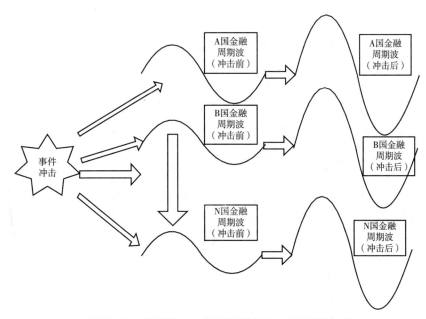

图12-14　共同冲击、金融周期联动与金融风险加剧

因此，共同冲击使金融周期联动性的各国同时发生系统性金融风险概率提升，世界范围内共发性金融风险剧增。

3.国家的系统性金融风险传染时，各国金融市场周期联动性通过金融波动共振加剧世界系统性金融风险传染

由于各国金融机构资产结构、负债方式、行为特征、市场风险可能相

同，一国发生金融危机并向世界各国传染的过程中，金融波动的联动性可能加剧了国际金融风险的传染效应。同时，金融波动的同质性使各国金融风险相互传染，在两个频率相同的震荡波发生交汇时，金融波合二为一，产生更大的金融波。如果经过各国金融波的多次汇合，世界的系统性金融波将被放大无数倍，对世界的冲击也更为巨大（见图12-15）。A国金融波动和B国金融波动共振后，金融波交汇后两国的金融波动振幅加大，破坏力度倍增；AB金融交汇波与CD金融交汇波再次交汇后，四国的金融波动振幅更为剧烈，破坏力度更甚于两国共振情况，如果金融风险传染、多国金融周期波动共振，则世界性总金融波动幅度非常剧烈，足以使一个多国经济区停滞或倒退多年。

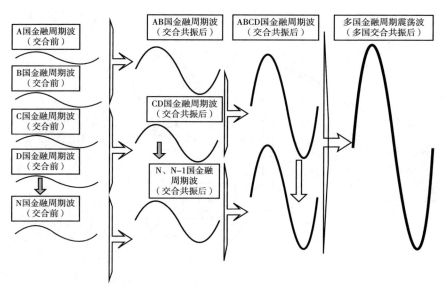

图12-15　金融周期联动、共振与金融风险加剧

（二）政治金融周期与国际风险传染

研究表明许多国家具有政治金融周期特征（苗文龙，2018b）。货币强国发生政治事件时，通过本国的货币政策和金融政策影响其他国家金融波动。这里简单测算一下几个样本国家的金融周期，观察政治周期与金融周期拐点的契合性。银行信贷是衡量金融状况的重要指标（Rey，2015）。

为此选择私人信贷/GDP这一指标，在HP滤波法下，金融周期描述结果如
图12-16所示。

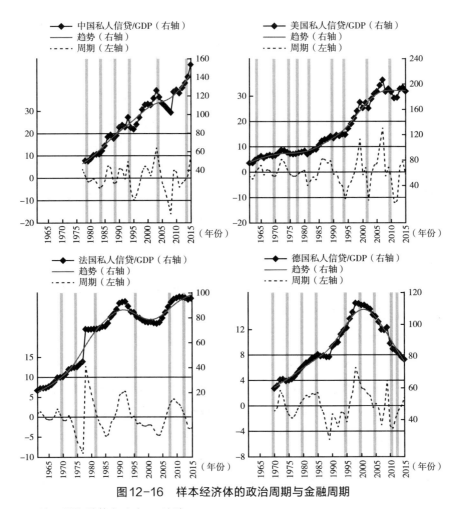

图12-16　样本经济体的政治周期与金融周期

注：周期计算方法为HP滤波，$\lambda = 100$。

观察图12-16可以得出如下结论。

1.资本主义市场经济表现出一定的"政治金融周期"

在历次总统（总理）换届后，经过短期的信贷紧缩，一般开始持续
的金融膨胀。随着执政时间的延长，金融膨胀值超过金融趋势值的正向
缺口加剧，金融泡沫崩裂风险加大。政府后期执政阶段开始控制金融风

险，金融变量才紧缩一段时间。如美国，考察时段内有9届总统，除去肯尼迪总统和乔治·H.W.布什总统外，7届总统换届都表现出这一特征。法国、德国的政治金融周期特征虽然较美国弱，但仍表现出这一规律。

中国作为社会主义市场经济的代表，"政治金融周期"与美国相似。不同之处在于，本届政府金融膨胀的时间一般更长，金融风险多由下届政府来控制；20世纪90年代以来，中国金融周期振幅低于美国。

由此看来，两类市场经济国家都具有比较显著的"政治金融周期"。各国金融周期意味着，政府换届所引起的经济周期，不仅停留在财政支出和货币量层面，而且通过金融政策措施引发金融波动周期，"政治金融周期"可能是"政治货币周期"和"政治预算周期"的进一步体现和深化。

2.在金融全球化背景下，本国金融周期亦受到其他核心国货币政策的显著影响，但影响效应小于本国政治周期

经验事实表明，各国金融周期存在一定的数量关系，密切程度高低不一，未出现统一变化的周期性规律。欧洲核心经济国家的金融周期与美国金融周期的数量关联程度就较低。全球看似总体上有周期波动，但内部不同国家金融周期之间也具有不容忽视的异步性。

同时值得注意的是，中美间信贷周期和资产价格周期一致性较高，美国的利率调整在一定范围内影响中国的信贷金融波动和资本跨境流动。

国际上政治金融周期的异步性和关联性为本国制定独立的货币政策、缓冲国际资本流动提供了一定的空间。本国宜进一步准确测算国内外金融周期规律、实施适度的结构性资本管制、保持货币政策的主动性。

第四节　跨境资本流动宏观审慎监管框架与效果检验

一　跨境资本流动宏观审慎监管政策框架

鉴于跨境资本流动的金融风险传染及其对本国金融体系的影响，设计

较为完善的监管框架则显得非常必要。根据中国相关法规和政策措施，这里构建跨境资本流动宏观审慎监管框架如下。

（一）最终目标

根据《中华人民共和国外汇管理条例》，跨境资本流动宏观审慎监管的最终目标是促进国际收支平衡、促进国民经济健康发展。

（二）操作目标

跨境资本流动宏观审慎监管的操作目标是介于监管工具和最终目标之间、影响两者关系的中间变量。这些中间变量一般是汇率、外汇储备、短期资本流动。原因如下。

1.汇率和外汇储备分别从数量和价格两个方面衡量一国国际收支是否平衡

外汇储备数量可以影响社会公众对汇率水平的预期，而汇率变化可以影响外汇储备数量的增减。在监管工具实际实施时，汇率和外汇储备既是监管目标——保持在一定范围内的稳定运行，又是监管工具——通过一定程度上的汇率管理调控资本流动和国际收支。

2.短期资本流动是影响汇率和外汇储备变动的重要因素

基于贸易、服务和直接投资项下的资本流动，主要与生产要素价格、国际分工等因素密切相关，与产业周期和经济周期同步波动。短期性资本流动主要受利差、汇差和资产价格差等金融因素影响，投机性较强，流动方向难以预测。因此，在跨境资本流动宏观审慎监管过程中，需要监测短期资本流动。

（三）操作工具

涉及跨境资本流动的政策工具主要有三种：宏观政策工具、宏观审慎工具和资本管制工具（IMF，2010）。其中，跨境资本流动宏观审慎监管工具主要包括限制型、价格型、数量型和信贷管理型四类（见表12-3）。近年来，中国采用的主要监管工具有：不同账户下的银行结售汇综合头寸管理、全口径跨境融资管理等数量型监管工具和外汇风险准备金率、境外金融机构境内存放存款准备金率等价格型监管工具。

表12-3　货币基金组织跨境资本流动管理指导原则、政策框架及工具

		内容	说明
政策工具	宏观政策工具	汇率政策、外汇储备政策、货币财政政策组合	
	宏观审慎工具 · 外汇相关审慎工具	针对不同交易品种采取不同政策，主要限制银行外汇活动和外汇贷款。对象为国内金融机构，主要为银行	典型工具：外汇敞口限制、外汇抵押贷款限制、外汇贷款准备金等
	宏观审慎工具 · 其他审慎工具	旨在降低系统性风险（如通过金融系统内的借款增速来减低系统性风险），并不根据住所或计价货币进行歧视性对待	典型工具：最大担保品贷款率、控制信贷增速、控制信贷集中度等
	资本管制工具	旨在影响资本流动，并且因居民属地不同而差别对待，即对居民和非居民实行不同管理方式的资本流动管理措施	典型工具：对非居民的资本流动征税、资本流动无息准备金、禁入政策等

资料来源：根据IMF网站资料整理。

1.银行结售汇综合头寸管理

结售汇综合头寸管理工具的核心是通过逆周期的头寸上下限设定和调整来管理跨境资本流动。当跨境资本持续流入时，提高银行持有结售汇综合头寸的下限，防止银行过多抛售外汇，从而缓解外汇储备增长和本币升值压力，抑制部分套利资本的流入；外汇持续流出时，降低银行持有结售汇综合头寸的下限，防止银行过多持有外汇，从而缓解外汇储备减少和本币贬值压力，抑制部分获利资本的流出。具体实施情况参阅表12-4。

表12-4　银行结售汇综合头寸管理工具应用情况

时间	管理方式	具体内容
2005年9月以前	结售汇周转头寸外汇限额管理	银行用于结售汇业务周转的外汇资金不得超过核定的区间，否则须进入银行间外汇市场进行平补
2005年9月~2006年6月	收付实现制下的银行结售汇综合头寸正区间管理	现阶段结售汇综合头寸限额的管理区间下限为零，上限为国家外汇管理局核定的限额

续表

时间	管理方式	具体内容
2006年7月~2010年10月	权责发生制下的银行结售汇综合头寸正区间管理	权责发生制下，银行与客户进行远期结售汇签约，或在银行间外汇市场进行远期交易时，远期合同可以纳入即期的结售汇周转头寸中，从而可以在即期平盘
2010年11月~2012年3月	在原有综合头寸限额管理基础上，对银行按照收付实现制原则计算的头寸余额实行临时性下限管理	为遏制外汇流入，国家外汇管理局曾在2010年11月和2011年3月两次对下限进行调整
2012年4月~2013年4月	权责发生制下的银行结售汇综合头寸正负区间管理	取消对银行收付实现制头寸余额实行的下限管理，在之前结售汇综合头寸上下限管理的基础上，将下限下调至零以下
2013年5月~2014年12月	将结售汇综合头寸限额与外汇贷存比挂钩。除政策性银行外，银行结售汇综合头寸限额计算公式为：各银行当月结售汇综合头寸下限=（上月末境内外汇贷款余额−上月末外汇存款余额×参考贷存比）×国际收支调节系数	其中，中资银行的参考贷存比为75%，外资银行的参考贷存比为100%，国际收支调节系数为0.25；境内外汇贷款余额、外汇存款余额根据中国人民银行《金融机构外汇信贷收支月报》中的数据计算，境内外汇贷款不含境外筹资转贷款。外汇贷存比超过参考贷存比的银行，应在每月初的10个工作日内将综合头寸调整至下限以上；银行综合头寸下限调整后，其上限随之上调相同额度。外汇贷存比低于参考贷存比的银行，原有的头寸限额保持不变，但应把握外汇贷款的合理增长，防止外汇贷存比过度波动
2015年1月至今	将银行结售汇综合头寸按日考核调整为按周考核，取消结售汇综合头寸与外汇贷存比挂钩的政策，并逐步扩大银行结售汇综合头寸下限	政策性银行、全国性银行以及在银行间外汇市场行使做市商职能的银行，由国家外汇管理局根据银行的结售汇业务规模和银行间市场交易规模等统一核定头寸限额，并按年度或定期调整。其他银行由所在地外汇分局负责核定头寸限额，并按年度调整

2.全口径跨境融资管理

全口径跨境融资管理工具将市场主体借债空间与其资本实力和偿债能力挂钩，通过调节跨境融资杠杆率、风险转换因子、宏观调节参数等使跨境融资水平与宏观经济热度、整体偿债能力、国际收支状况相适应，控制杠杆率和货币错配风险，实现跨境资本流动宏观审慎监管目标。具体实施情况参阅表12-5。

表12-5 全口径跨境融资宏观审慎管理工具应用情况

时间	文件	具体内容
2015年2月12日	《中国（上海）自由贸易试验区分账核算业务境外融资与跨境资金流动宏观审慎管理实施细则（试行）》	试验区内企业和非银行金融机构可以在现行外债及境外借款管理模式和本细则宏观审慎管理模式下任选一种模式适用。宏观审慎管理模式下，上述主体的境外融资采用境外融资杠杆率、风险转换因子和宏观审慎调节参数的方式进行管理，融资总规模计算公式为：分账核算境外融资=∑境外融资余额×期限风险转换因子×币种风险转换因子×类别风险转换因子。分账核算境外融资的上限不得超过其资本*境外融资杠杆率*宏观审慎调节参数
2016年1月22日	《中国人民银行关于扩大全口径跨境融资宏观审慎管理试点的通知》	将本外币一体化的全口径跨境融资宏观审慎管理试点扩大至27家金融机构和注册在上海、天津、广东、福建四个自贸区的企业。试点企业和金融机构开展跨境融资按风险加权计算余额，且跨境融资风险加权余额不应超过跨境融资风险加权余额上限。跨境融资风险加权余额=∑本外币跨境融资余额×期限风险转换因子×类别风险转换因子+∑外币跨境融资余额×汇率风险折算因子；跨境融资风险加权余额上限=资本或净资产×跨境融资杠杆率×宏观审慎调节参数
2016年4月29日	《中国人民银行关于在全国范围内实施全口径跨境融资宏观审慎管理的通知》	将全口径跨境融资宏观审慎管理政策推广至全国，中国人民银行根据宏观经济热度、国际收支状况和宏观金融调控需要对跨境融资杠杆率、风险转换因子、宏观审慎调节参数等进行调整，并对27家银行类金融机构跨境融资进行宏观审慎管理。国家外汇管理局对企业和除27家银行类金融机构以外的其他金融机构跨境融资进行管理
2017年1月12日	《中国人民银行关于全口径跨境融资宏观审慎管理有关事宜的通知》	进一步完善了中国人民银行和国家外汇管理局原有的外债管理政策，扩大了企业跨境融资额度上限，新政下企业可按照2倍净资产借入外债，原来只有1倍，适用的金融机构范围进一步扩大，跨境融资余额涵盖的范围也进行了调整

3.外汇风险准备金率

外汇风险准备金是指银行每出售一笔企业代客远期售汇业务，需要向央行上缴一定的准备金。这一工具通过规范银行计提风险准备、应对未来可能出现的亏损，可以提高衍生品投机成本、抑制企业远期售汇的顺周期行为。具体实施情况参阅表12-6。

表12-6　外汇风险准备金工具应用情况

时间	文件	具体内容
2015年8月31日	《中国人民银行关于加强远期售汇宏观审慎管理的通知》	自2015年10月15日起对开展代客远期售汇业务的金融机构（含财务公司）收取20%的无息外汇风险准备金，冻结期1年
2015年9月2日	《中国人民银行办公厅关于加强远期售汇宏观审慎管理有关事项的通知》	将无息外汇风险准备金的征收范围扩展至期权、货币掉期等衍生品业务
2016年7月6日	《中国人民银行办公厅关于加强境外金融机构进入银行间外汇市场开展人民币购售业务宏观审慎管理有关事项的通知》	提高跨境人民币购售业务存在异常的个别银行购售平盘手续费率，将外汇风险准备金的征缴主体扩展到银行间外汇市场的境外金融机构
2017年9月8日	《中国人民银行关于调整外汇风险准备金政策的通知》	自2017年9月11日起，外汇风险准备金率调整为0

4.境外金融机构境内存放存款准备金率

境外金融机构境内存放存款准备金率是外汇管理部门规定境外金融机构在境内金融机构存放的存款缴存一定比例的存款准备金。这一工具可以间接提高离岸人民币的回流成本，影响离岸市场流动性，抑制跨境资本流动的顺周期行为。具体实施情况参阅表12-7。

表12-7　境外金融机构境内存放存款准备金率工具应用情况

时间	文件	具体内容
2014年12月23日	《中国人民银行关于存款口径调整后存款准备金政策和利率管理政策有关事项的通知》	将境外金融机构在境内金融机构存放纳入存款准备金交存范围，存款准备金率暂定为零
2016年1月17日	《中国人民银行关于境外人民币业务参加行在境内代理行存放执行正常存款准备金率的通知》	自2016年1月25日起，境外人民币业务参加行存放境内代理行人民币存款执行正常存款准备金率政策

时间	文件	具体内容
2017年 9月8日	《关于调整境外人民币业务参加行在境内代理行存放存款准备金政策的通知》	境内代理行、除港澳人民币业务清算行以外的其他人民币业务清算行境内母行可不再为境外人民币业务参加行和清算行单独开立"参加行人民币存款准备金"账户或"清算行人民币存款准备金"账户。原账户内资金相应释放，可用于支付清算等其他用途。另外，境内代理行、中国银行（香港）有限公司和中国银行澳门分行、其他人民币业务清算行境内母行吸收的境外金融机构人民币存放的存款准备金政策仍按照此前有关规定执行

二　模型设计与数据来源

这一部分主要建立计量模型，检验中国实施的跨境资本流动宏观审慎监管工具是否有效调控了跨境资本流动、促进了国际收支平衡。

（一）模型设计

为测算跨境资本流动监管工具对其监管目标的影响效果，本章建立计量模型为：

$$MG_{jt} = \alpha_0 + \alpha_1 \times BF_t + \alpha_2 \times EF_t + \alpha_3 \times RRF_t +$$
$$\alpha_4 \times RCF_t + \alpha_5 \times rr_t + \sum_{k=1}^{N} \gamma_k \times CT_{kt} + \varepsilon_j \qquad (12\text{-}5)$$

$$UG_{it} = \alpha_0 + \alpha_1 \times BF_t + \alpha_2 \times EF_t + \alpha_3 \times RRF_t +$$
$$\alpha_4 \times RCF_t + \alpha_5 \times rr_t + \sum_{j=1}^{M} \beta_j \times MG_{jt} + \sum_{k=1}^{N} \gamma_k \times CT_{kt} + \varepsilon_i \qquad (12\text{-}6)$$

式（12-5）主要测算跨境资本流动监管工具对操作目标 MG_{jt} 的数量解释作用。式（12-6）主要测算跨境资本流动监管工具对最终目标 UG_{it} 的数量解释作用。模型中各变量经济含义如下。

1. 被解释变量

式（12-5）被解释变量为跨境资本流动监管的操作目标 MG_{jt}，具体又细分为短期资本流动 SK_t、外汇储备 ER_t、汇率 e_t。操作目标变量的经济含义及计算方法如下。

（1）短期资本流动 SK_t。根据中国国际收支平衡表（BPM6）中资本与金融账户的金融账户下的证券投资、金融衍生工具和其他投资等内容计算。流动总量为资产绝对值加负债绝对值；流动净值为资产值加负债值。其中，在2015年之前，未单独统计和列示金融衍生产品，相关统计数据包含在债务证券中；在2015年之后，单独列示该项交易。这一数据主要来源于国家外汇管理局的对外金融资产负债及交易统计。SK_t 细分为：短期资本流入 SKI_t，根据金融账户负债方的一阶差分计算；短期资本流出 SKO_t，根据金融账户资产方的一阶差分计算；短期资本流总量 SK_t（$|SKI_t| + |SKO_t|$），根据金融账户资产绝对值与负债绝对值的和的一阶差分计算。

（2）外汇储备 ER_t。根据国家外汇管理局披露的统计数据，外汇储备包括官方储备资产和其他外币资产（近似市场价值）。官方储备资产包括外汇储备、基金组织储备头寸、特别提款权、黄金、其他储备资产；其他外币资产包括未列入官方储备资产的证券、贷款、金融衍生工具、黄金等。这里主要根据官方储备资产的一阶差分计算 ER_t。

（3）汇率 e_t。根据中国人民银行公布的人民币兑换美元的中间价得到。

式（12-6）中被解释变量为跨境资本流动监管的最终目标。这里细化为6个变量，分别为：经常账户资本流入 CAI_t、经常账户资本流出 CAO_t、经常账户资本流动总量 CAT_t、资本与金融账户资本流入 KAI_t、资本与金融账户资本流出 KAO_t、资本与金融账户资本流动总量 KAT_t。CAI_t 根据经常账户贷方进行一阶差分处理，CAO_t 根据经常账户借方进行一阶差分处理，CAT_t 根据经常账户贷方绝对值与借方绝对值的和的一阶差分计算，KAI_t 根据资本与金融账户负债方进行一阶差分计算，KAO_t 根据资本与金融账户资产方进行一阶差分计算，KAT_t 根据资本与金融账户资产方绝对值与负债方绝对值的和的一阶差分计算。

2.解释变量

跨境资本流动宏观审慎监管工具作为解释变量，主要变量计算内容和方法如下。

（1）银行结售汇综合头寸 BF_t。根据官方披露，银行结汇按交易项目包括银行自身结汇和银行代客结汇，银行代客结汇 BBF_t 包括经常账户结汇 BBF_CA_t、资本与金融账户结汇 BBF_KA_t。银行售汇按交易项目包括银行自身售汇和银行代客售汇，银行代客售汇 BSF_t 包括经常账户售汇 BSF_CA_t、资本与金融账户售汇 BSF_KA_t。根据银行代客结汇和代客售汇，相应计算出结售汇综合头寸 BF_t、经常账户结售汇综合头寸 BTF_CA_t、资本与金融账户结售汇综合头寸 BTF_KA_t。上述变量皆经过一阶差分处理。

（2）全口径跨境融资管理 EF_t。全口径跨境融资管理主要用银行业对外金融资产负债表示。资产项目包括存贷款、债券、其他资产，负债包括存贷款、债券、其他负债。存贷款资产指中国银行业存放境外的存款或对非居民发放的贷款。根据各期资产规模的一阶差分计算得到跨境融资流出变量 EFA_t。存贷款负债指中国银行业吸收非居民存款、接受非居民贷款。债券资产指中国银行业持有的非居民发行的债券类投资产品。债券负债指由非居民持有的中国银行业发行的债券类投资产品。根据各期负债规模的一阶差分计算得到跨境融资流入变量 EFB_t。根据银行业对外金融资产负债总和的一阶差分计算得到跨境融资总规模变量 EFT_t。"其他"项目[①]在此不再计算。

（3）无息外汇风险准备金率 RRF_t。这一变量用中国人民银行公布的无息外汇风险准备金率表示。

（4）境外金融机构境内存放存款准备金率 RCF_t。这一变量用中国人民银行公布的境外金融机构境内存放存款准备金率表示。

下文分析银行结汇、跨境资本流动监管工具与最终政策目标的关系时，按照一致的口径进行检验。

---

① 指除存款、贷款和债券外的其他对外金融资产或负债，包括但不限于股权、金融衍生产品、其他股权等金融工具，但不含储备资产和特别提款权负债。

3.控制变量

本章引入利差作为控制变量 CT_{kt}，原因如下。一是利率既反映了一国货币政策导向，还反映了一国金融运行状况。利率差从两国宏观经济政策层面、金融市场运行层面、实体经济与金融融合关系层面反映了资本流动的影响因素。二是利差本身就是影响短期资本流动的重要变量，同样，人民币与美元的利率差是影响中国跨境资本流动的重要因素。过去十几年的经验表明，美国利率调整对中国资本流动规模具有明显的非对称性影响（王胜等，2019）。特别是对于短期资本流动，本国与国际的利差状况、全球风险偏好、资产收益率等，是主要作用因素，本国与国际利差更是兼有推力和拉力两种效果（Forbes and Warnock，2012；戴淑庚、余博，2019）。对亚洲地区来说，人均收入增长和贸易开放是吸引资本流入的重要驱动因素，国内外利差水平和实际有效汇率变动对吸引组合投资和其他投资具有显著影响（魏礼军，2020）。基于这些原因，本章将中国与美国的利差作为解释中国跨境资本流动的重要的解释变量。具体计算方法为：中国名义利率 rc_t－美国名义利率 ra_t。

（二）数据来源

本章使用的实验数据均来自国家外汇管理局官方网站和 Wind 数据库，时段为2010年1月至2020年3月。

三　监管工具对操作目标和最终目标的影响

（一）监管工具实现操作目标的效果测评

这一部分分别检验数量型政策工具和价格型政策工具对短期资本流动、外汇储备和汇率等跨境资本流动宏观审慎监管操作目标的影响。

1.短期资本流入

采用最小二乘回归法检验监管工具对短期资本流入的影响作用，结果见表12-8。

表12-8 监管工具对操作目标（短期资本流入）的影响

	SKI_t	SKI_t	SKI_t
常数	214.570 （1.297）	213.416 （1.265）	227.851 （1.373）
BBF_KA_t	0.003 （0.013）	0.003 （0.012）	−6.438** （−2.277）
EFB_t	0.028* （1.681）	0.028* （1.681）	1.313* （1.671）
RCF_t	−1138.087 （−1.323）	−1154.675 （−1.205）	−1092.562 （−1.159）
RRF_t	−275.309 （−1.244）	−274.282 （−1.226）	−280.478 （−1.276）
$BBF\_KA_t \times RCF_t$			32.217** （2.197）
$BBF\_KA_t \times RRF_t$			6.364** （2.295）
RR_t		1.280 （0.968）	−5.702 （−0.181）
R^2	0.016	0.016	0.066
调整的 R^2	−0.009	−0.017	0.017
D-W检验	2.004	2.004	1.937

注：括号内为t值，***、**、*分别表示在1%、5%、10%的水平下显著。本章下表同。

资本与金融账户下银行结汇 BBF_KA_t 对短期资本流入的解释系数不显著。这意味着 BBF_KA_t 对短期资本流入没有显著影响作用。其原因可能在于：中国对资本与金融账户下的外汇未实施自由兑换，市场主体即使通过这一项目中的途径获得或投资外汇，由于对管制政策的预期，理性选择是避开这一兑换途径，导致这一监管工具失效。

全口径跨境融资流入管理 EFB_t 在10%的显著性水平下对短期资本流入具有一定的同向作用，当全口径跨境融资流入减少时，短期资本流入亦减少。其原因在于：本外币一体化的全口径跨境融资是由金融机构和企业在与其资本或净资产挂钩的跨境融资上限内自主开展本外币跨境融资的，监管部门主要根据风险评估结构调整参数、进行逆周期调节，不仅发挥了市场主体的积极性，而且体现了宏观审慎的性质，对短期资本流入具有较为直接的影响。

无息外汇风险准备金率 RRF_t 对短期资本流入作用不显著，境外金融机构境内存放存款准备金率RCF_t对短期资本流入作用不显著。其原因可能在于：短期资本流入后不一定体现为金融机构的存款，更多可能体现为股权投资、债权投资、房产投资等形式，也就无须提取外汇风险准备金和存款准备金，因此风险准备金和存款准备金并没有发挥显著作用。

资本与金融账户下银行结汇分别与无息外汇风险准备金率、境外金融机构境内存放存款准备金率的交叉项$BBF\_KA_t \times RCF_t$和$BBF\_KA_t \times RRF_t$对短期资本流入具有较为显著正向作用。其经济含义为：单独使用资本与金融账户下银行结汇管理、无息外汇风险准备金率、境外金融机构境内存放存款准备金率等监管工具，难以有效调控短期资本流入，采取三种监管工具的组合时对短期资本流入的作用加大。

2.短期资本流出

采用最小二乘回归法检验监管工具对短期资本流出的影响，结果见表12-9。

表12-9　监管工具对操作目标（短期资本流出）的影响

	SKO_t	SKO_t	SKO_t
常数	214.570 (1.297)	−11.524 (−0.074)	−11.735 (−0.0750)
BBF_KA_t	0.003 (0.013)	0.120 (0.443)	0.684 (0.213)
EFA_t	0.007 (1.356)	0.006 (1.341)	0.011 (1.644)
RCF_t	−1138.087 (−1.323)	99.592 (0.113)	102.777 (0.115)
RRF_t	−275.309 (−1.244)	108.528 (0.529)	109.797 (0.530)
$BBF\_KA_t \times RCF_t$			−2.720 (−0.1630)
$BBF\_KA_t \times RRF_t$			−1.170 (−0.246)
RR_t		−2.579 (−0.087)	−2.721 (−0.091)
R^2	0.016	0.006	0.006
调整的 R^2	−0.009	−0.028	−0.045
D-W检验	2.004	2.006	2.002

（1）相对于其他指标，全口径跨境融资流出管理EFA_t对短期资本流出具有一定的同向作用，但不显著。当全口径跨境融资流出减少时，短期资本流出在一定程度上减少。其经济原因同短期资本流入的分析。

（2）资本与金融账户下银行结汇管理、外汇风险准备金率、境外金融机构境内存放存款准备金率以及三种工具的交叉组合，对短期资本流出的调控作用较不显著。其经济含义为：已有的主要跨境资本流动宏观审慎监管工具难以有效调控短期资本流出，这使政策当局在面临汇率预期贬值、热钱大规模流出或外逃时，常用的主流监管工具往往失效，从而不得不采取资本管制的方式稳定短期资本跨境流动。因此，一些研究认为，宏观审慎监管措施对跨境资金流出效果并不显著（Magud et al., 2018）。

此外，当一国采取防范资本流出措施时，非居民担心其投资收益难以回流必然减少投资，导致境外资本流入下降。如果一国能满足强大的宏观经济基础、良好的制度支持、科学的监管措施三个条件中的一个，该国跨境资本流出宏观审慎监管措施在短期内能有效防范跨境资金流出；如果这三个条件都不满足，严格的限制措施不仅不能减少跨境资本净流出，而且可能会引起跨境资本总流入量的大幅下降（Christian et al., 2014）。

3.短期资本流动总量

采用最小二乘法检验监管工具对短期资本流动总量的影响见表12-10，分析得出：除全口径跨境融资管理对短期资本流动具有一定的作用外，资本与金融账户下银行结售汇管理、外汇风险准备金率、境外金融机构境内存放存款准备金率以及这些工具的交叉组合，对短期资本流动总量的影响作用较为微弱且不显著。利差对短期资本流入、短期资本流出、短期资本流动总量的作用皆不显著。

表12-10　监管工具对操作目标（短期资本流动总量）的影响

	SK_t	SK_t	SK_t
常数	3.101 （0.098）	−217.756 （−0.752）	−226.783 （−0.7760）
BBF_KA_t	0.563 （0.991）	0.572 （0.999）	−3.299 （−0.422）

续表

	SK_t	SK_t	SK_t
BSF_KA_t	−0.276 （−0.688）	−0.262 （−0.647）	6.459 （0.947）
EFT_t	0.292 （1.644）	0.301 （1.645）	0.432 （1.611）
RRF_t	142.765 （0.536）	355.056 （0.923）	351.685 （0.905）
RCF_t		1275.652 （0.775）	1109.982 （0.666）
$BBF\_KA_t \times RCF_t$			19.172 （0.468）
$BBF\_KA_t \times RRF_t$			5.963 （0.553）
$BSF\_KA_t \times RCF_t$			−32.741 （−0.9171）
$BSF\_KA_t \times RRF_t$			−8.359 （−1.437）
R^2	0.012	0.018	0.036
调整的 R^2	−0.013	−0.025	−0.041
D−W检验	2.014	2.010	1.965

　　尽管Idil（2020）检验韩国、菲律宾等25个新兴经济体宏观审慎监管的一般变量（包括杠杆率增长和信贷增长）和特定工具（即贷款对价值上限和准备金要求）对资本流入、资本流出和价格稳定性的影响，认为货币政策工具可以有效地实现货币政策目标和宏观审慎目标，短期资本账户的波动是对宏观审慎政策工具的反应，加大对宏观审慎政策的措施对资本外流有效。但中国的数据表明，针对跨境资本流动的监管工具未能作用于短期资本流动，也未完全融入宏观审慎政策框架。这意味着，总体而言，常用的监管工具难以有效调控和应对短期资本异常的跨境流动，也难以通过调控短期资本跨境流动减少全球金融风险对国内的冲击。即使是已实现金融自由化的国家，审慎监管政策控制跨境资本大规模流入和流出的效果也具有明显的不对称性（陈丰，2015）。

　　因此，从理论上而言，自2010年以来，特别是2012年全面实行结售汇综合头寸正负区间管理，监管当局意图通过实施银行结售汇综合头寸调节外汇市场供求，从而稳定市场汇率、调节跨境资本流动，银行可以基于自身业务需求和对汇率的判断灵活运用外汇头寸。但经济事实表明，这一工具存在一定的缺陷，使政策工具难以有效实现监管目的：一是综合头寸限额调整频率较低（每年1次），无法随外汇市场变化及时调整，影响了这一工具发挥作用的时效性和灵活性；二是受汇率或内部核算方法影响，监管当局核定头寸与银行结售汇科目核算口径常常出现不小的差异，削弱了这一工具的蓄水池作用。

4.外汇储备

保持稳定的外汇储备是一国国际经济活动的重要保障，保持外汇储备稳定是跨境资本流动宏观审慎监管的重要操作目标。采用最小二乘法检验监管工具对外汇储备的影响作用见表12-11。

表12-11　监管工具对操作目标（外汇储备）的影响

	ER_t	ER_t	ER_t
常数	37.030 (0.976)	103.048** (2.364)	264.994 (0.676)
ER_{t-1}	0.432*** (5.463)	0.375*** (4.609)	0.368*** (4.422)
BBF_CA_t	0.635*** (2.683)	0.591** (2.084)	0.762*** (2.764)
BSF_CA_t	−1.051*** (−4.600)	−1.148*** (−3.782)	−1.349*** (−4.813)
BBF_KA_t		0.472 (0.474)	
BSF_KA_t		0.067 (0.097)	
EFB_t	0.501** (2.065)	0.492** (1.962)	0.644** (2.234)
EFA_t	−0.878** (−2.237)	−0.912* (−1.889)	−0.912* (−1.918)
RRF_t		−968.341*** (−2.630)	−1094.602** (−2.018)

续表

	ER_t	ER_t	ER_t
RCF_t			−772.580
			(−0.350)
RR_t			−2.813
			(−0.037)
$BBF\_CA_t \times BSF\_CA_t$	−0.000		
	(−0.384)		
$BBF\_CA_t \times RRF_t$			−2.125
			(−0.807)
$BSF\_CA_t \times RRF_t$			3.691
			(1.512)
$BBF\_CA_t \times BSF\_CA_t \times$ $RRF_t \times RCF_t \times RR_t$			0.000
			(0.0003)
R^2	0.288	0.329	0.343
调整的 R^2	0.264	0.294	0.290
D-W检验	2.275	2.238	2.263

全口径跨境融资流入管理、经常账户下银行结汇管理对外汇储备具有显著的正向作用，即推动外汇储备增加。跨境融资流入变量 EFB_t 对外汇储备具有正向解释作用，解释系数在 0.492~0.644，即跨境融资流入增加 1% 导致外汇储备增加 0.5% 左右，在 5% 的水平下显著。其经济原因在于：跨境融资流入的外汇商业银行可能留取了一部分，不一定全部汇缴到中央银行成为外汇储备，因此解释系数大约为 0.5。经常账户下银行结汇管理 BBF_CA_t 对外汇储备的解释系数在 0.591~0.762，即企业及居民将经常账户下获得的外汇收入按当日汇率卖给指定银行，银行将一部分结算给中央银行，这一过程必然导致外汇储备增加。

全口径跨境融资流出管理、银行售汇管理对外汇储备具有显著的负向作用，即促使外汇储备降低。跨境融资流出变量 EFA_t 对外汇储备具有负向解释作用，解释系数在 −0.912~−0.878，即跨境融资流出增加 1% 导致外汇储备减少 0.9% 左右，结果显著。其经济原因在于：跨境融资流出的外汇大部分来源于本国外汇储备，因此解释系数接近 1。经常账户下银行售汇管理 BSF_CA_t 对外汇储备的解释系数在 −1.349~−1.051，即企业及居民为了满足经常账户下的外汇支出，可能会按当日汇率购入多于实际需求的外汇，并将剩余部分存放在国内外银行，这必然导致外汇储备更大幅度上的减少。

外汇风险准备金率对外汇储备变动主要体现为负向作用。其经济原因可能在于：监管当局提高外汇风险准备金率时，市场主体预期外汇存款成本提高、收益降低，可能会将更多的外汇转移到国外，获得较高的投资收益。

这些管理工具的交叉项对外汇储备的作用并不显著。这意味着这些监管工具对外汇储备并没有存在显著的交叉解释作用。

5.汇率

汇率稳定是国际经济外来的重要条件，对国际收支平衡具有重要影响，保持汇率在一定范围内的稳定是跨境资本流动宏观审慎监管的重要操作目标。采用最小二乘法检验监管工具对汇率的影响见表12-12。

表12-12　监管工具对操作目标（汇率）的影响

	e_t	e_t	e_t
常数	0.988*** (4.192)	0.511*** (2.936)	0.981*** (4.110)
e_{t-1}	0.876*** (29.808)	0.941*** (40.304)	0.877*** (29.507)
RR_t	−0.025** (−2.172)	−0.038*** (−3.433)	−0.025** (−2.131)
RRF_t	0.162** (1.964)		0.164** (1.963)
RCF_t	−0.627 (−1.617)		−0.618 (−1.575)
BBF_CA_t	0.000 (0.643)	−0.000 (−0.480)	0.000 (−0.081)
BSF_CA_t	−0.000 (−0.191)	0.000 (0.442)	0.000 (0.2412)
BBF_KA_t			0.000 (−0.114)
BSF_KA_t			0.000 (0.387)

	e_t	e_t	e_t
EFB_t		0.000 (0.711)	0.000 (0.346)
EFA_t		−0.000 (0.674)	−0.000 (0.323)
$BBF\_CA_t \times BSF\_CA_t$		−0.000* (−1.715)	
$RR_t \times RRF_t \times RCF_t$			0.723 (0.875)
R^2	0.961	0.958	0.961
调整的 R^2	0.959	0.957	0.958
D-W检验	1.715	1.717	1.718

全口径跨境融资管理、经常账户下银行结售汇和资本与金融账户下结售汇等数量型政策工具对汇率的作用不显著。这一结论与经济事实和比较成熟的汇率理论一致。汇率一般至少由两国的产出、货币供给、利率、实体经济往来、金融交易等因素决定，与全口径跨境融资管理、经常账户下银行结售汇和资本与金融账户下结售汇等变量几乎没有直接的影响关系。

外汇风险准备金率对汇率具有一定的显著正向作用。外汇风险准备金率 RRF_t 对汇率的解释系数在 0.162~0.164，在5%的水平下显著。其经济原因为：外汇风险准备金率越高，金融机构可支配的外汇存款数量越少，外汇资金的成本越高、收益率越低，进而导致外汇跨境流出、本国汇率贬值（直接标价法下汇率上升）。境外金融机构境内存放存款准备金率对汇率影响作用尚不稳定。

此外，两国利差是影响汇率的显著因素。两国利差 RR_t 对汇率的解释系数在 −0.038~−0.025，结果显著。这意味着，本国利率越高，外汇跨境流入越多，本国货币升值越多（直接标价法下汇率下降）。本章检验结论同其他文献一致（Fogli and Perri，2015；谭小芬等，2018；孙天琦、王笑笑，2020）。

通过上述检验可以初步得到，已有的常用跨境资本流动宏观审慎监管工具对调控短期资本流动、外汇储备、汇率稳定等操作目标的作用并不理想，那么对最终目标的作用还须进一步检验。

（二）政策工具实现最终目标的效果测评

这一部分进一步检验跨境资本流动宏观审慎监管工具对最终目标的影响作用。跨境资本流动宏观审慎监管最终目标为国际收支平衡，具体又分解为经常账户平衡、资本与金融账户平衡、经常账户和资本与金融账户间平衡。这些平衡可描述为经常账户贷方、经常账户借方、经常账户借贷双方总规模、资本与金融账户资产方、资本与金融账户负债方、资本与金融账户资产负债总规模，分别对应经常账户资本流入、经常账户资本流出、经常账户资本流动总量、资本与金融账户资本流入、资本与金融账户资本流出、资本与金融账户资本流动总量。采用最小二乘法检验监管工具对最终目标的影响作用，结果见表12-13。

表12-13　监管工具、操作目标及交叉项对最终目标的影响

	CAI_t	CAO_t	CAT_t	KAI_t	KAO_t	KAT_t
常数	5149.940 (0.881)	−3378.902 (−0.829)	8528.769 (0.909)	8224.19* (1.703)	−5837.215 (−1.314)	−14061.33* (−1.703)
RRF_t	10218.42 (0.943)	−8810.023 (−1.166)	19028.39 (1.094)	−20023.95** (−2.231)	9205.409 (1.115)	29229.21* (1.905)
RCF_t	−30845.74 (−1.010)	18071.46 (0.849)	−48916.79 (−0.998)	−39883.43* (−1.683)	34132.05 (1.472)	74015.01* (1.718)
BBF_CA_t	−0.076 (−0.596)	0.066 (0.743)	−0.141 (−0.694)			
BSF_CA_t	0.016 (0.124)	−0.037 (−0.399)	0.053 (0.251)			
BBF_KA_t				−0.323 (−0.957)	0.192 (0.618)	0.515 (0.892)
BSF_KA_t				0.045 (0.183)	−0.043 (−0.188)	−0.087 (−0.208)
EFB_t	0.033 (0.133)	0.031 (0.344)	0.791 (0.676)	−0.085* (−1.711)	0.072 (1.532)	0.099* (1.654)
EFA_t	0.011 (0.190)	0.078 (0.255)	0.051 (0.590)	0.302 (0.992)	−0.053* (−1.661)	0.062 (1.131)

续表

	CAI_t	CAO_t	CAT_t	KAI_t	KAO_t	KAT_t
e_t	−766.107	471.387	−1237.483	−1215.52*	890.837	2106.338*
	(−0.868)	(0.766)	(−0.873)	(−1.667)	(1.328)	(1.689)
ER_t	−0.533	0.228	−0.760	0.181	0.500	0.319
	(−0.867)	(0.532)	(−0.771)	(0.359)	(1.075)	(0.369)
RR_t	61.161	−40.789	101.949	−18.610	−18.395	0.216
	(1.159)	(−1.109)	(1.204)	(−0.424)	(−0.456)	(0.003)
$RRF_t \times ER_t$	1.052	−0.822	1.874	−0.918	0.391	1.309
	(1.442)	(−1.616)	(1.600)	(−1.619)	(0.703)	(1.267)
$RCF_t \times ER_t$	2.705	−1.260	3.965	−0.797	−2.495	−1.698
	(0.861)	(−0.576)	(0.787)	(−0.308)	(−1.049)	(−0.384)
$RRF_t \times e_t$	−1520.082	1311.186	−2831.26	2963.178**	−1337.081	−4300.236*
	(−0.932)	(1.153)	(−1.081)	(2.193)	(−1.076)	(−1.861)
$RCF_t \times e_t$	4485.960	−2438.49	6924.394	5920.479*	−5184.986	−11105.39*
	(0.974)	(−0.759)	(0.936)	(1.657)	(−1.482)	(−1.708)
R^2	0.059	0.088	0.074	0.078	0.074	0.079
调整的 R^2	−0.035	−0.003	−0.018	−0.014	−0.019	−0.013
D−W检验	2.039	2.126	2.071	2.031	1.995	2.008

已有的无论是数量型监管工具还是价格型监管工具，对经常账户跨境资本流动方面的最终目标几乎没有显著作用。其经济原因在于，在经常账户资本自由流动政策下，现有跨境资本流动宏观审慎监管工具影响作用微乎其微，甚至不再有现实意义。

外汇风险准备金率、境外金融机构境内存放存款准备金率等价格型政策工具对资本与金融账户下资本流动具有一定的显著影响；全口径跨境融资管理对资本与金融账户资本流动具有一定的调控作用。监管当局对资本与金融账户下跨境资本流动仍然进行一定的管制，并且通过外汇风险准备金率、境外金融机构境内存放存款准备金率可以影响外汇资金的持有成本和投资收益，从而在一定程度上影响逐利性跨境资本的流动。这意味着，保持一定的汇率波动管理机制对实现最终目标十分必要；同时，如果要有效监测和调控跨境资本流动、防范全球系统性金融风险传染和保持国际收支平衡，就不得不在已有监管工具的基础上寻求和设计新的跨境资本流动宏观审慎监管工具。

第五节　跨境资本流动管理面临的基本问题

一　外汇管理缺乏清晰的政策操作框架

中国的外汇管理主要是基于交易项目进行的，主要体现在交易项目是否允许跨境资本流入和流出，应该提供怎样的真实性证明材料，以及跨境资本流入和流出的节奏和额度限制，等等。每当国际收支形势偏离预期时，总是对显著影响国际收支失衡的项目进行重新审视，严格控制跨境资本流动规模，加强贸易投资真实性的审核，加大处罚警示导向作用，直至收到预期的效果后，又开始放松管制的标准，缺乏政策的连贯性和严肃性。

外汇管理客观上要形成比较清晰的、大众逐渐认可的外汇管理政策框架，要形成比较明确的操作锚，大众也容易读懂宏观管理当局的政策意图。尽管中国外汇管理也在不断尝试宏观审慎管理手段，如货物贸易项下企业差别化分类管理机制、银行结售汇综合头寸管理、开展外债宏观审慎试点等，但宏观审慎管理政策工具还比较单一，难以准确传达外汇管理政策的导向，客观上需要加大对跨境资本流动宏观审慎管理政策工具的研究和运用，提高跨境资本流动管理的有效性。

二　缺乏对跨境资本流动风险的系统性评估

跨境资本流动不仅对汇率、利率、货币供应量等产生影响，而且能够进一步影响金融体系的信贷规模和投向、证券及衍生品价格、金融机构外汇敞口等，涉及银行、证券、保险等领域，需要一套完整的跨部门监测、衡量、分析、预警和控制系统性风险积累以及在金融体系内蔓延和爆发的评估和应对体。目前，在评估压力和风险方面的指标虽然较多，但未针对具体国家金融系统的脆弱性及风险传递路径特征，缺乏对跨境资本流动的系统性风险评估。

三　现有的跨境资本流动宏观审慎监管工具作用有限

经验实证表明，中国对经常账户下跨境资本流动全面放开，现有的宏观审慎监管工具对经常账户跨境资本流出和流入作用不显著，经常账户跨境资本流动主要由本国和国际之间的商品和劳务等实体经济往来决定。全口径跨境融资管理对短期资本流动具有一定的调控作用，银行结售汇、外汇风险准备金率、境外金融机构境内存放存款准备金率等监管工具难以有效调控短期资本流出和流入；但这些监管工具对国家外汇储备增减具有重要的影响，外汇风险准备金率、境外金融机构境内存放存款准备金率、利差等因素对汇率具有显著影响。相关监管工具对经常账户跨境资本流动的最终目标作用十分有限，价格型监管工具对资本与金融账户跨境资本流动方面的最终目标具有一定的影响。引入汇率及汇率与有关工具的交叉项后，外汇风险准备金率、境外金融机构境内存放存款准备金率等价格型政策工具对资本与金融账户资本流动具有一定的显著影响；全口径跨境融资管理对资本与金融账户资本流动具有一定的调控作用（苗文龙，2021）。

四　资本项目逐渐开放和人民币国际化，资本管制工具效果不断弱化

随着外汇管理逐步开放，绝大多数业务下放至外汇指定银行办理，外汇指定银行很难根据经办主体提供的审核单证来判断交易的真实性。此外，外汇指定银行对业务合规性的判断与自身的营利目的之间也存在矛盾，为了自身的利益发展，往往降低真实性审查标准，甚至还给经办主体出谋划策来变相绕开监管。

同时，微观审慎监管下的单个金融机构和涉外经济主体的外汇收支稳健，由于合成谬误，也无法保证整个金融体系涉外经济风险整体可控。在特定条件下，跨境资本流动会形成正反馈和跨部门风险传染，导致重要经济金融变量远离均衡状态的自我强化发展。

人民币国际化进程加快，在享受人民币跨境贸易和投资带来便利化的同时，也增加了外汇管理的复杂性和难度，通过在岸市场和离岸市场、交

易币种的方便选择，使资本套利活动变得快捷和方便，现有的管理手段和政策措施实施效果不断弱化，离岸市场人民币资金成为做多、做空人民币汇率的重要力量，使境内维护人民币汇率稳定的任务更加艰巨。

五　宏观审慎政策与其他政策协调不足

宏观审慎政策与货币政策相互协调不足。在人民币已经成为国际货币之后，针对中国的审慎监管政策和货币政策如何与推进人民币国际化协调统一的问题，学者们已经进行了大量研究，但需要更加深入地理解两者相互配合的机制，并加大两者在维护金融稳定方面的"合力"，这应是未来研究的重点方向。

宏观审慎措施的国际协调不足。跨境资本流动的宏观审慎监管工具应明确边界、期限，且只能作为临时性的工具使用，当外部条件改善时应及时退出以最大限度减少扭曲效应。同时，在宏观审慎的跨境协调方面，仍存在很多不足，各国跨境资本流动信息缺乏沟通导致监测数据覆盖面不足，导致对系统性风险的认识不全面，工具设计存在不足，需要加强国际协调以减轻资金外流导致的多边风险。此外，宏观审慎的监管措施可能导致中小企业的融资渠道减少、融资成本增加和内资企业的融资机会减少，因为这些企业更加依赖通过银行从境外融入资金。而且，对银行业金融机构的过度审慎监管可能导致金融脱媒和不受审慎监管的非银行业金融机构的非理性繁荣。

第六节　本章小结

改革开放以来，中国稳步推进资本项目可兑换和人民币国际化，商业银行经营外汇业务和跨境业务的自由度得到提高，个人和企业买卖外汇的权利总体上扩大，商业银行及其他金融机构跨境业务规模明显增加。近年来，商业银行经营的外汇业务和跨境业务主要包括：①对境外银行部门和非银行部门的人民币存贷款业务、外债业务等；②对境外银行部门和非银行部门的美元、欧元、日元、英镑、瑞士法郎及其他外币的存贷款业务、外债业务等。

分析1982年以来中国资本与金融账户及证券账户数据，跨境资本流动表现出如下特征：①总体跨境资本流动的规模加大，资本与金融账户跨境资本流动基本为净流入状态；②跨境资本流动的波动加剧，资本项下资金逐步发挥主导作用；③银行是跨境资本流动的主渠道；④外币负债呈现多元化趋势。

跨境资本流动下国际风险传染的途径如下。一是经济实力强大的国家，利率异常波动一般会对其他有经济往来的国家产生传染效应，引起其他国家利率发生相应的利率波动。其原理主要包括投资收益、经济预期、政策传染。二是经济实力强大的、国际金融市场中心的国家，股票指数的大幅波动一般会引起其他国家股指的波动反应。三是经济实力强大国家利率的异常波动，既可以通过对其他国家利率的传染效应和其他国家对其股票市场的传染效应产生影响，也可以通过对本国股市的传染效应和本国股市波动对其他国家股市的传染效应产生影响。

国际金融风险共振加剧。当各国面临共同冲击时，国家金融市场周期的相关性会加剧世界系统性金融风险，而后者又会进一步加剧金融周期振荡。主要表现在：国际通用的金融监管规则助推了金融周期相干性；面临共同冲击时，各国金融周期联动性使各国同时发生系统性金融风险概率大幅提升，同时引起世界范围内的共发性金融风险；国家的系统性金融风险传染时，各国金融市场周期联动性通过金融波动共振加剧世界系统性金融风险传染；本国金融周期亦受到其他核心国货币政策的显著影响，但影响效应小于本国政治周期。

外汇管理政策包括数量型跨境资本流动管理政策（银行结售汇综合头寸、全口径跨境融资管理）和价格型跨境资本流动管理政策（无息外汇风险准备金、境外金融机构境内存放存款准备金率）。中国外汇管理制度基本框架包括：最终目标——保持国际收支基本平衡；中间目标——外汇储备；操作目标——汇率和短期资本流动；操作工具——跨境资本流入和跨境资本流出。

跨境资本流动管理面临的问题是：①跨境资本波动频繁，原有管理手段难以满足要求；②资本项目逐渐开放和人民币国际化，资本管制工具效果不断弱化；③中国外汇管理缺乏清晰的政策操作框架，难以适应新时期外汇管理的实际需要。

第十三章

全球金融网络、国际金融风险传染与金融风险

随着改革开放以来政府向市场金融分权的深化，特别是随着中国加入WTO 和 2019 年 7 月国务院金融稳定发展委员会办公室发布《关于进一步扩大金融业对外开放的有关举措》及提出了 11 条金融业对外开放措施的实施，银行等金融机构的国际业务比例逐渐提高，国外金融机构不断进入国内金融市场，跨境资本流动更加便利，国内与国际的金融联系日益密切。在此背景下，各国金融市场波动的相关度和影响力必然提高，计算分析国际金融风险的传染效应有助于本国金融风险的防范与管理。

第一节　金融全球化

一　定义

金融国际化也称为金融全球化，具体是指，随着外汇、信贷及利率等方面金融管制的放松，资本在国与国之间的流动性提高，促使各国金融市场的联系程度加深，不仅在世界任何一个主要市场上都可以进行相同品种的金融交易、进而形成一个 24 小时不间断的国际金融交易体系，而且世界上任何一个局部市场的波动都可能马上传递到全球的其他金融市场。

二　内容

金融体系是一个复杂的整体，金融全球化意味着资金可以在国与国之

间自由流动，金融交易的币种和范围超越国界。在金融全球化的背景下，各国金融市场交易的国际化表现在国际货币市场交易的国际化、国际资本市场交易的国际化和外汇市场的国际一体化三个方面。

（一）国际货币市场交易的国际化

国际货币市场主要指欧洲货币市场，包括银行间的拆借、定期存单的发行及交易和各国大银行进行的银团贷款活动，以及证券发行便利和欧洲票据市场。

（二）国际资本市场交易的国际化

国际资本市场的融资主要是通过发行国际债券和到国际性的股票市场直接募资。国际债券市场一般分为两类。一种是各发达国家国内金融市场发行的以本币计值的外汇债券。另一种是离岸债券市场，即欧洲债券市场发行的以多种货币计值的债券。股票市场交易的国际化体现在两个方面：一是国际上一些重要的股票市场向外国的公司开放，允许国外公司到其国家的交易所发行和交易股票；二是一些国家既允许外国投资者参与本国股票市场上股票的买卖，也允许本国投资者买卖在国外市场交易的股票。

（三）外汇市场的国际一体化

外汇市场主要涉及各国间的货币交易。从交易目的而言包括两个方面。一是各国中央银行为了稳定汇率，在外汇市场上进行的外币买卖。二是套利者或套期保值者在外汇市场利用外汇对冲、外汇期货、外汇期权及货币互换等工具进行的交易。此外，金融市场交易主体表现出多样化和国际化，不仅有国际大银行和主权国政府，而且有大企业、投资银行、保险公司、投资基金甚至私人投资者。

金融国际化在促进国际资本流动、在国际范围内配置金融资源、利用套期保值管理风险、降低资金成本的同时，也强化了各国金融风险的传染效应。一旦某个国家某类金融市场发生动荡，将迅速传导到其他国际金融市场。这不仅复杂了金融风险网络关系，而且提高了金融风险管理难度和金融监管难度。

三 经验事实

按照不同区域经济方面的代表性，这里选择中国、美国、德国、英国、日本、印度6个国家为样本，分别分析这些国家的货币市场、资本市场波动的关系。数据区间为2007年1月1日~2019年11月22日。其原因有二：一是这一时段包含了近年来主要国际系统性金融风险或危机；二是中国金融开放程度相较1998年具有显著的提高，从而对模拟未来金融全面开放时面临的国际风险冲击更具有现实意义。

（一）国际货币市场波动的关联性

2007年1月1日~2019年11月22日，6个样本国货币市场利率波动及走势见图13-1。观察图13-1可知，国际上主要经济国家货币市场的大幅波动一般会对其他有经济往来国家的货币市场产生溢出效应，引起其他国家货币市场发生相应的波动，从而使各国货币市场呈现波动联系的网络特征。因此，可观察到：国际上主要经济国家货币市场大幅波动存在较高的关联性和相互溢出效应，可能形成国际货币市场网络。

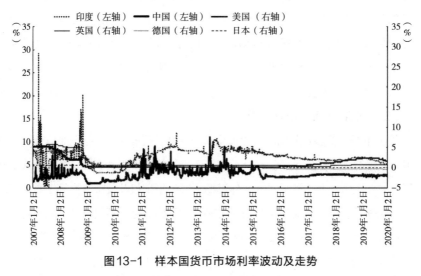

图13-1　样本国货币市场利率波动及走势

资料来源：美国联邦基金利率、英国基准利率、德国Eurior（1周）、日本Tibor（1周）、印度Mibor、中国Shibor（1周）等数据来源于Wind数据库。

（二）国际股票市场波动的关联性

2007年1月1日~2019年11月22日，6个样本国股票市场指数波动及走势如图13-2。观察图13-2可知，国际上主要国家股票市场的大幅波动一般会引起其他国家股指的波动反应，从而使各国股票市场呈现波动联系的网络特征。特别是在2008年10月~2009年3月美国次贷危机、2015年7月~2016年9月希腊债务危机、2018年10月~2019年3月中美贸易摩擦等事件冲击下，各国股票指数出现明显的下滑。因此，可观察到：国际上主要经济国家股票市场大幅波动对其他国家股票市场产生显著的溢出效应，不同国家股票市场波动之间存在一定的关联性，可能形成国际股票市场网络。

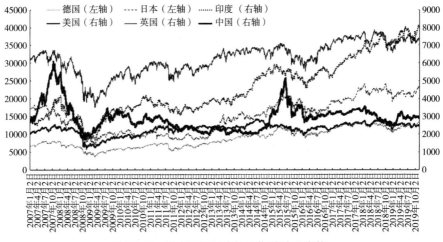

图13-2　样本国股票市场股指波动及走势

资料来源：中国上证综合指数、美国标准普尔500指数、英国伦敦金融时报100指数、德国法兰克福DAX指数、日本东京日经225指数、印度孟买Sensex30指数等数据来源于Wind数据库。

（三）国际股票市场与货币市场波动的关联性

2007年1月1日~2019年11月22日，6个样本国的货币市场利率、股票市场指数波动及走势见图13-3。观察图13-3可知，样本国家的货币市场利率波动与股票市场指数的波动存在比较明显的反向关系。一国内部的金融部门通过货币市场、股票市场等相互持有资产负债，建立了千丝万缕的网络连接，同时也形成了灵敏的传染路径，风险事件通过网络传染路径迅速流转，造成金融部门连锁反应和金融市场之间显著的传染冲击效应。

经验表明，中国自汇率改革以来，股票市场、债券市场、外汇市场以及货币市场之间存在显著的双向均值溢出，所有市场之间均存在显著的双向波动溢出，而且市场之间溢出可能主要来自市场传染效应（李成等，2010）。无独有偶，以中、美、德为样本国分别代表市场主导型金融体系、银行主导型金融体系、发展中国家金融体系，考察美国次贷危机、欧洲债务危机期间各国内部金融市场之间的波动联系，结果表明，无论是市场主导型金融的国家还是银行主导型金融的国家，国内不同金融市场之间均存在显著的传染效应；并且，中国某些金融市场之间的传染效应甚至高于市场主导型金融的国家（苗文龙，2013）。此时，经济强国利率的异常波动，既可以通过对其他国家利率波动的传染和其他国家利率波动对其股票市场波动的传染产生影响，也可以通过对本国股市波动传染和本国股市波动对其他国家股市波动的传染产生影响。

可以进一步得到：通过国家之间的货币市场网络、股票市场网络、各国内部货币市场和股票市场的网络，国际货币市场、股票市场可能形成一个复杂的多层金融网络。这个复杂多层金融网络之间的连接，既存在线性关系也包括非线性关联方式，既有当日或隔夜的瞬时互动关系，也有较长滞后期的潜在影响（李红权等，2011）。

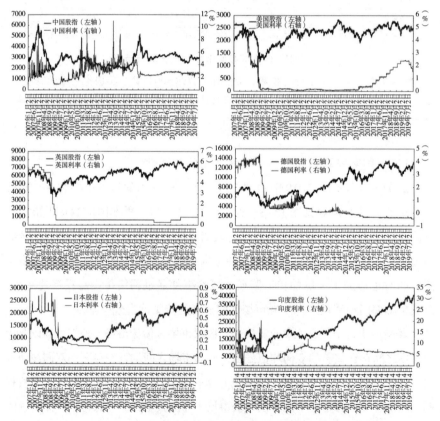

图13-3　各样本国内部货币市场利率和股票市场股指波动及走势

注：变量和资料来源同图13-1、图13-2。

（四）国际外汇市场与货币市场波动的关联性

在考虑中国银行业改革和金融开放程度的基础上，这里纳入近期国际重大金融危机事件，观察时段选择为2001年1月~2020年9月。相关变量取对数后具体变化如图13-4所示。观察图13-4可以发现，样本国家/地区的利率和汇率之间存在规律较为明显的波动关系。在2008年12月之前，大体上先降后升；在2009年1月，都经历了明显的下降；此后，在2011年7月、2013年7月、2015年1月、2016年1月，基本上经历了明显的波动性上升；2020年1月，受新冠疫情影响，各变量基本上经历了明显的下跌。据此，可对相关数据取对数后进行一阶差分处理，计算全球跨货币市场/外汇市场金融风险网络。

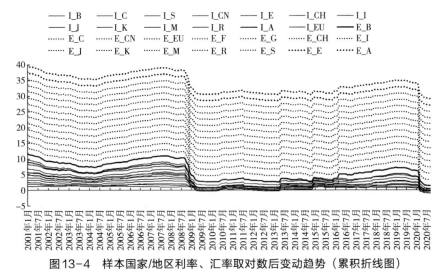

图13-4 样本国家/地区利率、汇率取对数后变动趋势（累积折线图）

注：I_表示样本国/地区货币市场利率，E_表示样本国/地区外汇市场汇率；图标中的变量从前往后依次对应图中从下往上的折线；样本国/地区选取原则为，同时包括市场经济发达国家、新兴经济国家、发展中国家，并兼顾银行主导型金融体系国家/地区和市场主导型金融体系国家/地区；本章选择的样本国家/地区包括中国（这里指中国内地，CN）、中国香港（CH）、韩国（K）、美国（A）、德国（G）、法国（F）、英国（E）、瑞士（S）、印度（I）、日本（J）、俄罗斯（R）、巴西（B）、墨西哥（M）、加拿大（C）等；各国/地区外汇市场的具体变量为，国际清算银行统计公布的基于CPI的真实有效汇率指数，基期为2010年；各国/地区货币市场的具体变量为国际清算银行统计公布的各国/地区的中央银行政策利率；中央银行政策利率是货币市场的基准利率，能够直接左右货币市场的利率变化，可以代表各国的货币政策导向，该数据时间为月末。

资料来源：Wind数据库。

第二节　全球金融网络与国际系统性金融风险传染

金融网络是由商业银行、投资银行、保险公司等金融机构和货币市场、资本市场等金融市场，通过金融交易、资金流动、资产负债、业务结算等连接方式，构成的物理或逻辑网络（何德旭等，2021）。不同网络节点之间连接的方式、方向、强度以及整个网络节点的拓扑结构决定着整个金融网络的稳定性（Allen and Gale，2000；Acemoglu et al.，2015）。各国金融体系共同构建了一个节点连接强度不一、方向不一的全球性多层金融网络。任何一个节点上的金融风险都可能被传染到整个网络体系，甚至形成国际系统性金融风险或金融危机。伴随中国金融开放11项措施的落实，中国金融体系与世界金融体系的网络结构连接强度加大，遭受国际系统性金融风险冲击的可能性明显加剧。

近年来网络科学已经表明，从生物学到经济学，在塑造个体复杂行为时，系统成分之间相互作用的结构比角色更重要，大数据和计算机技术的发展，让人们发现单元不仅仅通过一种关系进行网络交互，复杂多层网络结构更符合实际。通过计算分析一个金融体系的网络结构特征、分析金融风险在各节点主体之间的传染和分配，是从空间维度研究系统性金融风险的重要尝试。

在第十二章所描述的跨境资本流动传染机制下，全球形成多层次的金融网络，如银行部门金融网络、货币市场金融网络、资本（股票）市场金融网络、外汇市场金融网络等。这些金融网络使国际系统性金融风险也具有网络特征。本节主要目的在于计算各类型金融网络、分析国际系统性金融风险传染。

一　金融网络测算方法及进展

（一）单层金融网络结构测度及其对系统性金融风险传染解释

单层金融网络是由相同属性的节点和相同属性的连接组合而成的金融网络。前期一些研究文献深入分析了金融风险的传染效应（Francesco et al.，2004；范小云等，2013；何德旭、苗文龙，2015a；叶五一等，

2018），给出了具有重要政策价值和学术价值的分析结论，但关注更多的是变量之间的"两两"交互关系，忽略了金融风险的整体网络关联性（杨子晖、周颖刚，2018）。为克服违约概率方法的缺点、从整体上计算系统性金融风险的传染效应和反馈效应，学者开始测度金融网络结构特征。Allen和Gale（2000）、Freixas等（2000）正式提出网络传染模型后，网络模型被运用到金融危机和系统性金融风险的测度方面。根据金融网络连接方式的不同，可以分为三个方面。

一是基于银行间资产负债的网络结构。这一方法是通过建立银行间信用关联网络（Eisenberg and Noe，2001；陈庭强、何建敏，2014）、同业拆借网络（Gai and Kapadia，2010）、资产负债表网络（Shin，2008；苗文龙，2013）、违约风险级联网络（Huang et al.，2013）等，进而通过最大熵假设的破产算法，分析银行违约风险传染效应、证券化信贷扩张效应、信息传染效应，甚至扩展到其他金融机构，测度系统性金融风险。

二是基于银行间支付结算数据（黄聪、贾彦东，2010；贾彦东，2011），构建银行间交易和支付系统网络（Serafin et al.，2014）。基于上述思路，Kenett等（2015）对Huang等（2013）的模型进行了动态扩展，并分析了两个并行的风险传染渠道——直接风险暴露和银行资产价值变化。方意（2016）通过构建包含银行破产机制和去杠杆机制的资产负债表直接关联网络模型，比较分析了去杠杆渠道、银行间负债违约渠道、银行间负债流动性挤兑渠道的作用，实证了在传染过程中，银行破产会导致系统性风险急剧上升，系统性风险存在"区制转换"效应（Acemoglu et al.，2015）。

三是基于金融市场数据构建尾部风险网络。Diebold和Yilmaz（2014）、杨子晖、周颖刚（2018）还构建了基于金融市场的风险溢出网络，分析系统性金融风险的动态溢出效应和传染效应。这一方法在识别金融机构（市场）的系统性重要性地位、描绘金融风险在各个市场之间的传递路径及强度、精确衡量金融机构（市场）所受的风险冲击及其对系统性金融风险的贡献、研究金融风险动态演变的网络特性方面，有别于从规模大小或风险贡献程度的角度衡量系统性金融风险的方法；同时，能将CoVaR、ES等不同的研究方法统一到金融系统的网络框架中，甄别风险传染的中心来源，研究金融系统的动态演变（Diebold and Yilmaz，2014；Acemoglu，2015）。

通过梳理基于单层金融网络测度的系统性金融风险文献发现：现实中，金融系统为多层复杂网络，系统的稳定性属性取决于跨不同层的传染过程的相互作用，用单层的同属性的网络难以客观、真实刻画金融体系的复杂性和多层性；通过观察单层金融网络，可能无法检测到不稳定性并且无法识别可能的传染通道（Battiston and Martinez-Jaramillo，2018）；这些网络结构模型很多基于最大熵估计法，假设在满足特定约束条件下金融机构之间的连接服从均匀分布，否则将会导致估计的系统性金融风险出现偏差（Mistrulli，2011），而这一假设与实际节点间风险敞口网络的拓扑结构可能并不相符。

（二）多层金融网络结构测度面临的挑战及研究推进途径

多层金融网络是由不同类型属性的节点和不同类型关系的连接进行交互而成并嵌入一系列不同层中的金融网络，每个节点都是一个机构（市场或变量），每个层都是代表一种类型关系的网络，总（或耦合）网络是所有层的聚合（Bargigli et al.，2015）。其显著特征是复杂数据集的相互依赖结构（Mantegna，1999；Aste et al.，2005；Aste et al.，2012）和节点变量之间的非线性依赖形式（Sornette and Andersen，2002；Nicosia and Latora，2015）。最近多层网络理论被用于研究金融体系，用于识别金融体系的结构脆弱性因素、分析系统重要性机构的风险溢出、扩散和传染机制等（许友传，2018）。这一领域的研究主要分为两个方面。

一是基于金融部门或金融市场的多层网络。这一方法通过构建大额支付网络（童牧、何奕，2012）、银行间市场多层次网络（Montagna and Kok，2013；Bargigli et al.，2015）、银行间支付敞口数据网络、金融市场多路复用网络（Musmeci et al.，2017）、保险市场复杂网络（牛晓健、吴新梅，2019）等，捕捉不同金融业务带来的风险，估计金融机构倒闭对金融市场结构的影响，考虑金融时间序列的线性、非线性、尾部、部分相关性，分析得出：层随着时间的推移具有不同的拓扑性质和持久性，不同层之间的连接方式存在差别，使用单层金融网络或关注特定层作为其他层的代表所估计的系统性金融风险存在显著的偏差；对单个银行部门的分析可能低估了风险传染，在某些机构在不同部门具有系统相关性的情况下，各层之间的相互作用可能会放大传染风险；金融体系的一些多层网络结构特征难以通过单层网络的分析进行测度。

二是引入非线性方法测算网络结构。金融网络结构参数计算有线性方法和非线性方法。由于金融时间序列存在显著的非线性特征，并且风险在传染过程中常发生传染强度和作用方向上的"区制转换"效应（Acemoglu et al., 2015; Musmeci et al., 2017），通过线性计量方法对非线性特征变量进行计算测度，会导致显著偏差。杨子晖和李东承（2018）计算分析了多金融部门间极端风险的非线性特征与金融风险的跨部门传染效应，并应用相关的网络关联指标，对金融系统整体以及单个金融机构的极端风险的非线性格兰杰因果关系进行分析。在 Gandy 和 Veraart（2017）提出了一种基于贝叶斯方法的金融网络模型来测度系统性金融风险传染后，Khalil 等（2019）利用具有潜在变量的离散贝叶斯网络对金融机构的违约行为进行建模，设计了一个基于自定义期望最大化算法的参数学习过程来测度金融机构之间的风险传染效应。这种模型依靠贝叶斯估计，将观察到的信息填补到网络模型中缺失的部分，使金融网络模型更加完善，对系统性金融风险传染效应的测度更加准确有效。非线性方法的使用无疑提高了多层金融网络结构测算精度。

二　全球系统重要性银行网络与系统性金融风险传染

（一）背景及含义

全球系统重要性银行在面临违约或发生倒闭后，其负的外部性对全球金融体系甚至更广泛的经济体系的稳定运行具有至关重要的影响。2008年国际金融危机使金融稳定委员会（FSB）、国际货币基金组织（IMF）、国际清算银行（BIS）、巴塞尔银行监管委员会（BCBS）等国际金融组织和各国监管当局开始关注"太大而不倒"和"太关联而不倒"问题。FSB根据 IMF、BCBS 等研究成果，设计指标、认定全球系统重要性银行（Global Systemically Important Banks，G-SIBs），并按年对名单进行更新。FSB（2019）列出的 G-SIBs 主要有30家，纳入 G-SIBs 名单的银行需要增加 1%~3.5% 的附加资本要求、满足更高的损失吸收能力、执行其他更高的监管标准。

全球系统重要性银行不仅自身倒闭对经济体系具有重要影响，其重大风险冲击也会对其他G-SIBs进行传染，形成G-SIBs的风险共振。由于机构间关联程度的提高，其个体风险会迅速通过资产负债连接、市场预期变化、交易行为改变等多种方式影响到其他机构乃至整个经济体系，并最终形成或增大了系统风险（贾彦东，2011）。金融机构之间这种直接联系和间接联系使全球金融体系高度依赖，形成复杂的跨境金融网络，既为金融机构提供了风险共担机制，也带来了潜在风险（陈梦根，2014）。

更需要关注的是，全球系统重要性银行通过直接拆借、市场投资、共同持有资产等方式建立直接或间接关联（王超等，2019），当一国的系统重要性银行面临重大风险冲击、发生严重违约损失、其资产价格波动率表现出跳跃或崩盘时，可能引发其他国家系统重要性银行资产价格的异常波动，对其他国家的系统重要性银行形成风险传染和冲击，导致系统性金融风险在全球系统重要性银行间传染，从而，不同国家的系统重要性银行之间可能形成风险传染网络。

全球系统重要性银行之间的关联强度、方向、渠道等因素成为本国系统重要性银行监测和防控其他全球系统重要性银行风险传染的重要内容。

（二）网络节点变量及网络计算方法

1. 网络节点变量

本书用全球系统重要性银行资产价格波动变量表示网络节点。这里根据样本银行每天的收盘价，取对数后计算一阶差分，得到每个系统重要性银行的资产价格波动变量。具体表示为：$FB_i = \ln P_t - \ln P_{t-1}$。其中，$FB_i$为全球系统重要性银行资产价格波动变量，$P_t$为样本银行$t$期的收盘价，$P_{t-1}$为样本银行$t-1$期的收盘价。

2. 网络计算方法

国内外学者关于银行网络联系的计算方法基本有三类：一是最大熵方法（包全永，2005；李守伟等，2010）；二是最小生成树方法（McGuire and Tarashev，2006；Minoiu and Reyes，2013）；三是复杂网络理论（Leon et al.，2018）。最大熵方法假设网络中的每个银行都与其他所有银行（不一定存在的）直接相连，最小生成树法过滤了（可能不可忽略的）

大量信息直观呈现银行间唯一关系链条,因此复杂网络法逐渐被采用(陈梦根、赵雨涵,2019)。这一部分根据各全球系统重要性银行资产价格波动的时间序列数据,基于 Schwarz Criterion 准则,估计并选择 VAR 模型最优的滞后阶数,进而计算出各节点变量的扰动项矩阵。以扰动项矩阵为节点变量,进行方差分解分析,考察系统重要性银行在金融风险跨国传染中的作用及关系。分别实验 1 天、5 天、10 天、15 天预测,本章选择各变量方差分解贡献较为稳定的 15 天预测结果。

3. 全球系统重要性银行及样本数据

根据 FSB(2019)列出的全球系统重要性银行名单,总共有 30 家(见表 13-1)。基于观察时段 2010 年 1 月 1 日~2020 年 6 月 30 日数据的连续性,本章选择 23 家银行作为研究样本。根据这 23 家全球系统重要性银行的资产价格收益率,计算它们之间的网络结构。

表 13-1 全球系统重要性银行名单

序号	监管桶 (1)	每栏按首字母排序的 G-SIB (2)	名称(国别或地区) (3)	是否选择 (4)
1	5 (3.5%)	无		
2	4 (2.5%)	JPMorgan Chase	摩根大通(美国)	是
3	3 (2.0%)	Citibank	花旗银行(美国)	是
4		HSBC	汇丰银行(英国)	是
5		Bank of America	美国银行(美国)	否
6		Bank of China	中国银行(中国)	是
7		Barclays	巴克莱银行(英国)	是
8		BNP Paribas	法国巴黎银行(法国,以下简称巴黎银行)	是
9	2 (1.5%)	Deutsche Bank	德意志银行(德国)	是
10		Goldman Sachs	高盛集团(美国)	是
11		Industrial and Commercial Bank of China	中国工商银行(中国)	是
12		Mitsubishi UFJ FG	三菱日联金融集团(日本,以下简称三菱日联金融)	是
13		Wells Fargo	富国银行(美国)	是

序号（1）	监管桶（1）	每栏按首字母排序的G-SIB（2）	名称（国别或地区）（3）	是否选择（4）
14		Agricultural Bank of China	中国农业银行（中国）	否
15		Bank of New York Mellon	纽约梅隆银行（美国）	是
16		China Construction Bank	中国建设银行（中国）	是
17		Credit Suisse	瑞士信贷银行（瑞士）	是
18		Groupe BPCE	法国人民储蓄银行集团（法国）	否
19		Groupe Credit Agricole	法国农业信贷集团（法国，以下简称法国农信银行）	是
20		ING Bank	荷兰国际集团银行（荷兰，以下简称荷兰国际集团）	是
21	1（1.0%）	Mizuho Bank	瑞穗银行（日本）	是
22		Morgan Stanley	摩根士丹利（美国）	否
23		Royal Bank of Canada	加拿大皇家银行（加拿大，以下简称皇家银行）	是
24		Santander	桑坦德银行（西班牙）	是
25		Societe Generale	法国兴业银行（法国）	是
26		Standard Chartered	渣打银行（英国）	否
27		State Street	美国道富银行（美国）	否
28		Sumitomo Mitsui FG	三井住友金融集团（日本，以下简称三井住友金融）	是
29		Toronto-Dominion Bank	多伦多道明银行（加拿大）	是
30		UBS	瑞银集团（瑞士）	是
31		UniCredit	裕信银行（欧洲）	否

注：在2013年7月，巴塞尔委员会文件"全球具有系统重要性的银行：更新的评估方法和更高的损失吸收能力要求"的表2中定义了桶式方法；第（1）列括号中的数字是额外普通股损失吸收能力相对于风险百分比的要求水平；G-SIB需要在2021年持有加权资产。

资料来源：FSB（2019）。

本章实验数据来源于Wind数据库。个别银行在观察期内发生关停牌等造成数据缺失。本章进行数据清洗之后，剩余有效样本银行23家，共计88803个数据，各样本银行股票收盘价变量及数据特征如表13-2所示。

表13-2 全球系统重要性银行资产价格变量统计描述

银行	简称	均值	中位数	最大值	最小值	标准差	偏度	峰度	概率
巴克莱银行	BAR	−0.0001	0.0000	0.0774	−0.0845	0.0091	−0.4976	17.9795	0.0000
巴黎银行	BNP	−0.0001	0.0000	0.0545	−0.0812	0.0082	−0.6492	14.2613	0.0000
德意志银行	DEU	−0.0002	0.0000	0.0671	−0.0665	0.0087	−0.0022	12.0166	0.0000
多伦多道明银行	TOR	0.0000	0.0000	0.0506	−0.0525	0.0062	0.0222	10.7979	0.0000
法国兴业银行	SOC	−0.0002	0.0000	0.0903	−0.0982	0.0087	−0.7094	18.0550	0.0000
法国农信银行	GCA	0.0001	0.0000	0.0415	−0.0463	0.0054	0.1009	17.5631	0.0000
富国银行	FAR	0.0000	0.0000	0.0589	−0.0751	0.0066	−0.5323	20.8064	0.0000
中国工商银行	ICBC	0.0001	0.0000	0.0418	−0.0448	0.0048	0.0012	19.5317	0.0000
高盛集团	GOL	0.0000	0.0000	0.0703	−0.0594	0.0067	−0.5007	18.1808	0.0000
汇丰银行	HSBC	−0.0001	0.0000	0.0809	−0.0969	0.0101	−0.6324	16.7517	0.0000
荷兰国际集团	ING	0.0000	0.0000	0.0883	−0.0809	0.0092	−0.1870	14.1871	0.0000
花旗银行	CIT	0.0001	0.0000	0.0718	−0.0931	0.0082	−0.7698	20.4071	0.0000
中国建设银行	CCB	0.0001	0.0000	0.0630	−0.0681	0.0062	−0.6191	18.3988	0.0000
皇家银行	ROY	0.0000	0.0000	0.0390	−0.0550	0.0059	−0.1646	10.5258	0.0000
摩根大通	JP	0.0001	0.0000	0.4877	−0.4925	0.0129	−0.4471	1093.0210	0.0000
纽约梅隆银行	MEL	0.0000	0.0000	0.0589	−0.0751	0.0066	−0.5323	20.8064	0.0000
瑞穗银行	MIT	0.0000	0.0000	0.0981	−0.0987	0.0096	−0.5524	18.3694	0.0000
瑞银集团	UCR	0.0001	0.0000	0.0647	−0.0651	0.0049	−0.2823	33.9925	0.0000
瑞士信贷银行	CRE	0.0001	0.0000	0.0540	−0.0678	0.0070	−0.1174	13.8359	0.0000
三井住友金融	MFG	0.0000	0.0000	0.0271	−0.0469	0.0052	−0.7735	11.9838	0.0000
三菱日联金融	UFJ	0.0000	0.0000	0.0484	−0.0527	0.0064	−0.0497	10.1381	0.0000
桑坦德银行	SAN	0.0001	0.0000	0.0554	−0.0483	0.0049	−0.2379	23.2823	0.0000
中国银行	BoC	0.0000	0.0000	0.0423	−0.0452	0.0049	0.4567	22.3184	0.0000

（三）全球系统重要性银行网络

全球系统重要性银行间金融风险传染矩阵分析结果和传染效应结果情况如图13-5所示。在此基础上，采用系统聚类分析法对网络节点变量进行分类，结果如图13-6所示。

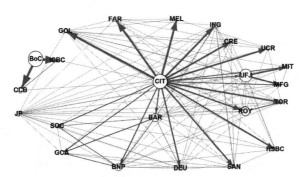

图13-5　全球系统重要性银行风险传染网络

注：网络节点圆圈大小表示各国相应的金融市场在一定阈值上与其他金融市场存在风险传染关系的多少，连线粗细表示单向风险传染效应的大小，箭头方向表示风险传染方向。

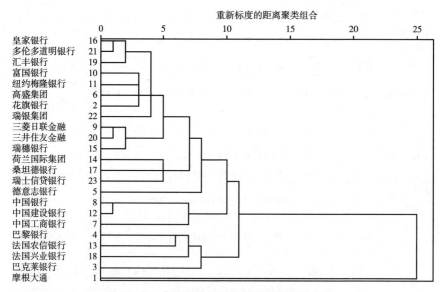

图13-6　全球系统重要性银行系统聚类分析

注：连线的横轴值表示新连接的两家银行间的距离，距离越小则表明两类银行的风险结构越接近，更易发生风险传染，距离越大则表示两类银行之间存在较大的风险结构异质性。下文的系统聚类分析含义与此相同。

1.全球系统重要性银行风险传染网络的板块性

全球系统重要性银行风险传染网络具有一定板块性和差别性，在不同的风险时期，板块成员银行可能发生局部变动。根据各系统重要性银行的风险波动情况，可以将其分为4个板块：①摩根大通；②法国兴业银行、法国农信银行、巴黎银行、巴克莱银行；③中国工商银行、中国银行、中国建设银行；④德意志银行、荷兰国际集团、桑坦德银行、皇家银行、多伦多道明银行、汇丰银行、富国银行、纽约梅隆银行、高盛集团、瑞银集团、瑞士信贷银行、花旗银行、三菱日联金融、三井住友金融、瑞穗银行。其经济含义为，全球系统重要性银行风险传染网络与各国/地区的金融经济关系、国际金融监管政策、金融市场有效性存在密切的关系。相对而言，法国的银行和中国的银行在这一风险网络中较为独立。漆佳（2020）在对2014~2019年每年全球系统重要性银行排名变化和前十名银行评分变化进行分析的基础上，比较中美银行业经营模式差异，得出印证本章分析的结论：中国入选银行的规模居世界前列，以传统商业银行业务为主，同质化较高，复杂度较低，国际活跃度较低。

2.美国的全球系统重要性银行多为风险的传染方

在观察期内，摩根大通、花旗银行、纽约梅隆银行、高盛集团等多数美国的全球系统重要性银行，除了具有明显的本国银行体系内部风险传染效应，一般对其他国家的银行具有显著的风险传染效应。此外，美国的富国银行可能遭受荷兰国际集团的风险传染，高盛集团可能遭受德意志银行和荷兰国际集团的风险传染。这可能意味着如下几点。

（1）不仅美国的金融市场在全球经济体系中处于核心地位，而且美国的系统重要性银行也具有不容忽视的影响。因此，美国对其他国家的风险传染，不仅通过其金融市场的波动和冲击（杨子晖等，2020），还可能通过其系统重要性银行的资产、负债、国际结算等业务，对其他国家的系统重要性银行产生风险冲击。

（2）从全球系统重要性银行网络角度分析，美国全球系统重要性银行的风险波动具有显著的传出效应、净传染效应和总效应，并且大于其他国家。具体来看，第一，花旗银行、摩根大通、巴克莱银行的风险传出效应大于传入效应。花旗银行 15 日预测方差分解的传入值为 15.3673，传出值为 613.4104，对其他银行的净传出效应为 598.0427，风险传染的总效应为 628.7777。摩根大通 15 日预测方差分解的传入值为 9.7490，传出值为 81.1098，对其他银行的净传出效应为 71.3608，风险传染的总效应为 90.8588。巴克莱银行 15 日预测方差分解的传入值为 38.3885，传出值为 97.0069，对其他银行的净传出效应为 58.6184，风险传染的总效应为 135.3954。第二，高盛集团、富国银行的风险传入效应大于传出效应，但主要风险来自花旗银行。

（3）从 5 日、10 日、15 日的预测方差分解结果分析，美国的系统重要性银行 5 日的风险传出效应和传入效应都较低，后期则迅速表现为对其他欧洲国家银行的风险传出效应。其原因可能在于，全球金融风险传染源不一定都是美国，但美国强大的金融体系以及和世界其他国家金融体系联系中的核心地位，使其银行体系对全球金融风险传染具有放大效应。这与何德旭和苗文龙（2015a）分析的货币市场—股票市场—外汇市场风险传染效应、杨子晖和周颖刚（2018）分析的股票市场风险传染效应、何德旭等（2021）分析的跨货币市场股票市场的金融风险传染效应、苗文龙等（2021）分析的跨货币市场外汇市场的金融风险传染效应相似。本章则从全球系统重要性银行网络的视角，进一步证实美国银行体系对全球金融风险的影响。

3. 欧洲国家、加拿大和日本的全球系统重要性银行多表现出风险传入效应

欧洲国家的全球系统重要性银行的风险传入最显著。从全球系统重要性银行网络角度分析，欧洲国家的全球系统重要性银行的风险波动具有显著的传入效应。

（1）在观察期内，英国的汇丰银行可能受到富国银行、巴克莱银行、纽约梅隆银行、高盛集团、花旗银行、桑坦德银行、三菱日联金融、瑞士信贷银行、荷兰国际集团、皇家银行、中国银行等全球系统重要性银行的风险传染。

（2）法国农信银行可能受到荷兰国际集团、巴克莱银行、巴黎银行、

德意志银行等全球系统重要性银行的风险传染；法国兴业银行可能受到摩根大通、巴克莱银行、巴黎银行、德意志银行、法国农信银行等全球系统重要性银行的风险传染。

（3）多伦多道明银行可能受到花旗银行、富国银行、皇家银行、桑坦德银行、瑞银集团等全球系统重要性银行的风险传染。德意志银行可能受到瑞士信贷银行、巴黎银行、巴克莱银行等全球系统重要性银行的风险传染。

（4）三井住友金融可能受到高盛集团、荷兰国际集团、瑞穗银行、三菱日联金融等银行的风险传染；三菱日联金融对瑞士信贷银行、瑞穗银行、汇丰银行、桑坦德银行等具有风险传染效应。

（5）除巴黎银行风险传出效应（59.5353）略大于风险传入效应（49.5881）外，德意志银行、三菱日联金融、法国农信银行、法国兴业银行、荷兰国际集团、瑞穗银行、桑坦德银行、汇丰银行、三井住友金融、瑞银集团、瑞士信贷银行以及皇家银行、多伦多道明银行等，风险净传染效应值多在-70~-30；风险主要来源于花旗银行、摩根大通、巴克莱银行等。

从预测方差分解结果分析，除瑞士信贷银行外，欧洲国家系统重要性银行在初期就表现为显著风险传入效应，但由于美国花旗银行等的风险效应较低，因此风险传染的总效应可能大于美国的银行，甚至成为全球的金融风险传染源，如2012年欧洲债务危机时期。其经济含义为：欧洲市场经济体、加拿大、日本等与美国存在密切的经济联系，其系统重要性银行之间也存在规模较大的业务往来；但美国金融体系的主导地位更为明显，因此美国的全球系统重要性银行对这些国家的全球系统重要性银行的风险传染效应更显著，被这些国家传染银行风险的效应则较弱。

4.中国的全球系统重要性银行尚未显著受到这一渠道的风险传染，传染效应主要作用于国内

根据观察期数据计算结果，中国工商银行、中国建设银行对中国银行具有一定的风险传染效应，中国银行和中国建设银行对汇丰银行具有一定的风险传染效应，但尚未受到其他银行较大的风险传染影响。

这可能在一定程度上说明两个层面的问题：一是中国的系统重要性银行尚未和其他全球系统重要性银行建立较大规模的业务或相互持有资产负债，全球系统重要性银行的风险传染渠道效应仍不显著；二是人民币国际结算地位仍然需要提高，中国的系统重要性银行在国家开展的国际结算、信用证贷款等国际业务十分有限，无论是对其他国家的系统重要性银行影响，还是受其他国家系统重要性银行的影响，两者都比较微弱。已有文献也实证表明，汇丰银行（中国）有限公司、花旗银行对中国银行体系系统风险的直接影响贡献和间接参与贡献最小（贾彦东，2011）。

根据全球系统重要性银行风险网络结构，中国的全球系统重要性银行的风险传染效应主要作用于国内。中国银行具有较大的风险传出效应（127.953），但主要影响对象是中国工商银行和中国建设银行，风险传染效应分别为60.1887和62.0972。中国工商银行、中国建设银行风险传染效应较小，风险传入主要来自中国银行。其原因可能在于，中国工商银行和中国建设银行的国际业务开展较晚、目前仍然较少，中国银行在国际金融业务方面具有一定的历史优势，因此可能将来自国际风险的冲击传导给中国工商银行和中国建设银行。

5.全球系统重要性银行网络结构变动分析

根据全球系统重要性银行风险传染效应的动态分析，这里初步划分为2010年1月1日~2013年12月31日、2014年1月1日~2016年3月31日、2016年4月1日~2018年3月31日、2018年4月1日~2020年6月30日四个时段。在第一个时段，欧洲发生希腊债务危机，并引发一定的全球性金融风险；在第二个时段，中国A股市场发生"千股跌停"、大宗商品价格一路下跌、美联储开始加息等事件；在第四个时段，国际发生中美贸易摩擦、新冠疫情等全球性风险事件。这里分别对四个时段的全球系统重要性银行风险波动进行聚类分析，结果如图13-7~图13-10所示。分析图13-7~图13-10得出：全球系统重要性银行网络具有显著的地理区域特征，具体网络结构与风险的发源地存在密切关系，在不同时期表现出较强的差异性和变化性。

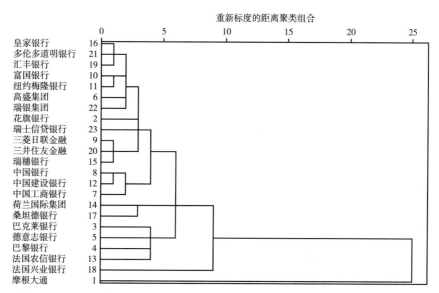

图13-7　2010年1月1日~2013年12月31日全球系统重要性银行聚类分析

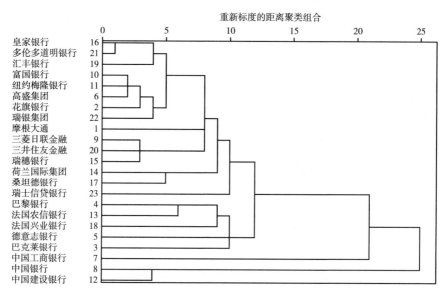

图13-8　2014年1月1日~2016年3月31日全球系统重要性银行聚类分析

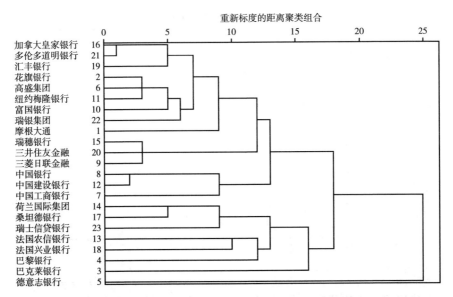

图13-9 2016年4月1日~2018年3月31日全球系统重要性银行聚类分析

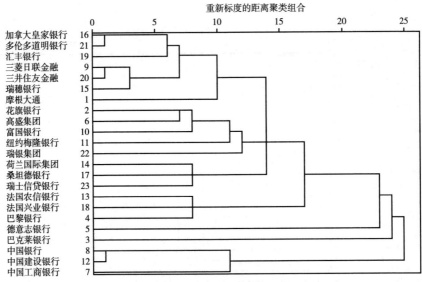

图13-10 2018年4月1日~2020年6月30日全球系统重要性银行聚类分析

在第一时段，欧洲发生希腊债务危机，根据风险波动特征，全球系统重要性银行可分为6个群体：①摩根大通；②法国兴业银行；③法国农信银行、巴黎银行、德意志银行、巴克莱银行；④荷兰国际集团、桑坦德银行；⑤中国工商银行、中国银行、中国建设银行；⑥皇家银行、多伦多道明银行、汇丰银行、富国银行、纽约梅隆银行、高盛集团、瑞银集团、瑞士信贷银行、花旗银行、三菱日联金融、三井住友金融、瑞穗银行。其中，欧洲地区的全球系统重要性银行分为：①法国兴业银行；②法国农信银行、巴黎银行、德意志银行、巴克莱银行；③荷兰国际集团、桑坦德银行。此时，中国工商银行、中国建设银行通过中国银行共同对巴黎银行、法国兴业银行具有一定的风险传出效应，中国建设银行对汇丰银行具有一定的风险传出效应。

在第二时段，美联储结束量化宽松货币政策开始加息，全球大宗商品价格一路下跌，中国A股市场在2015年7月发生"千股跌停"局面。根据风险波动特征，全球系统重要性银行可分为6个群体：①中国工商银行；②中国建设银行、中国银行；③法国兴业银行、法国农信银行、巴黎银行、德意志银行、巴克莱银行；④瑞士信贷银行；⑤荷兰国际集团、桑坦德银行；⑥皇家银行、多伦多道明银行、汇丰银行、富国银行、纽约梅隆银行、高盛集团、瑞银集团、摩根大通、花旗银行、三菱日联金融、三井住友金融、瑞穗银行。这一阶段，中国工商银行对瑞银集团具有一定的风险传出效应，中国银行通过中国建设银行共同对三井住友金融、汇丰银行具有一定的风险传出效应。

在第三时段，根据风险波动特征，全球系统重要性银行可分为7个群体：①德意志银行；②巴克莱银行；③法国兴业银行、法国农信银行、巴黎银行；④瑞士信贷银行、荷兰国际集团、桑坦德银行；⑤中国建设银行、中国银行、中国工商银行；⑥三菱日联金融、三井住友金融、瑞穗银行；⑦皇家银行、多伦多道明银行、汇丰银行、富国银行、纽约梅隆银行、高盛集团、瑞银集团、摩根大通、花旗银行。在这一时段，各系统重要性银行的风险传出效应较小，中国工商银行无显著的风险传出效应，中国建设银行通过中国银行共同对汇丰银行具有一定的风险传出效应。

在第四时段，2018年中美发生持续性贸易摩擦，2020年3月发生世界性新冠疫情，根据风险波动特征，此时全球系统重要性银行可分为7个群体：①中国建设银行、中国银行、中国工商银行；②巴克莱银行；③德意志银行；④法国兴业银行、法国农信银行、巴黎银行；⑤瑞士信贷银行、荷兰国际集团、桑坦德银行；⑥花旗银行、高盛集团、富国银行、纽约梅隆银行、瑞银集团；⑦三菱日联金融、三井住友金融、瑞穗银行、皇家银行、多伦多道明银行、汇丰银行、摩根大通。在这一时段，各系统重要性银行风险传染的地域板块特征加剧，中国工商银行、中国建设银行通过中国银行共同对富国银行具有一定的风险传出效应，中国建设银行通过皇家银行具有一定的风险溢出效应。因此，近年来各国银行间联系密切程度提高，但在不同时期银行间网络结构存在显著变化；同时，受地缘因素等影响，国际银行业网络结构呈现地理区域化特征，且该趋势不断增强（陈梦根、赵雨涵，2019）。

通过上述分析可以初步得出，全球系统重要性银行网络具有一定的地理板块特征，在不同的风险时期，板块成员银行可能发生局部变动，具体网络结构与风险的发源地存在密切关系，在不同时期表现出较强的差异性和变化性。从全球系统重要性银行网络结构的角度分析，美国全球系统重要性银行的风险波动具有显著的传出效应、净传染效应和总效应，并且大于其他国家；欧洲国家的全球系统重要性银行的风险波动具有显著的传入效应；中国的全球系统重要性银行的风险传出效应主要作用于国内。从全球系统重要性银行网络风险传染的动态效应角度分析，在不同阶段，美国具体的全球系统重要性银行对全球的金融风险传染效应具有明显差异，传染效应最大的银行主要是摩根大通和花旗银行，两者不断进行轮换；欧洲和加拿大的全球系统重要性银行的风险传染效应的波动幅度较为稳定，2020年以来都出现了显著的风险上升效应；中国的全球系统重要性银行的风险传染效应较为平稳。

三　全球金融市场网络与系统性金融风险传染

由于金融市场类型过多时，金融网络过于复杂，难以清晰直观描述全球金融风险传染关系。这里从跨货币市场/股票市场传染网络和跨货币市场/外汇市场传染网络两个角度进行实证分析。

（一）全球系统性金融风险跨货币市场/股票市场传染网络

1.全球系统性金融风险传染效应的整体分析

根据各样本国家（地区）的货币市场利率和股指收益率的时间序列数据，首先进行变量协整检验，判断变量之间的变动关系。由于数据序列检验过程存在近奇异矩阵，因此进一步检验变量的平稳性。平稳性结果表明部分变量平稳、部分变量不平稳，因此进行一阶差分两日滚动平均处理，检验结果显示变量之间存在显著的协整关系。对相关节点变量进行方差分解分析，考察主要样本国家（地区）金融市场在全球系统性金融风险传染中的作用及关系。分别实验1天、5天、10天、15天预测，本章选择各变量方差分解贡献较为稳定的15天预测结果，计算得到样本国家（地区）跨市场网络活跃节点之间的波动传染矩阵表，根据波动传染矩阵计算构建全球系统性金融风险跨市场传染的金融网络如图13-11所示。

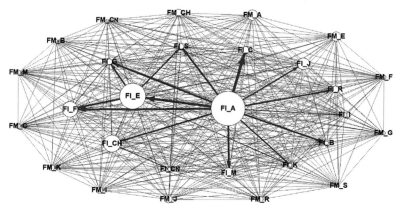

图13-11 跨货币市场/股票市场风险传染网络

注：网络节点圆圈大小表示各国相应的金融市场在一定阈值上与其他金融市场存在风险传染关系的多少，连线粗细表示单向风险传染效应的大小，箭头方向表示风险传染方向。金融市场分为货币市场和资本市场，对货币市场编号为FM_i，对资本市场编号为FI_i。i代表不同的样本国家。分别采用各国（地区）的货币市场利率和股指收益率作为其货币市场和资本市场的衡量指标。各代理变量符号为R。为了克服全球金融市场交易时间非同步问题，本章对节点变量进行一阶差分，并计算其两天滚动平均值$\Delta R_t^{FI\_i, FM\_i}$。样本国家（地区）包括中国（CN，这里指中国内地）、中国香港（CH）、韩国（K）、美国（A）、德国（G）、法国（F）、英国（E）、瑞士（S）、印度（I）、日本（J）、俄罗斯（R）、巴西（B）、墨西哥（M）、加拿大（C）等。各国（地区）货币市场的具体变量为，美国基准利率（联邦基金利率）、英国基准利率、巴西银行隔夜拆借利率、德国Eurior利率（1周）、俄罗斯银行间隔夜拆借利率、法国国债收益率（1个月）、韩国银行间隔夜拆借中间利率、加拿大银行隔夜回购利率、墨西哥银行间利率（1个月）、日本Tibor（1周）、瑞士Libor（3个月）、印度Mibor、中国Shibor（1周）、中国香港Hibor（1周）。各国（地区）资本市场的具体变量为，中国上证综合指数、美国标准普尔500指数、英国伦敦金融时报100指数、法国巴黎CAC40指数、德国法兰克福DAX指数、瑞士苏黎世市场指数、俄罗斯RTS指数、日本东京日经225指数、中国香港恒生指数、印度孟买Sensex30指数、韩国综合指数、加拿大多伦多股票交易所300指数、墨西哥MXX指数、巴西圣保罗IBOVESPA指数。

（1）全球系统性金融风险可通过不同国家（地区）的股票市场网络进行传染

分析全球跨货币市场/股票市场风险传染网络可以得出如下结论。第一，在考察期内，部分国家（地区）股票市场的风险波动存在网络传染效应，拥有国际金融中心的国家（地区）对其他国家（地区）的传染效应更大。例如，美国对墨西哥、德国、巴西等国家具有显著的影响。第二，未有明显证据表明，世界上存在1个样本国家（地区）的股票市场在长期内持续地直接地对其他大部分或全部国家（地区）具有显著影响。从股指层面分析，在10%和20%的显著性水平下，美国并未长期持续对中国、韩国、日本等国家形成直接冲击影响。第三，中国内地股市受香港的影响更明显一些。这可能由于随着沪港通、深港通等金融改革的实施，内地与香港之间的股票市场的资金联系、情绪联系等日渐密切，风险传染更为显著。中国香港作为国际金融中心，成为亚洲地区同期波动溢出的中心地区之一，除对中国内地有显著同期影响外，还对韩国、印度、俄罗斯、墨西哥等的股票市场产生了明显的同期冲击。同时，日本、英国、俄罗斯等国家通过对印度股票市场的传染影响，进而间接对中国股市形成风险传染。

（2）全球系统性金融风险可通过不同国家的货币市场网络进行传染

分析全球跨货币市场/股票市场金融网络可以得出如下结论。第一，在考察期内，部分国家（地区）货币市场的风险波动存在网络传染效应，但网络关系强度较股票市场网络弱。这可能是因为不同国家（地区）的资本管制政策存在差异，进而影响跨国资本流动和货币市场的风险传染效应。第二，美国货币市场对英国、德国、日本等几个主要的发达国家具有更为显著的影响。这意味着发达国家的资本流动更为自由、货币市场联动性更强。第三，中国货币市场受到德国、日本、墨西哥、瑞士、巴西等国家的影响更大一些。因此，美国货币市场可通过对德国、日本等国家货币市场的风险传染来间接影响中国的货币市场。

（3）全球系统性金融风险可通过不同国家的股票市场网络与货币市场网络联系进行跨市场传染

分析全球跨货币市场/股票市场金融网络可以得出如下结论。第一，在考察期内，不同国家（地区）的股票市场与其货币市场之间存在风险波动的网络传染效应，但相对较弱。这可能是由于在考察期内的大部分时间，国际上许多国家（地区）实施了零利率政策，影响了货币市场风险波动与股票市场波动的显著性。第二，中国货币市场受到国内股票市场的显著影响。同时，不容忽视的是，美国股市风险通过对德国、英国、巴西等国家股市的直接传染效应，进而可能对印度和中国香港股市形成间接传染效应；甚至通过对英国、加拿大等国家货币市场的直接传染效应和对法国、德国、俄罗斯等国家的间接传染效应，间接影响中国货币市场风险。第三，股票市场往往是风险的主要输出方，货币市场、外汇市场等金融市场往往是风险的主要接收方。从2020年初的国际金融动荡事实来看，首先是中国、美国、英国等国家的股票指数大幅下滑，美国甚至触发了多次熔断机制，然后各国货币市场出现利率变动。

2. 全球系统性金融风险传染效应的国家比较

(1) 美国是全球系统性金融风险的原发国

第一，美国货币市场对其他国家（地区）具有显著的风险传染效应。从全球跨市场金融网络角度分析，美国货币市场的风险波动（FM_A）具有显著的溢出效应、净溢出效应和总效应，并且大于其他国家，甚至大于英国货币市场（FM_E）（英国基准利率）的影响。具体来看，美国货币市场的基础指标是美国联邦基金利率（这也是美国中央银行的货币政策操作工具），这一指标不仅反映美国金融机构资金供求及风险状况，而且反映美国货币当局的货币政策取向。美国货币市场风险波动对其他国家（地区）具有显著的溢出效应，这不仅意味着美国货币市场在全球系统性金融风险传染中具有主导和推动作用，而且意味着美国货币政策对其他国家（地区）的利率水平以及金融经济运行具有不容忽视的影响。第二，美国股票市场对其他国家（地区）具有显著的风险传染效应。从全球跨市场金融网络角度分析，美国股票市场作为全球重要的资本市场，其风险波动（FI_A）的溢出效应、净溢出效应和总效应皆占据首屈一指的位置，远远大于英国股票市场（FI_E）、美国货币市场（FM_A）和英国货币市场（FM_E）的风险溢出效应。在现实中，美国股票市场的风吹草动往往在短期内迅速引起其他国家（地区）股指的动荡。2020年3月、4月，美国股市触发5次熔断机制，引发其他国家（地区）股市在次日大幅下挫。杨子晖等（2020）计算得出，在全球市场波动传递中，美国（股市）在复杂的同期网络传递关系中占据主导地位，存在由美国到德国、由美国到英国、由美国到中国香港以及由美国到中国内地的同期因果关系；美国股票市场会对全球资本市场造成明显的风险冲击。但在长期内，美国股票市场对其他国家的风险冲击效应并不显著。

（2）中国是全球系统性金融风险的净输入国

从全球跨市场金融网络角度分析，在全球系统性金融风险的传染中，中国是金融风险的净输入国。这主要表现在货币市场和股票市场两个方面。第一，中国货币市场是全球系统性金融风险的净输入市场。随着中国国际贸易规模的扩大和人民币纳入国际货币基金组织的货币篮子，人民币在国际经济中的作用越来越大，人民币借贷及其利率既对其他国家（地区）金融活动具有一定的影响，也受到其他国家（地区）金融活动的影响。总体而言，溢出效应仍较为微弱，处于样本国家（地区）中倒数第二的位置。这同时也显示出中国具有较强的金融独立性和货币政策独立性。第二，中国股票市场是全球系统性金融风险的净输入市场，风险溢出效应和净输入效应皆大于货币市场。因此，中国股票市场与全球金融网络的联系更为紧密，在危机期间，股票市场更容易遭受境外金融市场的风险传染。

（3）欧洲国家受全球系统性金融风险的影响较大

从全球跨市场金融网络角度分析，在全球系统性金融风险的传染中，英国、德国、法国、瑞士等欧洲国家是金融风险受影响较大的国家。无论从货币市场还是从股票市场来看，欧洲国家在全球金融风险传染中具有一定溢出效应，但远小于来自其他国家（特别是美国）的溢入效应。其原因可能在于，这些国家的金融开放程度较高，跨境资本流动更为自由，但在全球中的金融影响力弱于美国，因此更容易受到美国金融市场风险传染。

（二）全球系统性金融风险跨货币市场/外汇市场传染网络

1.2001年1月~2020年9月的总体判断

根据各样本国家（地区）2001年1月~2020年9月的货币市场/外汇市场数据（真实有效汇率指数），取对数后进行一阶差分处理，基于Schwarz Criterion准则，估计并选择VAR模型最优的滞后阶数，对相关节点变量进行方差分解分析，考察主要样本国家（地区）金融市场在全球系统性金融风险传染中的作用及关系。这里选择1月、2月、3月、6月进行预测，本章选择各变量方差分解贡献较为稳定的6月预测结果。根据测算全球系统性金融风险传染的溢出矩阵，计算市场$j \rightarrow i$的有向Hubs-Authorities向量中心，得到包含不同国家（地区）的货币市场/外汇市场同心（Concentric）分区（Partition）有向网络图，并计算各国（地区）货币市场/外汇市场传染效应的净输出者与接收者，结果如图13-12和图13-13所示。

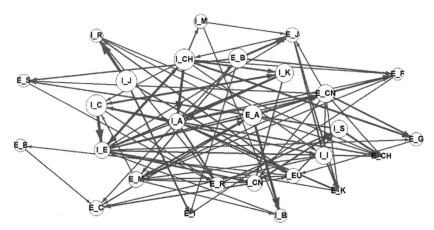

图13-12　全球系统性金融风险跨货币市场/外汇市场传染网络

注：连线粗细表示风险传染效应的大小，箭头方向表示风险传染的方向，节点圆的大小表示风险输出效应的大小。

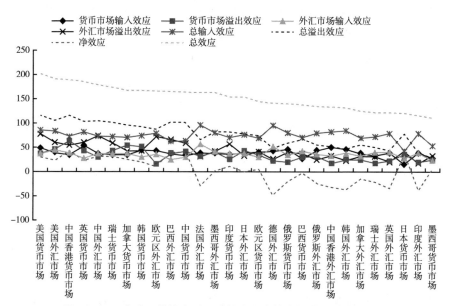

图13-13　全球系统性金融风险传染溢出效应与输入效应的排序

（1）全球系统性金融风险具有明显的跨国跨市场传染效应。样本国家/地区的货币市场与外汇市场连接成强度不一、方向不一、输入输出连接数量不一的金融网络，金融风险可能通过这一网络进行跨国跨市场传染，对其他国家/地区的货币市场/外汇市场形成直接或间接的风险冲击。并且，从网络节点大小、箭头粗细和颜色深浅等判断各货币市场/外汇市场的风险传染效应强度，部分经济中等发达或欠发达国家/地区的金融市场可能具有明显大于传统上认为的世界金融中心的发达国家/地区。这意味着经济结构和金融结构多元化趋势显著。

（2）全球系统性金融风险传染网络具有明显的分层。在观察时段，美国外汇市场、美国货币市场、法国货币市场、德国外汇市场、法国外汇市场、加拿大货币市场、中国外汇市场、日本外汇市场、中国香港货币市场、中国货币市场、中国香港外汇市场、韩国货币市场、韩国外汇市场等金融市场处于网络的核心层，其他国家/地区的外汇市场及货币市场处于网络的外围层。其经济含义为：核心国家/地区的货币市场/外汇市场对其他国家/地区的货币市场/外汇市场具有显著的风险溢出效应和风险输入效应，是全球金融市场的核心和枢纽。特别是美国的货币市场和外汇市场，风险溢出效应和风险输入效应的总和最大，全球金融中心的地位仍未动摇。中国香港货币市场对其他国家/地区的金融市场具有显著影响，风险溢出效应和输入效应的和甚至高于英国货币市场。

（3）全球系统性金融风险传染网络节点的作用不同。在观察时段，有的国家/地区的金融市场表现为风险净输出效应，较为明显的金融市场如中国香港货币市场、巴西外汇市场、中国货币市场、日本货币市场、中国外汇市场、瑞士货币市场、加拿大货币市场、美国货币市场、美国外汇市场、英国货币市场等；有的国家/地区的金融市场表现为风险净输入效应，如德国外汇市场、印度外汇市场、韩国外汇市场、中国香港外汇市场、英国外汇市场、法国外汇市场、瑞士外汇市场、俄罗斯货币市场、俄罗斯外汇市场等。

2.全球系统性金融风险传染效应的比较静态分析

为了比较分析特定金融事件发生时期全球金融网络风险传染结构的变动特点，准确把握世界金融风险来源及传染规律，这里将观察区间分为2001年1月~2012年12月和2013年1月~2020年9月两个时段，分别计算不同国家/地区的货币市场/外汇市场同心分区有向网络图和各国/地区货币市场/外汇市场传染效应结构。

（1）2001~2012年全球系统性金融风险跨货币市场/外汇市场传染网络及传染效应

2001年1月~2012年12月样本国家/地区的货币市场/外汇市场同心分区有向网络如图13-14所示，各国/地区货币市场/外汇市场传染效应如图13-15所示。

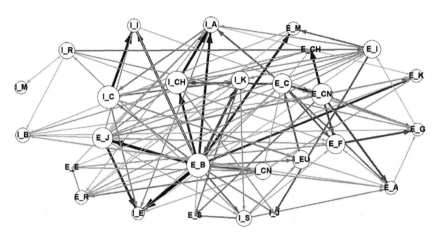

图13-14　2001~2012年全球系统性金融风险跨货币市场/外汇市场传染网络

注：同图13-12。

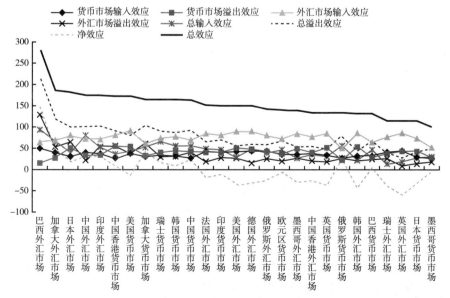

图13-15　2001~2012年全球系统性金融风险传染溢出效应与输入效应的排序

第一，全球系统性金融风险跨货币市场/外汇市场传染网络的核心国家/地区发生了明显的变化。在这一时段，风险网络的核心国家/地区金融市场主要是巴西外汇市场、加拿大外汇市场、日本外汇市场、中国外汇市场、印度外汇市场、中国香港货币市场、韩国外汇市场、美国货币市场、瑞士货币市场、印度货币市场、韩国货币市场、俄罗斯货币市场、美国外汇市场等，其他为外围市场。其经济含义为：不同时期，金融风险事件的源发地不同，不同国家/地区金融市场对风险事件的反应程度不同；系统性风险跨市场传染的网络路径也存在差别，不完全由该国的经济地区决定而一成不变。

第二，全球系统性金融风险跨货币市场/外汇市场传染网络的核心国家/地区可能并非全部是重大金融风险事件的源发地。在这一时段，国际上发生了美国次贷危机、全球金融危机、欧洲债务危机等重大风险事件。美国金融市场成为全球金融风险的源发地，但根据整个时段各国/地区金融市场的波动反应，风险传染溢出效应更大的是巴西外汇市场、加拿大外汇市场、加拿大货币市场、中国外汇市场；风险传染输入效应更大的是英国外汇市场、英国货币市场、墨西哥外汇市场、美国货币市场、日本外汇市场、加拿大外汇市场等。其经济含义为：全球系统性金融风险传染效应不完全由该国/地区的经济实力、国际贸易规模、国际金融影响等因素的大小决定；也不完全由发生地区决定，更多的是由具体国家/地区金融市场的行为反应和波动程度来决定。

（2）2013~2020年全球系统性金融风险跨货币市场/外汇市场传染网络及传染效应

2013年1月~2020年9月样本国家/地区的货币市场/外汇市场同心分区有向网络如图13-16所示，各国/地区货币市场/外汇市场传染效应如图13-17所示。

全球金融网络风险传染效应较大的核心节点发生了一定的变化。这一时期，美国等许多国家经历了从零利率到加息再到零利率的过程，国际上发生了中美贸易摩擦、新冠疫情等重大公共事件。综合来看，风险传染总效应和溢出效应较大的金融市场为加拿大货币市场、瑞士货币市场、中国香港货币市场、巴西外汇市场、美国货币市场、日本货币市场等，风险传染输入效应较大的金融市场为美国外汇市场、英国外汇市场、中国香港外汇市场、印度外汇市场、俄罗斯外汇市场等。

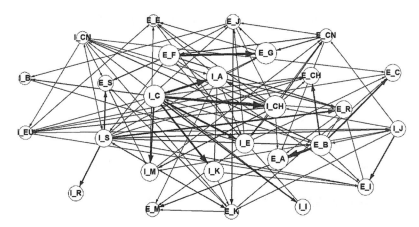

图13-16　2013~2020年全球系统性金融风险跨货币市场/外汇市场传染网络

注：同图13-12。

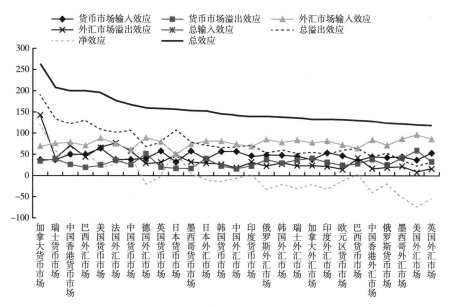

图13-17　2013~2020年全球系统性金融风险传染溢出效应与输入效应的排序

　　这对上述分析结论进行了进一步印证，同时也说明，即使是非金融方面的重大公共事件，也会引发系统性金融风险的全球传染，溢出效应和输入效应较大的金融市场不一定在事件发生国家/地区。因此，在对全球金融中心所在国家金融风险加强监测的同时，也应提高对其经济金融关系密切的交易对手国家/地区的金融风险监测，事实证明后者更可能成为全球重大风险的最脆弱环节。

第三节 经验研究

随着经济开放和金融全球化发展，中国金融市场必然会受到国际金融风险传染的显著影响，同时也可能对其他国家产生显著冲击。

一 股票市场的波动溢出效应与国际金融风险传染

朱宏泉等（2001）、石建勋和吴平（2008）、李晓广和张岩贵（2008）等研究结论表明，中国股票市场逐渐受到国际冲击的影响。张兵等（2010）从"经济基础假说"和"市场传染假说"理论层面分析了股票市场联动的传导机制，然后以 2001 年 12 月 12 日到 2009 年 1 月 23 日上证指数与道琼斯指数的日交易数据为样本，分阶段检验了中美股市的联动特征，得出"中国股市与美国股市不存在长期的均衡关系，在价格和波动溢出方面，中国股市对美国股市的引导作用很弱。在 QDII 实施之后，美国股市对中国股市的开盘价和收盘价均有显著的引导作用，美国股市对中国股市的波动溢出呈现不断增强之势"。李红权等（2011）利用信息溢出检验体系考察并比较了我国 A 股市场与美股、港股在美国金融危机前后的互动关系，结果表明"美股处于主导地位，并且对港股、A 股市场具有金融传染效应；A 股市场不仅能够反映美股、港股等外围市场的重要信息，而且已具有影响外围市场的能力；A 股与美股、港股之间的互动关系体现在均值溢出、波动率溢出、极端风险溢出等多个层面"。

二 金融市场周期的联动性与国际金融风险传染

苗文龙和周潮（2012）根据选择的具有代表性的 6 个样本国相关数据，采用谱分析方法研究得出：各国金融市场变量具有显著的周期性特征，部分国家的部分金融市场波动周期在波长、频率等方面具有相似性。无论是资本市场（股票市场），还是货币市场，各国金融波动具有较强的相干性，相干程度均值在 0.8 左右，都高于 0.5 的水平，表明国际金融市场波动具有关联性。

但值得注意的是，不同国家不同金融市场之间周期波动的传染时滞具有显著差异，这表明国家金融传染之间的传导机制及传导顺畅性具有较大差异。多数情况下，美国的金融市场为核心，波动周期领先于其他国家。同时，美国也面临其他国家的金融波动冲击反馈，特别是货币市场和外汇市场，部分国家金融波动成为美国金融波动之源。

因此，在金融国际化趋势下，金融传染使各国金融周期波动趋于联动，而金融周期同步又便利了金融传染。金融周期联动与金融传染相互交织，加剧了世界性金融市场共振和系统性金融风险。

三　国际金融危机非对称冲击与国际金融风险传染

刘锡良等（2014）根据具有代表性的6个样本国相关数据，采用时变Copula-GARCH模型分析得出：在观察期2008~2009年和2011~2012年，从平稳期到危机期，不同国家金融市场之间的相关水平具有明显的跳跃性；金融市场具有较高的转换机制，这意味着危机动荡对其他国家金融运行影响显著。2008年美国金融危机、2011年欧洲债务危机期间，危机国对其他国家具有显著的传染效应和反馈效应，危机国对其他国家的冲击效应大于其他国家对危机国的反馈效应。这种冲击和互动关系是复杂的，存在线性关系也包括非线性关联方式，既有当日或隔夜的瞬时互动关系，也有较长滞后期的潜在影响（李红权等，2011）。如果把研究关注焦点变为中国，中国金融市场在美国金融危机和欧洲债务危机中都受到了显著冲击，但国内的政策调控使冲击系数降低；中国金融市场对其他国家也具有显著的溢出效应，特别是货币市场和外汇市场。因此，金融全球化下，金融传染使各国金融波动趋于联动，金融风险表现出明显的国际传染性。

四　不同金融市场波动差异与国际金融风险传染

何德旭和苗文龙（2015a）选择的样本国家有市场主导型金融体系的国家——美、英，银行主导型金融体系的国家——德、日和主要研究对象——中国。在DCC-GARCH、DCC-EGARCH、DCC-TGARCH方法下，采用样本国家1993年1月至2013年12月的利率数据和股指数据，实证得出：样本国家市场利率和股指波动率呈现尖峰、肥尾、有偏的特征，比较服从t分布；样本国家市场利率波动表现出显著的溢出效应和杠杆效应，且美、英对中国利率波动的溢出效应更为明显，而且多数国家利率表现出变化的趋同性；样本国家股指波动率对中国股指波动率的溢出效应趋于增强，特别在美国金融危机后，但美、欧市场的股指波动率对中国股市波动溢出效应更为显著；样本国家利率波动对中国股指波动率具有一定的溢出效应和杠杆效应，但影响程度非常低。国际金融市场波动溢出效应与动态相关性的存在，使各国面临共同冲击时，国家金融市场周期的相关性通过共振效应加剧世界系统性金融风险，而后者又会进一步加剧金融周期振荡。

五　国际金融网络与金融风险传染

为了提高宏观金融风险监测的准确性，更多研究从单一机构个体风险的计算拓展到金融体系风险传染效应的计算，从国内系统性风险跨行业、跨市场传染效应的计算拓展到国际重大风险跨境、跨市场传染效应的计算。根据风险溢出渠道直接作用载体的不同，计算金融风险跨境传染范式主要有两个方面。

一是计算跨国跨金融市场风险传染效应。Diebold和Yilmaz（2014）、IMF等（2016）以资产价格收益率为基础构建金融市场系统性风险指标、计算股票市场风险溢出网络，分析系统性金融风险的动态溢出效应和传染效应。蒋海和张锦意（2018）以中国上市银行股票交易数据为基础计算上市银行尾部风险网络、分析该网络的动态关联性和拓扑结构及其对系统性风险的影响。以此为基础，何德旭等（2021）计算了全球跨货币市场/股票市场网络及其对系统性风险传染的影响，苗文龙等（2021）计算全球跨货币市场/外汇市场网络及其对系统性风险传染的效应。特别是在国际重大风险事件的冲击下，跨境联系不断增强的金融市场通过风险传染机制和风险溢出效应将负面影响迅速传染给其他机构及市场，甚至引发一国或跨国/区域的系统性金融风险（Hartmann et al., 2004；White et al., 2015；Baruník and Křehlík, 2018）。跨国跨金融市场网络法在描述系统性金融风险的整体传染效应和反馈效应方面具有较大的优势，但难以刻画金融行业与实体行业之间的风险交互影响。

二是计算实体行业之间风险传染效应。实体经济（real economy）与金融部门（financial sector）的交互作用使实体经济冲击可通过金融市场进行传播，从而加剧系统性金融风险；金融市场可能是冲击的来源，进而导致更明显的经济波动；当这些联系延伸到全球层面，则通过实体经济和金融渠道产生跨境溢出效应。股票市场在受到冲击后，可能产生"过度反应"现象，在短期更容易出现较大的异常震荡（Lasfer et al., 2003），致使金融机构或市场之间原有的相互关联在危机后出现突变，从而加大了风险防控的难度（Marcellino and Sivec, 2016）。进而，行业间的尾部风险联动将放大 GDP 的波动幅度，对长期经济增长造成负面影响（Acemoglu et al., 2015）。Cotter 等（2017）研究美国实体经济和金融市场之间的溢出效应发现，金融市场是冲击的净输出者。何青等（2018）研究系统性风险影响实体经济的传导途径发现，系统性金融风险通过信贷渠道传导至实体经济部门，从而对宏观经济产生负面影响。随着研究的深入，一些文献开始从行业层面计算实体经济与金融行业之间的风险传染效应，行业的变量主要是股票市场的行业板块指数。杨子晖（2020）以月度工业增加值来衡量经济产出，分别选择中国社会消费品零售总额、固定资产投资完成额、金融机构中人民币各项贷款的月度增加值以及银行间同业拆借加权平均利率、货币和准货币作为消费、投资、贷款、利率、货币等宏观部门的代表变量，在此基础上构造包含工业增加值、消费、投资、贷款、货币、经济景气与消费者信心的 7 个信息集，计算金融市场与宏观经济的风险传染关系。李政等（2019）、杨子晖和王姝黛（2020）主要选择 Wind 数据库分类的能源、工业、医疗保健、可选消费、材料、日常消费、金融、信息技术、电信服务、公用事业和房地产 11 个行业指数，以此为基础计算日频、周频、月频等行业指数的对数收益率，计算行业风险溢出效应和宏观经济与金融市场之间的传染效应。贾妍妍等（2020）以 Wind 数据库二级行业分类指数为基础计算行业收益率，并以此作为行业的代表性变量，进而利用滚动回归方法构建各行业间的特质性收益率的波动率，以此代表实体经济与金融体系的行业风险，考察金融体系与实体经济之间的风险溢出效应。方意等（2021）利用 Adrian 和 Brunnermeier（2016）提出的 CoVaR 方法度量实体经济与各金融市场的风险溢出，该方法本质上用于度量两个变量之间的尾部依赖关系，相较于 VaR，其对尾部风险更加敏感，可以较好地刻画出两个变量间的有向风险溢出情况。

第四节　金融安全框架简评

当前，最具代表性的金融稳定制度就是由微观审慎监管（通常对微观银行的经营进行的监管）、最后贷款人和存款保险三方面构成的金融稳定制度框架。事实证明，这种金融稳定制度并不能有效防御金融危机，即使是该制度较为完善的美国，亦不能逃避风险的冲击。当前金融稳定框架的主要缺陷在于，微观审慎监管、最后贷款人和存款保险制度都无法有效治理微观银行资产配置决策者的冒险冲动。

一　微观审慎监管

就微观审慎监管而言，其注重的是行业准入、资本充足水平、高管审批、经营范围等方面的问题。其缺陷有二。一是资本监管对表外资产及金融衍生产品的关注不够，资本充足率不但难以准确计算，而且也难以确保资本与整个银行体系的风险相匹配（Salsman，1990），在 2008 年全球金融危机中，普遍居高不下的杠杆率便是对此很好的诠释。二是巴塞尔协议所提倡的计算方法，如标准法、内部评级法等具有内在缺陷，导致微观审慎监管具有顺周期性，不但不能有效约束经理人冒险趋利的躁动，而且具有加重金融经济波动的倾向（Jacques and Nigro，1997；Segoviano and Lowe，2002；苗文龙，2010）。

二　存款保险

就存款保险而言，虽然其从保护存款人利益的角度，提高了存款的安全性，可以在银行清偿力不足、面临接管或破产的情况下，使存款人仍能获取存款保险限额内的存款资金，避免了"先来后到"激励引发的挤兑风潮和系统危机，但该制度也存在一定的缺陷，主要体现在三个方面。

一是存款保险机构难以全面掌控参保机构的风险资产配置情况，特别是对高风险的金融衍生资产，不能根据风险水平准确制定对应的存款保险费率，从而造成参保机构在既定保费下追逐高风险投资的冲动（Kaufman，1992）。

二是参保机构缴纳存款保险费用之后，债务清偿风险转移到存款保险机构，其收益与风险不再对称，从而促使参保机构为谋取高收益而挖空心思地配置高风险项目，以存款保险"保障"高杠杆率经营模式，从而在投资失败时，无须承担对应的风险成本，道德风险激励整个金融体系风险上升（White，1992）。

三是存款保险基金规模相对于整个金融体系风险乃是杯水车薪，因此存款保险机构迟迟不肯出手。后者既可能是由于存在流动性困难的银行与存款保险机构关系较为密切，也可能是由于存款保险机构希望参保机构转危为安。"管制者最大的希望，可能是将失败成本的确认推迟至他们的任职到期之后，并且在私人部门中创造更多有利的就业机会来'逃避责任'。"（Miller，1991）

三　最后贷款人

就最后贷款人而言，一般会将这一职责赋予中央银行，但缺少动态监管的有效手段，科学救助困难。特别是在监管职责与中央银行脱离之后，中央银行有风险救助之责、无风险监管之权，处于"等待救助"的被动局面（苗文龙，2010）。法定存款准备金虽具有部分保障银行流动性、维护金融稳定的功能，但其主要是用于满足调控货币供给、促进经济增长之需。因此，最后贷款人制度无法根据机构风险计算相应的最后贷款利率、确定最后贷款资格、规定可行的贷款期限，而且即使建立了该项制度，根据国际经验也很难独木擎天、防范金融风险。

四　宏观审慎监管

根据国际清算银行（BIS）研究记录，这一理念最早是由巴塞尔委员会前身Cooke Committee于1979年提出的。宏观审慎监管的目标在于维护整个金融体系的稳定性，限制金融危机的成本。宏观审慎监管弥补了货币政策和原有的微观审慎监管对于系统性金融风险的忽视成为监管当局的主要共识（FSA，2009）。这方面的代表性研究有 Brunner 等（2009）、IMF（2009）、李文泓（2009）等。其主要观点可概括为：对单个银行安全和稳健的监管不能充分保证整个金融系统的稳定，因为微观层面单个银行的审慎理性行为在宏观层面却可能导致金融异常动荡；金融系统关联性的增强使风险传染更加迅速，并难以监控（谢平、邹传伟，2010）。据此，该学说提出，"针对金融体系的顺周期性，特别是对资本监管、贷款损失准备计提和公允价值会计准则等外部规则，强化对金融体系顺周期性的机理研究，引入逆周期政策工具，如逆周期资本要求、杠杆率指标和前瞻性的拨备计提等规则，在金融体系中建立适当的逆周期机制，是实施宏观审慎监管的一项重要任务。应以此来减少金融失衡、缓解系统性风险，并最终达到维护金融稳定的目标"（李文泓，2009）。

宏观审慎政策工具旨在通过时间维度和横截面维度降低系统性风险。从研究文献和各国中央银行实施经验分析，宏观审慎政策工具针对性和可行性的提高面临以下难题。①政策工具多样复杂、各有优缺点，不同种类的工具可能解决特定类型的风险，面临引进不公平的竞争环境、激励企业向非银行金融部门转移、促进风险的逆向选择、扭曲风险定价、鼓励企业在国外市场直接借款等诸多挑战，也不存在"包打天下"的工具，还应根据具体国家的因素来决定工具的选择，以取得最佳结果（Damodaran and Yejin，2014）。②尽管政策当局关于识别和评估系统风险的能力以及建立前瞻性模型的能力有所提高，在发展评估和监测系统风险的工具方面取得了较大的进展，但仍然没有建立一套健全的指标体系来监测系统性风险（IMF，2011）。③关键环节的量化存在较大难度。这主要包括：要选择和组合一套宏观审慎工具来解决系统性风险的关键来源和维度，而这一套工具的数量结构、力度、权重都需要精确计算；在时间维度上应考虑反周期资本缓冲和拨备、部门性工具、流动性工具三套工具，如何对其进行数量分配，用以提高金融体系应对冲击的弹性、控制特定部门风险的累积和遏制融资风险；在结构维度上应考虑强化资本要求、限制风险暴露、实施流动性工具和改变市场基础设施等工具，如何对其进行数量分配，用以提高全球及国内系统重要性金融机构的韧性、控制此类机构失败时的传染效应

(Arregui et al., 2013)。④不同政策工具的外部时滞存在较大差别，这也是影响政策工具精准性的主要因素。预防和管理系统性金融风险需要一系列指标和方法，并与定性判断相结合，才能决定何时采取行动。这一系列指标中，缓慢变化的指标有助于发现风险的累积，基于市场波动的高频指标有助于当局及时预测即将发生的系统性风险并采取应对措施（Blancher et al., 2013）。如何进一步准确计算政策组合中不同工具的时滞和强度，确定各种工具的介入和退出时机，在最后环节上决定着政策工具的精准程度。

通过上述分析可以看出，在以微观审慎监管、存款保险制度和最后贷款人机制为主要形式的金融安全网下，银行决策者并不会承担因投机失败所造成的损失风险，甚至可能在造成危机的同时，仍可以独享投机成功带来的丰厚回报，形成了风险制造者与风险承担者的不匹配。原因在于，"在公允价值会计下，银行利润中很大部分是由于市值或估值变动而产生的应计利润或浮盈，并非已实现利润。但由于业务风险的滞后性，根据应计利润发放的不能被追回的薪酬，一方面可能为银行实际上没有获得的收益而奖励管理层；另一方面，薪酬不能被追回意味着管理层可以分享银行在经济上行期的利润，却不用承担在经济下行期的风险和亏损"（谢平、邹传伟，2010）。实证研究表明，在信息不对称条件下，这种"不匹配"决定了银行的最优选择就是发生道德风险，并引致整个金融体系的风险转嫁激励和不稳定。因此，银行为了降低成本、获取更高利益，会使自己的资本充足率降到最低，从而造成有效控制风险的激励严重不足。如果因经营不善、资不抵债，最后不得不由政府救助，也是整个社会来承担银行投机失败造成的损失，并因此降低了整个社会的福利水平（蒋海、刘海波，2004；李红坤，2007）。

第五节　本章小结

金融国际化也称为金融全球化，具体是指随着外汇、信贷及利率等方面金融管制的放松，资本在国与国之间的流动性提高，促使国际金融市场的联系程度加深，不仅在世界任何一个主要市场上都可以进行相同品种的金融交易、进而形成一个24小时不间断的国际金融交易体系，而且世界上任何一个局部市场的波动都可能马上传递到全球的其他金融市场。随着中国11条金融业对外开放措施的实施，跨境资本流动更加便利，国内与国际的金融联系日益密切。

金融网络是由商业银行、投资银行、保险公司等金融机构和货币市场、资本市场等金融市场，通过金融交易、资金流动、资产负债、业务结算等连接方式，构成的物理或逻辑网络。不同网络节点之间连接的方式、方向、强度以及整个网络节点的拓扑结构决定着整个金融网络的稳定性。各国金融体系共同构建了一个节点连接强度不一、方向不一的全球性多层金融网络。任何一个节点上的金融风险都可能被传染到整个网络体系，甚至形成国际系统性金融风险或金融危机。

全球金融网络具有多层复杂特征。本章主要从三个方面进行描述。①全球系统重要性银行网络具有一定的地理板块性特征，在不同时期，板块构成银行可能发生局部变动。美国的全球系统重要性银行具有显著的传出效应；欧洲国家、加拿大和日本的全球系统重要性银行具有显著的传入效应；中国的全球系统重要性银行的风险传染效应主要作用于国内。②全球系统性金融风险通过各国货币市场、资本市场进行交叉传染，资本市场的风险传染效应大于货币市场，但货币市场通过对本国资本市场的影响进而对其他国家金融市场的风险传染效应不容忽视；美国、英国是全球系统性金融风险的主要输出国家，且美国的风险输出效应大于英国；中国和欧元区国家是全球系统性金融风险的净输入国家，中国的净输入效应小于欧元区国家。③不同国家/地区的货币市场与外汇市场连接成强度不一的金融网络，金融风险可能通过金融网络实现跨国传染，对其他国家/地区的货币市场/外汇市场形成风险冲击。网络中心层国家/地区并非总是重大金融风险事件的源发地，风险传染效应更多由具体国家/地区金融市场的行为反应和波动程度决定。

微观审慎监管、存款保险和最后贷款人三方面构成的金融稳定制度框架不能有效防御金融危机。微观审慎监管缺陷在于：一是资本监管对表外资产及金融衍生产品的关注不够，资本充足率难以准确计算且难以与整个银行体系的风险相匹配；二是巴塞尔协议所提倡的计算方法导致微观审慎监管具有顺周期性。存款保险缺陷在于：一是存款保险机构对高风险的金融衍生资产，不能根据风险水平准确制定对应的存款保险费率；二是参保机构缴纳存款保险费用之后，债务清偿风险转移到存款保险机构，其收益与风险不再对称；三是存款保险基金规模相对于整个金融体系风险乃是杯水车薪。最后贷款人缺少动态监管的有效手段，科学救助困难。宏观审慎政策工具多样复杂、各有优缺点，不同种类的工具可能解决特定类型的风险，面临诸多挑战，而且没有建立一套健全的指标体系来监测系统性风险，关键环节的量化存在较大难度，不同政策工具的外部时滞存在较大差别，这也是影响政策工具精准性的主要因素。微观银行非审慎的冒险冲动在"宏观审慎监管"下仍未能得到应有的关注，即使部分人号称宏观审慎监管是良药，但其并未触及风险之源。

第五篇　居民部门："弹性规则"、储蓄资产结构与金融风险

　　居民行为与金融分权没有直接的联系，但居民作为个体又存在于地方政府、金融部门、企业部门、政策部门等部门中，在非正规制度影响下，居民行为特征对金融分权下各部门的行为具有潜在的基础性影响。同时，居民的金融资产规模和结构配置情况，从根本上影响着地方政府、金融部门、企业部门等国民经济部门金融分权行为的实现程度。因此，居民行为又成为一个有必要考虑的非直接因素。

　　中国几千年的文化沉淀，特别是儒家文化，使差序格局和圈层关系对人们的观念和意识具有不可忽视的影响，从而经济交易或多或少在无形中亦有"弹性规则"影响。这在有关地方政府、企业部门、银行部门等主体经济行为的篇章，也有一定程度的体现。本篇主要研究"弹性规则"下关系经济与金融风险的酝酿与转嫁，以及居民的储蓄资产结构变动及其经济波动效应和金融风险效应。尽管本篇的"弹性规则"与关系经济目前尚难以纳入宏观经济理论框架，但无疑这是一个有必要考虑的因素，而且相信纳入这一因素会使经济金融风险控制政策更为切合现实、更为科学。当然，从居民行为角度分析，还有很多其他重要的问题，需要进一步挖掘和研究。

第十四章

"弹性规则"、关系经济与金融风险

封建社会在中国发展了两千多年，在较长时期内，多数民众对法律知之甚少，但他们知道礼治规则。因此，长期维系封建社会运行的主要规则不仅是国家权力维护的法律，而且有中国特征的道德规范和文化传统。从经济角度分析，这一特征便是差序格局下的弹性规则。本章主要从不可忽视的或多或少存在影响的"弹性规则"及关系经济角度，分析政府层级之间金融分权和政府–市场金融分权下部分部门的经济行为与金融风险及其转嫁的关系。

第一节　差序格局与"弹性规则"

一　差序格局与弹性关系

费孝通（1947）曾对中国社会差序格局进行了深刻剖析。尽管半个多世纪过去了，社会制度发生了天翻地覆的变革，不少事物时过境迁，但对今天分析社会问题仍不失借鉴意义。因为，1978~2018年的改革相对于两千多年的积淀来讲，显得有些微不足道，而且渗透到潜意识层面的观念也不会弹指之间消失殆尽。

毋庸置疑，两千多年的文化传统中，诸子百家对后世具有垄断影响的当数儒家经典，引据儒家学说首推自然是孔子。孔子对差序格局的譬喻是"为政以德，譬如北辰，居其所，而众星共之"。其意指"自己总是中心，像四季不移的北斗星，所有其他的人，随着他转动"（费孝通，1947）。

因此，孔子最注重的是以"己"为中心，涟漪式向外扩张。"本立而道生""格物、致知、诚意、正心，修身、齐家、治国、平天下""老吾老以及人之老，幼吾幼以及人之幼"，莫不论证这种差序范式。

将上述的"涟漪式"差序格局引申开来，至少包括亲属关系和地缘关系两个方面。亲属关系的模糊界定是根据生育和婚姻事实所发生的社会关系。以此为网络雏形，拓展而去。各自父母不同，以亲属关系形成的社会关系网络则不同。地缘关系则以自己家为中心，周围画圆，形成街坊。地缘关系重要性有时很难与亲属关系分出轻重，所谓"远亲不如近邻"。至于后来发展的校友关系、同门关系、同僚关系等，可以视为亲属关系和地缘关系的延伸。

值得关注的一点是，以上关系弹性较强，伸缩自如。无论是亲属圆的半径，还是地缘圆的半径，都由个人的能力大小决定。"穷则独善其身，达则兼济天下"形象地描述了这种半径的大小，小到孤独一人，大到"诸侯王国"。差序格局中，社会关系是逐渐从一个一个人推出去的，是私人联系的增加，社会范围是一根根由私人联系的"绳子"编成的网络，而网络上结与结之间的巩固就是靠道德维系。这种世世代代不断强化的差序格局显著不同于西方的团体格局——若干数量的人组成不同的团体，团内外界限分明，团里成员人人平等（即使等级存在也是由组团规则而定）。

二　维系差序格局的弹性标准

由己向外推展而去的社会网络中的每根"绳子"都依附着不同的标准。这一标准基本上分为四类。一是基本的亲属关系，如父母、亲子、手足，规范的标准是孝和悌。如"孝悌也者，其为仁之本欤"。二是拓展的朋友关系，规范的标准是信和义。如"与朋友交而不信乎"？三是事业的君臣关系（包括上下级隶属关系），规范的标准是忠和仁。例如，臣对君要遵守"良臣不事二主""精忠报国""为人谋而不忠乎"等为臣之道，君对臣要"仁"。四是普通的社会关系，规范的标准是善。

不但不同类别的关系采用的标准不同，而且对于同样的社会关系，标准的内涵也具有弹性。例如，"仁"的具体内涵就是由具体事情和对象而定的。如孔子在不同情景下对"仁"内涵的界定,"孔子有不少次说'不够说是仁',但是当他积极地说明'仁'字是什么时,他却退到了'克己复礼为仁','恭宽信敏惠'这一套私人间的道德要素了。他说:'能行五者于天下为仁矣。……恭则不侮,宽则得众,信则人任焉,敏则有功,惠则足以使人。'"(费孝通,1947)。

在这种差序格局的规范中,"长幼尊卑"人伦次序是不能违背的,矗立在这"金字塔"式的层层关系顶层的自然是皇权。维系差序格局的规范顺理成章地造就了"溥天之下,莫非王土;率土之滨,莫非王臣"的无上权威。根据距离最高皇权的远近,形成不同等级的官员。最底层官员也是朝廷命官,尊卑程度也高于普通公众,也掌握大量资源。因此,"优则仕"是公众的基本意识。

三　经济治理中非正规制度的"弹性规则"

差序格局下不同的私人关系采用了具有弹性的不同的规范标准,从而使经济治理也有了弹性的规则标准。甚至法律,都因实施对象和自己的关系可以在不同程度上进行伸缩。近年来,谈论较多的就是要"依法治国",那么言外之意就是说原来不是"法治"或者"法治"程度较低。与"法治"相对立的——或称为"人治"。两者的区别关键在于"法"的界定上。《辞海》对"法"界定为"体现统治阶级的意志,由国家制定或认可,受国家强制力保证执行的行为规则的总称,包括法律、法令、条例、命令、决定等"。"法治"就是依据国家强制力保证执行的行为规则进行社会治理。"人治"则描述凭个人主观臆断的行为,不是依据什么规则。从上文论述中易得出,中国原来的治国之道在于"仁义礼智信",在于"忠孝悌宽敏",在于差序格局社会中行为交往约定俗成的规则,制度经济学者称之为非正规制度。那么,称这种治理方式为"人治"显得不妥。

四　"弹性规则"与关系经济

在"弹性规则"下,差序格局的经济体系在一定程度上存在关系经济。Dixit(2006)进一步将经济治理方式分为"规则型"和"关系型",并分析认为:①"关系型"经济治理在一定程度上刻画了不同属类关系用不同标准规范的行为；②关系型经济治理的总成本在小规模群体中较低，规则型经济治理的总成本在大规模群体中较低；③关系型治理在以大家庭关系、邻里结构和种族语言为纽带联系的小群体中很好地发挥作用，便于复杂的交往和良好交流；④但其概括要义定位在"关系"上，而不是支配"关系"的"规范"上，随着经济交易规模的扩大，关系型治理便渐渐失去了它的相对功效。

关系经济的典型特征是："关系"把经济活动的主体分为有"关系"的"圈内人"和没有"关系"的"圈外人"，它在降低"圈内人"的搜寻和交易成本的时候，却增加了"圈外人"的交易成本，并且使交易局限在较小的范围内（朱巧玲，2012）。尽管有人通过调查问卷的方式，以受访者家庭是否持有股票、基金和债券等金融产品的情况为被解释变量，以儒家学校数、儒家祠庙数和明清进士数等指标衡量儒家文化（古志辉，2015；金智等，2017；程博等，2018；张博等，2018；徐细雄、李万利，2019；潘越等，2020），从而证明儒家文化对家庭金融投资没有显著影响，进而推证儒家文化对"圈外"陌生人交易影响不显著。这里实际上忽略了一个非常关键的因素，中国公开发行的股票、基金和债券等金融产品，实际上是经过国家认可的交易工具，家庭持有这些金融工具，主要原因更是对国家的信任，不一定就完全是由儒家文化支配的陌生人交易；同时，对国家的信任和忠心是儒家文化的核心内容，以此作为被解释变量，则成了以儒家文化数据证明儒家文化行为，有点循环论证。

当然，这种在相当长一段时期内司空见惯的关系经济随着法治的完善而逐渐消失殆尽，但不可否认它曾经的存在和影响。

五　关系经济的效力及不稳定性

以儒家文化为基石的"弹性规则"，在政府与市场达到权力均衡时，对经济发展和繁荣具有重要的推进作用。汉唐盛世则是较好的例证。然后，这种盛世却也暗藏着自身难以解决的矛盾，即"封闭等级秩序"与"弹性等级秩序"的内在冲突（张杰，2017），实质上是中国历史上社会治理的"无序-专制"循环。经验事实证明，"弹性规则"下的关系经济具有一定的不稳定性，这主要表现在两个方面。

（一）儒家文化等观念习俗"软约束"的失效

儒家伦理以及家族秩序不乏推动市场发展与经济繁荣的微观潜能，比如降低交易成本、自省克己、经济理性与高社会责任等。毋庸置疑的是，儒家文化等非正规制度作为制度体系的土壤，特别是法律政治的基石，具有一定的"软约束"性。儒家通常代表独立的人文精神，而法家则往往代表与皇权势力紧密牵扯的既得利益和政治权力。儒家伦理毕竟属于无形的道德规范，它只提供"软约束"，面对一旦进入权力逻辑便"满身甲胄"的政府因素，单凭儒家伦理构筑的"道德防线"，在多数情况下会形同虚设。

（二）官僚行为及其对市场经济的破坏

儒家经济伦理的宏观功能与微观功能存在内在冲突。长期以来，儒家伦理以及家族组织一直充当着塑造与牵制官僚体系的"宏观"角色，并以建立一种有序而稳定的纵向（层级）社会结构为目标。在这种宏观社会结构中，官僚体系从一开始就满怀突破相关制度束缚的冲动。在一个权力失去有效制衡与约束的制度结构中，诚信、勤俭、自省以及理性将难以自存，而人们在经济改革过程中曾经无限向往的经济自由也将最终被强势的官僚体系以及扭曲的利益追求所"俘获"。

第二节 关系经济、租金转嫁与金融风险

这里分析地方政府寻租基于两个前提。一是地方政府寻租行为是多种因素共同的产物。已有研究文献从三个角度分析政府寻租的成因。Hillman（2003）提出，政府寻租是政府官员在体制约束放松的条件下的理性行为。Baland 和 Francois（2000）认为，法律对私有产权的保护不力，使产权不清晰的资源通过再分配创造出寻租机会。更多学者认为是在宪政秩序不变的市场化改革中，原有的计划体制下的公共权力衍生为寻租能力（刘欣，2005；黄少安、赵建，2009）。这里认为，地方政府寻租行为是有限进入社会中法律软约束、产权不清晰与行政权力垄断共同作用的结果，且以后者为主流动力。二是地方政府在辖区经济中处于神经中枢地位，能左右各个具有影响力的经济体。地方政府、企业、银行具有共同的晋升需

求，在地方经济投资方面具有利益衔接点，部门之间存在广泛的政策依赖，这种天然上的依赖和联系为寻租行为搭建了便利的桥梁。为了简单、直观分析这一问题，这里分别建立地方政府、企业、银行等"官员"的目标函数和动态最优选择。

一　地方政府

地方政府掌控着资源分配权，这种权力的实施主要通过对自然资源、国有资本所有权的垄断以及对金融资源的控制来完成（黄少安、赵建，2009）。不同的地方政府在配置资源、推动辖区经济增长的过程当中，不可避免地掺杂了对个人利益的追求。分权制度的初衷是上级政府通过行政分权和税收分权，激励下级政府为了多获取剩余控制权而努力工作，但在一定程度上也是默许下级在有效推动辖区经济增长的同时其个人收益有所改善。如果产生租金、权力争夺矛盾和政见分歧斗争，既有的寻租行为则变为对方治理的手段。因此，曾经在一段时期，租金机制既是一种激励制度又是一种约束手段，是"弹性规则"的一种体现。

根据第二篇第三章分析，对地方政府任期偏好进一步细分为三个更具体一些的目标，研究具体目标与寻租行为的经济关系。假定第 i 级（$i>1$）政府官员的目标函数包括晋升、收入和辖区经济运行情况，经济增长率与官员晋升、收入存在一定的相互影响关系，可简化为：$U_{G_i} = G\big[pro,\ inc,\ g(pro,\ inc,\ k_i)\big] = G(pro,\ inc,\ k_i)$。其中，晋升因素 pro 取决于 i 级政府官员与上级政府 j 的关系 $rela_{G_i - G_{i+1}}$ 和租金 $rent_{G_i - G_{i+1}}$，表示为 $pro_G = h_G\big(rela_{G_i - G_{i+1}},\ rent_{G_i - G_{i+1}}\big)$。$i$ 级政府收入情况 inc_{G_i} 取决于自己的级别 pro、送出的租金 $rent_{G_i - G_{i+1}}$、收入辖区企业的租金 $rent_{Cor_j - G_i}$ 和获取的下级政府租金 $rent_{G_i - G_{i-1}}$，表示为 $inc_G = f_G\Big[pro,\ \big(rent_{Cor_j - G_i} + rent_{G_i - G_{i-1}} - rent_{G_i - G_{i+1}}\big)\Big]$。此外，决定因素就是资本 k_i（采用 AK 模型中资本概念——物质资本和人力资本）。

假定晋升、收入在地方政府效用函数中满足递增和边际递减规律，而 k_i 在经济增长模型中满足递增和边际递减规律，政治关系根据远近 $rela_{G_i - G_{i+1}}$ 处于 $[0,\ 1]$。据此，设计地方政府效用函数为：$V_{G_i} =$

$rela_{G_i - G_{i+1}} \times rent_{G_i - G_{i-1}}^{\alpha 1} \times rent_{G_i - G_{i+1}}^{-\alpha 2} \times rent_{Cor_j - G_i}^{\alpha 3} \times k_i^{\beta}$，地方政府收入的动态变量为 $inc_{G_i} = s_{G_i} + r \times inc_{G_i} + rent_{G_i - G_{i-1}} - rent_{G_i - G_{i+1}} + C_{G_i} - pun_{G_i}$。其中，$s_{G_i}$ 为地方官员薪酬与地方租金的比例；r 为利率；C_{G_i} 为地方 i 利用单位之名进行的消费；pun_{G_i} 为地方 i 因寻租被惩罚的金额。

地方政府官员的目标函数模型：

$$\max \int_0^\infty \left(rela_{G_i - G_{i+1}} \times rent_{G_i - G_{i-1}}^{\alpha 1} \times rent_{G_i - G_{i+1}}^{-\alpha 2} \times rent_{Cor_j - G_i}^{\alpha 3} \times k_i^{\beta} \right) e^{-\rho t} \mathrm{d}t \quad (14-1)$$

$$\mathrm{s.t.} \ rent_{G_i} = rent_{G_i - G_{i-1}} + rent_{Cor_j - G_i} - rent_{G_i - G_{i+1}} + C_{G_i} - pun_{G_i}$$

根据式（14-1）建立现值汉密尔顿函数：

$$H_{G_i} = rela_{G_i - G_{i+1}} \times rent_{G_i - G_{i-1}}^{\alpha 1} \times rent_{G_i - G_{i+1}}^{-\alpha 2} \times rent_{Cor_j - G_i}^{\alpha 3} \times k_i^{\beta} +$$
$$\lambda \left(rent_{G_i - G_{i-1}} + rent_{Cor_j - G_i} - rent_{G_i - G_{i+1}} + C_{G_i} - pun_{G_i} \right) \quad (14-2)$$

对式（14-2）分别求各变量和动态变量的导数可推理得出式（14-3）、式（14-4）。

$$\frac{rent_{G_i - G_{i-1}}^*}{rent_{G_i - G_{i+1}}^*} = \frac{\alpha 1}{\alpha 2} \quad (14-3)$$

式（14-3）意味着：i 级地方政府寻租行为平衡时，它从下级政府获取的租金与向上级地方政府交纳的租金之比等于对应租金在它效用函数中的权重之比；如果 i 级地方政府效用函数对从下级政府获取的租金更感兴趣，现实中表现为主动创租①。

$$k_i^* = \beta^{\frac{1}{1-\beta}} \times rela_{G_i - G_{i+1}}^{\frac{1}{1-\beta}} \times \left(\frac{\alpha 1}{\alpha 2} \right)^{\frac{1}{1-\beta}} \times \frac{rent_{Cor_j - G_i}^{* \alpha 3}}{rent_{G_i - G_{i+1}}^{* (\alpha 2 - \alpha 1)}} \quad (14-4)$$

式（14-4）意味着，①一地区的最优人均资本水平 k_i^* 与政府 i、与上级的关系密切度 $rela_{G_i - G_{i+1}}$ 成正比，如果关系密切度较高，政府 i 具有更高的升迁预期和提高自身效用的预期，更具有动力去争取资金来推动辖区经济发展，同时为提拔准备了声誉和政绩；如果关系密切度太低，这方面的

---

① 即地方政府部门预期到寻租行为为其带来的收益，从而通过行政干预主动创造租金，增加本部门、本地区企业的收益，这些企业向该政府部门提供部分租金报酬作为回报的行为（过勇、胡鞍钢，2003）。

激励可能会降低。因此，从这个层面上理解，政治关系与区域经济资本具有一定的联系。②一地区的最优人均资本水平与 $\frac{\alpha 1}{\alpha 2}$（收入租金与支出租金的效用权重系数比）成正比。如果地方政府对获取租金效用为 0，也就不再想通过租金疏通来取悦上级。③一地区最优人均资本水平与辖区企业交纳的租金 $rent^*_{Cor_j-G_i}$ 成正比。在"弹性规则"下，企业寻租意愿越强烈、租金规模越大，该地区的资本水平越高。

　　如果 $\alpha 1 = \alpha 2$，那么 $k_i^* = \beta^{\frac{1}{1-\beta}} \times rela^{\frac{1}{1-\beta}} \times rent^{*\alpha 3}_{Cor_j-G_i}$。这表示当地方政府 i 对从下级获取租金和向上级行使租金的偏好系数没有分别时，他将从下级获取的租金全部送给上级，政府体系内部不规范行为达到局部平衡，地方政府 i 从企业获取的租金可以留为己有，同时为寻租企业提供投资中标、政府补贴的机会，提高了辖区投资规模。

　　当满足条件 $rent_{G_i} = 0 \rightarrow rent_{G_i-G_{i-1}} + rent_{Cor_j-G_i} + C_{G_i} = rent_{G_i-G_{i+1}} + pun_{G_i} \rightarrow \Delta rent_{G_i} + C_{G_i} = pun_{G_i}$ 时，地方政府寻租行为消失。这表示地方政府 i 获取的租金净额 $\Delta rent_{G_i}$ 加上利用单位之名进行的消费 C_{G_i} 等于被惩罚的金额 pun_{G_i}。地方政府 i 寻租的成本一般由自己承担（或从获取的租金中列支），如果想转嫁给单位，此时他的最优选择就是增加自己的公款消费、混入寻租成本。这一选择也为上级所默许，因为上级也可以将自己的消费转嫁给下级政府。因此 C_{G_i} 实质上也是地方政府寻租的一种形式。党中央"八项规定"以此为切入点改进工作作风、反腐倡廉的原因也在于此。

二　企业部门

　　企业"官员"和地方政府官员存在历史遗留下来的密切联系和交流通道，即使是私人企业也会想方设法与地方政府建立关系，以获取发包项目或政府补贴。"民营企业通过与地方政府建立政治联系来俘获掌握着财政补贴支配权的地方政府官员，进而得到更多的财政补贴收入；在制度约束弱的地区，这种寻租行为更加盛行。"（余明桂等，2010）因此，这里不再区分国有还是民营。

（一）目标函数

设企业"官员"效用函数为 $V_{Cor_j} = V\left[pro_{Cor_j}, \ inc_{Cor_j}, \ prof_{Cor_j}\right]$。其中，企业"官员"晋升 pro_{Cor_j} 主要由政企关系 $rela_{Cor_j - G}$ 和政企租金 $rent_{Cor_j - G}$ 决定，即 $V_{Cor_j} = V\left[pro_{Cor_j}, \ inc_{Cor_j}, \ prof_{Cor_j}\right]$。企业"官员"收入 $inco_{Cor_j}$ 主要由企业经营收益 $prof_{Cor_j}$、级别 pro_{Cor_j}、政企租金 $rent_{Cor_j - G}$、银企租金 $rent_{Cor_j - b}$ 等变量决定，即 $inco_{Cor_j} = f_{Cor}\left(prof_{Cor_j}, \ pro_{Cor_j}, \ rent_{Cor_j - G}, \ rent_{Cor_j - b}\right)$。企业经营收益 $prof_{Cor_j}$ 与产品价格 p_j、生产规模 y_j、银行贷款 $loan\left(rent_{Cor_j - b}\right)$、付息金额及成本 $c(y_j)$ 等相关，$prof_{Cor_j} = \left[rela_{Cor_j - G}, \ loan\left(rent_{Cor_j - b}\right)\right]p_j(y_j)y_j + \left[rela_{Cor_j - G}, \ loan\left(rent_{Cor_j - b}\right)\right]\left(rent^2_{Cor_j - G} - rent_{Cor_j - G}\right) - rent_{Cor_j - b} - c(y_j)$。其中，$\left[rela_{Cor_j - G}, \ loan\left(rent_{Cor_j - b}\right)\right]p_j(y_j)y_j$ 为企业正常经营收入，与政企关系 $rela_{Cor_j - G}$ 和银行贷款 $loan\left(rent_{Cor_j - b}\right)$ 具有一定的关系，而银行贷款受到银企租金 $rent_{Cor_j - b}$ 的影响。此外，$rent^2_{Cor_j - G} - rent_{Cor_j - G}$ 为政府发包项目净收入；$rent^2_{Cor_j - G}$ 为发包项目的总收入，$rent_{Cor_j - G}$ 为未获得发包项目付出的租金成本。

假定企业"官员"效用函数同政府官员效用函数分布相似，建立其目标函数：

$$\max \int_0^\infty \left\{\left[p(y_j)y_j + rela_{Cor_j - G}\left(rent^2_{Cor_j - G} - rent_{Cor_j - G}\right) - rent_{Cor_j - b} - c(y_j)\right]^{\beta_1} \times pro_{Cor_j}^{\beta_2}\right\}$$
$$e^{-\rho t}\mathrm{d}t$$

$$(14-5)$$

动态变量为企业"官员"财富变动 $\dot{a}_{Cor_j} = s_j + \tau\left(rent^2_{Cor_j - G} - rent_{Cor_j - G}\right) + r - pun_{c_j} - c_G$。企业"官员"薪酬与企业收入正相关，占收入比重为 s_j。τ 为企业因寻租获取发包项目得到的收益占发包项目净收入的比重。pun_{c_j} 为

寻租企业"官员"可能受到的处罚。β_1 为企业"官员"对净利润偏好的权重。β_2 为企业"官员"对职务晋升偏好的权重。ρ 为折现率。

(二) 包含政治晋升时的生产行为与寻租选择

根据式 (14-5) 和企业"官员"财富变动建立现值汉密尔顿函数:

$$H_{Cor_j} = \left[p(y_j)y_j + rela_{Cor_j - G}\left(rent^2_{Cor_j - G} - rent_{Cor_j - G} \right) - rent_{Cor_j - b} - c(y_j) \right]^{\beta_1} \times$$

$$pro^{\beta_2}_{Cor_j} + \lambda\left[s_j + \tau\left(rent^2_{Cor_j - G} - rent_{Cor_j - G} \right) + r - pun_j - c_G \right]$$

$$(14-6)$$

企业"官员"容易将寻租成本转移给单位,因此效应函数中主要是关于企业收入与自身收入(级别)的函数。

求式 (14-6) 关于 $rent_{Cor_j - b}$ 的导数可得出银企租金最优值:$rent^*_{Cor_j - b} = p(y_j)y_j + rela_{Cor_j - G}\left[rent^2_{Cor_j - G} - rent_{Cor_j - G} \right] - c(y_j)$。

当企业向银行寻租规模达到最优时,它向地方政府的寻租行为也达到最优规模,此时可以得出:

$$rent^*_{Cor_j} = rent^*_{Cor_j - b} + rent^*_{Cor_j - G} = p(y_j)y_j + rela_{Cor_j - G}rent^{*2}_{Cor_j - G} +$$

$$\left[1 - rent^*_{Cor_j - G} \right] - c(y_j) \qquad (14-7)$$

$$= p(y_j)y_j + y_G + \left[1 - rent^*_{Cor_j - G} \right] - c(y_j)$$

进而对企业寻租变量 $rent^*_{Cor_j}$ 求企业规模 y_j 的导数,得出:

$$\frac{\partial rent^*_{Cor_j}}{\partial y_j} = \frac{\partial p_j}{\partial y_j}y_j + p_j + \frac{\partial y_G}{\partial y_j} - \frac{\partial c_j}{\partial y_j} = p_j\left(1 - |\varepsilon_j| \right) + \frac{\partial y_G}{\partial y_j} - \frac{\partial c_j}{\partial y_j} \quad (14-8)$$

其中,ε_j 表示产品需求弹性,同时也反映了市场垄断程度,如果完全竞争,企业面临的市场需求曲线为水平,企业销售规模的价格弹性接近于无穷;如果企业面临的市场需求曲线为垂直,企业销售规模的价格弹性为 0,市场完全垄断,市场生产量完全取决于企业行为。

式 (14-8) 的经济解释为:企业垄断程度越高,越有可能获取地方政府发包项目,来自财政投资方面的收入越高;企业垄断程度越高,越有价格、产量和成本的自主权。由此可见,转型期的行政垄断企业不仅可以获取垄断利润,而且拥有了潜在的获取财政重大投资项目、财政补贴的优先权。

（三）完全依赖政策发包工程的寻租选择

当自营业务收入为 0、企业收入完全靠政府发包工程时，可推理出：

$rent^2_{Cor_j - G} - rent_{Cor_j - G} - \dfrac{c}{1 - \tau} = 0$，进而求解出：$rent^*_{Cor_j - G} = 2 + \sqrt{\dfrac{4c + 1 - \tau}{4(1 - \tau)}}$；

对此求 τ 的一阶、二阶导数分别有：$\dfrac{\partial rent^*_{Cor_j - G}}{\partial \tau} =$

$2\left[2(4c + 1 - \tau)(1 - \tau)^3 \right]^{-\frac{1}{2}} > 0$、$\dfrac{\partial^2 rent^*_{cor_j - G}}{\partial \tau^2} = -\dfrac{3(4c + 1 - \tau) - (1 - \tau)}{2(4c + 1 - \tau)^{\frac{3}{2}}(1 - \tau)^{\frac{5}{2}}} <$

0。完全依靠政府发包的企业，最优寻租规模取决于争取到政府工程后企业"官员"收益占工程拨款扣除租金后净收益的比例 τ 和施工成本 c。根据一阶导数符号，可知企业最优寻租规模与 τ 成正比，即 τ 越大企业向政府寻租的动机越大；根据二阶导数符号可知，企业寻租规模变动幅度随着企业受益比例增加而减少。

当完全靠寻租获取政府补贴的皮包公司 $c=0$。企业收入为 $rela_{Cor_j - G}\left[rent^2_{Cor_j - G} - rent_{Cor_j - G} \right]$，企业负责人收入为 $\tau^* rela_{Cor_j - G}\left[rent^2_{Cor_j - G} - rent_{Cor_j - G} \right]$。在 $rent_{Cor_j - G} \in [0, 1]$ 时，企业寻租得不偿失；在 $rent_{Cor_j - G} > 1$ 时，工程收入大于寻租成本 $rent^2_{Cor_j - G} > rent_{Cor_j - G}$，工程越大，寻租动机越强，寻租成本越高。因此，"总产品收益的增减，则取决于生产性努力增长和分配性努力（寻租）增长的成本收益的比较"（盛洪，1991）。"基于政治家垄断资源的再分配权力，这种情况下的市场化改革，优化市场结构，促进竞争，虽然提高了厂商的寻租动机，却也同样提高了其生产动机。在厂商要素产品的获得采取分成租佃的寻租形式情况下，需求弹性在一定范围内的增大会在增加寻租行为的同时，也刺激了生产性努力的增长。"（黄少安、赵健，2009）显然，这种经济增长正与当前迫在眉睫的高质量经济发展相违背。

$$rela^*_{Cor_j - G} = \frac{c + rent_{Cor_j - b} - p(y_j)y_j}{GP_{Cor_j}} \qquad (14-9)$$

其中，$GP_{Cor_j} = (rent^*_{Cor_j - G})^2 - rent^*_{Cor_j - G}$。式（14-9）表明：企业与地方政府的关系与企业向地方政府寻租的金额成正比、与企业向银行寻租的金额成正比、与企业经营成本成正比。经济解释为：企业不仅可以通过寻租加强政企关系，而且可以通过企银寻租、联合银行提高政企关系；并且企业扩大规模、扩张成本后具有向政府寻租获取政府补贴和项目的便利。

三　银行部门

银行多为国家控股或地方控股或国有企业控股，银行"官员"效用受到晋升 pro_{bl}、自身收入 inc_{bl}、贷款利润 $prof_{bl}$ 等变量影响，其效用函数可设定为：$B_{bl} = B\big[pro_{bl},\ inc_{bl},\ prof_{bl}\big]$。

银行"官员"晋升变量 pro_{bl} 取决于银政关系 $rela_{bl-G}$ 和银行"官员"向能左右其职位的地方政府寻租资金 $rent_{bl-G}$，可表示为 $pro_{bl} = h_b\big[rela_{bl-G},\ rent_{bl-G}\big]$。

银行高管收入 $inco_{bl}$ 受银行贷款利润 $prof_{bl}$、晋升的职位 pro_{bl}、银政租金 $rent_{bl-G}$、银企租金 $rent_{Cor_j - b}$ 等变量影响，可表示为函数 $inco_{bl} = f_b\big[prof_{bl},\ pro_{bl},\ rent_{bl-G},\ rent_{Cor_j - b}\big]$。

银行贷款利润 $prof_{bl}$ 受贷款收入 m_b、隐瞒风险规避监管成本的收入 E_l、中央银行维护金融稳定给商业银行所带来的转移收入 $f_l\big[l_d\big|(S,\ \Delta m_f),\ ev(p_l)\big]$、贷款中获得的银企租金 $rent_{Cor_j - b}$、满足监管要求的监管成本 $C_l(l_{dl})$、贷款风险管理成本 $C(m_b)$、承担金融稳定政策引发的通胀成本 $\int_1^{+\infty} C_i(l_i)\,\mathrm{d}\tau$ 等变量的影响。m_b 受到贷款规模 $loan_l$、贷款坏账损失 bad_l、金融监管要求的流动性 l_{dl} 等变量的影响，可表示为 $m_b(loan_l,\ bad_l,\ l_{dl})$。其他变量含义同第四篇（第九章第二节）部门博弈模型一致。银行贷款利润函数可表示为：

$$prof_{bl} = m_b(loan_l,\ bad_l,\ l_{dl}) + E_l(h_l,\ eh) + sf_l\big[l_d\big|(S,\ \Delta m_f),\ ev(p_l)\big] +$$
$$rent_{Cor_j - b} - C_l(l_{dl}) - C(m_b) - \int_1^{+\infty} C_i(l_i)\,\mathrm{d}\tau$$

$$(14-10)$$

银行"官员"的目标函数表示为：

$$\max \int_0^\infty \left\{ rela_{bl-G} \times \left\{ \begin{array}{l} m_b(loan_l,\ bad_l,\ l_{dl}) + E_l(h_l,\ eh) + sf_l\left[l_{di}\middle|\left(S,\ \Delta m_f\right),\ ev\left(p_l\right)\right] - \\ \left[C_l(l_{dl}) + C(m_b) + \int_1^{+\infty} C_l(l_l)\,\mathrm{d}\tau\right] \end{array} \right\}^{\gamma_1} \times \right. \\ \left. rent_{Cor_j-b}{}^{\gamma_2} \times rent_{bl-Gfr}{}^{-\gamma_3} \right\} e^{-\rho t}\,\mathrm{d}t$$

$$(14\text{-}11)$$

其中，γ_1 为银行"官员"对银行贷款利润（经营利润）的偏好弹性系数，γ_2 为银行"官员"对银企租金 $rent_{Cor_j-b}$ 的偏好弹性系数、$-\gamma_3$ 为银行"官员"对银行与监管部门租金 $rent_{bl-Gfr}$ 的偏好弹性系数。

设 $\dot{a}$ 为银行"官员"财富变动的动态变量。根据式（14-11）和动态变量建立现值汉密尔顿函数：

$$H_{bi} = rela_{bl-G} \times \left\{ \begin{array}{l} m_b(loan_l,\ bad_l,\ l_{dl}) + E_l(h_l,\ eh) + sf_l\left[l_{di}\middle|\left(S,\ \Delta m_f\right),\ ev\left(p_l\right)\right] - \\ \left[C_l(l_{dl}) + C(m_b) + \int_1^{+\infty} C_l(l_l)\,\mathrm{d}\tau\right] \end{array} \right\}^{\gamma_1} \times \\ rent_{Cor_j-b}{}^{\gamma_2} \times rent_{bl-Gfr}{}^{-\gamma_3} + \lambda\left(s + rent_{Cor_j-b} - rent_{bl-Gfr} + ra - pun_{bi}\right)$$

$$(14\text{-}12)$$

分别求解式（14-12）中企业-银行租金变量、银政租金变量、银行流动性变量 l_{dl} 和银行游说力度变量 p_l 的函数推理得出式（14-13）~式（14-16）：

$$\frac{rent_{bl-Gfr}}{rent_{Cor_j-b}} = \frac{\gamma_3}{\gamma_2} \qquad (14\text{-}13)$$

式（14-13）意味着银行向地方政府寻租的资金额度与银行从企业获取的租金额度之比等于各租金在银行"官员"目标函数中的权重系数的比。经济解释是，银行向地方政府寻租的行为与企业向银行寻租的行为密切相关。

$$\begin{cases} m'_{l_{di}} + sf_l{}'_{l_{di}} - C'_{l_{di}} = 0 \\ m'_{p_l} + sf_l{}'_{p_l} - C'_{p_l} = 0 \end{cases} \text{或 } m_b + E_l + sf_l = C_l(l_{dl}) + C(m_b) + \int_1^{+\infty} C_l(l_l)\,\mathrm{d}\tau$$

$$(14\text{-}14)$$

由方程组（14-14）可解得银行个体的最优值 l_{di}^* 和 p_i^*。此时，银行个体最优决策将满足当前金融监管制度而获得的收益视为外生前提，把大量的注意力集中在充分利用"游说能力"p、尽力隐瞒自身信息虚增实际流动性水

平 l_{di} 上。关于这一行为的经济原理在第三篇第七章已进行了分析，在此不再赘述。因此，谢平和陆磊（2005）研究银行信贷定价时曾构造了一个模型，除正常的利息收入外，还包括三类收入，即 I 类寻租收入（贷款者向金融机构人员支付数目不菲的"好处费"，称为门槛成本）、II 类寻租收入（随利率市场市场化程度提高金融机构持续索要的账外高额利息）和当前中央银行救助制度下金融机构因不良贷款巨大可能清盘而得到的资金注入。

$$\dot{rent}_{bl-Gfr} = \frac{(r-\rho)\left(s + rent_{Cor_j-b} + ra - pun_{bi}\right)}{(\gamma_3 + 1)} \qquad (14\text{-}15)$$

$$\dot{rent}_{bl-Gfr} = 0 \Rightarrow s + rent_{Cor_j-b} + ra = pun_{bi} \qquad (14\text{-}16)$$

银行从企业得到的贷款寻租收入可以转化为个人所有，而银行向地方政府和监管部门的寻租成本可以列为单位成本支出。

四　租金转嫁及宏观经济效应

根据式（14-3）、式（14-8）、式（14-9）等函数式可知，在地方政府任期偏好和"弹性规则"下，地方政府向上级寻租的成本 $rent_{Gil}$ 可以转嫁给下级或辖区企业。辖区企业的租金构成包括：①竞标政府发包工程、申请政府补贴或应对政府审批等向地方政府支付的租金 $rent_{Cor_j-G}$；②争夺金融资金、申请银行贷款等向银行或证监机构支付的租金 $rent_{Cor_j-b}$。由此可见地方政府和银行转嫁给企业租金成本，理性的企业有两个解决渠道：一是提高产品垄断价格，价格提升的幅度主要由企业的垄断程度决定，房地产价格的攀升就是一个有力的证明；二是以坏账的形式转嫁给银行，推动银行坏账水平和比重的上升。

毋庸置疑，地方政府对辖区企业转嫁租金的两种方法都比较认可：提升房产价格有利于地方政府的土地财政；银行坏账是将成本转嫁给国家，对地方利益没有负面影响。银行部门面对企业与地方政府之间"潜移默化"或者"合谋"，理性的选择是联合地方政府和企业向中央"游说"，定期或不定期地化解"政策坏账"。如果中央银行和中央财政不实施救助和化解，垄断竞争的银行倒闭足以造成金融风险或影响局部社会稳定的事件，而这是中央政府所不愿意看到的。

因此，在转型期国家银行的救助博弈中，表面上是以政策负担为名的坏账风险谁来承担的问题，实质上是软约束下一定规模的地方政府、企业、银行等主体寻租成本向国家和社会公众转嫁的问题，当然也包括了银行自主经营失败成本夹杂在"政策负担"上的风险和企业"竞标"政府发包工程或补贴项目而进行寻租后偷工减料造成低质重复过度投资的风险。

社会中租金总规模可以初步表示为：

$$rent_t = \sum_{i=0}^{n} rent_{G_i} + \sum_{i=0}^{n} rent_{G_i - G_i - 1} + \sum_{j=0}^{N} rela_{Cor_j - G} + \sum_{j=0}^{N} rent_{Cor_j - b} + \sum_{l=0}^{M} rent_{bl - Gfr}$$

$$(14-17)$$

地方政府官员租金转嫁：一是直接转嫁给企业，提高企业成本和垄断价格；二是转嫁给单位和财政，倒逼国家增发货币，通过通货膨胀转嫁给社会公众；三是转嫁给银行部门，造成金融风险。前者毋庸赘言，后者的传递机理为：社会不同部门寻租成本转嫁积累到金融体系，银行部门通过机会主义行为将寻租成本以乘数效应掺杂到政策负担中，引起金融风险和波动，在软约束规则下，国家不得不增加流动性，超额注资引起货币供给膨胀上涨。

第三节　"弹性规则"与风险事件

在居民的差序格局和社会的"弹性规则"下，在规范的金融市场上可能出现不可忽视的商业银行（其他金融机构根据其金融资源配置权限大小也可能会在不同程度上存在）不规范经济行为，为风险转嫁提供了便捷。现在没有官方统计数据，本章从金融监管部门（中国银行保险监督管理委员会官方网站"行政处罚信息公开"）披露的违规行为、金融行业部分腐败案例、"八项规定"后不规范行为等不同侧面，来分析"弹性规则"的现实形式和风险转嫁。

一　各部门金融资产风险承担情况

金融资源分配和金融风险承担并不必然对应，分析金融风险承担主体、承担结构和比例有助于改进金融资源配置机制、提高配置效率。表14-1给出了近年来中国居民、企业、政府、金融机构、国外经济体的金融资产风险承担情况。从表14-1可以看出：金融资产风险明显向银行等金融机构集中，金融机构承担的风险中的一部分最终由（中央）政府承担。2018年末，由金融机构和政府部门承担风险的金融资产规模分别是2007年末的5.85倍和2.60倍，占全部金融风险资产的比重为54.5%和17.7%，总计达72.2%，由金融机构承担风险的占比较2007年末提高了14.2个百分点（易纲，2020b）。值得注意的是，这里分析的风险口径是金融资产风险，未包括实际经济运行中的不规范经济行为导致的风险。当然，这一部分数据很难被统计。

表14-1　各部门金融资产风险承担情况

单位：万亿元，%

	主要风险资产类别	1995年		2007年		2018年	
		金额	占比	金额	占比	金额	占比
居民	存款、贷款、保险准备金、特定目的载体、股票	0.4	2.2	11.4	7.3	63.4	9.4
企业	存款、贷款、保险准备金、特定目的载体、股票、直接投资、其他对外债权	2.8	15.4	26.8	17.3	92.5	13.8
政府	通货、存款、贷款、准备金、债券、特定目的载体、股票、中央银行贷款、其他对外债权债务、国际储备资产	4.5	24.4	45.7	29.4	118.7	17.7
金融机构	存款、贷款、债券、特定目的载体、股票、其他对外债权	9.1	49.9	62.6	40.2	365.9	54.5
国外经济体	存款、贷款、特定目的载体、股票、直接投资、其他国外债权	1.5	8.1	9.1	5.8	31.2	4.6

注：在测算中，对于存款，假定金融机构承担居民部门存款风险的95%，承担其他部门存款风险的80%，其余的存款风险由居民及其他部门分别承担。对于贷款，假定金融机构承担信用贷款100%的风险。根据《商业银行资本管理办法（试行）》（初级内部评级法中，以应收账款、房地产和其他抵押品作为担保的，最低违约损失率为35%~40%）和《中国金融稳定报告（2019）》（在银行业压力测试中，假定集团客户违约损失率为60%），假定抵押、保证贷款违约损失率为50%，即金融机构和借款人各承担50%的风险。考虑到部分贷款等还有政府隐性担保，在匡算金融机构承担风险的金融资产规模时，适当做了扣减，并相应增加政府部门承担的风险。对于债券，其中国债、政策性金融债和中央银行票据对持有者而言可视为无信用风险资产，这部分债券的风险由政府部门承担，除此之外，其他债券的风险由持有者承担。对于理财和信托，考虑到刚性兑付尚未完全打破，假定其中80%的风险由金融机构承担。随着理财等刚性兑付逐步打破，未来风险承担情况会发生变化。此外，通货、准备金和中央银行贷款、国际储备资产被视作政府部门应承担的风险资产。

资料来源：易纲（2020b）。

二 银行不规范经营行为：基于中国银行保险监督管理委员会处罚信息的分析

根据中国银行保险监督管理委员会官方网站披露数据，这里梳理了主要不合规行为（见表14-2）。许多违规行为看似是无意违反了审慎经营规则，实质上可能是社会在一定程度上存在的差序格局及"弹性规则"经济，使违规者或主动或被动或有意避重就轻地违反了法律法规。

表14-2 2013~2020年银行违规行为概括

序号	典型违规事实	类型
1	向关系人发放信用贷款的违规行为	
2	连续为同一客户办理无真实贸易背景的银行承兑汇票业务并形成垫款	
3	为不具备真实有效交易背景企业签发银行承兑汇票	
4	发放无真实贷款需求的住房按揭贷款	
5	未有效核实应收账款转让背景的真实性	
6	对不具有真实的交易关系和债权债务关系的票据予以承兑行为	
7	无真实贸易背景提供授信和发放保理融资	
8	办理保理融资业务应收账款回款票据不实	
9	办理信用证及福费廷转卖业务对贸易背景真实性审查不严	无真实交易背景
10	为借款人出具虚假入资传票、违规发放贷款	
11	违反同一借款人贷款比例规定发放贷款的违规行为	
12	未落实授信条件发放贷款，超越授信额度发放贷款	
13	未严格审查和监控信用证资金用途，信用证到期形成垫款	
14	向不符合规定的项目发放贷款	
15	贷款支付依据不充分并屡查屡犯	
16	关联交易管理混乱	
17	其他贷前尽职调查不到位的行为	

序号	典型违规事实	类型
18	出具与事实不符的资信证明等违规经营行为	联合造假
19	违反个人存款账户实名制规定办理个人储蓄存款行为	
20	私自对外使用印章出具资金入账凭证	
21	参与违规转让信贷资产并虚报报表隐匿不良贷款	
22	向监管部门提供不符合监管要求的虚假证明的行为	
23	购销通业务严重违反审慎经营原则，商票保贴形成垫款，掩饰不良资产	
24	用款审批不及时，贷款资金改变用途	贷款审批监督漏洞
25	贷后未有效监测贷款资金用途，且反映贷款资金用途不实	
26	贷后管理不力贷后管理不到位，贷款形成不良并造成损失	
27	违规从事债券投资活动且形成重大风险	
28	有关业务存在"存贷挂钩"行为	业务范围、程序等违规
29	贷款资金被挪用，以贷转存	
30	同业票据资产违规出表	
31	管理信托财产不审慎	
32	经营偏离主业，同业融出超比例的行为	
33	向未封顶楼盘发放按揭贷款	
34	发放的流动资金贷款用于项目建设，用于房地产项目开发	
35	未按规定准确计量风险并计提相应资本与拨备	
36	高管任职未经监管部门任职资格许可	
37	采用不正当手段吸收存款	
38	违规承诺理财产品收益行为	
39	违规终止确认金融资产	风险处理违规
40	已核销不良贷款责任认定与追究不到位	
41	不符合资质的社员机构投资债券和资管计划的行为	

资料来源：根据中国银行保险监督管理委员会官网披露数据整理。

　　分析"弹性规则"及其引发的不规范经济行为在金融体系的体现还可以从金融行业腐败行为方面进行。研究表明，腐败多发于土地管理、工程建设（含交通）、政府采购、金融、执法司法等领域；金融领域腐败涉及的金额一般较为巨大（高波、苗文龙，2013）。各行业腐败案例占总案例的比重见图14-1。

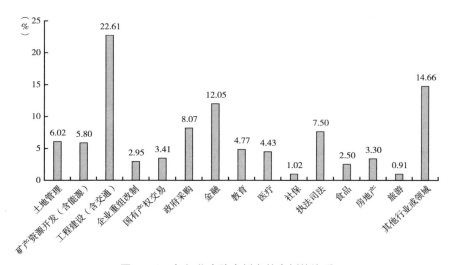

图14-1 各行业腐败案例占总案例的比重

资料来源：笔者根据1984~2010年部分法院公开判决书整理。

三 "八项规定"后的案例

分析"弹性规则"的体现还可以从"八项规定"的内容进行分析。2017年12月3日，中纪委推出"八项规定"①后，许多文件文献进行了系

---

① （一）要改进调查研究，到基层调研要深入了解真实情况、总结经验、研究问题、解决困难、指导工作，向群众学习、向实践学习，多同群众座谈，多同干部谈心，多商量讨论，多解剖典型，多到困难和矛盾集中、群众意见多的地方去，切忌走过场、搞形式主义；要轻车简从、减少陪同、简化接待，不张贴悬挂标语横幅，不安排群众迎送，不铺设迎宾地毯，不摆放花草，不安排宴请。（二）要精简会议活动，切实改进会风，严格控制以中央名义召开的各类全国性会议和举行的重大活动，不开泛泛部署工作和提要求的会，未经中央批准一律不出席各类剪彩、奠基活动和庆祝会、纪念会、表彰会、博览会、研讨会及各类论坛；提高会议实效，开短会、讲短话，力戒空话、套话。（三）要精简文件简报，切实改进文风，没有实质内容、可发可不发的文件、简报一律不发。（四）要规范出访活动，从外交工作大局需要出发合理安排出访活动，严格控制出访随行人员，严格按照规定乘坐交通工具，一般不安排中资机构、华侨华人、留学生代表等到机场迎送。（五）要改进警卫工作，坚持有利于联系群众的原则，减少交通管制，一般情况下不得封路、不清场闭馆。（六）要改进新闻报道，中央政治局同志出席会议和活动应根据工作需要、新闻价值、社会效果决定是否报道，进一步压缩报道的数量、字数、时长。（七）要严格文稿发表，除中央统一安排外，个人不公开出版著作、讲话单行本，不发贺信、贺电，不题词、题字。（八）要厉行勤俭节约，严格遵守廉洁从政有关规定，严格执行住房、车辆配备等有关工作和生活待遇的规定。

统研究和分析，这里不再做深入解读，仅从查处的问题数量和查处的人数方面做一个概括。截至2020年3月，查处的问题数和人数如图14-2和图14-3所示。

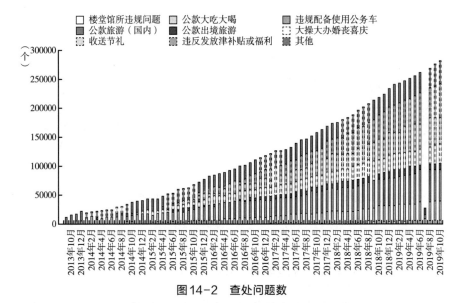

图14-2 查处问题数

资料来源：中共中央纪律检查委员会、国家监察委员会官方网站。

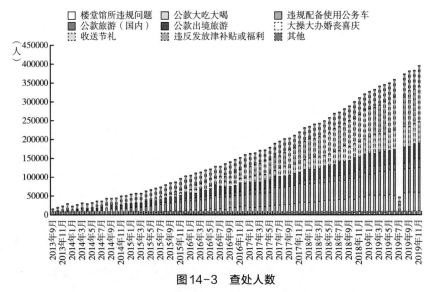

图14-3 查处人数

资料来源：同图14-2。

第四节 本章小结

差序格局社会中不同的私人关系采用了不同的标准，使经济治理规则具有了弹性，并因实施对象和自己的关系远近而在不同程度上伸缩。在经济转型的过程中，维系差序格局的道德体系仍未完全销蚀，依据国家权力维护的法律规则还不足以规范所有市场交易，部分"官员"容易对自身圈层内的关系人采用"弹性规则"、对圈层外的陌生人采取严格的"法治"，从而形成关系经济。

在"弹性规则"下，地方政府、企业、银行等部门具有共同的政治晋升需求和利益契合点，为不规范经济行为提供了生存空间。地方政府可以将租金转嫁给企业、企业通过与地方政府联合以贷款坏账形式将租金转嫁给银行，银行则与地方政府联合以金融救助形式将地方政府租金、企业租金等转嫁给国家。其重要体现是：一是垄断性企业直接通过提高垄断物品价格转嫁给社会公众，如房产价格攀升带动的地方土地财政丰盈；二是租金流向银行部门后造成金融风险膨胀和金融波动，进而通过金融救助倒逼货币供给增加。但从国家持续发展角度分析，关系经济推动的经济增长是以有限资源掠夺式投入、对自然环境破坏为代价来推动的短期行为，使多数公众承担寻租成本、少数群体获取寻租收益，收入差距日益加剧，经济发展质量较低。

第十五章
居民储蓄资产结构变动与金融效应

居民通过储蓄规模及结构调整影响银行部门资产、负债的规模和结构，进而影响企业部门和地方政府部门的行为决策。本章主要研究居民部门储蓄资产结构变化及其对金融分权和金融风险的影响。

第一节　居民储蓄资产结构变动分析

一　居民储蓄增加与金融分权实现

居民部门是国民经济部门中主要的资金供给部门，居民储蓄从根本上决定着居民消费之后的资金供给情况。中国居民储蓄规模的迅速增长为其他经济部门的融资提供了基础保障，在经济基本层面影响着金融分权实现程度。从图 15-1 和图 15-2 可以看出，改革开放以来，居民储蓄总额与 GDP 的比例从 1968 年的 25.73% 上升到 2020 年的 45.71%，现价 GDP 从 1968 年的 1744.10 亿元上升到 2020 年的 1013567 亿元。大约 500 万亿元的居民储蓄为实体资产、金融资产的价格和规模提供了坚实的资金基础，为地方政府、企业部门、银行部门的金融分权行为实现提供了资金基础。

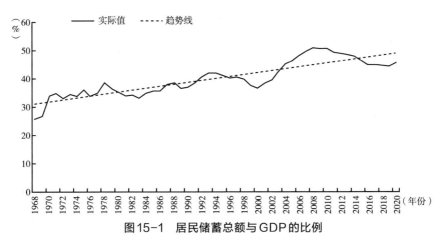

图15-1　居民储蓄总额与GDP的比例

资料来源：根据Wind数据库相关数据计算。

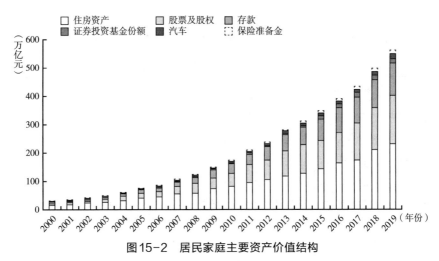

图15-2　居民家庭主要资产价值结构

资料来源：根据Wind数据库相关数据计算。

二　居民储蓄金融资产结构与金融分权实现

居民储蓄在具体资产投资结构上的选择和变动，既是其他国民经济部门金融分权行为的结果，也是使其他国民经济部门金融分权行为得以分别实现的基础。

（一）房产类金融资产成为居民储蓄占比最高的资产，仍具有一定的上升趋势

根据图 15-2 数据，房产类金融资产成为居民储蓄占比最高的资产。吴卫星等（2010）分析提出，2010 年拥有自住房的居民家庭中住房资产占总资产比例大多在 50% 以上（见表 15-1）。其他研究数据也显示，2013 年和 2015 年中国家庭资产中房产和股票类金融资产的比例较高；其中，房产比例最高，在 2013 年占居民家庭资产总规模的 68.3%，到了 2015 年这一数值上升为 70.1%（见图 15-3）。本书前面篇章曾论述，地方政府金融分权行为的一个重要途径是土地财政和房地产业发展。从居民资产配置结构分析，居民资产配置选择从最终需求方面支持了地方政府的房地产发展策略，从而推进了政府层级之间金融分权的实现。

表15-1　2010年拥有自有住房的家庭各项资产在金融资产中所占的份额（按总资产分组）

单位：%

总资产（万元）	住房	储蓄存款	现金	保险	股票	外汇	债券	期货	基金	个人理财产品
0~2.5	100	0	0	0	0	0	0	0	0	0
2.5~7.5	59.39	18.16	9.08	1.87	0.83	0.26	0	0	0	0
7.5~15	65.36	20.43	4.94	1.41	0.96	0.02	0.35	0	1.16	0.02
15~40	71.82	15.14	3.95	1.43	2.18	0.04	0.24	0.05	0.94	0.01
40~60	72.90	15.24	2.45	0.76	2.26	0.10	0.22	0.03	2.29	0.04
60~85	69.23	15.06	1.88	0.79	5.51	0.44	0.28	0.04	2.11	0.06
85~200	68.34	18.36	3.56	0.89	3.63	0.21	0.35	0.09	0.85	0.12
200~500	49.82	17.76	5.62	3.33	4.01	1.99	1.30	1.37	1.48	0.71
>500	19.93	22.90	23.37	0.14	4.61	2.23	4.05	0.56	4.61	0.67

资料来源：吴卫星等（2010）。

（二）存款类金融资产占居民金融资产的比重最高

居民储蓄的金融资产中，存款占比最高，1995 年为 75.5%，2007 年下降为 60.2%，2020 年下降为 54.4%，但仍然远高于其他类型金融资产比重（易纲，2020b）。同时，从各部门存款结构分析，储蓄存款占银行各项存款的 50% 左右，特别是在 1985~1993 年，储蓄存款占各项存款的比重从

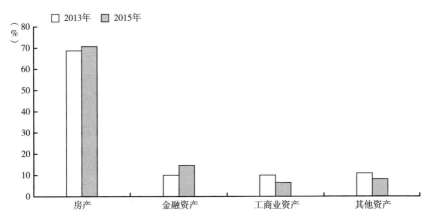

图15-3　居民家庭各类资产价值结构

资料来源：李凤等（2016）。

12.39%上升到59.90%，随后，随着金融市场和房地产的发展，这一比重才有所降低，但在2021年中仍高达44%左右（见图15-4）。居民储蓄的存款行为为政府层级之间金融分权和政府-市场金融分权下银行部门的表内业务选择和表外业务扩张提供了坚实的资金供给基础。金融机构资金来源和运用见表15-2。

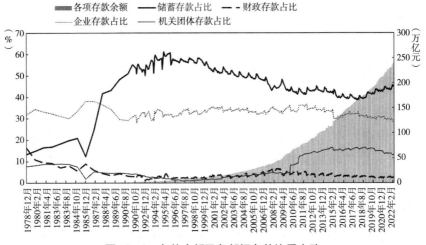

图15-4　存款余额及各部门存款比重变动

资料来源：根据Wind数据库相关数据计算。

表15-2　金融机构资金来源和运用

单位：万亿元，%

	1995年				2007年				2018年			
	运用	占比	来源	占比	运用	占比	来源	占比	运用	占比	来源	占比
资金运用合计	10.4	100.0	—	—	65.8	100.0	—	—	374.4	100.0	—	—
资金来源合计	—	—	10.5	100.0	—	—	75.01	100.0	—	—	384.4	100.0
通货	—	—	0.8	7.5	—	—	3	4	—	—	7.3	1.9
存款	0.1	0.8	6.0	57.3	0.5	0.7	42	55.9	13.2	3.5	191.4	49.8
贷款	5.9	56.1	—	—	27.7	42.1	0.4	0.6	165.6	44.2	3.8	1
保险准备金	—	—	0.1	0.8	—	—	1.8	2.4	—	—	10.2	2.7
准备金	1.1	10.8	1.1	10.7	6.1	9.2	6.1	8.1	23.8	6.4	23.9	6.2
证券	0.3	3.1	0.2	1.7	14.3	21.7	14	18.7	89.6	23.9	43.1	11.2
债券	0.3	3.1	0.2	1.7	11.9	18.1	9	9.3	82.5	22	32.1	8.4
股票	—	—	—	—	2.4	3.6	7	9.3	7.1	1.9	11	2.9
特定目的载体	—	—	—	—	0.8	1.3	3.3	4.4	11.8	3.1	54.1	14.1
中央银行贷款	1.2	11.1	1.2	11.1	0.7	1.1	0.7	1	10.4	2.8	10.4	2.7
其他	1.1	10.8	1.1	10.6	1.9	2.9	3.5	4.7	37.4	10	39.1	10.2
直接投资	—	—	—	—	—	—	—	—	—	—	—	—
其他对外债权债务	0.1	0.8	0	0.3	2.5	3.8	0.3	0.4	0.8	0.2	1	0.3
国际储备资产	0.7	6.4	—	—	11.2	17	—	—	21.7	5.8	—	—

注：—表示数据空缺。

资料来源：易纲（2020b）。

三　股票类和特定目的载体金融资产比重上升明显

从图15-3和表15-3可以分析出，居民储蓄资产中股票类和特定目的载体类金融资产比重上升明显。1995年，沪深股市刚发展不到3年时间，居民持有股票占其金融资产的比例为1.8%；2007年，这一比例上升到15%；2018年由于房地产发展的投资替代效应和股市的低迷，这一比例下降到9.1%。值得关注的是，伴随房地产的迅速发展和银行表外业务、资管业务及影子银行的发展，2018年末，包含代客理财、资金信托、证券投资基金在内的特定目的载体规模达53.5万亿元，与GDP之比为58.2%，较2007年末提高了46.4个百分点（易纲，2020b），占居民储蓄金融资产比例为17.2%。资管业务的发展在一定程度上满足了居民、企业和商业银行及其他金融机构对财富保值增值和多元化资产配置的要求，但也存在产品多层嵌套、期限错配、信息不透明、规避监管、刚性兑付等问题，有的实际上是"类贷款"融资。居民通过配置股票、投资特定目的载体金融资产、银行存款等途径，直接或间接解决了国有企业融资需求，国有企业的杠杆率也因此能够从2003年的235.73%上升到2020年的299.52%，其间高点为317.08%。因此，居民储蓄的股票类和特定目的载体类金融资产的投资选择，从根本的需求层面支持了政府层级之间金融分权和政府-市场金融分权下银行部门的经营行为、地方政府任期偏好、企业部门的融资需求及金融资产投资行为（见表15-3和图15-5）。

表15-3　居民部门金融资金来源和运用

单位：万亿元、%

	1995年				2007年				2018年			
	运用	占比	来源	占比	运用	占比	来源	占比	运用	占比	来源	占比
资金运用合计	4.3	100.0	—	—	31.9	100.0	—	—	144.5	100.0	—	—
资金来源合计	—	—	0.2	100.0	—	—	5.0	100.0	—	—	54.7	100.0
通货	0.7	16.3	—	—	2.5	7.8	—	—	6.4	4.4		—
存款	3.3	75.5	—	—	19.2	60.2	—	—	78.6	54.4	—	—
贷款	—	—	0.2	100.0	—	—	5.0	100.0	—	—	53.6	98.0
保险准备金	0.1	1.2	—	—	2.7	8.5	—	—	18.0	12.5	—	—
准备金												
证券	0.3	7.0	—	—	5.5	17.2	—	—	14.5	10.0	—	—
债券	0.2	5.2	—	—	0.7	17.2	—	—	1.4	1.0	—	—
股票	0.1	1.8	—	—	4.8	15.0	—	—	13.1	9.1	—	—
特定目的载体					1.7	5.3	—	—	24.9	17.2	—	—
中央银行贷款												
其他					0.3	0.9	—	—	2.1	1.5	1.0	1.9
直接投资												
其他对外债权债务												
国际储备资产	—	—	—	—	—	—	—	—	—	—	—	—

注：—表示数据空缺。

资料来源：易纲（2020b）。

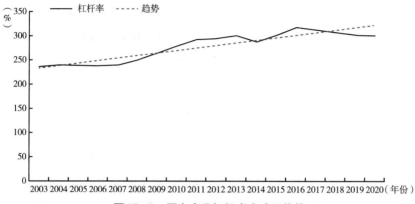

图15-5　国有企业杠杆率变动及趋势

资料来源：根据 Wind 数据库相关数据计算。

四　流动性金融资本上升、资本性金融资本比重下降

根据国际经验和行为经济理论,①不同年龄群体的金融资产结构存在

---

①　生命周期假说认为理性消费者会预测一生的收入情况，根据全部预期收入来安排每期的平滑性消费，并进行储蓄决策，从而实现整个生命周期效用的最大化。人生不同阶段的储蓄率表现出先上升后下降的"驼峰"形状，根据人口年龄结构加权汇总的国民储蓄率也会受到老龄化的影响。在具体作用上，存在两种相反的效应：负担效应和寿命效应，人口老龄化的负担效应会降低储蓄率；寿命效应则会提高储蓄率 (Zhang and Lee, 2003; Bloom et al., 2003; Kinugasa and Mason, 2007)。行为金融理论中具有代表性的理论如 SP/A 理论和心理账户理论。Lopes 和 Oden (1999) 提出了"安全 (security)、潜力 (potential) 和渴望 (aspiration) (SP/A) 理论"，认为在不确定情况下进行投资选择时存在害怕与希望两种心理，这两种情感会通过改变期望财富中的避险资产与冒险资产的相对权重影响投资组合结构。由安全性、潜力和期望值三种投资需求构成的行为资产组合金字塔结构中，中青年群体偏重于潜力性和期望值需求，因此资本性金融资产配置比例较高；老年群体安全性需求更多一些，因此流动性金融资产配置比例较高。Suman 和 Gupta (2000) 建立行为资产组合理论，投资者通过综合考虑期望财富、对投资安全性与增值潜力的欲望、期望水平以及达到期望值的概率等因素来选择符合个人意愿的最优组合。具体投资时，投资者有两个心理账户，分别对应高、低两个期望值，代表投资者既想规避风险又希望变得富有的愿望。投资者的目标就是将现有财富在两个账户之间进行分配以使整体效用达到最大，低期望账户中的组合更像无风险债券，高期望账户里的组合更像股票 (Poterba, 2001)。从行为心理角度分析，由于老年居民的投资风险偏好与中青年居民具有显著的区别，他们的收入和储蓄率由峰值转向下降，风险规避意识更为强烈。一国人口老龄化加深必然会增加其对低风险性、高流动性的金融资产需求，引起家庭部门金融资产结构变化和金融市场结构调整 (Lopes and Oden, 1999; Suman and Gupta, 2000)。一些经典文献也研究了中国居民家庭的金融资产结构 (吴卫星、齐天翔, 2007; 吴卫星、吕学梁, 2013; 甘犁等, 2013)，为数不多的文献考虑了人口老龄化对家庭资产结构的影响作用 (吴卫星等, 2010; 莫娇, 2014)。前期分析认为中国居民投资的生命周期效应不太显著，后期逐渐倾向于认为随着投资者年龄增加资本性金融资产呈现"钟形"特征。

显著差别，随着一国人口老龄化程度加深，国家金融资产结构也发生明显调整。为了便于观察，可将居民持有的金融资产分为两类：流动性金融资产和资本性金融资产。[①] 2010年美国人口老龄化程度为13.09%，不同年龄分组居民持有的流动性金融资产和资本性金融资产比例见图15-6。观察发现：随着年龄增加，美国居民金融资产结构在总体上呈现先升后降的倒U型；家庭的资本性金融资产持有比重先升后降，55~64岁分组居民持有的资本性金融资产比重达到峰值；45岁以后，居民持有的流动性金融资产结构比重基本处于上升状态。随着中国人口年龄结构变化，家庭持有的金融资产可能不仅在总量上有所变化，而且结构也有所调整。

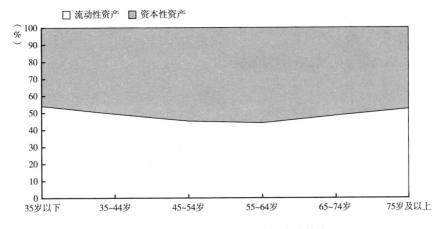

图15-6　2010年美国家庭金融资产结构

资料来源：美国联邦储备委员会SCF数据库。

---

① 流动性金融资产是用以保障家庭流动性交易需求的资产，包括持有的现金、银行存款等。资本性金融资产是用以长期投资、获取高额回报率的生产性资本，包括债券、股票、共同基金（货币市场基金除外）、人寿保险等。值得注意的是：本章中金融结构是流动性金融资产和资本性金融资产的比例结构，与生产投资资本之间存在直接的数量关系，资本性金融资产的降低也就意味着企业新增资本的减少；而现有文献所强调的金融结构一般是银行资产与金融市场资产的比例关系（Levine，1997；樊明太，2004；李健、贾玉革，2005；林毅夫等，2009），这一比例变动并不必然直接影响生产资本规模和经济增长。

　　中国当前面临的一个重要事实是人口老龄化程度提高并加速，这必然引发金融结构变动并对金融经济产生冲击。2003年，65岁及以上老年人口比重为8.35%，2015年这一数值攀升到10.46%①，预计2050年会达到30%②。相比较典型的发达国家，中国老龄化速度更加迅速，对现有经济发展模式的冲击可能更为剧烈。从经济角度概括而言，问题主要有两个：一是老龄化引发的国民储蓄率变动，及其对投资、产出影响的估算；二是老龄化引发的居民储蓄结构调整和金融结构变动，及其对投资、产出的影响。对于前者，已有较为深入的研究（王德文等，2004；Chamon and Prasad，2010；汪伟、艾春荣，2015；姚金海，2016）。2003~2012年中国居民金融资产结构变化如图15-7所示，其中，流动性金融资产比重在下降，资本性金融资产比重却在上升。其原因在于：居民持有现金、银行存款比例减少；持有的股票、共同基金比例上升。这一规律与同期德国居民资产结构变化（见图15-8）截然相反。

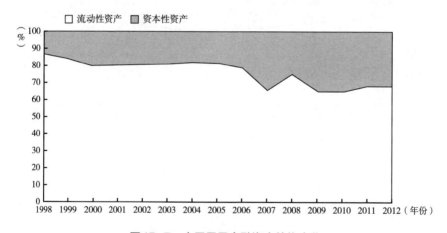

图15-7　中国居民金融资产结构变化

资料来源：历年《中国统计年鉴》《中国劳动统计年鉴》《中国金融统计年鉴》。

---

① 数据来源：Wind数据库。根据国家统计局2003~2015年人口年龄20段分组推计数据中60岁及以上分组年龄人口比重加总得出。

② 中国老年人口的预测数据来自 "World Population Prospects：The 2012 Revision"。

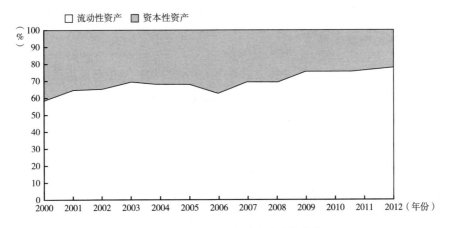

图15-8　德国居民金融资产结构变化

资料来源：根据Euro Stat历年数据和莫骄（2014）资料计算。

中国人口老龄化程度的进一步提高可能会引起流动性金融资产比重提高、资本性金融资产比重降低。因此，中国将来一段时期，家庭居民出于风险预防性动机，逐渐从中青年的投资收益偏好转向老年的安全流动性偏好，并逐渐调整家庭储蓄资产结构，从而引起国家金融结构变动。这里从国家宏观经济体系角度的分析结论与吴卫星和吕学梁（2013）从个人生命周期角度的分析结论相互印证，他们分析认为居民年轻的时候，大多金融资产是在安全资产上，然后积累一部分资金购买住房，随着年龄增加，将更多的资源配置到风险资产之上，随着年龄增加又进一步减少资产组合的风险性。这意味着老年人比例达到一定程度，家庭部门减少资本性金融资产的行为必然引起社会总资本性金融资产比重降低。

第二节　居民储蓄资产结构变动的金融风险及经济效应

由于收入增长、金融创新、年龄结构变化等，在政府层级之间金融分权、政府-市场金融分权下，居民储蓄资产结构选择及变动一方面推动了地方政府、企业部门、银行部门金融分权行为的实现；另一方面，未来的变动还可能冲击技术创新型企业和技术稳定型企业的资本结构，引发一定的金融波动和经济波动。

一　居民储蓄资产结构中流动性金融资产上升、资本性金融资产比重降低与金融风险及经济效应

流动性金融资产和资本性金融资产的比例结构，与生产投资资本之间存在直接的数量关系，资本性金融资产的降低也就意味着企业生产函数中新增资本的减少。社会金融结构发生趋势性变动必然直接冲击实体经济。

家庭资本性金融资产的降低，意味着金融市场上资本供给的降低，这无形中推动了市场投资者对资本回报率要求水平的提高，在其他条件不变的情况下，迫使中间品生产商降低资本需求和资本投入，并影响最终产品生产商降低最终产品供给，综合体现为产出下降。家庭出于预防性动机和安全性需求，在劳动投入上更加青睐于稳定型企业，在储蓄投资上更加青睐于风险低、流动性强的金融资产，这意味着家庭所实际得到的更多来自稳定型企业的资本回报率会出现降低趋势。货币市场上资金充盈，整个利率体系水平较低。社会中现金、银行存款等流动性金融资产比例的提升，形成更多的商品需求，同时产出降低、供给减少，出现结构型通货膨胀。

二　居民储蓄资产结构中稳定型企业资本比重上升、创新型企业资本比重降低与经济效应

居民根据自身对储蓄资产收益率的预期和技术创新型企业资本回报率、技术稳定型企业资本回报率进行资金结构配置。这意味着居民储蓄行为变化不仅表现为储蓄总量的变化（储蓄总量变化必然影响社会投资总量变化）和储蓄结构的变化，还通过股权性资产的结构比例影响不同类型企业的投资比重和资本比重，而企业的资产回报率和资本结构反过来又会影响居民的储蓄资产决策调整，最后取得资本市场平衡。

在兼顾人口老龄化的动态随机一般均衡模型下，技术创新型企业研发投资受金融结构变动的冲击，对很多重要的宏观经济观察变量产生了负向的效应，并且效应大于技术稳定型企业的技术性冲击。主要原因在于突然提高技术创新研发资金比重且短期内技术创新效果未能显现，一方面，必然降低生产性资金投入；另一方面，考虑到经济稳态时的金融结构特征，在折旧速度不变甚至加速的情况下，间接通过金融资产结构引发企业的资本投入降低，劳动和资本的双降低必然冲击产出降低（苗文龙，2021）。此

外，随着中国人口老龄化程度的加深，社会的劳动供给减少、创新速度降低、总产出降低、经济增长放缓。Dalton 和 Thompson（1971）、Mariani 和 Romanelli（2007）等实证研究表明创新性生产力与年龄密切相关，并随着老年到来而降低。姚东旻等（2015）梳理主流文献，从机制和实证结果两个方面分析皆得出创新和年龄结构之间存在明显的倒 U 型关系，根本性创新更多地是由年轻人完成的。

综合上述分析可以初步概括出：将来可预期的可持续性收入降低，为了应对不确定性风险，人们会更多持有现金、银行存款、短期债券等流动性金融资产，更倾向于选择技术稳定型企业的劳动和就业；金融体系面对居民资产投资行为变化，必然相应降低风险较高的技术创新型企业的资金投入，而更青睐于技术稳定型企业的投资，有利于稳定型企业的回报率提升。在将来一定时期内，家庭部门的安全性要求更高，更不利于形成鼓励企业创新的市场环境。金融结构调整对宏观经济形成多方面的冲击，长期内传导过程主要为：资本性金融资产比重降低→企业投资降低→（投资低于折旧时）资本降低→产出降低。如图 15-9 所示，各图从点 A 到点 B 均衡变化（顺序为 1—2—3—4），I 为投资、Y 为产出、K 为资本、i 为利率、P 为价格、FS 为资本性金融资产比例、θ 为人口老龄化程度。

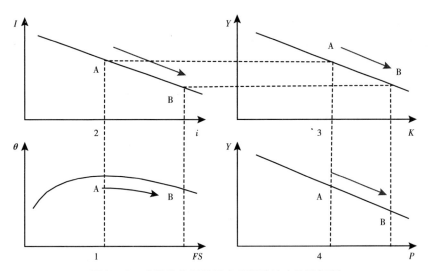

图15-9　金融结构调整及宏观经济冲击传导机制

第三节 本章小结

居民部门是国民经济部门中主要的资金供给部门，居民储蓄从根本上决定着居民消费之后的资金供给情况。中国居民储蓄规模的迅速增长为其他经济部门的融资提供了基础保障，在经济基本层面影响着金融分权实现程度。

居民储蓄资产中，房产类金融资产成为居民储蓄占比最高的资产，仍具有一定的上升趋势，这一选择从最终需求方面支持了地方政府的房地产发展策略，从而推进了政府层级之间金融分权的实现；存款类金融资产占居民金融资产的比重最高，居民储蓄的存款行为为政府层级之间金融分权和政府-市场金融分权下银行部门的表内业务选择和表外业务扩张提供了坚实的资金供给基础；股票类和特定目的载体金融资产比重上升明显，居民储蓄的股票类和特定目的载体类金融资产的投资选择，从根本的需求层面支持了政府层级之间金融分权和政府-市场金融分权下银行部门的经营行为、地方政府任期偏好、企业部门的融资需求及金融资产投资行为；流动性金融资产上升、资本性金融资产比重下降，金融资产结构也有所调整。

居民储蓄资产结构选择及变动一方面推动了地方政府、企业部门、银行部门金融分权行为的实现；另一方面未来的变动还可能冲击其他经济部门，引发一定的金融波动和经济波动。其中，居民储蓄资产结构中流动性金融资产上升、资本性金融资产比重降低意味着企业生产函数中新增资本的减少，金融体系面对居民资产投资行为变化，必然相应降低风险较高的技术创新型企业的资金投入，而更青睐于技术稳定型企业的投资，有利于稳定型企业的回报率提升，而不利于形成鼓励企业创新的市场环境。

第六篇　宏观经济政策：宽松积极、金融风险与金融分权优化

　　本篇主要在动态随机一般均衡模型框架下讨论部分代表性宏观经济政策（宽松货币政策、金融救助政策、政府支持创新的支出）对金融风险的影响。值得一提的是：这一方法假定经济体系处于经济平稳状态，而中国处于明显的转型期，这可能会影响到模型结构参数的准确性和分析结论的精确性。本篇利用这一理论框架分析的主要意图是，将不同部门行为特征函数作为有机联系的整体进行考虑，把握宏观经济政策效果的多重性，进而分析宽松积极的宏观经济政策在成功化解大面积金融风险后对金融分权深化的影响。同时，模型参数校准或估计所用数据时段为1998~2018年，这一时期，中国经济较为平稳，有利于为本书的整体分析提供参考。

第十六章

货币政策：宽松与经济效应

在地方政府部门任期偏好、企业部门政策依赖、银行部门救助预期、居民部门风险防范储蓄等行为的合力驱动下，货币政策具有偏宽松性特征。那么，宽松货币政策是否有利于经济高质量增长和金融风险防范呢？根据经验事实，这一章主要从经济高质量增长和金融风险防范的契合点——企业创新这一角度入手，构建包括（财富）异质性居民、（创新）异质性企业、银行部门和货币政策部门的动态随机一般均衡模型（DSGE），进而分析宽松货币政策对个体资产配置和企业创新的影响。在此基础上，讨论金融救助（作为宽松货币政策的主要形式之一）对金融风险的影响机制与经济实质。

第一节　经验事实

一　研究争议

宽松货币政策是否有助于化解企业金融约束、解决创新型企业的研发投资困难呢？人们已经认识到，宽松甚至扩张的货币政策在长期内无助于产出的增加，但是否有助于技术创新及投资尚未达到统一的观点，因为它可能引起要素结构的调整。关于宽松货币政策对企业技术创新的研究存在如下代表性观点。

（一）宽松货币政策对企业技术创新可能存在推动效应

一些研究认为，宽松货币政策可能推动了企业技术创新。这主要表现在以下两个方面。①企业研发支出与其现金流之间存在密切联系，企业拥有较充足的现金流（较高的现金资产率）时，有助于企业研发投资的提高（Stockman，1981；Hall，1992；Opler et al.，1999；Brown and Petersen，2009；Arawatari et al.，2016），而宽松的货币政策通过解决企业现金约束（CIA）可能推动企业研发创新。②宽松的货币政策通过降低利率、降低银行对企业的贷款成本，降低企业的研发投资成本，进而推进技术创新（Angus et al.，2019）。

（二）宽松货币政策会抑制企业研发投资和技术创新

一些研究认为，宽松货币政策不仅没有推动企业技术创新，甚至还抑制了企业的研发效率和技术创新。这主要表现在以下四个方面。①宽松的货币政策提高了资产价格（Friedman and Schwartz，1963），引发企业资产投资收益的预期调整和研发投资的减少（Roberts and Lucas，1972；Deng et al.，2015；Fang et al.，2015）。②较高的通货膨胀往往抑制和减少了企业研发投资，阻碍了技术创新。Angus 等（2015）通过34个经合组织成员国在1960~2012年的面板数据实证得出，国内通胀的增加会减少国内研发投资和国内技术的增长速度。③在同时考虑货币先行（Cash in Advance，CIA）约束自主创新和外商直接投资（FDI）引发的模仿创新等因素时，宽松的货币政策降低了名义利率，进而降低经济体内的创新速度和FDI速度（Chen，2018）。④由于货币政策自身的缺陷，如零利率下限（ZLB）对货币政策的限制，货币政策影响企业实施创新的动力，导致显著的全要素生产率（TFP）损失（Moran and Queralto，2018）。

（三）简要评论及本章探索

相关文献表明，宽松货币政策对企业技术创新的效应仍存在较大的争议，而现实中往往主张通过宽松货币政策、降低企业融资约束、推动技术创新，同时加强金融监管、防止"脱实向虚"。这对推动企业创新具有一定的启发意义，但也忽略了实体企业缺少市场强制退出约束时的行为选择。在市场退出软约束情况下，第三篇从局部均衡角度和实证角度已分析，企业获得财政补贴并不一定用于技术创新投资，甚至未用于生产投资，而可能用于房地产和金融资产投资。本章将从三个方面进一步分析企业获得宽松货币政策的资金后的投资行为及其对金融风险的影响。①根据经验事实构建包括（财富）异质性居民、（创新）异质性企业、金融部门和货币政策部门的DSGE模型，区别于同质性家庭、同质性企业的新凯恩斯（NK）模型，进而分析宽松货币政策对个体资产配置和企业创新的影响。②基于创新周期理论成立条件的视角，研究信用货币制度与金本位制度下市场清算退出约束强度的差别，分析宽松货币政策和救助对毁灭式创新必要条件的影响，进而分析延缓传统企业的市场退出对创新型企业和经济波动周期的影响。③基于相关研究，分析创新政策、金融风险防范政策、宽松的货币政策、强化金融契约约束政策等经济政策何者更有效于防控金融风险、更有效于创新型企业发展、更有效于金融服务实体经济。①

二 经济事实

本章经济模型的构建基于信用货币制度下的两个经济事实。

（一）房产与股市交替式繁荣，企业资产金融化明显

房产价格停滞时股票价格会接过接力棒，两者在居民和企业的追捧下轮番膨胀，资金在两者之间流动调整，但很难流向实体经济制造业（见图16-1、图16-2）。分析图16-1可以看出，房产和股票作为资产结构中比例最高的两类资产，两者的价格和投资增长率波动此起彼伏。分析图16-2可以看出，房产投资与固定资产投资呈现背离变动。根据居民资产配置需求，传统企业将生产投资转为房产投资，房产投资与固定资产投资形成挤出关系。

---

① 根据金融机构资产负债表，金融机构极大比例业务都与实体经济密切联系，都是支持实体经济的，因此强调金融服务实体经济需要进一步明确实际问题；金融结构是经济主体共同选择的结果，不是行政干预金融就立即有所改变。

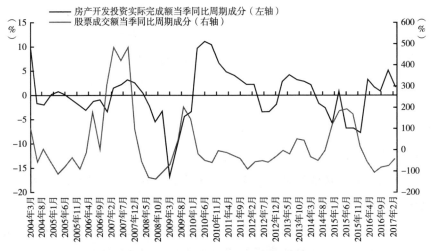

图16-1　房产投资和股票交易周期波动

注：根据HP滤波法计算（λ=100）。

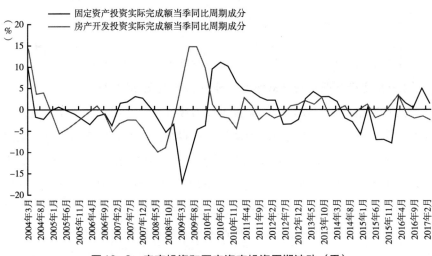

图16-2　房产投资和固定资产投资周期波动（季）

注：根据HP滤波法计算（λ=100）。

（二）技术创新型企业和技术稳定型企业

表10-3中12个行业技术投入率统计数据显示，根据技术创新密度和创新投资行为，可以初步分为技术创新型企业和技术稳定型企业。技术创新型企业如通信设备制造业、汽车制造业、医药工业等行业的企业，技术

稳定型企业如农业、食品工业、建材工业和交通运输、仓储和邮政业等行业的企业。

第二节 模型

DSGE模型是现代宏观经济学的主流研究框架，在分析市场主体跨期决策、模拟宏观经济政策效果方面具有天然优势。近年来，人们将微观主体异质性、市场摩擦及扭曲等因素纳入改进模型架构，为中央银行估计政策反应函数提供了较传统的计量模型更为准确的分析工具。

基于此，本节构建包括家庭、企业、商业银行、资本品生产商、政府、中央银行的六部门DSGE模型。其中，家庭分为高收入家庭（H）和低收入家庭（L）；H家庭通过向商业银行存款和投资资本品向两类企业提供资金；L家庭向两类企业提供劳动，并且假定两个劳动市场的劳动力可以自由流动。企业分为中间品企业和最终品企业，中间品企业分为传统型企业和创新型企业；创新型企业的部分产品流向传统型企业，部分产品流向最终品企业；传统型企业一部分投资通过购买部分创新产品生产最终产品，一部分投资生产房产并卖给居民；最终品企业将部分创新型企业生产的产品和传统型企业生产的产品转化为最终品进行销售。政府部门向企业征收税金，并向社会提供建设投资，向创新型企业提供创新投资，向传统型企业提供补贴；中央银行采用货币政策工具进行调控，由于中国的货币政策逐渐由单纯的数量型规则改进为价格型规则，这里分别分析在利率平滑规则和货币量平滑规则下宽松货币政策对企业创新的影响。模型逻辑框架如图16-3所示。

一 居民家庭

设居民家庭为 $[0, 1]$ 上的连续系统，存在界值N，处于 $[0, N]$ 区间的为低财富家庭L，处于 $(N, 1]$ 区间的为高财富家庭H。

（一）L家庭

L家庭通过劳动获得消费，房产仅满足基本的居住需求，其效用函数为：

$$\max E_t \sum_{t=0}^{\infty} \beta^t \left(\lg C_{L_t} - \chi_L H_t \right) \tag{16-1}$$

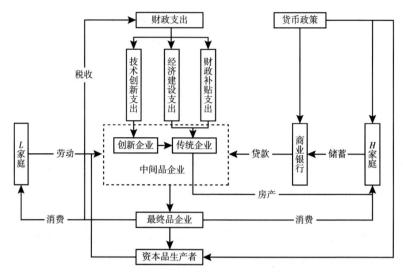

图16-3　含有异质性居民及异质性企业的模型

其中，E_t代表期望算子；β代表跨期贴现因子（居民的主观贴现率）；C_{L_t}是L阶层t期的消费。L阶层为企业提供劳动H_t获得工资收入；根据各类企业需求，H_{I_t}提供给创新型企业，H_{O_t}提供给传统型企业的生产经营，H_{RE_t}提供给传统型企业的房产投资，各类企业之间劳动自由流动，$H_t = H_{I_t} + H_{O_t} + H_{RE_t}$；$\chi_L$为劳动带来的负效应系数。

L遵循预算约束：

$$C_{L_t} + \frac{(1 - \lambda_R)M_t}{P_t} + \frac{(1 - \lambda_R)Q_{RE_t}RE_t}{P_t}$$

$$= W_tH_t + \frac{(1 - \lambda_R)M_{t-1}}{P_t} + \frac{Q_{RE_t}(1 - \delta_{RE})(1 - \lambda_R)RE_{t-1}}{P_t} \tag{16-2}$$

其中，W_t为工资；即使L阶层的房产是居住消费需求，也有不断扩大的需要，因此每年都积累资金改善房产。M_t表示t期家庭总体持有的货币余额。$(1 - \lambda_R)$为L的房产比重，λ_{R_t}用来表示财产的不平等性。RE_t为t期总房产数量，Q_{RE_t}为t期房产价格，δ_{RE}为房产的折旧率。$\Omega_t = \frac{W_{t+1}}{W_t}$。严格来讲，应当用L的财富比重来表示，由于本模型中假定财富主要形式是房产、股份等资产，因此不平等的实际数值可能比本模型的财产不平等值λ_R大一些，在下文具体校准分析时可适度调低一些表示财富差距。$(1 - \lambda_R)M_t$ 为 L 家庭 t 期持有货币余额。

λ_t 为拉格朗日乘数因子，$\pi_{t+1} = \dfrac{P_{t+1}}{P_t}$ 为通货膨胀率。根据式（16-1）、式（16-2）求解 C_{L_t}、H_{L_t}、M_t、H_t 的一阶条件得出：

$$\frac{1}{\lambda_t} = C_{L_t} \tag{16-3}$$

$$\frac{1}{\lambda_t} = \frac{W_t}{\chi_L} = \Omega_t \tag{16-4}$$

$$E_t \lambda_t = E_{t+1} \lambda_{t+1} \frac{\beta}{\pi_{t+1}} \tag{16-5}$$

$$E_t \lambda_t = E_{t+1} \lambda_{t+1} \beta \frac{(1 - \delta_{RE}) Q_{RE_{t+1}}}{\pi_{t+1} Q_{RE_t}} \tag{16-6}$$

将式（16-3）代入式（16-5）得出 L 家庭的欧拉方程：

$$E_t \frac{1}{C_{L_t}} = E_{t+1} \frac{1}{C_{L_{t+1}}} \frac{\beta}{\pi_{t+1}} \tag{16-7}$$

式（16-7）意味着低财富收入家庭的消费与通货膨胀率呈反向关系，通货膨胀率越高、L 家庭的消费越低，经济滞胀的原因之一可能在于财富比例较大、全社会比重较高的低收入家庭的消费不足。

将式（16-4）代入式（16-6）得出：

$$\frac{E_{t+1} W_{t+1} \pi_{t+1}}{E_t W_t} = \frac{(1 - \delta_{RE}) Q_{RE_{t+1}}}{Q_{RE_t}} \tag{16-8}$$

式（16-8）经济含义在于：L 家庭工资上涨必然产生改善居住的房产增量要求，如果净房产增加规模未与工资上涨同步或增加的房产数量未配置到 L 家庭，则会引起房产价格的上涨。

（二）H 家庭

高财富收入家庭 H 的房产、债券等资产数量较大，并且 H 的房产并非用于居住消费，而是作为投资，房产价值对其效用具有重要影响，H 家庭的最大化效用目标函数：

$$\max E_t \sum_{t=0}^{\infty} \beta^t \left[\lg C_{H_t} + \frac{1}{\theta} \left[\lambda_R RE_t \right]^{\theta} \right] \tag{16-9}$$

其中：E_t 代表期望算子；β 代表跨期贴现因子（居民的主观贴现率）；C_{H_t} 表示高收入阶层的 t 期消费；房产 RE_t 作为与消费独立的幂函数形式纳入 H 家庭的效用函数，同时房产的效用弹性系数 $0 < \theta < 1$，当 $\lambda_R RE_t = 0$ 时，投资性房产带来的效用为 0，随着房产数量增加，边际效用递减，但仍较消费具有更高的效用。

遵行预算约束：

$$
\begin{aligned}
&C_{H_t} + \frac{\lambda_R M_t}{P_t} + \frac{\left(\lambda_R Q_{RE_t} RE_t \right)}{P_t} + Q_t \left\{ \left[K_{t+1} - (1-\delta)K_t \right] \right\} \\
&= \frac{\lambda_R M_{t-1}}{P_t} + \frac{(1 + r_{t-1} - \delta_{RE})\left(Q_{RE_t} \lambda_R RE_{t-1} \right)}{P_t} + R_t K_t
\end{aligned}
\tag{16-10}
$$

其中：H 家庭通过商业银行为企业提供投资资金 $K_{t+1} - (1-\delta)K_t$，δ 为固定资产折旧率，K_t 为生产资本规模，Q_t 为生产资本价格；r_{t-1} 表示 $t-1$ 期的房产租金率，假定等于无风险名义利率；R_t 表示实际资本回报率。

根据式（16-9）、式（16-10）求解 C_{H_t}、M_t、RE_t、K_{t+1} 的一阶条件得出：

$$
\frac{1}{C_{H_t}} = \lambda_t
\tag{16-11}
$$

$$
E_t \lambda_t = \beta E_{t+1} \lambda_{t+1} \frac{1}{\pi_{t+1}}
\tag{16-12}
$$

$$
E_t RE_t{}^{\theta-1} = \lambda_R{}^{2-\theta} \left[E_t \lambda_t - \beta E_{t+1} \lambda_{t+1} \frac{(1 + r_t - \delta_{RE}) Q_{RE_{t+1}}}{\pi_{t+1} Q_{RE_t}} \right]
\tag{16-13}
$$

$$
E_t \lambda_t Q_t = \beta E_{t+1} \lambda_{t+1} \left[R_{t+1} + (1-\delta)Q_{t+1} \right]
\tag{16-14}
$$

将式（16-11）分别代入式（16-12）和式（16-14）得出：

$$
E_t \frac{1}{C_{H_t}} = \beta E_{t+1} \frac{1}{C_{H_{t+1}}} \frac{1}{\pi_{t+1}}
\tag{16-15}
$$

$$
E_t \frac{1}{C_{H_t}} Q_t = \beta E_{t+1} \frac{1}{C_{H_{t+1}}} \left[R_{t+1} + (1-\delta)Q_{t+1} \right]
\tag{16-16}
$$

将式（16-11）、式（16-12）代入式（16-13）得出：

$$
E_{t+1} C_{H_{t+1}} = \beta \lambda_R{}^{2-\theta} RE_t{}^{1-\theta} E_{t+1} \frac{1}{\pi_{t+1}} \left[1 - \left(1 + r_t - \delta_{RE} \right) E_{t+1} \frac{Q_{RE_{t+1}}}{Q_{RE_t}} \right]
\tag{16-17}
$$

式（16-17）的经济含义在于：H家庭的$t+1$期消费，与其拥有的房产数量具有正向关系，与房产价格上涨率、房产租金率及相关的利率、通货膨胀率具有反向关系。这意味着，当财富差距加剧时，H家庭拥有更多的房产及其他资产，进一步强化房产价格上涨的意愿，但房产价格上涨后给H家庭带来的收益并非用于消费，而是购买更多的房产。利率在较低水平上的提升，并不能控制这一情况，原因在于利率上涨的同时房产租金率也有一定程度的上涨，租金率的上涨会进一步刺激H家庭更强烈的房产需求和房产规模增加。

将式（16-11）、式（16-12）代入式（16-14）得出：

$$\frac{E_{t+1}C_{H_{t+1}}}{E_tC_{H_t}} = \beta E_{t+1}\left[\frac{R_{t+1}}{Q_t} + (1-\delta)\frac{Q_{t+1}}{Q_t}\right] \quad (16\text{-}18)$$

式（16-18）的经济含义在于：H家庭的消费增长与资本价格上涨率、预期实际资本回报率具有正向关系；当实际资本价格和实际收益率提高时，会推动H家庭消费的提升，表现出财富效应。

二　企业

企业分为中间品企业和最终品企业；中间品企业分为创新型企业和传统型企业；最终产品分为生产品和房产。创新型企业和传统型企业的主要区别在于技术创新函数、可抵押的生产资本和银行的清算处理规则的不同。创新型企业技术发展速度较快，扣除研发之后的可抵押资本较少，银行清算标准更严格。

（一）创新型企业

假设创新型企业的产出Y_{I_t}满足技术积累型C-D函数（Dalgaard and Kreiner，2001）：

$$Y_{I_t} = A_0\left(zI_t + G_{I_t}\right)^{\alpha_{I_t}} K_{G_t}^{\alpha_G}\left[(1-z)K_{I_t}\right]^{\alpha_I} H_{I_t}^{1-\alpha_I-\alpha_G} \quad (16\text{-}19)$$

其中，z为技术资本投资比例系数，研发投资的产出弹性$0 < \alpha_{I_t} < 1$。I_t为创新型企业的技术创新投资支出。K_{I_t}为创新型企业的生产资本，α_I为资本产出弹性系数，创新型企业t期的投资与资本之间满足关系：$I_t = K_{I_{t+1}} - (1-\delta)K_{I_t}$，$\delta$为生产资本的折旧率。$H_{I_t}$为以工资$w$购买的劳动投入，$1-\alpha_I-\alpha_G$为劳动产出弹性系数。$G_{I_t}$为政府的技术创新支出，$G_{I_t} = \lambda_{G_t}G_t$，$\lambda_{G_t}$为技术创

新支出占财政支出 G_t 的比例。K_{G_c} 为政府经济建设投资形成的资本规模，λ_{G_c} 为经济建设支出占财政支出比例，δ_G 为政府经济建设投资资产折旧率。

$$G_{C_t} = \lambda_{G_c} G_t = K_{G_{c_{t+1}}} - \left(1 - \delta_G\right) K_{G_c} \qquad (16\text{-}20)$$

创新型企业 t 期的投资与资本之间满足以下关系：

$$I_{I_t} = K_{I_{t+1}} - (1 - \delta) K_{I_t} \qquad (16\text{-}21)$$

为了简化分析，创新产品 λ_{Y_t} 比例供应中间传统型企业和 $1 - \lambda_{Y_t}$ 比例成为最终产品（实际上也供应居民）。

$$\gamma \lambda_{Y_t} Y_{I_t} / Y_{O_t} = P_{O-I_t} \qquad (16\text{-}22)$$

γ 为创新型企业产品对传统型企业产出的弹性系数，反映了创新产品的重要性。P_{O-I_t} 为创新产品销售给传统型企业的价格，假定 $P_{O-I_t} = P_{jt}$，P_{jt} 为中间品价格。

创新型企业资本收益率：

$$R_{I_t} = P_{jt}\left(\alpha_I + \alpha_{IT}\right)\frac{Y_{I_t}}{K_{I_t}} - r_t - \delta \qquad (16\text{-}23)$$

创新型企业工资：

$$W_t = \left(1 - \alpha_I - \alpha_G\right) P_{jt} Y_{I_t} / H_{I_t} \qquad (16\text{-}24)$$

设单个创新型企业 t 期的实际资本回报率为 $R_{I_t}^i = w^i R_{I_t}$。其中，w^i 为一个服从均值为 1 的对数正态分布随机变量（Bernanke et al., 1999）。存在 $\bar{w}$，当 w^i 高于某一特定值如 $\bar{w}$ 时，意味着该创新型企业在整个创新型企业部门内属于较高资本回报率的企业，那么该企业有能力偿还银行的贷款；当 w^i 低于某一特定值 $\bar{w}$ 时，意味着该企业的资本回报率较低，该企业很可能因无法偿还银行贷款而面临破产。$\bar{w}$ 便是银行向企业所设定的资本回报率下限。如果企业的资本回报率高于 $\bar{w} R_{I_t}$，则企业向银行归还贷款。如果企业的资本回报率低于 $\bar{w} R_{I_t}$，由于创新型企业资产价值较低，银行严格要求创新型企业破产，避免更多的损失，银行在支付比例为 μ 的清算成本后获得企业的全部资产。因此，银行部门对创新型企业的资本供给方程为：

$$\left[(1 - \mu)\int_0^{\bar{w}} w^i f(w^i)\mathrm{d}w^i + \int_{\bar{w}}^{\infty} \bar{w} f(w^i)\mathrm{d}w^i\right] R_{I_t} K_{I_t} = r_t \left(K_{I_t} - \mathbf{N}_{I_t}\right) \qquad (16\text{-}25)$$

其中，$f(w^i)$ 为 w^i 的概率密度函数。创新型企业在每期偿还银行贷款后将得到剩余资产，并作为下一期的自有资本。因此，创新型企业所能获得的剩余资产为：

$$N_{I_{t+1}} = \left[\int_{\bar{w}}^{\infty} (w^i - \bar{w}) f(w^i) \mathrm{d}w^i \right] R_{I_t} K_{I_t} \qquad (16-26)$$

在获得下一期的自有资本后，创新型企业需要向政府交纳一定的所得税。设政府向创新型企业下一期自有资本征收的税率为 τ。则政府从创新型企业部门获得的税收为：

$$T_{I_t} = \tau N_{I_{t+1}} \qquad (16-27)$$

缴纳税收后，创新型企业获得的最终自有资本为：

$$N_{I_{t+1}} = (1 - \tau) \mathbf{N}_{I_{t+1}} \qquad (16-28)$$

（二）传统型企业

传统型企业涉足房产资本市场主要通过两种途径：一是直接分流资金投资实际的房产（Boissay et al.，2016）；二是购买以房产项目为依托的金融产品间接投资房产（Wang and Wen，2011）。为了着重研究传统型企业资本结构配置行为，不再单独建立房地产企业，而假定两种途径的投资本质相同。此时，传统型企业进行两个方面的投资：中间产品和最终品房产。因此，将投资 $I_{C_t} = K_{t+1} - (1 - \delta) K_t$ 分为 I_{O_t} 和 I_{RE_t}，分别用于 t 期的生产经营投资和房产建设投资。K_{O_t} 为传统型企业生产资本规模，K_{RE_t} 为传统型企业建房资本规模。

传统型企业各项投资满足条件：

$$I_{C_t} = I_{RE_t} + I_{O_t} = \left[K_{RE_{t+1}} - (1 - \delta_{RE}) K_{RE_t} \right] + \left[K_{O_{t+1}} - (1 - \delta) K_{O_t} \right] \qquad (16-29)$$

其中：

$$I_{O_t} = K_{O_{t+1}} - (1 - \delta) K_{O_t} \qquad (16-30)$$

$$I_{RE_t} = K_{RE_{t+1}} - (1 - \delta_{RE}) K_{RE_t} \qquad (16-31)$$

传统型企业投资和创新型企业投资共同构成社会总投资：

$$I_t = I_{I_t} + I_{C_t} = \left[K_{I_{t+1}} - (1 - \delta) K_{I_t} \right] + \left[K_{C_{t+1}} - (1 - \delta) K_{C_t} \right] = K_{t+1} - (1 - \delta) K_t \qquad (16-32)$$

1.中间产品生产函数

传统型企业中间产品生产函数为：

$$Y_{O_t} = K_{G_t}^{\alpha_G} K_{O_t}^{\alpha_O} H_{O_t}^{1-\alpha_O-\alpha_G-\gamma} \left(\lambda_{Y_t} Y_{I_t}\right)^{\gamma} \tag{16-33}$$

其中，K_{O_t} 为传统型企业生产资本，α_O 为其资本产出弹性系数；H_{O_t} 为劳动投入，$1-\alpha_O-\alpha_G-\gamma$ 为劳动产出弹性系数。

传统型企业实际资本回报率：

$$R_{O_t} = \left(\alpha_O + \gamma\right) P_{jt} \frac{Y_{O_t}}{K_{RE_t}} - r_t - \delta \tag{16-34}$$

传统型企业工资率：

$$W_t = \left(1 - \alpha_O - \alpha_G - \gamma\right) P_{jt} Y_{O_t} / H_{O_t} \tag{16-35}$$

2.房产建设投资函数

传统型企业房产建设投资函数为：

$$RE_t = K_{G_t}^{\alpha_G} K_{RE_t}^{\alpha_{RE}} H_{RE_t}^{1-\alpha_{RE}-\alpha_G} \tag{16-36}$$

K_{RE_t} 为建房资本，α_{RE} 为资本的房产弹性系数；H_{RE_t} 为劳动投入，$1-\alpha_{RE}-\alpha_G$ 为劳动的房产弹性系数。

传统型企业建设房产的收益率：

$$R_{RE_t} = Q_{RE_t} \alpha_{RE} K_{G_t}^{\alpha_G} K_{RE_t}^{\alpha_{RE}-1} H_{RE_t}^{1-\alpha_{RE}-\alpha_G} - r_t - \delta_{RE} = Q_{RE_t} \alpha_{RE} \frac{RE_t}{K_{RE_t}} - r_t - \delta_{RE} \tag{16-37}$$

传统型企业建设房产的工资：

$$W_t = Q_{RE_t} \alpha_{RE} K_{G_t}^{\alpha_G} K_{RE_t}^{\alpha_{RE}} H_{RE_t}^{-\alpha_{RE}-\alpha_G} = Q_{RE_t} \alpha_{RE} Y_{RE_t} / H_{RE_t} \tag{16-38}$$

同时，传统型企业投资建设房产时，类似于资本品生产商，参考 Bernanke 等（1999）设定传统型企业制定房产价格 Q_{RE_t} 并提供给家庭部门，选择投入 I_{RE_t}，建设房产的投资决策函数为：

$$\max E_t \sum_{t=0}^{\infty} \Omega_t \left\{ \Omega_t I_{RE_t} - \left[1 + \frac{\omega_{RE}}{2}\left(g_{RE_t} - 1\right)^2\right] I_{RE_t} \right\} \tag{16-39}$$

其中，$g_{RE_t} = I_{RE_t} / I_{RE_{t-1}}$ 为房产增长率，$\omega_{RE} > 0$ 描述房产增长率调整成本参数，Ω_t 为投资调整参数。最优投资的一阶条件为：

$$Q_{RE_t} = 1 + \frac{\omega_{RE}}{2}\left(g_{RE_t} - 1\right)^2 + \omega_{RE}\left(g_{RE_t} - 1\right) g_{RE_t} - \beta \omega_{RE} E_t \frac{\Omega_{t+1}}{\Omega_t}\left(g_{RE_{t+1}} - 1\right) g_{RE_{t+1}}^2 \tag{16-40}$$

3.传统型企业的综合资本收益率

传统型企业的综合资本收益率为：

$$R_{C_t} = \frac{K_{O_t}}{K_{O_t} + K_{RE_t}} R_{O_t} + \frac{K_{RE_t}}{K_{O_t} + K_{RE_t}} R_{RE_t} \tag{16-41}$$

对于传统型企业，有形资产价值较高，具有一定的市场影响，国家不愿意其破产，往往通过银行救助的方式宽容传统型企业。因此，对于传统型企业，如果企业的资本回报率高于 $\bar{w}R_{C_t}$，则企业向银行归还 $\bar{w}R_{C_t}K_{C_t}^i$ 的贷款；如果资本回报率低于 $\bar{w}R_{C_t}$，则在政府补贴 $G_{CB_t} = \lambda_{G_{CB}}G_t$ 的帮助下，使低资本回报率的传统型企业仍然能够偿还银行的贷款。$\lambda_{G_{CB}}$ 为政府贷款补贴占政府支出的比例。当然，政府可以将 G_{CB_t} 补贴给银行，但实质并没有变化。因此，银行对传统型企业的资本供给方程为：

$$\left[\int_0^{\bar{w}} \bar{w}f(w^i)\mathrm{d}w^i + \int_{\bar{w}}^{\infty} \bar{w}f(w^i)\mathrm{d}w^i \right] R_{C_t}\left(K_{O_t} + K_{RE_t}\right) = \bar{w}R_{C_t}\left(K_{O_t} + K_{RE_t}\right) =$$

$$r_t\left[\left(K_{O_t} + K_{RE_t}\right) - N_{C_t} \right] \tag{16-42}$$

其中，政府对资本回报率较低而无法偿还银行贷款的传统型企业进行的补贴额度为：

$$\left[\int_0^{\bar{w}} \bar{w}f(w^i)\mathrm{d}w^i \right] R_{C_t}\left(K_{O_t} + K_{RE_t}\right) = G_{CB_t} = \lambda_{G_{CB}}G_t \tag{16-43}$$

同创新型企业一样，在偿还银行贷款后，传统型企业也将获得的剩余资产作为下一期的自有资本。此时，传统型企业获得的下一期自有资本量为：

$$N_{C_{t+1}} = \left[\int_0^{\bar{w}} w^i f(w^i)\mathrm{d}w^i + \int_{\bar{w}}^{\infty} (w^i - \bar{w})f(w^i)\mathrm{d}w^i \right] R_{C_t}\left(K_{O_t} + K_{RE_t}\right) \tag{16-44}$$

在获得下一期的自有资本后，传统型企业也需要向政府交纳一定的所得税。政府向传统型企业剩余资产征收的税率为 τ，税收为：

$$T_{C_t} = \tau N_{C_{t+1}} \tag{16-45}$$

缴纳税收后，传统型企业所能够获得的最终自有资本量为：

$$N_{C_{t+1}} = (1 - \tau)N_{C_{t+1}} \tag{16-46}$$

（三）最终产品企业

传统型企业是市场领导者，创新产品的价格与传统产品价格调整规则一致。最终产品企业由测度为1的代表性企业构成，它利用 $[0, 1]$ 上的

中间产品 Y_{O_t}、$(1-\lambda_{Y_t})Y_{I_t}$ 生产最终产品，生产函数为 $Y_{N_t}=\left(\int_0^1 Y_{jt}^{\frac{x-1}{x}}dj\right)^{\frac{x}{x-1}}$，$Y_{jt}=Y_{O_t}+(1-\lambda_{Y_t})Y_{I_t}$，$x$ 为替代弹性。利润最大化决策函数为：$\max\left(P_t Y_{N_t}-\int_0^1 P_{jt}Y_{jt}dj\right)$。最优定价条件为：

$$P_{jt}^{\ *}=P_t^{\ *}=\frac{\chi}{\chi-1}\frac{E_t\sum_{s=0}^{\infty}(\beta\varphi)^s\Omega_{t+s}P_{t+s}^{\ \ x}Y_{j(t+s)}\nu_{t+s}}{E_t\sum_{s=0}^{\infty}(\beta\varphi)^s\Omega_{t+s}P_{t+s}^{\ \ x-1}Y_{j(t+s)}}\qquad(16\text{-}47)$$

其中，$\nu_{t+s}=\left(\frac{W_t}{1-\alpha}\right)^{1-\alpha}\left(\frac{r_t}{\alpha}\right)^{\alpha}$，假定 α 等于传统型企业的资本边际产出系数 α_o；s 为 t 期及以后期期数；价格指数表示为可调整价格和不可调价格的加权 $P_t=\varphi P_{t-1}^{1-\chi}+(1-\varphi)\left(P_t^{\ *}\right)^{1-\chi}$；$\varphi$ 为不可调价格的权重。企业最终总产出 $Y_t=Y_{N_t}+RE_t$。从而得出新凯恩斯菲利普斯曲线：

$$\pi_t=\pi_{t+1}+\frac{(1-\varphi)(1-\beta\varphi)}{\varphi}(p_{t+1}+\chi)\qquad(16\text{-}48)$$

三　银行部门

银行部门在经济体系中主要起到居民储蓄和企业借贷间的桥梁作用。银行部门通过吸纳居民的储蓄存款并贷给企业供企业生产，向企业收取一定的贷款利息。银行在贷款市场上，将资金贷给创新型企业和传统型企业，贷款利率满足：

$$\left[(1-\mu)\int_0^{\bar{w}}w^i f(w^i)dw^i+\int_{\bar{w}}^{\infty}\bar{w}f(w^i)dw^i\right]R_{I_t}K_{I_t}+\bar{w}R_{C_t}(K_{O_t}+K_{RE_t})=$$
$$r_t Q_t\left[K_{t+1}-(1-\delta)K_t\right]\qquad(16\text{-}49)$$

在式（16-49）左侧，银行向传统型企业贷款收取的本息和为 $\bar{w}R_{C_t}(K_{O_t}+K_{RE_t})$，向创新型企业收取的本息和为 $\left[(1-\mu)\int_0^{\bar{w}}w^i f(w^i)dw^i+\int_{\bar{w}}^{\infty}\bar{w}f(w^i)dw^i\right]R_{I_t}K_{I_t}$，右侧是银行向家庭出售资本品支付的本息和。

银行对传统型企业部门和创新型企业部门的信贷供给方程分别为：

$$\bar{w} = \frac{1}{R_{C_t}/r_t}\left(1 - \frac{1}{K_{C_t}/N_{C_t}}\right) \tag{16-50}$$

$$\phi\bar{w} = \frac{1}{R_{I_t}/r_t}\left(1 - \frac{1}{K_{I_t}/N_{I_t}}\right) \tag{16-51}$$

在以上两个等式中，ϕ 为大于 0 且小于 1 的常数。R_{C_t}/r_t、R_{I_t}/r_t 为传统型企业和创新型企业的借贷利率杠杆，企业本身的资本回报率越高，或者银行吸纳存款的利率越低，企业面临的利率杠杆就越低。K_{C_t}/N_{C_t}、K_{I_t}/N_{I_t} 为传统型企业和创新型企业的资本杠杆率，企业从银行部门获得的信贷量 $K_{C_t} - N_{C_t}$、$K_{I_t} - N_{I_t}$ 越多，其资本杠杆就越高（吕炜等，2018）。

四 资本品生产

资本品生产者吸收储蓄时，制定价格 Q_t 并提供投资品给 H，选择投入 I_t，决策函数为：$\max E_t \sum_{t=0}^{\infty} \Omega_t \left\{ \Omega_t I_t - \left[1 + \frac{\omega}{2}\left(g_{I_t} - 1\right)^2\right] I_t \right\}$。其中，$g_{I_t} = I_t/I_{t-1}$ 为投资品增长率，$\omega > 0$ 描述投资品增长率调整成本（Bernanke et al.，1999）。最优投资的一阶条件为：

$$Q_t = 1 + \frac{\omega}{2}\left(g_{I_t} - 1\right)^2 + \omega\left(g_{I_t} - 1\right)g_{I_t} - \beta\omega E_t \frac{\Omega_{t+1}}{\Omega_t}\left(g_{I_{t+1}} - 1\right)g_{I_{t+1}}^2 \tag{16-52}$$

五 财政平衡

政府部门的财政收支预算保持平衡：

$$T_{C_t} + T_{I_t} = G_{C_t} + G_{I_t} + G_{CB_t} = G_t \tag{16-53}$$

财政收入主要包括对传统型企业的税收 T_{C_t}、对创新型企业的税收 T_{I_t}；财政支出主要包括经济建设支出 G_{C_t}、对传统型企业补贴支出 G_{CB_t}、对创新型企业的技术创新支出 G_{I_t}。

六 中央银行

中央银行可以在保持货币增长率平滑下通过控制货币量实现对经济体系的调控，也可以在保持利率平滑下通过调节利率实现对经济体系的调控。

当中央银行在保持货币增长率平滑下采取宽松的货币政策时：

$$\left(\frac{m_t}{m^*}\right) = \left(\frac{m_t}{m_{t-1}}\right)^{\rho_{mm}} \left[\left(\frac{\pi_t}{\pi^*}\right)^{\rho_\pi}\left(\frac{Y_t}{Y^*}\right)^{\rho_Y}\right]^{1-\rho_{mm}} \qquad (16\text{-}54)$$

其中，m_t 为货币增长率，结合家庭包括货币余额的约束方程，这里的货币指高能货币和活期存款。m^* 为最优货币增长率，π_t 为通货膨胀率，Y_t 为产出缺口，π^* 为最优通货膨胀率，Y^* 为潜在产出缺口；ρ_{mm} 为货币增长率的平滑系数，ρ_π 为通货膨胀率的反应系数，ρ_Y 为产出缺口的反应系数。

当中央银行在保持利率平滑下采取宽松的货币政策时：

$$\left(\frac{r_t}{r^*}\right) = \left(\frac{r_t}{r_{t-1}}\right)^{\rho_{rr}} \left[\left(\frac{\pi_t}{\pi^*}\right)^{\psi_\pi} + \left(\frac{Y_t}{Y^*}\right)^{\psi_Y}\right]^{1-\rho_{rr}} \qquad (16\text{-}55)$$

其中，r_t 为无风险名义利率，这里主要采用中央银行发布的 1 年期存款利率。ρ_{rr} 为利率平滑系数，ψ_π 为利率规则下通货膨胀率的反应系数，ψ_Y 为利率规则下产出缺口的反应系数。

七　市场出清

上述经济部门的市场出清条件如下：

$$C_t = C_{H_t} + C_{L_t} \qquad (16\text{-}56)$$

$$H_t = H_{I_t} + H_{O_t} + H_{RE_t} \qquad (16\text{-}57)$$

$$I_t = I_{I_t} + I_{C_t} = \left[K_{I_{t+1}} - (1-\delta)K_{I_t}\right] + \left[K_{C_{t+1}} - (1-\delta)K_{C_t}\right] = K_{t+1} - (1-\delta)K_t$$
$$\qquad (16\text{-}58)$$

$$Y_t = Y_{O_t} + (1-\lambda_{Y_t})Y_{I_t} + RE_t \qquad (16\text{-}59)$$

$$P_t Y_t = P_t Y_{O_t} + P_t(1-\lambda_{Y_t})Y_{I_t} + Q_{RE_t}RE_t \qquad (16\text{-}60)$$

$$T_{C_t} + T_{I_t} = G_{C_t} + G_{I_t} + G_{CB_t} = G_t \qquad (16\text{-}61)$$

$$P_t Y_t = P_t Y_{N_t} + Q_{ER_t}RE_t \qquad (16\text{-}62)$$

$$Y_t = C_t + I_t + G_t \qquad (16\text{-}63)$$

八　冲击因素

宽松货币政策的两个冲击因素（货币量和利率）的作用具体体现为：

$$\ln m_t = \rho_{mm} \ln m_{t-1} + \sigma_m \varepsilon_{mt} \qquad (16\text{-}64)$$

$$\ln r_t = \rho_{rr} \ln r_{t-1} + \sigma_r \varepsilon_{rt} \qquad (16\text{-}65)$$

其中：ρ_{mm}、ρ_{rr} 分别反映了货币增长率冲击、利率冲击的持续性，σ_m、σ_r 分别描述了两种冲击的强度。

第三节　参数校准与冲击分析

一　参数校准与估计

第二节模型中待校准参数可以分为两个子集：第一子集包含了文献的常用参数，这里采用标准方法设定参数值；第二子集主要包含了本章关注的货币政策参数，这里用贝叶斯估计方法进行校准，涉及的数据为1998年第一季度至2017年第四季度数据。参考相关研究文献，本章待校准结构参数及估计结果见表16-1和表16-2。

表16-1　标准法校准结构参数

参数	意义	取值	依据	参数	意义	取值	依据
β	跨期贴现因子	0.99	参考康立和龚六堂（2014）校准	$\bar{w}$	资本回报率下限	0.162	参考吕炜等（2016）校准
λ_R	财产的不平等性	0.2	根据收入差距进行估算*	μ	银行支付的清算成本比例	0.12	参考吕炜等（2016）校准
δ	固定资产折旧系数	0.025	参考朱军和许志伟（2018）校准	τ	企业所得税税率	0.2	根据《企业所得税法》规定的税率折中
λ_{G_I}	技术创新支出占财政支出比例	0.2	用观察期教育支出与科技支出之和占财政支出的比例替代估算	α_o	传统型企业生产资本产出弹性	0.55	参考Smets和Wouters（2007）校准
$\lambda_{G_{CB}}$	政府补贴占财政支出比例	0.1	用观察期财政对企业补贴占财政支出的比例替代估算	α_{RE}	传统型企业资本的房产弹性	0.6	参考Smets和Wouters（2007）校准

参数	意义	取值	依据	参数	意义	取值	依据
λ_{G_c}	经济建设支出占财政支出比例	0.7	扣除技术创新支出和财政补贴支出估算	γ	创新型企业产品对传统型企业产出的弹性	0.2	参考 Smets 和 Wouters（2007）校准
δ_{RE}	建设房产用资本的折旧率	0.025	同普通资本折旧	α_I	创新型企业生产资本产出弹性	0.6	参考吕炜等（2016）校准
α_{IT}	研发投资产出弹性	0.1	根据企业研发投资和产出的数据取对数回归估计	φ	不可调价格的权重	0.69	参考 Gertler 和 Karadi（2011）校准
Z	技术资本投资比例系数	0.1	用样本时间段内行业技术投入率的近似替代	λ_{Y_I}	创新型企业产品成为中间产品的比例	0.5	根据行业技术投入率和行业投入产出估计
χ_L	劳动带来的负效应系数	2.27	参考康立和龚六堂（2014）校准	χ	替代弹性	17.7	参考张佐敏（2013）校准

注：*国家统计局公布的基尼系数，2012年为0.474，2013年为0.473，2014年为0.469，2015年为0.462，2016年为0.465；本章假定20%的高收入群体的房产用于投资。

表16-2　结构参数的先验和后验分布

参数		先验分布			后验分布			
		分布	均值	标准差	均值	2.5%	97.5%	标准差
θ	H 居民房产效用弹性	Beta	0.500	0.01	0.4041	0.3559	0.4533	0.0750
ω	投资调节成本参数	Beta	0.300	0.01	0.4835	0.4610	0.5117	0.0750
ω_{RE}	房产投资调节成本参数	Beta	0.500	0.01	0.5254	0.3910	0.6421	0.1000
ρ_π	货币量规则通胀系数	Beta	0.800	0.01	0.6943	0.6494	0.7580	0.1000
ρ_Y	货币量规则产出系数	norm	1.500	0.01	1.5018	1.3654	1.6029	0.1000
ψ_{r1}	利率规则通胀系数	norm	0.500	0.02	0.6125	0.6010	0.7475	0.1000
ψ_{r2}	利率规则产出系数	norm	1.500	0.02	1.5520	1.4827	1.6045	0.1000

续表

参数		先验分布			后验分布			
		分布	均值	标准差	均值	2.5%	97.5%	标准差
ρ_{mm}	货币量政策冲击惯性	Beta	0.500	0.01	0.7855	0.7641	0.8142	0.9501
σ_m	货币量政策冲击标准差	Inv. Gamma	0.001	0.01	0.0102	0.0089	0.0120	0.0100
ρ_{rr}	利率政策冲击惯性	Beta	0.800	0.01	0.8852	0.8300	0.9501	0.9501
σ_r	利率政策冲击标准差	Inv. Gamma	0.001	0.01	0.0021	0.0017	0.0024	0.0100

注：估计参数的后验分布结果是基于10个马尔可夫链，采用Metropolis算法的100000次抽取而计算。

二　冲击的传导分析

（一）货币数量规则、宽松货币政策与创新效应及经济效应

宽松货币政策环境下，如果居民财富收入差距较大（假设为0.5），货币供给增长率提高可能对企业创新和经济发展产生一定的负向冲击效应（见图16-4）。

1.货币量增长率提升对各类资本投资收益率产生不同的冲击效应

货币量增长率提高1%，冲击房产数量RE_t增加0.6%、房产价格Q_{RE_t}增加0.05%，冲击房产企业资本收益率R_{RE_t}提高约0.37%、创新资本收益率R_{I_t}降低1.75%、生产资本收益率R_{O_t}降低1.17%，从而总的资本收益率降低0.8%，长期内皆回归稳态。

其经济含义在于：在货币数量增长率提升的冲击下，各类资本投资收益率发生不均等的变化，甚至出现方向相反的变化。具体而言，宽松的货币政策更显著地推动了房产价格的提高和房产资本的收益，进而强化了房产价格和房产资本收益上涨预期；同时降低了生产资本和创新资本的收益，生产和创新对企业的吸引力降低，导致创新行为减少。这一结论同Friedman和Schwartz（1963）、Roberts和Lucas（1972）、Fang等（2015）的分析一致。

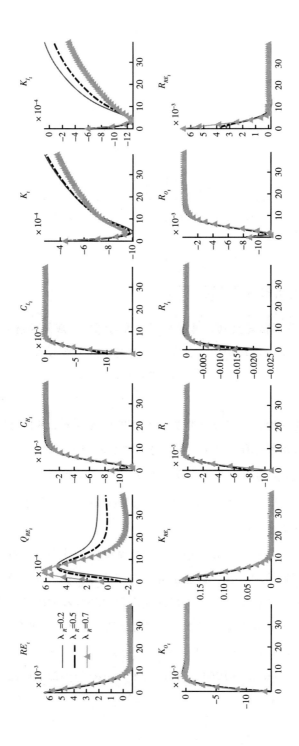

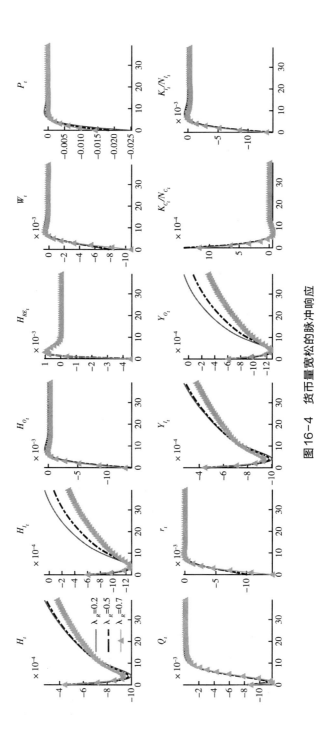

图16-4　货币量宽松的脉冲响应

2.货币量增长率提升通过对不同类型资本的投资收益率的冲击影响，引发各类资本的规模变化和资本结构调整

货币量增长率提高1%，冲击房产资本投入提升17%，冲击创新型企业资本投入 K_{I_t} 降低0.13%、传统型企业资本投入 K_{O_t} 降低1.5%，总资本投入 K_t 降低0.95%；进而引起资本结构调整，传统型企业杠杆率 K_{C_t}/N_{C_t} 提高0.15%，创新型企业杠杆率 K_{I_t}/N_{I_t} 降低1.5%。

Bazhal（2016）研究得出，只有将资金配置给创新型企业家，使经济体系进入新的渠道的信贷才是理性的，只有配置给未来预期获利的信贷才能成为创新的金融资源；但理论上不限量的信用货币数量扩张并未配置到创新型企业中，往往引发金融危机；只有通过创新技术、创新产品吸收过剩的信用货币，并通过创新机制将旧的生产部门从经济结构中剔除，才能使经济走出危机。胡奕明等（2017）实证得出，企业的现金金融资产与GDP周期变量显著负相关，与广义货币（M2）周期变量显著正相关。这暗示着扩张的货币供给可能并不能推动企业的实体经济投资，企业甚至会减少研发投资和固定资产投资、增加高收益金融资产的投资（Seo et al.，2012；Akkemik and Ozen，2014）。现实中宽松的货币政策可能推迟了创新型企业发展和传统型企业退出，延缓了经济衰退的过程，也延长了经济衰退时间。本章分析进一步论证了，在宽松货币政策环境下，资金可能被配置到传统型企业，而传统型企业则将其配置到房产资本中去，增加的货币资金并未流入创新型企业中，反而使创新型企业资本规模和比重都降低，出现近年来所谓的资金"脱实向虚"现象。这对第三篇企业部门的金融资产投资行为也进行了一定佐证。

3.货币量增长率提高可能对实体经济产生负向冲击效应

货币量增长率提高1%，冲击高收入阶层实际消费 C_{H_t} 降低1.1%。其原因可能在于，高收入阶层将更多的资金配置为高收益率的房产资本，而名义消费不会有大的变动，实际消费在一定程度上缩减。

货币量增长率提高1%，冲击低收入阶层实际消费 C_{L_t} 降低1%。其原因可能在于，剔除货币面纱后低收入阶层的工资降低0.8%，真实收入没有增加。

同时，在房产价格、房产数量和金融资产价格上升趋势下，货币量增

长率提高1%，冲击传统型企业劳动投入 H_{O_t} 降低1.1%、创新型企业劳动投入 H_{I_t} 降低0.12%。劳动投入和资本投入的降低，使创新型企业 Y_{I_t} 和传统型企业 Y_{O_t} 的产出分别降低0.1%和0.12%。

4.当居民财富收入差距扩大时，宽松货币政策上述的冲击效应更为剧烈

居民财富收入差距从0.5上升为0.7时，货币量增长率提高1%，冲击房产价格 Q_{RE_t} 增长幅度从0.05%变化为0.06%，并且回归稳态的时间延长；对创新型企业资本投入 K_{I_t} 的冲击效应幅度变化不大，但冲击作用的时间延长。这必然加剧了经济波动。

因此，宽松货币政策的基础仍然是货币信用扩张，而政府主导的货币信用的扩大虽然能够在短时期内创造和扩大需求，甚至带来经济增长，但是不能消除生产能力扩张和有效需求不足的矛盾，特别是持续的货币信用扩张会滋生出一个过度金融化、虚拟化的畸化经济结构（刘诗白，2010），并不是改善了实体经济持续发展的创新基础。这一结构导致：一方面，金融体系因其庞大芜杂，内在矛盾更加众多和更不稳定；另一方面，膨胀的虚拟经济与萎缩的实体经济的矛盾也更为突出。

（二）利率规则、宽松货币政策与创新效应及经济效应

宽松货币政策环境下，如果居民财富收入差距较大（假设为0.5），利率降低与货币量增长率提高相比，对企业创新和经济发展产生一定的冲击效应并未有质的区别（见图16-5）。

1.利率降低对各类资本投资收益率产生不同的冲击效应

利率降低1%，冲击房产数量 RE_t 增加0.6%、房产价格 Q_{RE_t} 增加15%，冲击房产企业资本收益率 R_{RE_t} 提高约0.5%、创新资本收益率 R_{I_t} 降低2%、生产资本收益率 R_{O_t} 降低1.2%，从而总的资本收益率降低0.8%，长期内皆回归稳态。

其经济含义在于：从各类资本价格波动和收益变化的角度而言，作为宽松货币政策的工具，利率降低与货币量增加的经济效应并无方向性区别，都推动房产价格的上升和房产资本收益率的提高、冲击生产资本和创新资本等实体资本收益率的降低，所不同的是利率降低的价格宽松货币政策甚至比数量宽松货币政策的冲击程度还要更大一些。这也意味着，即使实现了数量型货币政策向

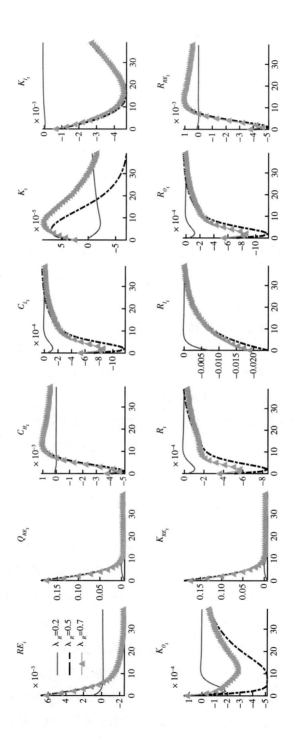

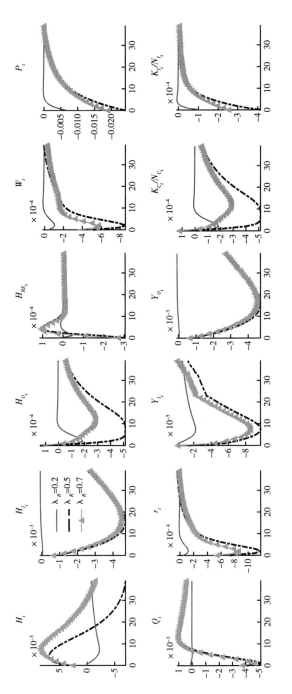

图16-5　利率降低的脉冲响应

价格型货币政策的转型，宽松的货币政策也不能有效推进技术创新。

2.利率降低通过对不同类型资本的投资收益率的冲击影响，引发各类资本的规模变化和资本结构调整

利率降低1%，冲击房产资本投入提升17%，冲击创新型企业资本投入 K_{I_t} 降低0.5%、传统型企业资本投入 K_{O_t} 降低0.05%，总资本投入 K_t 上升约0.007%；进而引起资本结构调整，传统型企业杠杆率 K_{C_t}/N_{C_t} 降低0.05%，创新型企业杠杆率 K_{I_t}/N_{I_t} 降低0.04%。由于中国企业金融化的主要动机是利润追逐而非预防性储蓄（彭俞超等，2018a），利率降低的宽松货币政策仍可能使资金被配置为房产资本，使房产投资成本降低、利润空间扩大，使生产性资本规模和比重都降低。近年来国际上出现的"负利率困境"问题是长期信用货币扩张对创新抑制的一个有力的证明。

3.利率降低可能对实体经济产生负向冲击效应

利率降低1%，冲击高收入阶层实际消费 C_{H_t} 降低0.5%，冲击低收入阶层实际消费 C_{L_t} 降低0.12%，原因可能在于低收入阶层的工资降低0.083%；同时，房产价格、房产数量和金融资产价格上升趋势下，利率降低1%，冲击传统型企业劳动投入 H_{O_t} 降低0.05%、创新型企业劳动投入 H_{I_t} 降低0.5%。劳动投入和资本投入的降低，使创新型企业产出降低0.01%、传统型企业 Y_{O_t} 的产出降低0.5%。Martin和Ventura（2016）认为，企业通过借贷进行资产投资会拉升经济体的利率水平、抑制经济产出。但本章分析发现，即使利率下降也会产生产出抑制效应。因为，资金未进入代表未来发展的创新型企业，未进行创新投资。2012~2016年，中国实际情况也是实际利率持续下降并保持在较低水平甚至为0，但当时并未阻挡"脱实向虚"资金流向。

4.当居民财富收入差距扩大时，宽松货币政策上述的冲击效应更为剧烈

居民财富收入差距从0.2上升为0.5时，利率降低对相关变量的冲击效应可能截然相反；从0.5上升为0.7时，利率对相关变量的冲击效应差别不大。利率降低1%，冲击房产价格 Q_{RE_t} 增长幅度从收入差距0.2时的1%变化为收入差距0.7时的17%；对创新型企业资本投入 K_{I_t} 的冲击效应由正变为负；对创新资本收益率的冲击幅度和冲击时间都有显著增加。这些也意味着居民财富收入差距加大，会降低货币政策的调控效果。

三　进一步解释

（一）宽松货币政策下金融资产价格上涨预期及金融资产投资行为影响了技术创新

在宽松货币政策下，房产价格和证券价格形成上涨预期，房产和股票成为资金的主要配置对象，市场主体的金融资产投资选择无形中影响了生产投资和研发投资。这体现在以下两个层面。

一是持续膨胀的房产规模抑制了企业创新。Wang和Wen（2011）理论分析发现，房地产投资的快速膨胀通过利率机制对其他部门的投资特别是长期投资形成显著的挤占效应，导致一国资源错配效应。Miao和Wang（2014）构建了包含两个生产部门的内生经济增长模型，分析发现受资产泡沫的吸引，企业将有限的资金投入生产资产泡沫的部门，其主业的投资和研发投入因此受到抑制；同时，泡沫资产生产部门（如房产）几乎没有技术外溢效应，投资的转移必然通过资源错配效应对其他生产部门创新投入产生抑制效应。张杰等（2016）利用土地供应作为房地产投资增长的工具变量实证发现，各地区房地产投资增长对该地区的创新研发具有直接阻碍效应，同时在房地产投资快速增长的情形下，金融体系在对房地产贷款期限结构的偏向效应下，对中国的创新活动形成了进一步的抑制效应。

二是房产价格停滞时股票价格会接过接力棒，实体企业的金融资产比例提高，影响创新投资。谢家智等（2014）利用中国制造业上市公司的数据分析了企业金融化对技术创新的影响，结果表明制造业企业金融化会显著抑制企业技术创新活动。张成思和张步昙（2016）通过构建金融环境下的企业投资决策模型，剖析了金融化对实体投资率的影响，发现经济金融化会显著降低实体投资率，并弱化货币政策提振实体经济的作用。

（二）宽松货币政策下银行贷款资金更多便利了传统型企业、影响了市场出清

尽管本章讨论的是货币政策，但银行贷款作为货币政策的传导渠道，与上述模型分析一样，将资金配置到传统型企业和房产投资领域。企业具有异质性：一类是资产雄厚但创新程度较低（近期风险较低）的企业，一类是资产缺乏但创新程度较高（近期风险较高）的企业。宽松货币政策往往配合的是以传统建设投资为主的财政支出，同时为传统型企业提供了更多的配套银行贷款机会，而这更多便利了传统型企业的延续、抑制了创新型企业的发展，破坏了市场强制出清的条件。经济周期的破坏式创新需要一定的条件（大量僵尸企业的强制性淘汰出清和创新型企业的大批量出现），而宽松货币政策的资金支持试图避免市场残酷的淘汰方式，延缓了老企业的淘汰，但也抑制了创新型企业的大批量出现。因为老企业资产雄厚，总能从银行获取贷款，并在一定程度上绑架了银行。

分析图16-6可以看出，2012~2017年各类银行贷款中，房地产银行贷款比重明显增加，固定资产银行贷款变动幅度不大，具有实体生产性质的农林牧渔银行贷款、中长期工业银行贷款和经营性银行贷款三类所占比重有一定的下降。Chaney和Hoesli（2014）利用美国房地产泡沫时期的银行数据，发现了银行体系对房地产行业的贷款增加挤占了其他行业商业贷款需求的现象。

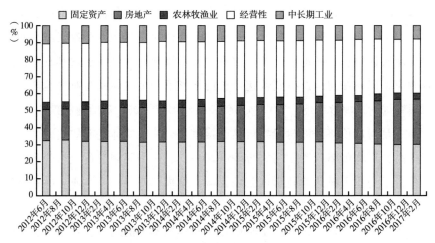

图16-6　银行贷款结构变动

注：固定资产贷款是指银行为解决企业固定资产投资活动的资金需求而发放的贷款。企业固定资产投资活动包括：基本建设、技术改造、开发并生产新产品等活动及相关的房屋购置、工程建设、技术设备购买与安装等。固定资产贷款用于基本建设、技术改造、科技开发、其他固定购置。基本建设是指经国家有权部门批准的基础设施、市政工程、服务设施和新建或扩建生产性工程等活动；技术改造是现有企业以扩大再生产为主的技术改造项目；科技开发是指用于新技术和新产品的研制开发并将开发成果向生产领域转化或应用的活动；其他固定购置是指不自行建设，直接购置生产、仓储、办公等用房或设施的活动。

（三）宽松货币政策与创新周期理论的基本条件弱化

进一步而言，本章的分析在货币制度与创新理论的融合方面具有一定的启示意义。Schumpeter（1912）提出"创新理论"，从技术革新的角度成功解释经济周期，其中"创新的内生性""创新的毁灭式破坏""大量（创新）企业家的涌现"是核心观点和关键条件。根据货币金融制度变迁历史可以推出，熊彼特破坏式创新周期实现的条件是：金本位制市场强制出清，以及大量新企业家出现和创新周期复苏时银行信贷对新企业和新技术的资金支持，对传统型企业金融资源的压缩、收紧甚至清算。因为社会黄金数量有限，政策当局和银行无法根据自己的设想进行扩张，传统型企业如果无法偿还债务，那就必须破产清算，否则银行或政策当局就承担黄金损失，而后者面临的也是黄金硬约束。这种金融制度不仅助推了新企业的发展，而且加速了新企业对老企业的破坏式更替。

在国家信用货币制度下，破坏式创新的条件发生了质的变化，特别是在惯于使用宽松货币政策的国家。为了避免或熨平经济波动，政策当局一般采用扩张型的货币政策和积极的财政政策，为社会提供更多的资金支持。在债务绑架、传统型企业资产担保、"大而不倒"和"太关联而不倒"救助预期等因素影响下，增加的资金多流向传统型企业和"钱生钱"的领域，担保资产价值很低、技术风险较高的创新型企业分得的资金十分有限。有资产抵押和政策救助的部分传统型企业没有被市场强制出清，无抵押资产和无政策救助的创新型企业被强制出局，本该出局的传统型企业挤占了创新型企业发展所必需的资金。此时，银行部门也成为经济冲击的不可忽略因素（Bernanke et al.，1999；Hafstead and Smith，2012；Caldara et al.，2016）。因此，信用货币制度下宽松货币政策令市场内生的出清条件不再满足，创新周期规则可能被破坏。

第四节　宽松货币政策的延伸

在现实经济中，一个不断反复的问题是地方隐性债务的膨胀可能引发地方债务偿债困难、粗放式投资行业的地方大型企业杠杆率居高不下可能引发的违约风险、商业银行（特别是地方性商业银行）资产错配引发流动性风险等方面。这些问题往往最终转化为商业银行不良资产，引发金融风险或金融危机。本节将金融分权、财政分权等因素纳入宏观经济模型，分析宽松货币政策、金融救助、金融分权与金融风险之间的关系。

一　经验研究

许多国家采用国家担保来化解金融风险。国家担保指政府对微观个体的救助、保险或补贴以及各种政府干预手段（IMF，2014）。在不同的发展阶段，不同国家围绕各自的经济目标和市场机制在不同程度上实施过不同程度的国家担保。中国的国家担保是经济增长需求（朱宁，2016）、国有企业政策性负担缓解（龚强、徐朝阳，2008）、防止系统性及区域性金融风险（许成钢，2016）的综合要求，常见于改革过程中。例如，国家对企业（包括民营企业）的补贴、国家对银行不良贷款的注销、国家对地方政府债券的置换以及中央银行将地方债券纳入再贷款的抵（质）押品范围。尽管国家担保形式多样，但本质上都是政府作为国家的受托管理者对经济主体提供补贴、救助、扶持等政策手段以及其他形式的干预措施，采取这些措施所依靠的基础是政府声誉、国家税收、货币发行以及其他国家权力，最终体现为中央政府的救助和社会公众的风险承担。因此，这里的关注点是国家救助。

国家救助（State Bailouts）是政府为了防止经营失败的企业或银行可能导致的大面积银行破产和金融违约而向其提供资金和资源，解救其脱离困境的行为。研究普遍认为，政府需要对公司进行救助，以解决私人市场的低效问题，但在救助的形式上具有较多的争议。一些研究认为，国家救助在实施上应恪守"建设性模糊"原则，使政府救助政策具有不确定性，防止市场对此形成准确预期（Acharya et al.，2016）。Chari 和Kehoe（2016）认为，即便如此，国家救助亦会持续低效。其原因在于：部分救助亦会导致补贴扭曲和规模外部性，尽管有序解决方案赋予政府对无担保债权人施加损失的权力，改善了救助结果，但仍是持续低效的，通过授予政府监管机构限制银行的债务与价值比例和按照银行规模征税进行改善和扭转。

越来越多的研究认为，国家救助作为政策工具并不能消除或弱化金融风险波动。Farhi 和 Tirole（2012）将官方为金融机构在金融危机中提供流动的措施分为两类——利率政策和转移政策。前者主要在于降低银行借贷成本，如将联邦基金利率降至零、为各种金融机构提供债务担保、接受低质量资产作为抵押品进行再贷款等；后者主要在于提高银行资产净值，如资本重组、以高价购买清算资产等。在最近几次的金融危机中，政策当局通过这两类政策为金融机构提供了过多的流动性，不但造成消费者对银行的无形补贴、资助不值得的项目、播下下一次危机的种子等成本，而且引发更多的金融机构形成救助预期、进行监管套利、影响银行期限结构匹配、降低政策当局信誉。因此，国家救助不仅无法修补市场运行的无效性，反而可能创造更多的无效性（Chari and Kehoe，2016）。

二　基本机制

包含财政分权和金融分权的经济基本运行机制可描述为图16-7，涵盖财政分权、金融分权以及中央与两个地方政府并存的政府体系，体系含有代表性的任意两个地方，记为地方 i 与地方 j。每个地方的市场中包含地方政府、全国性商业银行、地方性商业银行、厂商以及家庭（苗文龙，2019）。两个地方的企业具有创新效率差别。地方政府对各自市场执行财政政策，地方政府的财政政策会直接影响本地方投资、企业资本收益率，进而通过金融分权渠道对其他地方产生溢出效应。整个经济由中央政府管理，并实行全国层面的财税政策，决定财政分权和金融分权的水平。因此，中央政府的政策同时对两个地方有直接的影响。

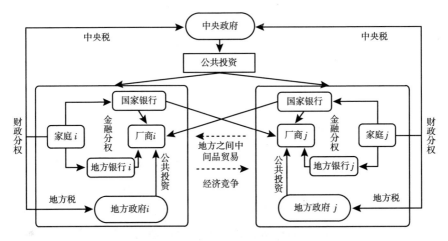

图16-7　财政分权与金融分权示意图

三　经济关系与函数描述

地方 i 有两类商业银行：一类是全国性商业银行在地方 i 的分行，一类是地方 i 的地方性商业银行。两者的区别在于：地方性商业银行的第一股东为地方政府，存款来源于当地，贷款主要用于当地企业；全国性商业银行在地方 i 的分行根据总行决策在地方 i 和地方 j 发放贷款，存款来源于全国。

（一）地方性商业银行

地方性商业银行将从当地吸收存款 $y_i D_{it}$ 全部用于本地企业贷款，贷款利率为 R_{kt}。尽管地方政府是地方性商业银行的大股东，但其金融特别许可证是中央政府颁发，而且最终贷款人是中央政府的部门——中央银行。地方性商业银行利润函数为：

$$g_i D_{it}(R_{kt} - R_{bt}) - b_i g_i D_{it} - r_{ibt} RD_{it} + G_{cibt} \qquad (16-66)$$

其中，b_i 为坏账率，RD_{it} 为地方性商业银行向中央银行借的再贷款，再贷款利率为 r_{ibt}。为了防止地方性商业银行过度套利，国家对地方性商业银行进行救助的金额小于等于其坏账金额，即 $b_i y_i D_{it} \geq G_{cibt}$。

（二）全国性商业银行在地方的分行

全国性银行在地方的分行将从当地吸收的存款 $(1 - y_i) D_{it}$ 的一部分

$\vartheta_i(1-y_i)D_{it}$和从地方j吸收的存款$(1-y_j)D_{jt}$的一部分$(1-\vartheta_j)(1-y_j)D_{jt}$用于当地企业贷款，$0\leqslant\vartheta_i\leqslant1$、$0\leqslant\vartheta_j\leqslant1$。其所有者权益$N_{nt}$满足：

$$N_{nt}=\left[\vartheta_i(1-y_i)D_{it}+(1-\vartheta_j)(1-y_j)D_{jt}\right](R_{kt}-R_{bt}-b_i)+$$
$$\left[(1-\vartheta_i)(1-y_i)D_{i,t}+\vartheta_j(1-y_j)D_{jt}\right](R_{kt}-R_{bt}-b_j)-$$
$$r_{nbt}RD_{nt}+G_{cnbt}+N_{n(t-1)} \tag{16-67}$$

全国性商业银行向中央银行再贷款的利率为r_{nbt}，RD_{nt}为其再贷款规模。国家对全国性商业银行进行救助，同时为了防止全国性商业银行过度套利，这里满足：$G_{cnbt}\leqslant b_i[\vartheta_i(1-y_i)D_{it}+(1-\vartheta_j)(1-y_j)D_{jt}]+b_j[(1-\vartheta_i)(1-y_i)D_{it}+\vartheta_j(1-y_j)D_{jt}]$。其中，$G_{cnbt}$是国家对全国性商业银行的救助规模，$b_j$为地方$j$的坏账率。

（三）i地方政府预算函数

i地方政府预算约束表示为：$n_0T_{it}+\Omega_iQ_{ik(t-1)}K_{it}=P_{it}G_{iht}+R_{idt}\pi_iB_{i(t-1)}$。税收$T_{it}$包括工资所得税$n_0r_{tw}W_{it}H_{it}$、资本收益税$n_0r_{tk}R_{ikt}Q_{ik(t-1)}R_{it}$、投资税$n_0r_{tzh}P_{ilt}I_{it}$；$r_{tw}$、$r_{tk}$、$r_{tzh}$分别为工资所得税税率、资本收益税税率、投资税税率。$\Omega_iQ_{ik(t-1)}K_{it}$为土地出让金。$n_0$表示财政收入的分权程度。这一预算约束暗含着地方政府债券π_iB_{it}全部用于企业资本投入，并且为企业承担利息支出$R_{idt}\pi_iB_{i(t-1)}$。因此，2016~2018年一些地方政府主要依靠土地出让金偿还地方债券利息。地方i政府支出政策规则条件可表示为：

$$\ln\left(\frac{G_{it}}{G_i}\right)=P_{Gii}\ln\left(\frac{G_{i(t-1)}}{G_i}\right)-(1-P_{Gii})\left[\lambda_{Gy}\ln\left(\frac{Y_{i(t-1)}}{Y_{it}}\right)\right]+\varepsilon_{git} \tag{16-68}$$

地方政府投资支出政策平滑系数$0<P_{Gii}<1$、对产出的反应系数$0<\lambda_{Gy}<1$。并且，$G_{it}=G_{iht}+G_{ict}$，这意味着考虑地方i最优的政府支出既要考虑来源于本地财政收入的支出G_{iht}，还要考虑从中央政府争取的对本地的投资G_{ict}，否则地方政府投资支出就会过热或过冷。

（四）货币政策救助

中国货币政策逐渐从数量型规则转向价格型规则，综合这两个阶段的货币政策，设计价格型和数量型兼顾的政策规则，并且会兼顾银行存贷款利差情况，避免利差急剧上升，借鉴Gertler等（2007）、Gertler和Karadi（2011）、马文涛和马草原（2018），将其设定为：

$$\ln\left(\frac{o_t}{o}\right) = \lambda_m \ln\left(\frac{o_{t-1}}{o}\right) + (1 - \lambda_m)\left\{\lambda_{PZ}\ln\left(\frac{P_{t-1}}{P_t^*}\right) + \lambda_{RZ}\left[\ln\frac{R_{kt}}{R_{bt}} - \ln\frac{R_{k(t-1)}}{R_{b(t-1)}}\right]+\right.$$

$$\left.\lambda_{YZ}\ln\left(\frac{Y_{z(t-1)}}{Y_{zt}^*}\right) - \ln g_y\right\} + \varepsilon_{mt} \qquad (16\text{-}69)$$

其中，$o_t = M_t/M_{t-1}$ 为货币增长速度，货币口径为现金、再贷款和存款，$M_t = M_{0it} + D_{it} + M_{0jt} + D_{jt} + RD_{it} + RD_{jt} + RD_{nt}$。$\lambda_m$、$\lambda_{PZ}$、$\lambda_{RZ}$、$\lambda_{YZ}$ 分别为货币政策对货币增长速度、通货膨胀、存款利率、产出缺口 Y_{zt} 的反应系数。ε_{mt} 为货币政策规则的风险冲击。

（五）财政政策救助

国家对地方性银行不良贷款的救助规则：

$$\ln\left(\frac{G_{cibt}}{G_{cib}}\right) = P_{Gi}\ln\left[\frac{G_{cib(t-1)}}{G_{cib}}\right] - (1 - P_{Gn})\left[\lambda_{Gy}\ln\left(\frac{Y_{z(t-1)}}{Y_{zt}}\right)\right] \qquad (16\text{-}70)$$

国家救助政策平滑系数 $0 < P_{Gi} < 1$、$0 < P_{Gn} < 1$，财政救助支出对产出的反应系数 $\lambda_{Gy} > 0$。

四　金融救助的经济含义

（一）国家（中央银行）对商业银行进行再贷款及再贴现等形式的救助与金融波动效应

根据函数（16-66）、函数（16-67）、函数（16-69）中变量之间的关系可以看出，中央银行无论是对全国性商业银行还是对地方性商业银行的最后贷款救助，实质上等同于扩大基础货币供给，强化了商业银行的风险化解预期和预算约束"软化"行为，对银行信贷具有较显著正向效应。

中央银行向商业银行提供显著低利率的最终贷款，必然引发利率的时间不一致问题，较低的利率可能会激励杠杆过度化（Diamond and Rajan，2011）；甚至面临零利率下限约束（the zero lower bound，ZLB），使货币政策效果弱化，加剧经济衰退、抑制经济复苏（Gust et al.，2017）。Ajello 等（2015）分析发现，考虑到金融危机发生的概率时，利率政策的最优调整幅度非常小。

中央银行向商业银行提供流动性救助时，推动银行贷款规模的显著增加，进而冲击资产价格上升。通过金融分权，银行信贷资金宽松，实现了地方债务的扩张，资产价格上升则进一步推动地方政府发行更多的债务规模进行投资，从而促使投资总规模的上升。

（二）国家对较发达地方的地方性商业银行进行财政救助与金融波动效应

根据函数（16-66）、（16-67）、（16-70）中变量之间的关系可以看出，国家通过财政支出救助发达地方的地方性商业银行并化解其不良贷款，不但使被救助的银行有了更宽裕的资金进行放贷，而且强化了其他商业银行对国家救助的预期和依赖，降低了风险管理和约束的意识，扩大了银行贷款，进而引发资产价格的上升，助推地方债务规模的增加。

地方债务的显著增加推动公共债务规模上升，在缺少财政稳定计划的情况下，公共债务规模上升很可能影响政策未来走向的不确定性，从而加剧深度衰退和财政失衡（Bianchi and Melosi，2017），形成的财政风险又不得不依赖金融来化解。相比较而言，这种形式的国家救助，对被救助的较发达地方的银行信贷、资产价格、地方债务及投资具有更为直接的正效应，进而通过较发达地方的资金溢出效应和预期效应对欠发达地方的相关金融变量和经济变量产生低于前者程度的正效应。

正由于救助具体对象不同和金融冲击效应差异的存在，金融分权加强了地方之间的金融竞争，进而在一定时期形成"金融竞争—金融风险—国家救助—金融竞争强化—金融风险加剧……"的金融波动循环。

（三）较发达地方的地方政府投资支出与金融波动效应

在财政分权和金融分权机制下，较发达地方政府投资支出会显著推动本地方银行信贷、资产价格和地方债务的上升，对欠发达地方银行信贷、资产价格和地方债务的影响较为弱小，因此对全国相关的金融变量波动的冲击效应小于对本地区金融变量波动的冲击效应。这从另一个角度说明，在GDP竞争机制下，财政分权必然影响金融分权，金融的显性集权隐性分权和财政分权导致各地竞争金融资源，两者的不匹配引发多种财政风险、金融风险（何德旭、苗文龙，2016）。不同于其他变量的是，较发达地方政府投资支出对本地方投资总量具有明显的正效应，但对欠发达地方投资总量表现出一定的负效应。原因在于，较发达地区对欠发达地区中间产品及资源的竞争和挤出。由于前者的正效应显著大于后者的负效应，因此对全国投资总量表现出一定的正效应。这与朱军和许志伟（2018）在财政分权下较发达地方公共投资对不同地方投资总量的动态影响的分析结论较为一致。

（四）金融分权与财政分权对金融风险影响差别原因的比较

金融分权的金融波动及经济波动效应不同于财政分权的深化，原因在于两个层面。一是财政分权深化后，地方分得利益的比例增加，地方产出弹性较高，地方企业有动力改善生产效率，削弱了经济波动效应较大的中央政策，加强了经济波动效应较低的地方政策（朱军、许志伟，2018）。二是金融分权深化后，地方政府仍不拥有货币发行权，仍然存在被其他地方竞争金融资源转嫁通货膨胀负担的风险，仍然具有竞争全国性金融资源、增加本地方利益、倒逼货币供给增加、转嫁通货膨胀的激励，当其拥有了更多的金融配置权、金融监管权、金融稳定权后，反而便利了地方之间金融资源的竞争和货币倒逼。

第五节　本章小结

金融部门向传统型企业和房产企业配置资源、传统型企业增加房产投资和金融资产投资的原因在于，信用货币制度下的软约束强化了传统型企业的救助预期和金融资源获取能力，传统型企业获得金融资源后并非用于技术创新和生产投资，而是用于房产和高风险金融资产。

宽松货币政策冲击房产资本的价格上涨和收益率上升，冲击生产资本的收益率降低。此时，房产的预期收益更高、风险更低，生产投资的预期风险升高、收益降低，技术创新的风险最高，资金多流向传统型企业用于房产和金融资产投资，对生产性投资和创新投资形成一定的挤出效应。

资金不断推动房产和金融资产价格上涨，不仅满足了企业需求，同时也满足了高收入居民的资产配置需求。支撑这些需求的基础便是经济迅速发展后扩大的居民收入差距和高收入阶层的投资偏好，是实体经济缺少增长发力点情况下个人、企业的"理性选择"。即使货币政策实现数量型向价格型的转型，这一效应仍不会改善。

经济低迷期延长的根源在于，在宽松货币政策下，部分应当被市场淘汰的传统型企业未能被市场及时清算退出，创新型企业未能得到宽松经济政策的资金支持，从而延缓了创新型企业的发展速度。

国家实施的财政分权模式在激励地方经济发展的同时，也激励地方政府进行投资扩张，国家对商业银行的最后贷款和不良贷款注销等救助担保，诱发了地方政府金融分权行为。地方政府金融分权的深化具体体现在地方性商业银行负债规模比例和地方政府债券规模比例的上升，而这成为影响商业银行不良贷款等金融风险波动的主要因素。

在经济增长偏好政策下，国家救助可能陷入越救助地方金融分权越深化、越救助金融风险越剧烈波动的陷阱。因此，金融分权的金融波动及经济波动效应远远不同于财政分权的深化，其关键原因仍是地方利益的分配和风险转嫁问题。

第十七章

财政政策：政府支出与经济效应

为了保持持续的高质量发展，财政政策在进行必要的经济建设投资支出的同时，需要一定技术创新支出，或者用于补贴和鼓励企业技术创新，或者直接用于研发投资。这些政府支出通过影响经济规模和结构，影响企业投资和居民行为，对金融运行和金融风险形成一定的间接影响。本章主要在宏观经济动态均衡框架下讨论政府支出的经济效应和金融效应。

第一节 经验事实

居民的投资选择和政府的技术创新政策影响企业技术创新的外源性资金，进而影响企业创新投资行为。影响居民投资行为的核心因素是投资收益率，观察政府技术创新政策的重要变量是政府技术创新支出。同时，考虑到企业创新行为的差异，根据技术投入率将企业划分为技术创新型企业和技术稳定型企业。这一部分根据经验数据，采用广义矩估计（GMM）方法实证分析企业利润率、政府技术创新支出与不同类型企业技术创新之间的数量关系。

一 政府支出与行业技术投资

据上述数据，选择电子通信业、医药业、汽车制造业代表技术创新行业，选择农业、交通运输业、建筑业代表技术稳定行业。采用GMM估计，经过多次试验，选择最显著的分析结果整理见表17-1，对于不显著的变量不再列入和分析。

表17-1 企业技术创新投资影响因素计量检验

行业变量	6个行业	技术创新业	技术稳定业
Te（-1）	1.3145*** （108.4809）	1.3173*** （76.9707）	1.1554*** （7.8941）
Te（-3）	-0.3409*** （-34.02503）	-0.3433*** （-24.2209）	-0.2237** （-1.9658）
G_{mt}	0.0002*** （4.0914）	0.0003*** （4.0237）	0.0001* （1.8099）
SIt	0.0019*** （4.6157）	0.0014*** （2.5981）	0.0128** （2.0328）
调整的 R^2	0.9962	0.9949	0.9953
D-W 值	2.1699	2.1904	2.0658

注：括号内为t值，***、**、*分别表示在1%、5%、10%的水平下显著。根据企业的生产函数，观察其技术水平的主要变量是技术投入率。因此，这里以企业技术投入率替代企业技术创新作为被解释变量。影响企业技术创新投资的主要因素是本企业的利润状况（这里假定：企业利润率与居民投资收益率正相关，企业利润率高时，居民投资企业股权所获得的投资收益率也高）和外源性资金的充足程度，相关变量主要是政府创新投资比例和企业销售利润率。根据变量之间的关系，构建企业技术创新的计量模型为 $Te_t = \varphi_0 + \sum_{i1=0}^{n} \varphi_{i1} Te_{t-i1} + \sum_{i2=0}^{n} \varphi_{i2} Gm_{(t-i2)} + \sum_{i3=0}^{n} \varphi_{i3} SI_{t-i3} + \varepsilon_t$。其中，$Te_t$ 为企业技术投入率，Te_{t-i1} 为滞后 i 期的企业技术投入率。$G_{m(t-i2)}$ 为滞后 $i2$ 期的政府创新支出规模，2007年1月之后，以Wind数据库中教育支出加上科技支出之和表示；2000年1月~2006年12月，该指标数据由Wind数据库中公共财政支出月度数据分别乘以对应年度的比例估算得出（根据2000~2006年的年度数据计算，教育支出加上科技支出占公共财政支出比例的均值为0.1341，最小值为0.1312，最大值为0.1362）。SI_{t-i3} 为滞后 $i3$ 期的企业销售利润率，代表企业经营因素以及居民投资收益情况对技术创新的影响。样本数据时间段为2000年1月~2015年12月。

资料来源：Wind数据库。

（一）企业销售利润率对其技术创新投资发挥着重要的推动作用

企业利润率对技术投入率的解释作用显著。其经济含义至少包括两个层面。一是以企业自身利润为主的内源融资是企业创新投资的重要渠道。具体而言，对于技术创新型行业，销售利润率对企业技术投入率的正向解释作用较低一些；对于技术稳定型行业，销售利润率对技术投入率的解释系数较高一些。其原因可能在于，本章选择的技术创新行业样本，企业销售利润率较低，而技术投入率较高，前者对后者的解释程度较低。这从另一角度证明，技术创新型企业在特定时期需要更多的外源性融资。二是社会投资者根据企业利润率决定下一步投资计划，影响企业外源性融资规模，进而影响企业技术创新。对于一个有效的金融市场，利润率较高的企业，股票价格会表现良好，社会投资者会选择利润高的企业进行投资，增加了企业技术创新的资金来源（苗文龙等，2018）。由此分析，可以得出事实1。

事实1：企业利润率是企业创新投资增加的内在源泉，销售利润率对企业技术创新投资发挥重要的保障和推动作用。社会投资者根据企业利润率变化调整投资结构，影响两类企业的资本比例和技术创新投资。

（二）政府科技创新支出是企业创新投资的主要外在推动力

从理论上分析，政府补贴类的政策支持对企业创新的影响存在两种截然不同的效应，可能体现为创新成本降低、政府有效筛选等机制导致的促进效应，亦可能体现为逆向选择、传递市场竞争信号、攫取优惠政策等机制导致的抑制效应（张杰、郑文平，2018）。从实际经验来看，近年来地方政府相继实施的创新政策在一定程度上推动了创新质量较低的实用新型和外观设计专利的数量上升，发明专利型创新却未得到显著的提升（黎文靖、郑曼妮，2016）。本章经实证得出如下结论：无论是技术创新型行业还是技术稳定型行业，政府技术创新支出对企业技术投入具有显著的推动作用，相对而言，政府技术创新支出对技术创新型行业的技术投入推动作用更为显著。这表明我国近年来企业自主研发能力的提升与政府的大力扶持存在密不可分的关系，其正向作用毋庸置疑。这一结论与一些代表性研究文献结论相符，如解维敏等（2009）、陆国庆等（2014）与张杰等（2015）[1]实证结论不太一致。不可否认，这一结论的局限是，企业技术投资的增加并不意味着企业创新水平和创新质量的提升，下文的研究在一定程度上假设了企业技术投资增加与企业创新水平提高具有正向关系。由此推论，可以得到事实2。

事实2：政府技术创新支出是企业创新投资的主要外部推动力，对企

---

[1] 他们认为"政府创新补贴政策对企业私人研发的作用效应具有不确定性，无偿资助型的政府创新补贴政策则不能促进企业私人研发的提升"。其原因在于，本章数据是宏观数据，他们主要验证的是中小企业数据，但他们的研究结论提示决策者不能想当然地认为政府对企业的创新补贴增加、企业研发投资就必然增加。

业技术创新投资具有显著的推动作用，尤其是对于技术创新型企业。

此外，企业技术创新具有一定的惯性依赖。表17-1显示，无论是从总体角度分析还是从技术创新型行业和技术稳定型行业分别分析，技术投入率滞后1期的解释系数在1%的水平下显著。这表明，特定行业的技术创新具有积累效应和路径依赖。值得注意的是，企业技术投入率具有一定的变动性，滞后3期的企业技术投入率的解释系数为-0.3409，技术创新型行业和技术稳定型行业都表现出这一特征。这意味着原来技术投入率较高的企业可能在未来的一段时间降低技术投入率。因此，政府为了减少支持企业创新活动的资金风险，会倾向于选择具有自主创新能力并且容易创新成功的企业（Aerts and Schmidtb，2006），有时会依据企业是否具有专利发明等信息作为企业自主创新能力的信号和条件（张杰等，2015）。

第二节 模型

这一部分根据上面的经验事实，构建包含居民部门、技术创新型企业部门、技术稳定型企业部门和政府部门的动态随机一般均衡模型。居民进行消费、投资和劳动供给决策。企业进行生产并提供消费品，具体分为技术创新型企业部门和技术稳定型企业部门，分别在劳动力市场上雇佣劳动，并在各自前期资本存量的基础上向居民部门直接融资用于满足生产的需要。根据新产品上市的流通环节，技术创新型企业位于产业链的上游，所生产的产品满足产业链下游技术稳定型企业的生产需求和政府投资需求。政府部门满足财政预算平衡约束，政府收入主要来源于税收，政府支出主要包括技术创新性投资支出和政府经济建设性投资支出。各部门具体决策行为和过程如下。

一 居民部门

居民的效用取决于消费、劳动和投资回报。其中，居民可以向技术创新型企业部门和技术稳定型企业部门供给劳动并获得工资收入。为突出研究重点，这里假设劳动力在技术创新型企业部门和技术稳定型企业部门之间可以自由流动，且劳动力市场上存在统一的实际工资。居民部门的部分工资收入用于股权投资以平滑消费，所消费的商品假定为位于产业链下游的技术稳定型企业部门[①]生产的最终产品。居民的最大化目标函数为：$\max E_t \sum_{t=0}^{\infty} \beta^t \left[(C_t^{1-\sigma} - 1)/(1-\sigma) - \eta H_t \right]$。其中，$E_t$代表期望算子，$\beta$代表跨期贴现因子，$C_t$是个人$t$期的消费，$\sigma$是消费风险规避系数，$H_t$是个人$t$期劳动投入量，$\eta$描述了劳动带来的负效用。居民预算约束为：$C_t + \left[K_{m(t+1)} - (1-\delta_m)K_{mt} \right] + \left[K_{c(t+1)} - (1-\delta_c)K_{ct} \right] = W_t H_t + R_{t-1} I_{t-1} - T_{ht}$。其中，$T_{ht}$是居民缴纳的税金，$W_t$为工资；居民投资企业股权$I_t$，用于技术创新型企业投资$\left[K_{m(t+1)} - (1-\delta_m)K_{mt} \right]$和技术稳定型企业投资$\left[K_{c(t+1)} - (1-\delta_c)K_{ct} \right]$，$\delta_m$表示技术创新型企业资本折旧率，$\delta_c$表示技术稳定型企业资本折旧率。$R_{mt}$表示技术创新型企业的资本利润率，$R_{ct}$表示技术稳定型企业的资本利润率，综合的资本利润率满足条件$R_t K_t = R_{mt} K_{mt} + R_{ct} K_{ct}$。此时，居民最优决策是根据拉格朗日函数求解关于$C_t$、$H_t$、$K_{m(t+1)}$、$K_{c(t+1)}$的一阶导数并令之为0，居民效用最大化的一阶条件为：$C_t^{-\sigma} = -\lambda_t$、$-\eta/\lambda_t = W_t$、$\lambda_t = \beta E_t \lambda_{t+1} \left[(1-\delta_c) + R_{c(t+1)} \right]$、$\lambda_t = \beta E_t \lambda_{t+1} \left[(1-\delta_m) + R_{m(t+1)} \right]$。

根据$C_t^{-\sigma} = -\lambda_t$可得出消费的欧拉方程：$1/C_t^{-\sigma} = E_t \beta/C_{t+1}^{\sigma}$。

将$C_t^{-\sigma} = -\lambda_t$代入$-\eta/\lambda_t = W_t$得出：$W_t = \eta C_t$。其经济含义为：居民消费水平与居民当期的工资收入水平具有直接的正向关系。

将$C_t^{-\sigma} = -\lambda_t$代入$\lambda_t = \beta E_t \lambda_{t+1} \left[(1-\delta_m) + R_{m(t+1)} \right]$得出：$C_{t+1}/C_t =$

---

① 本章将技术创新型企业假定为产业链的上游企业原因有二。一是根据专利类型（发明、实用新型和外观设计），本章研究的技术创新主要指发明，根据《专利法》，发明是指对产品、方法或者其改进所提出的新的技术方案，具体包括产品发明（开发出来的关于各种新产品、新材料、新物质等的技术方案）和方法发明（制造产品或解决某个技术课题而研究开发出来的操作方法、制造方法以及工艺流程等技术方案）。相对而言，这些发明大多被用于产业链中上游。二是本章第二节主要在于论证企业技术创新具有异质性，所用数据并非包括了所有的技术创新行业，上面提到的通信设备、汽车制造两大行业只是一小部分行业，而且这些行业的产品既有下游商品，亦有很大比例的上游产品；同时，由于数据时段限制和行业细程度限制，本章的样本行业未包括技术创新度较高的军工、精密仪器、电子仪器等行业，这些行业多是上游行业。当然，这样将技术创新型企业全部假定为上游企业具有一定的局限，但不影响对这种经济关系的分析。

$\beta E_t \left[(1 - \delta_m) + R_{m(t+1)} \right]^{1/\sigma}$。其经济含义为：居民消费增长率情况与预期的技术创新型企业和技术稳定型企业的资本折旧、资本利润率存在直接的正向关系。

将 $-\eta/\lambda_t = W_t$ 代入 $\lambda_t = \beta E_t \lambda_{t+1} \left[(1 - \delta_c) + R_{c(t+1)} \right]$ 得出：$W_{t+1}/W_t = \beta E_t$ $\left[(1 - \delta_c) + R_{c(t+1)} \right]$。其经济含义为：居民工资增长率情况与预期的技术创新型企业和技术稳定型企业的资产折旧、资本利润率存在直接的正向关系。

二　企业

（一）技术创新型企业

位于产业链上游的技术创新型企业在经济体系中通过在劳动力市场上雇佣劳动并直接融进资金，并将技术创新产品销售给政府和下游技术稳定型企业。因此，设计技术创新型企业的生产函数为：$Y_{mt} = A_0 (Z_t K_{mt} G_{mt})^{\phi} K_{G_t}^{a_c}$ $\left[(1 - Z_t) K_{mt} \right]^{a_m} H_{mt}^{1 - a_m}$，利润函数为：$\max A_0 = (Z_t K_{mt} G_{mt})^{\phi} K_{G_t}^{a_c} \left[(1 - Z_t) K_{mt} \right]^{a_m}$ $H_{mt}^{1 - a_m} - R_t I_{mt} - W_t H_{mt}$。

该企业的技术发展水平对产出具有重要影响，技术水平表示为研发投资 $Z_t K_{mt} G_{mt}$ 的幂函数，$Z_t K_{mt}$ 为企业内源性技术创新投资，G_{mt} 为政府对企业创新投资的资助，$G_{mt} > 0$，表明政府对技术创新型企业的研发投资进行一定的补贴，Z_t 表示技术创新资本占技术创新型企业总资本的比例；并且 $0 < \phi < 1$，表明技术创新型企业的研发投资的边际收益递减。

其生产函数的经济含义在于，技术创新具有积累优势，技术水平取决于前期持续、累积的研发投资，否则只能发挥模仿便利、成为技术稳定型企业，而不是成为前沿性技术创新型企业。K_{G_t} 测度了政府所投入的公共资本存量，a_c 表示公共资本的产出弹性。

在经济体系中，技术创新型企业和技术稳定型企业共同享受和拥有政府所投入的公共资本存量 K_{G_t}。政府所投入的公共资本存量 K_{G_t} 的积累方程为：$K_{G_t} = (1 - \delta_G) K_{G_{t-1}} + G_{Pt}$。其中，$\delta_G$ 表示政府公共资本的折旧率，G_{Pt} 表示政府当期的经济建设性投资支出。技术创新型企业与技术稳定型企业之间存在创新产品销售关系。

技术创新型企业雇佣劳动力并支付给劳动工资，劳动的边际利润为 0

时，工资等于劳动的边际产出，技术创新型企业所得税税率表示为 τ_m，此时 W_t 具体表示为：$W_t = (1 - a_m)Y_{mt}/H_{mt}$。技术创新型企业资本需求为：$K_{mt} = (1 + a_m\phi)Y_{mt}/\delta_{mt}\phi$。进而得到技术创新型企业资本利润率为：

$$R_{mt} = (1 - \tau_m)\left[(a_m Y_{mt}/K_{mt}) + (1 - \delta_m)R_t\right] \qquad (17\text{-}1)$$

（二）技术稳定型企业

位于产业链下游的技术稳定型企业在经济体系中通过在劳动力市场上雇佣劳动并直接融进资金以及购买上游技术创新型企业生产的产品来进行生产活动。同时，技术稳定型企业的资本全部用于经营生产，不像技术创新型企业那样用一部分（Z_t）资本和投资进行技术研发，政府不对这一部分企业提供技术创新投资 G_{mt}。因此，技术稳定型企业的生产函数为：$Y_{ct} = K_{G_t}^{\alpha_c} K_{ct}^{\alpha_c} H_{ct}^{1-\alpha_c-\gamma} Y_{c-mt}^{\gamma}$，利润目标函数为：$\max\ (K_{G_t}^{\alpha_c} K_{ct}^{\alpha_c} H_{ct}^{1-\alpha_c-\gamma} Y_{c-mt}^{\gamma} - R_t I_{ct} - W_t H_{ct} - P_t Y_{c-mt})$。其中，$H_{ct}$ 表示技术稳定型企业 t 期投入的劳动量，K_{ct} 表示投入的资本量，$1 - \alpha_c - \gamma$ 表示劳动的产出弹性，α_c 表示资本的产出弹性，Y_{c-mt} 表示它对上游技术创新型企业产品的需求，$P_t Y_{c-mt}$ 表示它购买技术创新型企业产品的支出。γ 衡量了技术创新产品对技术稳定型企业生产的重要性。γ 越大，意味着技术创新对包括技术稳定在内的企业部门越重要，产业之间关联程度越高（吴洪鹏、刘璐，2007；吕炜等，2016）。技术稳定型企业对技术创新型企业的产品需求表示为：$\gamma Y_{ct}/Y_{c-mt} = P_t$。$P_t$ 为创新型企业产品的价格。由其可知，在其他条件不变的情况下，技术稳定型企业与技术创新型企业间的关联性与创新产品价格正相关。技术稳定型企业在劳动市场上雇佣劳动的最优量满足条件——支付给单位劳动的工资等于其边际产出。因此，技术稳定型企业的劳动需求为：$H_{ct} = (1 - \alpha_c - \gamma)Y_{ct}/W_t$。技术稳定型企业的资本需求为：$K_{ct} = \left[\delta_c/(\alpha_c K_{G_t}^{\alpha_c} H_{ct}^{1-\alpha_c-\gamma} Y_{c-mt}^{\gamma})\right]$。考虑到技术稳定型企业税负（税率为 τ_c）后，技术稳定型企业的资本利润率可表示为：

$$R_{ct} = (1 - \tau_c)\left[\frac{\alpha_c Y_{ct}}{K_{ct}} + (1 - \delta_m)R_t\right] \qquad (17\text{-}2)$$

（三）企业资本利润率与居民投资收益率

居民储蓄通过股权形式全部转化为企业投资，对技术创新型企业的投资表示为 $I_{mt} = K_{m(t+1)} - (1 - \delta_{mt})K_{mt}$，对技术稳定型企业的投资表示为

$I_{ct} = K_{c(t+1)} - (1 - \delta_{ct})K_{ct}$；居民投资收益率等于两类企业资本利润率的加权平均，权重为两类企业的资产比重。此时存在：$R_t = K_{mt}R_{mt}/(K_{mt} + K_{ct}) + K_{ct}R_{ct}/(K_{mt} + K_{ct})$。其经济含义在于：居民根据自身对投资收益率的预期和技术创新型企业资本利润率、技术稳定型企业资本利润率进行资金结构配置。这意味着居民投资行为变化不仅表现为投资总量的变化和投资结构的变化，还通过股权性资产的结构比例影响不同类型企业的投资比重和资本比重，而两类企业的资本利润率和资本结构反过来又会影响居民的投资资产决策调整，最后取得资本市场平衡。

三　政府政策与行为

根据研究的侧重点，政府职能定位是征收税收后主要用于技术创新性投资支出 G_{mt} 和常规的经济建设性投资支出 G_{Pt}，税收来源是居民个人缴纳的 T_{ht}、技术创新型企业缴纳的 T_{mt} 和技术稳定型企业缴纳的 T_{ct}，政府预算约束条件为：

$$T_{ht} + T_{mt} + T_{ct} = P_t G_{Pt} + G_{mt} \tag{17-3}$$

其中，$T_{mt} = \tau_m(Y_{mt} - W_t H_t - R_{mt}K_{mt})$，$T_{ct} = \tau_c(Y_{ct} - W_t H_t - R_{ct}K_{ct})$。

四　市场出清

根据上文分析，在两类企业产出等于总产出（$Y_t = Y_{mt} + Y_{ct}$）条件下，劳动要素市场、资本要素市场、技术稳定产品市场、技术创新产品市场四个市场取得出清状态：

$$H_t = H_{mt} + H_{ct} \tag{17-4}$$

$$I_t = Q_m\left[K_{m(t+1)} - (1 - \delta_m)K_{mt}\right] + Q_c\left[K_{c(t+1)} - (1 - \delta_c)K_{ct}\right] \tag{17-5}$$

$$Y_{ct} = C_t + I_t \tag{17-6}$$

$$Y_{mt} = G_{Pt} + Y_{c-mt} \tag{17-7}$$

其中，H_{mt} 和 H_{ct} 分别是 t 期居民部门针对技术创新型企业和技术稳定型企业的劳动需求而提供的劳动供给；K_{mt} 和 K_{ct} 分别是 t 期技术创新型企业和技术稳定型企业的资本要素需求；Y_{ct} 是下游技术稳定产品供给，即最终产品供给，C_t 是最终产品消费，其他变量含义同上文。

在经济体系中将面临来自技术创新型企业的技术研发投资、政府技术创新性投资支出、政府经济建设性投资支出三个方面的随机冲击。假设上述三种外生随机冲击服从对数形式的 AR（1）过程：

$$\ln z_t = \rho_z \ln z_{t-1} + \sigma_z \varepsilon_{zt} \tag{17-8}$$

$$\ln G_{mt} = (1 - \rho_{G_m}) \ln G_m^* + \rho_{G_m} \ln G_{m(t-1)} + \sigma_{G_m} \varepsilon_{G_{mt}} \tag{17-9}$$

$$\ln G_{Pt} = (1 - \rho_{G_p}) \ln G_P^* + \rho_{G_p} \ln G_{P(t-1)} + \sigma_{G_p} \varepsilon_{G_{pt}} \tag{17-10}$$

其中，G_p^* 和 G_m^* 分别为政府两种不同类型支出的稳定水平。ρ_z、ρ_{G_m} 和 ρ_{G_p} 分别反映了创新型企业技术研发投资冲击、政府技术创新性投资支出和政府经济建设性支出冲击的持续性，ρ_z、ρ_{G_m} 和 ρ_{G_p} 分别描述了以上三种冲击的强度。

第三节　参数校准与动态模拟

一　参数校准

基于企业技术创新行为差异的动态随机一般均衡模型包括了 $\{Y_t,$ $C_t,$ $W_t,$ $H_t,$ $T_{th},$ $K_{G(t+1)},$ $G_{pt},$ $Y_{ct},$ $K_{c(t+1)},$ $H_{ct},$ $R_{ct},$ $P_t,$ $R_{ct},$ $T_{ct},$ $Y_{mt},$ $R_{mt},$ $K_{m(t+1)},$ $G_{mt},$ $H_{mt},$ $R_{mt},$ $T_{mt}\}$ 21个内生变量以及 $\{\beta,$ $\eta,$ $\sigma,$ $\alpha_G,$ $\alpha_c,$ $z_t,$ $\delta_m,$ $\alpha_m,$ $\phi,$ $\gamma,$ $\delta_G,$ $\delta_c,$ $\omega,$ $g_{mi},$ $g_{ci},$ $\tau_c,$ $\tau_m,$ $\rho_z,$ $\rho_{G_p},$ $\sigma_z,$ $\sigma_{G_m},$ $\sigma_{G_p}\}$ 22个外生参数。参考具有代表性的研究文献，这里采用参数校准的方法对相关参数进行赋值，结果见表17-2。

表17-2　参数校准

参数类型	参数校准值
居民偏好参数	$\beta = 0.99$，$\sigma = 0.5$，$\eta = 0.227$
技术稳定型企业参数	$\alpha_c = 0.45$，$\delta_c = 0.025$，$\gamma = 0.2$
技术创新型企业参数	$\alpha_m = 0.60$，$\delta_m = 0.05$，$\phi = 0.125$
投资品生产商参数	$\omega = 0.1$，$g_{mi} = 0.03$，$g_{ci} = 0.027$
财政政策参数	$\tau_m = 0.15$，$\tau_c = 0.25$，$\alpha_G = 0.3$，$\delta_G = 0.09$，$\rho_{G_p} = 0.67$，$\sigma_{G_p} = 0.33$，$\rho_{G_m} = 0.58$，$\sigma_{G_m} = 0.45$
技术冲击参数	$\rho_z = 0.905$，$\sigma_z = 0.13$

待校准参数可以分为两个子集：第一子集包含了文献的常用参数，这里采用标准方法设定参数值；第二子集包含了本章政府技术创新支出政策参数和技术创新型企业研发投资比例参数，这里用政府科技支出数据和本章选择的技术投入率均值较高前6个行业的数据进行校准。其中，居民时间贴现率 $\beta = 0.99$[①]，消费者风险规避系数 $\sigma = 2$[②]，劳动供给负效用弹性参数 $\eta = 2.27$[③]。技术创新型企业一般属于资本密集型，资本要素产出弹性参数 $\alpha_m = 0.60$[④]；技术稳定型企业较创新型企业资本密集程度降低，校准值 $\alpha_c = 0.45$；两类企业之间的关联程度参数 $\gamma = 0.2$[⑤]；技术创新型企业资本更新速度较快一些，$\delta_m = 0.05$；技术稳定型企业资本折旧参数 $\delta_c = 0.025$[⑥]。政府部门公共资本要素产出弹性参数 $\alpha_G = 0.3$；公共资本折旧参数 $\delta_G = 0.09$[⑦]；政府一般鼓励技术创新（Aschhoff，2009；Ozcelik and Taymaz，2008），因此对技术创新型企业征收税率较低，$\tau_m = 0.15$，对技术稳定型企业征收税率较高，$\tau_c = 0.25$[⑧]；技术稳定型企业投资增长

---

① 研究文献对居民时间贴现率 β 的赋值多在0.98~0.999，陈昆亭等（2004）为0.98，刘斌（2008）及吕炜等（2016）为0.985，康立和龚六堂（2014）为0.99，张佐敏（2013）为0.995，金中夏等（2013）为0.9994，结合国际文献（Smets and Wouters，2007）对新兴国家的研究校准赋值，本章校准值为0.99。

② 许多文献校准消费者风险规避系数 $\sigma = 2$（康立、龚六堂，2014）。

③ 研究文献对劳动弹性的赋值跨度较大，康立和龚六堂（2014）劳动对效用影响参数为3.4/（1+劳动供给弹性0.5）、金中夏等（2013）劳动时间为1/3，结合考虑函数形式，本章校准值为2.27，并在稳态劳动供给为1/3的基础上调整。

④ 国际上研究文献对劳动要素的产出弹性校准值被估算在这样的范围0.66~0.8和0.3~0.75（Smets and Wouters，2007），因此资本产出弹性校准范围为0.2~0.34。考虑到资本的利用率问题，国内研究文献对资本产出弹性校准值有0.325（李浩等，2007）、0.476（张佐敏，2013）、0.8（康立、龚六堂，2014）。由于技术创新型企业在研发设备、资本投入上占有较高比例，因此本章校准技术创新型企业的值为0.60，技术稳定型企业为0.45。

⑤ 这方面研究文献较少，吕炜等（2016）校准国有企业和民营企业之间的关联系数为0.4，结合技术创新产品的销售占比，本章校准值为0.2，并同时考虑取值为0.1和0.4时冲击的差异性。

⑥ 研究文献对资本折旧的校准值一般为0.1，即10年折旧完毕，如果季度取值为0.025（陈昆亭等，2004；Christiano et al.，2010），也有文献校准值为0.035（刘斌，2008），因此技术稳定型企业资本折旧校准值取为0.025，折旧较快的技术创新型企业取值为0.05。

⑦ 结合研究文献，校准值为0.3（郭剑强、孙永刚，2012；吕炜等，2016）。

⑧ 《企业所得税法》规定，企业所得税为25%，符合条件的小微企业为20%，国家需要重点扶持的高新技术企业为15%。

率 g_{ci} = 1.027[①]；近年来，根据新股上市情况和发明专利增长速度，技术创新型企业投资增长率略高于技术稳定型企业，g_{mi} = 1.03。投资调节成本 ω = 0.1[②]。这里对 2007 年 1 月至 2016 年 12 月的政府研发支出数据求自然对数后进行 1 阶自回归，对于政府投资性支出，ρ_{G_p} = 0.67，σ_{G_p} = 0.33。这里对 2007~2016 年的政府研发支出数据求自然对数后进行 1 阶自回归，得到政府技术创新支出政策参数 ρ_{G_m} = 0.58、σ_{G_m} = 0.45[③]。根据 2000~2016 年本章第二节选择的技术投资率在前 6 的行业数据，计算这 6 个行业技术投入的年度均值，然后求自然对数进行 1 阶自回归，得到企业自身的技术创新投资的技术冲击参数，校准值为 ρ_z = 0.905、σ_z = 0.13。

二　方差分析

在对政府技术创新支出的动态经济效应进行数值分析之前，这里对基准模型的动态特征进行简要描述。表 17-3 给出基准模型的技术创新型企业产出、资本、资本利润率和技术稳定型企业产出、资本、资本利润率对应的方差分解比例，技术创新型企业的技术投资冲击、政府技术创

表 17-3　基准模型中相关变量的方差分解

单位：%

		技术创新型企业技术投资冲击	政府技术创新性支出冲击	政府经济建设性支出冲击	累计贡献率
技术创新型企业	产出	8.32	48.74	40.27	97.33
	资本	0.88	21.47	57.01	79.36
	资本利润率	3.17	16.80	60.58	80.55
技术稳定型企业	产出	11.39	37.31	39.25	87.95
	资本	2.78	16.53	61.74	81.05
	资本利润率	3.43	16.56	60.72	80.71

---

① 代表性文献取值有 0.0435（许志伟、刘建丰，2019），本章以校准值 0.1 进行模拟（Miao and Wang，2014）。

② 许志伟和刘建丰（2019）的贝叶斯估计为 3.68，本章校准值为 3.5。

③ 国际上政府投资支出自相关系数多固定在 0.91~0.97（Smets and Wouters，2007）。本章参考胡永刚和刘方（2007）、郭新强和胡永刚（2012）、吕炜等（2016）等文献，对政府投资建设支出和技术稳定型冲击的自相关系数和冲击参数进行赋值。

新性支出冲击、政府经济建设性支出冲击对上述变量的累计贡献率分别达97.33%、79.36%、80.55%、87.95%、81.05%、80.71%，即本章模型下的政府支出冲击可以解释70%以上的产出和资本波动。模型相关变量的相对变动大小比较符合实际经济数据排序。当然，基准模型也忽略了很多具有显著影响的因素。

三　技术创新型企业创新投资的动态经济效应分析

校准相关参数后，这里分别从技术创新型企业相关变量、技术稳定型企业相关变量、社会总量三个层面分析技术创新型企业的创新投资比例 z_t 波动的宏观经济变量的冲击效应。结果如图17-1所示。

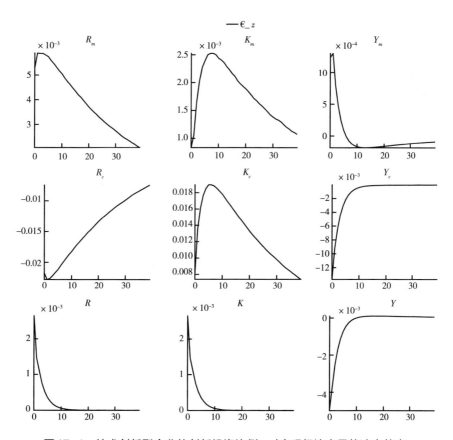

图17-1　技术创新型企业的创新投资比例 z_t 对宏观经济变量的冲击效应

由图17-1可知，技术创新型企业的创新投资比例z_t对不同宏观经济变量的冲击效应存在较大的差异，表现在三个方面。

一是技术创新型企业创新投资比例的提高对本企业经营改善具有积极的作用。这主要表现在创新型企业技术投资比例z_t增加对创新型企业的资本利润率R_{mt}、资本规模K_{mt}、产出Y_{mt}都具有正向冲击效应，冲击效应在长期内方向比较一致且收敛于稳态。其经济含义在于，技术创新型企业研发投资增加有利于创新型企业资本利润率的提高和产出的增加，有利于创新型企业的资本扩张；但在短期内，由于技术创新投资对生产资本的挤出和经济效率产生的滞后性，产出增加幅度较低。

二是技术创新型企业的创新投资比例的提高对技术稳定型企业的经营具有负向冲击作用。这主要表现在创新型企业技术投资比重z_t增加对技术稳定型企业的资本利润率R_{ct}、产出Y_{ct}具有较为显著的负向冲击作用，显示出两类企业竞争时产生的"非此即彼"的挤出效应。由于短期内创新型企业的技术投资挤占了本类企业的生产性资本，因此反而对稳定型企业的资本规模起到了正向冲击作用。这意味着，技术创新型企业提高研发投入时，技术稳定型企业为了维护产出可能会加大资本投入。

三是技术创新型企业的创新投资比例的提高有助于提高资本利润率，但短期内可能对产出增加不利。这主要表现在创新型企业技术投资比重z_t增加对总资本利润率R_t具有正向的冲击作用，而对社会总产出Y_t具有负向冲击作用。其经济含义在于，一个经济体在从粗放投资型经济转向研发创新型经济的过程中，产出质量可能提高、资本利润率可能提高，但短期内产出数量不一定有所增加，如果仍然追求常规性投资扩张带来的产出数量增长，则难以实现有效的经济转型。

从模拟结果可初步得到三个认识。一是居民根据技术创新型企业和技术稳定型企业的资本利润率进行资产结构配置，进一步决定了两类企业的融资约束、资本结构和发展速度，不同创新属性企业的资本利润率与资本结构共同决定了一国总的资本利润率。总的资本利润率又会对居民投资规模产生反馈机制，并间接影响居民的消费和劳动。二是创新型企业提高技术研发投资比例，在短期内并不一定能实现经济增长率的提高，但在优化社会资本结构、提高资本投资效率和利润率、逐渐降低劳动投入方面具有

积极作用，让人们以低廉的价格享受到最新技术产品。三是由于本章研究
切入点在于居民投资结构和两类企业资本比例，所得结论显示此时的经济
发展模式仍是投资推动型，而不是消费推动型，只是在推动形式上从传统
的粗放性投资转化为新兴的技术性投资。

四 政府技术创新性支出经济效应及传导机制

首先这里考察政府技术创新性投资支出 G_{mt} 变化对企业创新支出和宏
观经济变量的冲击效应，结果见图17-2。分析图17-2可知，政府技术创
新性投资支出 G_{mt} 对技术创新型企业相关经济变量和其他宏观经济变量主
要具有正向冲击效应。这表现在 G_{mt} 增加1%时，引起技术创新型企业的
资本利润率 R_{mt}、资本规模 K_{mt}、产出 Y_{mt} 在短期内分别增加1.8%、1.6%、

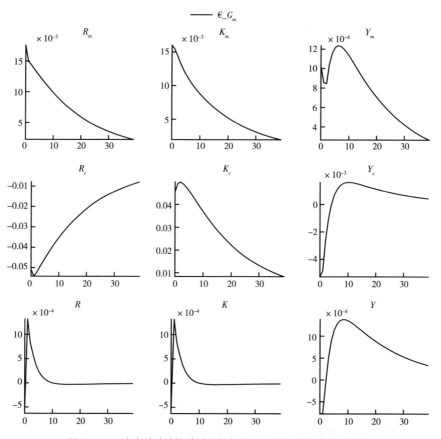

图17-2 政府技术创新性投资支出 G_{mt} 变化的经济冲击效应

0.12%，引起总的资本利润率 R_t、总资本规模 K_{mt}、总产出 Y_{mt} 在短期内分别增加 0.14%、0.13%、0.14%。但 G_{mt} 对技术稳定型企业的资本利润率 R_{ct} 和产出 Y_{ct} 具有一定的负向冲击。

　　进而，这里考察技术创新型企业采用不同的创新投资率（z 取值分别为 0.05、0.1、0.15）时政府技术创新性投资支出 G_{mt} 变化对企业创新支出和宏观经济变量的冲击效应，结果如图 17-3 所示。分析图 17-3 可知，政府技术创新性投资支出效果与企业自身的技术创新投资率水平具有一定的联系：当创新型企业技术投资率较低时，政府技术创新性投资支出的正向作用较为显著；当创新型企业技术投资率增长到一定水平，政府技术创新性投资支出对有关经济变量的正向作用相比较而言有所降低；当创新型企业技术投资率继续上涨到一定水平，政府技术创新性投资支出

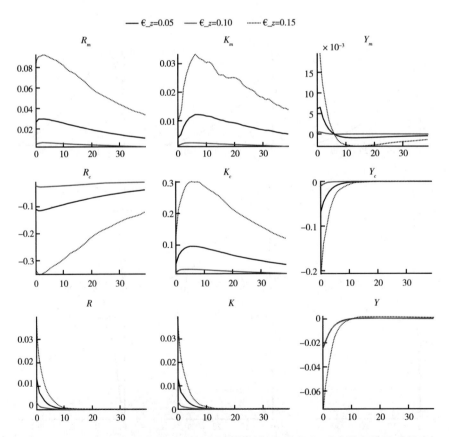

图17-3　不同的创新投资率时政府技术创新性投资支出 G_{mt} 变化的经济冲击效应

对有关经济变量的正向作用会大幅增加。例如，z 为 0.05 时，政府技术创新性投资支出 G_{mt} 增加 1%，可冲击 R_{mt} 提高 3.6%、K_{mt} 提高 1.3%、Y_{mt} 提高 0.59%；z 为 0.1 时，政府技术创新性投资支出 G_{mt} 增加 1%，可冲击 R_{mt} 提高 0.1%、K_{mt} 提高 0.03%、Y_{mt} 提高 0.01%，与 z 为 0.05 时的冲击效果相比，作用反而降低；z 为 0.15 时，政府技术创新性投资支出 G_{mt} 增加 1%，可冲击 R_{mt} 提高 8.9%、K_{mt} 提高 3.2%、Y_{mt} 提高 1.5%，与 z 为 0.05、0.1 时的冲击效果相比，作用明显提高。这意味着，政府为了提高技术创新性投资支出的效率，可根据创新型企业的技术投入率考虑配套的财政创新资金，当企业自身的技术创新投资率高于一定水平时，政府才进行有力技术创新投资支持，这样也可以预防逆向选择风险以及企业的传递市场竞争信号行为和攫取优惠政策套利行为。

五　政府技术创新性投资支出与经济建设性投资支出的动态经济效应比较

进而，这里分别从技术创新型企业相关变量、技术稳定型企业相关变量、社会总量三个层面分析政府支出结构对宏观经济的冲击效应。在政府技术创新性投资支出 G_{mt} 和经济建设性投资支出 G_{Pt} 的冲击下，各相关变量的冲击响应如图 17-4 所示。

由图 17-4 可知三个层面的经济含义。

一是政府技术创新性投资支出增加对技术创新型企业的资本利润率 R_{mt}、生产资本 K_{mt}、产出 Y_{mt} 具有较大的正向冲击效应。由于本章均衡模型中政府经济建设性投资支出 G_{Pt} 假设为政府对技术创新型企业产品的购买，是在创新产品质量较高的前提下政府对创新产品的兜底式购买，实质上是支持技术创新型企业的另外一种形式，因此 G_{Pt} 与 G_{mt} 相似，对技术创新型企业产生了方向相同的冲击效应。

二是政府技术创新性投资支出增加对技术稳定型企业的资本利润率 R_{ct} 和产出 Y_{ct} 具有负向冲击作用。这意味着政府技术创新性投资支出增加（政府经济建设性投资支出比例必然减少），并不能推动技术稳定型企业资本利润率和产出的提高，甚至会导致它们的减少，因此，政府对技术创新型企业的支持有助于技术稳定型企业的市场退出和技术发展。

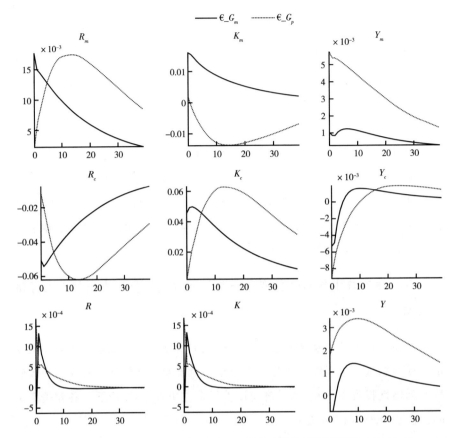

图17-4　政府技术创新性投资支出 G_{mt} 和政府经济建设性投资支出 G_{Pt} 的
经济冲击效应

　　三是综合来看，政府技术创新性投资支出和经济建设性投资支出增加都有助于资本利润率的提高、资本的积累和产出的增加。值得注意的是，政府增加技术创新型企业的技术投资对社会总产出的推动效应小于直接对创新型企业产品的购买的推动效应，政策含义在于政府可以相应降低对创新型企业的直接研发支持、适度提高对企业创新技术产品质量的把关和购买，这不仅保证了企业的技术创新资金来源，而且激励企业创新研发的效果和效率。这从另一角度得出政府技术创新性支出对企业创新及投资的推动作用，与朱平芳和徐伟民（2003）、李苗苗等（2014）、张杰等（2015）的研究结论较为一致。

六 简要概括

通过上述模型分析和动态模拟，这里做一个简单的归纳。

一是居民投资结构受不同类型企业资本利润率的影响，居民根据技术创新型企业和技术稳定型企业的资本利润率进行资产结构配置，进一步决定了两类企业的融资约束、资本结构和发展速度，并连同企业资本利润率和企业资本结构共同决定了一国总的资本利润率。

二是为了实现技术原创和创新发展，技术创新型企业提高技术研发投资比例，同时还需要加大技术创新投资资金和复杂劳动的投入，并不一定能提高经济增长，但可以从传统的粗放性投资转化为新兴的技术性投资，进而优化社会资本结构、提高资本投资效率和利润率、逐渐降低劳动投入，让人们以低廉的价格享受到最新技术产品。

三是无论是提高政府经济建设性投资支出还是提高政府技术创新性投资支出，都有利于一国总产出的增加，对企业技术创新和经济发展具有重要的影响，但具体影响效果还取决于企业创新空间和政策动力方式。总体上，政府增加对创新密度大的类型的企业的技术创新投资支出，可以减少企业研发投资成本，提高创新速度和技术水平，使社会总产出、总资本增加。同时，政府增加对技术创新型企业的投资，对社会总产出的推动效应小于直接对创新型企业产品的购买。原因在于，后者不仅保证了创新型企业技术研发的资金来源，而且有效激励和约束了企业必须进行有效果的创新研发。因此，政府增加技术创新性投资支出的同时，适度扩大对技术过硬的创新产品的公平采购，相应替代和降低对传统低效产品的购买，进而提高创新型企业的产品定价，保障其获得技术垄断利润和继续研发资金，促进企业有更大的动力冲向技术前沿。

第四节 进一步解释

一 企业创新行为差异、融资依赖与技术进步

从企业异质性角度研究宏观经济是一个重要的研究探索，如企业产品

异质性（Khandelwal et al.，2011）、企业产权管理异质性（孙文莉等，2013；吕炜等，2016）、企业国别异质性（李力等，2016）等，还需要研究的一个重要事实就是企业技术创新具有异质性。特别是从国家创新战略和企业持续创新周期的角度，区分企业创新异质性不可或缺。

第一，不同创新性质企业与外源融资的作用关系存在显著差别。企业资金来源最根源上是居民，居民随金融市场波动及企业资本利润率变化不断调整投资行为，必然影响企业的经营和研发投资。这对于技术稳定型企业，受影响可能较小，原因在于两个主要方面。一是技术稳定型企业经营业务成熟，市场地位巩固，探索性风险较低，非常符合银行传统的资信评估，因此受传统银行青睐与支持，即使在金融市场紧缩期，技术稳定型企业股价下滑，银行也会优先选择此类企业进行贷款支持。二是技术稳定型企业研发投资压力、研发空间和创新依赖较小，原有的创新研发投资比例很低，在经济紧缩时，对技术创新投资影响也较小。而对于技术创新型企业，经济金融紧缩时，销售利润下降、内源性融资短缺，而且受公司估值和银行资信评估制约，难以获取外源性融资，面临强大的技术创新资金需求压力。

第二，两类企业对政府技术创新性支出政策的反映有所不同。技术稳定型企业主要依赖成熟产品的生产投资利润，对于技术创新需求的迫切程度较低，对获取政府技术创新性支出的愿望和响应技术创新的行动则较为平淡，政府技术创新性支出的政策效应就不显著；技术创新型企业主要依赖创新技术和企业扩张，对技术创新和市场认可的需求更为迫切，对获取政府技术创新性支出的愿望和响应技术创新的行动则较为强烈，政府技术创新性支出的政策效应就更为显著。同时，政府对技术创新型企业的支出的风险也较大，不仅由于技术创新失败的概率较高，而且由于技术创新型企业的套利行为更显著，在面临较大的研发失败投资成本时，企业决策者在过度自信、损失厌恶、证实偏差等心理影响下，更多表现出"恶性增资"①和"承诺升级"②行为，此时会减损政府技术创新性支出的政策效

---

① "恶性增资"，指一个项目投入大量资源后发现完成该项目取得收益的可能性很小，在各种客观信息表明应放弃该项目的情况下，经理人仍然继续投入额外的资源。

② "承诺升级"，指决策者对自己负有责任的项目，更具有一种动机要证明其决策的正确性，并期望从对这个失败项目本身的追加投资中得到挽回。

果。因此，政府激励企业进行技术创新时还须考虑企业创新属性、创新型企业风险套利行为和政策具体实施的方式（苗文龙等，2019）。

二　基于企业创新行为差异的政府创新支出效应

政府技术创新性投资支出是助推企业技术创新的有效措施，但必须充分分析经济体系中居民和企业的反应以及针对实施行业的特征。

第一，分析美国1959~2007年的相关数据（见图17-5）可以看出，1981年之前，政府研发支出占研发总支出的比重都在50%以上，1965年前后该比例约为70%，这说明政府在引导、扶助企业创新研发、促进本国科技发展方面具有不可替代的作用；1982年之后，美国政府研发支出占研发总支出比重逐渐降低，2007年降低到30%左右。但值得注意的是，政府研发投资回报率总体上呈现上升趋势，到2007年回报率为5.74%，从1967年之后就一直高于私人研发投资回报率（一直徘徊在1%附近），这说明政府研发支出不仅对技术进步至关重要，而且可以取得更高的回报和效率。

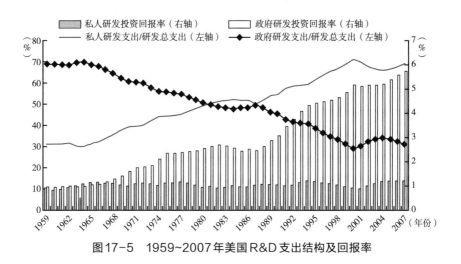

图17-5　1959~2007年美国R&D支出结构及回报率

第二，居民与企业是政府技术创新支持政策的基础，考虑这两者实质上还在于分析政府技术创新性支出政策实施的市场环境和市场主体特征，这与单纯检验解释政府支出效应具有一定的区别。创新是生产要素重新组合引致的经济体系从一个均衡走向另一个均衡的动态过程，与企业技术创新密切联系的就是金融制度和金融体系，不仅为企业技术创新提供了支付服务、便利了企业家的创新活动，而且从微观企业创新到经济结构升级，都需要金融体系来推动。

如上文所述，国际上推动企业创新主要有三个重要措施：一是遵循企业通过技术研发创新获取市场竞争优势和暂时性垄断利润；二是依赖金融制度对研发创新项目进行筛选投资和风险管理；三是运用创新财政补贴政策，鼓励企业增加创新研发投入。这三项措施之间相互依赖、相辅相成，在面临不同类型的企业时，作用效果可能存在差别。例如，张杰等（2015）实证结果表明，在金融体系发展滞后的情况下，贷款贴息型的政府创新补贴政策对企业私人研发产生显著的挤入效应，而无偿资助型的政府创新补贴政策则不能促进企业私人研发投入的提升，如果仅仅依靠通过对企业创新研发活动的财政补贴途径，可能并不能有效促进企业自身研发投入的跟进，有可能造成企业对政府创新补贴资金的依赖，弱化企业自主创新能力的提升。因此，提升技术创新性支出政策效果就不得不将企业和居民对政府措施的反应纳入模型中系统推演，以准确和深化对政府支出政策的认识。

第五节　本章小结

居民根据技术创新型企业和技术稳定型企业的资本利润率进行投资结构配置，进一步影响两类企业的资本比重。当技术创新型企业的资本利润率长期处于较低水平时，公众投资者不再投资技术创新型企业，这在一定程度上会减少企业技术创新的外源资金，阻碍创新速度。

技术创新型企业提高技术研发投资比重，却可以从传统的粗放性投资转化为新兴的技术性投资，提高资本利润率。

无论是提高政府经济建设性投资支出还是提高政府技术创新性投资支出，都有利于推动产出的增加，对企业技术创新和经济发展具有重要的影响，但具体影响效果还取决于企业创新空间和政策方式。总体上，政府增加对创新密度大的类型的企业的技术创新投资支出，可以减少企业研发投资成本，提高创新速度和技术水平，使社会总产出、总资本增加。政府增加对技术创新型企业的投资对社会总产出的推动效应小于直接对创新型企业产品的购买，因为后者不仅保证了企业的技术创新资金来源，而且有效激励了企业创新研发的效率。

当地方政府具有较严格的任期偏好时，常常更为重视立竿见影的经济建设性投资支出，降低在短期内并不一定能实现高度经济增长率的技术创新性投资支出；此时，居民根据地方政府给出的经济信号，结合技术创新型企业的资本利润率处于较低水平，会减少投资技术创新型企业，进一步减少了企业技术创新的外源资金，阻碍创新速度。

第十八章

金融分权、部门行为与金融风险的
简要概括

根据前面篇章对不同时期金融分权改革下地方政府部门、企业部门、银行部门、居民部门等主要经济部门的经济行为分析，本章可以初步概括出以下要点。

第一节　地方政府行为特征及其与金融风险的关系

任期偏好是指地方政府在特定任期内对于所选择的经济政策的爱好胜过其他经济政策，在一定程度上表现为对任期内辖区经济建设投资扩张的追求。在财政分权下，地方政府扮演多重角色，多重角色之间有的相互融合，有的相互冲突；同时，地方预算内收入比重降低、预算内支出比重上升；在综合比较研发投资、经济建设等支出的产出效果后，因素的合力使地方政府为实现多重角色而选择任期内的经济建设投资和地方利益竞争。此时，任期内地方经济收益最大化的地方经济政策与优先追求经济增长但必须兼顾控制通货膨胀和金融稳定的宏观经济政策可能存在目标冲突。当财政分权下资金资源不足以满足地方政府的区域利益时，中央向地方的金融分权深化后，地方政府会采取竞争银行贷款资源、增设地方性商业银行、扩张地方债务、转嫁债务偿还压力、设计土地出让的垄断性价格歧视甚至违规操作等金融分权方式，提高辖区经济投资规模和经济增长速度，同时也造成了低质重复投资项目和金融违约风险，并将风险转嫁给国家，地方金融竞争和政府间金融分权交互作用，周期性引发系统性金融风险。地方政府行为与金融风险的传导机制简要描述为图18-1。

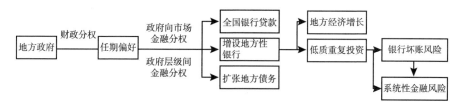

图18-1　金融分权下地方政府行为与金融风险的传导机制

第二节　企业部门行为特征及其与金融风险的关系

在地方政府任期偏好和金融分权下，企业不再是单纯的市场经济经营主体，而是具有强烈的意愿与地方政府建立政治关联，甚至通过编造资格资料等方式获得政策补贴、税收优惠、要素供给等收益，提升公司价值，获得高管的政治晋升，对企业主营业务和持续经营能力产生了重要影响。同时，地方政府通过委任地方国企的高管人员，成为企业运营的实际控制者，企业经营决策也随着地方政府官员更替而变动。这些企业必然对地方政府具有高度的依赖性。

值得关注的关键问题是，部分企业竞争获取了政策补贴、税收优惠、优惠贷款等资源后，却未用于技术攻关、生产投资等优惠政策意愿之事，而可能将宽裕的资金更多地投资于房产和金融资产，特别是抵押品较多的稳定型企业更能从银行获得充足的资金，并直接或通过购买非银行金融机构及影子银行的资管计划将资金转贷给政策不确定性较高的风险企业或者仅在金融层面空转，这必然在一定程度上削弱了企业竞争能力、持续经营能力和生产效率，助推了企业同质性发展和产能过剩问题的加剧，不仅从实体经济这一根源上降低金融收益、增加金融风险，而且会通过企业杠杆率、股权质押贷款等方式直接推动银行贷款违约概率的上升，加剧系统性金融风险。企业部门行为与金融风险的传导机制简要描述为图18-2。

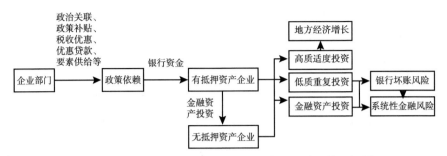

图18-2　金融分权下企业部门行为与金融风险的传导机制

第三节　银行部门行为特征及其与金融风险的关系

　　银行等金融机构既有风险管理功能又有制造风险的冲动，"太大而不能倒""太关联而不能倒"等因素强化了银行救助预期。在政府为银行大股东的情况下，这种救助预期更为强烈。在救助预期、地方政府偏好、企业运作需求等因素的影响下，银行部门理性选择就是充分利用政府层级之间金融分权和政府与市场之间金融分权的制度环境，既要支持地方政府的投资，又要利用国家政策强化其独立性。一方面，银行积极选择具有政策支持的投资项目。银行通过贷款项目选择、贷款决策机制、风险偏好匹配等方面影响金融风险。当经济发展到一定阶段，项目变得参差不齐，高质好项目占比较低；同时，受银行的风险管理定位、风险管理规则、风险管理成本等因素影响，当银行选择创新程度较低或低质重复的投资项目过多时，面临的贷款违约风险普遍上升。另一方面，银行在表内业务尽力满足监管要求的同时，积极开展表外业务创新，不断复杂化金融衍生品，并会有意无意地掩盖风险信息，从而使风险信息更加复杂，微观金融风险和宏观金融风险计算更加困难。近年来，中国稳步推进资本项目可兑换和人民币国际化，商业银行经营外汇业务和跨境业务的自由度得到提高，商业银行及其他金融机构跨境业务规模明显增加。在国际经济环境不确定性和跨境资本流动风险加剧的情况下，国际金融风险通过利率机制、汇率机制、预期机制等机制和全球金融网络传导到国内，同时通过国内的商业银行、投资银行、保险公司等金融机构和货币市场、资本市场等金融市场之间的联系，形成系统性金融风险。银行部门行为与金融风险的传导机制简要描述为图18-3。

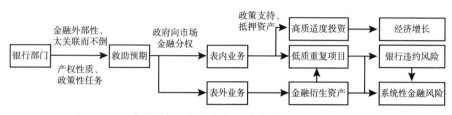

图18-3　金融分权下银行部门行为与金融风险的传导机制

第四节　居民部门行为特征及其与金融风险的关系

居民行为与金融分权没有直接的联系，但居民作为个体又存在于地方政府、金融部门、企业部门、政策部门等中，在非正规制度的影响下，居民行为特征对金融分权下各部门的行为具有潜在的基础性影响。同时，居民的金融资产规模和结构配置情况，从根本上影响着地方政府、金融部门、企业部门等国民经济部门金融分权行为的实现程度。

中国几千年的文化沉淀，使差序格局对人们的主要观念和意识有一定的影响。在经济转型的过程中，维系差序格局的道德体系仍未完全销蚀，依据国家权力维护的法律规则还不足以规范所有市场交易，部分"官员"容易对自身圈层内的关系人采用"弹性规则"。在"弹性规则"下，地方政府、企业、银行等部门具有共同的利益契合点，为不规范经济行为提供了生存空间。部分地方政府可以将租金转嫁给企业，部分企业通过与地方政府联合以贷款坏账形式将租金转嫁给银行，银行则与地方政府联合以金融救助形式将地方政府租金、企业租金等转嫁给国家。

居民储蓄资产规模和结构对金融分权下其他经济部门的经济决策具有根本性影响。居民储蓄资产规模为地方政府、企业部门、银行部门的金融分权行为的实现提供了资金基础，居民资产配置选择从最终需求层面支持了地方政府的发展战略、推进了政府层级之间金融分权的实现，较高的存款类居民储蓄资产为政府-市场金融分权和政府层级之间金融分权下银行部门的表内业务选择和表外业务扩张提供了坚实的资金供给，居民储蓄中比重上升明显的股票类和特定目的载体金融资产的投资，从根本需求层面支持了政府-市场金融分权和政府层级之间金融分权下银行部门经营行为、地方政府任期偏好、企业部门融资需求及金融资产投资行为。在较长时期内，随着中国人口年龄结构变化，居民家庭持有的流动性金融资产占金融总资产的比重上升、资本性金融资产占金融总资产的比例逐渐下降，从而引起宏观金融结构的变动；进而冲击消费降低、劳动供给减少、投资降低、产出降低，甚至使企业创新投资降低，导致高投资的经济增长模式发生变化。居民部门行为与金融风险的传导机制简要描述为图18-4。

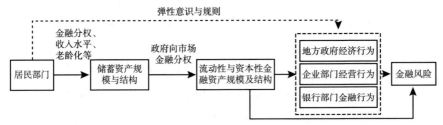

图18-4　金融分权下居民部门行为与金融风险的传导机制

第五节　宏观经济政策与金融风险的关系

在国家平衡赶超发展和经济部门倒逼双重压力下，宏观经济政策具有积极、宽松的特征。进一步而言，财政政策多表现出积极作为，在经济比较萧条的时期，国家财政政策和地方财政政策上下联动，积极扩大投资支出，保障经济在较高速度上增长；在经济较为繁荣的时期，国家积极的财政政策多平稳淡出，地方财政政策仍具有积极的倾向，但由于缺少顶层的支持，投资的力度有所减小。货币政策多表现出积极稳健的特征，在经济比较萧条的时期，积极平滑降息、扩大货币供应量，为市场提供积极的预期信号；在经济较为繁荣的时期，稳健平滑货币供给量，保持经济稳定。在经济比较萧条的时期，上下联动的积极财政政策和扩张的货币政策容易造成地方低质重复过度的投资，进而埋下项目违约风险和金融风险，当经济下行时，大面积金融风险隐患爆发，货币政策积极发放最后贷款，财政政策积极进行救助。

　　宏观经济政策的积极、宽松的特征，在一定程度上强化了其他经济部门的行为。对于企业部门而言，技术创新投资的风险大于生产投资的风险，生产投资的风险大于金融资产（包括房产）投资的风险，积极、宽松的宏观经济政策冲击房产资本的价格上涨和收益率上升，冲击生产资本的收益率降低，房产的预期收益更高、风险更低，生产投资的预期风险升高、收益降低，技术创新的风险最高，资金多流向传统型企业用于房产和金融资产投资，对生产性投资和创新投资形成一定的挤出效应；并且，在积极、宽松的宏观经济政策下，部分应当被市场淘汰的传统型企业未能被市场及时清算退出、创新型企业未能得到宽松经济政策的资金支持，从而延缓了创新型企业的发展速度。对于金融部门而言，具有较充足的资产作抵押的传统成熟企业获取金融资源的能力较强，传统成熟企业获得金融资源后并非用于技术创新和生产投资，而是用于房产和高风险金融资产。对于居民部门而言，居民部门根据技术创新型企业和技术稳定型企业的资本利润率进行投资结构配置，当技术创新型企业的资本利润率长期处于较低水平时，公众投资者不再投资技术创新型企业，这在一定程度上会减少企业技术创新的外源资金；同时，宽松的资金不断推动房产和金融资产价格上涨，不仅满足了企业需求，同时也满足了高收入居民的资产配置需求。

　　因此，在一定的经济环境下，国家救助可能陷入越救助地方金融分权越深化、越救助金融风险越剧烈波动的陷阱。因此，金融分权深化的金融波动及经济波动效应远远不同于财政分权的深化，其关键原因仍是地方利益的分配和风险转嫁问题。宏观经济政策与金融风险的传导机制可简要描述为图18-5。

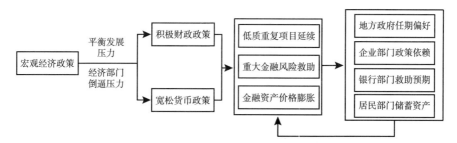

图18-5　宏观经济政策与金融风险的传导机制

第六节　本章小结

综合上述分析，可以综合归纳出金融分权、部门经济行为、金融风险与金融治理关系简图（见图18-6）。

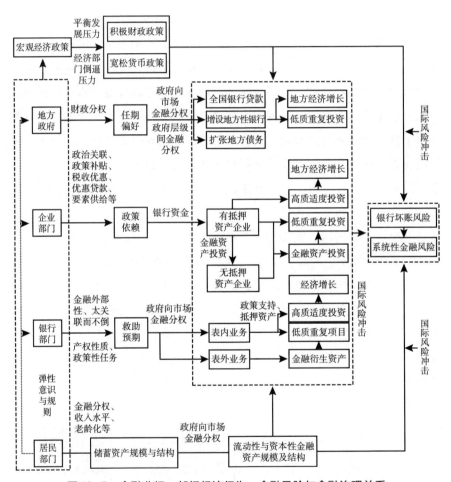

图18-6　金融分权、部门经济行为、金融风险与金融治理关系

第七篇　金融治理体系建设简论

　　加强国家治理体系和治理能力现代化建设是经济高质量增长的必经之路。金融是现代经济体系的血脉，是中国特色社会主义市场经济的核心，推进金融治理现代化是推进国家治理体系和治理能力现代化的重要内容。因此，本篇围绕防范系统性金融风险和防范关键环节金融风险，讨论各部门经济行为的规范和优化、各部门金融治理能力的有机整合、金融治理现代化建设等内容，最终达到防范重大金融风险、推动经济高质量发展的目的。

第十九章
制度路径与金融治理的本质及特征

前面章节分析表明，在一定时期内，地方政府金融分权竞争及其金融风险转嫁和货币倒逼行为、企业的补贴预期及其政策依赖（包括政治依赖）和金融资产投资行为、银行的救助预期及其表外业务风险和影子银行行为、社会居民的差序格局及其"弹性规则"和风险转嫁的寻租行为、居民金融储蓄资产结构变化及其对创新投资的冲击等，成为防范重大金融风险、推动经济高质量发展必须解决的一些问题，成为解决人民日益增长的美好生活需要和不平衡不充分的发展之间的矛盾的基础。加强国家治理体系和治理能力现代化建设，规范治理国民经济中各部门的经济行为，是解决这些问题的必经之路。

金融治理现代化是推进国家治理体系和治理能力现代化的重要内容。因此，通过依法规范各部门经济行为、进行金融治理建设是防范系统性金融风险、推动经济高质量发展的关键方法。本章首先分析一国金融制度演化路径中各部门的合作结构，其次分析金融治理的国家治理和金融高质量发展背景，再次结合国家治理的精要界定金融治理的概念和特征，最后讨论金融治理与国家治理的关系。

第一节　金融制度的路径依赖

在讨论一国金融治理之前，需要解释一个基本问题——不同国家的金融治理是否有所不同？这里从集体行动的逻辑、政府参与度与市场经济类型之间逻辑关系来解释金融制度安排及金融治理条件。

一　金融治理与制度安排

金融治理属于经济治理范畴，经济治理属于制度安排的一部分。尽管制度的范畴、类型仍有待进一步清晰和深入，但可以确定的是，制度可以覆盖各种正式和非正式的规则及约束，制约着社会各个成员之间的交易（诺斯，2008）。制度在演进中逐渐改变博弈的规则，以便在组织水平上实现更好的结果。社会成员在制度和组织所设定的框架中，花费一定的成本获得信息和承诺，进行交易。并且，制度是一种被全体社会成员公认的社会行为规则，明确规定某种周而复始的特定情景下的行为。制度要么自我维系，要么通过外部力量维系（肖特，2012）。

除了社会规则之外，制度还包括社会信念、标准和组织等要素。信念是（某个社会成员）对其他成员在非均衡情景下战略选择的预期。组织被视作制度的一个特例，而非与之平行的独立范畴。组织是在制度框架下，由若干社会成员组成的团队，他们执行和贯彻制度规则及标准。例如，立法机关、政党、大学等。

威廉姆森（2020）从四个不同的层次细化制度的类型。第一层次（最基本的层次）是由宗教、社会习俗和社会标准等组成的非正式制度。这一层次的制度变化缓慢，历经世纪千年沉淀延续。第二层次是由宪法、法律等正式规则组成的制度环境。第三层次包括为每一种交易选择合理的治理模式，选择相应的组织。这种交易类型与经济治理模式相匹配。第四层次主要包括生产、雇佣、市场均衡等常规的具体的经济活动安排。研究行政、立法等政治制度及其对经济绩效潜移默化作用的"实证政治理论"属于第二层次，研究企业、企业结构、企业之间交易、经济结构和交易如何与各种有效的治理结构相适应等问题的"交易成本经济学"属于第三层次。

显而易见，本书探讨的金融治理涉及四个层面的制度分析。良好的金融治理囊括了本国千年沉淀并延续的文化、习俗及观念（例如，儒家文化），界定和保护产权的法律规则，政策制定者和社会公众的责任感，低腐、简捷、高效的行政程序及组织结构，以及具体的企业、金融机构经营章程等内容。

二　制度、经济治理与合作

制度和经济治理的目的是，促使人们采取合作或诚实的行动，以获得或维持经济交往中互惠互利的结果，抵制为获得个人利益而牺牲总体利益的机会主义行为或欺骗行为。合作的形式包括：①家庭或亲属选择；②直接的互惠；③自利的团体协作；④群体利他主义。第一种是合作方式在生物学意义上是天生。每个个体都受基因的安排，遵循一种特定的行为战略，自然选择偏爱更合适的基因。其他三种合作方式则产生于承诺信任博弈（assurance games）（Dixit，2006）。

经济治理常通过混合的方法来达到合作：一种方法是在直接互惠情况下的报酬和惩罚，另一种方法是群体交往中的社会规范。这些合作方法是否有效和博弈均衡状态如何，取决于行为信息的传递效率（包括信息传递的真实度、速度等），而信息传递效率取决于群体规模、联系网络和交流技术。经验表明，信息流在商业（Bernstein，1992）、种族（Rauch，2001）等纽带联系起来的网络中能得到较好的传递，并且随着网络群体规模的扩大，信息传递效率受到削弱。自我执行的"以关系为基础"的群体面临不断上升的边际成本。

因此，小规模群体是成功解决集体行动困境的一个重要条件，大规模群体则必须有一定的制度安排（如较小群体形成的层级结构）来解决信息传递受阻问题。如果群体中信息流动足够充分，合作可能会作为随机配对的重复博弈的一个均衡自动出现，否则，群体不得不寻找其他的治理制度，这就可能包括类似于法庭的正式组织。

相对于小规模群体而言，大群体需要更正式的信息传播和执行制度。正式或"以规则为基础"的治理需要建立法律制度、信息披露及审计机制，在付出这些高额的固定成本后，陌生人交易的边际成本会很低。

三　集体行动逻辑与社会合作能力

构成社会的不同群体（集体）的行为方式决定了群体内的凝聚力和群体间的合作力。奥尔森（2011）认为"从集团行动①的收益超过成本，单

---

① 从集团行动指在一个共同利益的集团中，当别人行动时，跟从得利的部分团体。

凭个人的努力是无济于事的，但能在任何情况下从别人争取的权力中获益，有理性的、寻求自我利益的个人不会采取行动以实现他们共同的或集团的利益。除非一个集团人数很少，或者除非存在强制或其他某些特殊手段以使个人按照他们共同利益行事"。因此，小集团人数少却有较强的凝聚力和有效性，大集团若没有利益游说疏松团体就很难一起合作。

理解此观点必须明确两个概念。一是集团。或许有人质疑——大集团未必合作力就不强，现实中大集团对外讨价还价能力都是超强的。奥尔森所言的"集团"实质是指社会中的不同群体，如农民、工人、学生等，并非平常所指的单位，如摩根大通、高盛集团等。二是集体。不少人已经觉察到，在东方和西方社会中，人们各自的行为方式存在巨大差异。具体而言，西方国家的行为方式更倾向于个人主义，而在东方国家，人们的行为方式则具有浓厚的集体主义色彩。

为什么具有集体主义色彩的国家反而说它市场交易成本高、社会合作能力较低呢？为什么个人主义盛行的西方国家反而被认为市场交易成本低、社会合作能力强呢？这似乎与集体行动逻辑理论矛盾重重。其缘由在于，从理论上讲，个人主义行为方式具有风险喜好的内涵，而集体主义行为方式一般则是风险厌恶的。同时，崇尚个人主义的社会一般具有较强的妥协、协调和自组织能力，也就是社会合作能力，而无须外在因素的过多帮助；而集体主义社会规则具有要求大家降低自我和减少个人利益的伦理诉求，需要并依赖外在因素介入组织协调大家，内生的社会合作能力则较弱。

四　社会合作能力与政府参与程度

政府在市场经济中的权限和地位决定了市场经济的运行规则和类型，内生并服务于不同类型市场经济的金融制度安排也因此而异。政府（特别是具体代理政府职能的个体）在市场经济中的权重，因该国法律、文化、习惯等历史积淀而定，在现实中的集中体现就是社会构成群体的合作能力。如果社会各类群体之间合作能力强、易达成互利共赢的契约，而且相互遵守（一旦恶意违约，违约方受到得不偿失的惩罚），此时政府的存在反而可能降低效率。从这个角度分析，古典主义倡导绝对自由和哈耶克坚持的无政府理论都具有一定的道理，传统的经济理论也都以此为前提。

令人感到遗憾的是，任何一个国家或社会都缺乏如此苛刻的条件，交易成本的广泛存在对传统命题提出严峻的挑战，并越来越支持政府不仅是经济的守夜人而且应当成为市场的参与者，组织（或直接与）其他个体达成契约、监督其他个体履行契约、惩处"背信弃义"之辈。"市场实际上是人们妥协的场所，建立市场经济制度的过程就是人们不断谋求妥协的过程"（张杰，2017），而人们之间的合作能力决定了妥协的成本和绩效。当一个社会由于人们之间的合作能力有限而无法达成妥协或成本过高时，则要求政府出头露面，弥补人们合作能力的不足。

政府一旦作为重要变量纳入经济理论，传统理论将面临颠覆性的变革，政府不仅是一个与其他私人个体一样独立参与竞争的市场要素，而且仍扮演着左右市场要素、调控市场运行的规则监管者角色。从理性人角度分析，政府具有强烈意愿参与市场竞争，于公可以集中社会力量做好从长远看利国利民、短期难以见效的重大事项，于私可以在完成公共事业的同时名利双收。但政府对经济发展的介入程度并非它一厢情愿，还要取决于一个社会的总体合作能力，政府参与度与社会各群体合作能力成反比。因此，政府的存在实际上是为了弥补社会总体合作能力的不足，同时对矫正"市场失灵""市场缺陷"具有一定的成效。

Coase（1988）也承认，"在某些情形下，政府管制确实可以提高经济效率"。Glaeser和Shleifer（2001）发现，在政策落实和产权保护方面，政府管制有时候比法律机制更有效。Pistor和Xu（2003，2005）认为，在法律高度不完备的情况下，将立法权分配给主动执法的管制机构，可能优于分配给被动执法的法院，特别是经济转型国家，市场发展早期往往不是基于严格的执法机制，而主要是行政机制。这意味着，选择法律机制还是政府管制取决于两者的效率对比。

在一个不断变迁、转型的社会中，管制作为法律的替代，至少可能是一个重要的次优备择机制（陈冬华等，2008）。他们所强调的法律机制与行政机制本质上与我们分析的政府主导（行政机制调节）和私人主导（法律契约机制调节）是相同的。

五　集体行动逻辑、政府权重与经济类型

既然政府作用权重决定了市场经济类型，谋求政府权重及合理边界就成了关注的重点。这里参考 Simeon Djanbov、Edward Glaeser、Rafael La Porta、Florencio Lopez-de-Silanes、Andrei Shleifer（DGLLS，2003）模型，进一步分析政府与私人之间的均衡和发展。模型表明，一个国家究竟选择何种制度结构最有效，取决于制度可能性边界（IPF）形状，不同的 IPF 形状说明不同的有效制度结构。在此，我们建立一个由私人因素和政府因素组成的二维分析。图 19-1 刻画了该制度的有效组合集。

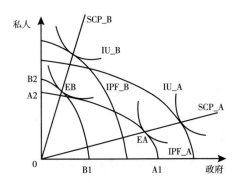

图 19-1　不同部门合作能力与制度路径有效集

制度可能性曲线 IPF_B，较为陡峭，表示私人部门主导的市场经济制度。IPF_B 与横轴、纵轴构成的区域 B1—0—B2 表示私人主导市场经济制度的有效集。

制度可能性曲线 IPF_A 较为平缓，表示政府主导的市场经济制度，它与纵轴、横轴包罗的区域 A1—0—A2 表示政府主导型市场经济制度有效集。

制度效用线 IU_B 和制度效用线 IU_A 分别与制度可能性曲线 IPF_B、IPF_A 相切于 EB、EA 点。在这两个切点上，两种制度的私人和政府分别达到最佳有效组合。

SCP_B 则刻画了私人部门社会合作力较强的情况下的制度偏好，SCP_A 则刻画了私人合作力较弱、更加依赖政府部门的制度偏好。而

且，社会合作路经反映的是某种制度长期积淀，具有恒定性，有效组合在SCP曲线上，任何偏离都是短期的、不稳定的。因为，它还凝含了不同的深刻文化内涵和文化差异，任何制度变革都涉及不同类型文化的整合。

当然，一种制度不一定必然优于另一种制度，简单地移植，往往事与愿违，即所谓的"橘生淮南则为橘，生于淮北则为枳。叶徒相似，其实味不同。所以然者何？水土异也"（《晏子春秋·内篇杂下》）。因此，在中国居民合作力较弱、依赖政府控制主导下的市场经济制度变革是沿着SCP_A曲线路径变迁波动的，即使不断偏离该曲线，也仍会回归并收敛于该曲线上，表示为图19-2。

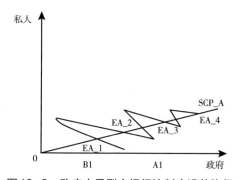

图19-2　政府主导型市场经济制度沿革路径

通过上述推理，得出这一逻辑链条：文化习俗观念等制度沉淀→人们行为方式和偏好→不同群体（集体）的社会合作能力→政府在市场经济的权重→经济类型和发展轨迹→金融制度安排、金融运行与金融治理情况。

六　制度演化路径的一个猜想

尽管不同的国家，由于社会意识、文化、习俗等差别，从而出现部门合作能力的差别以及私人部门和政府部门双方均衡力量的差别，各国经济制度路径存在不同，但随着私人部门中最低文明群体的文明程度提升，以及私人部门经济理性和决策能力的提升，在政府主导的国家，政府的作用逐渐减弱；同时，随着社会分工的细化和信息的复杂化，在一些公共事务上仍然有必要协调组织，如国防军事的发展、卫生医疗的发展、教育的发展等，政府作用则需要加强，政府治理能力也逐渐提升。这两个方面的合力，可能会推动不同的制度路径重合于私人价值和社会价值都能最佳发挥的均衡点。当然，这一推测有待进一步严格论证。

七　不同层级政府的权力结构安排

从政府系统内部结构角度而言，一个国家通常存在多层次政府。联邦制通常指中央政府与次级政府单位之间权力和责任的划分（史蒂文斯，1999），结果通常是单一集权政府和分权化政府间的一个折中（Oates，1972）。尽管许多政治学家强调，特定国家的财政结构无疑在很大程度上是该国独一无二的政治和社会历史的结果，但确定类型的经济激励对公共部门的结构和运行有可预期的影响是真实的（Oates，1972）。

对于政府管辖权层次的选择，一般基于政府的配置、分配、稳定这三项经济职能（Musgrave，1959）。配置职能致力于决定如何运用资源、生产什么产品和服务。分配职能致力于决定收入应该如何分配。稳定职能在于使用财政和货币政策使经济在价格稳定的条件下趋向更大产出和就业。传统观点认为，联邦政府应当在分配与稳定职能上发挥主要作用，而联邦、州、地方政府都分别对配置负有责任（Oates，1972）。为了经济稳定目标而运用财政和货币政策，是联邦或中央政府应当承担的责任；分配职能主要责任归于联邦或中央政府，州承担部分分配责任，至少多于稳定职能，特别是在健康、教育及福利方面。

高层政府影响低层政府配置资源方式主要有政府内拨款职务升迁。政府内拨款包括五种。①收入共享，对下级政府各类拨款的一个概括性政治概念，其资金来源于上级政府征集的税入和其他收入。②专项拨款，对某一政策领域，如健康或福利的特定项目拨款。③非专项或无条件拨款，下级政府可用于非特定目的的拨款。但通常仍属于一定政策领域，如健康或福利。④方案拨款，根据具体因素，如学龄儿童或人均收入进行的拨款。配套拨款，是规定了一个成本分摊方案的拨款。⑤有限制拨款，是规定了一个接收上限的配套拨款。

第二节　金融治理的经济背景及实质

政府主导的中国经济发展模式，取得了伟大成就，但其中也面临一定问题，特别是进入新时代后，必须进行改革才能解决面临的新问题和潜在不确定性。强调金融治理所图的必然是通过金融治理解决相关问题所达到的经济效果，即金融治理功能，而金融治理功能与其产生背景密切相关。这些问题是金融治理提出的背景，解决这些问题是金融治理的功能定位。

一　金融治理的背景

金融治理提出主要基于国家治理体系现代化、金融高质量发展、防范系统性金融风险和关键环节金融风险的背景。防范系统性金融风险是金融治理的永恒话题，近期，这一问题主要体现在地方债务膨胀及其可能引发的系统性金融风险、地方国有企业高杠杆率、金融"脱实向虚"及其可能引发的系统性金融风险等方面，在第三章已经进行了分析。这里主要分析国家治理体系现代化和金融高质量发展两大背景。

（一）国家治理体系现代化的背景

从发达国家的经济发展进程分析，国家治理主要为了解决政府失灵和市场失灵问题，主张消除政府全面管理、促进治理多元化。现代西方经济学的系统性发展源自亚当·斯密，中经大卫·李嘉图、西斯蒙第、穆勒、萨伊等，逐渐形成了一个经典的古典经济学理论体系。这一体系主张通过市场这一"无形的手"达到资源配置效率最大化。但古典经济学面临经济大萧条问题，一筹莫展。在20世纪以后，现代西方经济学历经了"张伯伦革命"、"凯恩斯革命"和"预期革命"三次大的革新，形成了包括微观经济学和宏观经济学的基本理论框架，这个框架被称为新古典经济学。特别是凯恩斯理论主张：边际消费倾向递减、资本边际效率递减、流动性偏好陷阱三大规律，导致总需求不足、非自愿失业和小于充分就业的均衡，解决总需求不足的有效措施便是"逆风险行事"、实施积极的财政政策。凯恩斯理论因主张政府"有形之手"使西方国家尽快走出经济萧条而备受推崇，甚至成为发展中国家政府推动经济增长的常用工具，但由于其忽略投资效率的提升和对资源的节约，在20世纪70年代经济"滞胀"问题面前无能为力。

此后，人们开始探索如何平衡政府和市场的作用，如何平衡政府、企业、个人、金融机构等部门的作用，如何通过治理主体多元化提高经济效率。因此，治理从头起便须区别于传统的政府统治概念（戈丹，1999），但也并非完全没有政府的治理。世界银行在1989年的《撒哈拉以南的非洲：从危机到可持续增长》中提出"治理危机"，用于从国际经济组织角度分析在全球化过程中多个主权国家面临的共同经济社会矛盾和国际社会共同面临的全球性问题。从国家层面概括而言，治理是各种公共的或私人的个人及机构管理其共同事务的诸多方式的总和；既包括有权迫使人们服从的正式制度和规则，也包括各种人们同意或以为符合其利益的非正式的制度安排；它是使相互冲突的或不同的利益得以调和并采取联合行动的持续的过程（俞可平，2016）。

国家主权内的国家治理为政府、公民、社会组织和私人部门在形成公共事务中相互作用，以及公民表达利益、协调分歧和行使政治、经济、社会权力的各种社会制度和过程（吉玛、荣迪内利，2013）。治理体系现代化，是一种包括政府、市场和社会公众等多元主体通过协商、对话和互动，达成管理日常事务、调控资源、行使权利的行动共识以缓解冲突或整合利益、实现公共目标、满足人民生活需要的结构、过程、关系、程序和规则的体系性活动（陈进华，2019）。中国语境下的国家治理是在中国共产党领导下，以人民根本利益和民族复兴为根本目标，以行政、立法、司法等公共权力机构为主体，充分发挥多种社会团体和阶层的积极作用，相机选择和综合运用政治、行政、法律和市场等多重手段，从而形成能够有效回应社会公共需求的制度体系、能力和过程（吕炜、靳继东，2019）。

（二）金融高质量发展要求的背景

金融高质量发展要求是金融治理提出的重要背景。这一背景体现在两个方面。

1. 新时代金融供给与金融需求之间存在一定矛盾

进入新时代，需要不断满足人民日益增长的金融服务需要；同时需要解决金融发展不平衡不充分的问题。要解决这些问题，满足人民日益增长的美好生活需要，就必须"创造更多物质财富和精神财富以满足人民日益增长的美好生活需要"。创造更多物质财富需要持续的优化的经济增长，而金融制度及金融体系的发展是经济持续优化增长的重要条件。这要求准确把握中国新时代下经济创新发展制约因素，健全金融体系、改善金融供给、解决金融发展不平衡不充分问题（何德旭、苗文龙，2018a）。

2.经济高质量发展趋势和金融高质量发展要求

经济发展由高速度向高质量转变，需要金融相应做出高质量发展的调整，两者必须有机匹配融合。经济高质量发展的主要标志是高质量的生产和创新。同时，实体产业稳健发展是一国经济稳健发展的核心动力，产业资本增加或效率提升、产业技术创新及组织创新、满足及引导社会有效需求三大因素是实体产业稳健发展的关键。现代金融资本的出现，不仅降低了产业资本的成本、促进了产业资本投资，而且在很大程度上加快了创新项目的融资速度和完成速度，提高了发展的质量水平（何德旭、苗文龙，2018b）。但金融资本如果发展过度、规模过大，反而吸抽了实体产业的再生产资本、压缩产业资本规模，并且争夺产业资本利润，引发产业与金融之间的结构失衡，阻碍了产业经济发展，甚至酝酿金融风险、阻碍经济发展。因此，金融发展并不必然推动经济发展，只有与实体产业有机融合、相互匹配的金融高质量发展，才能推动经济稳健发展。

二　金融治理背景问题的经济实质

从经济角度分析，金融治理背景问题的实质是：在经济发展过程中，如何界定国民经济体系中政府、企业、金融部门、个人的角色定位和功能定位，如何平衡经济体系中各部门在资源配置中的权利、最大限度提升经济效率、实现创新、协调、绿色、开放、共享的经济高质量发展。从资源配置方式角度而言，可分为政府和市场两个配置力量，后者包括企业、个人、金融机构等部门。因此，金融治理背景问题的实质也是如何发挥政府和市场在金融资源配置中的优势、平衡两者的力量比例、实现经济优化发展。

第三节　金融治理的基本内涵与范畴

目前有一些研究文献谈及金融治理，遗憾的是并未根据治理理论、结合国家治理理念比较明确和规范地界定金融治理的具体概念及其范畴。虽然在《中共中央关于坚持和完善中国特色社会主义制度 推进国家治理体系和治理能力现代化若干重大问题的决定》（以下简称《决定》）中明确"我国国家治理体系和治理能力是中国特色社会主义制度及其执行能力的集中体现"，并高度提炼出十三个方面的优势，但不能照葫芦画瓢依此界定金融治理。因此，在研究金融治理建设的方法和途径之前，有必要根据国家治理现代化和金融高质量发展要求的背景来界定金融治理的概念、内涵和功能定位。在引论当中已经给出了金融治理的基本概念和特征，这里围绕所给出的概念和特征做进一步的阐述。

一　治理

（一）治理的实质

金融治理首先重在治理。治理作为一种实践行为由来已久。例如，中世纪西方国家出现公司制度时，便出现公司治理理论，研究企业权利安排。上升到国家逻辑和国际关系层面，则一般认为在20世纪八九十年代。根据上文梳理有关文献对国家治理的界定，金融治理的主体必然包括了政府、企业、社会公众、金融机构等主体；金融治理的依据必然包括了正式制度及规则和非正式的制度安排，例如金融市场的规则、制度和机制等（陆岷峰、徐博欢，2018）；金融治理的方式包括了采取联合行动、共同管理金融事务的诸多方式；从而达到协调金融利益冲突、解决金融利益矛盾的目的。

（二）治理区别于统治和管理

第一，治理区别于统治。治理是指政府的行为方式以及通过某些途径用以调节政府行为的机制，包含了管理、统治、处理、整修等意思以及治理的道理。统治指一个人或一个政权为维持其生存与发展，运用权力以支配其领土及个人的行为。概括地说，"治理"与"统治"的本质区别在于，前者的主体是多元的、分散的；后者的主体是一元的、集中的，只能由作为社会公共权力部门的政府来承担（陈进华，2019）。金融治理不是简单的金融管理和金融监管，其中也包含着按照法律法规和市场规则约束各方行为的机制和方法。

第二，治理区别于管理。管理指一定组织中的管理者通过实施计划、组织、人员配备、指导与领导、控制等职能来协调他人的活动，使别人与自己一起实现既定目标的活动过程。治理呈现为一系列具体的关于规范政府行为、社会举措、市场行动以及个体表现的制度、规则与程序，是一个涉及经济、政治、文化、社会、生态等诸多方面的整体性运行系统。金融管理在经济部门和具体机构范畴较为适合，放在复杂的、动态的、多样的金融机构、金融市场甚至跨越国界的金融体系中，金融治理更为合适。

二　金融治理的本质及特征

根据国家治理现代化理念和治理的要义，金融治理是指，政府、企业、社会公众、金融机构等主体在正式制度及规则和非正式制度安排下，采取联合行动，共同管理复杂的金融事务、协调金融利益冲突的过程，本质上是在经济发展过程中国民经济的政府、企业、个人、金融等部门对金融资源配置权力的动态优化平衡。由于金融系统及风险的复杂性、动态性，金融治理表现出三个重要特征。

（一）金融治理是以法律为基准的多种金融制度规则规范金融行为的过程

金融本质上体现的是一种信用契约，信用和契约生效的基础就是法律及其他制度。金融治理的最根本要求和保障是法律法规。党的十九大报告指出，"全面依法治国是中国特色社会主义的本质要求和重要保障。必须把党的领导贯彻落实到依法治国全过程和各方面，坚定不移走中国特色社会主义法治道路"。因此要以法律规范政府的金融调控行为、金融监管行为、金融救助行为、对金融资源配置的干预行为等，规范企业的违约行为、上市融资行为、金融欺诈行为等，规范金融机构的行业准入、规范经营、信息披露、缴纳税款、利润分红等行为。"国家和企业、企业和企业、企业和个人等之间的关系，也要用法律的形式来确定；它们之间的矛盾，也有不少要通过法律来解决。"（邓小平，1978）如果没有《宪法》、《中国人民银行法》、《证券法》、《公司法》及其他金融监管法律作为准绳，则金融治理无从谈起。"推进国家治理体系和治理能力现代化，就是要适应时代变化，既改革不适应实践发展要求的体制机制、法律法规，又不断构建新的体制机制、法律法规，使各方面制度更加科学、更加完善，实现党、国家、社会各项事务治理制度化、规范化、程序化。"（习近平，2014）金融治理必然需要不断健全法律法规、完善各项制度、规范治理行为。

（二）金融治理是以政府为主导的多元金融主体协调金融交易的过程

金融治理的多元主体包括政府部门、自律组织、企业组织等。在国家治理中，坚持党的领导、人民中心、依法治国是三大支柱。

第一，金融治理需要党的领导和政府主导。从中国改革发展来看，中共十一届三中全会开启了以尊重基层制度创新实践为开端、以政府主导为主要发展模式、以扩大和强化市场机制在资源配置和经济运行中的根本作用为主要特征的改革开放进程（吕炜、靳继东，2019）。在这一进程中，政府扮演着关键角色。"一个有效的政府对于提供商品和服务，以及规则和机构是必不可少的，这些商品和服务可以使市场繁荣，使人民过上更健康、更快乐的生活。没有一个有效的政府，不论经济的还是社会的可持续发展都是不可能实现的。"（世界银行，1997）从中国金融治理主体角度而言，中国共产党领导的社会主义国家由于其具有先进性、代表性，在国家治理实践中肩负着领导责任，这种领导责任来源于公众，并受到公众监督。从中国金融治理客体角度而言，金融治理不仅涉及金融市场、金融机构的微观主体交易，还涉及企业、居民的投资行为，还涉及政府政策制定部门的调控行为，无形中覆盖了政治、法律、经济、文化、生态、党的建设等，特别是涉及金融的公共领域、公共活动、公共事务，需要政府主导。

第二，如同国家治理，金融治理主体是多元的，党、政、企、社、民、媒等都需要参与到国家治理中，各个主体在治理体系中发挥的作用各不相同。金融治理中加强政府主导不等于政府统管一切金融事务，加强党的领导不等于"党去包办一切、干预一切"（邓小平，1978）。"现在我们要实现四个现代化，同样要靠实事求是。不但中央、省委、地委、县委、公社党委，就是一个工厂、一个机关、一个学校、一个商店、一个生产队，也都要实事求是，都要解放思想，开动脑筋想问题、办事情。"（邓小平，1978）由此可见，金融治理需要切实从中国新时代面临的主要矛盾出发，从中国正处在转变发展方式、优化经济结构、转换增长动力的攻关期出发，发挥金融机构、企业、居民等部门在市场经济中的功能，这样才能提高微观主体的信用意识和金融风险意识、增强金融服务实体经济的能力、提高金融交易效率、防范系统性金融风险，才能构建金融市场机制有效、微观主体有活力、宏观调控有度的金融体制。

（三）金融治理需要多样化的治理方法方式

金融治理方式包括：强制的方式、引导的方式，政治的方式、经济的方式、文化的方式，自上而下的方式、横向联动的方式、纵向互动的方式，等等。

第一，在金融治理现代化建设过程中，治理方式不仅有强制的方式，还包括引导的方式。一方面，一定的强制方式必不可少。例如，对商业银行的行业准入资格、资本充足率要求、规范信息披露等方面的审慎监管必须具有强制性，对企业在金融市场融资的资格审查、财务信息的真实规范披露、股票债券交易行为的规范等方面的监管必须具有强制性，对金融机构、特定非金融机构反洗钱义务履行的监管必须具有强制性。另一方面，一定的引导方式是重要内容。例如，中央银行货币政策通过窗口指导、道义劝告、日常操作等方式对商业银行贷款方向的行业引导，国家行业发展规划对金融市场投资者的投资引导，国家创新金融政策对企业投资结构调整的引导，等等。

第二，金融治理方式包括政治的方式、经济的方式、文化的方式。在金融治理现代化建设过程中，需要政治的方式、经济的方式、文化的方式相互融合、有机结合，避免片面地强调某一内容，从而扭曲社会发展方向。一方面在研究金融治理的经济分析中需要坚持正确的政治方向。例如，坚持和完善中国特色社会主义制度、坚持党的集中统一领导、坚持人民当家作主等。另一方面在进行金融治理现代化建设中，必须注重文化的基础和方式。例如，把马克思主义基本原理同中国具体实际相结合，把社会效益放在首位、社会效益和经济效益相统一的文化创作，以高质量发展为导向的文化金融政策，等等。

第三，金融治理方式包括自上而下的方式、横向联动的方式、纵向互动的方式。金融治理涉及政府、市场、社会三个不同部门的互动和协同，从而可能出现强调政府行政管理的自上而下治理、强调市场主导性的自由联动治理、强调社会自主性的社群治理。在金融治理现代化建设过程中，自上而下的方式、横向联动的方式、纵向互动的方式在不同的领域发挥着不同的作用，各有千秋、相得益彰。例如，自上而下的行政化治理方式在传达金融治理的方针政策方面具有权威性和规范性，但容易主观臆断、偏离客观；横向联动的方式遵循了治理者与被治理者的平等、信息沟通充分，但可能治理效率较低。

因此，公共政策的制定和实施并不是国家行动者的单边主义行动，而是需要市场和社会行动者的参与；但更重要的是，国家行动不单独依赖于以等级化的、自上而下的、命令与控制为特征的行政治理模式，而是需要因地制宜、因时制宜地引入市场治理和社群治理，通过被治理者参与的制度化和常规化以及治理者与被治理者之间的平等互动，推动公共政策的理性决策和有效实施（顾昕，2019），进而增强市场、激活社会，对市场治理、社群治理和行政治理进行互补嵌入。金融治理亦需要多种方式的综合使用。

三 金融治理的功能定位

针对金融治理提出的背景和问题，可以概括出金融治理建设的功能定位是：提高金融发展质量、维护货币稳定金融稳定（防范系统性金融风险）、推动经济高质量发展。金融治理体系主要包括三个层面的内容。一是金融治理的目的。金融治理要有效防范化解金融风险、推进市场导向的绿色创新的高质量经济发展。二是金融治理的制度规则。这涉及市场法律法规制度建设、金融政策部门及金融监管部门的行为规范和监督、金融资源配置部门的行为规范和监督等。三是金融治理的体系构建。这包括货币市场、资本市场、外汇市场、支付体系、清算组织等金融基础设施建设，具有高度适应性、竞争力、普惠性的现代金融体系建设等方面，包含了金融必须服务实体经济、市场在金融资源配置中起决定性作用、加强政府调控与监管、金融开放与发展等内容。

第四节　金融治理体系与国家治理体系的关系

国家治理是金融治理的基础和前提，金融治理是国家治理的重要构成，在国家治理中处于优先地位。

一　国家治理是金融治理的基础和前提

（一）国家治理为金融治理提供了政治基础

国家治理体系和治理能力是中国特色社会主义制度及其执行能力的集中体现，国家治理为金融治理提供了所有的基本政治制度。其中包括，党的领导制度体系，例如，不忘初心、牢记使命的制度，党中央权威和集中统一领导的各项制度，党领导人大、政府、政协、监察机关、审判机关、检察机关、武装力量、人民团体、企事业单位、基层群众自治组织、社会组织制度等，为人民执政、靠人民执政各项制度，提高党的执政能力和领导水平制度，全面从严治党制度。人民当家作主制度体系，例如，人民代表大会制度，中国共产党领导的多党合作和政治协商制度，最广泛的爱国统一战线，民族区域自治制度，基层群众自治制度，等等。金融治理的建设和发展也必须以这些政治制度为基础、为前提。

（二）国家治理为金融治理提供了法律基础

国家治理必须坚持和完善中国特色社会主义法治体系，提高党依法治国、依法执政能力。国家治理不但为金融治理提供了基本法律基础和框架，而且为金融依法治理提供了必需的原则和精神。其中包括：中国特色社会主义法治道路；宪法全面实施的体制机制，坚持依宪治国，坚持依宪执政；科学立法、民主立法、依法立法的立法体制机制；社会公平正义法治保障制度；对法律实施的监督。在金融治理的过程中，还需要根据金融行业特点和规律，根据国家依法治理的要求和框架，制定金融法规、金融部门规章、金融行业指引、金融自律章程等更为细化的规范的治理规则。

（三）国家治理为金融治理提供了一定的行政体制基础

对于发展中的中国来说，其实并不存在"没有政府的治理"，甚至也不存在"小政府大社会"式的治理（陈明明，2014）。对于发生经济发展奇迹的中国，政府发挥了不能替代的主导作用。在中国语境中，政府具有压倒一切的重要性，任何其他权力主体均不足以与政府相提并论。政府治理不仅具有充分释放市场机制、限制政府不当干预的意义，还有如何在市场体制环境下进一步改进和加强政府宏观调控的问题（吕炜和靳继东，2019）。由于政府主导型市场经济的基本特征和广义上的大政府作为国家的权威领导，国家治理为金融治理提供了大体的甚至贯穿各个金融部门的行政体制，政府治理状况决定着包括金融治理在内的整个国家的治理状况，政府的行政体制对金融治理效果具有重要影响。

（四）国家治理为金融治理提供了经济体制基础

国家治理为金融治理提供了社会主义市场经济体制基础。其中包括，一是国有资产管理体制，金融作为关乎国家经济命脉的战略性产业，治理体系建设必然建立在以国有金融资产为主体地位的基础上，改进国有金融机构的现代化管理结构和技术。二是市场准入负面清单制度，金融治理更需要科学执行市场准入负面清单制度，对违反金融市场规则、触犯法律底线的个人终身取消从业资格。三是国家发展规划的战略导向制度，金融治理必须以国家发展战略为导向，将有限的金融资源重点配置到国家发展规划的战略行业，特别是该行业中需要经营资金的具有社会发展价值的优势企业和创新型企业。四是财政、货币、产业、区域等经济政策协调机制，金融治理需要的国家全局性的宏观经济政策必须协调一致，才能在微观层面根据统一的政策口径进行投资决策、配置资金，否则会出现"九龙治水"的局面。五是货币政策和宏观审慎政策双支柱调控框架，金融治理的宏观层面重点体现在货币政策和宏观审慎政策调控方面，并且两者具有共同的政策工具，如法定存款准备金、再贷款、再贴现等。因此，金融治理需要遵循国家治理提供的经济体制。

（五）国家治理为金融治理提供了文化基础

国家治理为金融治理提供了中国特色社会主义文化、基本的意识形态、社会主义核心价值观和思想道德等文化基础。其中包括，一是中华民族五千多年文明历史所孕育的中华优秀传统文化。例如，儒家文化的秉承与践行弱化了普惠金融的惠及可能性，儒家文化尚未渗透到社会信任体系之中——在金融意义上，儒家文化的影响并不表现在"信"的面向，而是嵌入以"孝"为特征的家文化之中，并在一定程度上弱化了经济收入对普惠金融的积极作用（陈颐，2017）。此时，金融治理必须考虑社会征信体系的完善。二是党领导人民在革命、建设、改革中创造的革命文化和社会主义先进文化，这对集中社会力量、实现国家战略具有显著优势。三是以马克思主义为指导面向现代化、面向世界、面向未来的、民族的科学的大众的社会主义文化，社会主义核心价值观，等等。

二　金融治理是国家治理的重要构成，处于优先地位

（一）金融治理是国家治理的重要构成

金融是现代经济体系和核心，金融治理是国家治理的重要构成。邓小平同志（1993）指出："金融很重要，是现代经济的核心。金融搞好了，一着棋活、全盘皆活。"习近平总书记在2017年全国金融工作会议上强调，"金融是国家重要的核心竞争力，金融安全是国家安全的重要组成部分，金融制度是经济社会发展中重要的基础性制度"。因此，在《决定》中明确提到与金融有关的国家治理内容主要有三个方面。一是在"加快完善社会主义市场经济体制"下，"加强资本市场基础制度建设，健全具有高度适应性、竞争力、普惠性的现代金融体系，有效防范化解金融风险"。二是在"实行最严格的生态环境保护制度"下，"完善绿色生产和消费的法律制度和政策导向，发展绿色金融，推进市场导向的绿色技术创新，更加自觉地推动绿色循环低碳发展"。三是在"构建一体推进不敢腐、不能腐、不想腐体制机制"下，"深化标本兼治，推动审批监管、执法司法、工程建设、资源开发、金融信贷、公共资源交易、公共财政支出等重点领域监督机制改革和制度建设，推进反腐败国家立法，促进反腐败国际合作，加强思想道德和党纪国法教育，巩固和发展反腐败斗争压倒性胜利"。

（二）金融治理是国家治理的优先试验

由于金融体系自身特征，金融治理可作为国家治理的优先试验。原因有三个。①市场经济本质上是信用经济，而金融作为以货币为对象的信用交易活动，构成了市场经济的基础，通过资金融通、资源配置、风险管理、宏观调控等功能，金融将居民、企业、政府等经济部门连通起来，成

为贯穿整个经济社会生活的关键命脉。②金融深刻影响和塑造着一个国家的政治走向、公共安全甚至国防与外交格局。近年来，金融危机对国际政治的冲击力以及金融在大国博弈中的威力与日俱增，金融与政治权力的关系备受关注（秦梅玉、李安安，2018）。③金融强国决定着能否成为现代化强国。一国拥有强大的现代金融体系，可以在全球范围内拥有具有一定影响力的定价权和交易权，在全球经济往来中拥有话语权，而这决定着本国在全球中的位置和格局，决定着本国能否公平地从经济全球化、金融全球化的过程中获得自身利益，决定着本国在全球经济中的强大程度（何德旭、苗文龙，2018b）。

第五节　本章小结

金融是现代经济体系的血脉，金融治理是国家治理中至关重要的内容。金融治理既有国家治理建设趋势的要求，也有经济高质量发展要求，更有防范系统性金融风险的要求，体现了充分发挥政府和市场在金融资源配置中的优势、平衡两者的力量比例、实现经济优化发展的实质。

金融治理是政府、企业、社会公众、金融机构等主体在正式制度及规则和非正式制度安排下，采取联合行动、共同管理复杂的金融事务、协调金融利益冲突的过程。在新时代背景下，金融治理需要不断满足人民日益增长的金融服务需要，需要解决金融发展不平衡不充分的问题，需要满足经济高质量发展趋势和金融高质量发展要求的宏观背景，需要预防地方债务膨胀、合理适度地约束地方国有企业高杠杆率、适度控制金融"脱实向虚"行为、防范可能引发的系统性金融风险。

金融治理建设的功能定位是：提高金融发展质量、维护货币稳定金融稳定、推动经济高质量发展，主要包括三个层面的内容：金融治理的目的，金融治理的制度规则，金融治理的体系构建。金融治理首先重在治理，治理区别于统治，治理区别于管理。金融治理体现为：以法律为基准的多种金融制度规则约束金融治理过程，以政府为主导的多元金融主体协调金融治理过程，多样的治理方法方式。国家治理是金融治理的基础和前提，金融治理是国家治理的重要构成，在国家治理中处于优先地位。

第二十章

部门职能定位及边界与金融治理体系建设

　　国家金融治理是包括多元化金融治理主体、复杂化金融治理对象、多样化金融治理方式以及多维度金融治理过程于一体的金融现代化系统，是运用一定的权威对公共范围内的公众及其活动予以引导、控制和规范的一种平衡个人利益、增进公共利益的现代化过程。

　　40多年的改革开放为金融治理建设积累了宝贵的经验。创新政策调控、优化金融结构、甄别创新项目、管理金融风险、服务实体经济成为金融治理的焦点。创新金融政策调控，影响市场在金融资源配置中的作用大小。优化金融结构，影响金融机构类型、金融市场比重、直接融资间接融资结构及其对不同产业经济发展的推动力度。甄别创新项目，影响甚至决定能否使创新成为经济发展的第一动力、中国能否成为创新强国。管理金融风险，影响金融自身的免疫能力和对经济体系发展风险的消解能力，因此金融机构需要加强公司治理能力，提高风险防范和控制能力，降低自身对其他机构的风险溢出效应，同时防御其他机构的风险冲击。服务实体经济，金融体系需要提高金融服务效率、提高风险识别能力，筛选具有发展潜力的企业和具有盈利价值的项目。加强金融治理、发挥金融功能成为国家治理建设成败至关重要的部分。

　　这一章根据前面的论述，从部门职能定位出发，规范部门行为，从而实现科学的金融治理。在论述的过程中，内容涉及地方政府、企业、银行、金融监管、宏观经济政策等部门，十分庞大，其中任何一项重大改革，都是牵一发而动全身。

第一节 现代中央银行制度及"双支柱"政策与金融治理

现代中央银行制度是信用货币和金融稳定的"定海神针",是一国金融治理的核心内容,是国家治理体系和治理能力现代化建设不可或缺的构成,决定着政府部门与企业、居民、金融机构等其他经济部门之间的利益关系是协调还是冲突,影响着一国经济的发展状态。党的十九届四中全会通过《中共中央关于坚持和完善中国特色社会主义制度 推进国家治理体系和治理能力现代化若干重大问题的决定》(以下简称《决定》),从坚持和完善中国特色社会主义制度、推进国家治理体系和治理能力现代化的层面提出建设现代中央银行制度。党的十九届五中全会通过《中共中央关于制定国民经济和社会发展第十四个五年规划和二〇三五年远景目标的建议》(以下简称《建议》),从完善宏观经济治理、推动高质量发展、统筹发展和安全的层面对建设现代中央银行制度做出战略部署(易纲,2020a)。提高中央银行政策定位与协调的准确程度,从顶层设计层面提高宏观经济政策制定的科学性,进而提高金融治理的实际效果和国际金融治理的协调程度。

一 准确理解现代中央银行制度

(一)成立之初的服务于政府融资的目的

不同国家建立中央银行的时间先后存在差别,其动机也因具体时期经济发展需求的不同而不同。概括来说,中央银行建立的动机主要有三种。一是财政融资动机。一些国家建立中央银行主要为了贷款给政府。二是金融稳定动机。一些国家建立中央银行是出于稳定现存银行制度的目的。三是效仿动机。一些国家建立中央银行是为了效仿诸如英国或美国等"现代"国家(Schuler,1992;多德,2004)。以此来看,英美国家中央银行建立的动机具有较大意义的代表性。

一般公认的第一家中央银行——英格兰银行,在1694年设立之初,是一家给政府提供贷款以支持大陆战争的商业银行。此时的英国政府由于以前的债务拖欠不能借入新的资金。英国政府通过立法授权英格兰银行法定特权来偿还贷款，英格兰银行通过为政府提供贷款获得更多的特权（Smith，1936；多德，2004）。[①]显而易见，中央银行不是规模经济的产物，而是立法的结果，是外部力量强加的或者是政府偏好的结果（怀特，2004），主要定位是服务于政府的融资需求和管理政府的财政资金。在后期交易的过程中，英格兰银行从开始的政府贷款提供机构逐渐演化成为成熟的、具有支持和管理金融制度以及管理法定货币责任的中央银行。中央银行的政府融资业务为其后期承担经理国库、代理发行政府债券、管理外汇储备等"政府的银行"职能奠定了基础。

（二）垄断货币发行并成为真正的中央银行

中央银行随着自身地位的巩固和增强，具备了影响全国信用货币制造的能力和管理各商业银行储备的实力。各商业银行也愿意采用中央银行发行的货币作为日常储备，并在头寸短缺时向它寻求贷款，从而使它逐渐在事实上垄断了货币的发行。除英格兰银行在1897年垄断英国的货币发行权外，法兰西银行在1848年垄断法国的货币发行权，普鲁士银行于1875年独享货币发行权，美国联邦储备系统于1913年集中货币发行，在19世纪到第一次世界大战爆发前的这段时间，世界上约29家中央银行相继设立，其主要标志就是垄断本国货币发行（黄达，2003）。垄断货币发行为中央银行履行最后贷款人角色、调控基础货币等现代职能奠定了基础。

（三）承担最后贷款人角色并成为现代意义上的中央银行

许多学者认为，现代中央银行的一个关键特征是，中央银行作为最后贷款人，支持了银行体系的发展（怀特，2004）。银行体系在以较低的市场利率为产业资本提供融资的同时，也存在期限错配、支付体系和存款合约不稳定等引发的流动性风险，需要一个为银行体系提供最后流动性支持的保障机构。中央银行的实力使其逐渐承担起最后贷款人这一角色。商业银行在流动性困难时既可以向中央银行借款，也可以进行同业拆借（中央

[①]　这些特权包括：引入六个合伙人规则、限制除英格兰银行以外所有的其他英国的银行和威尔士银行的资产规模，使英格兰银行的竞争对手保持在小规模资产及弱势地位；只有英格兰银行发行的银行券具有无限清偿资格，并且发行和流通范围不用限制在距伦敦65英里内；给予英格兰银行对英国银行制度极大的垄断权力，其他银行逐渐人为地依赖于英格兰银行的支持；英格兰银行最终被迫接受银行制度守护人的角色，并自然而然地履行监管者职责。

银行提供清算服务）。

最后贷款人角色使中央银行通过控制再贷款及再贴现的利率和条件实现货币的弹性供给，既能为陷入流动性困境但具有一定清偿能力的商业银行提供短期性融资，又能制定惩戒性的利率约束商业银行主动防控流动性风险，并向社会公众提供一个关键信号——商业银行在流动性短缺时有中央银行的支持。最后贷款人制度中的许多政策工具，如再贷款、再贴现、金融救助等，既是货币政策工具，也是宏观审慎政策的主要工具。最后贷款人角色为中央银行后期履行制定货币政策和宏观审慎政策这些现代职能奠定了基础。美国联邦储备委员会在移植和改进欧洲中央银行制度的同时，强化最后贷款人功能、弱化了政府融资功能、建立了信用货币体制，从而成为第一家现代中央银行。

最后贷款人在维护银行体系稳定的同时，也削弱了银行管理者维持银行健康稳健的积极性，降低了银行面临的处罚，鼓励了银行的信用贬值（多德，2004）。其主要表现形式如下。①商业银行资本比例降低。在联邦存款保险制度的前十年，银行资本比例超过了50%，后来从1934年的14.1%下降到1945年的6.2%（Salsman，1990）。②商业银行承担更多的贷款风险。商业银行管理者认为，如果承担了额外的风险且项目成功了，会获得额外的利润；如果承担了风险且项目失败了，能转移一些预期损失给存款保险机构或最后贷款人。这种边际诱因使银行承担了比社会最优水平更多的风险（White，1989；Grossman，1992）。③削弱了那些试图维持高标准的"优良"银行的竞争优势，使"优良"银行为了维持较高的充足资本必须承担额外的竞争负担——对其吸收的存款支付更多利息、对其发放的贷款接受更少利息，加剧了银行体系的脆弱性。

（四）制定货币政策调控宏观经济成为现代中央银行主要职责

货币政策是信用货币体系和银行金融体系稳定的重要实现途径。信用货币制度和最后贷款人使现代中央银行既要支持陷入资金周转困难的商业银行，以免银行挤兑风潮的扩大而最终导致整个银行体系的崩溃，要在金融危机时进行金融救助、维护金融稳定，可能超发信用货币；又要防止超发信用货币造成货币贬值、宏观调控意图传导错误和政府信誉受损。货币政策作为平衡这两方面因素的重要制度和工具，作用越来越重要，甚至成为现代中央银行职能的代名词。

在平常时期，货币供给处于合理区间成为货币政策的首要目标，学术研究和政策制定者甚至将其简化为通货膨胀目标制。为了实现这一目标，在现代中央银行制度中，以国家短期债券和中央银行票据为买卖标的的公开市场操作，既可以主动灵活地决定买卖数量，又可以相机决定买卖价格——利率，从而成为最重要的常用工具。其他的直接信用控制、间接信用指导、窗口指导、道义劝告等，则是经典货币政策工具的延伸和补充。

现金的发行和管理是货币政策重要内容。由于法定存款准备金、再贷款、公开市场操作等工具直接影响基础货币数量，人们往往忽略现金的发行和投放。这至少包括两个方面的重要内容：一是通常所说的现金从中央银行发行库到商业银行业务库的发行渠道；二是中央银行经理国库的现金管理。这两者在很大程度上影响货币政策执行效果，影响财政政策和货币政策的协调程度。

此外，一些文献从政治因素角度研究货币政策行为特征及其对不同群体和集团利益分配的影响（多德，2004），从财政及税收政策角度研究货币政策的时间不一致问题和不连续问题（Keynes，1971；Barro and Gordon，1983），由于与本章研究意图联系不够密切，对此不再赘述。

（五）制定宏观审慎政策防范系统性金融风险是现代中央银行制度的主要发展内容

金融监管是金融稳定承诺、管理商业银行道德风险的必要方法。在最后贷款人和存款保险制度下，经营管理不善的银行与业绩良好的银行一起同等享受平价贴现率的流动性支持，降低了各商业银行尽职管理风险的压力，增加了商业银行发生道德风险的概率。为监测商业银行经营状况和风险状况，各商业银行在中央银行开立准备金账户，实时监测商业银行的储备资产，提高银行间结算效率；同时，要求商业银行定期报送重要的金融统计数据和实时报送重大事件，掌握各银行经营状况和潜在金融风险（何德旭，2019）。

宏观审慎政策是中央银行防范系统性金融风险的最新制度设计。经验事实证明，防范了单个银行风险的日常审慎监管并不一定能防范整个银行体系和金融体系的系统性风险，为此人们探索设计出宏观审慎监管制度，并多将其赋予中央银行（IMF，2018）。宏观审慎政策利用多种工具来防范系统性金融风险，从而降低金融危机发生的频率及其影响程度（IMF et al.，2016）。宏观审慎监管就是一系列为了防范系统性金融风险而开展的面向金融系统的监管政策和改革措施的总和。中央银行由于自身的货币稳定、金融稳定、金融基础设施建设等功能，在宏观审慎监管方面具有得天独厚的优势，成为宏观审慎政策的执行者和完善者（何德旭，2019）。

从上述分析可以发现，现代中央银行制度的重要标志是，服务于政府融资的功能弱化，服务于国家经济调控和宏观经济治理的功能凸显。现代中央银行制度是中央银行为实现币值稳定、充分就业、金融稳定和国际收支平衡这四大任务而设计和实施的现代货币政策框架、金融基础设施服务体系、系统性金融风险防控体系和国际金融协调合作治理机制的总和（易纲，2020a）。随着各国经济平稳发展，政府的税收能力和信用能力得到改善和巩固，中央银行不再局限于解决政府融资和管理财政资金，而是向以金融经济调控为主的多功能转化。[①]

二 金融适度分权下现代中央银行制度建设要点

根据现代中央银行制度的标志性特征来看，中国基本上构建了较为完整的现代中央银行制度框架。但在金融适度分权改革环境下，地方政府以及企业、银行、居民等市场主体的行为选择使现有的中央银行制度需要建设和改进，需要还原经济责任、不被强势集团左右、不被既得利益集团游说、防止不规范行为的成本转嫁给金融风险和金融救助，从国家整体长远利益出发，推动经济高质量发展，适应双循环格局、适应社会主义现代化发展要求。根据面临的关键问题与重大挑战，现代中央银行制度需要从以下几个方面开展实质性建设。

[①] 国际清算银行总结现代中央银行具有货币政策、金融稳定和支付系统三大职能，以及为了履行这些职能带来的现代中央银行的五大功能：货币稳定功能（货币政策、汇率政策、外汇干预、流动性管理）、金融稳定功能（最后借款人、宏观审慎监管和日常监管）、金融基础设施（账户管理、支付系统、央行货币清算系统、其他清算系统）、服务政府（经理国库、代理发行政府债券、为政府提供信用支持）、其他公共品功能（管理国际储备、研究统计、金融消费者保护等）。

（一）精确中央银行政策目标

精确中央银行政策目标，把货币政策、宏观审慎政策、金融基础服务政策有机融合在一个统一的精确的框架内。具体来说，这至少需要从两个方面进行优化。

1. 根据社会福利损失最小化原则，将币值稳定、充分就业、金融稳定、国际收支平衡等目标有机融合在统一的目标函数中

参考货币政策目标函数设计原则，现代中央银行政策实现多元目标应满足以下条件：实际通货膨胀率与最优通货膨胀率的缺口的平方、实际产出与潜在产出的缺口的平方、实际系统性金融风险与系统性金融风险阈值的缺口的平方、实际汇率与最优汇率的缺口的平方[①]等之和达到最小。对于通货膨胀率缺口和产出缺口的讨论较多，汇率缺口在麦卡勒姆规则及其演变中也进行了比较充分的分析，这里主要考虑系统性金融风险缺口的设计。

根据货币政策的动态目标函数，这里尝试设计纳入金融稳定和国际收支平衡的现代中央银行政策前瞻性动态目标函数：$\min E_t \sum_{i=0}^{+\infty} \beta_i \left(\mu_\pi \pi_{t+i}^2 + \mu_y y_{t+i}^2 + \mu_s s_{t+i}^2 + \mu_e e_{t+i}^2 \right)$。其经济含义为求解有关缺口平方和的动态最小值。$\beta_i$ 为折现因子，π_{t+i} 为 $t+i$ 期通货膨胀缺口，y_{t+i} 为 $t+i$ 期产出缺口，s_{t+i} 为 $t+i$ 期系统性金融风险缺口，e_{t+i} 为 $t+i$ 期汇率缺口，[②]μ_π、μ_y、μ_s、μ_e 分别为通货膨胀缺口、产出缺口、系统性金融风险缺口、汇率缺口的权重系数。

值得注意的是，系统性金融风险 S_{t+i} 存在经济最优的界值 S_1^* 和调控界值 S_2^*。①当实际系统性金融风险 S_{t+i} 满足条件 $0 \leqslant S_{t+i}^2 = (S_{t+i} - S_1^*)^2 < (S_1^*)^2$ 时，中央银行不必进行系统性金融风险控制操作。因为，系统性金融风险伴随金融属性而生，自始至终在一定程度上存在，如果将系统性金融风险降为绝对的 0，不仅将金融体系束缚致死，而且可能将整个经

---

① 根据政策目标，也可以将汇率稳定设计为国际收支平衡，此时 e = 实际国际收支差额 - 国际收支差额目标值。

② 根据政策目标，也可以将汇率稳定设计为国际收支平衡，此时 e = 实际国际收支差额 - 国际收支差额目标值。

济体系桎梏而死；同时，当系统性金融风险降低到一定程度时，降低系统性金融风险付出的成本就会高于系统性金融风险造成的损害，并且这种效应边际递增。所以，将系统性金融风险控制在 S_1^* 附近较为合理，既可以防控系统性金融风险造成的损害，又可以支持经济高质量发展。②当实际系统性金融风险 S_{t+i} 满足条件 $(S_1^*)^2 \leqslant S_{t+i}^2 = (S_{t+i} - S_2^*)^2 < (S_2^*)^2$ 时，为实现 S_{t+i}^2 的次小需要采用逆周期超额资本、前瞻性拨备、留存超额资本等常规性的政策工具，此时的政策工具对金融行业经营成本具有一定影响，并主要通过政策乘数对利率和货币量进行影响；当 $S_{t+i}^2 = (S_{t+i} - S_2^*)^2 \geqslant (S_2^*)^2$ 时，为实现 S_{t+i}^2 的次小需要对风险较大难以自救的（系统重要性）金融机构采用猛烈的政策工具，如购买特定机构的风险资产、注资救助（Bailouts）等，此时，政策工具通过基础货币影响货币供给总量和整个经济体系。

2. 精确计算关键的基础性经济变量

在上述中央银行政策目标函数中，关键性的基准变量有待进一步精确。

（1）首先值得关注的是自然利率的计算。这一变量不仅决定着政策目标变量中潜在产出及产出缺口的计算精度，而且决定着政策工具中利率工具的实施标准，还决定着利率传导机制的效率。因此，探讨基于中国在60年（1975~2035年）内经济迅速发展和转型等事实数据，比较单变量退势法和多变量模型，比较"增长核算框架"生产函数法、半结构状态空间模型、宏观计量经济模型等方法，估计充分就业的潜在产出；进而基于半结构化混频模型，在新凯恩斯主义理论框架下，选择1年期存款利率、1年期贷款利率、1年期国债利率、Shibor 隔夜利率等，比较计算中国的自然利率。

（2）系统性金融风险界值的计算是创新点和关键点。这一变量不仅决定着政策目标中各缺口变量的权重精度，而且决定着政策工具的实施类型是影响经济运行的总量型工具，还是影响金融行业的结构型工具，抑或是针对系统重要性银行或影子银行的特定金融机构的个体型工具。因此，基于近年来的国际金融危机数据和国内金融波动数据，以及网络大数据信息以及金融市场/金融部门联系等典型事实，计算国内多层复杂金融网络和全球多层金融市场网络，从空间维度准确计算系统性金融风险；计算全球货币市场/资本市场/外汇市场空间风险网络及其对中国金融体系的风险传染效应，进而计算国内金融部门系统性风险空间网络和银行部门系统性风险动态变化，确定系统性金融风险的界值。

（3）基于中国特色社会主义市场经济运行规律，在准确计算中国潜在产出、自然利率、最优通货膨胀率、最优税率结构等变量的基础上，进而准确估计利率走廊的上下限、利率体系的数量结构关系、产出缺口的利率弹性（货币增长率弹性）、产出的财政支出弹性及税率弹性、通货膨胀的利率弹性（货币增长率弹性）、汇率的利率弹性（货币增长率弹性）等参数，为精确量化的现代中央银行制度提供必不可少的前提条件。

（二）精确中央银行政策工具

有机整合货币政策、宏观审慎政策、金融基础服务政策等中央银行政策工具，从总量影响、结构调整、个体监管等层面，计算政策工具与政策目标的数量关系。

1.重新整合货币政策工具、宏观审慎政策工具、金融基础服务工具

中央银行的许多政策工具既充当货币政策工具角色调控利率水平、信用规模和货币供应量，又充当宏观审慎政策工具角色保证金融机构的清偿能力、控制系统性金融风险、治理金融危机、维护金融稳定。这就需要围绕现代中央银行政策的最终目标和传导机制，将原有的货币政策工具、宏观审慎政策工具、国际收支平衡调控工具进行整合，避免中央银行政策工具之间的矛盾与冲突。这里可初步分为三类。

（1）总量型政策工具。这一类工具主要对整体金融行业的经营行为产生影响，进而影响货币供给总量和利率水平，对经济产出、价格、金融风险状况产生冲击。这一类政策工具主要有公开市场操作、法定存款准备金率、再贴现、留存超额资本、逆周期超额资本、跨周期风险拨备、流动性覆盖率等。中央银行采用这一类政策工具时，如增加最后贷款人贷款、降低再贷款利率、提高法定存款准备金率、提高逆周期超额资本率、提高风险拨备率等，初始目的可能是为了控制系统性金融风险、维护金融稳定，但同时对通货膨胀缺口产生显著影响，使币值稳定目标和

金融稳定目标相冲突，即维护金融稳定的货币量和维护币值稳定的货币量产生了冲突（苗文龙，2007）。这就需要准确计算总量型政策工具对各个目标的数量影响。

（2）结构型政策工具。这一类政策工具主要对某个行业的经营行为、资产规模及结构产生影响，对经济总量和金融总量影响较小。例如，货币政策工具中的直接信用控制、间接信用指导等，以及宏观审慎政策工具中针对房地产业的政策工具（见表20-1）。

表20-1　房地产业宏观审慎政策工具

序号	工具	作用
1	最大贷款价值比限制或贷款限制	降低房地产贷款增速，并在银行内部建立缓冲以防止潜在房地产贷款损失
2	最大债务收入比限制或其他借贷标准	根据房屋购买者的收入限制借款比例，从而限制银行房地产信贷，并引导家庭减少借款
3	房地产借贷的损失准备金率	增加银行发放房地产贷款的成本，从而减缓房地产信贷增长速度
4	房地产借贷的风险权重	增加房地产贷款风险权重，使贷款展期成本更高，并引导银行对潜在损失设立缓冲
5	对房地产部门的银行暴露头寸的限制	通过直接限制头寸暴露，降低房地产信贷增速，并降低银行因房价下跌可能带来的损失，有时也包括对外币标价的房地产贷款暴露头寸的限制

资料来源：Shim 等（2013）。

（3）个体性政策工具。这一类工具主要对特定的金融机构的经营行为、资产规模及结构、盈利状况产生影响，对经济总量和金融总量影响较小。例如，对系统重要性金融机构、重大影子银行的注资救助、接管清算、购买风险资产，以及提高此类机构的资本充足率、风险拨备率、缓冲资本率等。中央银行在实施结构型和个体型两类政策工具时，一方面需要辅助性计算此类工具对政策目标实现的冲击程度；另一方面需要关注和预判政策工具引发的连锁反应及其对经济总量的冲击，但很难将其纳入经济金融方程体系进行统筹计算。

2.计算主要政策工具的经济原理方程及其与目标变量的数量关系

在整合中央银行政策工具的基础上，构建和估计总量型政策工具的经济原理方程及其与政策目标之间的数量关系方程。根据《建议》的相关设计，总量型政策工具主要通过货币供给调控机制和利率传导机制发挥作用。在双机制下，需要计算的函数方程主要包括：基准利率工具与产出缺口的数量方程、基础货币工具与产出缺口的数量方程、基准利率工具与通货膨胀缺口的数量方程、基础货币工具与通货膨胀缺口的数量方程、基准利率工具与系统性金融风险缺口的数量方程、基础货币工具与系统性金融风险缺口的数量方程、产出缺口与通货膨胀缺口的数量方程、系统性金融风险缺口与通货膨胀缺口的数量方程等。根据构建的相关方程采用结构参数估计方法进行估计。

（三）精确中央银行政策操作规则方程与政策组合检验

1.精确中央银行政策操作规则方程

根据前面建立的政策目标函数和政策工具约束方程函数，估计现代中央银行政策规则方程的参数，计算得到政策工具变量、政策传导机制变量与目标变量之间的数量方程。基于中国特色社会主义市场经济运行规律，在准确估计关键性基准变量和政策参数的基础上，整合利用价格型政策工具和数量型政策工具，精确量化和凝练政策规则操作方程，进而通过大数据分析、机器学习及人工智能计算等方法，模拟和引导社会公众预期，保持货币供应量、基准利率、社会融资规模产出缺口基本匹配，针对性解决反复出现的货币政策易松难紧问题，实现货币币值稳定、充分就业、金融稳定等目标。

简要而言，初步设计中央银行政策操作规则方程如下：

$$\psi\left(\frac{m_t}{m^*}\right) + (1-\psi)\left(\frac{r_t}{r^*}\right) = \psi\left(\frac{m_t}{m_{t-1}}\right)^{\rho_m}\left[\left(\frac{\pi_t}{\pi^*}\right)^{\psi_{m\pi}}\left(\frac{y_t}{y^*}\right)^{\psi_{my}}\left(\frac{s_t}{s^*}\right)^{\psi_{ms}}\left(\frac{e_t}{e^*}\right)^{\psi_{me}}\right]^{1-\rho_m} +$$

$$(1-\psi)\left(\frac{r_t}{r_{t-1}}\right)^{\rho_r}\left[\left(\frac{\pi_t}{\pi^*}\right)^{\psi_{r\pi}}\left(\frac{y_t}{y^*}\right)^{\psi_{ry}}\left(\frac{s_t}{s^*}\right)^{\psi_{rs}}\left(\frac{e_t}{e^*}\right)^{\psi_{re}}\right]^{1-\rho_r}$$

$$(20-1)$$

其中，m_t 为货币供给增长率，r_t 为基准利率，m^* 为最优货币供给增长率，r^* 为自然利率，m_{t-1} 为上1期货币供给增长率，r_{t-1} 为上1期基准利率，π_t 为通货膨胀率，π^* 为最优通货膨胀率，y_t 为产出，y^* 为充分就业的潜在产出，s_t 为系统性金融风险水平，s^* 为系统性金融风险合适阈值，e_t 为有效实际汇率，e^* 为实际汇率最优值，[①]ψ 为货币供给调节工具的权重，$1-\psi$ 为利率调节工具的权重，ρ_m 为货币供给增长率平滑的指数，ρ_r 为利率平滑的指数，$\psi_{m\pi}$ 为货币供给调节机制中通货膨胀率偏离值的权重指数，ψ_{my} 为货币供给调节机制中产出缺口偏离值的权重指数，ψ_{ms} 为货币供给调节机制中系统性金融风险偏离值的权重指数，ψ_{me} 为货币供给调节机制中汇率平滑的权重指数，ψ_π 为利率调节机制中通货膨胀率偏离值的权重指数，ψ_y 为利率调节机制中产出缺口的权重指数，ψ_{rs} 为利率调节机制中系统性金融风险偏离值的权重指数，ψ_{re} 为利率调节机制中汇率平滑的权重指数。权重 ψ 和 $1-\psi$ 的确定，取决于实际经济情况，在 IS-LM-BP 分析框架下，当货币需求干扰的方差比较大，LM 曲线比较陡峭，而且 IS 曲线比较平缓，利率的权重 $1-\psi$ 更大一些；如果总需求冲击的方差较大，LM 曲线平缓，IS 曲线陡峭，则货币供给的权重 ψ 大些；此外，根据普尔分析传递的基本信息，金融部门易变性的提高，会增强利率导向的政策规则（瓦什，2001）。

2. 精确量化"双支柱"政策组合函数

以金融适度分权下地方政府、银行部门、企业部门的经济行为函数为基础，构建量化的结构性货币政策和金融稳定政策组合函数，计算日常性货币政策函数和系统性金融风险防控函数、突发性金融稳定救助之间的数量关系，计算货币政策工具和金融稳定工具对实体经济周期、金融周期、金融风险跨市场传染的数量影响，针对性解决中央银行对系统性金融风险的统筹治理不足问题。

3. 加强中央银行政策与其他经济政策的整体协调度

以金融适度分权下市场经济主体行为函数为基础，进一步精确量化"双支柱"政策函数与财政政策（税收及支出）函数、产业政策函数构成的结构方程，共同构建量化的经济政策组合结构函数，高度仿真、估测、调控地方政府、金融部门、企业的行为，建设金融、财税、监管等有效支持高质量实

---

① 如果中央银行政策目标是国际收支平衡时，e_t 为实际国际收支差额，e^* 为国际收支差额最优值。

体经济的多元组合机制，推动形成以国内大循环为主体、国内国际双循环相互促进的新发展格局，提高双循环格局下服务高质量实体经济的精度。

4.精确量化国内宏观经济政策函数与其他大国经济政策函数的协调关系

以本国量化"双支柱"政策与其他经济政策的组合函数为基础，进一步纳入经济大国的货币政策函数、金融政策函数、财政政策函数等，计算国际上重大经济政策调整对中国的影响和对全球经济结构及发展影响，设计精确的国际共赢合作规则，提升国际金融治理能力和全球经济治理能力。

三　现代中央银行制度建设的一些重要的补充性措施

在精确量化中央银行制度的构成政策的基础上，需要一系列具体措施来推动和实现。

（一）地方债务监测

高质量发展的社会主义市场经济需要通过市场出清机制提高资源配置效率。地方政府对中央政府的救助预期是市场不出清的主要原因。尽管国家已将地方政府债务纳入财政指标审批进行管理，但适合逐步根据地方政府偿债能力、偿债行为对地方政府债券进行信用评级，并以此作为地方政府发行债券的额度管理依据；同时加强对地方性金融机构的信用评级，建立地方性金融风险动态监测系统和预警机制。

一是探索中央对地方债务风险的评估和监测，将地方政府融资行为纳入国家征信系统，由中央政府部门对地方债券进行评级，由市场投资者权衡地方债务风险，进而由市场约束地方政府债务扩张行为，分散中央政府的担保压力。

二是构建地方债务预警体系，根据预警信息及时督促地方政府改善支出结构、设计长远规划。探索引入地方政府破产机制，破产后的地方政府在对教育、医疗、治安等公共服务事项继续提供服务基础上，通过调整支出结构、控制支出、改善赤字，逐渐恢复可持续财政。中央政府不再对地方政府债务进行广泛的慈爱救助，只对破产后地方政府的纯公共物品支出困难进行救助，同时监督接受救助的地方政府的财政改善计划执行情况，减少对财政政策和货币政策调控的影响。

三是根据不同层级政府在长远发展决策方面的科学性和政府支出的效率，理顺中央与地方的事权和财权，合理调整地方政府的经济建设支出及其他准公共服务支出。

（二）中央政府对金融风险的监测与救助边界

中央政府对金融风险的救助是地方政府争夺金融资源、阻碍市场资源配置的一个重要因素。控制金融系统性风险、弱化金融救助或引入相机救助是解决这一问题的主要方法。建立中央政府对系统性金融风险的评估监测体系，根据发生危机的金融机构对金融体系当前及未来稳定运行的影响，结合风险准备规模、存款保险基金及最后贷款等措施，选择性地采取维稳措施，控制系统性金融风险。主要内容包括三个层面。

1.建立系统性金融风险预警体系

系统性金融风险预警体系的主要内容包括：利用前沿科学的方法，构建地方债务预警体系、地方企业杠杆率预警体系、地方金融系统性风险预警体系；根据预警信息及时督促地方金融监管部门提高监管能力、关注地方重点金融风险或关键环节金融风险、制定风险防范方案；将地方金融风险监测纳入国家金融风险评估体系、综合判定系统性金融风险的状况和演化趋势、制定防控措施。

2.通过宏观审慎监管实时监测金融体系风险状况，准确预测风险发展态势，有效管理风险准备金

（1）在宏、微观监管当局非同一机构的情况下，明确各金融行业的微观监管当局向宏观监管当局报送信息的制度、责任和渠道，使各行业微观金融风险信息得以及时汇总和分析。

（2）综合运用当前比较成熟的方法，测量金融机构之间的数量关系，并根据实践不断改进。IMF（2009）针对此问题提出了金融网络模型、Co-risk模型、压力相关矩阵和违约强度模型四种方法，大致代表了计量和分析金融机构之间关联风险的主要方向，可在实践中不断改进和细化。

（3）提高分析金融衍生产品风险点的能力，建立全面的指标体系模型，提高评估个体机构及金融系统风险状况的能力和预测风险变化趋势的能力。

3.弱化金融救助或探索相机救助

宏观审慎监管当局在尽快判定系统重要性金融机构的基础上，加快建立系统性风险预警体系，定期开展压力测试；同时，根据风险准备情况、存款保险情况和系统风险趋势，围绕弱化救助预期原则和防范系统性金融风险原则对风险事件选择性地采取维稳措施。弱化金融救助或相机救助亦探索以下措施。一是通过计算地方金融机构的系统性金融风险贡献，规范建立（地方政府与中央监管部门共同设立的）银行风险救助基金，实施相机救助，不仅分担风险责任，而且降低风险转嫁预期，约束各主体的风险行为，从根本上预防风险。二是监测地方金融资产管理公司风险，设计地方不良资产证券化产品，构建地方不良资产处置交易市场，采用市场化手段处理地方企业及金融机构不良资产。在此基础上，采用压力测试、情景分析等方法改进防范方案。

（三）跨境资本流动宏观审慎监管与金融治理

近年来，中国金融开放加速，资本项目可兑换程度不断提升，人民币国际化程度加深，基于交易类型进行分类管理的跨境资金管理模式将逐步弱化，本外币分割管理的政策将逐步趋同，传统数量型调控工具将逐步被价格型工具替代，跨境资本流动管理将更多地依赖宏观审慎监管。

1.进一步设计和丰富跨境资本流动宏观审慎监管工具

跨境资本流动的宏观审慎监管工具应体现宏观总量和逆周期审慎调控的特征，在跨境资本流动管理和调控中，构建市场化的制度基础，充分发挥市场化手段的作用，并针对宏观审慎的时间和横截面维度提出相应的政策工具。根据国际金融组织研究和不同国家跨境资本流动监管方法，比较具有代表性的跨境资本流动宏观审慎监管工具可归纳为表20-2。值得注意的是，不同类型的跨境资本流动宏观审慎监管工具具有不同的优势和劣势，也不存在放之四海而皆准的宏观审慎监管工具，每个国家需要结合自身的跨境资本流动特征、资本项目开放阶段和金融市场成熟度，使用恰当的审慎监管工具（IMF，2009）。

表20-2　跨境资本流动宏观审慎监管工具

工具类型	工具名称	工具具体措施与内容
限制型工具	限制银行的外汇衍生品头寸	具体措施：规定银行的外汇衍生品头寸不能超过股本的一定比例，以限制银行的外汇负债。这一政策的目标是：改善外资银行负债到期结构，减少"热钱"大规模进出的可能
	对外汇敞口头寸实施限制	具体措施包括：规定未平仓的外汇头寸不能超过基础资本的一定比例，根据跨境资本流动情况来动态调节外汇敞口的比例
	非银行机构的管理措施	具体措施包括：对非银行机构的集合投资计划做出限制
价格型工具	对非居民购买住房征收更高的印花税	限制或者减缓非居民进入不动产市场的节奏
	对银行外汇负债征税	对银行非存款类外汇负债（票面期限小于一年的）征税。非核心债务包括批发融资如跨国银行间债务，或者境外发行的债券
	对非居民的资本利得征税	具体措施为对非居民购买金融产品或工具所获收益进行征税
	对交易环节征税（IOF）	通过征税提高金融交易的成本，增加摩擦，既可以减少交易规模，又能通过价格手段减缓市场的震荡
	对外汇交易征收预扣税	由东道国政府按支付给外国投资者的股利、利息、无形资产特许权使用费等所计征的税种，当支付相应款项给非居民的时候，必须预提该款项的一定百分比作预扣税
	提高外汇交易手续费	提高非居民购买中央银行存单（CDS）的费率，提高非居民投资股票收益的资本所得税率
数量型工具	与产品种类挂钩的存款准备金制度	具体措施为通过调整国内银行与非居民之间的外汇互换和远期交易等衍生产品须缴纳存款准备金的比例来对国内的外汇投放进行调节
	与期限挂钩的存款准备金制度	具体措施为根据期限的不同，央行对银行不同到期日的外汇存款采取不同的存款准备金率规定
	调节外汇贷款的风险权重	该举措旨在通过提高企业获取外汇贷款的成本来减少外汇敞口，抑制外汇贷款的过度增长，较高的风险权重能为汇率风险提供缓冲
	规定外汇贷款价值比	贷款价值比是贷款额与抵押品价值的比值，该比值越高意味着银行面临的风险越大，多用于房地产贷款的风险控制中

续表

工具类型	工具名称	工具具体措施与内容
	规定外汇贷款的债务收入比	债务收入比是贷款额与收入的比值，该比值越高，意味着贷款人的债务负担越重
	规定非居民存款的流动性覆盖率	流动性覆盖率旨在确保商业银行在设定的严重流动性压力情景下，能够保持充足的、无变现障碍的优质流动性资产
信贷管理型工具	限定外汇贷款的借款人资格	对外债的借债主体有限制，有外汇收入的进出口企业才被允许借外债
	限定企业借入外汇贷款的用途	例如，禁止向国内企业发放外汇贷款在国内使用，即使该贷款用于厂房设备投资；禁止金融机构购买由国内企业为筹集资金在国内使用而发行的外币债券
	对外汇贷款的风险管理标准做规定	规定信贷机构向无对冲借款人发放外汇时，要求银行提高对外汇贷款的风险管理标准，敞口上限为自身资本的一定比例
	期限错配的限制	计算对外资产负债的久期，限制资产久期与负债久期的偏离程度

2.跨境资本流动宏观审慎监管需要与货币政策相互协调才能发挥最大作用

由于金融危机呈现货币政策无法解决的特点，学者们对危机爆发前的货币政策进行反思，使宏观审慎监管逐渐成为学术界关注的焦点，并将其与货币政策配合，成为维护金融稳定的重要工具。

（1）宏观审慎措施作为货币政策有效补充。在发生引起资本流入的金融冲击时，特别是新兴经济体，多采取货币政策提高利率应对经济过热、利用对冲干预汇率升值、通过跨境资本流动宏观审慎监管工具组合抑制信贷过快增长，必要时采用资本管制，跨境资本流动宏观审慎监管作为货币政策有效补充，在"最优简单规则"下，能够显著改善社会福利（Shim et al.，2013）。

（2）两者相互配合能够有效降低系统性风险累计，促进金融稳定。一是货币政策与跨境资本流动宏观审慎监管对经济金融作用的优势与领域不同。货币政策和金融稳定之间存在相互作用，如提高利率稳定物价的政策可能导致跨境资金大量流入从而影响金融稳定，降低利率以提高国内需求时可能导致跨境资金流出，也会影响金融稳定。因此，在调节跨境资金流动时，仅仅利用宏观审慎工具是不够的，应充分发挥货币政策和财政政策在调节总需求方面的作用，防止系统性风险的积累。二是货币政策与跨境资本流动宏观审慎监管彼此之间相互作用、相辅相成。货币政策可为宏观审慎监管提供支持，使金融失衡发生的可能性降低或严重性较低；宏观审慎政策工具通过金融机构资产负债表、杠杆率以及资产价格等变量，提高货币政策传导效率和经济均衡调控效果。因此，应将跨境资本流动纳入开放经济的货币政策分析框架，实现货币政策与宏观审慎监管工具的协调配合。

（3）宏观审慎的跨境资金监管工具可以用来降低货币政策的负面外溢效应。当发达国家降低利率时，资金流向新兴国家并导致该国货币升值和新兴国家市场主体的资产负债表改善，从而获得更多的境外借贷，此时需要采取逆周期的宏观审慎措施降低跨境资金流入的风险。因此，宏观审慎的跨境资金监管工具可以用来降低发达国家货币政策的负面外溢效应。

3.跨境资金宏观审慎监管改进与金融治理

（1）测算和把握国际金融周期规律，实施主动的货币政策。准确测算国际金融周期和国内金融周期，观察两者之间的差异性和联动性，进而采取更主动的货币政策。经验事实表明，在资本流动、资产价格和信贷增长方面存在一定的国际金融周期，而对国际金融周期具有决定性影响的是经济中心国家的货币政策（Rey，2015）。虽然国际上大国金融市场波动表现出显著的周期趋同性，但各类型金融市场的国际传染效应并不相同，例如，美、欧股指波动率对中国股指波动率的传染效应趋于增强，特别在美国金融危机后，但其利率波动对中国利率波动率的传染效应显著且影响程度较低（何德旭、苗文龙，2015a），这为中国关注美、欧等主要经济体实施的货币政策的同时根据本国经济情况采取独立的货币政策提供了一定的操作空间。

（2）在保持货币政策独立性前提下实施适度的结构性资本管制。根据本国经济结构发展，在保持货币政策自主性前提下，采取适度的结构性资本管制。这分为三个层面。一是在资本流动平稳期，允许一定范围内的汇率波动和资本流动。当前汇率波动，从内因上取决于本国经济较国外的发展优劣态势，从外因上受离岸外汇市场投机行为影响。因此，需要在推动本国经济平稳发展、保证本国货币政策自主性的同时，在汇率波动和资本流动之间进行平衡，在汇率波动短期内不超出警戒范围的情况下鼓励有利于本国实体经济发展的资本流动。二是在资本迅速外逃期，设计和实施结构性资本管制。在资本迅速外逃期，着重考虑鼓励国内企业平滑提升技术创新投资、实现产业结构升级、实现直接投资走出国门。资本市场完全放开对本国实体经济体系存在较大的负向冲击风险（Bhagwati，1998；Arteta et al.，2001），这主要归因于短期资本性流动，特别是短期资本的突然反转或急停（Mendoza，2010；Korinek and Mendoza，2014）。因此，实施适度的资本管制既可以防止国际短期资本冲击，又可以防止汇率过度波动。资本管制的重点在于，鼓励有利于国内行业技术创新及升级的长期性技术资本流入和有利于双赢的直接投资走出国门，在汇率剧烈震荡时期管制金融股票及衍生品的短期性资本流动，甚至可以设计配合实施资本流动税（Bengui and Bianchi，2014）来提高管制效果。三是在汇率持续急剧贬值期，直接实施实质性公开干预，以稳定汇率市场和金融市场。Dominguez（1998）以1977~1994年德国马克和日元分别兑美元的实际汇率进行实证，得出中央银行的秘密干预会增加汇率的波动性，但长期较大的干预有助于稳定外汇市场。中央银行决定干预外汇市场时，相对于窗口指导之类的口头干预，采取实质性干预政策更为有效（Hu et al.，2016）。因此，在本国汇率巨幅震荡时期，汇率剧烈波动不仅影响金融市场稳定，而且冲击实体经济运行，造成国际收支失衡。中央银行实施公开实质性市场干预，引导正常经济资金的稳定流动，遏制肆意制造动荡的游资炒作。而且，可以考虑将资本管制政策设计为宏观审慎政策框架中的重要工具。

（四）法治环境与中央银行制度建设

治理体系现代化国家逻辑的核心问题是，构建有效应对和化解国家与社会关系问题的治理规则、程序及其秩序（陈进华，2019）。法治是构建和执行相关规则及程序、保障市场秩序不可规避的途径。因此，党的十九大报告明确，"全面依法治国是国家治理的一场深刻革命，必须坚持厉行法治，推进科学立法、严格执法、公正司法、全民守法"。《决定》提出，"全面依法治国是中国特色社会主义的本质要求和重要保障……完善以宪法为核心的中国特色社会主义法律体系，建设中国特色社会主义法治体系，建设社会主义法治国家，发展中国特色社会主义法治理论，坚持依法治国、依法执政、依法行政共同推进，坚持法治国家、法治政府、法治社会一体建设"。

法治从表象来看是法律的实施过程，实质上是通过良法的制定和实施来规范公权力运行和保障私权利的行使。据此，法治可分为形式法治和实质法治，形式法治以事实性和有效性分离为背景，注重法律体系构建和法律规范执行；实质法治以事实性和有效性兼备为特征，注重在立法环节吸纳民意、采纳民智和综合社会舆情、道德规范进行法律适用，实现事实性、有效性和正当性的重合（陈鹏，2019）。进一步而言，包括两个层面：一是实质性的长效防腐金融法治机制；二是实质性的公平有效市场的金融法治机制。

1.法治与中央银行

法治是现代中央银行制度的基石，建设现代中央银行制度必须建设和巩固法治体系，通过法律法规明确中央银行的职责、保证中央银行依法履行职责而不被某一部门的利益左右，从而实现国家整体的经济高质量发展。例如，《中国人民银行法》开宗明义，"为了确立中国人民银行的地位，明确其职责，保证国家货币政策的正确制定和执行，建立和完善中央银行宏观调控体系，维护金融稳定，制定本法"。其中意思非常明确：①通过立法来确立中央银行地位；②中央银行的职责是基于国家的角度和利益（制定货币政策和完善宏观调控体系），即包含了参与市场经济交易活动的个人、企业、金融机构、政府的整体角度；③职责内容是"保证国家货币政策的正确制定和执行，建立和完善中央银行宏观调控体系，维护金融稳定"，关键词在于"正确制定和执行"。

"正确制定和执行"在现代中央银行制度的实际建设当中，可从以下几个方面探索。①强化中央银行内部官员的法律素质和法治理念，将相关职责范围的法律和法规作为考核内容。②强化纪委部门对各级执法活动的监督，防止将执法问题作为人情利益的交换筹码。③加强中央银行分支行执行总行政策的首要性，防止地方政府不断重演的货币扩张倒逼机制。当然，现代中央银行制度的法律建设，亦是在社会整体法治环境中进行，不可能一枝独秀。

2.法治与金融治理

提升金融资源配置效率需要竞争公平有序的金融市场，需要清晰公平高效的法律法规。法律是金融体系运行的基础规则，是金融治理的核心。法律制度的健全程度决定着金融的公平性和开放性，完善金融治理须建立公平有效的法律环境。构建有效的法律体系重在明确金融市场运行规则，对违反规则、造成风险的行为追究相应的法律责任。

从金融市场角度而言，基本的法律法规包括三个层面。一是建立公平、清晰的法律法规，使金融交易规则明确、交易机会公平开放、风险责任和权利分享清晰，明确各主体的行为责任、提高信息披露水平、提高金融市场参与程度。政府无须决策金融资源的来龙去脉，只需由市场决定金融资源的流动。在发生金融风险和金融契约纠纷时有准确、公平的法律作为裁决准绳，并且这一套法律体系能随着金融发展及时准确更新。二是建立公正、严谨的执法程序，使金融风险事件能够及时得到客观、公正的裁决，对违反规则的行为追究相应的法律责任。三是发生金融风险事件和系统性金融风险时，根据法律和契约约束，责任主体能够公平地承担风险损失。

中国法律体系可谓全面，但在金融方面更表现为限制与约束，而不是开放与责任。这一方面导致金融供给有限、金融有效需求压抑、金融排斥屡见不鲜；另一方面导致寻租腐败、非规范行为恶化金融效率。因此，金融规则的完善应当提高金融市场参与程度、明确各主体的行为责任、提高信息披露水平、落实风险行为的法律责任。推进金融法律侧重金融开放、机会公平与风险承担，是金融治理的基础。

第二节　地方政府定位与金融治理

地方政府的任期偏好及金融分权行为，与其职能定位存在直接关系，对现代中央银行制度和"双支柱"调控框架的有效性具有直接的决定性影响。因此，金融治理建设首先在于地方政府职能定位的明确和完善。明确地方政府的主要职责和支出边界，从基层执行层面提高宏观经济政策的实际效果，进而提高金融治理执行机制的完善程度。

一　地方政府的职责和行为边界

政府层级之间金融分权深化降低经济质量、加剧金融风险的逻辑机制是：地方政府在其职责不清晰和地方利益最大化下过度进行投资，并通过金融体系和中央对金融风险的救助，将本地的财政收入不足以及经济发展质量问题转嫁给国家。基于此，围绕中国特色社会主义市场经济建设主线，明确地方政府的职责和行为边界、明确中央政府对地方政府的救助边界是推进金融制度改革、建设现代金融治理体系、保障经济高质量发展的必要前提。

（一）地方政府的主要职责

在中国，政府主要承担经济调节、市场监管、社会管理、公共服务和生态环境建设等职能（江小涓，2020）。需要进一步明确的是，地方政府的职责和中央政府有着较大的分别。制定战略规划、集中力量办大事是社会主义制度的优势，中央政府在航空航天、深地深海、量子信息、人工智能、生物育种、高铁远洋等战略性的国家重大项目方面具有主导优势和主要职责，地方政府需要增强基层公共服务能力。推动建设地方财政向公共财政转型，核心是为维护市场提供必要的公共物品和公共服务。通过明晰地方政府主要职责，确保中央政府的"各项纾困措施直达基层、直接惠及市场主体"，这种宏观经济政策的"直达机制"，本质上是宏观调控的创新与完善，对促进中国经济发展具有重要的意义（周人杰，2020）。

党的十八届三中全会明确指出，政府的职责和作用主要是"保持宏观经济稳定，加强和优化公共服务，保障公平竞争，加强市场监管，维护市场秩序，推动可持续发展，促进共同富裕，弥补市场失灵"。围绕上述总体职责，地方政府的职责主要体现在三个层面。一是加强和优化地方公共服务。这是地方政府的首要职责和存在基础，是对当地经济社会发展有重要影响的、直接影响每一个家庭或个人的、当地社会公众最普遍关注的、与当地经济和财政能力匹配的基础性公共服务，如义务教育、公共卫生和基本医疗、基本社会保障、公共就业服务等。二是加强市场监管，维护市场秩序，保障公平竞争。这是地方政府职责的拓展和首要职责履行的保障。地方政府只有依法依规开展市场监管、维护当地公平竞争的市场秩序，才能激发市场活力，保障市场交易主体的利益，从长远层面增加地方财政收入，为政府首要职责的履行提供保障。三是弥补市场失灵，推动经济可持续发展，促进实现共同富裕。这是地方政府职责的边界。地方政府的职责并不是无限制拓展，边界在于有效弥补市场失灵，如不完全竞争、外部性、公共物品供给、信息不对称、收入分配不公平等问题。这一职能是健全市场秩序、促进本地经济长期稳定发展的需要，是对地方政府职责拓展的进一步巩固。地方政府通过正确履行这三个层面的职责，最终实现地方经济高质量发展。

（二）地方政府财政支出边界

围绕地方政府主次分明的三个层面的职责和《中共中央关于全面深化改革若干重大问题的决定》对政府事权的初步划分，可以探索明确地方政府财政支出主次及其边界。一是履行地方政府首要职责的财政支出。二是维护市场秩序、保障公平竞争、加强地方市场监管的财政支出，如立法机构、行政机构和司法机构等提供公共服务的机构的合理支出。三是消除收入不平等和贫困的财政救济，水、电、气、交通与通信等基础设施支出和价格补贴支出等。四是中央政府通过安排转移支付委托给地方政府的部分事权支出，如跨区域且对其他地区影响较大的公共服务等。地方政府的财政支出应与其财政收入匹配，在满足首要职责的基础上再满足其他职责，但要止于职责边界，否则就会引发本末倒置、偏离政府本质，影响当地经济稳定和发展质量。

（三）地方政府支出结构调整

围绕我国地方政府定位与职责，逐渐调整地方政府支出结构。改革开放以来，地方利益竞争日趋激烈，地方政府在做经济决策时常把能否迅速给本地带来经济收入作为主要依据，与提供文教、科学、卫生和社会保障等公共品相比，商业中心、产业园等工程及其他重复性经济建设的经济效益往往更高（徐忠等，2010）。因此，一些地方政府在经济增长"共融利益"驱动下，营利性投资扩张倾向明显，无形中增加了短期内的准公共物品供给，减少了更具长远利益的纯公共物品供给（苗文龙，2012b），造成地方政府在"三农"、教育、医疗、社会保障、自主创新、节能减排、生态保护等领域的纯公共产品和服务投入不足，倒逼中央政府不得不通过货币救助等方式弥补地方政府的供给缺口，影响了宏观调控的总体效果和国家经济发展质量。为适应经济高质量发展需要，地方政府有必要增加纯公共物品支出比例，更多通过市场将金融资源配置到营利性准公共物品投资，并在分散决策机制下筛选技术创新和经济增长点，依靠本地经济的长期稳定发展获得持续的政府收入，从根本上解决地方政府对市场机制和金融资源的干预与依赖。

二　金融适度分权与金融治理体系改进

金融是市场经济的血脉，金融分权及其与财政分权的关系决定着生产要素及市场资源的最终配置。金融需要市场在其资源配置中发挥决定性作用，需要国家向市场分权和放权，同时由于金融的公共性需要审慎监管和救助，需要国家对市场收权和治理。适度分权的金融治理体系可以从传导机制层面提高宏观经济治理中财政、货币、就业、产业、区域、环保等经济政策的配合程度和落实效果。

从社会发展需求和金融供给侧改革角度而言，在现实当中，一国金融治理体系包括微观金融治理和宏观金融治理两个层面。前者包括为了有效发挥市场作用的金融公司治理、金融市场规范、微观审慎监管等内容；后者包括为了保持物价稳定和维护金融稳定的货币政策、宏观审慎监管、存款保险等内容。针对上文讨论的实际具体问题，结合金融适度分权类别，下面从金融资源配置（金融市场规范）、金融公司治理、金融监管（包括了宏观审慎监管、微观审慎监管、监管能力）、金融稳定四个层面讨论金融治理体系建设。

（一）金融资源配置适度分权与金融治理

政府向市场进行适度的金融分权，建立现代金融体系，有助于减少地方政府干预行为，让市场在金融资源配置中起决定性作用。现代金融体系具有市场化、法制化、普惠化、绿色化、国际化、数字化等特征（何德旭、苗文龙，2018b），而市场化和法治化是根本与前提。政府应当只限于订立适用于一般类型的情况的规则，让个人在每一件事情上自由行动，因为只有与每一种情况有关的个人，才能最充分地了解这种情况，并采取相应的行动（哈耶克，2007）。因此，市场在金融资源配置中起决定性作用的核心条件包括法治与市场化两个方面。

提升金融资源配置效率需要公平、竞争、有序的金融市场，需要透明、公正、高效的法律法规。法律是金融市场运行的基础规则，法律体系（包括执法体系）的健全程度决定着能否将国家治理宏观经济的问题转变为法律治理国家宏观经济治理权力的问题，决定着宏观经济政策的制定和实施所设定的体制结构和程序机制的完善程度，即以通贯良法善治逻辑的体制、机制和程序设计来确保科学合理公平的宏观经济政策的制定和实施（刘红臻，2021）。从金融市场角度而言，基本的法律法规包括三个层面。一是建立公平、清晰的法律法规，使金融交易规则明确、交易机会公平开放、风险责任和权利分享清晰，明确各主体的行为责任、提高信息披露水平、提高金融市场参与程度。只由市场决定金融资源的流动。在发生金融风险和金融契约纠纷时，有准确、公平的法律作为裁决准绳，且能随着金融发展而及时准确更新。二是建立公正、严谨的执法程序，使金融风险事件能够得到及时、客观、公正的裁决，对违反规则的行为追究相应的法律责任。三是发生金融风险事件和系统性金融风险时，责任主体能够依法承担风险损失。

市场化主要体现在产权清晰、权责明确、政企分开、管理科学，金融市场化的主要内容亦是如此，并主要体现在两个方面。一是金融产权清晰。金融的本质是以信用为基础的资金融通。这意味着资金的供给方对资金具有清晰的产权，资金的需求方对资金偿还具有明确的责任。否则，金融体系难以有效运行。现代金融具有更高的信用要求，对权利和责任的划分也更明确。二是金融权责明确。金融的本质还在于一种契约关系。金融产品和金融工具实质上都是契约安排，金融契约则体现为市场化的金融交易约定。现代金融体系对金融交易约定的公平性、公正性都提出了更高的要求。决定产权是否清晰、权责是否明确、政企是否分开的关键标志，就是风险责任是否严格按照契约落实。

（二）金融公司治理适度分权与金融治理

政府向市场进行适度的金融分权，有助于改善资本结构、优化金融公司治理，防止地方政府既当裁判员又当运动员。金融作为关系国家安全、国民经济命脉的战略性行业和关键领域，涉及国有资本、集体资本、非公有资本等交叉持股、相互融合的问题，设计科学的公司治理制度尤为必要。简要而言，金融公司治理的优化内容包括两个方面。

一是厘清地方政府的股东职责与经营职责的边界。许多金融机构，或多或少、或直接或间接都存在地方政府（地方国资委）持股，甚至达到控股地位（如城市商业银行和农村商业银行）。无论国有资本是否控股，金融机构都应不断优化现代公司治理结构，董事会、监事会、经理层各司其职。地方政府即使为控股股东，主要职责仍是股东的权利范围，仍要通过董事会任免高管人员，不直接干预企业日常经营，切实做到政企分开、政资分开、特许经营，发挥有效制衡的金融公司法人治理结构，更好地发挥企业家的作用。

二是厘清地方政府的股东职责与金融监管的边界。地方政府作为部分金融机构国有资本的出资人，其职能应仅限于通过股东身份完善金融公司治理、放权并激励金融经理尽职经营、实现国有资产保值增值，不应在金融项目决策时扮演经营管理者、在公司治理中扮演所有者、在合规经营方面又扮演监管者。可见，政府向市场进行适度的金融分权，能够推动金融机构完善现代企业制度、提高经营效率、合理承担社会责任、更好发挥作用。

（三）金融监管适度分权与金融治理

由于金融的外部性和公共性，除了正常的法律规范，还需要进行专业的监管。根据"有效市场"和"良法善治"的内在要求与基本逻辑，法律对宏观经济治理的制度安排应遵循"法治与正当程序"原则和"民主与多元共治"原则，核心领域是国家规划法、现代财税体制、现代金融监管体系的健全与完善（刘红臻，2021）。而现代金融监管体系的健全与完善情况和金融监管分权情况密切相关。在现实中，由于地区经济特征和金融需求的差异性，中央政府向地方政府进行适度的金融分权，有利于金融多元化和金融市场多层次发展，并以此推进经济高质量发展。为提高金融监管效率，中央政府向地方政府进行适度金融监管分权时，需要明确地方政府金融监管内容、规范地方政府金融监管行为、提升地方政府金融监管能力。

1.明确地方政府金融监管内容

探索适度金融监管分权的核心之一，就是要明确地方政府在金融领域拥有的权力、落实地区金融风险需承担的责任，构建以合理的金融分权为基础、中央与地方分层次的金融安全网和风险防范体系。地方政府对地区金融市场监管具有第一责任，在对应层级的金融市场，对地方政府非控股和非最大股东的金融公司拥有法人执照审批的权力、拥有日常监管责任，可以采用撤销执照、审核高管等监管措施，规范其日常经营行为。同时，地方政府在对应层级的金融市场，拥有对相关企业在该市场债券、股权融资的审核权，也有必要采取管理措施确保二级市场交易公开、公平，保障辖区金融市场稳定运行。中央政府对全国性金融市场监管具有第一责任，对进入全国性金融市场的金融机构和地方政府为最大股东的金融机构进行审核、监管，对各地政府金融监管具有业务指导、数据统计、地方管理评级等权力。通过适度金融监管分权，激励地方政府承担维护区域金融稳定运行的重要角色。

2.提升地方政府金融监管能力

有效市场与有为政府是完善新时代宏观经济治理体系、提升宏观经济治理能力的重要体现。有为政府关键在于提升政府调控能力。从经验事实分析，部分地方政府调控能力是制约整个政府体系调控能力的瓶颈。金融监管能力是地方政府调控能力的重要内容。金融监管能力表现在金融体系风险的分析能力、评估监测能力、控制处理能力等方面，如果涉及多个监管部门时，还涉及监管协调与监管资源整合能力（徐忠，2018）。地方政府提升金融监管能力的重点，在于评估和控制地区金融风险。金融风险评估须从评估组织、评估内容与方法、评估应用等方面进行设计。

（1）评估组织。为了保证评估的客观性和准确性，地方金融风险评估组织应当由中央金融监管部门牵头、随机抽调其他地方金融监管部门分支机构成员组成。这一方法既可以落实中央金融监管部门对地方金融监管局的指导和管理，评估地方金融监管能力，还可以交叉提高地方金融监管能力，同时避免监管重复和监管空白。定期评估周期可为两年一次，这主要基于两方面依据：一是评估频率不应过高，因为中央金融监管部门掌握地方金融监管局报送的地方金融经营状况和风险状况数据；二是评估频率也不能过低，因为有一些风险数据和信息需要现场核实，并进行系统全面评估。按照评估内容及其关系，将评估小组分为若干分组，分别进行评估。明确评估小组的独立性和权威性，制定相关法规规范地方金融风险评估工作及其评估权力，并明确评估小组的责任和评估成员的责任。

（2）评估内容与方法。评估内容主要包括三个层面。一是地方的单个重要金融机构的风险状况，包括其信用风险、操作风险、市场风险、流动性风险等；二是地方金融体系的风险状况，包括地方金融机构之间风险传染的脆弱性、地方金融机构和全国性金融机构之间风险传染的脆弱性；三是评估现有金融监管体系和风险防控力量在应对当地金融体系风险及金融危机时的能力。评估方法有三种。一是核实法，即评估核实地方金融机构内部评级法、高级评级法的健全性和准确性，核实地方金融机构是否根据重要风险数据进行客观评估，核实地方金融监管局是否依法规范对地方金融机构进行严格监管，核实两年一次的地方金融风险的系统性评估结果是否与根据日常监管信息做出的非现场评估结果主体一致。二是情景压力测试法，即设计一定的外部冲击，如利率冲击、股指波动等，评估对地方金融机构财务状况、盈利能力、流动性风险、信用风险的影响。三是其他一系列的系统性风险评估方法，如网络模型、Co-Risk模型、危机依存度矩阵模型、违约强度模型、CCA方法等。

（3）评估应用。评估结果主要应用于四个方面：一是指导督促地方金融监管部门提高监管能力、关注地方重点金融风险、制定风险防范和化解方案；二是将其纳入国家金融体系的风险评估，综合判定金融的系统性风险和区域性风险，并根据风险状况和演化趋势制定防控措施；三是把握金融发展速度，根据各地金融风险情况推动或限制当地的金融发展（徐忠，2018），从全国层面优化空间结构；四是为早期制定金融风险预防和控制措施、降低金融风险冲击和影响提供依据（苗文龙，2018c）。

（四）金融稳定适度分权与金融治理

中央政府向地方政府进行适度金融稳定分权，明确地方政府金融风险防范和化解责任、降低地方政府冒险冲动和成本转嫁预期、探索设计财政分权与金融分权相结合的地方金融风险救助责任分担机制。

地方金融风险救助的原则在于收益与责任对等、降低地方政府冒险冲动和成本转嫁预期，在此基础上探索设计财政分权与金融分权相结合的地方政府区域性风险救助最优责任分担机制，探索中央与地方统筹的风险救助基金以及危机救助模式。因而，当前的金融安全网络，不是做大的问题，而是优化的问题。各地政府不仅要负责区域金融监管，而且在金融风险救助和化解上应承担一定责任。具体而言，地方政府在最后贷款基金等金融稳定制度上应独当一面，激励地方政府不仅利用金融发展经济，而且要规范金融防范风险，跳出单纯地方金融管理体制设计思路或者单纯地补全、做大金融安全网络甚至将两者割裂开来。本书建议地方金融监管及风险救助体系见图20-1。

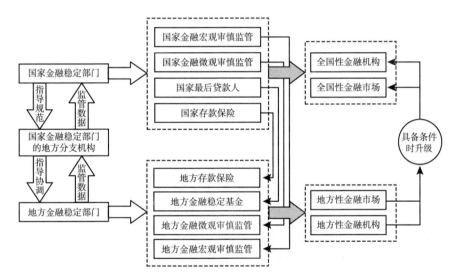

图20-1 地方金融监管及风险救助体系

1.建立适度分权的存款保险制度

建立与分层金融市场对应层级的存款保险，用于防范相应层面金融市场的金融风险。各层级政府对本层面的存款保险拥有管理权，并研究制定存款保险范围、保险费率、赔付条件等。为防止风险向其他地方性银行机构蔓延、保障存款人的利益并改变公众挤兑的预期，地方存款保险主要用于区域性银行机构发生流动性危机时，为该银行的存款户提供一定额度的存款保障。为防止系统重要性银行机构发生流动性危机和挤兑风险，中央存款保险主要用于全国性银行机构存款保障。

2.适度分权的最后贷款基金制度

金融分权适度下的最后贷款基金制度，中央银行仍承担主要角色，但不是唯一角色。由中央银行及分支牵头和对应层级政府成立最后贷款基金。最后贷款基金的资金来源于两个方面，一是中央银行的最后贷款资金，二是地方政府的一部分财政资金。最后贷款基金主要用于防范本地区的金融风险，具体包括本地的地方性金融机构出现流动性风险，以及系统重要性银行本地的分支机构出现流动性风险。最后贷款的利率、期限、对象等条件由最后贷款基金管理部门根据风险状况确定，但必须确保最后贷款能够收回。

此外，金融治理能力的提升需要现代技术手段的支撑。上文论及的中央银行政策的准确制定与实施、财政政策和货币政策准确协调的数量程度、地方性债务风险状况、系统性金融风险缺口、充分就业产出的计算、国际经济政策的冲击和协调等宏观经济治理问题，都需要翔实、及时的统计数据和精确、高效的计算技术。在数字技术、网络技术、人工智能等现代技术手段迅速发展的情况下，充分运用现代技术创新经济治理方式，是完善金融治理体系不可或缺的内容。因此，完善金融治理需革新统计理论和统计方法、不断提高统计数据质量，建立和完善金融治理大数据库，依据大数据和数字技术掌握宏观经济系统运行的总体态势、提高宏观经济预测效果、预判宏观经济在需求侧和供给侧的结构性变化，充分发挥互联网、大数据、云计算、人工智能等现代技术的辅助决策作用，提高市场分析、政策模拟的准确性和实时性，为宏观经济治理提供有力支撑（何德旭、苗文龙，2021）。

第三节　银行风险责任与金融治理

微观商业银行对自身金融业务的风险管理能力，从根本上决定着各个机构的风险水平和机构整体的风险状况。同时，决定单个银行的风险状况和风险管理能力是否匹配的关键因素是实际上的高管层（特别是实际控制人）的风险意识和经营理念。因此，深化金融改革、完善金融体系，首先要"推进金融业公司治理改革，强化审慎合规经营理念，推动金融机构切实承担起风险管理责任，完善市场规则，健全市场化、法治化违约处置机制"，鼓励商业银行加强自身风险管理能力，消除系统性金融风险和区域性金融风险的根源。

一　银行的风险管理责任

（一）风险内部承担

当前的金融稳定制度不能有效约束金融机构冒险获利的冲动，并且可能鼓励商业银行选择短期行为、隐藏风险信息、发生道德风险等。根据风险-收益对称原理，结合投资项目的风险水平，从决策者当期薪酬中计提风险准备，可以约束商业银行管理者任职内的高风险行为和防范当期投资可能引发未来的金融风险，从根源上降低金融风险，改善风险治理。因此，建立有效的风险准备制度，及时监测和处理风险信息，是预防金融危机的必要前提。

第一，依照"谁受益、谁担险"的原则，分担商业银行流动性风险。商业银行投资风险资产获取的收益主要分为经理人薪酬、股东投资收益、公司未分配利润、国家税收，其风险积累及引致的破产风险也应当由经理人、股东、公司、国家承担，承担形式应先后为薪酬担险资金准备、风险资本金、国家贷款及救助。

第二，从商业银行经理人薪酬中按照资产风险水平提取部分担保资金（风险准备），其金额与决策者薪酬、表内外总收入成正比；其规模应当可以抵补流动性风险，并且其积累速度应至少等于风险膨胀速度。在投资资产到期、收益完全实现且没有发生风险时，资产年度提取的风险准备应按照该资产比重和薪酬比例返还给决策人或者经理人。

第三，为各商业银行设立专门的风险准备账户，由维护宏观金融稳定部门监管。为不同商业银行设立不同的风险准备账户，账户余额与资产规模、资产风险和机构薪酬相符；账户余额不足时，维护宏观金融稳定的部门有权对其进行警告和处罚。

（二）风险信息搜集

原有信用风险评估体系的缺陷导致金融排斥，解决此类问题必须对信用风险评估体系进行改进，不在于计量方法本身，而在于评估所关注的风险因素和信息。例如，蚂蚁金服信用风险评估计量方法与传统差别不大，主要区别在于其关注掌握了反映客户未来还款能力的库存、交易量、市场评价等风险信息，更准确地评估了信用风险水平。这些信息优势使其掌握者具备了金融业务扩张和公司合作的筹码，在业务扩张的过程中也提高了金融的包容性。因此，银行管理金融风险的必要基础是，银行知道搜集哪些能够真实反映客户信用风险、市场风险的信息，并且能够搜集和找到合适的方法评估这些信息。

（三）风险自我监测

银行等金融机构应对自身产品和业务投放市场后的风险状况进行及时监测，利用历史数据进行定量评估，利用相关数据进行模拟实验和压力测试，评价机构自身的金融风险存量、潜在金融风险和外来风险冲击时的危机概率，进而针对产品漏洞和业务条线风险，采取管理措施，或提高资本充足率，或增加风险拨备，或压缩高风险业务比重，从而实现公司扩张（创新）与风险管理相匹配。

巴塞尔协议Ⅲ界定了在满足一定条件时商业银行可采用内部评级法估算信用风险、高级评级法估算操作风险、内部模型法估算市场风险，主要鼓励银行等金融机构加强风险的自我准确监测和资本覆盖。例如，银行使用操作风险高级计量法需要满足：银行董事会和高级管理层恰当而积极地参与了操作风险管理框架的指导和督促，建立了概念健全、实施完整的风险管理体系，有充足的资源支持；银行必须有独立的操作风险管理部门来负责设计和实施操作风险管理框架，必须将操作风险评估体系融入日常风险管理流程之中，必须定期向业务条线管理部门、高级管理层和董事会报告操作风险暴露和操作损失。银行必须能证明采用方法反映了处于概率分布"尾部"的潜在严重损失事件；对操作风险的模型开发和独立的模型验证必须有严格的程序。再如，银行在满足某些最低条件和披露要求的前提下，获得监管部门批准后可以使用内部评级法来自行估计风险参数，在信贷审批、风险管理、内部资本配置和公司治理上，必须将内部评级和对违约与损失的估计置于关键核心的地位，并以此决定某一风险暴露的资本要求。此时，监管部门需要对实施内部评级法、高级评级法的银行进行一段时间的初始监测，并确认该方法是否可靠和恰当。

(四) 信息披露规则

完善商业银行真实披露信息的规则。首先，健全信息披露机制。加强商业银行各业务链条（如衍生品业务、资产证券化业务）的风险披露，加强各机构分支公司不同业务种类风险暴露的计算及加总。其次，加强商业银行信息披露的法律责任。健全相关法律制度，明确商业银行和信息中介机构在信息披露质量中的责任和配套的处罚措施，从法律法规上"要求银行除在分支机构显著位置披露相关信息外，还应在指定的其他媒体上披露年度报告或其摘要信息，实现特定披露与对非确定性公众披露的有效结合，扩大信息披露范围"（万杰、苗文龙，2005）。对于披露虚假信息或者随机抽查发现实际风险暴露与披露风险相差甚远的商业银行，应严格处罚。最后，监管当局准确计算风险准备、监督商业银行及时缴纳。监管当局结合商业银行自身报告的风险、管理层薪酬规模和监管掌握的风险信息，确定风险准备规模，通过警示、处罚、吊销执照、免除高管任职等措施促使商业银行及时、足额缴纳风险准备金。

二　风险准备计提与风险管理

仅仅依靠商业银行的风险管理意识、风险管理能力、信息披露规范和市场监督机制，也难以在金融风险发生时将其危害消除于无形。因此，有必要根据第十一章提出的风险计算思路提取风险储备。风险储备包括微观风险准备和系统风险准备两个方面，用以防御银行自身风险及体系风险。

(一) 微观审慎监管、微观风险准备与金融稳定

1. 微观审慎监管与微观风险准备计提

当银行之间不存在"交叉感染"并且只是根据自身偏好选择项目时，金融体系风险也只是单个银行风险的简单加总。如果能比较充分地掌握单个银行的风险状况，就可以在监督其保持合规的资本充足率的基础上，提取足以抵御各自风险的风险准备。此时，风险准备连同风险资本、存款保险基金可以抵消各银行自身的风险。微观风险准备计提边界为：$RR_i + CA_i \geqslant \delta_i$。其中，$CA_i$ 为资本充足水平，风险准备水平 $RR_i = (t_{i+j} \times t'_{i+j}) \theta_i = (t_{i+j} \times t'_{i+j}) \pi_i \theta_{A_i} + (t_{i+j} \times t'_{i+j}) (1 - \pi_i) \theta_{B_i}$。这里的变量和本节下文涉及的变量的经济含义同第十一章。

2.风险准备与微观主体冒险冲动的抑制

风险准备类似于薪酬锁定和回吐条款①，体现了"收益-风险"对称原则，有利于防范经理人的冒险行为和短期行为。风险准备有助于识别、抑制"假 Alpha 回报"②，并对追求上述回报的行为产生一定的抑制作用。具体而言，目前的现金薪酬激励过于注重短期财务业绩，助长了机构高管的过度冒险投机；而风险准备有利于约束短期化行为，使高管获取当期收益的同时承担长于其任职年限的风险。股权激励倾向于使银行市值最大化，在有限责任制和金融安全网下，股东对风险的容忍度可能高到损害其他利益相关者的程度，进而对银行或银行体系安全稳健构成威胁，而且容易使高管层通过做高股价出手套现；而风险准备同时与资产的收益与风险相关，可避免上述问题。

3.微观风险准备计提、风险激励改进与金融稳定

风险准备不但可以抵御潜在风险，而且可以约束决策者冒险冲动，因此可以降低单个银行的风险和整个金融体系的风险。由于风险准备是根据项目的风险和收益从决策者薪酬中提取，因此其既是未来风险发生的抵御资金，也是决策者在未来风险不发生时的收益。计提风险准备一方面对决策者当前收益具有削减效应，激励决策者选择风险较低的项目，降低薪酬中风险准备的提取比例；另一方面，计提风险准备使决策者未来的收益带有了不确定性，决策者未来能否收回收益，取决于项目风险未来是否发生。在此情形下，决策者理性决策是，警惕长期风险，将风险准备转变为自己未来薪酬收益，从而可以避免决策者一味追求长期项目投资、发生期限错配引致的流动性风险、市场风险及信用风险。因此，风险准备可以抑

---

① 华尔街的一些金融机构开始在薪酬条款中增加锁定和回吐条款（Clawback Provisions），将薪酬中一大部分锁定在一个特别账户里，并逐年分配给员工，一旦企业的盈利状况发生负面变化（尤其是相关业务发生负面变化时），被锁定的奖金将全部收回用于防御资产风险。目前采用这一条款的企业已经从2005年前的14家增加到300多家。美国2008年通过的经济稳定救助法案（Emergency Economic Stabilization Act of 2008）也已经采纳了锁定和赎回的概念。
② 假 Alpha 回报，就其本质而言，只是一种人们此前未能充分认识的 Beta 收益。其特殊之处在于，该类产品的风险回报组合形式比较少见，也就是在大多数时间该产品的回报是正值，但是隐含了一个发生概率不大、确实存在的尾部风险（Tail Risk），即所谓"肥尾现象"。一旦发生尾部风险，就会导致该投资出现巨额的损失。

制决策者短期行为，从微观根源上降低金融体系风险；同时也为抵御风险增加了一道资金屏障。

（二）宏观审慎监管、系统风险估算与风险准备缓冲

1.宏观审慎监管、金融体系风险与系统风险准备

宏观审慎监管是否有效，取决于监管当局是否能实时监测并准确估算金融体系风险，以及是否拥有充足的资金化解金融体系风险。宏观审慎监管是在充分掌握金融风险信息的基础上，建立风险评估模型与指标，实时监测跨时间、跨市场、跨行业等系统风险，并结合风险状况，选择性采取宏观审慎监管工具来防范和化解金融体系风险。其有效性取决于两个条件：一是实时监测、精确评估系统风险，如式（20-2）右边的 δ；二是危机爆发后能拥有准备充足的、能快捷地阻断风险传染的风险处置资金。根据上文所述，充足的资金主要由四大类构成：风险准备金、资本金、存款保险金以及最后贷款资金，即为式（20-2）左边的 $\sum_{i=1}^{n} RR_i + \sum_{i=1}^{n} CA_i + \sum_{i=1}^{n} CI_i + LLR$。因此，金融稳定的宏观风险准备边界条件可刻画为：

$$\sum_{i=1}^{n} RR_i + \sum_{i=1}^{n} CA_i + \sum_{i=1}^{n} CI_i + LLR \geq \delta \qquad (20-2)$$

2.系统风险准备与金融体系风险缓冲

风险准备为有效实施宏观审慎监管、维护金融稳定提供了风险约束机制和资金化解准备，在金融体系风险演化为金融危机中具有防范、缓冲、化解三重功效。而一国是否对陷入困境的银行进行救助还须结合具体条件分析。

一是单个机构的自救能力。如果银行 i 陷入流动性危机时，其风险准备金与资本金之和大于自身风险，则无须动用国家救助手段，只启动这两类资金即可救机构 i 脱离困境。此时，满足条件：$RR_i + CA_i \geq \delta_i$。

二是单个机构的风险暴露是否会引发系统局部风险，局部资金储备能否化解局部风险。一旦机构 i 陷入流动性困境而发生偿付困难，可能感染到其他几个机构。若仅限于有限的几个机构，例如，1，…，k，此时需准确估计所有 k 个银行的风险准备金、资本金与存款保险金的和是否大于其风险之和。如果前者大于后者，监管当局可利用所有 k 个机构的上述资金

之和 $\sum_{i=1}^{k}RR_i + \sum_{i=1}^{k}CA_i$ 以及存款保险金 $\sum_{i=1}^{k}CI_i$ 来化解金融体系局部风险 $\sum_{i=1}^{k}\delta_i^2$。

此时，满足条件 $\sum_{i=1}^{k}RR_i + \sum_{i=1}^{k}CA_i + \sum_{i=1}^{k}CI_i \geqslant \sum_{i=1}^{k}\delta_i^2$。

三是单个银行风险迅速传递给金融体系，一国能否化解整个金融系统面临的风险。当银行 i 发生偿付危机时，流动性约束迅速传染给其他机构。此时首先要分析各银行风险准备金、资本金及存款保险金是否大于整个金融体系的风险，即是否满足条件 $\sum_{i=1}^{n}RR_i + \sum_{i=1}^{n}CA_i + \sum_{i=1}^{n}CI_i \geqslant \delta$。如果满足，则不用最后贷款人救助，监管机构即能化解金融风险；如果不满足，则分析是否满足条件 $\sum_{i=1}^{n}RR_i + \sum_{i=1}^{n}CA_i + \sum_{i=1}^{n}CI_i + LLR \geqslant \delta$。如果满足此条件，金融监管当局在风险准备、资本金及存款保险基础上，通过中央银行发放最后贷款即可将金融风险化解。

（三）系统性风险准备、宏观监管改进与金融稳定制度架构

1.系统性风险准备机制有助于改进监管当局对风险的计算和监测

金融创新及衍生产品会使风险信息复杂化，导致信息不对称而影响市场效率，传统的信息强化措施也可能因此不再有效。传统的克服信息不对称问题的方法包括：与贷款人建立长期关系、要求贷款人维持一定的资本水平、要求借款人提供抵押、限制借款人的业务行为及贷款使用、要求第三方担保等（米什金，1998）。然而，银行不断创造金融衍生产品并交易，使银行由传统的银行转向市场机构（赫因，2008）。这意味着，参与者必须从市场获得更多的信息来做出投资决策，市场运行规则的制定者也必须保证市场信息的可获得性。严重的信息不对称使市场有效运作的基本条件得不到满足。Mayes（2003）认为，"管制者能够比银行自己的雇员更有效地管理银行的想法是错误的，改进银行监管是以市场为基础的体制。这种体制以监管的市场、良好的公司治理、准确的信息披露为支柱"。

在金融衍生产品广为使用的时代，监管当局面临的困境是：无法迅速、全面、准确地获取银行的风险信息；无法采用一个有效的方法或模型，对各个银行及其整个系统的风险状况准确计算；无法把握风险信息的变化及发展态势。因此，即使向来以法律制度完善、预警体系灵敏著称的美国，也不可避免地爆发了金融危机。这不仅对美国金融预警系统是一个天大的讽刺，更反映出了全球金融监管体系面临错综复杂的风险网络时"心有余力而不足"的无奈。

引入风险准备机制后，监管当局对风险信息的掌握将会有显著改观。首先，风险准备在一定程度上降低了银行各阶层管理者的风险冲动。管理者收益不仅取决于公司的当期盈利，在更大程度上取决于资产未来的风险状况。如果谎报流动性和风险状况，最终会降低管理者未来的声誉和收益。这会促使他们主动准确计算风险、披露信息。其次，监管当局即使没有有效的模型测算金融风险，也可以轻易地获取银行各阶层管理者的薪酬规模及变动数据，并根据收益-风险对称原理，结合银行披露的风险信息，就能初步测算金融体系的风险。

2.风险准备、救助博弈与监管改进

与没有风险准备机制的救助博弈相比，风险准备不但使整个金融体系拥有了更多的救助资金，而且可以使政策当局及时掌握风险变动信息，改变救助博弈中的被动状况。

在没有风险准备机制的情况下，监管当局即使不能有效掌握风险信息，也仍负有维护金融稳定的责任。在"尽职监管"的情况下，银行发生流动性困难，监管当局或者其他相关部门需要及时提供救助或接管，否则可能引发系统性的金融危机。而这一结果也会被机构预料到，可暂且称为"救助博弈"，但其结果几乎是唯一的实施救助。因此，救助会成为银行的一项高概率收益。一旦银行自身经营积累的风险有国家救助做保障，就不会将高风险投资引发的流动性困境视为持续的经营威胁，而会将其作为一项潜在的高概率收益来对待。这必然会引发道德风险，加剧金融体系的风险积累。但国家的救助规模受到国家财力的约束，并非可以一味地增加。而一旦救助需求规模超出救助能力范围，便会引发金融风险传染和金融危机（苗文龙，2010）。

风险准备机制为各银行建立了专门的风险准备金账户，账户金额与其风险状况相挂钩。根据风险准备金规模、结合微观审慎监管掌握的信息和宏观审慎监管的风险测算，监管当局或者相关部门可以及时、精确地掌握风险信息。即使一些银行发生流动性风险，监管当局或者相关部门也可根据上文论述的救助条件，有选择性地决定是否救助、对谁救助，使银行此前可以获取的高概率博弈救助收益变得极不确定。

第四节　市场环境

居民意识习惯和企业投资行为是影响金融治理水平的重要外部环境。本节从这两个方面简要探讨如何通过改善外部市场环境加强金融治理建设。

一　居民金融行为与金融治理

曾经无形中规范个人行为的儒家文化几经冲击后，难以成为社会主流的信条和规则，但血缘、地缘等形成的圈层关系和"弹性规则"仍然在一定程度上发挥着作用；本应成为社会普遍遵守的法律法规，虽几经完善，但仍未成为完全支配社会运转和经济行为的准绳。在这类似制度上"青黄不接"的特定时期，根据马克思主义分析的国家的发展方向，发挥儒家文化中有益于经济效率和经济公平的成分，强化市场规则，对金融治理和国家治理都显得非常必要。

（一）共同遵守规则的法治意识

在第十四章初步谈及中国儒家文化支配下的差序结构和"弹性规则"，其基本点在于以个人情感为核心的圈层秩序。这种秩序在维系经济运行的同时，也日益增加了经济规模扩张的交易成本。因此，让市场在资源配置中起决定性作用，还需要在儒家文化中强化市场经济文化，避免儒家文化中特定术语的狭隘。其中，最为核心的一点是：完善市场规则，使熟人圈层中的"信"扩展为市场经济人之间的"信"。

信任是市场经济的基石，法律是巩固信任和信用的有力手段。现实经济中，信息具有不对称性，交易人为有限理性，在有限理性和信息不对称的前提下，人往往受逐利性和追求自身效用最大化的驱使，产生机会主义倾向和短期行为，提高交易成本、降低经济效率的损失。信任约束机制在一定程度上解决机会主义和短期行为。此时，信任不但具有协调社会关系的功能（Chiu et al., 1979；Fukuyama, 1995），还直接影响经济交易规模和经济运行效率（Fukuyama，1995；张维迎、柯荣住，2002）；而且信任能够确立有效且成本较低的契约执行机制，是市场经济中一切交易的基石。

信任需要法律来维护。值得注意的是，在中国历史传统中，"仁""义"是儒家文化的核心，涵盖了对自己关系网内的人所持有的一种情感关怀（Cua，2000）。这种"仁""义"缘起于家庭内部的亲缘关系，之后以亲缘、地缘、学缘等关系扩散到家庭以外的成员。如果说"仁""义"是一种内在的价值准则，那么"信""礼"则是一种外在的行为约束。儒家文化的"信"和市场经济的"信"在概念、范畴、暗含的作用范围方面有明显的不同。儒家文化的"信"的作用范围具有较大的弹性，更多体现在熟人圈层，在市场经济的陌生人之间，机会主义和短期行为的风险概率大幅提升。因此，需要完善信任约束规则，设计正式或非正式的奖惩机制，使熟人圈层中的"信"扩展为市场经济人之间的"信"。

正式的奖惩机制主要是法律法规。法律是否有效的关键是，每个居民都具有共同遵守法律法规的意识，而这种意识需要从基层政府和执法部门的依法行政做起。这在其他部分已经进行了比较详细的讨论，在此不再赘述。

非正式的奖惩机制包括合作中止机制和声誉约束机制。①合作中止机制。即如何在合约中嵌入一个奖惩规则，使人们选择机会主义相对于选择履行合约将获得较少的收益，从而保证合约得到有效履行（Tirole，1999）。②声誉约束机制。在大多情形下，声誉的建立和维持成为规避机会主义、保障交易顺利进行的有效机制。信任常有"连坐"效应（"集体声誉"），即如果某人做了坏事，外人也许无法惩罚此人，但可以通过识别此人归属的团体而对其实施"团体惩罚"，类似一种"连坐制"效应。这样，群体中成员个人的不当行为会损害整体声誉，团体声誉也影响到该团体内部的个体声誉。声誉建立和维持的条件包括：博弈必须是重复的，参与人对未来有足够的重视，失信行为能被迅速而准确地发现，并且当事人能够有效地对交易对手的欺骗行为进行惩罚（Dixit，2006；MacLeod，2007）。

（二）各自独立判断的风险评估

居民个人需要有自己的独立的风险评估和判断能力。居民个人进行金融投资，需要具备一定的信息收集、风险评估、独立判断的能力。如果无法收集基本的投资信息，或不能掌握成熟的风险评估方法、不具备一定的金融项目风险评估能力，居民个人无法做出独立的投资判断，而是根据小道消息和熟人推荐投资金融工具，则委托业绩优良的投资基金等金融机构进行投资更为妥善。通过提升居民的金融风险评估能力或改善金融市场投资者结构，进而筛选优质投资项目、管理投资风险、提升金融治理能力。

此外，伴随投资而生的金融素养需要提升。广义上讲，居民的金融素养包括：法律意识、契约精神、信用意识、风险意识、责任意识、金融常识等。这里强调的是居民的金融教育及金融常识掌握问题。金融投资已经成为一项普遍的经济行为，但居民对金融的概念、工具、原理、风险等知识一知半解或者几乎一无所知，必然影响金融投资质量和效率，导致不理性的经济行为。因此，应通过电视、网络教育等方式逐渐普及金融知识，从而达到全民参与金融治理的状态。

二　企业家的培育与金融治理

金融治理需要建立起能够培育企业家的真正的机制，金融机构也是企业。真正的企业家完全不同于政府官员。例如，企业家思维更注重市场创新，政府官员思维更注重格局稳定；企业家思维更注重居民实际需求，政府官员思维更注重行政命令；企业家思维更注重实效和结果，政府官员思维更注重形式和过程。这些区别并不能说明什么优劣，各有千秋。从企业管理和发展这个角度，企业家的思维和品质更为适合。观察世界上部分引领创新的主要龙头企业，似乎也能意识到什么（见表20-3）。因此，金融治理需要培育出大批量的前赴后继的企业家。同时，减少政府派任官员到企业担任"一把手"的数量，特别是对于创新密度较高的行业和引领科技创新的龙头企业，企业"一把手"宜选择更多企业经历丰富的、创新魄力较强的、土生土长的企业管理者。

表20-3　几家高科技行业龙头企业的创始人及时间

序号	企业名称	所在行业	企业创立人或成功推进者	成立年份
1	华为	通信设备	任正非	1987
2	腾讯	网络社交	马化腾	1998
3	宁德	动力电池	曾毓群	2011
4	格力	家电制冷	朱江洪、董明珠	1991
5	海尔	家电	张瑞敏	1984
6	特斯拉	新能源汽车	埃隆·马斯克	2004
7	微软	计算机系统	比尔·盖茨、保罗·艾伦	1975
8	苹果	计算机	史蒂夫·乔布斯、史蒂芬·沃兹涅克、罗·韦恩	1976
9	脸书	网络社交	马克·艾略特·扎克伯格、爱德华多·萨维林	2004
10	松下	家电	松下幸之助	1918
11	SpaceX	航天	埃隆·马斯克	2002

三　参与国际金融治理、发挥大国金融作用

从中国角度而言，积极稳妥推动金融业对外开放，合理安排开放顺序，有利于保护金融消费者权益、增强金融业有序竞争、防范金融风险。金融开放是必然趋势。例如，稳步推进人民币国际化、稳步实现资本项目可兑换、"一带一路"金融创新建设等。从国际角度而言，金融全球化趋势不可扭转，需要具有担当精神的经济大国共同协商引导全球金融稳定发展。因此，中国亦积极参与国际金融治理，发挥大国的国际金融作用。

第一，参与改革现有国际金融组织。倡议并参与对世界银行、国际货币基金组织的改革，强化其协调能力和决策执行能力，提升国际金融组织代表世界各国的利益和维护世界经济稳定与金融秩序等方面的作用。

第二，探索构建新的国际金融联合监管组织，不断提升其监控力度，从而构建相关金融产品、金融资产的管理体系，加强对相关金融产品的跨国、跨领域合作的监督与管理，增加市场的透明度，避免金融危机和国际金融风险。

第三，完善人民币汇率形成机制并推动人民币的区域化和国际化。例如，亚洲基础设施投资银行、金砖国家开发银行的设立与"一带一路"倡议的提出相辅相成，开创了中国参与全球治理的新时代，也使金融治理超越了经济层面的狭隘范畴，被赋予了更多的政治与社会意义。

第五节　本章小结

一国金融治理与本国文化习俗观念等制度沉淀存在密切联系，后者决定着人们的观念、意识、行为方式和偏好，进而决定着不同群体（集体）的社会合作能力。政府通过行政规则和法律体系协调不同群体的合作、降低合作成本及协商成本。从而在不同的国家，政府在市场经济的权重有所不同，并决定着本国经济类型和发展轨迹，其中就包括本国的金融制度安排、金融运行与金融治理改进轨迹。

改进金融治理的前提是：围绕中国特色社会主义市场经济建设主线，明确地方政府的首要职责是加强和优化地方公共服务，另外是加强市场监管、维护市场秩序、保障公平竞争，行为边界是弥补市场失灵、推动可持续发展、促进共同富裕；地方政府应围绕职责主次增加公共服务支出、降低营利性投资比例。

政府向市场进行适度的金融分权，建立现代金融体系，减少地方政府干预行为，让市场在金融资源配置中起决定性作用。从金融市场角度而言，基本的法律法规包括三个层面。一是建立公平、清晰的法律法规，使金融交易规则明确、交易机会公平开放、风险责任和权利分享清晰，明确各主体的行为责任、提高信息披露水平、提高金融市场参与程度。二是建立公正、严谨的执法程序，使金融风险事件能够及时得到客观、公正的裁决，对违反规则的行为追究相应的法律责任。三是发生金融风险事件和系统性金融风险时，根据法律和契约约束，责任主体能够公平地承担风险损失。

政府向市场进行充分的金融分权，改善资本结构，优化金融公司治理，防止地方政府既当裁判员又当运动员。金融公司治理的优化内容包括两个方面：一是厘清地方政府的股东职责与经营职责的边界；二是厘清地方政府的股东职责与金融监管的边界。

由于金融的外部性和公共性，除了正常的法律规范，还需要进行专业的监管。为提高金融监管效率，中央政府向地方政府进行适度金融监管分权时，需要明确地方政府金融监管内容、规范地方政府金融监管行为、提升地方政府金融监管能力。

中央政府向地方政府进行适度金融稳定分权，明确地方政府金融风险防范和化解责任、降低地方政府冒险冲动和成本转嫁预期、探索设计财政分权与金融分权相结合的地方金融风险救助责任分担机制。一是探索中央与地方统筹的金融风险救助基金以及危机救助模式。二是建立与分层金融市场对应层级的存款保险，用于防范相应层面金融市场的金融风险。

丰富跨境资本流动的宏观审慎工具，完善"货币政策+宏观审慎"双支柱政策框架。尽快构建适合跨境资本流动管理的"国际收支基本平衡+跨境资金宏观审慎"的管理框架，以国际收支平衡为最终目标，以外汇储备为中间目标，以汇率和短期资本流动为操作目标，以无息准备金、外汇敞口头寸等为审慎工具，提高跨境资本流动调控的有效性和针对性，防范跨境资本流动风险，最终维护货币政策的独立性，实现开放背景下的金融稳定。

加强跨境资本流动宏观审慎工具与其他政策工具的协同。协调宏观审慎工具与货币政策工具的使用，将跨境资本流动纳入开放经济的货币政策分析框架，实现货币政策与宏观审慎监管工具的协调配合，宏观审慎政策工具通过影响金融机构资产负债表、杠杆率以及资产价格等变量，促进货币政策的有效传导，避免货币政策工具与宏观审慎工具的不协调而导致的"政策抵消或政策超调"。

附　录
质押股票价值 V_A 的求解

假定质押股票价值 V_A 为质押股票市值 E 的看涨期权，V_A 必然是由 E 与 $T-t$ 函数所构成的函数，$V_A = V_A (E, T-t)$。据此，通过伊藤引理（Ito's Lemma）展开得到：

$$\mathrm{d}V_A = \left[\frac{\partial V_A}{\partial E} \mu E + \frac{\partial V_A}{\partial (T-t)} + \frac{1}{2} \frac{\partial^2 V_A}{\partial E^2} \sigma_A{}^2 E^2 \right] \mathrm{d}(T-t) + \frac{\partial V_A}{\partial E} \sigma_A E \mathrm{d}z \quad (1)$$

假设质押方质押股票价格 E 是可交易资产且服从几何布朗运动：$\mathrm{d}E = \mu_A E \mathrm{d}t + \sigma_A E \mathrm{d}W_T$，其中，$\mu_A$ 和 σ_A 是漂移项和波动项，W_T 是标准的维纳运动，W_T 服从 N（0，t）。可以得出：

$$\mathrm{d}E = \mu E \mathrm{d}(T-t) + \sigma_A E \mathrm{d}z \quad (2)$$

其中，μ、σ_A 为常数；μ 表示质押股票的预期收益率；σ_A 表示质押股票的价值波动率；$\mathrm{d}z$ 是一个标准维纳过程，服从正态分布 N（0，t）。

同时，根据经典条件[①]，式（1）和式（2）的离散形式表示为：

$$\begin{cases} \Delta E = \mu E \Delta(T-t) + \sigma_A E z \\ \Delta V_A = \left[\frac{\partial V_A}{\partial E} \mu E + \frac{\partial V_A}{\partial (T-t)} + \frac{1}{2} \frac{\partial^2 V_A}{\partial E^2} \sigma_A{}^2 E^2 \right] \Delta(T-t) + \frac{\partial V_A}{\partial E} \sigma_A E \Delta z \end{cases} \quad (3)$$

其中，ΔV_A 与 ΔE 为 V_A 与 E 在一个短时期 $\Delta(T-t)$ 内的变化量，通过

---

① 允许对市场上的股票进行卖空操作，并且可以完全地支配其所获得的收入。忽略交易费用和税收的影响，所有交易的股票都能够被无限地均分。在股票质押期间，忽略红利对质押股票价值的影响。市场上不存在无风险套利的机会。股票的交易连续。短期的无风险利率 r_f 是固定的，市场在一段时间可以以相同利率借入和借出资金，且 r_f 在股票质押的各个时期内保持不变。

伊藤引理的讨论，V_A 与 E 的维纳过程一致。因此，可以适当地构建一个质押股票数对应的股票多头与其对应份数衍生品期权空头组合来消除维纳过程的影响，其具体做法如下。

假设我们在卖出一份期权的同时买入 $\dfrac{\partial V_A}{\partial E}$ 份质押股票数对应的股票，如果定义 Λ 为此时的组合价值，那么此时我们得到的组合的价值为：

$$\Lambda = \frac{\partial V_A}{\partial E} E - V_A \tag{4}$$

在时间增量 $\Delta T\text{-}t$ 趋向无穷小时，该组合满足风险中性的条件，此时组合价值的差分形式就可以表示为：

$$\Delta \Lambda = \frac{\partial V_A}{\partial E} \Delta E - \Delta V_A \tag{5}$$

将式（3）代入式（5）可以得到：

$$\Delta \Lambda = -\left[\frac{\partial V_A}{\partial (T-t)} + \frac{1}{2} \frac{\partial^2 V_A}{\partial E^2} \sigma_A{}^2 E^2 \right] \Delta (T-t) \tag{6}$$

由于以上的方程不含有 Δz 项，该组合在 $\Delta (T-t)$ 的时间内一定是无风险的，根据经典期权模型的假设条件，该构建的组合必须获取与其他相似的无风险证券相等的瞬时收益率。同时，根据无风险套利的假设，假如该组合获取的收益较高，则套利者就能通过向市场借入资金买入该组合的方式获取无风险收益；而假如该组合的收益较低，套利者可以通过卖出该组合的同时买入无风险证券的方式来取得无风险收益，因此该组合的差分形式又可以表示为：

$$\Delta \Lambda = r_f \Lambda \Delta (T-t) \tag{7}$$

因此：

$$-\left[\frac{\partial V_A}{\partial (T-t)} + \frac{1}{2} \frac{\partial^2 V_A}{\partial E^2} \sigma_A{}^2 E^2 \right] \Delta (T-t) = r_f \Lambda \Delta (T-t) \tag{8}$$

进一步整理，可以得到：

$$\frac{\partial V_A}{\partial (T-t)} + \frac{1}{2} \frac{\partial^2 V_A}{\partial E^2} \sigma_A{}^2 E^2 + r_f \frac{\partial V_A}{\partial E} E = r_f V_A \tag{9}$$

设定 B 为质押股票的质押价格。对于某一特定的衍生产品，以上方程的解同方程的边界条件（Boundary Conditions）相关：边界条件定义了衍

生品在 V_A 与 $T-t$ 的边界上的取值。而对于此质押股票的边界条件为：

在股票质押到期时：

$$V_A = \max\{E - B,\ 0\} \tag{10}$$

综上所述，质押股票价值 V_A 的偏微分方程为：

$$\begin{cases} \dfrac{\partial V_A}{\partial(T-t)} + \dfrac{1}{2}\dfrac{\partial^2 V_A}{\partial E^2}\sigma_A{}^2 E^2 + r_f\dfrac{\partial V_A}{\partial E}E = r_f V_A \\ V_A = \max\{E - B,\ 0\} \end{cases} \tag{11}$$

经过推导，得到模型结果：

$$\begin{cases} V_A = EN(d_1) - BN(d_2) \\ d_1 = \dfrac{\ln\dfrac{E}{B} + \left(r_f + \dfrac{1}{2}{}_A^2\right)(T-t)}{\sigma_A\sqrt{T-t}},\quad d_2 = d_1 - \sigma_A\sqrt{T-t} \end{cases} \tag{12}$$

其中 $N(x)$ 为服从均值为 0、标准差为 1 的标准正态分布函数。同时，国内学者对质押股票价格波动率 σ_E 与质押股票价值波动率 σ_A 从弹性的角度对该公式给予了合理解释。

$$\frac{\sigma_E}{\sigma_A} = \eta_{A,\ E} = \frac{\mathrm{d}E}{\mathrm{d}V_A}\frac{V_A}{E} \tag{13}$$

$$\sigma_E = \frac{\mathrm{d}E}{\mathrm{d}V_A}\frac{V_A}{E}\sigma_A \tag{14}$$

在股票期权的估值里，Δ（Delta）又称对冲比率，是股票期权价格的变化与股票价格变化之比，常用来构造无风险对冲组合（即持有一单位期权时应该出售 Δ 单位股票）。在此 $\Delta = \dfrac{\mathrm{d}E}{\mathrm{d}V}$，数值上 $\Delta = N(d_1)$。综上可以推导出：

$$\sigma_E = N(d_1)\frac{V_A}{E}\sigma_A \tag{15}$$

最终可以得出质押股票价值 V_A 的方程组：

$$\begin{cases} V_A = EN(d_1) - BN(d_2) \\ d_1 = \dfrac{\ln\dfrac{E}{B} + \left(r_f + \dfrac{1}{2}{}_A^2\right)(T-t)}{\sigma_A\sqrt{T-t}},\quad d_2 = d_1 - \sigma_A\sqrt{T-t},\quad \sigma_E = N(d_1)\dfrac{V_A}{E}\sigma_A \end{cases}$$

$$\tag{16}$$

参考文献

Acemoglu, D., Ozdaglar, A., and Tahbaz-Salehi, A., "Systemic Risk and Stability in Financial Networks", *The American Economic Review*, Vol. 105, No. 2, 2015, pp. 564-608.

Acharya, V., Anginer, D., and Warburton, J., "The End of Market Discipline? Investor Expectations of Implicit Government Guarantees", NewYork University Working Paper, 2016.

Adrian, T., and Brunnermeier, M. K., "CoVaR", *The American Economic Review*, Vol. 106, No. 7, 2016, pp. 1705-1741.

Aerts, K., and Schmidtb, T., "Two for the Price of One? Additionality Effects of R&D Subsidies: A Comparison between Flanders and Germany", *Research Policy*, Vol. 37, No. 5, 2006, pp. 806-822.

Aghion, P., and Howitt, P., "A Model of Growth through Creative Destruction", *Econometrica*, Vol. 60, No. 2, 1992, pp. 323-351.

Aghion, P., Akcigit, U., and Howitt, P., "What Do We Learn from Schumpeterian Growth Theory?", PIER Working Paper 13-026, 2013.

Agrawal, A., and Knoeber, C. R., "Do Some Outside Directors Play a Political Role?", *Journal of Law and Economics*, Vol. 44, No. 1, 2001, pp. 179-198.

Aivazian, V. A., Ying, G., and Qiu, J., "The Impact of Leverage on Firm Investment: Canadian Evidence", *Journal of Corporate Finance*, Vol. 11, No. 1, 2005, pp. 276-291.

Ajello, A., Laubach, T., Lopez-Salido, D., and Nakata, T., "Financial Stability and Optimal Interest-Rate Policy", Board of Governors of the Federal Reserve System Working Paper, 2015.

Akkemik, K. A., and Ozen, S., "Macroeconomic and Institutional Determinants of Financialisation of Non-Financial Firms: Case Study of Turkey", *Socio-Economic Review*, Vol. 12, No. 1, 2014, pp. 71-98.

Allen, F., and Gale, D., "Diversity of Opinion and Financing of New Technologies", *Journal of Financial Intermediation*, Vol. 8, No. 1-2, 1999, pp. 68-89.

Allen, F., and Gale, D., "Financial Contagion", *Journal of Political Economy*, Vol. 108, No. 1, 2000, pp. 1-33.

Anderson, R., and Puleo, M., "Insider Share-pledging and Firm Risk", Temple University Working Paper, 2015.

Angus, C., Chu, G. C., Lai, C., and Liao, C., "Inflation, R&D and Growth in an Open Economy", *Journal of International Economics*, Vol. 96, No. 4, 2015, pp. 360-374.

Angus, C. C., Ning, L., and Zhu, D., "Human Capital and Innovation in a Monetary Schumpeterian Growth Model", *Macroeconomic Dynamics*, Vol. 23, No. 6, 2019, pp. 1875-1894.

Arawatari, R., Hori, T., and Mino, K., "On the Nonlinear Relationship between Inflation and Growth: A Theoretical Exposition", KIER Discussion Paper, No. 950, 2016.

Arregui, N., Norat, M., Pancorbo, A., and Scarlata, J. G., "Addressing Risk Concentration and Interconnectedness: Concepts and Experiences", IMF Working Paper 13(199), 2013.

Arteta, C., Eichengreen, B., and Wyplosz C., "When Does Capital Account Liberalization Help More than It Hurts?", NBER Working Papers, 2001.

Aschhoff, B., "The Effect of Subsidies on R&D Investment and Success, Do Subsidy History and Size Matter?", ZEW Discussion Paper, No. 032, 2009.

Aste, T., Gramatica, R., and Matteo, T. D., "Exploring Complex Networks via Topological Embedding on Surfaces", Phys. Rev. E 86, Article ID 036109, 2012.

Aste, T., Matteo, T. D., and Hyde, S. T., "Complex Networks on Hyperbolic Surfaces", *Physica A: Statistical Mechanics and its Applications*, Vol. 346, No. 1-2, 2005, pp. 20-26.

Baber, W., Kumar, K. and Verghese, T., "Client Security Price Reactions to the Laventhol and Horwath Bankruptcy", *Journal of Accounting Research*, Vol. 33, No. 2, 1995, pp. 385-395.

Bai, C. E., Hsieh, C. T., and Song, Z. (Michael), "The Long Shadow of a Fiscal Expansion", *Brookings Papers on Economic Activity*, Vol. 60, 2016, pp. 309-327.

Baland, J. M., and Francois, P., "Rent-seeking and Resource Booms", *Journal of Development Economics*, Vol. 61, No. 2, 2000, pp. 527-542.

Barberis, N., Huang, M., and Santos, T., "Prospect Theory and Asset Prices", *The Quarterly Journal of Economics*, Vol. 116, No. 1, 2001, pp. 1-53.

Bargigli, L., Di Iasio, G., Infante, L., Lillo, F., and Pierobon, F., "The Multiplex Structure of Interbank Networks", *Quantitative Finance*, Vol. 15, No. 4, 2015, pp. 673-691.

Barro, R. J., and Gordon, D. B., "A Positive Theory of Monetary Policy in a Natural Rate Model", *Journal of Political Economy*, Vol. 91, No. 4, 1983, pp. 589-610.

Baruník, J., and Křehlík, T., "Measuring the Frequency Dynamics of Financial Connectedness and Systemic Risk", *Journal of Financial Econometrics*, Vol. 16, No. 2, 2018, pp. 271-296.

Basel Committee on Banking Supervision (BCBS), "Global Systemically Important Banks: Updated Assessment Methodology and the Higher Loss Absorbency Requirement", 2013.

Bates, T., Kahle, K., and Stulz, R., "Why Do U. S. Firms Holds So Much More Cash than They Used to?", *The Journal of Finance*, Vol. 64, No. 5,

2009, pp. 1985-2021.

Battiston, S., and Martinez-Jaramillo, S., "Financial Networks and Stress Testing: Challenges and New Research Avenues for Systemic Risk Analysis and Financial Stability Implications", *Journal of Financial Stability*, Vol. 35, 2018, pp. 6-16.

Bazhal, I., "The Theory of Economic Development of J. A. Schumpeter: Key Features", MPRA Paper, No. 69883, 2016.

Bengui, J., and Bianchi, J., "Capital Flow Management When Capital Controls Leak", http://www. ecb. europa. eu/events/pdf/conferences/140623/Bengui_ShadowMP_l.pdf?e57ee672701df1ead056d2aa4eff35d4, 2014.

Berger, A. N., Clarke, G. R. G., Cull, R., Klapper, L., and Udell, G. F., "Corporate Governance and Bank Performance: A Joint Analysis of the Static, Selection, and Dynamic Effects of Domestic, Foreign, and State Ownership", *Journal of Banking & Finance*, Vol. 29, No. 8-9, 2005, pp. 2179-2221.

Berger, A. N., and Udell, G. F., "Small Business Availability and Relationship Lending: The Importance of Bank Organizational Structure", *The Economic Journal*, Vol. 112, No. 2, 2002, pp. 32-53.

Bernanke, B. S., "Nomonetary Effects of the Financial Crisis in the Propagation of the Great Depression", *The American Economic Review*, Vol. 73, No. 3, 1983, pp. 257-276.

Bernanke, B. S., Gertler, M., and Gilchrist, S., "The Financial Accelerator in a Quantitative Business Cycle Framework", NBER Working Paper, 1999.

Bernstein, L., "Opting out of the Legal System: Extralegal Contractual Relations in the Diamond Industry", *Journal of Legal Studies*, Vol. 21, No. 1, 1992, pp. 115-157.

Berube, C., and Mohnen, P., "Are Firms that Receive R&D Subsidies More Innovative?", *Canadian Journal of Economics*, Vol. 42, No. 1, 2009, pp. 206-225.

Bhagwati, J., "The Capital Myth: The Difference between Trade in

Widgets and Dollars", *Foreign Affairs*, No. 77, No. 3, 1998, pp. 7-12.

Bianchi, F., and Melosi, L., "Escaping the Great Recession", *The American Economic Review*, Vol. 107, No. 4, 2017, pp. 1030-1058.

Blancher, N., Mitra, S., and Morsy, H., "Macroprudential Policy: A Practical Approach to Systemic Risk Monitoring", IMF Working Paper, 2013.

Bloom, D. E., Canning, D., and Graham, B., "Longevity and Life-cycle Savings", *Scandinavian Journal of Economics*, Vol. 105, No. 3, 2003, pp. 319-338.

Boissay, F., Collard, F., and Smets, F., "Booms and Systemic Banking Crises", *Journal of Political Economy*, Vol. 124, No. 2, 2016, pp. 489-538.

Boyd, J., and Prescott, E., "Financial Intermediary - Coalitions", *Journal of Economic Theory*, Vol. 38, No. 211, 1986, pp. 211-232.

Brandt, L., and Zhu, X., "Redistribution in a Decentralized Economy: Growth and Inflation in China under Reform", *Journal of Political Economy*, Vol. 108, No. 2, 2000, pp. 422-439.

Brown, J. R. and Petersen, B. C., "Cash Holding and R&D Smoothing", *Journal of Corporate Finance*, Vol. 17, No. 4, 2011, pp. 694-709.

Brown, J. R., and Petersen, B. C., "Why Has the Investment-cash Flow Sensitivity Declined so Sharply? Rising R&D and Equity Market Developments", *Journal of Bank and Finance*, Vol. 33, No. 5, 2009, pp. 971-984.

Brunner, M., A. Crockett, C., and Goodhart, "The Fundamental Principles of Financial Regulation", Geneva Reports on the World Economy Preliminary Conference Draft, 2009.

Caldara, D., Fuentes-Albero, C., Gilchrist, S., and Zakrajsek, E., "The Macroeconomic Impact of Financial and Uncertainty Shocks", *European Economic Review*, No. 88, 2016, pp. 185-207.

Chamon, M. D., and Prasad, E. S., "Why Are Saving Rates of Urban Households in China Rising?", *American Economic Journal Macroeconomics*, Vol. 2, No. 1, 2010, pp. 93-130.

Chaney, A., and Hoesli, M., "Multifamiliy Asset and Space Markets and

Linkages with the Economy", 21st Annual European Real Estate Society Conference, Romania, 2014.

Chang, X., Dasgupta, S., Wong, G., and Yao, J., "Cash-Flow Sensitivities and the Allocation of Internal Cash Flow", *Review of Financial Studies*, Vol. 27, No. 12, 2014, pp. 3628-3657.

Chari, V. V., and Kehoe, P. J., "Bailouts, Time Inconsistency, and Optimal Regulation: A Macroeconomic View", *The American Economic Review*, Vol. 106, No. 9, 2016, pp. 2458-2493.

Chen, H. J., "Innovation and Imitation in a Product-cycle Model with FDI and Cash-in-advance Constraints", *Journal of Macroeconomics*, Vol. 58, No. 8, 2018, pp. 91-114.

Chen, J. Z., Lobo, G. J., Wang, Y. Y., and Yu, L. S., "Loan Collateral and Financial Reporting Conservatism: Chinese Evidence", *Journal of Banking & Finance*, Vol. 37, No. 12, 2013, pp. 4989-5006.

Chen, Z., He, Z., and Liu, C., "The Financing of Local Government in China: Stimulus Loan Wanes and Shadow Banking Waxes", NBER Working Paper, 2017.

Chiu, Y. T., Luhmann, J. G., Ching, B. K., and Boucher, D. J., "An Equilibrium Model of Plasmaspheric Composition and Density", *Journal of Geophysical Research: Space Physics*, Vol. 84, No. A3, 1979, pp. 909-916.

Christian, S., Sarah, S., and Hans, W., "Effectiveness of Capital Outflow Restrictions", IMF Working Papers , 2014.

Claessens, S., Kose, M. A., and Terrones, M. E., "How Do Business and Financial Cycles Interact?", *Journal of International Economics*, Vol. 87, No. 1, 2012, pp. 178-190.

Coase, R., *The Firm, the Market, and the Law* (Chicago: University of Chicago Press, 1988).

Cong, W., and Jacopo, P., "Credit Allocation under Economic Stimulus: Evidence from China", Booth School of Business, University of Chicago, Working Paper, 2016.

Connolly, R. A., and Wang, F. A., "On Stock Market Return Co-movements: Macroeconomic News", Dispersion of Beliefs, and Contagion, 2002.

Cossin, D., Huang, Z., Auron-Nerin, D., and González, F. N., "A Framework for Collateral Risk Control Determination", IDEAS Working Paper Series from RePEc, 2003.

Cotter, J., Hallam, M., and Yilmaz, K., "Mixed-Frequency Macro-Financial Spillovers", Koç University-TUSIAD Economic Research Forum Working Papers, No. 1704, 2017.

Cua, A. S., "Confucian Philosophy", In Craig, E. ed., *Concise Routledge Encyclopedia of Philosophy* (New York: Routledge, 2000).

Czarnitzki, D., Hanel, P., and Rosa, J., "Evaluating the Impact of R&D Tax Credits on Innovation: A Micro Econometric Study on Canadian Firms", *Research Policy*, Vol. 40, No. 2, 2011a, pp. 217-229.

Czarnitzki, D., Hottenrott, H., and Thorwarth, S., "Industrial Research Versus Development Investment: The Implications of Financial Constraint", *Cambridge Journal of Economics*, Vol. 35, No. 3, 2011b, pp. 527-544.

Dalgaard, C., and Kreiner, C., "Is Declining Productivity Inevitable?", *Journal of Economic Growth*, Vol. 6, No. 3, 2001, pp. 187-203.

Dalton, G. W., and Thompson, P. H., "Accelerating Obsolesce of Older Engineers", *Harvard Business Review*, Vol. 49, No. 5, 1971, pp. 57-67.

Damodaran, K., and Yejin, C. L., "Macroprudential Policy Framework: A Practice Guide", World Bank Study, No. 87810, 2014.

Degryse, H., and Nguyen, G., "Interbank Exposures: An Empirical Examination of Systemic Risk in the Belgian Banking System", *International Journal of Central Banking*, Vol. 3, No. 2, 2007, pp. 123-172.

Demir, F., "Financial Liberalization, Private Investment and Portfolio Choice: Financialization of Real Sectors in Emerging Markets", *Journal of Development Economics*, Vol. 88, No. 2, 2009, pp. 314-324.

Deng, Y., Morck, R., Wu, J., and Bernard, Y., "China's Pseudomonetary Policy", *Review of Finance*, Vol. 19, No. 1, 2015, pp, 55-93.

DGLLS (Djankov, S., Glaeser, E. L., La Porta, R. L., Lopez-De-Silanes, F., and Shleifer, A.), "The New Comparative Economics", *Journal of Comparatiwe Economics*, Vol. 31, No. 4, 2003, pp. 595-619.

Diamond, A. M., "Dose Federal Funding Crowd in Private Funding of Science Contemporary Economic Policy", *Contemporary Economic Policy*, Vol. 17, No. 4, 1999, pp. 423-431.

Diamond, D. W., and Rajan, R., "Illiquidity Bank, Financial Stability, and Interest Rate Policy", NBER Working Paper, No. 16994, 2011.

Diebold, F. X., and Yilmaz, K., "On the Network Topology of Variance Decompositions: Measuring the Connectedness of Financial Firms", *Journal of Econometrics*, Vol. 182, No. 1, 2014, pp. 119-134.

Dixit, A., "Predatory States and Failing States: An Agency Perspective", Center for Economic Policy Studies, Department of Economics, Princeton University, Working Papers 71, 2006.

Dominguez, K. M., "Central Bank Intervention and Exchange Rate Volatility", *Journal of International Money and Finance*, Vol. 17, No. 1, 1998, pp. 161-190.

Duchin R., T., Gilbert, J., Harford, and C., Hrdlicka, "Precautionary Savings with Risky Assets: When Cash Is Not Cash", *The Journal of Finance*, American Finance Association, Vol. 72, No. 2, 2017, pp. 793-852.

Eisenberg, L., and Noe, T. H., "Systemic Risk in Financial Systems", *Management Science*, Vol. 47, No. 2, 2001, pp. 236-249.

Elsinger, H., Lehar, A., and Summer, M., "Risk Assessment for Banking Systems", *Management Science*, Vol. 52, No. 9, 2006, pp. 1301-1314.

English, W., Tsatsaronis, K., and Zoli, E., "Assessing the Predictive Power of Measures of Financial Conditions for Macroeconomic Variables", BIS Papers, 2005.

Faccio, M., "Politically-Connected Firms: Can They Squeeze the

State?", Unpublished Working Paper, 2004.

Faccio, M., and Parsley, D. C., "Sudden Deaths: Taking Stock of Political Connections", ECGI-Finance Working Paper, No. 113, 2006.

Fan, J. P. H., Wong, T.J., and Zhang, T., "Politically Connected CEOs, Corporate Governance and Post-IPO Performance of China's Newly Partially Privatized Firms", *Journal of Financial Economics*, Vol. 84, 2007, pp. 330-357.

Fang, H., Gu, Q., Xiong, W., and Zhou, L., "Demystifying the Chinese Housing Boom", NBER Working Paper, 2015.

Farhi, E., and Tirole, J., "Collective Moral Hazard, Maturity Mismatch, and Systemic Bailouts", *The American Economic Review*, Vol. 102, No. 1, 2012, pp. 60-93.

Fogli, A., and Perri, F., "Macroeconomic Volatility and External Imbalances", *Journal of Monetary Economics*, Vol. 69, 2015, pp. 1-15.

Forbes, K. J., and Warnock, F. E., "Capital Flow Waves: Surges, Stops, Flight, and Retrenchment", *Journal of International Economics*, Vol. 88, No. 2, 2012, pp. 235-251.

Francesco, C., Luca, R., and Salgado, R., "International Financial Contagion in Currency Crises", *Journal of International Money and Finance*, Vol. 23, No. 2, 2004, pp. 51-70.

Fredriksson, P. G., "Environmental Policy Choice: Pollution Abatement Subsidies", *Resource & Energy Economics*, Vol. 20, No. 1, 1998, pp. 51-63.

Freixas, X., Bruno, M.P., and Rochet, J. C., "Systemic Risk, Interbank Relations, and Liquidity Provision by the Central Bank", *Journal of Money, Credit, and Banking*, Vol. 32, No. 3, 2000, pp. 611-638.

Friedman, M., and Schwartz, A. J., "Money and Business Cycles", *The Review of Economics and Statistics*, Vol. 45, No. 1, 1963, pp. 32-64.

FSB, "2019 List of Global Systematically Important Banks (G-SIBs)", 2019.

Fukuyama, F., *Trust: The Social Virtues and the Creation of Prosperity*

(New York: Free Press, 1995).

Gandy, A., and Veraart, L. A., "Bayesian Methodology for Systemic Risk Assessment in Financial Networks", LSE Research Online Documents on Economics 66312, 2017.

Gai, P., and Kapadia, S., "Contagion in Financial Networks", *Proceedings of the Royal Society A*, Vol. 466, No. 2120, 2010, pp. 2401–2423.

Gerali, A., Neri, S., Sessa, L., Signoretti, F. M., "Credit and Banking in a DSGE Model of the Euro Area", *Journal of Money, Credit and Banking*, Vol. 42, No. 1, 2010, pp. 107–141.

Gertler, M., and Karadi, P., "A Model of Unconventional Monetary Policy", *Journal of Monetary Economics*, Vol. 58, No. 1, 2011, pp. 17–34.

Gertler, M., Gilchrist, S., and Natalucci, F., "External Constraints on Monetary Policy and the Financial Accelerator", *Journal of Money, Credit and Banking*, Vol. 39, No. 2/3, 2007, pp. 295–330.

Glaeser, E. L., and Shleifer, A., "A Reason for Quantity Regulation", *The American Economic Review*, Vol. 91, No. 2, 2001, pp. 431–435.

Goldfajn, I., and Valde, R. O., "Capital Flows and the Twin Crises: the Role of Liquidity", IMF Working Paper, No. 97/87, 1997.

Goldstein, H., *Multilevel Statistical Models* (New York: Halsted Press, 1995).

Gorg, H., and Strobl, E., "The Effect of R&D Subsides on Private R&D", *Econometrica*, Vol. 74, No. 294, 2007, pp. 215–234.

Grossman, R. S., "Deposit Insurance, Regulation and Moral Hazard in the Thrift Industry: Evidence from the 1930's", *The American Economic Review*, Vol. 82, No. 4, 1992, pp. 800–821.

Gurley, J. G., and Shaw, E. S., "Financial Aspects of Economic Development", *The American Economic Review*, Vol. 45, No. 4, 1955, pp. 515–538.

Gust, C., Herbst, E., David, L., and Smith, M. E., "The Empirical Implications of the Interest-Rate Lower Bound", *The American Economic*

Review, Vol. 107, No. 7, 2017, pp. 1971-2006.

Ha, J., and Howitt, P., "Accounting for Trends in Productivity and R&D: A Schumpeterian Critique of Semiendogenous Growth Theory", *Journal of Monetary Credit and Banking*, Vol. 39, No. 4, 2007, pp. 733-773.

Haelim, A., Mark, P., and Jessie, J. W., "Bank Networks and Systemic Risk: Evidence from the National Banking Acts", *The American Economic Review*, Vol. 109, No. 9, 2019, pp. 3125-3161.

Hafstead, M., and Smith, J., "Financial Shocks, Bank Intermediation, and Monetary Policy in a DSGE Model", Unpublished Manuscript, 2012.

Hall, B., "Investment and R&D at the Firm Level: Does the Source of Financing Matter?", NBER Working Paper, No. 4096, 1992.

Hall, B., and Reenen, J. V., "How Effective Are Fiscal Incentives for R&D? A New Review of the Evidence", *Research Policy*, Vol. 29, No. 45, 2011, pp. 449-469.

Hamilton, J. D., "A New Approach to the Economic Analysis of Nonstationary Time Series and the Business Cycle", *Journal of the Econometric Society*, Vol. 57, No. 2, 1989, pp. 357-384.

Hansen, B. E., "Threshold Effects in Non-Dynamic Panels: Estimation, Testing, and Inference", *Journal of Econometrics*, Vol. 93, No. 2, 1999, pp. 346-368.

Hartmann, P., Straetmans, S., and Vries, C. D., "Asset Market Linkages in Crisis Periods", *The Review of Economics and Statistics*, Vol. 86, No. 1, 2004, pp. 313-326.

Hellman, J. S., Jones, G., and Kaufmann, D., "Seize the State, Seize the Day: State Capture, Corruption and Influence in Transition", *Journal of Comparative Economics*, Vol. 31, No. 4, 2003, pp. 751-773.

Hillman, A. L., *Public Finance and Public Policy: Responsibilities and Limitations of the Government* (Cambridge: Cambridge University Press, 2003).

Hoog, S. V. D., "The Limits to Credit Growth: Mitigation Policies and Macroprudential Regulations to Foster Macrofinancial Stability and Sustainable

Debt", *Comput Econ*, Vol. 52, 2018, pp. 873–920.

Howitt, P., "Steady Endogenous Growth with Population and R&D Inputs Growing", *Journal of Political Economy*, Vol. 107, No. 5, 1999, pp. 715–730.

Hu, M., Li, Y., Yang, J., and Chao, C. C., "Actual Intervention and Verbal Intervention in the Chinese RMB Exchange Rate", *International Reviews of Economics & Finance*, Vol. 43, No. 3, 2016, pp. 499–508.

Hutton, A. P., Marcus, A. J., and Tehranian, H., "Opaque Financial Reports, R2, and Crash Risk", *Journal of Financial Economics*, Vol. 94, No. 1, 2009, pp. 67–86.

Huang, D., Pan, Y., and Liang, J. Z., "Cascading Failures in Bipartite Coupled Map Lattices", *Applied Mechanics & Materials*, Vol. 198/199, 2013, pp. 1810–1814.

Iacoviello, M., "Financial Business Cycles", *Review of Economic Dynamics*, Vol. 18, No. 1, 2015, pp. 140–163.

Idil, U. A., "The Effects of Macroprudential Policies on Managing Capital Flows", *Empirical Economics*, Vol. 58, No. 2, 2020, pp. 583–603.

IMF, "Global Financial Stability Report", 2020.

IMF, "Global Financial Stability Report, Chapter 3", 2011.

IMF, "Global Financial Stability Report: Responding to the Financial Crisis and Measuring Systemic Risks", 2009.

IMF, "Moving from Liquidity to Growth-Driven Markets", Global Financial Stability Report, 2014.

IMF, "The IMF-FSB Early Warning Exercise-Design and Methodological Toolkit", 2010.

IMF, "The IMF's Annual Macroprudential Policy Survey-Objectives, Design, and Country Responses", Working Paper, 2018.

IMF, FSB and BIS, "Elements of Effective Macroprudential Policies-Lessons from International Experience", Working Paper, 2016.

Ivailo, A., Canetti, E., Kodres, L., and Mitra, S., "Near-Coincident Indicators of Systemic Stress", IMF Working Paper, 2013.

Jackman, M., Craigwell, R., and Doyle-Lowe, M., "Nonlinearity in the Reaction of the Foreign Exchange Market to Interest Rate Differentials: Evidence from a Small Open Economy with a Long-term Peg", *Applied Financial Economics*, Vol. 23, No. 4, 2013, pp. 287-296.

Jacques, K., and Nigro, P., "Risk-based Capital, Portfolio Risk, and Bank Capital: A Simultaneous Equations Approach", *Journal of Economics and Business*, Vol. 49, No. 6, 1997, pp. 533-547.

Jian, T., and Chenggang, Xu, "Financial Institutions and The Wealth of Nations: Tales of Development", William Davidson Institute Working Paper, No. 672, 2004.

Jin, H. H., Qian, Y. Y., and Weingast, B. R., "Regional Decentralization and Fiscal Incentives: Federalism, Chinese Style", *Journal of Public Economics*, Vol. 89, No. 9-10, 2005, pp. 1719-1742.

Jin, L., and Myers, S. C., "R2 around the World: New Theory and New Tests", *Journal of Financial Economics*, Vol. 79, No. 2, 2006, pp. 257-292.

Johnson, S., and Mitten, T., "Cronyism and Capital Controls: Evidence from Malaysia", *Journal of Financial Economics*, Vol. 67, No. 2, 2003, pp. 351-382.

Jones, C., "R&D-based Models of Economic Growth", *Journal of Political Economy*, Vol. 103, No. 4, 1995, pp. 759-784.

Kahneman, D., and Tversky, A., "Prospect Theory: An Analysis of Decision under Risk", *Econometrica*, Vol. 47, No. 2, 1979, pp. 263-291.

Kaiji, C., Jue, R., and Tao, Z., "The Nexus of Monetary Policy and Shadow Banking in China", *The American Economic Review*, Vol. 108, No. 12, 2018, pp. 3891-3936.

Kaufman, G., "Capital in Banking: Past, Present and Future", *Journal of Financial Services Research*, Vol. 5, No. 4, 1992, pp. 385-402.

Kelly, W. L., "Cheminform Abstract: Intramolecular Cyclization of Polyketide Biosynthesis: Mining for a 'dielsalderase'?", *Cheminform*, Vol. 6, No. 24, 2008, pp. 4483-4493.

Kenett, D. Y., Levy-Carciente, S., Avakian, A., Stanley, H. E., and

Havlin, S., "Dynamical Macroprudential Stress Testing Using Network theory", *Journal of Banking & Finance*, Vol. 59, No. C, 2015, pp. 164-181.

Keynes, J. M., *A Tract on Monetary Reform* (London and Basingstoke: Macmillan, 1971).

Khalil, M., Abid, L., and Afif, M., "Credit Risk Modeling Using Bayesian Network with a Latent Variable", *Expert Systems with Applications*, Vol. 277, No. 1, 2019, pp. 157-166.

Khandelwal, A. K., Schott, P. K., and Wei, S. J., "Trade Liberalization and Embedded Institutional Reform: Evidence from Chinese Exporters", NBER Working Paper, No. 17524, 2011.

Khwaja, A., and Mian, A., "Do Lenders Favor Politically Connected Firms? Rent Provision in an Emerging Financial Market", *The Quarterly Journal of Economics*, Vol. 120, No. 4, 2005, pp. 1371-1411.

King, R. G., and Levine, R., "Finance and Growth: Schumpeter Might Be Right", *The Quarterly Journal of Economics*, Vol. 108, No. 3, 1993, pp. 717-738.

Kinugasa, T., and Mason, A., "Why Countries Become Wealthy: The Effects of Adult Longevity on Saving", *World Development*, Vol. 35, No. 1, 2007, pp. 1-23.

Kodres, L. E., and Pritsker, M., "A Rational Expectations Model of Financial Contagion", *The Journal of Finance*, Vol. 57, No. 4, 2002, pp. 769-799.

Kohn, R. E., "Porter's Combination of Tax and Subsidies for Controlling Pollution", *Journal of Environmental Systems*, Vol. 20, No. 3, 1991, pp. 179-188.

Korinek, A., and Mendoza, E. G., "From Sudden Stops to Fisherian Deflation: Quantitative Theory and Policy Implications", NBER Working Paper, 2014.

Kornai, J., "The Soft Budget Constraint", *Kyklos*, Vol. 39, No. 1, 1986, pp. 3-30.

Kydland, F., and Prescott, E., "Time to Build and Aggregate Fluctuations", *Econometrica*, Vol. 50, No. 11, 1982, pp. 1345-1370.

La Porta, R., Lopez-de-Silanes, F., and Shleifer, A., "Government Ownership of Banks", *The Journal of Finance*, Vol. 57, No. 1, 2002, pp. 265-301.

Lasfer, M. A., Melnik, A., and Thomas, D. C., "Short-term Reaction of Stock Markets in Stressful Circumstances", *Journal of Banking & Finance*, Vol. 27, No. 10, 2003, pp. 1959-1977.

Leland, H. E., and Pyle, D. H., "Informational Asymmetries, Financial Structure and Financial Intermediation", *The Journal of Finance*, Vol. 32, No. 2, 1977, pp. 371-387.

Leon, C., Machado, C., and Sarmiento, M., "Identifying Central Bank Liquidity Super-spreaders in Interbank Funds Networks", *Journal of Financial Stability*, Vol. 35, 2018, pp. 75-92.

Levine, R., "Financial Development and Economic Growth: Views and Agenda", *Social Science Electronic Publishing*, Vol. 35, No. 2, 1997, pp. 688-726.

Levine, R., "The Corporate Governance of Banks: A Concise Discussion of Concepts and Evidence", World Bank Policy Research Working Paper, 2003.

Li, H. B., Meng, L. S., Wang, Q., and Zhou, L. A., "Political Connections and Firm Performance: Evidence from Chinese Private Firms", CIG Working Paper Series, 2005.

Li, H. B., and Zhou, L. A., "Political Turnover and Economic Performance: The Incentive Role of Personnel Control in China", *Journal of Public Economics*, Vol. 89, No. 9-10, 2005, pp. 1743-1762.

Lin, J. Y., Sun, X., and Jiang, Y., "Endowment, Industrial Structure and Appropriate Financial Structure: A New Structural Economics Perspective", *Journal of Economic Policy Reform*, Vol. 16, No. 2, 2013, pp. 1-14.

Lopes, L. L., and Oden, G. C., "The Role of Aspiration Level in Risky

Choice: A Comparison of Cumulative Prospect Theory and SP/A Theory", *Journal of Mathematical Psychology*, Vol. 43, No. 2, 1999, pp. 286-313.

Macdonald, R., and Nagayasu, J., "The Long-Run Relationship between Real Exchange Rates and Real Interest Rate Differentials: A Panel Study", *IMF Econ Rev*, Vol. 47, 2000, pp. 116-128.

MacLeod, W. B., "Can Contract Theory Explain Social Preferences?", *The American Economic Review*, Vol. 97, No. 2, 2007, pp. 187-192.

Magud, N. E., Reinhart, C. M., and Rogoff, K. S., "Capital Controls: Myth and Reality", *Annals of Economics and Finance*, Vol. 19, No. 1, 2018, pp. 1-47.

Mamuneas, T. P., and Nadiri, M. I., "Public R&D Policies and Cost Behavior of the US Manufacturing Industries", *Journal of Public Economics*, Vol. 63, No. 1, 1996, pp. 57-81.

Mantegna, R., "Hierarchical Structure in Financial Markets", *The European Physical Journal B*, Vol. 11, No. 1, 1999, pp. 193-197.

Marcellino, M., and Sivec, V., "Monetary, Fiscal and Oil Shocks: Evidence Based on Mixed Frequency Structural FAVARs", *Journal of Econometrics*, Vol. 193, No. 2, 2016, pp. 335-348.

Mariani, M., and Romanelli, M., "'Stacking' and 'Picking' Inventions: The Patenting Behavior of European Inventors", *Research Policy*, Vol. 36, No. 8, 2007, pp. 1128-1142.

Martin, A., and Ventura, J., "Managing Credit Bubbles", *Journal of the European Economic Association*, Vol. 14, No. 3, 2016, pp. 753-789.

Mayes, D., "Who Pays for Bank Insolvency?", *Journal of International Money and Finance*, Vol. 23, No. 3, 2003, pp. 515-551.

McGuire, P., and Tarashev, N., "Tracking International Bank Flows", *BIS Quarterly Review*, 2006, pp. 27-40.

McKinnon, R. I., "Money and Finance in Economic Growth and Development", *The Economic Journal*, Vol. 87, No. 1, 1977, pp. 166-168.

McQueen, G., and Roley, V. V., "Stock Prices, News, and Business

Condition", *Review of Financial Studies*, Vol. 6, No. 3, 1993, pp. 683-707.

Mendoza, E. G., "Sudden Stops, Financial Crises, and Leverage", *The American Economic Review*, Vol. 100, No. 5, 2010, pp. 1941-1966.

Menon, K., and Williams, J. D., "The Use of Audit Committees for Monitoring", *Journal of Accounting and Public Policy*, Vol. 13, No. 2, 1994, pp. 121-139.

Miao, J., and Wang, P., "Sectoral Bubbles, Misallocation and Endogenous Growth", *Journal of Mathematical Economics*, Vol. 53, No. 8, 2014, pp. 153-163.

Micco, A., and Panizza, U., "Bank Ownership and Lending Behavior", *Economics Letters*, Vol. 93, No. 2, 2006, pp. 248-254.

Michelson, E., "Lawyers, Political Embeddedness, and Institutional Continuity in China's Transition from Socialism", *American Journal of Sociology*, Vol. 113, No. 2, 2007, pp. 352-414.

Miller, T., "The Political Stalemate behind the Crisis in Banking", Paper Presented to the Durell Foundation Conference American Money and Banking: Financial Fitness for the 1990s, Scottsdale, AR, 1991.

Minoiu, C., and Reyes, J. A., "A Network Analysis of Global Banking: 1978-2010", *Journal of Financial Stability*, Vol. 9, No. 2, 2013, pp. 168-184.

Minsky, H. P., *Stabilizing an Unstable Economy* (New Haven: Yale University Press, 1986).

Mistrulli, P. E., "Assessing Financial Contagion in the Interbank Market: Maximum Entropy versus Observed Interbank Lending Patterns", *Journal of Banking & Finance*, Vol. 35, No. 5, 2011, pp. 1114-1127.

Mitchell, J., "Strategic Creditor Paivity, Regulation, and Bank Bailouts, London School of Economics", Center for Economic Performance Discussion Paper, 1978.

Montagna, M., and Kok, C., "Multi-layered Interbank Model for Assessing Systemic Risk", Technical Report, Kiel Working Paper, 2013.

Montagnoli, A., and Napolitano, O., "Financial Condition Index and Interest Rate Settings: A Comparative Analysis", University of Naples Working Paper, 2005.

Montinola, G., Qian, Y. Y., and Weingast, B. R., "Federalism, Chinese Style: The Political Basis for Economic Success in China", *World Politics*, Vol. 48, No. 1, 1995, pp. 50-81.

Moran, P., and Queralto, A., "Innovation, Productivity, and Monetary Policy", *Journal of Monetary Economics*, Vol. 93, 2018, pp. 24-41.

Morck, R., and Nakamura, M., "Banks and Corporate Control in Japan", *The Journal of Finance*, Vol. 54, No. 1, 1999, pp. 319-340.

Morck, R., Wolfenzon, D., and Yeung, B., "Corporate Governance, Entrenchment and Growth", *Journal of Economic Literature*, Vol. 43, No. 3, 2005, pp. 664-720.

Musgrave, R. A., *The Theory of Public Finance* (New York: McGraw-Hill, 1959).

Musmeci, N., Nicosia, V., Aste, T., Matteo, T. D., and Latora, V., "The Multiplex Dependency Structure of Financial Markets", https://doi.org/10.1155/2017/9586064, 2017.

Nakajima, J., Kasuya, M., and Watanabe, T., "Bayesian Analysis of Time-varying Parameter Vector Autoregressive Model for the Japanese Economy and Monetary Policy", *Journal of the Japanese & International Economies*, Vol. 25, No. 3, 2011, pp. 225-245.

Nathan, C., "Uncertainty, Capital Flows, and Maturity Mismatch", *Journal of International Money and Finance*, Vol. 88, No. 6, 2018, pp. 260-275.

Nicosia, V., and Latora, V., "Measuring and Modelling Correlations in Multiplex Networks", Phys. Rev. E, 92, Article ID 032805, 2015.

Oates, W. E., *Fiscal Federalism* (New York: Harcourt Brace Jovanovich, 1972).

Opler, T., Pinkowitz, L., Stulz, R., and Williamson, R., "The Determinants and Implications of Corporate Cash Holdings", *Journal of*

Financial Economics, Vol. 52, No. 1, 1999, pp. 3-46.

Orhangazi, Ö., "Financialisation and Capital Accumulation in the Non-Financial Corporate Sector: A Theoretical and Empirical Investigation on the US Economy: 1973-2003", Mpra Paper, 2008.

Ozcelik, E., and Taymaze, E., "R&D Support Programs in Developing Countries: the Turkish Experience", *Research Policy*, Vol. 37, No. 2, 2008, pp. 258-275.

Peretto, P., "Technological Change and Population Growth", *Journal of Economic Growth*, Vol. 3, No. 4, 1998, pp. 283-311.

Philip, E. S., and James, P. W., "Small Business Lending and the Changing Structure of the Banking Industry", *Journal of Banking & Finance*, Vol. 22, No. 6-8, 1998, pp. 821-845.

Pistor, K., "The Governance of China's Finance", NBER Chapters, 2011.

Pistor, K., and Xu, C., "Governing Emerging Stock Markets: Legal vs Administrative Governance", *Corporate Governance*, Vol. 13, No. 1, 2005, pp. 5-10.

Pistor, K., and Xu, C., "Incomplete Law", *Journal of International Law and Politics*, Vol. 35, 2003, pp. 931-1013.

Poterba, J. M., "Demographic Structure and Asset Returns", *The Review of Economics and Statistics*, Vol. 83, No. 4, 2001, pp. 565-584.

Qian, Y., and Roland, G., "Federalism and the Soft Budget Constraint", *The American Economic Review*, Vol. 88, No. 5, 1998, pp. 1143-1162.

Ramakrishnan, R. T. S., and Thakor, A.V., "Information Reliability and a Theory of Financial Intermediation", *Review of Economic Studies*, Vol. 51, No. 3, 1984, pp. 415-432.

Ramchand, L., and Susmel, R., "Volatility and Cross Correlation across Major Stock Markets", *Journal of Empirical Finance*, Vol. 5, No. 4, 1998, pp. 397-416.

Rauch, J., "Business and Social Networks in International Trade",

Journal of Economic Literature, Vol. 39, No. 4, 2001, pp. 1177-1203.

Rey, H., "Dilemma not Trilemma: The Global Financial Cycle and Monetary Policy Independence", NBER Working Paper, No. 21162, 2015.

Roberts, B. E., "A Dead Senator Tells No Lies: Seniority and the Distribution of Federal Benefits", *American Journal of Political Science*, Vol. 34, 1990, pp. 31-58.

Roberts, E., and Lucas, J., "Expectations and the Neutrality of Money", *Journal of Economic Theory*, Vol. 4, No. 2, 1972, pp. 103-124.

Romer, P. M., "Endogenous Technological Change", *The Journal of Political Economy*, Vol. 98, No. 5, 1990, pp. S71-S102.

Salsman, R., *Breaking the Banks: Central Banking Problems and Free Banking Solutions* (Great Barrington, MA: American Institute for Economic Research, 1990).

Schuler, K., "The World History of Free Banking: An Overview", In Does, K. ed., *The Experience of Free Banking* (London: Routledge, 1992).

Schumpeter, J., *Capitalism, Socialism and Democracy* (New York: Harper & Brothers, 1942).

Schumpeter, J., *The Theory of Economic Development* (Cambridge, MA: Harvard University Press, 1912).

Segerstrom, P., "Endogenous Growth without Scale Effect", *The American Economic Review*, Vol. 88, No. 5, 1998, pp. 1290-1310.

Segoviano, M. B., and Lowe, P., "Internal Ratings, the Business Cycle and Capital Requirements: Some Evidence from an Emerging Market Economy", BIS Working Paper, 2002.

Selover, D. D., and Jensen, R. V., "Mode-locking and International Business Cycle Transmission", *Journal of Economic Dynamics and Control*, Vol. 43, No. 23, 1999, pp. 591-618.

Selover, D. D., Jensen, R. V., and Kroll, J., "Mode-locking and Regional Business Cycle Synchronization", *Journal of Regional Science*, Vol. 45, No. 4, 2005, pp. 703-745.

Seo, H. J., Kim, H. S., and Kim, Y. C., "Financialization and the Slowdown in Korean Firms' R&D Investment", *Asian Economic Papers*, Vol. 11, No. 3, 2012, pp. 35-49.

Serafin, M. J., Biliana, A. K., Bernardo, B. B., and Pablo, S. M. J., "An Empirical Study of the Mexican Banking System's Network and Its Implications for Systemic Risk", *Journal of Economic Dynamics and Control*, Vol. 40, No. 1, 2014, pp. 242-265.

Shim, I., Bogdanova, B., Shek, J., and Subelyte, A., "Database for Policy Actions on Housing Markets", BIS Quarterly Review, 2013.

Shin, H. S., "Risk and Liquidity in a System Context", *Journal of Financial Intermediation*, Vol. 17, No. 3, 2008, pp. 315-329.

Shin, H. S., and Zhao, L., "Firms as Surrogate Intermediaries: Evidence from Emerging Economies", Princeton Working Paper, 2013.

Shleifer, A., and Vishney, R., "Politicians and Firms", *The Quarterly Journal of Economics*, Vol. 109, No. 4, 1994, pp. 994-1025.

Shleifer, A., and Summers, L., "Breach of Trust in Hostile Takeovers", Working Paper, 1988.

Smets, F., and Wouters, R., "Shocks and Frictions in US Business Cycles-A Bayesian DSGE Approach", European Central Bank Working Paper, No. 722, 2007.

Smith, V. C., *The Rationale of Central Banking* (London: P. S. King, 1936).

Soramaki, K., Bech, M., Arnold, J., and Glass, R., "The Topology of Interbank Payment Flows", *Physical A: Statistical Mechanics and its Applications*, Vol. 379, No. 1, 2007, pp. 317-333.

Sornette, D., and Andersen, J. V., "A Nonlinear Super-exponential Rational Model of Speculative Financial Bubbles", *International Journal of Modern Physics C*, Vol. 13, No. 2, 2002, pp. 171-188.

Spelta, A., and Araújo, T., "The Topology of Cross-border Exposures: Beyond the Minimal Spanning Tree Approach", *Physic A: Statistical Mechanics and its Applications*, Vol. 391, No. 22, 2012, pp. 5572-5583.

Stockman, A., "Anticipated Inflation and the Capital Stock in a Cash-in-advance Economy", *Journal of Monetary Economics*, Vol. 8, No. 3, 1981, pp. 387-393.

Strulik, H., "Effectiveness versus Efficiency: Growth Accelerating Policies in a Model of Growth without Scale Effect", *German Economic Review*, Vol. 7, No. 3, 2006, pp. 297-316.

Stulz, R. M., "Rethinking Risk Management", *Journal of Applied Corporate Finance*, Vol. 9, No. 3, 2010, pp. 8-25.

Suman, P., and Gupta, S. K., "Behavioral Portfolio Theory", *Journal of Financial and Quantitative Analysis*, Vol. 35, No. 2, 2000, pp. 127-151.

Tadesse, S., "Financial Architecture and Economic Performance: International Evidence", *Financial Development and Technology*, Vol. 11, No. 4, 2002, pp. 429-454.

Tirole, J., "Incomplete Contracts: Where Do We Stand?", *Econometrica*, Vol. 67, No. 4, 1999, pp. 741-781.

Upper, C., and Worms, A., "Estimating Bilateral Exposures in the German Interbank Market: Is There a Danger of Contagion?", *European Economic Review*, Vol. 48, No. 4, 2004, pp. 827-849.

Vonen, N. H., "A Financial Conditions Index for Noruny", Norges Bank Working Paper, 2011.

Wallsten, S. J., "The Effects of Government-industry R&D Programs on Private R&D: the Case of the Small Business Innovation Research Program", *RAND Journal of Economics*, Vol. 31, No. 1, 2000, pp. 82-100.

Wang, X., and Wen, Y., "Can Rising Housing Prices Explain China's High Household Saving Rate?", *SSRN Electronic Journal*, Vol. 93, No. 3, 2011, pp. 67-88.

Weber, W. E., "Some Monetary Facts", *Quarterly Review*, Vol. 19, No. 3, 1995, pp. 2-11.

Weinstein, D. E., and Yafeh, Y., "On the Costs of a Bank-Centered

Financial System: Evidence from the Changing Main Bank Relations in Japan", *The Journal of Finance*, Vol. 53, No. 2, 1998, pp. 653–672.

White, H., Kim, T. H., and Manganelli, S., "VAR for VaR: Measuring Tail Dependence Using Multivariate Regression Quantiles", *Journal of Econometrics*, Vol. 187, No. 1, 2015, pp. 169–188.

White, L. J., "The Reform of Federal Deposit Insurance", *Journal of Economic Perspectives*, Vol. 3, No. 4, 1989, pp. 11–29.

White, M., "Cost of Bankruptcy", in Newman, P., Milgate, M., and Eatwell, J. eds., *The New Palgrave Dictionary of Money and Finance* (London: Macmillan, 1992).

Wolff, G. B., and Reinthaler, V., "The Effectiveness of Subsidies Revisited: Accounting for Wage and Employment Effects in Business R&D", *Research Policy*, Vol. 37, No. 8, 2008, pp. 1403–1412.

Young, A., "Growth without Scale Effect", *Journal of Political Economy*, Vol. 106, No. 1, 1998, pp. 41–63.

Zhang, J. S., and Lee, R., "Rising Longevity, Education, Savings and Growth", *Journal of Public Economics*, Vol. 70, No. 1, 2003, pp. 83–101.

Zhu, P., XU, W., and Lundin, N., "The Impact of Governments Fundings and Tax Incentives on Industrial R&D Investments: Empirical Evidences from Industrial Sectors in Shang Hai", *China Economic Review*, Vol. 17, No. 1, 2006, pp. 56–59.

〔美〕奥尔森，曼瑟尔：《集体行动的逻辑》，陈郁、郭宇峰、李崇新译，格致出版社、上海三联书店、上海人民出版社，2011。

〔美〕奥尔森，曼瑟尔：《权力与繁荣》，苏长和、嵇飞译，上海世纪出版集团，2005。

巴曙松、刘孝红、牛播坤：《转型时期中国金融体系中的地方治理与银行改革的互动研究》，《金融研究》2005年第5期。

〔美〕巴特拉，拉菲：《格林斯潘的骗局》，范建军译，机械工业出版社，2006。

包全永：《银行系统性风险的传染模型研究》，《金融研究》2005年第 8 期。

〔美〕博迪，兹维、莫顿，罗伯特：《金融学》，欧阳颖、贺书捷、李振坤、周炜译，中国人民大学出版社，2000。

步丹璐、黄杰：《企业寻租与政府的利益输送——基于京东方的案例分析》，《中国工业经济》2013 年第 6 期。

陈东华、章铁生、李翔：《法律环境、政府管制与隐性契约》，《经济研究》2008 年第 3 期。

陈丰：《IMF 资本流动管理新框架下新兴市场国家资本流出管理研究》，《国际金融》2015 年第 3 期。

陈进华：《治理体系现代化的国家逻辑》，《中国社会科学》2019 年第 5 期。

陈昆亭、龚六堂、邹恒甫：《基本 RBC 方法模拟中国经济的数值试验》，《世界经济文汇》2004 年第 2 期。

陈梦根：《金融危机与信息缺口：统计解析》，《统计研究》2014 年第 11 期。

陈梦根、赵雨涵：《中国银行业跨境联系的测度与分析——兼论国际银行业网络结构的动态特征》，《经济研究》2019 年第 4 期。

陈明明：《治理现代化的中国意蕴》，《人民论坛》2014 年第 7 期。

陈鹏：《复杂社会的治理：从形式法治到实质法治——基于哈贝马斯商谈理论的分析视角》，《理论月刊》2019 年第 5 期。

陈庭强、何建敏：《基于复杂网络的信用风险传染模型研究》，《中国管理科学》2014 年第 11 期。

陈颐：《儒家文化、社会信任与普惠金融》，《财贸经济》2017 年第 4 期。

陈雨露、马勇、阮卓阳：《金融周期和金融波动如何影响经济增长与金融稳定?》，《金融研究》2016 年第 2 期。

陈运森、孟庆玉、袁淳：《关系型税收优惠与税收政策的有效性：隐性税收视角》，《会计研究》2018 年第 2 期。

程博、熊婷、林敏华：《儒家传统文化与公司违规行为——基于中国家族上市公司的分析》，《经济理论与经济管理》2018 年第 10 期。

戴淑庚、余博：《资本账户开放背景下中国短期资本流动的驱动因素研究——基于半参数平滑系数模型》，《国际金融研究》2019年第5期。

邓小平：《解放思想，实事求是，团结一致向前看》，《人民日报》1978年12月13日。

《邓小平文选》（第三卷），人民出版社，1993。

丁骋骋、傅勇：《地方政府行为、财政—金融关联与中国宏观经济波动——基于中国式分权背景的分析》，《经济社会体制比较》2012年第6期。

〔英〕多德，凯文：《竞争与金融——金融与货币经济学新解》，丁新娅、桂华、胡宇娟等译，中国人民大学出版社，2004。

〔美〕恩格尔曼，L.，斯坦利、高尔曼，E.，罗伯特主编《剑桥美国经济史》，高德步、王珏总译校，中国人民大学出版社，2008。

樊明太：《金融结构及其对货币传导机制的影响》，《经济研究》2004年第7期。

范小云、方意、王道平：《我国银行系统性风险的动态特征及系统重要性银行甄别——基于CCA与DAG相结合的分析》，《金融研究》2013年第11期。

方意：《系统性风险的传染渠道与度量研究——兼论宏观审慎政策实施》，《管理世界》2016年第8期。

方意、和文佳、荆中博：《中国实体经济与金融市场的风险溢出研究》，《世界经济》2021年第8期。

费孝通：《乡土中国》，上海三联书店，1947。

傅勇：《中国的金融分权与经济波动》，中国金融出版社，2016。

甘犁、尹志超、贾男、徐舒、马双：《中国家庭资产状况及住房需求分析》，《金融研究》2013年第4期。

〔美〕冈德森，杰拉尔德：《美国经济史新编》，杨宇光等译，商务印书馆，1994。

高波、苗文龙：《转型期腐败行为与洗钱途径分析》，《中国金融》2013年第13期。

戈丹，让-彼埃尔、陈思：《现代的治理，昨天和今天：借重法国政府政策得以明确的几点认识》,《国际社会科学杂志（中文版）》1999年第1期。

〔美〕戈登,加里：《银行的秘密：现代金融生存启示录》,陈曦译,中信出版社,2011。

〔美〕格雷伯,大卫：《债：第一个5000年》,孙碳、董子云译,中信出版社,2012。

龚强、徐朝阳：《政策性负担与长期预算软约束》,《经济研究》2008年第2期。

龚强、张一林、林毅夫：《产业结构、风险特性与最优金融结构》,《经济研究》2014年第4期。

古志辉：《全球化情景中的儒家伦理与代理成本》,《管理世界》2015年第3期。

顾昕：《走向互动式治理：国家治理体系创新中"国家？市场？社会关系"的变革》,《学术月刊》2019年第1期。

郭新强、胡永刚：《中国财政支出与财政支出结构偏向的就业效应》,《经济研究》2012年第2期。

国家统计局：《中国统计年鉴（1992）》,中国统计出版社,1992。

过勇、胡鞍钢：《行政垄断、寻租与腐败——转型经济的腐败机理分析》,《经济社会体制比较》2003年第2期。

〔英〕哈耶克,奥古斯特,弗里德里希：《通往奴役之路》,王明毅、冯兴元等译,中国社会科学出版社,1997。

〔英〕哈耶克,冯,弗里德里希：《哈耶克文选》,冯克利译,江苏人民出版社,2007。

韩超：《战略性新兴产业政策依赖性探析——来自地方政府补贴视角的实证检验》,《经济理论与经济管理》2014年第11期。

何德旭：《加快推进现代中央银行制度建设》,《证券时报》2019年12月18日。

何德旭：《金融安全视角下的金融周期与金融风险管理》,《贵州社会科学》2018年第2期。

何德旭、姜永华：《中国宏观经济：管理体制与调控政策》,中国财政经济出版社,2008。

何德旭、苗文龙：《财政分权、金融分权与宏观经济治理》，《中国社会科学》2021年第7期。

何德旭、苗文龙：《财政分权是否影响金融分权——基于省际分权数据空间效应的比较分析》，《经济研究》2016年第2期。

何德旭、苗文龙：《国际金融市场波动溢出效应与动态相关性》，《数量经济技术经济研究》2015a年第11期。

何德旭、苗文龙：《金融排斥、金融包容与中国普惠金融制度的构建》，《财贸经济》2015b年第3期。

何德旭、苗文龙、张晓燕：《新时代的普惠金融供给与人民金融需求——基于创新发展的视角》，《中国发展观察》2018a年第7期。

何德旭、苗文龙：《怎样建立中国现代金融体系》，《财经智库》2018b年第4期。

何德旭、苗文龙、闫娟娟、沈悦：《全球系统性金融风险跨市场传染效应分析》，《经济研究》2021年第8期。

何德旭、饶明：《金融排斥性与我国农村金融市场供求失衡》，《湖北经济学院学报》2007年第5期。

何德旭、王学凯：《积极应对新冠肺炎疫情肆虐下的全球债务风险》，《财经智库》2020年第2期。

何德旭、张捷：《后危机时代的货币政策选择：金融加速器视角》，《当代财经》2010年第12期。

何德旭、郑联盛：《影子银行体系与金融体系稳定性》，《经济管理》2009年第11期。

何德旭等：《中国金融稳定：内在逻辑与基本框架》，社会科学文献出版社，2013。

何帆、朱鹤：《僵尸企业的处置策略》，《中国金融》2016年第13期。

赫尔曼，乔尔、施克曼，马克：《转轨国家的政府干预、腐败与政府被控——转型国家中企业与政府交易关系研究》，王新颖编译，《经济社会体制比较》2002年第5期。

洪正、胡勇锋：《中国式金融分权》，《经济学（季刊）》2017年第2期。

洪正、张琳、肖锐：《产业跃升、金融结构与中国经济增长》，《管理世界》2021年第8期。

胡书东：《经济发展中的中央与地方关系——中国财政制度变迁研究》，格致出版社、上海人民出版社，2001。

胡奕明、王雪婷、张瑾：《金融资产配置动机："蓄水池"或"替代"？——来自中国上市公司的证据》，《经济研究》2017年第1期。

胡永刚、刘方：《劳动调整成本、流动性约束与中国经济波动》，《经济研究》2007年第10期。

滑静、肖庆宪：《我国商业银行亲周期性的实证研究》，《上海理工大学学报》2007年第6期。

〔美〕怀特，H.，劳伦斯：《货币制度理论》，李扬、周素芳、姚枝仲译，中国人民大学出版社，2004。

黄聪、贾彦东：《金融网络视角下的宏观审慎管理——基于银行间支付结算数据的实证分析》，《金融研究》2010年第4期。

黄达：《金融学》，中国人民大学出版社，2003。

黄少安、赵建：《转轨失衡与经济的短期和长期增长：一个寻租模型》，《经济研究》2009年第12期。

〔美〕吉玛，G.，沙布尔、荣迪内利，A.，丹尼斯编《分权化治理：新概念与新实践》，唐贤兴、张进军等译，格致出版社，2013。

纪志宏、周黎安、王鹏、赵鹰妍：《地方官员晋升激励与银行信贷——来自中国城市商业银行的经验证据》，《金融研究》2014年第1期。

贾康：《中国财政体制改革之后的分权问题》，《改革》2013年第2期。

贾彦东：《金融机构的系统重要性分析——金融网络中的系统风险衡量与成本分担》，《金融研究》2011年第10期。

江飞涛、曹建海：《市场失灵还是体制扭曲——重复建设形成机理研究中的争论、缺陷与新进展》，《中国工业经济》2009年第1期。

江小涓：《创新管理方式完善宏观经济治理体制》，《经济日报》2020年6月2日。

蒋海、刘海波：《信息结构与金融监管激励：一个理论分析框架》，《南开经济研究》2004年第3期。

蒋硕杰：《评适度货币供给论》，载蒋硕杰著，科恩，梅尔编《蒋硕杰经济科学论文集——筹资约束与货币理论》，范家骧译，北京大学出版社，1999。

解维敏、唐清泉、陆姗姗：《政府R&D资助，企业R&D支出与自主创新——来自中国上市公司的经验证据》，《金融研究》2009年第6期。

金智、徐慧、马永强：《儒家文化与公司风险承担》，《世界经济》2017年第11期。

金中夏、洪浩、李宏瑾：《利率市场化对货币政策有效性和经济结构调整的影响》，《经济研究》2013年第4期。

康立、龚六堂：《金融摩擦、银行净资产与国际经济危机传导——基于多部门DSGE模型分析》，《经济研究》2014年第5期。

〔美〕考夫曼，乔治：《现代金融体系：货币、市场和金融机构（第六版）》，陈平等译，经济科学出版社，2001。

雷光勇、李书锋、王秀娟：《政治关联、审计师选择与公司价值》，《管理世界》2009年第7期。

雷潇雨、龚六堂：《基于土地出让的工业化与城镇化》，《管理世界》2014年第9期。

黎文靖、郑曼妮：《实质性创新还是策略性创新？——宏观产业政策对微观企业创新的影响》，《经济研究》2016年第4期。

李成：《中国金融周期的基本特征与分析结论》，《金融论坛》2005年第1期。

李成、马文涛、王彬：《我国金融市场间溢出效应研究——基于四元VAR-GARCH（1，1）-BEKK模型的分析》，《数量经济技术经济研究》2010年第6期。

李凤、罗建东、路晓蒙、邓博夫、甘犁：《中国家庭资产状况、变动趋势及其影响因素》，《管理世界》2016年第2期。

李浩、胡永刚、马知遥：《国际贸易与中国的实际经济周期——基于封闭与开放经济的RBC模型比较分析》，《经济研究》2007年第5期。

李红坤：《资本约束、激励相容与银行业监管》，《金融论坛》2007年第5期。

李红权、洪永森、汪寿阳：《我国A股市场与美股、港股的互动关系研究：基于信息溢出视角》，《经济研究》2011年第8期。

李健、贾玉革：《金融结构的评价标准与分析指标研究》，《金融研究》2005年第4期。

李克强：《李克强作的政府工作报告》，《人民日报》2022年3月6日。

李力、王博、刘潇潇、郝大鹏：《短期资本、货币政策和金融稳定》，《金融研究》2016年第9期。

李苗苗、肖洪钧、傅吉新：《财政政策、企业R&D投入与技术创新能力——基于战略性新兴产业上市公司的实证研究》，《管理评论》2014年第8期。

李守伟、何建敏、庄亚明：《银行同业拆借市场的网络模型构建及稳定性》，《系统工程》2010年第5期。

李维安、孙林：《同乡关系会影响企业政策性负担吗？——来自中国地方国有企业的经验证据》，《武汉大学学报（哲学社会科学版）》2017年第2期。

李文泓：《关于宏观审慎监管框架下逆周期政策探讨》，《金融研究》2009年第7期。

李晓广、张岩贵：《我国股票市场与国际市场的联动性研究——对次贷危机时期样本的分析》，《国际金融研究》2008年第11期。

李政、梁琪、方意：《中国金融部门间系统性风险溢出的监测预警研究——基于下行和上行ΔCoES指标的实现与优化》，《金融研究》2019年第2期。

李志赟：《银行结构与中小企业融资》，《经济研究》2002年第6期。

林毅夫：《繁荣的求索：发展中经济如何崛起》，张建华译，北京大学出版社，2012。

林毅夫、蔡昉、李周：《充分信息与国有企业改革》，上海三联书店、上海人民出版社，1997。

林毅夫、蔡昉、李周：《中国的奇迹：发展战略与经济改革》，上海三联书店、上海人民出版社，1994。

林毅夫、李永军：《中小金融机构发展与中小企业融资》，《经济研究》

2001 年第 1 期。

林毅夫、孙希芳、姜烨：《经济发展中的最优金融结构理论初探》，《经济研究》2009 年第 5 期。

刘斌：《我国 DSGE 模型的开发及在货币政策分析中的应用》，《金融研究》2008 年第 10 期。

刘冲、周峰、刘莉亚、温梦瑶、庞元晨：《财政存款、银行竞争与僵尸企业形成》，《金融研究》2020 年第 11 期。

刘贯春、张军、刘媛媛：《金融资产配置、宏观经济环境与企业杠杆率》，《世界经济》2018 年第 1 期。

刘鹤：《加快构建以国内大循环为主体、国内国际双循环相互促进的新发展格局》，《党的十九届五中全会〈建议〉学习辅导百问》，党建读物出版社、学习出版社，2020。

刘红臻：《宏观经济治理的经济法之道》，《当代法学》2021 年第 2 期。

刘珺、盛宏清、马岩：《企业部门参与影子银行业务机制及社会福利损失模型分析》，《金融研究》2014 年第 5 期。

刘瑞明、石磊：《国有企业的双重效率损失与经济增长》，《经济研究》2010 年第 1 期。

刘诗白：《论过度金融化与美国的金融危机》，《经济学动态》2010 年第 4 期。

刘锡良、吕娅娴、苗文龙：《国际风险冲击与金融市场波动》，《中国经济问题》2014 年第 3 期。

刘锡良、苗文龙：《风险准备、风险分担与金融风险防范及化解》，《金融监管研究》2013 年第 5 期。

刘相锋、王磊：《地方政府补贴能够有效激励企业提高环境治理效率吗》，《经济理论与经济管理》2019 年第 6 期。

刘欣：《当前中国社会阶层分化的多元动力基础——一种权力衍生论的解释》，《中国社会科学》2005 年第 4 期。

卢洪友、袁光平、陈思霞、卢胜峰：《土地财政根源："竞争冲动"还是"无奈之举"？——来自中国地市的经验证据》，《经济社会体制比较》2011 年第 2 期。

鲁利玲：《要素市场化滞后的原因》，《中国经贸导刊》2006年第4期。

陆国庆、王舟、张春宇：《中国战略性新兴产业政府创新补贴的绩效研究》，《经济研究》2014年第7期。

陆磊：《非均衡博弈、央行的微观独立性与最优金融稳定政策》，《经济研究》2005年第8期。

陆岷峰、徐博欢：《金融乱象与金融治理——基于改革开放40年金融整治经验》，《财经科学》2018年第10期。

陆一：《闲不住的手——中国股市体制基因演化史》，中信出版社，2008。

吕炜、高帅雄、周潮：《房价上涨如何助推了中国企业的高杠杆？——基于投入产出网络的DSGE研究新视角》，《经济社会体制比较》2018年第1期。

吕炜、高帅雄、周潮：《投资建设性支出还是保障性支出——去杠杆背景下的财政政策实施研究》，《中国工业经济》2016年第8期。

吕炜、靳继东：《国家治理现代化框架下中国财政改革实践和理论建设的再认识》，《财贸经济》2019年第2期。

〔美〕罗伯茨，克雷格，保罗：《自由放任资本主义的失败：写给全世界的新经济学》，秦伟译，生活·读书·新知三联书店，2014。

马克思：《资本论（第三卷）》，人民出版社，1975。

马克思：《资本论》，郭大力、王亚南译，上海三联书店，2009。

马文涛、马草原：《政府担保的介入、稳增长的约束与地方政府债务的膨胀陷阱》，《经济研究》2018年第5期。

马勇、冯心悦、田拓：《金融周期与经济周期——基于中国的实证研究》，《国际金融研究》2016年第10期。

马勇、张靖岚、陈雨露：《金融周期与货币政策》，《金融研究》2017年第3期。

〔美〕梅林，佩里：《费希尔·布莱克与革命性金融思想》，白当伟译，机械工业出版社，2014。

孟艳：《我国银行监管的有效性问题研究》，经济科学出版社，2007。

〔美〕米什金：《货币金融学（第四版）》，李扬、施华强、高培勇、潘功胜、刘菲、赖观荣译，中国人民大学出版社，1998。

苗文龙：《财政分权、政府双重理性与最优财政政策》，《制度经济学研究》2012a年第3期。

苗文龙：《地方偏好、银行信贷与金融稳定》，《经济评论》2008年第1期。

苗文龙：《国家救助、地方金融分权与金融波动》，《当代财经》2019年第5期。

苗文龙：《互联网金融：模式与风险》，经济科学出版社，2015。

苗文龙：《金融分权、股权结构与银行贷款风险》，《金融监管研究》2018a年第8期。

苗文龙：《金融危机与金融市场间风险传染效应——以中、美、德三国为例》，《中国经济问题》2013年第3期。

苗文龙：《金融稳定与货币稳定——基于信息约束经济中央银行独立性的分析》，《金融研究》2007年第1期。

苗文龙：《跨境资本流动宏观审慎监管框架与效果检验》，《当代财经》2021年第3期。

苗文龙：《信息约束、协调成本与金融监管模式选择》，《制度经济学研究》2016年第3期。

苗文龙：《政府权力、营利性扩张与通货膨胀》，《经济理论与经济管理》2012b年第10期。

苗文龙：《政治金融周期与大国货币政策效应》，《当代财经》2018b年第3期。

苗文龙：《中国金融分权结构与金融体系发展》，格致出版社、上海人民出版社，2018c。

苗文龙：《中国金融周期的特征分析》，《统计与信息论坛》2005年第5期。

苗文龙：《中国金融周期特征与宏观经济政策效应》，中国社会科学出版社，2018d。

苗文龙：《中国银行体系亲周期特征与金融稳定政策》，《数量经济技术经济研究》2010年第1期。

苗文龙、冯涛:《金融中介、信息生产与金融风险膨胀新解》,《金融评论》2010年第1期。

苗文龙、何德旭:《金融适度分权与金融稳健发展》,《中国社会科学(内部文稿)》2018年第3期。

苗文龙、何德旭:《金融适度分权与中国金融治理体系建设》,《中国社会科学(内部文稿)》2020年第1期。

苗文龙、何德旭、周潮:《企业创新行为差异与政府技术创新支出效应》,《经济研究》2019年第1期。

苗文龙、刘海二:《互联网众筹融资及其激励约束与风险管理——基于金融市场分层的视角》,《金融监管研究》2014年第7期。

苗文龙、严复雷:《众筹融资:模式与监管》,经济管理出版社,2018。

苗文龙、杨朔寒、田妍:《全球系统性金融风险跨市场传染效应分析——基于货币市场/外汇市场金融网络的视角》,《金融监管研究》2021年第7期。

苗文龙、钟世和、周潮:《金融周期、行业技术周期与经济结构优化》,《金融研究》2018年第3期。

苗文龙、周潮:《国际风险冲击与金融周期联动性分析》,《金融监管研究》2012年第12期。

苗文龙、周潮:《人口老龄化、金融资产结构与宏观经济波动效应》,《管理评论》2020年第1期。

〔美〕明斯基,P.,海曼:《稳定不稳定的经济:一种金融不稳定视角》,石宝峰、张慧卉译,清华大学出版社,2010。

莫顿,罗伯特:《中国需要一个良好的金融体系》,第一财经、一财网,2015年11月24日。

莫骄:《人口老龄化背景下的家庭金融资产选择》,南开大学博士学位论文,2014。

莫小东:《政治周期、政府补贴和产能过剩》,《投资研究》2017年第4期。

聂辉华、李翘楚:《中国高房价的新政治经济学解释——以"政企合谋"为视角》,《教学与研究》2013年第1期。

牛晓健、吴新梅：《基于复杂网络的再保险市场系统性风险研究》，《保险研究》2019年第3期。

〔美〕诺斯，C.，道格拉斯：《制度、制度变迁与经济绩效》，杭行译，格致出版社、上海三联书店、上海人民出版社，2008。

潘红波、夏新平、余明桂：《政府干预、政治关联与地方国有企业并购》，《经济研究》2008年第4期。

潘越、宁博、肖金利：《地方政治权力转移与政企关系重建——来自地方官员更替与高管变更的证据》，《中国工业经济》2015年第6期。

潘越、汤旭东、宁博：《俭以养德：儒家文化与高管在职消费》，《厦门大学学报（哲学社会科学版）》2020年第1期。

彭俞超：《结构性货币政策、产业结构升级与经济稳定》，《经济研究》2016年第7期。

彭俞超：《金融功能观视角下的金融结构与经济增长》，《金融研究》2015年第1期。

彭俞超、韩珣、李建军：《经济政策不确定性与企业金融化》，《中国工业经济》2018a年第1期。

彭俞超、何山：《资管新规、影子银行与经济高质量发展》，《世界经济》2020年第1期。

彭俞超、倪骁然、沈吉：《企业"脱实向虚"与金融市场稳定——基于股价崩盘风险的视角》，《经济研究》2018b年第10期。

漆佳：《全球系统重要性银行评分结果分析及对中国银行业高质量发展的启示》，《国际金融》2020年第7期。

钱先航、曹廷求、李维安：《晋升压力、官员任期与城市商业银行的贷款行为》，《经济研究》2011年第12期。

钱颖一、B. R. Weingast：《中国特色的维护市场的经济联邦制》，载张军、周黎安主编《为增长而竞争：中国增长的政治经济学》，格致出版社、上海人民出版社，2008。

秦梅玉、李安安：《通过金融的国家治理：模式选择与法治进阶》，《经济法论坛》2018年第6期。

〔美〕萨克斯，杰弗里、拉雷恩，费利普：《全球视角的宏观经济学》，费方域等译，上海三联书店、上海人民出版社，2004。

盛洪：《寻求改革的稳定形式》，《经济研究》1991年第1期。

施华强：《中国国有商业银行不良贷款内生性：一个基于双重软预算约束的分析框架》，《金融研究》2004年第6期。

施华强、彭兴韵：《商业银行软预算约束与中国银行业改革》，《金融研究》2003年第10期。

石建勋、吴平：《沪深股市与香港股市一体化趋势的实证研究》，《财经问题研究》2008年第9期。

〔美〕史蒂文斯，B.，乔：《集体选择经济学》，杨晓维等译，上海三联书店、上海人民出版社，1999。

世界银行：《1997年世界发展报告：变革世界中的政府》，蔡秋生等译，中国财政经济出版社，1997。

孙刚：《税收征管与上市企业资本性投资效率研究——来自地方政府违规税收优惠或返还的初步证据》，《中央财经大学学报》2017年第11期。

孙天琦：《改进杠杆率监管：次贷危机给监管当局提出的重要任务》，《西部金融》2008年第12期。

孙天琦、王笑笑：《内外部金融周期差异如何影响中国跨境资本流动》，《金融研究》2020年第3期。

孙文莉、丁晓松、伍晓光：《工资粘性、货币冲击与价格贸易条件》，《经济研究》2013年第8期。

孙自愿、李腾、雄伟：《地方官员更替、高管变更与地方国企投资效率——来自地方国有企业的经验证据》，《北京工商大学学报（社会科学版）》2018年第4期。

谭小芬、张凯、耿亚莹：《全球经济政策不确定性对新兴经济体资本流动的影响》，《财贸经济》2018年第3期。

唐清泉、罗党论：《政府补贴动机及其效果的实证研究》，《金融研究》2007年第2期。

陶然、苏福兵、陆曦、朱昱铭：《经济增长能够带来晋升吗？——对晋升锦标竞赛理论的逻辑挑战与省级实证重估》，《管理世界》2010年第12期。

童牧、何奕：《复杂金融网络中的系统性风险与流动性救助——基于中国大额支付系统的研究》，《金融研究》2012年第9期。

托马斯·赫因：《在发展中维护金融体系的稳定》，《比较》2008年第35期。

〔美〕瓦什，E.，卡尔：《货币理论与政策》，陈雨露主译校，中国人民大学出版社，2001。

万杰、苗文龙：《国内外商业银行操作风险现状比较及成因分析》，《国际金融研究》2005年第7期。

汪海波：《新中国工业经济史（1949.10-1957）》，经济管理出版社，1994。

汪守宏：《对我国商业银行当前不良资产有增无减的新思考》，《科技情报开发与经济》2003年第10期。

汪伟、艾春荣：《人口老龄化与中国储蓄率的动态演化》，《管理世界》2015年第6期。

王超、何建敏、马静：《基于共同持有资产的银行间接关联网络研究》，《中国管理科学》2019年第1期。

王德文、蔡昉、张学辉：《人口转变的储蓄效应和增长效应》，《人口研究》2004年第5期。

王国刚：《金融脱实向虚的内在机理和供给侧结构性改革的深化》，《中国工业经济》2018年第7期。

王胜、周上尧、张源：《利率冲击、资本流动与经济波动——基于非对称性视角的分析》，《经济研究》2019年第6期。

王文春、荣昭：《房价上涨对工业企业创新的抑制影响研究》，《经济学（季刊）》2014年第2期。

王贤彬、徐现祥：《地方官员来源、去向、任期与经济增长——来自中国省长省委书记的证据》，《管理世界》2008年第3期。

王永钦、刘紫寒、李嫦、杜巨澜：《识别中国非金融企业的影子银行活动——来自合并资产负债表的证据》，《管理世界》2015年第12期。

〔美〕威廉姆森，E.，奥利弗：《契约、治理与交易成本经济学》，陈耿宣编译，中国人民大学出版社，2020。

魏礼军：《亚洲新兴经济体国际资本流动驱动因素研究——基于GMM模型的实证分析》，《金融监管研究》2020年第2期。

吴德胜、曹渊、汤灿、郝希阳：《分类管控下的债务风险与风险传染网络研究》，《管理世界》2021年第4期。

吴非、杜金岷、杨贤宏：《财政R&D补贴、地方政府行为与企业创新》，《国际金融研究》2018年第5期。

吴洪鹏、刘璐：《挤出还是挤入——公共投资对民间投资的影响》，《世界经济》2007年第2期。

吴联生、李晨：《"先征后返"、公司税负与税收政策的有效性》，《中国社会科学》2007年第4期。

吴盼文、曹协和、肖毅、李兴发、鄢斗、卢孔标、郭凯、丁攀、徐璐、王守贞：《我国政府性债务扩张对金融稳定的影响——基于隐性债务视角》，《金融研究》2013年第12期。

吴卫星、吕学梁：《中国城镇家庭资产配置及国际比较》，《国际金融研究》2013年第10期。

吴卫星、齐天翔：《流动性、生命周期与投资组合相异性》，《经济研究》2007年第2期。

吴卫星、易尽然、郑建明：《中国居民家庭投资结构：基于生命周期、财富和住房的实证分析》，《经济研究》2010年第S1期。

吴文锋、吴冲锋、芮萌：《中国上市公司高管的政府背景与税收优惠》，《管理世界》2009年第3期。

习近平：《决胜全面建成小康社会　夺取新时代中国特色社会主义伟大胜利》，载《习近平谈治国理政》，外文出版社，2017。

习近平：《切实把思想统一到党的十八届三中全会精神上来》，《人民日报》2014年1月1日。

〔美〕肖特，安德鲁：《自由市场经济学——一个批判性的考察（第二版）》，叶柱政、莫远君译，中国人民大学出版社，2012。

谢家智、王文涛、江源：《制造业金融化、政府控制与技术创新》，《经济学动态》2014年第11期。

谢平、陆磊：《中国金融腐败的经济学分析》，中信出版社，2005。

谢平、邹传伟：《金融危机后有关金融监管改革的理论综述》，《金融研究》2010年第2期。

〔美〕熊彼特，阿洛伊斯，约瑟夫：《经济发展理论》，叶华译，江西教育出版社，2014。

〔美〕熊彼特，约瑟夫：《资本主义、社会主义与民主》，杨中秋译，电子工业出版社，2013。

〔美〕熊彼特：《经济发展理论》，孔伟艳、朱攀峰、娄季芳编译，北京出版社，2008。

熊琛、金昊：《地方政府债务风险与金融部门风险的"双螺旋"结构——基于非线性DSGE模型的分析》，《中国工业经济》2018年第12期。

徐细雄、李万利：《儒家传统与企业创新：文化的力量》，《金融研究》2019年第9期。

徐忠：《新时代背景下中国金融体系与国家治理体系现代化》，《经济研究》2018年第7期。

徐忠、张雪春、丁志杰、唐天：《公共财政与中国国民收入的高储蓄倾向》，《中国社会科学》2010年第6期。

许成钢：《新形势下的老问题：债务与预算软约束》，财新网，2016年1月18日。

许友传：《金融体系的结构脆弱性及其系统性风险》，《复旦学报（社会科学版）》2018年第4期。

许志伟、刘建丰：《收入不确定性、资产配置与货币政策选择》，《经济研究》2019年第5期。

闫海洲、陈百助：《产业上市公司的金融资产：市场效应与持有动机》，《经济研究》2018年第7期。

严成樑、龚六堂：《熊彼特增长理论：一个文献综述》，《经济学（季刊）》2009年第3期。

阎庆民：《强化地方政府金融监管意识和责任》，《中国金融》2012年第6期。

阎庆民、李建华：《中国影子银行监管研究》，中国人民大学出版社，2014。

杨海生、才国伟、李泽槟：《政策不连续性与财政效率损失——来自地方官员变更的经验证据》，《管理世界》2015年第12期。

杨洁：《政治控制、财政分权与国有银行信贷风险》，《地方财政研究》2010年第11期。

杨其静、郑楠：《地方领导晋升竞争是标尺赛、锦标赛还是资格赛?》，《世界经济》2013年第12期。

杨汝岱：《中国制造业企业全要素生产率研究》，《经济研究》2015年第2期。

杨胜麟：《基于KMV的上市公司股票质押违约风险量化模型实证研究》，西南科技大学硕士学位论文，2019。

杨芷晴：《不同产权性质下的地方政府财政补贴质量——来自中国企业—员工匹配调查（CEES）的证据》，《金融经济学研究》2016年第3期。

杨子晖：《金融市场与宏观经济的风险传染关系——基于混合频率的实证研究》，《中国社会科学》2020年第12期。

杨子晖、陈雨恬、张平淼：《重大突发公共事件下的宏观经济冲击、金融风险传导与治理应对》，《管理世界》2020年第5期。

杨子晖、李东承：《我国银行系统性金融风险研究——基于"去一法"的应用分析》，《经济研究》2018年第8期。

杨子晖、王姝黛：《行业间下行风险的非对称传染：来自区间转换模型的新证据》，《世界经济》2020年第6期。

杨子晖、周颖刚：《全球系统性金融风险溢出与外部冲击》，《中国社会科学》2018年第12期。

姚东旻、李三希、林思思：《老龄化会影响科技创新吗——基于年龄结构与创新能力的文献分析》，《管理评论》2015年第8期。

姚金海：《人口老龄化，养老金收支缺口与财政风险的传导与化解》，《管理评论》2016年第4期。

姚洋、杨汝岱：《政府行为与中国经济结构转型研究》，北京大学出版社，2014。

姚耀军、董钢锋：《中小银行发展与中小企业融资约束——新结构经济学最优金融结构理论视角下的经验研究》，《财经研究》2014年第1期。

叶五一、曾海歌、缪柏其：《VIX指数对股票市场间联动性影响的实证研究》，《统计研究》2018年第6期。

易纲：《建设现代中央银行制度》，《〈中共中央关于制定国民经济和社会发展第十四个五年规划和二○三五年远景目标的建议〉辅导读本》，人民出版社，2020a。

易纲：《再论中国金融资产结构及政策含义》，《经济研究》2020b年第3期。

殷剑峰：《金融分权加剧系统性金融风险》，《第一财经日报》2013年7月1日。

余明桂、回雅甫、潘红波：《政治联系、寻租与地方政府财政补贴有效性》，《经济研究》2010年第3期。

俞可平：《走向善治：国家治理现代化的中国方案》，中国文史出版社，2016。

俞乔、赵昌文：《政治控制、财政补贴与道德风险：国有银行不良资产的理论模型》，《经济研究》2009年第6期。

袁志刚：《非瓦尔拉均衡理论及其在中国经济中的应用》，格致出版社、上海人民出版社，2006。

曾萍、邓腾智：《政治关联与企业绩效关系的Meta分析》，《管理学报》2012年第11期。

张兵、范致镇、李心丹：《中美股票市场的联动性研究》，《经济研究》2010年第11期。

张博、胡金炎、马驰骋：《从钱庄到小额贷款公司：中国民间金融发展的历史持续性》，《经济学（季刊）》2018年第4期。

张成思、张步昙：《中国实业投资率下降之谜：经济金融化视角》，《经济研究》2016年第12期。

张杰：《金融分析的制度范式：制度金融学导论》，中国人民大学出版社，2017。

张杰：《市场化与金融控制的两难困局：解读新一轮国有银行改革的绩效》，《管理世界》2008年第11期。

张杰：《中国国有金融体制变迁分析》，经济科学出版社，1998。

张杰：《中国金融制度的结构与变迁》，中国人民大学出版社，2011。

张杰、陈志远、杨连星、新夫：《中国创新补贴政策的绩效评估：理论与证据》，《经济研究》2015年第10期。

张杰、杨连星、新夫：《房地产阻碍了中国创新么？——基于金融体系贷款期限结构的解释》，《管理世界》2016年第5期。

张杰、郑文平：《创新追赶战略抑制了中国专利质量么?》，《经济研究》2018年第5期。

张莉、高元骅、徐现祥：《政企合谋下的土地出让》，《管理世界》2013年第12期。

张维迎、柯荣住：《信任及其解释：来自中国的跨省调查分析》，《经济研究》2002年第10期。

张亚斌、朱虹、范子杰：《地方补贴性竞争对我国产能过剩的影响——基于倾向匹配倍差法的经验分析》，《财经研究》2018年第5期。

张一琳、林毅夫、龚强：《企业规模、银行规模与最优银行业结构——基于新结构经济学的视角》，《管理世界》2019年第3期。

张佐敏：《财政规则与政策效果——基于DSGE分析》，《经济研究》2013年第1期。

赵璨、王竹泉、杨德明、曹伟：《企业迎合行为与政府补贴绩效研究——基于企业不同盈利状况的分析》，《中国工业经济》2015年第7期。

赵昌文、朱鸿鸣：《从攫取到共容：金融改革的逻辑》，中信出版社，2015。

赵惠芳、汪小丽、张璇：《政府干预对地方国有企业内部控制有效性的影响研究》，《江西财经大学学报》2015年第2期。

赵静、陈玲、薛澜：《地方政府的角色原型、利益选择和行为差异——一项基于政策过程研究的地方政府理论》，《管理世界》2013年第2期。

赵文哲、杨继东：《地方政府财政缺口与土地出让方式——基于地方政府与国有企业互利行为的解释》，《管理世界》2015年第4期。

赵志君、金森俊树：《一个中国私营部门发展模型》，《经济研究》2005年第4期。

郑联盛：《金融创新、金融稳定的历史回望与当下风险管控》，《改革》2014年第8期。

中国金融学会编《中国金融年鉴（1998）》，中国金融年鉴编辑部，1998。

中国金融学会编《中国金融年鉴（1999）》，中国金融年鉴编辑部，1999。

中国经济增长前沿课题组：《城市化、财政扩张与经济增长》，《经济研究》2011年第11期。

中国人民银行货币政策司编《转轨时期的货币政策：1995年-1998年文件选编》，警官教育出版社，1998。

中国人民银行西安分行：《结构变革与金融危机》，经济科学出版社，2009。

中国银保监会政策研究局统计信息与风险监测部课题组：《中国影子银行报告》，《金融监管研究》2020年第11期。

钟腾、汪昌云：《金融发展与企业创新产出——基于不同融资模式对比视角》，《金融研究》2017年第12期。

周黎安：《"官场＋市场"与中国增长故事》，《社会》2018年第2期。

周黎安：《中国地方官员的晋升锦标赛模式研究》，《经济研究》2007年第7期。

周人杰：《"直达机制"完善宏观经济治理》，《人民日报》2020年12月10日。

周小川：《保持金融稳定 防范道德风险》，《金融研究》2004年第4期。

周小川：《金融危机中关于救助问题的争论》，《金融研究》2012年第9期。

周小川：《中国经济增长动能回升 下半年GDP增速有望实现7%》，金融时报-中国金融新闻网，2017年10月15日。

朱宏泉、卢祖帝、汪寿阳：《中国股市的Granger因果关系分析》，《管理科学学报》2001年第5期。

朱军、许志伟：《财政分权、地区间竞争与中国经济波动》，《经济研究》2018年第1期。

朱宁：《刚性泡沫：中国经济为何进退两难》，中信出版社，2016。

朱平芳、徐伟民：《政府的科技激励政策对大中型工业企业R&D投入及其专利产出的影响——上海市的实证研究》,《经济研究》2003年第6期。

朱巧玲:《从"关系经济"向"契约经济"跃迁的必要性和路径研究——基于新制度经济学的视角》,《宏观经济研究》2012年第10期。

祝继高、饶品贵、鲍明明:《股权结构、信贷行为与银行绩效——基于我国城市商业银行数据的实证研究》,《金融研究》2012年第7期。

图书在版编目(CIP)数据

金融分权、金融风险与金融治理 / 苗文龙著. --北
京：社会科学文献出版社，2023.6
国家社科基金后期资助项目
ISBN 978-7-5228-1746-0

Ⅰ.①金…　Ⅱ.①苗…　Ⅲ.①金融管理－研究－中国
Ⅳ.①F832.1

中国国家版本馆CIP数据核字（2023）第073465号

国家社科基金后期资助项目
金融分权、金融风险与金融治理

著　　者 / 苗文龙

出 版 人 / 王利民
责任编辑 / 史晓琳
责任印制 / 王京美

出　　版 / 社会科学文献出版社·国际出版分社（010）59367142
　　　　　地址：北京市北三环中路甲29号院华龙大厦　邮编：100029
　　　　　网址：www.ssap.com.cn
发　　行 / 社会科学文献出版社（010）59367028
印　　装 / 三河市龙林印务有限公司

规　　格 / 开　本：787mm×1092mm 1/16
　　　　　印　张：39.25　字　数：614千字
版　　次 / 2023年6月第1版　2023年6月第1次印刷
书　　号 / ISBN 978-7-5228-1746-0
定　　价 / 198.00元

读者服务电话：4008918866